旌旗万里

——中国远征军在缅印

彭荆风／著

云南出版集团
云南人民出版社

图书在版编目（CIP）数据

旌旗万里 ：中国远征军在缅印 / 彭荆风著. -- 昆明 ：云南人民出版社，2016.6（2019.10重印）
ISBN 978-7-222-14773-7

Ⅰ. ①旌… Ⅱ. ①彭… Ⅲ. ①纪实文学－中国－当代 Ⅳ. ①I25

中国版本图书馆CIP数据核字(2016)第127275号

责任编辑：苏映华　姚实名　刘　焰
装帧设计：云南非鸟文化传播有限公司
责任校对：毛　雪
责任印制：窦雪松
供　　图：李枝彩

旌旗万里
——中国远征军在缅印
彭荆风　著

出版　云南出版集团　云南人民出版社
发行　云南人民出版社
社址　昆明市环城西路609号
邮编　650034
网址　www.ynpph.com.cn
E-mail　ynrms@sina.com
开本　787mm×1092mm　1/16
印张　35.5
字数　540千
版次　2016年6月第1版第1次印刷 2019年10月第1版第3次印刷
印刷　云南国方印刷有限公司
书号　ISBN　978-7-222-14773-7
定价　50.00元

如有图书质量及相关问题请与我社联系
审校部电话：0871-64164626　出版部电话：0871-64191534

云南人民出版社公众微信号

目录

雾重庆与珍珠港

重庆的冬天多雾，一到夜半，浓厚而又潮湿的白雾就悄无声息地从山林和江河间缭绕升起，缓缓地漫向四方，再从早晨延续到中午，把这座被长江、嘉陵江环绕的山城笼罩得严严实实；从空中往下看，不见城市、乡村的踪迹，只有无边无际的白茫茫云海。人口密集的街巷间也是云雾弥漫，十几步外难见人影，似乎一切都是处于虚幻缥缈中……

蒋介石领导的国民党政府，在 1938 年秋的武汉保卫战失利后，就决定把中央政府各部委迁往重庆；先是把这处于长江上游的最大城市定为“行都”，以后改称“陪都”。

这是因为山城重庆东有长江三峡之险，可以阻挡日军舰艇逆流而上，还有起伏的大巴山脉可以层层布防，使日军的大部队难以在大江两岸的崇山峻岭间展开；而且可以依靠土地广阔、资源丰富、人口众多的四川，较从容地整军顿伍，继续坚持抗战。古代的志书上就这样描述过：“全蜀四塞之险，甲于天下。故渝城能守，坐安会合……”

这“坐安会合”，就是既可坐守又可号召、汇集四方之兵。

在敌强我弱，又经历了华东、中南战场上

1942 年 3 月 1 日，中国远征军入缅动员

几场大败仗之后，这一退守西南的战略部署，不失为无奈之中的上策；也就给予了精锐部队大多数在京沪、武汉等战场丧失，几乎临近崩溃的国民党政府获得了一个可以喘息休整的地方，并把这场抗日战争的正面战场的作战持久地打下去。战争进行到 1941 年 12 月，国民党政府已经在这雾重庆熬过了三年多。由于空军的大小飞机在战争初期就被日军摧毁，失去了对空控制权，大后方的城市、交通要道、军事重地，经常遭到日本飞机轰炸；作为陪都的重庆更是敌机的重要战略轰炸目标，夏秋两季天气晴朗时，几乎天天都有几十架、几百架敌机成群结队地飞来轰炸、扫射。激烈的爆炸声中，那些本来就易损易燃、多数是竹木结构的简陋房屋成片地被摧毁、焚烧，浓黑的烟尘在人们的悲惨哭声中四处扩散。一次又一次的轰炸，重庆人民也不知死了多少。

只有冬天的浓雾升起了，依靠这大自然形成的屏障，重庆人民才暂时得以安生；夏秋的白天怕敌机轰炸而处于停业状态的商店、茶馆、饭馆都恢复了营业，街巷间熙熙攘攘的很热闹，似乎这白雾迷茫的山城又离战场很遥远了。

但是作为中国国民党总裁和军事委员会委员长的蒋介石却是在浓雾里也难以安心，他要时时关注前方各地的战事。这 1941 年 12 月，湘赣前线的第三次长沙会战又将开始了。

根据各方面的情报，这次日军的进攻仍然由在第二次长沙会战（日军称之为“赣湘会战”）中指挥过日军作战的第十一军司令官阿南惟畿率领 4 个师团（第三师团、第六师团、第三十四师团、第四十师团），两个旅团（第九旅团、第十四旅团）以及一部分炮兵、工兵、海军共约 12 万人的兵力，准备从赣北、鄂西等处出发，合力进攻长沙。

中国军队第九战区 40 个师约 18 万人，也做好了防御作战的准备。

一场大战即将开始，作为中国军队最高统帅的蒋介石哪能安心？整天都在他的官邸听取军情、筹划作战。他很明白，若长沙不守，势必危及湖南、广西纵深，日本侵略军从湘、川边境攻入川南，扑向重庆的战略企图就可能实现了。而且几个月前的 1941 年 7 月 25 日，日军第二十五军已经在海军护卫下，分乘 50 只运输船从海南岛的三亚南下，于 7 月 30 日在西贡登陆，完成了“和平”进驻法属印度支那（如今的越南）南部的战略目的。这不仅切断了中国通过中越铁路对外的联系，还将直接威胁到中国云南南部，随时可以越过中越边境攻进滇南，进而切断滇西的滇缅公路。这就逼使蒋介石紧急调动两个集团军（卢汉

的第一集团军、关麟征的第九集团军），部署于滇南红河地区，并拟订出了“凭依滇南山险及既设阵地与敌决战”的“滇南会战”计划，还做出了如果滇南作战失利，两个集团军“各以一部在敌后游击，主力转移于南盘江阵地打击敌人”的“昆明附近会战”的善后计划。

蒋介石也明白，在敌强我弱的现状下，这些战斗方案，都是立足于险局，有一处失利，就会危及重庆这抗战中枢。形势这样严峻，怎能使他安心？

他很希望透过这冬日的浓雾能够看得远一些，清晰了解日军的动向，但是怎么可能。

蒋介石当时还不完全了解，日本侵略军虽然在这几处战场调动频繁，但是日军东京大本营的战略攻势并不完全限于中国的湘桂战线和中越边境；为了支持他们的轴心国“密友”法西斯德国，正准备冒着火中取栗的巨大风险，密谋发动一场令世界为之震撼的军事行动，已经悄悄派出由山本五十六大将指挥的、有着 51 艘各种型号军舰和 423 架各式飞机的联合舰队，去偷袭美国在夏威夷群岛中瓦湖岛南岸的海空军基地珍珠港，同时还派出另一支海空军南向东南亚……

冬天的南太平洋上，天气阴冷，风急浪高，还时有雨雪、浓雾。但是这里与欧洲战场的大西洋又有所不同，除了风浪声外，没有枪炮声，也没有大战前船舶频繁往来的军运。美国政府为了安抚日本，不久前，还向日本提供了大量的石油、钢材、肥料等战略物资，只是日本在 1940 年 9 月间与德国、意大利结成了“轴心国”，又在 1941 年 7 月用武力占领了法属印度支那半岛，才惹怒了美国，罗斯福总统下令采取一系列对日本制裁的措施；冻结日本在美国的一切财产，不再与日本进行贸易，禁止日本船只从巴拿马运河通过……

罗斯福总统的这些禁运措施，明显地给日本侵略者带来了不利。这个资源缺乏的岛国，从前除了依靠在中国的占领区尽力掠夺外，还得依靠美国供给战争中的紧缺物资……

日本虽然承受着极大的压力，也更激怒了他们政府中以陆相东条英机、外相松冈洋右为首的强硬派，与英、美作战的决心更为强烈。

1941 年的二三月间，松冈洋右曾经前往苏联、德国、意大利等国访问。在莫斯科，德国驻苏大使里宾特洛甫曾向他炫耀：“德国拥有 240 个战斗师，其中有 186 个是头等的突击师，24 个是装甲师。德国

空军已经大大地发展起来，并且采用了新型飞机，因此它在这一领域中不但堪与英美匹敌，而且肯定比它们优越。”德国海军的潜艇也很厉害，“在一月和二月间，每月就击沉敌人船舶 75 万吨”。

松冈洋右抵达德国柏林后，希特勒亲自接见了他。为了催促日本尽快南进，攻取英属马来亚、新加坡等地，希特勒大肆宣扬德国在军事上的无敌，“自从开战以来，已经有波兰 60 个师、挪威 6 个师、荷兰 18 个师、比利时 22 个师和法国 138 个师，以及英国十二三师被逐出欧洲大陆”。这都加深了松冈洋右敢于向英美开战的信心。他向希特勒表示：“就他个人而言，他希望尽快进攻。可惜他并不控制日本，但是他要说服那些能左右局势的人赞同他的见解。”

松冈洋右在这年 4 月返回日本后，与陆相东条英机联合在一起，加紧向首相近卫文麿公爵施压，要求尽快对英、美开战。

但是温和派的日本首相近卫文麿却很明白，惹翻了英美，特别是经济实力强大的美国，自己这资源匮乏的岛国是招架不住的。对于美国只能利用谈判拖延两国的决裂，以争取时间进行战争准备。而已经投降了德国法西斯的法国维希政府却是软弱可欺的，所以他同意陆军方面派军队进占印度支那。他这样做，既应付了以陆相东条英机为首的强硬主战派，也确实可以以印度支那为基地威胁中国的云南并为以后入侵缅甸、印度做准备。但是这仍然不能满足东条英机、松冈洋右之流的扩大侵略战争的野心。

近卫首相在这些好战派的催促下，只好采用伪善手法指令他们的驻美大使野村吉三郎海军中将与美国政府谈判，以后，又加派驻比利时大使来栖作为特使去往华盛顿主持谈判。来栖的妻子是美国人，一向以对欧美友好而闻名，由他出面谈判是颇能迷惑人的。

美国在谈判过程中，强烈地要求日本从中国、印度支那撤军，并对来栖等人许诺：如果日本能这样做，美国可以解冻日本在美国的资产，继续给予经济合作……

由于日本的首席谈判代表是来栖，也使美国方面遇到了一个颇难应付的对手，一方面来栖的态度和善可亲，把日本人在公开场合那套温顺、亲切、有礼、可亲可敬的姿态表现得淋漓尽致；给人印象，他是真心诚意地想消除美日之间的分歧把事情谈好。另一方面又因为日本政府在许多实质性问题上难以让步，而使得谈判一时间难以达成协议。

日本谈判代表这种用亲切掩盖他们阴险企图的手法，颇能迷惑美国人，似乎日本方面还没有完全做好对英、美作战的准备，还处于和与打两难的境地。

但是这年 9 月，日本就与德国、意大利缔结了三国同盟条约，正式参加了轴心国。接着日本“温和派”的首相近卫公爵在 10 月间被迫辞职，改由强硬的主战派陆相东条英机组阁……

面对这一急剧向下的不利形势，一向傲然自负的英国首相丘吉尔还是没有醒悟，他除了派出几艘军舰去东南亚海面游弋外，在 10 月末给英联邦的澳大利亚、新西兰、南非等国总理去信论及日本的动向时，还是天真地表示：“我仍然倾向于认为日本不敢贸然对美、英、中、荷进行战争，除非是（或者要等到）俄国确实已经崩溃。即使在那时，他们也可能要等待德国已经许诺的在春季对不列颠群岛的入侵……”

丘吉尔对形势判断的错误，也就使得他们在东南亚的大小殖民地在不久之后全都沦于敌手。

这期间，只有几年来一直坚持与日本作战的中国，从各方面观察到了日本将大举南进的侵略意图；蒋介石委员长特意在 11 月初给丘吉尔首相写了一封长信，提醒这位首相：日本人已下决心从印度支那进攻云南，夺取昆明，切断滇缅公路。他在这封信中还着重指出：“目前能否保卫至新加坡与缅甸的陆上通道，首先须视英、美是否愿意合作以保卫云南为要。倘若日本人在此处突破战线，则吾人与贵国之联系将被切断，而贵国同美国与荷属东印度在空军与海军方面进行协调之全部机构以新方式并从新方向受到严重威胁。”

但是这个时候的英国政府，正把他们的全部力量用于欧洲战场对付德国法西斯的进攻，除了有着“日本不会立即在南太平洋发动进攻”的麻痹思想外，对东南亚防务的调整也是力不从心；丘吉尔只能把蒋介石的这封信转给美国总统罗斯福。

他还告诉罗斯福：“我们的联合禁运正逐步迫使日本人在和与战之间做出决定。”而且从蒋介石的信中使他相信：“现在看来，他们似乎会进入云南，切断滇缅公路而给蒋介石带来损害重大的后果。如果他的抵抗一旦崩溃，不但就其本身来说是一场世界悲剧，而且也会让日本人腾出大量军队来向北或南进攻。”

丘吉尔虽然逐渐明白了中国的抗战事关世界形势的发展，中国垮不得。但是，他只是希望美国在日美谈判中“提醒日本人，像这样从

我们向来没有承认他们有权利去驻扎军队的一个地区（印度支那）对中国的进攻，这将是公然无视美国政府所表示过的态度”。

罗斯福总统究竟比丘吉尔明智，也看得更远，他在 11 月 9 日回信给丘吉尔时表示“低估（日本）这种威胁的严重性会铸成大错”。但是他根据日本在印度支那仅有一个军的有限兵力，也怀疑日本是否真的会从印度支那向中国的云南进攻。

丘吉尔却因为情报不准确，从而小看了日本侵略者的凶顽。所以，他仍认为：“一个资源缺乏的岛国，欺侮贫弱的中国是可以的，对英美，特别是美国这样的工业强国，就得小心为是。”

丘吉尔曾经对他外交大臣安东尼·艾登说：“在经济方面对日本放松一步而使他们足够勉强活下去——哪怕我们只获得又三个月的时间，会是值得的。”

日本军方却是暗地里加速进行对英美袭击的准备，他们就是不愿让英美获得这三个月的喘息时间。

日本方面的这些活动，美国并不是完全不知道，他们通过所掌握的高科技手段截获、破译了日本的一些密码电报，已经了解了日本军方的动向。在 11 月 26 日那天，罗斯福总统发给驻菲律宾高级专员的电报中就指出：

> （日本的）准备工作正日益明显……以便在最近做出某种性质的侵略行动，虽然直到目前还没有清楚的迹象表明这次行动的实力，或者它将指向滇缅公路、马来半岛、荷属东印度，还是菲律宾群岛？向泰国推进，似乎是最可能的。我认为，这下一次日本的侵略有引起美日之间爆发敌对行动的可能……

美英的情报机构和空军派出的空中侦察机，也在尽力搜索、了解日本军队的动向。12 月 6 日，英国方面发现了一支有着 35 艘运输舰、8 艘巡洋舰和 20 艘驱逐舰的日本舰队，正悄然地从印度支那驶过暹罗湾，其他海面也有着还不明白数量是多少的日本舰艇时隐时现。

暹罗湾一侧与马来半岛相邻，马来半岛又连接着新加坡。这表明：“日本行将进攻暹罗湾，而且这项进攻将包括海运部队夺取克拉地海峡

上的战略地点的一次远征。”但英国的政治首脑们仍然处于麻痹状态，却认为：日本政府与英美两国还保持有外交关系，而且是谈判正在进行的过程中，是否敢于先发动战争？所以仍然不以为意地表示：“我们不应当在一个次要战区内首先发动攻击而使事态的发展复杂化。”

他们都在消极地等待着形势的发展。

所以美国陆军总参谋长兼陆军总司令马歇尔将军在 11 月 27 日给驻菲律宾总督麦克阿瑟将军的电报中，虽然指出了：“看来与日本的谈判已无任何实际价值。日本政府不可能回到谈判桌上来继续谈判。”但是又表示：“日本今后如何行动尚难预料，但是随时都可能出现敌对行动。如果敌对行动不可避免，美国等待着日本打第一枪。”

两军面临作战，无论哪一方，一向都是尽力争取主动出击，美国军政高层却改攻为守，放弃了主动权。这虽然是想从国际影响上让对方担负背信弃义的骂名，但是这“尚难预料”和“等待着日本打第一枪”以应付未来战争的思路，却给虽然奉到了备战命令的美国太平洋舰队的各级指挥员们，在大战前夕处于一种不应有的麻痹状态。在观望、等待的过程中，也就不可能有战争即将来临的危机感。

日本军政高层在秘密谋划这次将要把战火燃遍太平洋的突然袭击时，并不是意见完全一致，而是有争执的；奉命执行这次偷袭任务的日本第一航空舰队参谋长草鹿龙之介就持反对态度，他担心地说：“袭击珍珠港，这如同飞进敌人的心脏，风险很大……”

刚刚组成日本新内阁、一贯主战的东条英机首相也明白此理，但他却认为：“如果偷袭成功，把美国空、海军主力太平洋舰队的心脏打坏了，打烂了，摧毁了，就可以在以后完全战胜美国了。”所以还是悍然命令山本五十六大将指挥的联合舰队秘密地从日本海出发，向夏威夷群岛方向前进。

在太平洋上战云密布，暴风雨和惊雷闪电随时可能爆发的那段时间，也有人及时发觉了日本即将发动进攻的意图。这就是美军参谋总部通讯谍报处主任克雷默少校。他手下负责监听日方电讯的人员在 12 月 7 日凌晨前破译了日本内阁从东京用密电码发给在华盛顿谈判的特使来栖的电报。那是一份指示来栖在这天下午一点钟送交美国政府的“最后通牒”。

这份“最后通牒”是这样声明的：“鉴于美国政府所采取的态度，帝国政府认为，即使今后继续进行谈判，亦无法达成协议。特此通知美国政府，并深表遗憾。”

这表明，日本将公开地离开谈判桌“弃文从武”了。

克雷默少校忙把破译的这一“最后通牒”呈送给陆军情报局负责远东事务的科长布拉顿上校。

情况紧急，他们两人立即打电话到陆军总参谋长马歇尔将军的寓所。

马歇尔将军正骑着他那匹高大的骏马徜徉于阿林顿公园，时而收紧缰绳扬鞭疾行，时而放开缰绳悠闲地缓缓散步呢！

他们又去寻找海军作战部长斯塔克。懒散的斯塔克可能是周六晚上有应酬，喝多了，睡得晚，在上午10时才慢吞吞地从家里来到办公室，与先后进来的作战部副部长英格索尔、情报局长威尔逊审阅这份电报。

（华盛顿时间12月7日上午10时，是夏威夷12月8日的凌晨4时半，离日本向珍珠港发动袭击的时间只有3个小时了。）

上午11时，马歇尔将军遛完了马，才慢吞吞地来到办公室提起铅笔写了一份发给分驻各地陆海空军指挥官的电文：“日本将在今天华盛顿时间下午一时递交最后通牒。之后，他们将照命令立即销毁密码机。在这个时刻会发生什么情况不得而知，但是你们要严密戒备。”

这份电报只是一般性的提醒，并不是立即应战的命令，那“不得而知”的语句更是使得分别驻扎于各战略要地的陆海空军指挥官处于迷茫中。

马歇尔将军签署的这份电报是这天华盛顿时间中午12时12分拍发出去的。

（这是夏威夷时间的第二天早晨6时42分。这时候日本的军舰和飞机正趁着夜色还浓，急速地扑向珍珠港。离开始攻击时间只有1小时零7分钟了。）

军情这样紧急，马歇尔这份电报却没有采用加急处理，而是按照平日的常规程序逐级下发，经过四五处电台辗转传递，等到最后到达珍珠港的指挥官肖特将军手里时，那里的美军飞机、舰艇、码头，已经被偷袭的日军大炮轰、炸弹炸，而舰毁人亡，一片狼藉。

珍珠港是一座水深 15 米至 20 米，被陆地三面环绕的优良港口，美国在太平洋的海军、空军主力部队，大部分都驻扎在这里。

美国夏威夷时间的 12 月 7 日是星期六。这天晚上，除了机场、舰艇的值班人员外，军官、士兵都上岸休假了，与亲人、朋友去了酒吧、公园欢度周末。这深水港湾的码头上灯火璀璨、乐声悠扬，人们全都陶醉于歌舞升平中。

当时港湾里停泊着美国太平洋舰队的战列舰 8 艘、巡洋舰 7 艘、驱逐舰 28 艘、潜水艇 5 艘，以及其他舰艇，共有 96 艘，整体力量是日本海军山本五十六大将指挥的联合舰队（6 艘航空母舰、2 艘战列舰、3 艘巡洋舰、9 艘驱逐舰、3 艘潜艇）的四五倍，战斗力量强多了。但是在这个假日里，官兵多数上岸去休息了，大小舰艇上的 780 门火炮，却有四分之三的炮位上没有炮手，岸上的 31 个陆军高射炮连只有 4 个连处于值班状态，空军飞行员更是停止了空中巡逻，6 个陆海军机场上的 262 架战机全都密集地一字排开，没有一个人在飞机上……

在这种毫无戒备的情况下，面对日军来自空中的第一波 183 架飞机、第二波 168 架飞机突然、急遽地连续轰炸和来自水下鱼雷艇的袭击，只能措手不及地被动挨打；仅 1 小时 50 分钟，就有 40 艘舰艇被击沉，232 架飞机被炸毁，163 架飞机被炸伤，2403 名海、空军人员死亡，2097 人受伤；而日军只损失了 29 架飞机、55 名飞行员。

这次美军海军、空军大型军舰损失约 50%，飞机损失约 70%，使得太平洋舰队精锐丧尽大半。

珍珠港的被偷袭，损失这样惨重，是“等待着日本打第一枪”的美国军政高层，特别是陆军总参谋长马歇尔将军所没有料到的。正在和日本特使谈判的美国国务卿赫尔更是气得发抖，大骂日本背信弃义、卑鄙!

罗斯福总统则在第二天（12 月 7 日）赶往国会山，要求国会宣布：自 1941 年 12 月 7 日星期日，日本无端发动这场卑鄙的进攻之时起，美利坚合众国与日本帝国之间进入战争状态。

日本朝野都为偷袭珍珠港的得手而卷入一片欢腾中，浅视的他们，却没有想到这也是他们在太平洋战争中走向毁灭的开始。

虽然在第二次世界大战后许多年，有一些军事史家从他们的研究中认为：美国总统罗斯福早已从破译了的日军电报中，知道日本海、

空军将偷袭珍珠港，却故意秘而不宣，想以此惨重代价来动员当时被说成“对什么叫战争连一点儿概念也没有——根本没有”的美国人奋起对日作战。但是那只是一家之言，军史界还在争论中。

12 月 8 日凌晨 4 时，蒋介石还在睡梦中，就被急促地响着的电话铃声吵醒了，国民党中央宣传部副部长兼国际宣传处处长董显光激动地向他报告：3 个小时前（中国时间 12 月 8 日 1 时），日本空军、海军偷袭了珍珠港！

董显光一向和西方新闻界关系密切，如今他第一个得到这一信息，也不管这是深夜，直接把电话打进了蒋介石的卧室。

如果在平时，这样惊扰这位“最高当局”的睡眠，那肯定会遭到斥责、处分的。但这天夜里，董显光向蒋介石传来的是蒋介石盼望已久的世界形势的急剧变化的消息。

抗日战争一开始，蒋介石就在《中国抗战与国际形势》一文中指出：“我们一贯的根本方针，就只有持久抗战，抗战到底。所谓抗战到底究竟是怎样讲呢？抗战目的，如何能达成？率直言之：就是要与欧洲战争——世界战争同时结束。亦即是说：中日问题要与世界问题同时解决。现在欧战既起，我们已经获得一个中国问题将随世界问题之解决而解决的基础。”

由于国民党军队武器简陋，蒋介石曾经在 1940 年 6 月急派时任中国银行董事长的宋子文作为他的私人代表飞往华盛顿，向罗斯福总统、赫尔国务卿、摩根索财政部长诉说中国抗战的困难，急需军用、民用物资援助。

宋子文既是蒋介石的至亲，又在美国政治、经济界高层朋友多、影响力大；罗斯福总统也是他在哈佛大学的先后同学。有他在华盛顿活动，会比别的人更有作用。蒋介石也对宋子文赋予了远远超过中国驻美国大使胡适的权限，如他在 7 月 12 日给宋子文的密电中就交代：“借款事不必与胡使相商，请兄径自进行为便。”

经过宋子文多方活动后，罗斯福总统在 1940 年 10 月 22 日给予了中国被称为“钨砂借款”的 2500 万美元，1941 年 2 月 4 日又给予了被称为“金属借款”的 5000 万美元。

这年（1941 年）5 月，宋子文就用第一批借款的 2500 万美元，在美国购买了 7000 余吨军用物资（其中有 250 辆野战运输卡车，军工用

铝 2000 吨、铜 1000 吨，以及大量汽油、机器油），几天后又用第二批借款中的 4900 万美元购买了山炮 600 门（附炮弹 120 万发）、七五机械化野炮 144 门（附炮弹 144 万发）、坦克 360 辆、野战轻便小汽车（吉普车）1000 辆。

这对于军火生产已经陷于停顿，却有着 300 多个步兵师在作战的中国，是很有力的支援。

但是蒋介石和他的军政大员们，仍然觉得很不够；特别是与美国这一年（1941 年）允诺给苏联的军火相比，相差甚远（美国在 1941 年 9 月决定：从 1942 年 7 月起，每月供给苏联 400 辆坦克，这一年还供给 3600 架飞机）。除了地面作战的军火外，失去了制空权的中国急需的是飞机。蒋介石在 1940 年 12 月 13 日由宋子文转给罗斯福总统的一封长电中，就指出：“现在日本空军实力，其有作战能力之飞机约在 2500 架至 3000 架之数，且其装炸弹与飞行率不及于美国最新式之飞机。依敝国过去作战之经验，此时敝国若有美国新式飞机 500 架，即足以牵制 1500 架日机之战斗。”

这 500 架飞机不是个小数目，还牵涉到有没有这样多熟练的飞行员、地勤人员，以及供飞机起落的机场。

罗斯福总统特意在 1940 年末，派出了马格鲁德准将作为军事代表团团长从美国去往重庆考察、协商。马格鲁德亲历其境，虽然能感到中国抗战确实艰难，也表示，愿意帮助中国向美国政府建议给予 30 个师的武器装备；但是这个人不知出于一种什么心态和政治意图，只是口头说说而已，近 10 个月过去了，还不见一枪一炮运来。如 1941 年 10 月 23 日，宋子文通过罗斯福总统的行政助理居里，向美国政府提出：再给予驱逐机 350 架、轰炸机 160 架、高射机关枪 750 挺、三七战车防御炮 300 门、七五山炮 600 门、轻型坦克 120 辆、90 厘米高射炮 90 门、弹药 8000 吨的援助。

但是马格鲁德准将却在 1941 年 10 月 26 日给美国陆军部长史汀生的密电中说：“居里及中国驻美特使，要求过奢，可置之不问。”

马格鲁德的这封电报，被在华盛顿的宋子文看到后，传回了重庆，使得蒋介石和他的亲信将领们恨透了这个马格鲁德。

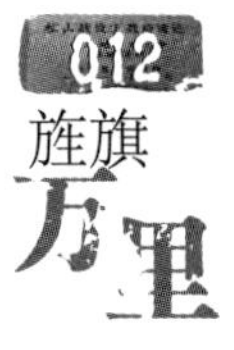

这一时期，蒋介石还担忧美国与日本的谈判有可能和解。

这年（1941 年）11 月 26 日宋子文和中国驻美大使胡适去拜会罗斯福总统时，罗斯福虽然已经在前一天知道了日本 30 余艘军舰装载着约

5 万人的兵力，由中国山东附近的海域向南行驶，已经过了台湾海峡，明显是在南进。但是，他仍然向宋子文和胡适表示，美国还是不能顾及东方，还风趣地打了个比喻：“有两个强盗从两面来攻击，如果能用 5 元钱使其中一个强盗暂时不过来，以便全力打击另一个强盗，这不是很好的策略么？”

这表明，美国还不肯放弃那“先德后日”“先欧后亚” 的战略。这真是令宋子文等人忧虑！

但是美国财政部长摩根索又在 11 月 27 日对宋子文说：他是坚决支持中国抗战的。他准备写一封信给罗斯福总统，如果美日妥协，则民主、自由、世界公道必将崩溃……

摩根索还激昂地表示：如果因为这样做得罪了罗斯福总统，命令他辞职，他也愿意。

在重庆的蒋介石得到宋子文的这些报告，也就时喜时忧，不知这复杂的国际形势会从哪个方向发展？中国单独抗击日本近五年，实在是太困难了，急需美国这样强大的国家来支援。

几个月前的 1941 年 7 月，日本侵略军进占法属安南（越南）后，对二战战局的发展深有研究的中国专家就指出：“日本侵占越南，其战略目的并不完全是就近攻略云南，而是有更大的阴谋在内；这就是准备以泰国、越南为基地攻击英、美在南太平洋的缅甸、马来西亚、菲律宾……”

蒋介石很认同这一观点，也就望眼欲穿地等待与这一事件有关的变化。只是时间一天天过去，还不见太平洋上有动静，真是令他又焦急又茫然。如今（1941 年 12 月 8 日），太平洋彼岸终于通过无线电波传来美国挨打了，美、日决裂了，这是多么大的喜讯！

蒋介石对着董显光打来的电话，忍不住自言自语说了一句：“对了！对了！就是这样！”

这话语虽然有些没头没脑，但是熟悉蒋介石的个性和用语的董显光却明白，委员长很高兴呢！

蒋介石也不顾夜还深，山城的雾正浓，立即按铃召唤侍从服侍他洗漱，穿上特级上将军服。同时命令通知军政部长兼总参谋长何应钦、副总参谋长白崇禧、军令部长徐永昌、军委会办公厅主任商震以及在

重庆的其他军政要员迅速赶来他的官邸，参加上午召开的国民党中央常务委员会与军事委员会的联席会议，筹划应对新形势的决策。

日军偷袭珍珠港的消息传播得很快，山城重庆很快沸腾了，大小报纸用最快速度印刷出了号外，报道这一大事；市民们不顾冬夜的雾浓霜重，纷纷涌上街头抢购号外，争相奔告这件特大喜事。从复兴关到两路口、朝天门，从北碚到沙坪坝、九龙坡……到处是拥挤的人群和不绝于耳的欢呼声、鞭炮声。

抗日战争的胜利还远远地没有到来，但是人们已透过浓厚的夜雾看到了胜利的曙光。

其实不仅这雾重庆的人们明白美、日作战，将对日本不利这一道理，就连几万里之外的太平洋上直接指挥日本联合舰队偷袭珍珠港的山本五十六大将和他的一些将、校级军官们也深知这次是捅了马蜂窝。因为日本这一岛国资源缺乏，每年所需要的石油量为 350 余万吨（海军需要 200 万吨，陆军需要 50 万吨，民间用途 100 万吨），为了和英、美作战，他们在 1940 年积攒了 550 万吨，也就是说够打一年半的用途，但是和英、美的战事能否在一年左右速战速决呢？所以在偷袭珍珠港以前的这年 9 月 12 日，山本五十六大将被内阁首相近卫文麿召见，回答有关日、美作战的询问时，曾经很直率地说："如果说非让我打不可的话，那我就尽力闯它一年到一年半看。但是时间再长，我就毫无把握了。"

他还话语凄凉地表示："我决心同我的飞机和军舰同生死共存亡，在太平洋上同美国决一死战。阁下做何打算？依我看，你也别想轻易地活下来，要有死的准备。所以，我再次恳请，要尽最大努力，争取同美国谈判。即使谈判破裂，也不要搞僵，要留有缓和的余地，因为在外交的道路上是没有终点的。"

一个被赋予进攻重任的海军主帅临战前却是这样悲观，不怕冒犯直率地向内阁首相陈词。如果不是未来的形势过于严峻，逼得他把官职、生死置之度外，他是不会说出这样的话来的。

山本五十六虽然内心很茫然，但是，他是个受军国主义培养的法西斯军人，这时候，也只能对他的亲信下属表示："作为一个海军军人，一定要尊重、服从上级的决定，不得违拗……"

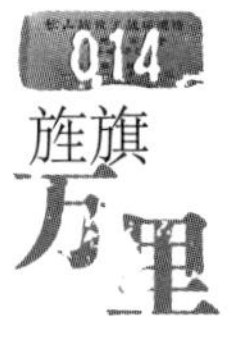

他就是在这样的矛盾心情中，紧张、郁闷地指挥舰队驶向太平洋的风浪中。

蒋介石在重庆主持国民党中央常委会和军委联席会议的时候，太平洋上的硝烟还在急速蔓延，又不断传来香港、菲律宾、马来亚等英美属地遭到日本空军轰炸和海军袭击的信息。这表明，日本不仅是用偷袭珍珠港向美国开战，同时还想横扫东南亚，夺取英、美、荷的那些殖民地，以达到他们大规模南进的目的。

蒋介石却很高兴，他指示外交部立即起草一份文件给英国、美国、苏联、澳大利亚、荷兰、加拿大、新西兰等国家，建议联合成立反对德、意、日军事同盟，并订立不单独媾和条约……

当天下午，蒋介石还分别约见了苏联驻华大使潘友新、美国驻华大使高斯、英国驻华大使卡尔。除了对日本偷袭珍珠港表示愤慨外，并把这份照会递给了他们。在与苏联大使会见时，他还提出：希望苏联政府尽快对日宣战。

12 月 8 日那天是许多国家外交部电讯往来最频繁的一天，美国、拉丁美洲各国和英联邦内的各个国家都对日宣战，日本也向英美等国家宣战。

中国虽然从 1937 年“七七”事变起就在对日作战，千百次大小战斗后，军民伤亡无数，大半个中国的土地也在败退中失去，但奇怪的是中日双方却从来没有正式宣战。如今由于珍珠港事变，才在 12 月 9 日随着美、英等国的对日宣战由中华民国主席林森发出了“对日宣战布告”，在这份“布告”中解释了为什么迟至如今才对日宣战的原因：“中国为酷爱和平之民族，过去四年余之神圣抗战，原期侵略者之日本于遭受实际之惩创后，终能反省。”

这种对侵略者还寄予希望，盼能“反省”的不切实际幻想，曾被中国共产党方面抨击为“企图中止抗战，要投降”。事实上，那几年国民党政府和日本方面的秘密谈判曾多次进行，半年前的 6 月至 9 月还在澳门谈判过，只是日本自恃兵力强盛，提出的条件过苛，而无法达成协议。

如今，终于正式对日宣战了，这当然是大好事。在这同时，中国政府还对日本的盟友德国、意大利也正式宣战。

蒋介石也预感到东南亚方向，特别是泰国、缅甸将很快成为战场，为了保卫西南后方，他果断地在第二天（12 月 9 日）下达命令：立即组织“中国远征军”第一路军，任命担任过第一战区司令长官的卫立煌上将为总司令，把驻扎在云南、贵州的第五军、第六军、第六十六军编入第一路军战斗序列，并下令立即对这些军、师进行战斗动员。

日军在偷袭珍珠港的同一天，饭田洋二郎中将指挥的第十五军也开进了暹罗（泰国），有越过泰、缅边界入侵缅甸的趋势。当时缅北防务空虚，英国当局慌了，急忙电告中国政府请求尽快给予一定兵力的支援。

英国在 1885 年完全占领了缅甸南北后，就一直窥伺中国的云南，从多方面想用军事、经济、政治手段入侵，以致中缅边界发生过不少由英方挑起的纠纷；直到 1937 年秋，中、日战争开始后，世界风云变幻，特别是 1939 年法西斯德国用空、海军对英伦三岛进行大规模轰炸、攻击，英方考虑到战局的发展，才勉强答允中国从云南修筑一条被称之为“滇缅公路”的国际公路去与缅北连接，让从海上运来支援中国抗战的军用和民用物资在缅甸仰光港口卸货后，经过铁路运抵中、缅边境的腊戍，再通过这条滇缅公路运进中国云南。

在当时的中国沿海城乡大多数被日本占领，出海口完全被封锁的情况下，这是抗战中的中国唯一能从陆上接受外援的对外交通线。作为同是遭受法西斯阵营侵略的英国，本来应该全力维护这条公路的畅通以支持中国的抗战，但是英国政府深知中国和缅甸悠久的历史渊源，担心这条公路修通后，中缅关系又趋向密切，会削弱他们对缅甸的统治。不仅在修路过程中百般刁难，在滇缅公路修通了正处于紧张运输的时刻，却担心这一对中国抗战的支援，会得罪日本而危及他们在远东的殖民利益。为了讨好日本，在 1940 年 7 月屈从日本的压力，封锁了滇缅公路，禁止中国车辆通过这条公路前往缅甸的腊戍、仰光，从而用封锁、禁运手段支持了日本对中国的逼降。使得中国方面行驶在这条公路上的 3000 余辆军车、4000 余辆商车，被迫全部停运而处于瘫痪状态。但是也引起了美国政府的不满，这年 7 月 16 日，美国国务卿赫尔奉政府之命发表声明，反对英国封锁滇缅公路。英国政府在衡量了世界力量对比后，更不敢得罪美国，才在三个月后的 10 月间解除

战时扩修的昆明机场

了封锁禁令。但是在抗日战局瞬息万变的情况下，这三个多月的禁运，已经给中国造成了很大损失。

中国政府对英国这些以邻为壑的举措，是耿耿于怀的，但是如今英国终于遭到日本的攻击了，蒋介石从反法西斯战争的整体利益出发，只好不计前嫌地答应英国方面的要求，对在东南亚正处于困境的英国给予支援。在三天后的12月11日下令当时驻扎在中、缅边境南峤（如今西双版纳勐海县属的勐遮）的第九十三师，立即把第二二七团装备成加强团，进入离泰、缅边境较近的缅甸景栋。

蒋介石还以军事委员会委员长的身份对为什么要组织中国远征军发表谈话："日军若吞并缅甸，必然大举入侵印度，进军中东。缅甸不保，印度亦危在旦夕，因此，我国军入缅，其目的不仅保障滇缅交通线，更为保障盟军统一战线之大事业。"

他这一战略视点是准确的。

第二二七团应该是出征缅甸的"中国远征军"的前锋。

在这以前，这年（1941年）1月，英国方面在欧洲战场不断遭受德军进攻的情况下，也陆续从各方面的情报中得知，日本侵略者有南进入侵东南亚的企图。在美国方面的策动下，英国在1月间派出了丹尼斯少将为英国驻华大使馆陆军武官，就近和中国军方具体地磋商如何在军事上合作，保护东南亚英属殖民地，特别是与中国紧相连接的缅甸。

经过几次商谈，中、英政府达成了一项协议，由中国政府派遣一个"中国缅（甸）印（度）马（来亚）军事考察团"，前往那些国家考察、商谈，以便事先做出反侵略的军事部署。

蒋介石对这件事很重视，指派曾经担任过第六战区司令长官、当时是军委办公厅主任的商震上将为团长，军令部次长林蔚中将为副团长，团员由陆、海、空将领和外交部有关人员组成，其中有时任第五军军长的杜聿明、陆军大学战术系主任侯腾、军令部作战处长冯衍等十余人。这一军事考察团于1941年2月初从重庆出发，飞往缅甸、印度、马来亚，做了长达三个多月的考察，看地形，访军队，与这些国家的将领会谈……

中国派出的这些将领都有着丰富的作战经验和战略战术修养，在考察中很快看出了这些英属殖民地兵力单薄、防务空虚。衣着华丽的

英国军队，实际是缺乏战斗实践的，一旦战事发生，将不堪一击。只是碍于外交礼仪，不好当面直率地指出。

考察结束后，杜聿明和侯腾两将军综合代表团成员的看法写出了长达30余万字的《中国缅、印、马军事考察团报告书》。

据杜聿明将军后来回忆，在这一报告书中，对敌情的判断大致如此：

> 一、敌情：日寇陆军既具优势，又有作战经验，以日军侵占越南并与泰国成立友好条约的情况来判断，它已在积极准备与英国挑衅。一旦日寇发动侵略缅（甸）马（来亚）军事，可能以海军、空军掩护陆军沿泰、马交界进军，先侵占马来亚、新加坡，然后乘战胜之余威挥师北上，进攻缅甸。敌人可能使用兵力3至5个师和优势的空军与海军。
>
> 二、地形：中、缅、老（挝）边境车里、临江一带山峦重叠，交通不便，易守难攻；而且瘴气特甚，对于大兵团尤其现代化部队运动限制很大。缅泰交界景东以南经登劳山脉、亘萨尔温江下游至毛淡棉（即摩尔门）一带，虽有崇山峻岭和萨尔温江之险，但景栋、克耶邦特别是毛淡棉附近皆有公路与泰国公路相衔接，为可攻可守的决战地带。

所以，杜聿明、侯腾在这一报告书的“共同防御意见”的这一章中，特别指出：

> 中英两军为确保仰光海港之目的，应集结主力在缅、泰边境毛淡棉、登劳山脉及景栋以南地区预先构筑阵地取决战防御，并将重点指向毛淡棉方面。另以一小部在中、缅边境车里、临江间担任持久防御。以一部配合舰艇在仰光及仰光海面警戒。“兵力部署”上，“预定英、缅军2至3个师、中国3至5个军……”

这虽然是一份仓促写成的报告，却是根据实际情况来深入思考的，具有战略眼光、具体措施、确实可行的作战方案。一年后的1942年春，日本对缅甸的入侵，也证明了这一预测的正确，日军就是在1月20日

从泰国西部山地越过泰缅边境。只是因为英国方面没有接受中方的建议在那一带布置重兵，日军也就如入无人之境，只用了 11 天就攻下了有铁路可通仰光的海边重镇毛淡棉，然后又用了一个半月，在 3 月 8 日攻下了缅甸当时的首都仰光……

这年（1941 年）春夏，中国政府把这份经过修改、核定的“中、英、缅共同组织防御的意见书”送达英国方面时，英国正在中东战场被德国军队打得狼狈不堪；德军已经攻入叙利亚，并准备以那里为跳板去控制伊拉克和波斯的领空，苏伊士运河也将受到威胁。英军当时能够调用的只有一个骑兵师，既要为伊拉克提供军队，又要保卫北面的巴勒斯坦，军力上已是捉襟见肘。在那种情况下，哪里还能顾得上对缅甸增兵？又由于驻缅甸英军总司令胡敦长期在殖民地养尊处优、无所用心，已经不知如何作战，对中国送去的这一“意见书”不以为然，而是认为日本不敢轻易向缅甸进攻；反而要求中国军队只是在中国与老挝、缅甸交界的中方一侧布防，以防止日本从越南方向过来截断滇缅公路。他还不同意中国军队提前进入缅甸，在缅、泰边境布防；以致 1942 年 1 月日军从泰缅边境悄然侵入缅甸时，不仅驻缅甸的英国军队被打得措手不及，赶往援助的中国远征军因为是仓促上阵，一时间难以了解敌情，适应地形、气候，更是无法应付已经完全控制了战局的日本军队的进攻。

但是中国政府还是预见到，已经占领越南和泰国的日本军队对缅甸的入侵只是迟早的事，秘密地为将来的入缅作战做了一些未雨绸缪的筹划，把第五军、第六军、第六十六军迅速调动到滇黔公路线上，做好随时进入缅甸作战的准备……

这也就是日军偷袭珍珠港事件发生后，蒋介石能够在第二天迅速地成立“中国远征军”之故。

在这短短的几天内，日本在南太平洋上，几乎是以秋风扫落叶之势，快速、狂猛地摧毁了英、美、荷等国在远东殖民地的军事力量，并迅速占领了那些地方。英国为了加强远东防御力量，刚刚派往新加坡排水量 35000 吨的战列舰“威尔士亲王号”、排水量 26500 吨的驱逐舰“却敌号”，都在 12 月 10 日的海战中被日本海、空军击沉，包括远东海军总司令汤姆·菲律普斯海军上将在内的 1000 余名官兵全都淹死。

12 月 11 日，美属关岛、威克岛被日本攻占，22 日由 85 艘舰船运载的 43110 名日本官兵攻上了菲律宾，经过短时间的战斗，美国驻菲律宾总督麦克阿瑟丢弃他的几个师，带着少数随从在夜半乘坐一艘鱼雷艇逃离了巴丹岛；接着香港也陷落，被称为“不可攻克的要塞”的新加坡，本来有由英国、印度、澳大利亚组成的 10 万联军驻守，也只经过 15 天的战斗，在 2 月 15 日陷落……

这一切，正如丘吉尔所哀叹的：“除了大西洋以外，我们已经失去了每一个海洋的控制权！”“在这广漠的一大片海洋之上，日本独霸，而我们则到处都是脆弱和没有防御的。”

美国总统罗斯福在和英、荷、澳、新等国紧急磋商后，在 1941 年 12 月 31 日致电蒋介石；决定组织同盟国中国战区，这一战区包括了中国、泰国、越南等地域，并公推蒋介石为中国战区统帅。

两天后的 1942 年 1 月 2 日，蒋介石复电罗斯福总统，同意出任中国战区统帅。

这 1942 年的新年，蒋介石和他的军政大员们是在一种紧张、忙碌、兴奋中度过的。他们都没有想到，远离雾重庆近万里的珍珠港被袭击，会给中国人民的抗战带来这样大的转折。山城重庆的人们，仿佛透过这白茫茫的浓雾看到了太平洋彼岸那碧蓝大海上的雪白波涛是多么汹涌狂猛！

被忽略了的他念他翁山脉

缅甸处于亚洲东南部、中南半岛西部，北纬 10° ~28° 之间，冬春是温暖的干旱季节，夏秋的 5 月至 9 月炎热多雨。那几个月，整天瓢泼般大雨，江河涨水，道路泥泞，很不适宜行军作战。所以，蒋介石和他的参谋总部的将军们，经过一番商讨后，决定抓紧时间，抢在日军还忙于袭击西南太平洋上英、美、荷等国的殖民地时，在冬末春初的二三月间，以极快的速度把编入中国远征军序列的三个军（第五军、第六军、第六十六军）开进缅甸，在缅甸南部几个战略要冲特别是缅泰边境布置防务。以逸待劳，这是兵家的上策。

大兵团的移动虽然不容易，但是这几个军都驻扎在交通运输方便的滇黔通道上。沿着 1937 年修成的滇黔公路从贵州车运进云南后，再从昆明经 1938 年 8 月通车的滇缅公路南行，不过十天左右就可以抵达缅甸腊戌，然后再转乘仰（光）曼（德勒）铁路开赴缅甸南部。

但是蒋介石却没有想到，英国军方并不认可中国方面这一具有远见卓识的战略计划，在以后几天的中、英会谈时，拒绝中国远征军快速入缅甸备战的要求，给这位即将出任同盟国中国战区统帅的蒋介石泼了一大桶冷水。

虽然日本侵略者的空军、海军在 12 月 6 日对珍

珠港美国海、空军发动袭击的同时，对东南亚英、美、荷属的马来亚、新加坡、菲律宾、香港等地也发起了攻击。从战局的发展来看，日军入侵缅甸只是时间早晚的事，但是目光短浅的英国军方对东南亚战局仍然看不透彻，还在对是否需要中国军队入缅作战犹豫不决。他们认为：从地理位置来看，南进的日军如果不先攻占马来亚、新加坡、印度尼西亚等国家，是无力分兵进入缅甸的。那些地方的英国驻军兵力雄厚，足可抵抗一些时日。日军即使进攻缅甸，也应该是从海上过来先攻取仰光。所以他们只是在处于安达曼海域的仰光海边布下了一些水雷，并加强了海军巡逻。那些日子，见那水天辽阔的海面上既没有日本军舰出没，更没有枪炮声，很使他们安心。

他们出于老牌殖民主义的狭隘心理，还认为，中国和缅甸从汉代以来的几千年间，就有着很深的关系。虽然从 1852 年到 1885 年，经过三次英缅战争，缅甸完全被英国占领，成了英属殖民地，但是中缅人民由于历史深远，仍然是处于“斩不断，理还乱”的状态中，往来仍然很密切，英国方面也就担心中国军队一旦进入缅甸，可能又会与当地缅族、傣族、山头（景颇族）等民族以及华裔们融成一片，将来战争结束了也不肯退出。英国政府某些官员还散布这种谬论：“缅甸被日本侵占了，不要紧，打败法西斯的战后，还可以要回来；如果是中国军队在缅甸打败日本，就会长久驻扎，以后就难以赶走了……”

英国官员敢于这样胡说，当然是源于他们政府的高层领导，据战后出版的《丘吉尔回忆录》中透露，这位当时的英国首相就认为：“在亚洲一片黑暗的那段日子里，他（罗斯福）却要我为中国人看守缅甸。我不知道还有什么建议比美国人的胡思乱想更令人沮丧……对英国人来说，放弃一百个缅甸，也不会比丢掉一个印度更重要……”

政府领导人的错误观点当然影响了英国军方，怎肯在缅甸积极备战。

在日军正凶猛地攻向马来亚、菲律宾、香港等地，东南亚大部分地区都卷入了硝烟烈火中时，英国首相丘吉尔却带着他的第一海军大臣庞德海军上将、空军参谋长波特尔空军中将、前帝国总参谋长迪尔元帅等将领离开了首都伦敦，乘“约克公爵号”轮船经加拿大去往美国。他很明白，这场对日战争如果不依靠美国是难以战胜的，尽管欧洲、西南太平洋的战事乱成一片，作为一个首相不能轻易离开国内，

但他还是在军情紧急中安排了这次美国之行。

他们经过 10 天的海上航行抵达汉普顿后，又在 12 月 22 日改乘飞机去往美国首都华盛顿。

罗斯福总统热情地接待了这批英国客人。丘吉尔他们在华盛顿逗留的那 20 天中，被安排在白宫内居住，以便随时近便讨论对日的战事。正如丘吉尔所说："只要他想来找我，他就来到我的房间里访谈，并且鼓励我对他也采取同样的做法。"

面临日军的进攻，如何在西南太平洋统一指挥英、美、荷所属殖民地各个国家的军队，是当时最亟待解决的问题。罗斯福总统和马歇尔总参谋长向丘吉尔建议，成立"东南亚盟军最高司令部"，把英属马来亚、新加坡、印度、缅甸，荷属东印度，美属菲律宾，全都纳入这一战斗区域，并由在印度的英军总司令韦维尔上将来担任这一职务。

韦维尔是一位参加过第一次世界大战的将军，1940 年欧战初起时，曾经担任英国军队驻中东总司令，在抗击德国、意大利军队的战斗中颇有战绩，因而为美国军方所注目。而且在这以前的 12 月 12 日，也就是丘吉尔一行离开伦敦的那天，丘吉尔就把缅甸划入了"印缅战区"，并电告韦维尔将军："你现在必须向东看。缅甸已经置于你的管区之内。你必须抵抗日军向缅甸和印度推进，并力图切断他们去往马来半岛的交通……"

考虑到驻扎于缅印地区的英、印、缅军的战斗实力有限，丘吉尔还把正在绕道好望角的英军第十八师，以及原来准备运往苏联支援高加索和里海作战的四个皇家空军战斗中队和一些防坦克炮、高射炮都调往印度。

但是韦维尔将军一开始就在战略上判断有误，他错误地认为："日军南进主力正在马来西亚和菲律宾作战，还不可能对缅甸发动大的进攻。"所以，1941 年 12 月 23 日，他奉英国政府的命令飞往重庆与中国军队统帅蒋介石见面时，却忘了此行是来向中国求助，反而高傲地摆出了他一贯蔑视东方人的态度，冷漠地面对蒋介石。

蒋介石开始还极为热情地接待这位盟友，向韦维尔表示：中国可以立即派出两个军，外加八万人的后勤部队去缅甸。

韦维尔却对此不领情，冷冷地回应：英国和缅甸方面没有力量向进入缅甸的这样多中国军队提供粮食和交通运输。他只能接受中国一个师的军队，而且这个师的一切供应都必须由中国政府自己解决……

这当然是韦维尔的推托之词。当时在仰光码头上和仓库里堆积了大量的美国给中国提供援助的枪炮、弹药和其他军用物资；仅美国制造的奇泼斯牌卡车就有 400 余辆，都被英国方面趁乱扣留了。如果把这些物资交还给中国，足够中国军队出国作战之用。

蒋介石没有想到韦维尔会这样冷漠、无理。他被激怒了。他想，你不要我们的军队去缅甸，你飞来重庆干什么?

他认为，这是英国方面自 1940 年 7 月封锁滇缅公路以后的又一次对抗战中的中国的刁难和侮辱。也就沉下脸来表示：既然这样，中国不必出兵了。如果英方有困难，中国可以拨出 20 挺机枪来支援英国保卫缅甸。

然后就冷淡地送客，结束了这次会谈。

陪同会见的英国驻中国大使卡尔、美国军事代表团团长马格鲁德准将和乔治·布雷特等人都大吃一惊，在远东战局正在向英、美的不利方向发展的关键时刻，中国军队的最高统帅和英国驻守缅印的总司令会发生这样的冲突，可不是一件小事。

他们回去后，除了分别向自己的政府电告这事外，卡尔大使又去求见蒋介石，希望通过解释能缓和这一不愉快。

蒋介石在中国长久处于亿万人之上的至尊地位，从来都是一切事由他说了算，并不是如韦维尔他们所想象的因为国势衰弱又逢外敌入侵而表现怯懦。他心头长久积聚的与英国结下的旧仇新怨都涌起了。这次可不想给英国人面子，却愤慨地拒绝接见卡尔大使。

卡尔大使很紧张，又赶紧电告伦敦方面。

那几天，日军在东南亚各地的进攻正风风火火地连连得手，12 月 7 日饭田洋二郎指挥的第十五军一支先头部队从与马来西亚接壤的暹罗（泰国）南部港口宋卡、北大年登陆，第二天就进驻曼谷。早就和日本有勾结的暹罗銮披汶政府，在 12 月 21 日与日本签订了同盟条约。日军从而有了就近入侵缅甸的基地，紧接着日军南方军的另一支部队也在 12 月 25 日占领了香港。

这些急速变化的形势和英国将军韦维尔不识时务地得罪了蒋介石，使得英、美军政高层的有识之士都为之担忧。美国陆军部长史汀生就很不客气地指责韦维尔："比较武断，不讲方法，对待中国人还是往日英国人的那种态度。"罗斯福总统也一改从前对韦维尔的良好印象，认

日本南方军总司令河边正三（左二）与部下策划入侵东南亚

为韦维尔“缺乏战略眼光，怎么能这样置中国这一必须紧紧依靠的盟友不顾？”他还担心蒋介石一气之下，就此与英、美疏离接受日本已经提出来的停战、议和。那些天，他就对他的儿子埃利奥特说过：“如果中国屈服了……你认为日本可以腾出多少部队？这些部队会用来干什么？他们会占领澳大利亚、夺取印度——印度就像一枚熟透了的、可以摘取的李子。他们将直捣中东……从而形成日本和德国的大规模钳形攻势，在近东会师，彻底切断俄国与外界的联系，孤立埃及，严重干扰通过地中海的所有航道。”

罗斯福总统不愧为杰出的政治家，他是从战略全局来看待中国在反法西斯同盟中不可代替的地位。他比英国政府的高级官员和将军们有远见多了！

这年 12 月，在以“阿卡迪亚”为代号的美英两国首脑会谈时，罗斯福总统更是不顾外交礼仪，直率地向英国首相丘吉尔提出：把韦维尔从印缅战区总司令的位置上调走，以免影响中国对缅甸的出兵。

丘吉尔却对罗斯福总统的提议，不以为然。这个出身于英国贵族，经常矜持地叼着一根大烟斗，肥胖过甚的英国首相，也是还没有消除长期养成的漠视中国的态度；反而认为罗斯福总统和美国将军们“过高估计了中国能够对战争做出的贡献”，但是面对他们有所求的美国人，又在如今无力东顾的时候，也觉得不能完全得罪中国，只好按照罗斯福总统的意见，去电婉转地责备韦维尔：“我对你拒绝中国帮助防守缅甸和滇缅公路的理由，依然困惑不解……”但是他心里也明白，韦维尔敢于这样对待蒋介石，是受了他的影响，又特意把他也是承受着美国方面的压力，明白地告诉韦维尔：“我必须把美国人的看法告诉你。在许多美国人的心目中，中国显得同英国一样的重要。总统对你非常器重，但是对蒋介石在同你会晤后的沮丧心情，似乎稍感吃惊。美国三军参谋长坚持要把缅甸归你指挥，唯一的原因就是他们认为你会迁就中国，并打通滇缅公路，这是争取世界胜利不可缺少的措施。同时不要忘记，在这一切后面，亚洲人团结的阴影幽然出现，这又会使我们必须排除的种种灾难和挫折更严重起来了。”因此，他郑重地告诫韦维尔：“我们不能如此简单、粗暴对待中国的军政最高领导人。”

受到责备的韦维尔总算明白了一些。他虽然迫于美英高层压力，对中国的倨傲态度不得不略有收敛，但是在对缅甸未来的战局仍然估计错误。他认为：英方在新加坡的军队有 10 余万人，而且装备精良，

仅大炮就有 450 余门，汽车 1 万余辆，轻重机枪 6 万余支，又沿着海岸线筑有坚固的炮台，日军南进的主力必将费时费力经过一番苦战才能在新加坡见胜负，较长时间内是没有力量来攻击缅甸的。而且缅甸除了原有的、由英国将军 O.K. 马克莱奥德指挥的英、印、缅守军 3.6 万人（其中有一个英国师以及缅军第一旅、第二旅，印度步兵第十三旅、第十六旅）外，还准备从印度再增调两个旅（印军步兵第十三旅、第十六旅）来缅甸，必要时还可以再增加两个旅（印军的第四十六旅、第六十三旅）。他想，以 8 至 10 个旅的兵力是可以守住缅甸的。

韦维尔出于自己拥有雄厚兵力的自信，也就仍然固执地认为：以后的缅甸作战，中国军队可有可无。

日军东京大本营的参谋本部，是在 1941 年的 8、9 月，集合有关高级参谋，用了一个月的时间秘密完成了对东南亚诸岛屿的作战计划，并在 11 月 5 日由裕仁天皇主持的御前会议决定对英、美、荷等国作战，紧接着在 11 月 6 日下令组成了由寺内寿一大将担任总司令官的南方军。这南方军开始时辖有第十四军、第十五军、第十六军、第二十五军 4 个军（共 9 个师、3 个独立混成旅、2 个飞行师团），以后考虑到作战地域大，需要更多兵力，又从中国派遣军中抽调 6 个师团（第四师团、第五师团、第十八师团、第二十师团、第三十师团、第三十八师团）和 1 个飞行师团（第三飞行师团）来加入这一战斗序列。

日军参谋本部的这一作战计划还规定：在南方派遣军总司令官寺内寿一大将指挥下，派出三个军和两个飞行师团来完成对东南亚的作战，由第十四军司令官本间雅晴中将指挥两个师团（第十六师团、第四十八师团）、两个坦克联队（坦克第四联队、第七联队）、两个重炮联队（第一联队、第八联队）以及工兵、高射炮兵攻击菲律宾群岛；以第二十五军司令官山下奉文指挥四个师团（近卫师团、第五师团、第十八师团、第五十六师团）和一个坦克旅团（第三坦克旅团），四个炮兵联队和四个工兵联队去攻取马来亚；以第十六军司令官今村均指挥第二师团、第五十六旅团和坦克兵、高射炮、重炮各一个联队去攻击荷属东印度群岛（今印度尼西亚）。

但是日军参谋本部的这些高级参谋们认为：为了切断中国政府对外联系的国际通道“滇缅公路”，并维护向马来亚、新加坡进攻的第二十五军的后方，还必须以一部分兵力来进驻泰国以求能及时南援北

打。于是在日军参谋次长塚田攻中将主持下，对南进作战计划做了修改，决定从其他军抽调部队再成立一个第十五军，由饭田洋二郎中将担任第十五军司令官指挥两个师团（第三十三师团、第五十五师团）来承担这一战斗任务。

饭田洋二郎原来是日军中国派遣军所属华南方面军的第二十二军近卫师团师团长（以后又升任第二十三军司令官），一向以战斗作风凌厉、出手狠毒、能攻善守著称。近卫师团原来戍守日本东京，1940 年才调来中国，在昆仑关与中国军队作过战。

但是日军参谋本部考虑到南进兵力有限，一时间还难以决定，什么时候攻击缅甸才合适？是只把攻击点局限于缅甸南部（也就是以仰光为中心的沿海地区），还是遍及南北缅全境？多数高级参谋们则主张结束了新加坡、马来亚、菲律宾等地的战斗后，再来攻取缅甸。所以，日军第十五军司令官饭田洋二郎在 12 月 21 日进驻暹罗（泰国）后，也只是采取守御态势，提防英、缅、印联军从缅甸南部过来攻击泰北去援助马来亚、新加坡。

他们哪里知道，乱了方寸的英军参谋总部和在印、缅驻军的韦维尔将军，如今莫说主动进攻，就连应该如何被动防守都缺乏计划呢！

这期间，随着日本侵略军对泰国、香港、马来亚、新加坡、菲律宾等地的攻击顺利，日军东京大本营和南方军总部也就发现，这些地方的英、美驻军并不像他们原先所预料的强有力，完全是处于被动挨打、难以招架的境地。这就大大地助长了日军参谋本部将军们的气焰，决定把原来列为第三期的攻取缅甸的作战计划提前到第一期实施，1941 年 12 月下旬，由参谋本部派出作战课课长服部卓四郎大佐携带“切断援蒋（中国政府）路线，清除英（国）在缅（甸）之势力，占领并确保缅甸要地”为作战目的的命令，在 12 月 21 日（也就是英国将军韦维尔从印度飞往重庆与蒋介石会谈的前两天），从东京去往驻扎在安南（越南）西贡的日军南方军司令部，要求南方军迅速命令第十五军从泰国北部向缅甸进击，先攻下泰、缅边境有铁路可通仰光的海边重镇毛淡棉以及土瓦等地，然后进占勃固、仰光，再进一步占领缅甸的大油田仁安羌和联系缅甸南北的中心城市曼德勒……

这一把南北长约 1931 公里、东西宽约 966 公里的缅甸全境都纳入了作战区域的庞大计划，使日军南方军总司令官寺内寿一和他的参谋长塚田攻中将深感意外，因为仅用第十五军两个师团（其中第五十五

师团还缺一个联队）去攻取有英、缅、印 8 至 10 个旅驻守，可能还会有大量中国军队前来增援的缅甸，兵力过于单薄。特别是泰国北部与缅甸接壤处，全都是连绵起伏的大山，除了由泰国的清莱、清盛有一条简陋的公路通往中缅边境的景栋外（就是英国军方要求中国派出第九十三师一个加强团约 2000 人进驻的那个方向），泰、缅边界其他地方全部被山势陡峭、人烟稀少的他念他翁山脉所阻断。那一带的高山大岭满布稠密的原始森林，连一条可走驮马的小路都没有，如果想用奇袭手段不惊动在缅甸的英、印、缅军，又只能从这个方向的来兴、麦索、高加力等处开挖出一条从起伏山岭和稠密原始森林通过的公路。长达 120 公里的山间公路，其难度是很大的。据估计，这项修路工程至少要动用十几万民工，费时 5 个多月。因此，日军南方军总司令官寺内寿一大将向衔命而来的服部卓四郎大佐介绍了那些困难后，坦率地表示："假如开始提前进攻缅甸，也仅能进行对仰光的作战，此外暂难从命。"

日本军队在法西斯军国主义训练下，一向有着下级绝对服从上级的严格纪律，从前担任过中国驻屯军、华北方面军司令官，历来以战无不胜自诩的寺内寿一大将，如今却在他手下几个军都打得顺手时，对进攻缅甸的作战明确表露出了畏难之情，也使服部卓四郎大佐在惊异的同时表示理解，愿意返回东京向参谋本部报告；但是也明确地表示：第十五军进攻缅甸的作战计划既然经过东京大本营批准，是不能改变的！

寺内寿一大将也知道，这一作战难以违拗，只好命令第十五军尽快做好攻取缅甸毛淡棉和仰光的战斗准备工作。

这一作战计划的提前实施，对于刚进入曼谷不久的第十五军司令官饭田洋二郎来说更是深感意外。进驻曼谷时，正是气候比较凉爽的冬季，他在风光绮丽的湄南河边过着既威风凛凛又舒适的生活，已经不想再远离。如今命令来了，他虽然颇怅然，也不得不服从。他命令暹罗銮披汶政府迅速征集民工，在第十五军独立工兵第四联队带领下立即投入修路工程，从他念他翁山脉开掘出一条可以在冬春旱季供骡马和汽车行走的便道。军情紧急，务必日夜赶工，把需要 5 个月的工期缩短到 50 天内完成。

虽然暹罗北部的 12 月是所谓"凉季"，筑路民工、军工可以避开夏秋漫长雨季整天泡在雨水里的困苦，但是这里冬天的太阳仍然比别

处炽热，白天气温常在38摄氏度以上，特别是原始森林里由枯枝烂叶和鸟兽粪便积累、融化成的腐殖质土散发出的瘴气，毒性很大，加上蚂蟥、毒虫成群，进入山林修路的民工染病死亡的很多。这条从泰北向缅南延伸的军用便道，也就成了一条用万千尸骨铺成的死亡之路。

日本军方可不管这些疾病、死亡日增的悲惨状况，派出部队监督、弹压，强迫民工把路快速修下去。泰国北部多是朴实的少数民族，过去在闭塞的大山里，虽然过得贫困，却自由自在、无拘无束，如今才深切地感受到日本法西斯的残暴，但是已被魔爪严实地控制难以脱身了。

日军这支新成立的第十五军所属两个师团（第三十三师团、第五十五师团），都是由其他军抽调来的。由竹内宽师团长指挥的第五十五师团原来驻扎在印度支那（越南）的海防，是先乘火车至西贡，再从西贡步行军去往柬埔寨的金边，然后又从金边乘火车来到暹罗曼谷。

那是一次跨越中南半岛几个国家的长途急行军，虽然是冬天，亚热带南方如火的骄阳蒸晒得大地热气腾腾。为了保密，也为了避开白天的暑热，这个师团白天休息，夜间行军。途中仍然病倒了不少官兵。

樱井省三师团长指挥的第三十三师团，原来属于中国派遣军第十一军，驻扎在中国南京。接到编入南方军第十五军系列的命令后，在12月初分乘7艘运输船从南京下关码头启程赴上海，12月15日傍晚再从上海出海，19日驶入马公港，在那里与其他部队会合，补充弹药、装备、淡水，组成了一支有海军舰艇护卫的50多艘舰艇、船只的庞大船队，经中国南海驶向暹罗湾，然后分别开往各个作战地域。这一海上行程前后费时25天，第三十三师团的船队于1942年1月10日才抵达暹罗首都曼谷。

这离日军第十五军在12月12日接获南方军下达的向泰缅边境进击并占领缅甸毛淡棉的命令，已过去近一个月了。为了等待这个师团，第十五军司令官饭田洋二郎只好把进攻日期推迟。

这一个月时间，对于将受到攻击的英缅军方本来很有利，作为印、缅战区总司令的英国将军韦维尔，如果能够尽快调兵遣将、布置防务，并及时请中国远征军进入缅甸南部，迅速在那些战略要地修筑防御工事做好战斗准备，是可以从容对付进犯的日军；而且按照军事上的要

求，攻击一方必须要有多于守军三倍以上的兵力，才能较有把握地取胜。从当时双方兵力来看，日军兵力并不雄厚，两个师团只不过3万人左右。按照常情是难以用这两个师团攻下有近3万英、缅、印联军和10万中国远征军据守的缅甸的；但是庸碌、短视的韦维尔和驻缅英军总司令胡敦以及他们司令部的将校们（他们的司令部里有1名上将，1名中将，5名少将，18名准将，250名校级、尉级参谋），由于在缅印殖民地过久了颐指气使的贵族生活，早已斗志衰退，他们既不读兵书，也不对军队进行战斗训练。虽然穿着华丽的军装，实际上是一群不知道战争为何物的“银样镴枪头”。

缅甸人民多年来由于对英国殖民者的欺压不满，早就对英国军政当局采取了不合作态度，如今更不愿把泰、缅边境日军的动向报告给英国方面，从而使英国军方如盲人般看不到形势的危急。

在日军入侵缅甸之前，以昂山为首的一批缅甸爱国志士，为了赶走英国统治者谋求缅甸独立，曾经来到中国寻求支持，中国当局正处于抗战困境，不敢得罪英国方面，没有给予帮助，只是让他们匿藏在海南岛，以躲避英国军方的搜捕；但是这一情况很快被日本情报机关获悉，在1940年6月派出了日军参谋本部从事情报工作的高级参谋铃木敬司大佐化装成商人从东京飞往曼谷、仰光活动，通过各种关系与昂山领导的“德钦党”联系上。昂山等人被铃木的建立“亚洲共荣圈”、协助缅甸独立等花言巧语所迷惑，表示愿意与日方合作，以曼谷为基地成立了“缅甸独立军”。日本侵略者后来攻入缅甸时，有缅甸人带路、送情报，帮助日军破坏英军的军事设施和铁路、公路……

虽然昂山等人在日军完全占领了缅甸后，才看出了日本法西斯统治的残酷远远超过了英国殖民者，又愤而带领缅甸人民起来反对日本军队，但已是悔之晚矣。他们给予日本入侵缅甸的多方面帮助，已经给缅甸、中国人民那场抗击日军的作战带来了极大损害。

这段时间（1941年12月11日至29日），虽然蒋介石派遣中国远征军出援缅甸的事，一再被韦维尔阻拦，中英矛盾加深，但是在美国方面的调解、劝说下，蒋介石还是以大局为重，压下怒气，加紧了对已经编入中国远征军序列的第五军、第六军、第六十六军的战斗动员和兵员武器的补充，命令这3个军迅速从原有驻地向滇西边境进发。

杜聿明军长指挥的第五军下辖第二〇〇师、新二十二师、第

九十六师，加上军直属队的炮兵、工兵、通信兵，共有42000余人，是一支兵员充足、战斗力强的中国第一支战车部队。原来驻在贵州安顺，以后又前移到昆明附近的杨林。

杜聿明是1937年成立中国第一支战车团时的第一任团长，以后才在这个团的基础上，逐渐扩充升级为师和军的建制。其中又以戴安澜师长指挥的第二〇〇师实力最强，拥有当时较先进的德式和苏式坦克、装甲车、大炮。1939年12月18日至31日的桂南会战，曾与日军激战于昆仑关，歼敌5000余人，并把日军的第十二旅团长中村正雄少将击毙。中村正雄临死前在日记中有过这样的倾诉："帝国皇军第五师团第二十一旅团，之所以在日俄战争中获得了'钢军'的称号，那是因为我们的顽强战胜了俄国人的顽强。但是，在昆仑（关），我应该承认，我遇到了一支比俄国军队更强的军队……"

中村正雄这一不得不服输的哀叹，经过中外新闻媒体的传播，也就使得杜聿明和他指挥的第五军声名大振。

蒋介石这次组建中国远征军，是把这支部队作为入缅作战主力来使用，相信他们能克敌制胜扬威异域；再加上杜聿明在这年（1941年）1月曾经作为"中国缅、印、马军事考察团"主要成员去缅甸、印度、马来亚考察过3个多月，对缅甸的地形、气候和军情都较了解，还主持写出了30余万字的考察报告，对未来在缅甸与日军作战有较深入的思考。他相信：杜聿明是能够比别的将领把这次出国作战的任务完成的。所以蒋介石还任命这位名将作为中国远征军第一路军的副司令长官，协助即将担任第一路军司令长官的卫立煌指挥第五军、第六军、第六十六军。

第六军当时驻在贵州安龙一带。军长甘丽初黄埔一期毕业，1924年起从排、连、营、团长升到第九十三师师长、第六军军长，抗日战争以来，参加过武汉保卫战等重大战役。这个军原来归军事委员会直接指挥，只是兵员武器不齐，战斗实力远不如第五军。除了第九十三师早已进驻中、缅边境上的车、佛、南（如今西双版纳的景洪、勐海、勐遮）外，还有第四十九师、暂编第五十五师驻在贵州。

第六十六军军长张轸是个资历较老的军人，早年毕业于保定军校第九期和日本士官学校步科第十四期，1925年还担任过黄埔军校上校总教官。论辈分还是杜聿明、甘丽初这些黄埔学生的老师。1927年他33岁时，就担任了程潜指挥的第六军第十八师师长，那时候，杜聿明

这批黄埔一期学生还只是连、营级军官。因为张轸与程潜、李宗仁这些反对过蒋介石的湘、桂派系将领关系密切，从而不为蒋介石所宠信，却在师长这一位置一干就是 11 年。抗战初起的 1938 年徐州会战，张轸那个师在台儿庄之役打得很勇猛，战后被第五战区司令长官李宗仁推荐升任第十三军军长，但是只任职几个月又因为和蒋介石的宠将——第二十军团长汤恩伯不和，而被免去军长职务，调往军政部第二补充兵训练总处处长的闲散位置。如今滇缅战事将起，急需扩军备战，又让他出来担任重新组建的第六十六军军长。东拼西凑地给他调来了 3 个师（新编第二十八师、新编第二十九师、新编第三十八师）。这几个师都是久在后方，缺乏实战经验的杂牌部队，如新编第二十八师是由复兴社大特务头子康泽的别动队改编，师长刘伯龙虽然是黄埔三期和日本步兵学校毕业，出了校门就进入复兴社从事特务活动，没有打过一天仗。新编第二十九师全是由第十九补充兵训练处的新兵组成，被人讥为未经过战阵的乌合之众。新编第三十八师是宋子文担任财政部长时一手建立的“私家军队”——税警总团，原来只是在后方设卡缉私，配备的全是轻武器。不过总团长孙立人却是个不同凡响的人物，他 1923 年毕业于清华大学土木工程系，又去美国进了印第安纳州普渡大学土木工程系。但是他却有志于军事，弃文从戎进了闻名世界的弗吉尼亚西点军校，美国的著名将领马歇尔、艾森豪威尔、史迪威、巴顿都是他的先后同学。但是由于他不是黄埔嫡系，回到中国后想谋取一名连、排级军官都难以如愿，只能在军队中屈辱地担任一名卑微的下士，后来才被为人处世有着美国作风的宋子文收纳到门下。他经过近十年努力，不断展现他的军事才能，终于升任成税警总团中将团长。但是他仍然不甘心这种长久处于军队边沿的地位，利用他在军校所学和他对中国古代兵法的研究，把这个税警团训练成了既能缉私又战术素养较高的一支不同于国民党其他军、师的部队，中高级军官也多数是曾经留学美国的军官。1937 年 10 月、1938 年秋参加上海、武汉的几场大战役都打得很出色。

他这个税警总团原有 6 个团，编成新编第三十八师前被“军统”大特务头子戴笠截去了 3 个团，如今只能以 3 个团万余人编成一个师。

在国民党军队中，这个师却被人认为“比杂牌还杂牌”。张轸就说：“我这个军以三十八师最糟。” 他当然是有眼不识泰山。以后在缅甸作战中，这个师可是威震中外。

第六十六军在 1941 年 12 月组建成后，全军几个师分驻在贵州的普安、兴义、都匀等地待命。蒋介石考虑到这支部队的现状，还要在战前训练一段时间，准备把他们作为远征军的第二梯队使用。

张轸见从前级别比他低得多的宋希濂、杜聿明，如今都成了他的上级（他还挂着新成立的、由宋希濂担任总司令的第十一集团军副总司令的虚衔），心里很不服气，但是这是蒋介石的决定，他也没有办法。他是怀着一种郁闷、不满的情绪来担任军长的。

在作战部门忙于调动军队、策划战斗事宜的同时，后勤军需部门也在忙着给各军、师补充弹药武器和服装。武器弹药还能从贮存于仓库的有限数量中调拨，只有军服没有着落。抗战多年，大后方粮、棉减产，纺织品极为缺乏，多数军队每年发一套军衣就不管了，以致许多士兵的衣着都很褴褛。如今要出国作战，为了显示国威、军威，还得穿戴整齐。但是如何在两三个月的短时间内赶制出 10 万套军衣呢？这事本来应该由军政部军需署署长陈良具体负责，但是他面对原材料缺乏和军工不足，显得束手无策。这使军政部长兼总参谋长何应钦将军很着急，他思之再三，终于想起了当时在昆明的军政部军需局担任科长的李先庚。李先庚是中央军校第 10 期毕业，交通部长俞飞鹏的学生，云南洱源人。何应钦从俞飞鹏处得知：李先庚和云南省主席龙云以及龙云的三儿子龙纯曾很熟悉。龙三公子是云南黑白两道的大头目，魔法无边，既作恶多端又很讲江湖义气，有朋友求他，很愿两肋插刀相助。所以俞飞鹏特意把李先庚调往昆明从事后勤补给工作。通过他去与云南地方势力联系，可能比较容易解决这一难题。何应钦就指示陈良在这年（1941 年）12 月飞往昆明，指派李先庚负责这项采购、制作 10 万套军衣的事。

李先庚见这是军令，何应钦将军又这样看重他，也愿意全力以赴。

要在短短的一两个月内把 10 万套军衣赶制出，这要多少厂房、工人、缝纫机来完成？但是在李先庚手中，除了军需署给的一笔经费外，其他都没有。当时的昆明市人口不过 18 万，没有一家服装工厂，散落于街头巷尾的只是一些由一两个师父带几个徒弟，或夫妻组成的小裁缝店。一时间到哪里去找那样多的裁缝和缝纫机？但是李先庚交友广，他通过朋友打听到处于广西铁路线上的金沙江，停留了不少从南京、

上海、杭州、武汉撤退到那里的服装厂工人和裁剪师傅。这些人在日寇进逼京、沪、杭、汉等地时，随同大批逃难的人仓皇爬上火车南逃，仍然忘不了带上他们赖以活命的剪刀、尺子、缝纫机，几经辗转来到了广西的金沙江。铁路没有再向西南延伸了，行驶在陡峭公路上的军车、商车都各有装载任务，哪有多余的车辆来运送他们，只好束手无策地停留在那里。正当他们惶惶然为以后的衣食发愁时，李先庚派人来了，约请他们去昆明。这些制衣工人真是喜出望外。

李先庚派去的人用优惠条件招得了 2000 名熟练的制衣工人和 1500 部他们携带的缝纫机。又通过龙三公子把昆明城内外所有的寺庙和会所都腾出来，作为制衣车间，寺庙、会所有限，龙三公子又命令昆明的其他工厂都停工，腾出地方和人手来帮助赶制军衣。

这虽然有些强迫命令，还充满了“霸气”，但是僧人、工厂主、工人们想到这是为了中国远征军出国抗日作战，还是愿意积极配合。

在昆明难以寻觅到那样多布匹、染料。李先庚就请求俞飞鹏给他派出一个汽车营，经滇缅公路去往缅甸仰光采购。那里有大量的英国进口的布匹、染料。经过日夜赶运、日夜赶工，居然只用了 40 天就赶制出了 10 万套军衣。剪裁军衣剩下的边角废料，他们又动员制鞋工人和街巷间的妇女帮助做成了 10 万双鞋子。这样的速度，这样万众一心，也是抗战期间的大后方的一大奇迹。

新的军衣、鞋子发到远征军官兵手中时，他们都很兴奋，也对出国作战充满了信心。

在中国政府正忙于组建、调动部队，准备远征缅甸的时候，英国的印缅战区总司令韦维尔上将对未来的缅甸战局仍然是一片茫然，从而在指挥上举棋不定。虽然蒋介石委员长已经在 12 月 16 日下达命令给第五军、第六军立即从驻地向滇西进发，第六军先头部队已经渡过怒江，第五军前锋也抵达保山，本来可以很快进入缅甸，却遭到韦维尔的一再阻拦。蒋介石只好电告第五军军长杜聿明、第六军军长甘丽初：“英方表示第五军及第六军主力（欠第九十三师及第四十九师之一个团）暂时毋庸入缅。”从而让第六军和第五军正向南开拔的部队，不得不停留于从昆明到保山、芒市的途中。

12 月 23 日蒋介石在重庆和韦维尔闹翻了以后，又在 12 月 29 日给杜聿明发来一封电报：“第五军毋庸入缅，必要时向东转运。”

因为这期间，第三次长沙会战已经开始，日军第十一军的 4 个师团和 2 个旅团共约 12 万人，已经在阿南唯畿指挥下攻向长沙，正与中国军队第九战区 40 个师约 18 万人激战。

蒋介石在担心湘赣战事的同时，也气愤地认为：英国这样骄横自大，那又何必用自己的精锐部队去支援他们？湘桂战线不保，对西南大后方的川、黔、滇的威胁才更大呢！

杜聿明的第五军的几个师，虽然已经陆续开向滇西方向，军部还在昆明附近的杨林没有移动，也就重新布置了全军转向湖南去作战的准备。

在这中、英两国高层不和，英国军方在缅甸的军事部署处于茫无头绪之时，日本东京大本营却积极、快速地加紧了对缅甸的入侵。

1942 年 1 月 22 日，日军大本营正式发出了第 590 号“大陆令”，命令指出：“一、大本营企图占领缅甸要域；二、南方军总司令官应与海军协同攻占缅甸要域。”

在这以前已经做好了入侵缅甸的准备，只待东京大本营正式下达命令的南方军总司令官寺内寿一大将，立即在当天（1 月 22 日）向饭田洋二郎中将指挥的第十五军发布了代号为“U”，目的为“击溃缅甸之敌，占领并确保其要域，兼以加大对华压力”的作战命令，要求第十五军快速越过泰缅边境“进驻毛淡棉附近萨尔温江一线，完成作战准备后，以主力由毛淡棉—勃固沿线占领仰光”，“若情况许可，占领仰光附近后，继续以现有兵力实行对曼德勒及仁安羌附近的作战”。

寺内寿一预见到，一旦他们的军队攻入缅甸，中国必然会派军队进入缅甸，特意要求饭田洋二郎的第十五军“力求在攻占上述要地前歼灭敌军，特别是中国军”。

他也明白，单靠第三十三师团、第五十五师团的兵力是难以攻下地域宽广的南北缅甸，除了以一部分兵力在海军协助下，从海路扑向仰光作为佯动，以迷惑英、缅、印守军外，还决定增调第十八师团、第五十六师团去往缅甸参战。

第十八师团是日本军队中的王牌，早在 1914 年就进攻过青岛，参加过 1932 年的“一·二八”进攻上海的淞沪作战，1938 年又参加对武汉的进攻，以后又南调编入侵华日军“华南方面军”进攻广州、桂南（昆仑关战役）。如今才从“华南方面军”作战序列调入“南方军”。现任师团长牟田口廉也中将更是侵华战争中的元凶，1937 年“七七”

事变时，担任“中国驻屯军”步兵旅团第一联队长，是进攻北平的前锋。以后随着侵华战争的扩大，他从华北打到华中南，无恶不作。

第十八师团于是改变了去马来亚作战的任务，从广州登船海运，在1月17日抵达南马来亚的东岸，再经马、泰边境抵达曼谷。

渡边正夫指挥的第五十六师团则是不久前组建的一支乙种师团，兵力19000余人，也是从马来亚调过来的。

原来还对是否要及时侵入缅甸存有疑虑的第十五军司令官饭田洋二郎，有了这两个师团做后续部队，也就信心大增，改变了他原来只想“确保暹罗”“长期坐镇曼谷”的打算，决定不再等待从他念他翁山脉原始森林中穿越的道路修筑成，就命令作为第一线的几个联队迅速轻装前进，必要的物资都改为用牛马来驮运。虽然攻坚需要大炮，但是为了快速穿越原始森林、攀爬陡峭的山岩，每个山炮中队只带一门拆卸开了的山炮，其余的大炮都留置在后方的彭世洛府，等待道路修通后再车运上来。

日军第十五军已经侦察到，在缅甸的英、印、缅军增加到了3万人左右；但是英军方面却忽视了有着他念他翁山脉横亘的泰、缅边境，仅是在这个方向的毛淡棉驻扎约有5000人的一个旅，另外在土瓦和老丹驻有约1000人。所以日军第十五军司令官饭田洋二郎认为：用作为前锋的第五十五师团的两个联队（第一一二联队、第一四三联队）的兵力越过他念他翁山脉去突然袭击，完全可以把那里人数不多的英、印、缅军队击溃，并迅速把毛淡棉这一处于缅甸东南部的战略要地占领。

在日军第五十五师团向泰、缅边境悄然推进时，由樱井省三师团长指挥的第三十三师团，也在暹罗北部的素可泰、沙旺卡洛之间的地区集结，将作为第二梯队，去攻击泰缅边境一侧的帕安（巴安），以便在英、印、缅联军顽抗时，迅速截断对方在毛淡棉的后路。第十五军司令官饭田洋二郎也准备离开曼谷进驻到离前线较近的泰国北部的来兴府（达府），以便就近指挥两个师团作战。

泰北的冬天，温暖干燥，穿件单衣就可以了，是行军作战的好季节。1月11日深夜，第五十五师团分三路纵队从彭世洛出发。他们以宇野节大佐指挥的步兵第一四三联队作为右纵队，川岛吉藏大佐指挥的骑兵第五十五联队作为左纵队，小原泽幸藏大佐率领的步兵第一一二联队一个大队居中作为中央纵队，在月色全无的昏茫夜间，翻山越岭，穿林过涧地向高插云天的他念他翁山脉深处进发。

深山密林里的冬天与泰缅平原不同，霜重雾浓，既能掩护他们行军，也由于视线不清，给行军带来极大困难。他们有时要攀藤附葛，有时要砍开密集的树林才能行进，行军速度很缓慢。还因为山坡太陡太滑，不少士兵和驮军用物资的牛、马，从悬岩上失足掉入了峡谷深渊中。以致日军越过泰缅边界后，随军驮运弹药的几千匹牛马多数摔死、摔伤，只剩下约三分之一还能使用。

但是日军的联队长们并不为此却步，还是不顾伤亡损失地严厉督促军队前进，而高山密林的险阻却如同层层难以穿透的黑墙似的阻隔着，使得部队一天只能向前移动三四公里，而更让第五十五师团长和联队长们着急的是，出发前，全师团却没有一张泰缅边境的军用地图，去向军司令部请领，回答却是：军部也只有一张二百万分之一和一张二十五万分之一的地图，没有多余的下发。师团的参谋人员要筹划行军作战，只能去往军部看地图，而且这两张地图也由于过于陈旧简略与实际的山形水势不完全符合。不过他们在边境上找到了一个“缅甸独立党”的当地山民做向导。有这个人带领，前锋部队才在稠密的原始森林里不致迷失方向。但是由于泰北热带雨林生长太快，山林地形多有变化，这个缅甸向导有时候也会迷路。

这样走了七天才到达来兴（达府）。

从来兴（达府）往南走，又是一道又一道如同矗立于云天间的高大险峻的山峰，又上爬下滑地攀越了三天，才在 1 月 22 日到达泰缅边境一侧，属于缅甸的麦索（夜速）

日军这两支大部队在泰缅边境连续十天的行动，却没有惊动不久前（12 月 12 日）才从印度来缅甸接替马克里特中将担任英军总司令的胡敦和他的司令部人员。如果他们能关注这一带的山林险地，预先出动几支部队进驻这一带山岭间，以逸待劳，凭险阻击，是可以把只能成一路纵队踽踽行进，又爬得疲惫不堪的日军消灭大半的。

胡敦在印度时是韦维尔的参谋长，也是和他那高傲而又缺乏战略眼光的上级一样，面对新的战斗形势一片茫然。这期间，正在仰光的司令部里过着舒适的日子，不知日军将兵临城下！

日军第五十五师团的左、中、右三个纵队，只有中路的第一一二联队前卫在越过泰缅边境后，才遇到一支约 200 人、作为边防军驻扎在那里的英、印、缅军队。这支人数不多的军队，怎么也没有想到日军

会突然从大山间的云雾中扑过来，在猝不及防下，虽然利用地形和工事做了抗击，并给予了日军70余人的伤亡，但是寡不敌众，很快被完全消灭。

这只是日军20多天以来、接近毛淡棉以前，唯一遇到的一次战斗。

第五十五师团这次在他念他翁山脉原始森林中的大穿插虽然全军上下都走得很疲累，还有不少官兵病死累伤，但是这个师团没有停歇，决定在1月31日，利用天色未明前的暗夜攻下毛淡棉。

师团长竹内宽的布置是：以宇野大佐率领的步兵第一四三联队的两个大队作为右翼，在30日傍晚开始运动，行进途中尽快地消灭沿途的步哨和小股敌军，在31日黎明前逼近毛淡棉后，立即发起攻击；小原泽大佐率领的步兵第一一二联队两个大队作为左翼，同样地在30日傍晚出发，也是要在31日与第一四三联队一起发动攻击；川岛大佐则带着他的骑兵第五十五联队在1月30日傍晚，沿着毛淡棉东南的海边大道疾行，先攻击这城市附近一座高约183米、花木扶疏的小山包。占领这一高地后，再在31日攻击毛淡棉右侧。

守毛淡棉的是刚从印度调来的英、印、缅军第十七师的4个营。

第十七师师长史密斯少将在印度时，原来指挥着5个旅，但是1941年12月间，新加坡方向吃紧时，韦维尔把他手下两个战斗力较强的旅调走了，如今日军进攻缅甸，他只能从印度带着3个旅过来。其中有2个旅还是新近由缅甸、印度人为主组建，没有经过训练，更没有战斗经验。武器也很陈旧，多数是第一次世界大战时遗留下来的，出发前才陆续运来了少部分新武器，士兵们也来不及熟悉、使用。正如当时迫击炮排的一个下士威廉·诺曼所说：“我们的装备跟英军1918年的装备差不多。我们得到了布朗枪和迫击炮，而我们从来没有发射过迫击炮。”另一个装甲车分队士兵内维尔·霍根也抱怨地说：“我们所使用的是第一次世界大战时期，过时的装甲车。”战斗展开后，日军仅用小口径穿甲子弹就打穿了装甲车，并打伤了内维尔·霍根的右腿。

史密斯师长就是率领着这样一支装备陈旧、落后，军官、士兵没有经过严格训练，更没有经历战阵的军队匆匆赶来缅甸战地。所以他在印度接到韦维尔的电令，去缅甸指挥作战时，会有“这个消息对我来说，简直犹如晴天霹雳”之感。他深知，这将是一场败多胜少的战

斗。但一贯自傲、轻敌又不了解敌情的韦维尔却认为日军 “非常的无能”。

史密斯观察了毛淡棉地形后，认为：“这个处于缅甸以南的海边，地形上狭长、平坦的城市，易攻难守。要守住毛淡棉，至少要有两个旅的兵力，这四个营兵力太单薄了。”在日军逼近时，他忙用加急电报向胡敦请求：“弃守毛淡棉。”

日军也了解这英、印军第十七师是支缺乏战斗力的部队，正如日军和这个师几次作战后所给予的评价：“第十七师大部分是由无实战经验的军官和缺乏训练的兵员组成。他们由于不间断的空袭而精疲力竭；第十六、第四十六两个旅中，竟然只有一个营能顶住攻击战斗！”

战斗力如此弱，主要指挥员又缺乏作战信心，也只有每战皆溃了！

毛淡棉南临大海，北靠萨尔温江，气候温和，数不尽的枝叶浓密的大青树，错落有致地分布于城内外，把小城遮掩得碧绿清凉。从8世纪就开始出现、如今多达78座的金顶白色佛塔，更把这座海边城市装点得素朴、庄严。居民多是孟族人、掸邦人（傣族人），多数信奉佛教，性情也柔顺，多年来都过着和平、宁静的生活。如今想不到战火会突然临近，颇为慌乱。但是几个月前就有昂山领导的、反对英国统治的“独立党”人潜入，悄悄向一些市民宣传：“日本与缅甸都是信佛教的东方人种，日军是来帮助缅甸人从英国殖民主义压迫下解救出来的……”

所以毛淡棉人虽然也害怕炮火会毁灭自己的家园、生命，却对日军占领了这座城市后，会有什么悲惨后果，没有过多地去想。

31日清晨，战斗一开始，英、印、缅守军虽然进行了抵抗，但是挡不住日军从两翼包抄的凶猛攻势，很快有800余人被俘，其他的军队不敢再战，仓皇撤离了城市，用轮渡渡过了宽阔的萨尔温江，逃往对岸的莫塔马（马塔班）城。

莫塔马城位于萨尔温江入海口的莫塔马海湾，也是个美丽、富饶、繁荣的城市。

如果史密斯少将能迅速收拢部队，利用大江之险与日军隔江对峙，本来还可以扼守一段时间，但是史密斯并不想在这里再战，而是想利用这里有铁路、海路可通仰光的便捷交通尽快撤退。

这样，日军只用了少量的伤亡，在 1 月 31 日完全占领了毛淡棉这个缅甸第二大港口。

毛淡棉丢失的败讯迅速传到仰光、印度、印度尼西亚等地，对驻缅甸英军总司令胡敦和东南亚盟军总司令韦维尔都无异如遭晴天霹雳，被惊得手足无措。他们没有想到，日军这次却不是如他们预料那样从海上进攻（从仰光的大楼望向大海，海面仍然是那样蔚蓝平静，设置的水雷一颗也没有爆炸）；而是秘密地从那条没有道路的他念他翁山脉险地过来，而且来得这样快。更没想到守毛淡棉的几千军队是这样不堪一击，仅一天时间就把这战略要地丢失了。毛淡棉与仰光隔着莫塔马海湾遥遥相对，还有公路、铁路可通，无论是陆路、海路都便于日军对仰光的攻击，仰光真是危在旦夕了。

这一败讯再传到遥远的伦敦、华盛顿、重庆，英、美、中等国政府首脑也深感意外，缅甸局势突然如此危急，朝野舆论更是大哗，纷纷指责韦维尔、胡敦这些驻守印、缅的英国将军无能、失职……

中共中央南方局在重庆的《新华日报》也特意为此发表社论《保卫新缅》，指出毛淡棉丢失后缅甸局势的严重："若日寇侵入仰光，不仅缅甸全局撼动，不仅由此国际重要交通孔道有切断之虞，而印度亦将深陷唇亡齿寒之威胁。"

韦维尔当时正在印度尼西亚群岛的爪哇岛巡视，得到毛淡棉失守的败讯，急忙在 2 月 5 日飞往仰光亲自部署防御作战。但是面对日军的凌厉攻势，他除了再从印度调两个旅来加强仰光外围的防务外，别无良策；而且这时候的马来亚、新加坡也面临日军的进逼，他已经难以给缅甸增加更多的军队，只好抛弃往日的傲气，连续打电报给重庆的蒋介石，要求中国远征军立即进入缅甸。

远在华盛顿的美国总统罗斯福也电催中国政府迅速出兵。

蒋介石虽然对英国有很深的怨气，但是大敌当前，为了保卫滇缅公路这一事关中国抗战的国际通道，也顾不得计较英国军方前些日子的傲慢无礼和对战局发展的无知了，在 2 月 1 日急电驻扎在昆明附近杨林镇的第五军军长杜聿明，立即停止东调的行动，并催促已经渡过了怒江的第六军迅速越过中缅边界的畹町往缅甸进发。

中国军队从 1941 年 12 月 16 日动员入缅，其间一再被英方阻拦，漫长的 48 天过去，已经完全错过了从容进入缅甸占据有利地形布防的

战机。如今匆匆出征，车辆、粮食、弹药的补给，都完全处于一时间无从筹措的困境。战局这样不利，英缅军方还是不肯派车辆来接运中国军队；中国政府只好把行走于滇缅公路上的公私车辆全都征调来军用。这又严重影响了原来正忙于抢运堆放在仰光、腊戍、兴威等处物资的计划，使得大量美方援助的军火、修建滇缅铁路的器材，因为无法抢运回云南，后来都落入敌手。

这时候，卫立煌将军还逗留于重庆没有来云南任职，实际负责整个中国远征军作战的第一路军副司令长官兼第五军军长杜聿明，在2月10日才从昆明匆匆乘车赶往保山；第六军军长甘丽初更是迟至2月15日才和这个军的第四十师师长彭壁生赶往中缅边境一侧的腊戍去看地形。

中国远征军官兵，本来充满了出征锐气，在被英国方面一再耽误下，战斗情绪已有所懈怠，而且这样匆忙上阵，不仅地形不熟，气候难适应，也没有一个针对当前敌情的详细、周密的作战计划就盲目出国迎战，已经犯了兵家大忌。在日军有组织、有计划的从容进逼下，必将陷于被动，但是这时候形势紧急，中、英两国的军政高层也顾不了那样多，只是催促着部队不分日夜地往缅甸赶。

这期间，从泰国北部过来的日军樱井省三师团长指挥的第三十三师团先遣部队第二一五联队的两个大队已在2月3日占领萨尔温江边的城镇帕安，第十五军司令官饭田洋二郎，也把军司令部从泰北前移到毛淡棉，就近指挥下一步的战斗。

这样，日军的两个师团就完全越过了被他念他翁山脉阻隔的泰缅边境险地，进入缅甸南部有公路、铁路可通行的海边平原地区，只待后边他念他翁大山的山路完全修通，战车、重武器运上来，就可以大举进攻仰光和缅甸南北的广大地区了。

仰光的陷落

仰光位于印度洋莫塔马湾的海边，当时是缅甸的首都。从前只是一个临海的小渔村，古称“大光”，18 世纪中期，英国占领了缅甸后，先后在这里修建了港口、铁路、机场，成了全国的政治、经济、文化、交通中心，全缅第一大城市，人口也剧增到近百万。缅甸一向盛产大米、木材、水果、玉石，出口贸易都在这里集中，是世界三大米市之一，以及木材、水果、玉石的重要交易市场。英式建筑也大量增加，城市开始分为旧城、新城两大区域。旧城全是缅甸传统样式，具有亚热带南方风情的竹木结构房屋；新城则由英国富人的住宅和商店组成，大小别墅多是英国维多利亚时代的古典风格，高大巍峨，牢固、舒适，显示了英国统治者的财力和气派。

百余年来，这里都是一片承平气象，如今却突然陷入了战争的灾难中。

日军第十五军的两个师团（第五十五师团、第三十三师团）在 1942 年 1 月 31 日攻占了毛淡棉后，虽然在战斗中伤亡不多，但是越过泰缅边境的他念他翁山脉的二十多天艰难行军，却比一场惨烈大战的损耗还要大，全军患病、掉队、失足坠入峡谷死亡的官兵高达三分之一，也就是说五万人的部

队，减员近两万人，战斗力大为削弱，需要一段时间来休整、补充，特别是要等待通过他念他翁山脉的公路修通后，火炮、装甲车等重型武器和辎重才能运上来。军司令官饭田洋二郎中将从部队的现状出发，也就不愿立即向北进击，而把攻取仰光的时间推迟到 2 月下旬，他自己也离开毛淡棉前线，返回那繁华、舒适的曼谷去休息了。

饭田洋二郎的按兵不动，与日军南方军总司令官寺内寿一的战略部署有悖，因为寺内寿一已经得到情报，英国军方正从印度抽调两个步兵旅，并把从中东调往印度尼西亚爪哇的一个装甲旅，由海路乘船调往仰光，中国军队组成的 10 万远征军也有几个师正在向中缅边界移动。那是日军这两个师团兵力的几倍，因此必须赶在中英援军还没有到达缅甸前，趁仰光周围兵力单薄、防务空虚，不顾疲劳、不怕减员，一鼓作气地攻下仰光，以这座有海运可通，能迅速补充兵员、武器、军需的港口作为作战基地，向缅甸南、北扩张。他命令饭田洋二郎："不待后方整备完毕，迅速采取攻势前进。"

经过几番电文来往和相互间日本式的、很有礼貌的小小争执后，饭田洋二郎才表示愿意执行南方军总司令官寺内寿一的这一命令。

日军第五十五师团长竹内宽、第三十三师团长樱井省三虽然也希望能有段时间休整，当他们了解到饭田洋二郎与寺内寿一在进攻日期一事上有分歧时，立即明白，应支持寺内寿一大将这权势更大的上级。所以不等待第十五军司令官饭田洋二郎向他们正式转达命令，两个师团的部队就主动在 2 月 8 日、10 日深夜，分别渡过了江面辽阔、水流汹涌的萨尔温江，向西岸的英、印、缅守军进攻。

部队行动前，他们虽然也担心英、印、缅军会利用大江的险阻据守，但又一次出乎他们的意料，没有遇见任何抵抗，枪声一响，英、印、缅军 2000 余人就纷乱地向西北方向的锡当江逃窜。

锡当江与萨尔温江之间有一大片一望无际的长满亚热带植物，约 160 平方公里的大平原，距离仰光约 80 公里。如果在锡当江以东仍然抵挡不住日军的进攻，仰光也就无险可守了。在这以前，饭田洋二郎没有让他指挥的两个师团及时西进，就是觉得抵达这大平原上后，如果没有战车、火炮支援，单靠弹药奇缺的步兵进攻是难以取胜的。

英军总司令胡敦虽然担任过韦维尔的参谋长，表面看来似乎懂韬略，能行军布阵，实际是个缺乏实战经验，只会纸上谈兵的庸才。他

不是命令部队退过锡当江，利用江河的天堑来据守锡当江防线，而是急调刚从印度过来的英、印军第四十六旅和从毛淡棉退下来的英、印军第十七师那两个旅（一个印度旅、一个缅甸旅）一起在东岸背靠大江来布防，想利用东岸的宽阔地形使用装甲车部队来打击日军步兵。这背水作战本来就是兵家大忌，何况英、印、缅军这三个旅又不是战斗力强的部队，早被日军的汹涌来势震慑住了，哪里能如他想象中的

那样，置之于死地后，苦战而复生！

锡当河是条大河，宽500余米，水势湍急，河上有一座铁路桥。胡敦英、印、缅军队所以敢于布置在东岸背水作战，是因为有这座大桥可以联系两岸，自以为占据了进可攻退可守的地势。

日军第五十五师团渡过萨尔温江后，就以第一一二联队全部和第一四三联队的一个大队（三大队）做前导，在2月16日占领了铁路线上的直通城，又在2月19日占领了比林河右岸；第三十三师团以步兵第二一四联队和一个山炮中队、一个工兵小队与第二一五联队一起分别向比林河西北方向和西方前进，在19日清晨渡过了比林河，再沿河西岸南下攻向比林。

比林是毛淡棉去往仰光的一个铁路、公路大站，离海边不远，也是地势平坦。英军第十七师师长史密斯少将派出了刚赶来的英军第七装甲旅皇家约克郡团一个营（二营），在这里进行阻击。日军虽然是仅有轻武器的步兵，却采取了正面强攻与迂回穿插结合的攻势，很快就把英军这个装甲车营分割包围，把那些装甲车一一击毁，并把比林一线的阵地全部占领，然后分几路向锡当河疾进。

2月19日，日军第三十三师团以主力从正面强攻在东岸守御的英、印缅、军，另外用步兵第二一五联队一个大队（一大队）配以工兵、山炮迂回穿插去袭击铁桥东岸的135高地。

1942年3月日军占领缅甸首府仰光大楼

135 高地凸立于铁桥附近，树林茂密，如一座高地公园。占领了这一高地，就可以居高临下完全控制铁桥，封锁英、印、缅军退往西岸的道路。

忽略了这制高点重要性的史密斯少将，在高地上只派驻有少许守军，没有料到日军却敢于大胆穿插，从而被打了个措手不及，丢失了这一高地。

史密斯少将见高地易手，将危及大桥，这才急了，忙出动几个营在十几门火炮掩护下向 135 高地反扑。但是占领了这一高地的日军已经迅速改建、抢修工事并竭力死守。打了一昼夜，猛烈的炮火几乎把大小树木全都炸碎了，山头也削平了，英、印、缅军仍然没有把这一高地夺回去。

丢失了这一高地，东岸的英、印、缅军的退路被封锁了，军心顿时大乱，完全失去了战斗的信心，据守岸边几个据点的营、连纷纷被压缩到锡当河边。而更使英、印、缅军战斗士气大减的是，这时候又传来了前几天（2 月 15 日）新加坡的英国、印度、澳大利亚联军的惨败信息。守新加坡的军队有 10 万余人，拥有 450 余门火炮， 6 万余支步枪和轻重机枪，汽车、装甲车 1 万余辆，但是在日军第二十五军 3 个师团（近卫师团、第五师团、第十八师团）的凌厉攻势下，英国、印度、澳大利亚联军却难以招架，特别是饮用水源被日军切断后，完全处于军无战心的土崩瓦解状态，英军总司令官帕西瓦尔中将只好不顾军人的荣誉，率领部队升起白旗投降。

在日军进攻新加坡前，不仅英军方面自认为兵力多、要塞坚固，可以久守，就连日军东京大本营的高层将领也估计这场攻守战需 3 至 4 个月时间，并付出两万至三万人（约一个师团）的伤亡才能拿下。如今只用了 17 天，死伤不到 2000 人就结束了战斗。

消息传出，英国方面一片颓伤。

作为盟军东南亚战区总司令的韦维尔上将，刚从仰光飞往新加坡，他也无力挽回败局，慌忙丢弃部队乘船逃走。当时天色墨黑，他又过于慌张，却腿一软滑倒在泥泞的码头上，摔断了脊梁骨……

这段时间，英国军队在非洲战场也是连遭惨败。1 月 29 日在利比亚的英军两个师，被德军元帅隆美尔指挥的坦克部队从艾季达比耶城一路追赶，败走几百里，被赶到了地中海边的班加西港，2 月 7 日又沿

着海岸线败退到德尔纳、加扎拉以西，眼看就要被撵下大海了，但是这些败仗还是不能与远东，特别是新加坡的大溃败相比，以致已经焦头烂额的丘吉尔首相得到新加坡败讯后，也不得不哀叹：“这是英国历史上最惨重的溃败和规模最大的一次投降。”

澳大利亚作为英联邦的成员国，在二战初起时，曾经派出 4 个师的军队加入英国作战序列去埃及等地作战。他们更是把隔着印度洋的新加坡作为他们澳大利亚的屏障，所以愿意答应英国军方的要求再派出一个师去新加坡作战，如今澳军在新加坡损失了那样多军队（约 30000 人），朝野都对丘吉尔不满，更怨恨英国将军指挥无能，作为主力的英国官兵不肯死战；澳大利亚总理柯廷在 1 月 23 日去电丘吉尔指出：撤出新加坡将是“一个不可饶恕的叛变”。他还担心新加坡的丢失，将危及澳大利亚，所以，当英国政府要求澳大利亚政府再派遣一个师去缅甸，并由丘吉尔首相亲自给柯廷总理去电：“你的先遣师是唯一能够及时开到仰光的部队，它足以防止仰光的失守以及与中国联系的交通线被切断……”

丘吉尔还要求美国总统罗斯福也对此给予支持。因此罗斯福在 2 月 21 日回电丘吉尔：“我希望你能够说服澳大利亚政府，同意暂时将他们的澳大利亚先遣师调往缅甸。我认为这件事极其重要。请告诉他们，我正在增派军队以及飞机前往澳大利亚，并且依我估计，该地形势是十分乐观的，绝不是黯淡的。”

以美国和罗斯福总统的威信，同盟国的大小国家，都不能不尊重，柯廷总理却仍然不为所动。

那几天（1942 年 2 月 20 日至 26 日），英、澳首脑之间有 14 封电报来往商谈澳大利亚派军队去缅甸的事，全都被柯廷总理坚决拒绝了，因而引发了英联邦内部的不和。

日本方面却是一片欢腾，这给了好战的东条英机首相更大的政治资本，2 月 16 日他特意在两院（贵族院、众议院）发表演说，得意扬扬地炫耀：“现今皇军控制了广大辽阔地区，正在从事史无前例之大规模作战”，“皇军于缅甸方面正节节进攻，其要冲逐次归为我有，帝国进攻缅甸之真意，在于摧毁英国之军事据占，切断美、英援助蒋介石政府通路，固非与缅甸民众为敌。……转观中国大陆，因新加坡之陷落，皇军进击势如破竹，切断滇缅公路指日可待。重庆政权行将陷入

孤立无援之困境，帝国将断然予以最后的严厉打击”。

这伙侵略者的气焰真是不可一世。不过新加坡 10 余万英军的轻易被歼灭，也确实使缅甸局势处于更加危难的境地，日军结束了新加坡的作战后，就可以迅速抽调军队来增援对缅甸的进攻了！

新加坡的陷落，通过各种渠道迅速传到了锡当河前线，已经被压缩到河边、行将被分割包围的英、印、缅军，哪里还有心苦战。在这危急时刻，英国人对印度人、缅甸人那种主仆之分又表现了出来，英军第十七师师长史密斯少将在下令英军撤往西岸并把铁桥炸毁之时，却丢下那个还来不及过桥的印度旅不管；这个印度旅除了部分人在河下游的莫巴林找到一些木船逃过了江外，多数军官和士兵在日军追杀下，无处可逃，只好往汹涌的河水里跳，慌乱中也来不及找漂浮工具。这接近入海口处的河水流速又急，除了少数水性特好的人外，大部分被翻滚的浪涛淹没了。只见满江都是在水浪中挣扎着的可怜人，或浮或沉，求生的呐喊声在日军的机枪扫射下更是悲惨……

守锡当河的英、印、缅军有 7000 人，虽然有 3300 人逃过江，其中只有 1300 人还带着他们的枪支，另外 2000 余人都是跑得丢盔卸甲；战斗中被击毙 1300 余名，被俘虏 1100 名（其中英国军人 120 名），其他的 1300 余人都淹死了；被日军缴获了各种火炮 37 门，装甲车、汽车 300 余辆。这就有力地加强了从他念他翁山脉轻装过来、多是轻武器的日军，能够用这些缴获的火炮、装甲车、汽车去进攻英军。

面对朝野的黯然哀叹和强烈不满，丘吉尔也不得不承认：“锡当河的败绩似乎决定了缅甸的命运，帝国政府的资源与安排在这里又一次显示了严重的不足和不当。”

本来是以疲惫之师进入缅甸的日军，攻破锡当河防线后，更为疲惫了。南方军总司令官寺内寿一虽然也明白，以这两个师团的单薄兵力再向前进攻，是要冒很大风险，但是他认为：根据缅甸战场形势，部队仍然停顿不得，应该趁英军新败之后，特别是数量庞大的中国远征军还没有进入缅甸前，继续猛打猛冲，给予残剩的英、印、缅军歼灭性打击。因此，他再一次否决了第十五军司令官饭田洋二郎在 2 月 24 日对那两个师团下达的“在锡当河以东集结，尔后前进”的命令，要求这个军“望继续采取放胆之作战指导，为今后作战创造有利战略

态势”。

日军第十五军司令官饭田洋二郎对此很反感；他认为远在西贡的寺内寿一总司令官和他的幕僚们，太不了解这两个师团实在是精疲力竭，必须休整。尽管军情紧急，他还是毅然抗拒南方军的命令，让他的第十五军在锡当河东岸休整了约10天，拖延到3月3日夜间，才渡过河去攻取仰光以北的勃固地区。

在瞬息万变的战场上，10天可不是个短时间，对军队来说，是可以有很多安排的，特别是对英、印、缅军队这一方，可以利用这10天从容地调动军队、加强防御；但是身在缅甸的英国将军们仍然是那样木然。他们的战场信息闭塞不灵通，却不知道日军已经是不能再战的疲惫之师，特别是弹药、给养都缺乏。如果驻缅甸的英军总司令胡敦这时候能利用他们弹药充分、地形熟悉的有利条件调动军队及时反攻，日军第十五军这两个师团是招架不住的！

胡敦只是坐在仰光的司令部里一封又一封电报发向印度、发向伦敦求援。

那10天，锡当河上出奇的平静，河两岸椰子林里虽然都藏有双方军队，却没有一声枪响，好像战争已经过去了。居住于河边的孟族人迫于生计，就闪开驻有军队的河岸，划着小木船在上下游撒网打鱼。

河两岸的一些乡村市集又恢复了商业贸易，乡民们在自行车后边满驮着货物，奔走在初春阳光明媚的平原上。这当中也夹杂着不少为日军打探军情的人。

3月3日晚上，日军悄悄渡往西岸。那天是农历的正月十七日，虽然满月的光辉把500余米宽的锡当河水面映照得银光闪烁，人和船只都难以隐蔽地活动；但是西岸的英、印、缅联军已被打得失去了斗志，却没有在西岸构筑工事阻击，一发现日军在渡河就慌忙向西北方向逃窜了。虽然有零散的几声冷枪，立即就被日军预置于东岸的炮火压制下去。

日军过了锡当河后，就兵分三路，由骑兵第五十五联队长川岛吉藏大佐率领骑兵联队和步兵第一四三联队一个大队（二大队）、山炮兵一个中队，快速插往仰光以北，攻取铁路线上的岱乌，警戒中国军队从东吁（同古）、彪关方向过来；由樱井省三师团长指挥的第三十三师团攻击马乌宾、莱古一线；竹内宽师团长指挥的第五十五师团则向勃

固以南进发，准备攻取仰光，并分出一支部队攻取勃固河以东的锡里安。

勃固省距离仰光只有 80 公里，是缅甸孟族的古都，从前曾经是缅甸的政治文化中心，古代艺术建筑很多，佛塔、佛寺、卧佛等都构筑得雄伟精巧；卑谬（眉苗）、东吁（同古）、良礼彬几座名城都属于这个省，还有两条铁路从这里穿越全境北去，自古以来就是南来北去必须经过的重要通道。从战略上来看，要隔断仰光与缅甸北方的联系并给予包围，首先要攻下勃固。所以，日军不急于直取仰光，而是把攻击重点先放在勃固；这也显示了日军第十五军司令官饭田洋二郎对缅甸地形的了解和战略战术上的高明。

英、印、缅军在毛淡棉、锡当河大败后，还剩有 25 个营的兵力（英军 3 个营、印军 3 个营、缅军 19 个营）以及 5 个炮兵中队，共约 17000 人，分属于英、印军第十七师，英、缅军第一师，英、澳军第六十三旅；加上刚从中东调来的英军装甲车第七旅和从印度过来的一个旅，总兵力达 30000 人，数量上与进入缅甸的日军持平，只是战斗力太弱，特别是由缅甸人组成的那 19 个营，士兵们出于对英国殖民统治者的憎恨，多数人消极避战。

英军已经无力守住仰光、勃固这一线，只有等待还远在中国国内的中国远征军来支援；但是在这以前（1941 年 12 月至 1942 年 2 月），中国军队进缅甸之事一再受阻于英方，韦维尔就指示过胡敦，如果要让中国军队一个师以上的兵力进入缅甸，也必须得到他的批准。如今仰光危在旦夕，他只好改变原来对中国军队的抵制，求救的电报不断飞向中国，但是中国远征军的行动却快速不起来，战斗前应该先期解决的许多问题，如粮食、弹药供应、车辆运输、指挥系统、作战位置等等，都没有预先列入议事日程早作安排。以致在这急于需要中国远征军投入战斗时，严重影响了部队的调动和作战；以中国远征军的主力第五军为例，虽然这个军的前锋早就进到了保山，但是到达那里后，就奉令不再前进，后续部队也就不再上来。2 月下旬，缅甸告急了，军部指挥机关 2 月 23 日还停留在昆明附近的杨林（这一天，锡当河已被日军突破了），24 日才匆匆启程抵达楚雄，3 月 1 日抵镇南（南华），3 月 2 日抵大理下关，3 月 3 日抵永平，3 月 4 日抵保山，3 月 5 日过怒江抵龙陵，3 月 7 日才到达中缅边境的畹町。

千余公里的行程却车行十余天，不是他们有意耽搁，而是这条位于横断山脉间、弯多坡陡、沙石路面的公路，危险路段太多，车辆又破烂陈旧，驾驶员也无法开足马力疾行。

第五军的前锋部队刚到达畹町，还没有走出国门，第二天（3 月 8 日）就传来了仰光已被英军放弃，日军不费一枪一弹，就在这天顺利进入缅甸首都的噩耗。

日军在越过锡当河向仰光逼近之前，曾对敌情有过分析：有人担心中国远征军是否会在仰光的攻守战中出现，而发生一场大战？第十五军司令官饭田洋二郎的判断却是："重庆军由于在作战和补给方面不同于在国内作战，会有种种不便，导致其行动将更为消极迟钝。从作战行动范围看来，绝不会超出曼德勒平原［东枝（棠吉）、仁安羌］以南"，"因而军（第十五军）认为，短期内无必要虑及与中国军交锋"。

饭田洋二郎这一估计是准确的。所以他并不担心中国远征军的入缅作战会阻拦他们攻取仰光和缅甸南部，才敢于用名为两个师团，在经过了前一阶段的行军作战已经大量减员，而且已很疲惫的兵力向仰光推进。

那几天，日军各路部队的攻击都很顺利，川岛吉藏大佐指挥的骑兵、步兵、炮兵，在 3 月 3 日渡过锡当河后，在 3 月 4 日击溃了英军的一支装甲车连和步兵连，占领了岱乌（代库）；樱井省三师团长的第三十三师团也在 3 月 5 日切断了从仰光北去通往曼德勒的铁路，占领了铁道线上的平卡多贡；竹内宽师团长指挥的第五十五师团，一路上扫除了英军装甲部队的抗击，在 3 月 5 日进到勃固西北方向。从而形成了对仰光的近距离包围。

早在两个多月前的 1941 年 12 月 23 日，日军第五飞行师团就开始了对仰光的轰炸。当时在仰光的英国空军只有一个战斗机中队，招架不住，幸好美国陈纳德将军组织的志愿援华空军一个中队在这里受训，奉令投入了对日作战。美志愿援华空军人员，都是一些具有丰富经验的老驾驶员，在 70 余天的几十场空战中，先后击落了日军飞机 271 架，自己只损失了 16 架。这才逼使日本空军减少了袭击次数，使仰光的军民设施损失不大。但是，这也预示着战争对这座一向宁静的城市的逼近。英国军方自知难以久守，慌忙地把重要物资运往印度。缅甸的上

层人士和商家也纷纷把财产、货物向缅北疏散；整个城市从而乱成了一片。但是房屋是带不走的，特别是那些处于底层的印度、缅甸人无钱可逃难，只好可怜地任由战火烧来。

英军总司令胡敦仍然一筹莫展，在战略战术上毫无良策，不知道应该怎样应付攻向仰光的日军。

英国首相丘吉尔也看出了，再使用胡敦，不仅会很快葬送缅甸，还会殃及印度，而且罗斯福总统在2月23日曾致电丘吉尔，指出："澳大利亚和缅甸这两个主要基地都是必须不惜任何代价坚守到底的，而今天的主要威胁在缅甸，即左翼……"他要求英方多调部队加强缅甸的防守，"使该地能成为一个固定的防御地带"。但是中东、远东战事都在同时吃紧，丘吉尔已经难以抽出兵力来增援缅甸了。他曾经叹息地自嘲："我们所掌握的部队都不能够及时开到仰光，进行解围。但是我们如果不能够派遣一支部队，无论怎样总能够派遣一个人吧！"他思之再三，决定任命曾经在1940年5月成功地组织了敦克尔33万英法军队大撤退的哈罗德·亚历山大上将去担任缅甸英军总司令，把胡敦降为参谋长。

哈罗德·亚历山大上将是个有着子爵封号的贵族，如同他那高瘦的身材和高尖的鼻子，眼球凸出的外貌一样，神情高傲待人冷漠，但是在战斗中又一向以镇定、从容，处变不惊著称。丘吉尔很赏识他，认为"他能用自己的信心感染周围的人"，比那位一直在向他诉说"能否守住缅甸，感到怀疑"的韦维尔上将强多了，何况韦维尔又在新加坡沦陷时，于慌乱中摔坏了脊背，如今正在印度养伤。

丘吉尔首相在哈罗德·亚历山大离开伦敦前，特意约请他共进午餐，指示他：要守住仰光，万不得已时可以向北撤退，再保住上缅甸（缅北）。

哈罗德·亚历山大上将从来没有和日本军队作过战，又出于对东方人种的蔑视。他自认为，强悍的德国军队他都应付过来了，日本这几个师团应该不在话下，也没有要求多给他军队，就欣然地接受了这一命令。

军情紧急，亚历山大没有在伦敦多停留，乘专机越过欧洲和中东战场上空，再经过印度，在3月5日飞到仰光。

3月6日，他在英军司令部里听取了各方面的军情汇报，又去市区内外巡视了一番，看到的是一片混乱和低落的士气，特别是面对从东

边毛淡棉过来的日军，却没有构筑坚强的工事来守御，就连沿途的铁路、公路都完整地没有破坏，以致日军能乘胜长驱直入。他很快明白，仰光是守不住了，如果再在这里抵抗，就会如同新加坡的帕西瓦尔将军一样全都成为俘虏。好在他临行前已经得到丘吉尔首相“失利时则向北面撤退”的指示，当天（3 月 6 日）夜里，就毅然地下令炸毁仰光的一切军事设施和那座大炼油厂，全部军队从 3 月 7 日起向卑谬（眉苗）撤退。

他在仰光的停留不到 48 小时，撤退得这样急促，连驻缅甸英军司令部的将校们也深感意外。对放弃仰光一事，他事前也没有向对缅甸战事有最高指挥权的韦维尔将军报告。他很担心速度快捷的日军，不知什么时候就会出现在仰光城下；再电文来往请示，等待批准，他就可能成为瓮中之鳖，走不脱了。以致韦维尔在 3 月 7 日间向在伦敦的丘吉尔首相和帝国总参谋长去电时，不满意地表示：“我没有收到亚历山大的任何消息。”韦维尔只是从海军方面得知，原来驶往仰光的船只都突然掉头返航，他估计仰光已经弃守。

亚历山大这位在第一次世界大战中就担任过团长，自称“敢冒枪林弹雨冲闯于两军阵前”的上将，却没有想到他飞到缅甸执掌总司令大权后的第一天，不是轰轰烈烈地打一场歼敌于城下的保卫仰光之战，而是又一次执行比敦克尔还狼狈的大撤退。

这也是他在缅甸行使指挥权的先兆。以后的几个月中，他一直没有脱离被包围、被追歼，忙于逃命的困境。

这期间（3 月 8 日以前），中国远征军的第五军、第六军正在克服交通运输工具的不足，沿滇缅公路向缅甸赶，以求能及时投入保卫仰光之战。但是哈罗德·亚历山大在仰光弃守前后，都没有把这一重大军情通知中国军方。当有美国记者询问哈罗德·亚历山大：“为什么要突然放弃仰光？”他的回答却是：“锡当河大败后，军队实力大损，这是胡敦将军指挥不当所致。中国军队又行动迟缓，不能及时赶到仰光布防，以致让日军能顺利插向西线，将切断英军从仰光至卑谬（眉苗）的退路……”

哈罗德·亚历山大这一把仰光弃守的责任推给中国方面的言论，通过美联社的电讯播出后，引得已经进入缅北，正向仰光方向疾进的第五军，特别是前锋部队第二〇〇师官兵强烈不满。他们都明白：如果

不是英国将军韦维尔一再阻拦，中国远征军早在日军还没有侵入缅甸以前的1942年1月中旬就可进入缅甸布防并从容投入战斗了。

中国远征军的第五军、第六军是1941年12月16日开始动员，第五军前锋在12月25日前，即已抵达保山附近。那里距离中缅边境不过250余公里，车行一天即可抵达。只是被英方来电阻挡，蒋介石只好命令第五军、第六军“暂时毋庸入缅”。在中国境内停留了50余天，直到1942年2月16日才接到英方的求援电：“仰光情况紧急，请速派第五军入缅。”

但是，应该归英国军方负责供应的车辆、粮食都没有着落，中国方面只能派出属于机械化部队、车辆较多的第二〇〇师先期出发，急如星火地昼夜兼程，在3月8日赶到东吁（同古）。

这一天正是英军从仰光撤出的日子。如果哈罗德·亚历山大不急于撤出并在事前与中国方面商量，中国政府肯定会阻止他们的撤退，已抵达东吁（同古）的第二〇〇师也可迅速进入仰光布防。

哈罗德·亚历山大这样推卸弃守仰光的责任，完全失去了英国绅士和作为军人应有的诚信。

日军原来的战略意图是对仰光形成合围后，再从容对英军聚而歼之，却没有料到英军会一枪未发就从仰光跑掉了。日军第三十三师团已经派出一个大队前伸到通往卑谬（眉苗）公路线上的沙耶瓦底，本来可以阻拦住往北退却的英、印、缅联军，使哈罗德·亚历山大指挥的军队难以顺利突围。但是这支日军接受的任务是“在沙耶瓦底掩护对仰光的进攻，以防中国军队从北边过来，待攻占仰光的战斗打响后，也迅速加入对仰光的攻击”。

这个日军大队长并不了解英国军队是不战而退，他听说其他部队都在向仰光疾进，以为仰光攻城战已经开始，忙带着他这个大队离开沙耶瓦底冲向仰光。

这一误会，也就无意间给退却的英国军队放开了一个缺口，哈罗德·亚历山大指挥的英、印、缅军得以不经过冲杀较顺利地撤向卑谬（眉苗）。等到日军这个大队反应过来，又折转身来追赶时，英军已经脱离了包围圈。

几天前，仰光市内外的秩序就大乱了，由英国的高级官员和印度、

战时的保山飞虎队机场

缅甸人担任警察、职员的政府各部门已经慌乱地四散逃跑。英国驻缅甸总督雷金纳德·多尔曼·史密斯爵士的总督府，原来有着110名职员和仆从，这时候也跑得只剩下了侍从长、厨师、管家这3个人还在侍候着他。面对这人去楼空、情境凄凉的现状，他也深有“茕茕孑立、形影相吊 ”之感。他迟迟没有走，是变起仓促，哈罗德·亚历山大下令军队撤退时，也没有和他商量，他得等待伦敦方面的指示。为此他获得了丘吉尔首相的赞赏，特意在2月16日向他去电致意：“我和同僚们对于你在困难和危险日益加重的情况下表现了坚韧不拔的风度，不胜钦佩。”

但是他见昔日整洁、宁静的城市，如今正处于全面崩溃状态中，到处是枪声、浓烟烈火和凄惨的哭泣声、叹息声。他想再坚持也不行了，不得不黯然地感叹：“这真是大英帝国在远东的末日！”

丘吉尔首相则更直率地表示：“仰光的失守，意味着缅甸的失守。”

城市里没有走的人，除了无处可逃的贫民外，就是那些在城市内外暗中从事策反活动的“德钦党”成员。他们身藏一块黄布上印着血红的圆圈和一只黑色孔雀的党旗，在大街小巷里乱窜，煽动那些本来就仇恨英国殖民主义者的缅甸人，加入放火、抢劫、暗杀的活动，更是助长了仰光陷落前的混乱。

日军在3月8日上午顺利地进入了大火冲天、烟雾腾腾，散发着燃烧的汽油、橡胶呛人气味，一片混乱的仰光。

日军第十五军攻占仰光，也就正式表明，滇缅公路已经被从临近大海的一端封锁了，并意味着他们获得了一个可以夺取缅甸全境并进一步攻略中缅边境、印缅边境的基地。随同第十五军进入仰光的日军海军工程技术人员迅速拆毁、排除了英国人在仰光港口外边的海面上布置的大量水雷，疏通了航道，以便原来驻扎在新加坡、由渡边正夫指挥的第五十六师团能船运过来在仰光港口登陆，加入第十五军的作战序列。在这同时，由牟田口廉也中将指挥的第十八师团也和泰国军队的两个师越过泰缅边境进入缅甸。这样日军就将有四个师团再加上一个第五飞行师团和两个泰国师，以较多的兵力在缅甸作战了。

日军第十五军司令官饭田洋二郎在占领仰光后，见英、印、缅军

队向北败退得那样快，既感意外也很得意，决定不等第五十六师团、第十八师团等后续部队的到来，就趁英、印、缅军队狼狈向北，中国军队还没有进入缅甸前，乘胜向北追击，尽快占领由仰光北去的两条铁路线上的东吁（同古）、卑谬（眉苗）。

这是因为东吁（同古）不仅是北向彬马那（平满纳）、东枝（棠吉）、曼德勒攻击时必须经过的战略要地，那里还有一个设备完善的飞机场要尽快占领，以供小田英良中将指挥的第五飞行师团（辖有 2 个战斗机中队、3 个轻轰炸机中队、2 个重轰炸机队、1 个侦察机中队）使用，卑谬（眉苗）则是向北夺取仁安羌油田的前哨。

3 月 14 日，日军第五十五师团开始了从岱乌（代库）向 20 公里外的良礼彬攻击。那里驻有英、印、缅军 5000 余人还配备有 20 余辆坦克。这些战车本来可以在缅南一望无际的平原上任意驰驱辗压。（正如一位后来进入缅甸作战的中国远征军第五军驾驶员刘家茂所述："缅甸的公路平坦笔直，几乎一天到晚可以不换排档。"）但是武器优良，又占有有利地形的英军，已经军无战心，不等日军接近，就慌忙向北奔逃；日军得以轻松地越过良礼彬又疾行 30 公里，在 3 月 17 日下午把驻扎在格纽滚（卡纽昆）的 1000 多英、印、缅军赶走。

这时候，日军为了加快追击速度，除了充分使用缴获来的英军汽车外，还从民间掠取了大量的自行车、三轮车来使用，轻便快速地疾行在公路、田野、香蕉林、大青树之间。不过这样任意奔走，本来完整的战斗队形也散乱了，更谈不上按照行军作战中的要求，在行进中相互交替掩护。这也表明，日军在连连得胜之后，从军官到士兵都很骄狂轻敌。如果英、印、缅军队能在沿途设伏主动出击，是可以打这些走得不成建制的日军一个措手不及的。但是他们已吓得丢失了三魂七魄，哪有这种战斗意志和设想，只是拼命地往北跑，又被日军在 3 月 19 日一枪不发地占领了铁路线上的彪关。

行进迅速的日军离东吁（同古）只不过七八十公里了。

前进得如此顺利，几乎势如破竹，使得在仰光坐镇指挥的日军第十五军司令官饭田洋二郎在高兴之余，也有些担忧，第五十五师团这样脱出行军作战常规、不成战斗队形的追击，是不是过于轻敌冒进？虽然英、印、缅军不足惧，如果遇上了中国军队怎么办？也就一再电告第五十五师团竹内宽师团长，不可麻痹大意，并去电催促已经列入他们军战斗序列的第五十六师团、第十八师团兼程向缅甸进发。

［后来的战斗发展也证明，饭田洋二郎的担忧是有一定的道理的，如果中国远征军第五军不被英国军方一再阻拦，较早地进入东吁（同古）以逸待劳，是可以打日军第五十五师团一个措手不及，并给予全歼的。所以饭田洋二郎在战后的1947年，作为战犯在东京鸭巢监狱服刑时，曾这样回忆："同古之战，由于竹内宽师团长轻敌冒进，本来有可能遭受重大打击，但是因为中国军队徘徊观望，仅派一师队伍于同古阻击，才使我军第十八、第十五师团主力得以及时赶到，合击同古……"］

3月24日，由渡边正夫师团长率领的第五十六师团，刚刚乘船抵达仰光码头，就被命令：不要在仰光停歇，立即向东吁（同古）进发，协助第五十五师团作战。

渡边正夫师团长不敢怠慢，不等他这个师团的后续部队还在其他船上没有完全抵岸，就立即派出已经上岸的搜索联队，再配备步兵、机枪、野炮、辎重兵各一个中队和一个工兵小队，分乘45辆汽车，由师团参谋长藤原武大佐、联队长平井卯辅大佐率领，沿着锡当河西岸北去的大道疾进。

这条道路本来就宽敞、平坦，沿途桥梁、涵洞又没有被英、印、缅军破坏，他们也就能够顺畅地只用了一天半时间，在3月28日中午到达东吁（同古）南边，与竹内宽的第五十五师团取得了联系，准备按照第十五军司令官的部署从锡当河东岸插向东吁（同古）的后侧……

日军第十五军的另一个师团、竹内宽师团长指挥的第三十三师团在3月8日攻下仰光后，没有立即北进，而是在仰光市区内外一边搜索残剩的英、印、缅军，一边等待他这个师团留在"中国派遣军"第十一军序列内、由步兵指挥官荒木正二少将率领的3个联队（步兵第二一三联队、山炮第三十三联队、辎重兵第三十三联队），经华中南再转曼谷赶来归还建制，从而在仰光市区内休整了近20天，全师团集结齐后，才在3月25日分别沿着伊洛瓦底江西岸和铁路线上的兴实达、礼勃坦向北行进；准备按照军司令官的部署，先占领卑谬（眉苗），然后再攻取既是战略要地，又是缅甸最大石油产区的仁安羌。

从泰缅边境过来的日军精锐第十八师团也正在沿着锡当河东岸北行，加入第五十五师团对东吁（同古）、彬马那（平满纳）的攻击战。

这几路北进的日军，都以对东吁（同古）、彬马拉（平满纳）一线为攻击重点。第十五军司令官饭田洋二郎根据当时的战场形势判断：拿下了东吁（同古）后，进入缅北的中国远征军也可能上来了，在彬马那（平满纳）附近将会有一场规模较大的恶战，如果能抢先占领彬马那（平满纳），并在那一线击败中、英军队，攻取缅甸的北部高原就比较容易了。

日军占领仰光后，对沿海几个大港口（毛淡棉、仰光、壁磅）迅速整顿，恢复了船运。海运一畅通，他们的后勤补给、火炮、装甲车都能源源运来。他们还在仰光获取了英国军队来不及运走和破坏的大量武器弹药、汽车、食品，各个师团的装备也就大为改善，已不同于一个多月前从泰缅边境的他念他翁山脉攀越过来时，只有些轻武器用以作战。官兵的凶顽气焰也就更加升腾。

向北退却的英军总司令哈罗德·亚历山大上将的防御部署却恰恰与日军相反，因为他所掌握的第十七印度师（第十六旅、第四十八旅、第六十三旅）、第一缅甸师（第十二印度旅、第二缅甸旅），以及英军第七装甲旅都在前几次战斗和撤退途中损失惨重，已经难以抗拒日军的强攻。所以他的计划是：待中国军队上来后，把英、印、缅军队都放在卑谬（眉苗）方向，以守卫仁安羌油田，而把东吁（同古）、彬马那（平满纳）这条仰（光）曼（德勒）要道的各大据点全都交给中国远征军去防守，因为这里有缅甸最长的铁路——从仰光经勃固、良礼彬、东吁（同古）、彬马拉（平满纳）、曼德勒，然后分别岔向临近中国边境的密支那、腊戍的铁路，便于中国军队运输。

这样，哈罗德·亚历山大就把要抗击日军主力三个师团的艰巨作战任务全都推给了他们一向看不起的中国“草鞋兵”（中国军队因为军需物资困难，士兵只能穿草鞋）。

按照大规模作战的要求，作为客军的中国远征军初次进入异域，开始只能作为主军（英、印、缅军）的辅助，待熟悉了敌情、地形后，再逐步担当主攻或重点防御，但是平日一向矜持、自傲的英军将校们，这时候完全失去了他们常常自诩的大英帝国军人风度，既忙于自保，又被日军的猛烈攻势吓坏了，已经是神志昏癫、章法错乱地顾不上这样多了，以致中国远征军刚刚进入缅甸，还没有完全

接防，对当面之敌情更不清楚之时，英、印、缅军就急匆匆地从阵地上撤离了。

以致这年（1942年）3月，中国远征军的前锋第二〇〇师才抵达东吁（同古），就遭到了兵力几倍于己，各方面都占优势的日军凶狠攻击，友军（英、印、缅军）又跑得远远的不肯配合，从而孤军奋战，处境极为艰难。

大敌当前，中国官兵只好勉为其难地来收拾英军丢下的这个破烂摊子，在人地生疏、敌情不熟的异域，打一场注定要付出极大伤亡代价并失败的大战！

东吁·耶达谢阻击战

日军入侵缅甸前后，把远在重庆的蒋介石完全卷入了席不暇暖的忙碌中。这年（1942 年）年初，他的春节都是在国外度过的。为了加强与印度的联系，他在 2 月 4 日（农历腊月十九日）与夫人宋美龄等一行 10 余人从重庆飞往印度，进行了为期 18 天的访问。在印度时，他与各方面接触、会谈，向印度总理尼赫鲁表达了他对印度独立运动的支持，从而加强了中印两国的友好关系。所以，几个月后缅甸沦陷，印度政府能够不顾英方的阻拦，接待了退往印度的中国军队。

那几天（从 2 月 17 日起），英军第十七师正在锡唐河方向节节败退。败讯传到正在印度访问的蒋介石那里，使得他很是忧虑。特意在从印度返回中国前，于 2 月 21 日（农历正月初七日）飞往腊戍，就近了解军情。

中国远征军的大部队还远在千里外的国内，他作为最高统帅却先行去往未来的战地，这在蒋介石的军事生涯中很罕见。也表明他对这次中国军队的出国作战极为重视。

腊戍距中国边境仅 185 公里，是滇缅公路的终点，有铁路可通曼德勒、仰光。海拔 860 米的地势，气候温和，是座林木葱茏的美丽

城市。

这时候的腊戍，挤满了从仰光方向撤退下来、运送物资的公私车辆和难民，一片惊恐、慌乱，人们都盼望中国军队早日出征。蒋介石审时度势，也深感必须抢在日军从缅南往缅北进攻之前，把中国远征军派出去，先期占领防御阵地，以逸待劳地对敌。

他回到昆明后，在 2 月 27 日再次下达了“第五军、第六军应即入缅，协同英军作战”的命令。

他担心中国远征军的军、师长们会因为前些日子英国军方的一再阻拦，从愤慨而变为懈怠，又在七天后的 3 月 1 日带着商震、俞飞鹏、周至柔等高级将领再次飞往腊戍，并把杜聿明、甘丽初军长以及将作为中国远征军先头部队进入缅甸的第二〇〇师师长戴安澜等人从保山招来，在 3 月 3 日召开了入缅作战的第一次军事会议。

戴安澜是黄埔军校第三期学生。在第五军当中，是继杜聿明之后的一名重要战将。1933 年 3 月长城古北口之役，他作为第十七军（军长徐庭瑶）第二十五师（师长关麟征）第一四五团团长与日军激战三个昼夜，歼敌很多，自己也负了重伤。他的战迹报告给蒋介石后，被提升为第七十三旅旅长。在以后的台儿庄大战、武汉保卫战几场大战役中，又一再显示出了他攻守兼备的指挥才能，又在 1939 年 1 月接替杜聿明担任第二〇〇师师长。由于这个师是国民党军队中的唯一机械化师，他也被人称为师长中的“天之骄子”。1939 年 11 月他指挥第二〇〇师在昆仑关战役与友军一起，把日军打得大败，击毙了日军第二十一旅旅团长中村正雄少将，戴安澜自己也因为身先士卒、勇于赴前，又再次负伤。如今，蒋介石把他作为中国远征军主力首先派往缅甸，也是了解他过去的战绩。

在会议间隙，蒋介石三次单独召见了戴安澜，听取他对即将开始的大战的看法，并把他的意见放到作战会议上研讨。

虽然那些天仰光方向的情况还不完全明了，蒋介石还是根据有关方面搜集来的情报，在会议上做出了如下指示：

3 月 10 日为敌之陆军节，敌将在 3 月 10 日以前占领仰光，我之作战指导应视敌情而定，在：

第一情况，第五军之集中尚未完成，敌即已占领仰光时，

我应视敌兵力之大小以决定我是否反攻。若敌兵力小，我可即行反攻；若敌在两师以内，我仍可反攻；若有三师，则我反攻不易，故第五军主力仍应在后方集中。

第二情况，第五军在集中期间敌人毫无行动，仍停滞锡当河两岸时，则我应对培古河东岸之敌攻击，歼灭之。

第三情况，我第五军之主力业已集中，而敌对仰光进占时，如敌兵力为一师，我应对其反攻。

第四情况，我第五军主力尚未集中，敌即进攻同古时，二〇〇师应死守同古。一俟第五军大部集中，即行反攻。

这一根据敌情变化来决定是进攻还是防守的战略部署，应该说既慎重又合理，以后几场与日军的战斗，杜聿明等将领也是根据这一原则来作战。可惜的是与日军已有过几场接触的英国军队，却一直不知道攻入缅甸的日军究竟有几个师团，也就无法把详细的敌情通报给即将入缅作战的中国远征军；再加上英军方面不肯供给中国军队进入缅甸的运输工具和向导，使第五军几万人员迟迟不能向缅南进发，一再错过了有利战机，最后为战场形势所逼，只能实行属于下策的第四种情况——由第二〇〇师死守东吁（同古）。

这都是由于中国军队在一个特殊战场上，不幸遇上了一个特殊的、不讲信义的盟友，从而难以获得战争中必须具备的天时、地利、人和。

尽管敌情不明，英军又不愿及时派车接运中国军队。这次仰光军事会议上，还是决定由第二〇〇师立即派出一个团，快速赶往东吁（同古）抢占有利地形，以防日军北进。

中国军队当中只有戴安澜师长指挥的第二〇〇师配有一些卡车。他们利用自己的运输工具和从各方面拼凑的车辆，在 3 月 2 日离开保山附近的板桥镇，先去到中缅边境的畹町，在那里等候英国军方派车接运。这样走走停停，在仰光失陷后的第二天（3 月 8 日），才有一个团（第五九九团）和军摩托骑兵团一起进抵缅甸东吁（同古）。

滇西边境的初春，阳光温暖柔和，山林青绿，红、蓝、白、紫的马缨花、山茶花、迎春花、素馨花正开得鲜艳灿烂。那几天，那条修筑于横断山脉间，从昆明经楚雄、大理、保山，再越过澜沧江、怒江

西向的滇缅公路上，奔驰着一辆接一辆，按军、师、团、营、连建制编组的车队。在万千车轮的辗压下，这条曲折多弯的山间公路上，整天黄灰滚滚，如同一条前不见头、后不见尾的黄色长龙，在山谷间的云雾中盘旋……

卡车上站满了头戴钢盔，手执步枪、轻机枪的中国远征军士兵，以及用树枝叶伪装、被卡车载运的大炮、轻型坦克。

这些被山岭间风霜烈日吹晒得皮肤黝黑的年轻士兵，神态各异，有的人沉默、镇定、自豪，也有人茫然、疑虑。他们将远去异域作战了，这是近当代中国第一次有军队出国远征，而且还是应英、美这样的强国的请求去援助他们。这是颇为令人自豪的事。也就军威甚振，与迎面从缅甸奔逃回来的难民们的悲惨、慌张状态，形成了强烈对比。但是也构成了一幅如长卷般极具悲壮情调的战时图景。

英军在缅南的败讯不断传来，表明战争正向缅甸北方和中国边境逼近，也给滇西沿途城乡人民带来了紧张与恐慌，但是看到自己的军队如此威武雄壮、声势浩大地去出国作战，又很兴奋，他们想起了那颇有张力的词句："迎头痛击！"

尽管战争是残酷的，敌人又是凶顽的日本鬼子，但是他们还是把胜利的希望寄托于自己的军队。西行的卡车上有士兵们在唱："大刀向鬼子们的头上砍去！……"

歌声嘹亮、充满自豪，很能鼓舞人心。是呵！就是应该这样去战斗！

载运军队前锋的车队来到了位于中缅边境的畹町。虽然从坝子上枝叶茂密的大青树、菩提树、杧果树、甘蔗林、风尾竹林和傣家的竹楼来看，对面的山川地貌与这边没有多大区别，但是，过了那窄如一条水沟的小溪就是缅甸了，那边的缅甸南方城乡正在被蹂躏、被轰炸，等待着还在这边的中国远征军过去救援，而那些城乡中还有不少华侨，那都是自己的血肉同胞。

（据 1942 年前后统计，除了早就落户缅甸的几十万华裔外，那些年从滇西南边地去往缅甸从事商贸和打工的中国人就有 13 万之多。）

华侨们担心日本侵略者的入侵会毁坏他们的家产、事业，也就迫切希望中国军队这场远征能出师大捷。

那几天，小小的畹町坝子上热闹极了，挤满了各式各样的人：有从缅甸撤退回来的原来派出去从事贸易、交通运输部门的人员，有从缅甸南北逃过来的难民，有在这里短暂停歇，准备明天或后天跨出国门的军队，还活跃着既有见识又有一定财力的华侨团体，华侨们在那条临河而建的窄小长街上挂起了中国国旗，还用五颜六色的纸张写成标语："出国远征，宣扬国威！""入缅远征，无上光荣！""杀虏克敌，青史留名！""扬威异域，雪我国耻！"……

一家华侨开的咖啡店，还慷慨地免费招待出国作战的官兵，可以进去喝杯咖啡、牛奶，吃块面包或饼干。

这番盛情令中国远征军官兵都深深感动了，几万军队过境，这不是会吃得人家倾家荡产么？

那个华侨老板却真诚地说："来吧！这叫有钱出钱，有力出力，齐心合力打日本鬼子！"

第二天，载运军队的车辆驶出畹町的长街，跨过国门上的小桥了，街上的男女老幼都热情地拥在公路两边欢送，把香烟、糖果、花束掷上卡车……

眼泪从远征军官兵们那满布风霜的黝黑脸上淌了下来，他们南北征战多年，这情景从前哪里见过！

过了桥就是缅甸的九谷、贵街。那边又拥挤着夹道欢迎的华侨，他们的激动、兴奋，真是有着"不见王师久"的感慨！

车队穿过华侨们扎在公路上的牌坊，那上边用整匹白布书写着字体粗大的标语："为国家尽忠，为民族尽孝；愿革命成功，愿自己成人！"人们手中的红红绿绿小旗子上则写着："欢迎，欢迎！""胜利，胜利！""百战百胜！""所向无敌！"……都是这些爱国侨胞心声的倾注。

缅甸那边地势平坦，公路与国内的沙石路面不同，全是用沥青铺筑成，宽阔、平坦、笔直，驾驶员们开得很是舒畅，一踩油门，把速度加大到每小时 70 公里、80 公里。好像就要冲进敌阵，去辗压，去拼搏！

出征的军队和边地人民的士气这样高，这在抗战已经近 5 年，战场遍布大半个中国的土地上是很少见的，军威盛，民心振，这当然是夺

取胜利的重要因素。但是作为“最高当局”的蒋介石，却处于一种喜忧皆备的复杂心情中。他也知道，从当前国际形势和中国自身的利益来说，组织这支中国远征军去缅甸作战责无旁贷，但是他也了解侵入东南亚，特别是攻入缅甸的日军这几个师团都极为凶顽，更担心英国这一既自傲又缺乏信义的盟友是否可靠。

抗日战争以来，中英关系一直很紧张，除了过去的历史原因外，更主要是在修筑滇缅公路以解决中国对外交通被封锁的这一问题上，英国政府一再阻碍、刁难。正如中国驻英国大使顾维钧博士所说：“由于美国施加了压力，英国同意了这个方案，但等到实际执行之时，却又接二连三地提出反对意见。”幸亏有美国支持，这条滇缅公路才得以修筑成，并在 1939 年从中国境内伸延到缅甸腊戌。美国、苏联援助中国抗战的物资得以海运到仰光，经铁路运抵腊戌，再从滇缅公路运进中国，使中国在艰难的抗战中不致完全被困死。但是英国在缅甸的总督、驻军司令，仍然用各种借口不断扣押运抵仰光的美、苏援助中国的军火和工程建筑物资。特别是在 1940 年 7 月，英国政府屈从于日本的压力，把滇缅公路封锁了 3 个月，迫使中国行驶在这条公路线上的 3000 余辆军车、4000 余辆公车和商车全部停运，军运民运损失极大。这也如顾维钧大使所说：“使中国对英国留下了长期的不满和不信任感。”

所以蒋介石虽然在调动军队进入缅甸作战的同时发表了《告入缅将士书》，指出：“我国军此次奉命开赴缅甸，协同友军，扫除敌寇，此实我中华民国空前之大事；亦为我国军队与盟邦同一地区并肩作战之开始。” 但是他也了解：中国人民对英国存在的积怨还没有消除，又做了这样的开导：“我先民本有急难相扶之美德，更有不念旧恶之古训，今敌人方肆其邪说，以蛊惑我东亚各民族，而离间其感情，吾人当前之急务，即在化除界域，共同一致，首先打倒此东亚败类之乱寇，而后乃能求得整个之平等与自由。”

从字面上来看，这公开发表的文告是愿意与英国化解前嫌、共同对敌，但是蒋介石也很明白，积怨的排解单靠一厢情愿是不够的，还得双方来共同努力。他担心英国是否有这样的诚意，所以他这次应英、美的请求，把这十万之众，特别是中国军队中装备最好、兵员较多的精锐第五军派去缅甸作战，很不放心。抗战五年来，中国军队已经损失很多，经不起再有大的损伤了。

蒋介石作为中国政府领导人，有这些想法并不是多余的，缅甸当前的战局，英国人一贯的对华不友好态度，美、英的“先欧后亚”战略，都令他心存忧虑。

所以，在中国远征军进入缅甸前，他就在考虑，在那异国的土地上，汇集了那么多中、英、缅、印军队，该由谁来指挥作战？他也知道英方是不会把指挥权交给中国的，但是从日本军队侵入缅甸前后，英国将军所表现出的自负、无能、怯战，如果把中国远征军交给英方，那很可能导致失利，断送这10万军队。鉴于美国如今在国际上的威望，他希望由美国将军来指挥中国远征军，这样不仅可以协调中英之间的关系，还可以统一作战。

蒋介石在不久前的1942年1月间，同意出任同盟国中国战区最高统帅时，就电告派往美国的特使宋子文，请他向罗斯福总统提出：给中国派一位美国将军来担任参谋长，便于和同盟国之间的协调沟通。

对于这一人选，他除了希望有较高的级别（中将以上）外，在1月4日发给宋子文的电报中还提出：“不必熟悉东方旧情者，只要其有品学与热心者可也。”

他这样说，是担心所谓“熟悉东方旧情”的人，仍然用过去歧视中国人的旧眼光看待如今抗战的中国。他要的是一位热心支持中国抗战的将军。

美国军方也认为：给中国派去一位参谋长会有利于中美军事上的合作抗日。这一高级军官既要有一定资历、指挥才能，还要了解中国。

但他们的具体设想又与蒋介石不完全相同，因为他们还要安排这个参谋长担负多重任务。1942年1月19日，美国陆军部部长史汀生面告宋子文特使，这个参谋长应具有下列职权：

甲：办理所有在中国之美军货援华事宜；

乙：在蒋委员长统辖之下，指挥所有在华之美国军队，及委员长自愿交与指挥之某部中国军队，如遇此项军队有在缅甸参加作战之必要时，其作战总计划应受韦维尔之指示，但实行作战则由美军官指挥；

丙：代表美国参加在华之一切国际军事会议；

丁：维持及管理中国境内滇缅公路运输。

这表明，这个即将来到中国的美军高级军官，已经不单纯是作为蒋介石高级幕僚的参谋长，而是比特命全权大使的职权还要大得多的特殊人物。

为了诱引蒋介石尽快答应这些条件，美国军方还表示：“蒋委员长如果同意”，他们可以立即“增加华南、缅甸区域之空军力量，先由增加及补充志愿军飞机及人员入手；对于蒋委员长所拨交指挥之中国军队若干师，供给全部军械器材，亦属可能”。

另外还有许多附加的优惠条件。

美国军方的态度虽然殷勤，却把未来的参谋长的职权扩展得那样大，反而使蒋介石产生了疑惑，觉得其中问题颇多。曾去电宋子文，去和美国军方商量时，先“厘清美国军官任参谋长权限地位，再议其他”。但是，不知在远隔重洋的往来电文中，哪个环节出了错，美国军方却一厢情愿地认为，可以这样安排了。

（也有人认为：是在美国的宋子文自作主张答应了美国军方。但对这一说法，没有可靠资料，研究二战的史家们还有争执。）

美军陆军参谋长兼陆军总司令马歇尔将军，对众多的美国将军多方挑选、再三比较后，选中了当时担任陆军第三军军长的约瑟夫·沃伦·史迪威少将去中国。

史迪威将军这年 59 岁，已经被年轻军人们称为“老头子”，接近退役期限了，但是这个身材高而消瘦、性格刚毅的老军人，却因为他出色的指挥才能，深得美国陆军部高层的器重。美国军队曾在 1941 年夏季举行过有着 25 万人参加的全军大演习，史迪威当时指挥的第七师表现得最为突出，从而被提升为第三军军长。但是更令马歇尔将军感兴趣的是史迪威是个从前在中国工作过多年的“中国通”。他 1904 年在西点军校毕业后，除了曾两次赴菲律宾服役外，从 1921 年起又以步兵少校军衔先后在美国驻中国大使馆担任随员、美军驻华步兵第十五团中校营长、驻华使馆上校武官，去过中国不少地方。1937 年“七七”事变的那天晚上，他正在北平，亲眼见证了日军入侵中国的暴行，他对日本侵略者是痛恨的……

抗战初期，他以美国驻中国大使馆武官的身份经常在中国战地走访，和中国国共两党许多高级将领，如李宗仁、商震、刘峙、周恩来、叶剑英……都有来往。他曾经把与这些高层人士的见面、会谈，以及他对中国现状的理解写成报告送回美国，使他获得了“研究东方问题权威”的美誉。一直到中国抗战进入第二期作战，南昌会战、随枣会战结束，日军攻占了海南岛，桂南会战即将开始的 1939 年 9 月，他才

奉调返回美国。他目睹了中国大江南北和华中南大片土地的陷落，中国人民的惨遭蹂躏。

他还与马歇尔将军有很深的友谊，这也是马歇尔比别人更了解他，并极力向罗斯福总统推荐他去中国的重要原因之一。

宋子文在 1 月 19 日给蒋介石的电报中也透露了史迪威将军可能是这一人选：“ 此人公认为美陆军中最优秀之将才，现充军团长，曾任马歇尔参谋长之军事局长，通华语……”

1942 年 1 月 23 日，也是日军发动了以“U”为代号的向缅甸进攻的第二天，史迪威被召往华盛顿，并由马歇尔正式通知他，他将被派往中国担任中、缅、印战区美军总司令，中国战区总参谋长，美国驻华“租借物资”总监督，同盟国各战争委员会美国代表。

这些职务都很有实权。爱干实事，又对中国的抗战一向同情、支持的史迪威很愿意接受这一派遣，就立即着手准备东行之事，并把他需要的人员调进他的参谋班子。

马歇尔认为，要让史迪威顺利地为中国方面所接受，必须先做好宋子文这位既是特使，又是蒋介石至亲，在中国政府很有权势的人物的工作。特意让史迪威在 1 月 24 日去拜会了在华盛顿的宋子文。那次见面，史迪威那具有军人威严，又朴实无华的气质，给宋子文留下了良好印象，又特意去电告蒋介石：史迪威来见“人极诚朴”。

美国方面这样推荐，又经过宋子文当面“考察”，蒋介石当然愿意接受。但他和宋子文都没有想到，史迪威来到中国不久，就会和他发生激烈冲突，几乎影响了中美两国在二战中的关系。

马歇尔将军为了提高史迪威此次中国之行的规格，特意在史迪威启程前，建议罗斯福总统在 2 月 9 日中午接见了史迪威将军。罗斯福总统请史迪威转告蒋介石：“我们永远支持中国的事业，我们一定会坚持到底，直至中国收回他丧失的全部领土。”

史迪威也觉得自己此行应该这样做，并且能够做到。他想，以他对中国的了解和各方面的良好关系，又有自己实力强大的国家做后盾，以及蒋介石在电报中所表示的：“非常欢迎史迪威将军前来中国担任此职。”他自信能在东南亚战场上一展才能，帮助中国打败日本法西斯。有才能的军人都是想在战争上一展自己的抱负！

但是，他终究是个没有亲身经历过战争，更没有指挥过大兵团作战、和平时期起家的将军，还是忽略了这第二次世界大战的东方战场的艰难之处，特别是和在缅甸的中、英军队一起作战时，由于有着各种错综复杂的关系，他将不得不应付许多他从前没有想到的、难以处理的棘手问题。首先是他将在一个貌似谦逊、友好，实际是由于长期统治着中国、一向刚愎自用的蒋介石手下工作，他这个过于坦率和自傲的美国军人，如果以钦差大臣自居，想以自己的主见去影响、控制蒋介石，必然会和蒋介石发生冲突。他还想指挥、改造中国军队，但是只服从蒋介石一个人的中国将军们怎肯听从？再加上中、英两国在过去和现在都矛盾极深，他夹在中间，将处境两难，面对日本这一强劲敌手，他也一时间难以应付对方的战略战术……

不过刚上任没想到那些事也有好处，能促使他一开始就充满信心地参与这场关系到中、缅、印战场胜负，被他认为“可以大显身手”“留名青史”的战斗事业。

1942 年 2 月 11 日，在美国还处于冰雪封冻的严寒季节，他带着包括后来成了中国远征军顾问团团长的窦恩少校等一行 10 余人离开华盛顿，飞往中国。

史迪威也许是过去在中国住久了，见多了中国军阀混战中，军队所表现出的愚昧、落后、野蛮、丑恶，以及抗战初起时，一些将领怯战而连遭败北；主观地认为：国民党军队连以上军官，普遍缺乏指挥能力，必须撤换和重新整训。所以，他离开美国前，就请求陆军部长史汀生再给他一批校、尉级军官来中国，用以替换中国的各级军官。

史汀生答应了他，将随后派出 400 名军官和技术人员，从海上乘船去印度，再转往中国，帮助他训练中国军队。

这是一次飞越三大洲（美洲、非洲、亚洲），经历了截然不同的冷暖气候和不同种族国度的长途旅程。当时还缺乏能远距离长途航行的飞机，只能一次又一次不断地起飞、降落，越过大海、沙漠。一路上经过了迈阿密、西班牙港、特里尼达、英属西印度群岛、圭亚那、赤道、亚马孙河、帕拉、贝伦、纳塔尔、拉各斯、开罗、杜古里、喀土穆、苏伊士运河、耶路撒冷、巴格达、波斯湾、卡拉奇等地方，行程近一个半月，才在 2 月 25 日中午到达印度德里。几万里飞行，很辛苦。

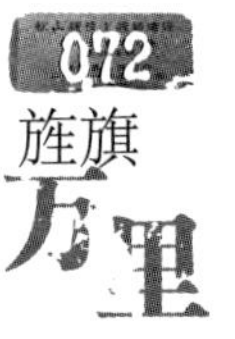

德里是印度的首都。是20余年前的1920年才开始兴建的新城市，给史迪威的印象很好，“布局宏伟壮观，宽阔的空地，通往各政府大厦的很好的街道，市容十分齐整”。而更使他满意的是这里舒适的气候，在北美正冰雪封冻时，德里却很凉爽，只要穿件毛衣就行了。

当天下午，他就去英军总司令部拜会并参加军事会议。

从2月11日到25日，前后15天的行程中，他在旅途中不断得到同盟国军队在远东各地的败讯，缅甸战局更是一团糟，1月31日毛淡棉丢失，2月23日英、印、缅军锡当江防线瓦解……

史迪威过去对英国军队了解不多，这使他很迷惑，在缅甸的英国将军们是怎么指挥作战的，怎会这样一败涂地？如今他到了印度的德里，参加了英、印、缅军总司令部的一次会议，近距离接触了那些英国将军们，才知道这些身着华丽军服、举手投足是那样矜持高傲、个个以贵族自居的将军们，却是盛名之下其实难副。他们对邻近的、正打得激烈的缅甸战事，本来应该有充分了解，但是他们面对挂在作战室大墙上的军用地图，却是一片茫然，对敌我态势说不出一个所以然来。作战部门至今还没有拟订出怎么与即将进入缅甸的中国远征军协同作战的计划，谁也不知道日本人在缅甸究竟有几个师团，下一步会从哪个方向进攻，更不要说能否守得住仰光了。

给史迪威的感觉是：“除了军需官外，没有人了解任何情况。”

他后来才知道，英国军方从日军入侵缅甸以来，一直没有搜集到一件可靠的情报，连一个日本俘虏都没有抓到过，对前方的战事只能靠猜测、估计……

这使史迪威深为惊讶，这些英国将军们怎么能这样打仗？

两天后的2月27日，他在印度加尔各答接到了从华盛顿发来的、把他的军衔提升为中将的电令。处事周到、细致的美国陆军部长史汀生和总参谋长马歇尔将军很明白，中国的那些军、师长们都是中将、少将，以史迪威的少将军阶是难以指挥中国军队的。所以在史迪威还在飞往中国的途中，就快速地向罗斯福总统呈送了一份给史迪威晋级的报告。

2月27日，史迪威去了加尔各答。第二天（28日）从新加坡经爪哇败逃回来的同盟国远东总司令韦维尔上将将要到达那里；史迪威出

于礼貌，特意赶往机场迎接。

在史迪威看来，这位英国将军是一副“疲惫不堪、情绪沮丧，完全被打垮了”的可怜相。面对史迪威对军情的询问，他只是颓丧地诉说日本军队攻势凶猛，对于自己的军队为什么会这样一败涂地，却说不出个所以然来，特别是不明白缅甸人民为什么不愿意与他们英国人合作抗击日军。其实这都是他们殖民主义对当地人的压迫、剥削，引起的不满与反抗，正如当时的缅甸总理吴苏所说：“我们亚洲人自从达·伽马（按：为15世纪30年代的葡萄牙航海家）绕过好望角以后，就没有过过安宁的日子。”这也表明缅甸人对西方的怨恨积蓄已久，所以战火一起，不仅对英国军方采取了不合作的态度，还加入了反抗队伍。

面对这乱糟糟的局势，又使史迪威感叹！

3月3日史迪威从印度飞往重庆时，中途在缅甸北部的重镇，与中国边境相距不远的腊戌停留了几个小时。这里已是大军云集，中国远征军的高级将领和前锋部队都聚集在这里听取蒋介石的指示。

蒋介石利用在腊戌召开军事会议的间隙，在当天傍晚的7时半接见了史迪威将军。态度诚恳而又友好地对史迪威来中国战区工作表示欢迎，使史迪威在第一印象中觉得自己作为蒋介石的参谋长，今后会较为方便地工作。

那年月，从腊戌飞往重庆要经停昆明。

那天晚上，他到达昆明就住在陈纳德将军的房间里。美国派驻中国的军事代表团团长马格鲁特准将也特意从重庆赶来昆明迎接他。他很想从马格鲁特那里了解一些抗战的中国现状，但是对中国持有成见，一向反对给中国加大军援的马格鲁特却尽说些中国政府的腐败无能。3月5日那天，史迪威在昆明飞往重庆的飞机上，正兴致勃勃地观赏舱外云贵高原奇幻的景色时，马格鲁特又趁机说道：“这难道不是一个中看不中用的国家吗？”

第二天（3月6日），史迪威在重庆黄山的蒋介石别墅正式谒见了这位刚刚从缅甸返回重庆的中国战区统帅。当时虽然还没有得到英方将放弃仰光的消息，但是从英国军队一路上败退的情况来看，蒋介石明确地向史迪威表示，他很不放心英国人，担心英国人会抛下中国军队从缅甸逃跑，所以他只同意把中国远征军交给史迪威指挥。

这不是外交辞令，是蒋介石的真心话。在英美两国的将领当中，他宁愿选择美国的史迪威将军。

史迪威也很自信，让他指挥中国远征军，能够击败日军的北犯。但是，蒋介石初次和史迪威接触，还不了解这位美国将军的个性和行事方法，更不了解他来中国是想对国民党军队来一次大改组、大清洗，撤换中国军队的各级军官。

国民党军队军事素质差，这是事实。这是因为上层贪污腐败，武器装备落后，军需供给贫乏，士兵营养不良，严重影响了部队战斗力。但是在中国军队中除了那些贪污腐败的将领外，多数军官和士兵还是具有强烈的抗日热情，关键时刻敢于死战。不然，中国怎能在日寇入侵，英、美等强国长久作壁上观之时，单独抗击日本侵略军近 10 年呢？这正如罗斯福总统在太平洋战争爆发后的 1942 年 1 月 6 日，在美国国会发表国情咨文时，特意把中国尊称为“勇敢的中国人民”，并说：他们“在四年半的时间里，顶住了轰炸，忍受着饥饿，他们不畏日军的优势装备，给侵略者以一次又一次的无情打击”。

就连对中国一向具有偏见，认为中国是难以把抗战进行到底的英国内阁官员们，他们的观念也在随着时间而逐渐改变，在 1942 年 2 月 15 日新加坡 10 万余英军不战而降后，丘吉尔首相在下院发表演说时，把这一大败与中国军民的抗战相比较，钦佩地说“中国差不多是赤手空拳地进行了四年半的抗日战争”。英国的飞机生产大臣比弗布鲁克更是深情地说：“我们过去认为日本人很坚强勇敢，可是中国人却以极少的武器，或者说根本没有武器，硬是把日本打得欲进不能。”因此，“中国人一定比日本人更为骁勇善战”。

可惜的是在缅甸的英国将军韦维尔、哈罗德·亚历山大等人还没有认识到这些，以致不能真心诚意地与中国远征军一起对日作战。

史迪威是个具有正义感的勇敢军人，为了世界人民反法西斯的共同利益，他很愿意全力以赴地加入中国的抗战行列，但是由于他的高傲个性，特别是对待中国军队的以偏概全，使他在来到中缅战场后，处理许多问题上不讲方式方法而引起中国一部分还不了解他的将领的反感，甚至遭到抵制。从而与蒋介石从最初的友好关系，变得矛盾日深，最后如同水火般难以相容。

他也不想想，中国军队有 300 多个师，几十万连以上的军官，在大

中国远征军在缅甸渡河作战

敌当前之时都撤换了，谁来指挥打仗？短时间怎能整训成功？

不过这1942年的3月初，刚来到中国的史迪威，还没有进入情况，与蒋介石等人的矛盾也没有发生，他还是愉快而又充满自信地忙着拟订在缅甸作战的计划。但是他和蒋介石都不了解缅甸前线的具体战况，更不了解英国军方将放弃缅甸的真实意图，在3月9日这天，他还认为："我有一种预感，日本人实力不足。如果他们有实力，为什么不去立即占领仰光，建立水上交通？"

蒋介石也同意史迪威的看法：日军不会向西推进了。

他们哪里知道，就在这前一天（3月8日），刚刚从英国飞来的新任英军总司令哈罗德·亚历山大已经命令军队从仰光撤出。

气得史迪威大骂："英国人都是狗娘养的。""该死的英国人，他们撤出了仰光，却没有通知（我们）联络官。"

蒋介石更是生气，也很明白："英国人无论如何是不会再进行战斗了。"

但是争强好胜的史迪威并不愿就此后退，他认为："不管怎么说，中国军队人数最多。"他还是要指挥中国军队去打败日本人。

蒋介石想得可没有这么简单，他要史迪威赶紧去缅甸弄清楚，英国人是否还想守住曼德勒？中国远征军投入战斗后，英方能否给中国军队提供汽油、坦克？

史迪威虽然觉得蒋介石过于仇恨英国人，但是为了尽快掌握中国远征军，他还是在3月11日带着他的参谋人员从重庆经昆明飞向缅甸的腊戍，于第二天转往卑谬（眉苗）。

他派驻在卑谬（眉苗），与英军联系的梅里尔少校，向他报告了在缅甸的英国军队所以败退的混乱情况：没有计划，没有侦察，没有安全保障，没有情报，没有俘虏。左翼的萨尔温防线大开……驻缅甸的英、印、缅军队有70000余人，但是投入作战的却不到12000人，其他的都分散在后方。这怎么对付得了当时已是两个师团、超过42000余人的日本军队？

这使史迪威将军既感惊异又很叹息。

英国的将军们虽然处于狼狈的败退中，还是忘不了抓权。听说将由史迪威将军指挥中国远征军，都大吃一惊。那个率领英军从仰光撤退出来的哈罗德·亚历山大更是愤怒得不想理会史迪威。

这期间，哈罗德·亚历山大对在缅甸的英、印、缅军队指挥系统做了一些调整，他以在缅甸的军队日增，他自己要从高层运筹，难以兼顾为理由，请求把在缅甸的英、印、缅军队组成一个军团。英国军方批准了这一要求，把威廉·约瑟夫·斯姆莱特中将从中东战场调来缅甸担任新组建的第一军团军团长。

斯姆莱特是位勇将，他的作风朴实，与傲气十足的韦维尔、哈罗德·亚历山大不同，他是个能够客观地观察事物，务实派的军人。他很欣赏史迪威这个“倔得像一头驴子”的老军人的那种积极进攻的精神，很愿意支持史迪威的反攻仰光。但是他面对韦维尔和哈罗德·亚历山大等的退战自保和英、印、缅军队的军无战心，也难以有所作为。所以，史迪威在卑谬（眉苗）和英军方面多次磋商后，还是没有得出如何与中国军队一起反攻的要领，从而一再错过了战机。这时候，日军第十五军已经在东线兵分两路沿仰（光）曼（德勒）公路、铁路向北推进了！

这一天（3 月 11 日），正率领军队向缅南推进的杜聿明将军，也接到了蒋介石的正式命令：中国远征军第五军、第六军统归中国战区参谋长史迪威将军指挥。

在这以前的 3 月 4 日，蒋介石在缅甸腊戌召见杜聿明时，曾经当面指示：“你归史迪威将军指挥。”

杜聿明是蒋介石的黄埔一期学生、亲信将领，一向以有谋略、敢打硬仗著称。抗日战争以来的几次大仗，如“一·二八”淞沪会战、长城古北口作战、南京保卫战、桂南会战、昆仑关战役，他都先后以师长、军长的身份指挥部队投入作战，打得很出色，特别是在昆仑关战役中，他的第五军歼灭了 6000 余人，更是威名远扬，深为蒋介石宠信。如今，他虽然也充满了信心准备歼敌于缅甸，但是要他听从一位陌生的美国将军指挥，却心存怀疑。军队中一向讲资历、军阶、战功，据他了解，史迪威虽然年岁较长，但是 1940 年 9 月才成为少将师长，1941 年升任少将军长，最近来中国的旅途中才提升为中将。他杜聿明 1932 年就是少将师长，1939 年 11 月升为第五军中将军长，而更主要的是史迪威虽然也是从营、团、师、军长的级别升上来的，却从来没有指挥过实际的战斗，可说是在和平环境中缓缓升迁的将军。所以，杜聿明虽然不敢公开对史迪威表示蔑视，内心却是对史迪威的指挥才能

有疑问，更不甘心听从史迪威的指挥。特别是他跟随蒋介石几十年，深知蒋介石一向都是把军队指挥权抓得很紧，仅一个师的调动都必须得到蒋介石的批准，作战当中蒋介石更是经常越过战区司令长官、集团军总司令直接向军长、师长发布指示。如今怎么会把这两个军（第五军、第六军）以及还将后续上来的第六十六军，都放手交给一个并不熟悉的美国将军来指挥？

他直率地向蒋介石询问："如果史迪威的命令不符合你的决策时，那怎么办？"

蒋介石说："你打电报向我请示再说。"

杜聿明明白了，蒋介石并不是真正放手让史迪威指挥中国远征军。

这也就预先伏下了史迪威将军难以完全指挥在缅甸作战的中国远征军，身在战斗前线的杜聿明等将领也处于多头干预，不知应该听从谁的指挥为好的两难处境。

戴安澜指挥的第二〇〇师第五九九团以及配属给他的军部骑兵团，在 3 月 2 日离开保山后，一路疾行，赶在仰光失陷后的第二天（3 月 9 日）进抵缅甸东吁（同古）。第二〇〇师进入缅甸，在车辆运输上可是一路艰难。他们是 1941 年 12 月 17 日从昆明碧鸡关乘坐西南运输处从缅甸抢运物资回来，正要放空再去缅甸的货车抵达保山。因为英方的阻拦，只好停留于保山附近板桥镇，直到 1942 年 2 月 16 日前后，日军从毛淡棉逼近仰光后，才得到命令，迅速去往缅甸东吁（同古）抢占阵地阻击日军。但是英方仍然不派车接运。第二〇〇师只好多方筹措了一些军车、商车，分批南行，在 2 月 16 日抵达遮放、畹町，在那里停留了约半个月。又经中国方面与英方多次交涉，英方才在 3 月 1 日下午派出 268 辆大卡车，去往遮放、畹町，把第二〇〇师接到腊戍。虽然军情紧急，英国车队完成这 220 公里的接运任务后，却不肯继续南行。第二〇〇师只好改乘火车到东吁（同古）。

见中国军队上来了，已经退到东吁（同古）的英军那个缅甸旅忙撤往卑谬（眉苗）。他们心慌意乱，也没有向中国军队交代地形、敌情就匆匆地走了。第二〇〇师师长戴安澜见敌情不明，只好先派出配属他的军骑兵团副团长黄行宪率领一连骑兵、一连步兵和一部分工兵，前出到东吁（同古）以南约 12 公里的皮尤河担任前哨警戒并侦

察敌情。

第五军这个骑兵团虽然名为“骑兵”，已经不使用马匹，全部是德国制造、轻捷、快速的双人、单人摩托车，在这一望无际的缅甸南部大平原上，完全可以开足马力飞快地奔驰。

皮尤河是锡当河的一条支流，河面宽阔，有座约 200 米长的公路桥。英、印、缅军明知日军向南攻击时，肯定会从这座桥上过来，却没有把大桥破坏，任由它高悬于河上。这无异于给敌军敞开通道。

战场形势这样紧张，英军方面仍然不愿积极配合中国远征军作战。中国方面早就向英方提出：输送第五军、第六军约需 500 辆卡车。但英方仅是用 268 辆大卡车把第二〇〇师从遮放、畹町运送到腊戌，以后就撒手不管了；特别是在仰光已经失守，急需中国远征军另外两个师（新编第二十二师、第九十六师）投入作战之时，还是迟迟不肯调拨车辆，以致这时候还滞留于国内的新编第二十二师、第九十六师只好自己拼凑一些车辆，于 3 月 6 日从芒市出发；而甘丽初指挥的第六军的三个师（第四十九师、暂编第五十五师、第九十三师）只进到了泰、缅、老（挝）边境的景栋、茂奇（毛奇）一带；张轸指挥的第六十六军还远远地停顿在国内的滇黔线上。

因而，进到东吁（同古）的第二〇〇师，是孤军深入。

这既与英国方面在慌乱中不能及时为中国军队解决运输工具，在日军飞机轰炸下，铁路交通受影响有关，也与蒋介石不愿在敌情未明时，立即把第五军、第六军冒险地全部投入作战的指导思想有关。他认为，日军战斗力过强，对待日军要慎之又慎，最好采取防御作战，如果是进攻，则要有更多兵力，至少要用五个师去对付一个日本师团。所以，他不愿把第五军全都放在东吁（同古）一线集中，因为一旦日军进攻的兵力多，第五军招架不住，一垮就是几个师。如今把第五军成纵向拉开距离，即使最前边一个师被打败了，还可以节节抵抗，保证其他几个师不至于完全被歼灭……

他与日军周旋多年，对敌我实力有了解。因为日军的一个甲种师团兵力有着 23000 余人，乙种师团也有 18800 余人，而中国军队却多数不满员，兵员装备较完善的第五军也只有 42000 人，军的主力第二〇〇师不过 8000 人。敌我实力如此悬殊，当然要用几个师打日军一个师团。

这也合乎中国古兵法的“十则围之，五则攻之，倍则分之”的道理，但是他这种慎重稳进的战略举措，却不为心高气傲，又是初到缅甸战场的史迪威将军所理解，而是激情高涨地急于夺回仰光。

他把蒋介石的不肯把全部兵力投入反攻，看作是怯敌、保存实力。

中国远征军还没有开始接触敌人，高层的矛盾就出现了。

史迪威将军是这样急于进攻，但是他也知道，还得有英国军队的配合。他和杜聿明刚到达卑谬（眉苗），就去费莱格夫大厦分别拜访英国总督和英军总司令，想商谈一下以后的作战计划，但这些英国将军们刚刚从仰光逃出来，还心神慌乱不定，哪能从容商量作战？

卑谬（眉苗）是个接近缅北高原的丘陵地带，山清水秀，气候凉爽，有铁路、公路和水路通往缅甸南北，城市小巧、繁华；过去是英、缅上层人士从仰光来避暑的地方，建构有许多英国式的别墅。仰光失守后，英军总司令哈罗德·亚历山大的司令部、英国驻缅甸总督雷金纳德·多尔曼·史密斯和他们的部属都退到这里了。本来幽静的小城挤满了军队和逃来的难民，突然变得嘈杂、混乱了。

哈罗德·亚历山大上将终究是从欧洲到亚洲经过几次大撤退的老手，他似乎已经预见到卑谬（眉苗）包括缅甸北部在内，都不是久留之地，下令把从缅北实皆（色格）省越过钦敦江、从大山深处通向印度英帕尔的一条废弃多年的老公路迅速进行整修，拓宽、铺平，以备向印度退却时，有车路可行。

英军这样无心对敌，并不完全是哈罗德·亚历山大一个人的主见，他是深刻领会了英国政府的意图。仰光弃守后，丘吉尔就认为：“仰光失守意味着缅甸的失守。”英军驻缅印总司令韦维尔在 3 月 19 日给丘吉尔首相的电报中更明确表示：在缅甸已经难以有所作为。他是这样陈述的：

> 倘若日本坚决进犯，我认为我们不能指望守上缅甸（按：缅北也被称为“上缅甸”）。许多部队仍旧缺乏装备，下缅甸的经验还使他们动摇，余下的几个缅甸步枪营能起多少作用，很可疑。炮兵不多了。目前，再要切实地增援是办不到的。中国方面的合作，并不容易，他们怀疑我们的战斗能力，有退缩的倾向。他们对日军的丛林战，能否比我们现在打得更

成功，尚难肯定。无论怎样，亚历山大的善战是能够信赖的。
日军的困难一定很大。

英军方面从统帅到将军如此对下一步的作战缺乏信心，又不相信前来支援他们的中国军队，这缅甸还能守得住？

只有刚刚来到缅甸的史迪威将军还是雄心勃勃，自信按照他的部署可以夺回仰光，他也不管英军是否要退却，又在 3 月 17 日从缅甸飞往重庆去面见蒋介石，催促第五军和第六军其他部队加速南进。

蒋介石却不急于命令中国远征军全部投入战斗。他对英军总司令哈罗德·亚历山大不和他商量就擅自从仰光撤退，还很生气。按照他的了解，英、印、缅军当时在仰光的兵力，再守个三五天以待中国远征军的前锋第二〇〇师去增援并转入固守，是完全可以的。如今仰光一丢失，不仅在海港码头上堆积如山的美国援助中国的军用物资和工程建筑器材全都落于敌手，中国从海运获得国际援助的通道也完全断绝了。三个月前，日军刚偷袭珍珠港，他急于组织中国远征军出兵缅甸，就是想保住这条通道，仰光既然已经失守，再把大批军队派往缅甸作战的作用就不大了。所以，虽然史迪威将军充满自信地认为：只要第五军、第六军都交给他指挥，他有把握把仰光从日军手中夺回来，重新恢复海运。蒋介石却缺乏这种信心。

史迪威将军不仅这样对蒋介石陈述，还积极地去游说那些中国军队高层将领何应钦、白崇禧、商震，要求他们也去劝说蒋介石。这些将领与他有同感，都认为，既然中国远征军已进入缅甸，应该趁日军后续部队还没有上来，尽快夺回仰光。

蒋介石却缺乏这种信心。他如今更多考虑的是怎么用这几个军御敌于国门之外，不让日军入侵滇西。但是这样的想法，又不好公开与英、美方面说，那会影响与盟国的关系，特别是这位刚刚从美国飞过来，满脑子都是进攻、进攻、再进攻思想的史迪威将军。

蒋介石还了解到英军总司令哈罗德·亚历山大退到卑谬（眉苗）后，并没有积极部署反攻仰光或防御卑谬（眉苗）。这哪里是可以依靠的军队？

在这种情况下，把自己的几个军的精锐完全投入缅甸之战，一旦英国军队又临阵退却，中国军队怎么办？那不是只有陷在缅甸被歼灭？

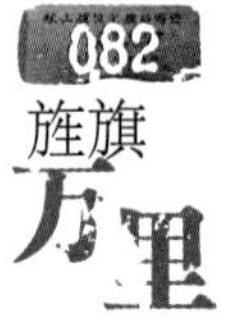

但是在史迪威看来，只要中国远征军这两个军（第五军、第六军）完全听命于他，他一定能够夺回仰光把日本军队赶下大海。所以他在3月17日再次飞往重庆，并在3月18日、19日两次晋见蒋介石，态度强硬地、坚持要把第五军三个师（第九十六师、第二〇〇师、新编第二十二师）都集结于东吁（同古）与日军决一死战，并进而收复仰光……

蒋介石却担心把这两个军（第五军、第六军）都调上去拼完了，缅北兵力空虚，会招致善于远程奔袭的日军截断后路……

（以后的缅甸战局发展，也证明蒋介石这一顾虑不是多余的。）

史迪威似乎不了解日军的战术，却认为，第五军全军南进后，把第九十六师放在彬马拉（平满纳）的铁路线上，可以不必担心后方的安全，曼德勒即使没有一个师守卫，也不会有什么问题。

蒋介石觉得这是近于孤注一掷，很担心，但是又不好像对待自己部属似的予以斥责，只好耐心地开导这位表现得慷慨激昂、急于进攻的美国将军。告诉他：中国军队远出缅甸作战，面对来势凶猛的日军，应该注意两点，一、应选择与敌人最后决战的场所，这地方应该是曼德勒以南的近郊；二、应该固守曼德勒。

他还特意向史迪威将军解释，他为什么不愿全力南进，夺回仰光，是从当前的战场形势来考虑，不得不做出退守缅北，以曼德勒为中心的部署。这是由于这场在异域作战存在两大危机：一、当地的缅甸人民出于对英国殖民统治的仇恨，而倾向于支持日本军队，从而对出国支援英国军队的中国远征军没有好感；二、这次中、英、美三方同在一个地域作战，却缺乏统一的指挥。历史上联合作战的军队，因为指挥不统一而招致失败者屡见不鲜……

蒋介石还认为：在这两大危机没有解决前，进入缅甸的中国军队不能轻举妄动，不能远离中国国境向前突进。特别是第五军、第六军是中国军队的精锐，如有损失，那影响就大了。他还坦率地告诉史迪威：虽然从现实情况来说，应该给英国军队援助，但是他认为，中国进入缅甸的军队在作战中，是不能相信英方会给予援助，所以，他要把第五军的两个师（新编第二十二师、第九十六师）都停留在曼德勒。

［后来的事实也证明了蒋介石的这一判断没有错：第五军的第二〇〇师、新编第二十二师在东吁（同古）、耶达谢（叶带西）苦战时，西线的英军却按兵不动没有给予任何援助。］

蒋介石的这些理由，史迪威将军都听不进去。在他看来，有这样几个军却不急于进攻而是退守离战地近千里的曼德勒，那完全是怯战自保。他虽然和蒋介石这位中国战区统帅只有几次接触，却很快产生了反感，把蒋介石的战略战术思想看作是“思路混乱的外行话”，私下里对他的部属们把蒋介石叫作“顽固的家伙”。他与蒋介石发生争辩时，如果不是担任翻译的蒋夫人宋美龄巧妙地斟词用句，把双方的激烈语句改得平静、缓和，可能他们相互都会被对方不断激怒而难以控制自己的感情，当场大吵大闹了。

史迪威在说服不了蒋介石时，也曾用求助的眼光转向那些在座的中国高层将领：何应钦、白崇禧、商震……

那些将军只是肃然地端坐，沉默不语。

他哪里知道，在蒋介石统治下的国民党军队中，谁也不敢违拗这位委员长的意旨，他们怎么敢在这场充满火药味的争执中支持史迪威？

在蒋介石看来，史迪威是激情有余，对缅甸的形势了解不足，没有做到知己知彼。他问史迪威：你既然坚持进攻，你了解日军在仰光周围究竟有多少兵力，后续部队又上来了多少？仰光一向是英国人的地盘，他们愿意与中国军队一起去进攻么？中国军队在前边进攻了，他们会不会按兵不动或者往后缩？

刚刚来到缅甸的史迪威哪里答得出来。

蒋介石也就神色威严而又语气委婉地要求史迪威先回缅甸去与英军总司令哈罗德·亚历山大会谈，弄清楚英国方面的真实意图，并迅速采取各种手段了解日军的兵力、动向……

这要求并不苛刻，也合理。从 1 月初日军进攻缅甸起，到 3 月底 4 月初，先后作为英军总司令的胡敦、哈罗德·亚历山大和他的司令部人员，一直是敌情不明，也就无法做出正确的判断，更不能把真实的敌情通报给匆促进入缅甸作战的史迪威、杜聿明等美、中将领。其实日军已经很疲困，难以再战。这正如日军第十五军在 4 月初给南方军总司令部的一份报告中所说：“各部队因已连续战斗三个多月未曾替换，已极度疲劳。”

英、缅军却因为得不到航空部队的支援，不具备空中搜索的手段，又不能依靠缅甸人民来掌握日本军队的动向。因此，对有关日军的作战企图，不能早期发现其征兆，对日军集中的时机和地点更是一

概不知。

这也表明，无论是忙于退却的英军总司令哈罗德·亚历山大，还是急于进攻的美国将军史迪威，以及被英美催促匆忙进入缅甸布防的中国远征军杜聿明等将领，都是在茫然地进行一场类似京剧《三岔口》式的、敌情不明的打斗，这当然会向被日军完全控制战局发展。

如果英国军方的高层领导人能以诚相待，平心静气坐下来与中、美军方研究、交流，面对日军的进攻，该怎样应战，以求统一思路、统一指挥，日军也就不可能那样顺利地从毛淡棉、仰光，再从缅南攻往缅北了！但是英国军方没有那样做，以致指挥上不统一，缅甸的对日战斗布局一再陷于混乱！

但是蒋介石考虑到史迪威将军是他向美国总统罗斯福那里约请来的，又掌握着美援物资的分配大权，他还是在史迪威两次来重庆时，做了几件事：在 3 月 10 日发了一份电报给罗斯福总统，建议任命史迪威将军为驻缅甸中、美、英盟军总司令，同时从已经抵达曼德勒的部队中抽调廖耀湘师长指挥的暂编第二十二师往北行进，驻扎于卑谬（眉苗）与东吁（同古）后方的阿兰谬、东敦枝一线，策应那两个方向的作战。

［后来随着战局的发展，新编第二十二师几个团在 3 月 26 日前后，陆续调往耶达谢（叶带西）、斯瓦方向去支援在东吁（同古）作战的第二〇〇师。］

蒋介石又特意声明：这暂编第二十二师，只能由史迪威将军指挥，不能听从哈罗德·亚历山大总司令的调遣，而且这个师只能在日军向西线进攻时，英军又明确表示愿意守住卑谬（眉苗），才可以上去支援，以便从日军的侧后迂回攻击……

蒋介石的这一稳扎稳打部署，表明他是了解日军战斗实力和英军怯战动向而做出的。但是急于全力进攻的史迪威将军并不满足中国远征军第五军的第二〇〇师已进驻东吁（同古），暂编第二十二师也在向南移动，他要求把第五军全部南调。他又向蒋介石提出："夺回仰光是为了中英的共同利益"，"卑谬（眉苗）以南有仁安羌油田等工业区，应该加强那一线的守御力量"。

蒋介石断然地给予了拒绝，他认为，西线的仁安羌已经有英军保卫，不必中国军队前往了。

事实上也是这样，从中国军队进入缅甸后，在缅甸的英、印、缅军队就不再兼顾东线，只须在西线守住卑谬（眉苗）以南就行了。如果英方愿意作战，完全可以达到这一目的。

史迪威也不相信蒋介石所说的：“在这场战争中，缅甸人是反英的，所以对中国军队也不友好。”他认为：即使缅甸人有这样的反英思想，只要打几场胜仗，就可以平息那些人的反英反中国军队情绪。

这当然是他刚刚到达缅甸，还不熟悉缅甸人过去在英国殖民统治下所遭受的痛苦是那样多，仇恨是那样深。那些天，在日本间谍诱引下，缅甸人的反英情绪正在强烈地爆发。特别是二十几天后，中英军队处于大溃败时，缅甸人在“德钦党”煽动下四处放火、放冷枪，破坏铁路、公路交通，才使得史迪威明白蒋介石此言不虚，缅甸问题很棘手。

为了平息史迪威对用于作战的兵力太少的焦虑，蒋介石特意告诉他，他正在调动驻扎在贵州的张轸第六十六军前往云南。这样到下个月（4 月）中旬将会有八个师进入缅甸作战。但是在第六十六军几个师还没有进入缅甸前，第五军驻曼德勒的第九十六师是绝不能移动的。

蒋介石用铅笔在军用地图上的曼德勒画了个圈，郑重地告诉史迪威：“这里是缅甸防御的关键。别管他的南边发生了什么，我们必须在曼德勒部署坚固的防线，保住它。”

史迪威认为：“曼德勒毫无军事意义，作为一个防御阵地也没有有利条件。”

这次谈话，观点各异，也就使得积极主张进攻的史迪威和主张慎重稳进、小心对待缅甸战局的蒋介石的分歧突出，而且在以后的几年里愈演愈烈，形成了难以调和的矛盾。

史迪威把这两天与蒋介石的谈话形容为：“他弄得我筋疲力尽”，“委员长战术思想非常可笑”，“他对曼德勒那地方好像着了魔似的，认为死守是保卫曼德勒的唯一办法”。

蒋介石虽然也觉得史迪威的话语过于冒犯他，但是这位美国将军是代表着美国方面，他的夫人宋美龄又一再劝谕他：“美国人的个性就是如此直率，何况是带兵打仗的将军，还是以中美的关系为重，忍耐着点……”

实际上，史迪威在这场大战中，虽然来到了中国又亲临缅甸战地，却是个既不了解中国军队的将帅，也不了解在缅甸的英国将军们，更不了解缅甸人长久积蓄的强烈反英情绪加重了中、英、美的困难，对

于日本军队的兵力和战略更是所知甚少。他只是了解自己具有正直的人格和勇敢精神。

他这样身处茫然处境和一厢情愿的热情，难以处理好已经是一团糟的缅甸战局。遇事棘手时，只能不断抱怨蒋介石不肯放手让他指挥中国军队。

两位中国战区的主要军事将领（一个统率着中国的国民党军队、一个代表美国军方），一开始接触就有这样深的矛盾，也是中国远征军的不幸。

当时并不是蒋介石不信任史迪威将军，更主要还是英军在缅甸的避战自保使蒋介石对中国远征军在缅甸的使用上顾虑重重。只是史迪威将军刚刚来到缅甸战地，还没有完全进入情况，从而认识不到由于英军的避战，使这场发生于缅甸的大战潜伏着巨大危机。他只是一心一意想着“进攻，进攻，夺回仰光！”在难以得到中国方面的呼应时，却把这看作是“中国军队的总参谋部对出征缅甸没有任何兴趣，丝毫不愿为此多费脑筋！”

但是以蒋介石为首的国民党军队高层，却不是“对出征缅甸没有任何兴趣”，如果真是那样，在这湘桂战事吃紧的 1941 年底至 1942 年初，怎么会把驻扎在湘黔线上、本来是作为东向应急的军队，而且是第五军这样的精锐，几千里奔波地调往缅甸作战呢？

公正地说“（中国军队）对出征缅甸没有任何兴趣”的，是英国政府和驻缅甸的英国军方，是他们一再阻挠，迫使已经到达中缅边界的中国远征军第五军、第六军从 1941 年 12 月至 1942 年 2 月初，受阻于边界一侧达两个月之久。史迪威将军却忽略了这些，这是否是英、美之间的特殊关系和感情在起作用？

面对日本侵略军这一强敌，一场本来要中、英、美三方主要将领同心对敌的大战，却因为这几位将帅之间互不了解、各有打算而分歧日增，难以形成统一的指挥，也就不能做出有力的进攻或周密的防御部署。从而使得在中国远征军刚刚出国作战之时，就已经隐藏着失败的因素！

这使人叹息，也使人感慨！

中国远征军第一路军的前锋——第五军第二〇〇师，在 3 月 8 日，进抵东吁（同古）时，按照杜聿明军长当时的战略设想：这时候，应

该趁进入缅甸的日军还不多，只有两个兵不满员的师团，东线又只有日军的第五十五师团孤军深入之时，用第二〇〇师在皮尤河至东吁（同古）之间进行阻击，给予消耗性打击后，把日军这个师团诱引至东吁（同古）主阵地前，然后以第五军主力和第六军的一个师从东西两翼出击，把日军包围在锡当河西岸、喀巴温河南岸的狭长地带给予歼灭。但是这要西线的英、印、缅军守住卑谬（眉苗）等地，并趁机进击，缠住那一线的日军第三十三师团，使其无力来东线助战。如果这一战略部署能够顺利实施，是可以尽快消灭日军这两个师团并收复仰光的。

但是战场形势变化太快，他在 10 天后（3 月 18 日）又在标贝（瓢背）的第五军军部对“作战计划”做了修改。

这一修改后的“作战计划”是“(中国）远征军以与英军协力确保北缅为目的，以有力之一部守备泰缅国境，以另一部守备东吁（同古）及曼德勒道路，坚守要地，逐次消灭敌人。决定主力在曼德勒附近占领阵地，诱敌深入，切断敌后方交通线，然后转为攻势予以捕歼”。

“守备东吁（同古）及曼德勒道路”的任务，由第二〇〇师承担。杜聿明将军很明白，这正面战场必然有一场恶战，除了这支精锐部队，不是别的师能胜任的。

“守备泰缅国境”的任务，则交给了早已进驻景栋一线的甘丽初军长的第六军。但是杜聿明怎么也没有想到，甘丽初这个与他都是黄埔一期的同学指挥的那个军，并不是想象中的“有力之一部”，后来缅甸战局发展成大溃退、大惨败，除了英军在西线的避战自保外，还有这第六军在日军进攻前的不战而退，造成克耶邦、掸邦高原的茂奇（毛奇）、垒固（罗衣考）快速陷落，以致东线门户洞开，便利了日军快捷地迂回穿插攻向中缅边境，截断了中国军队与后方的联系。

杜聿明将军也预见到，敌我在东吁（同古）的一场恶战之后，日军可能以优势兵力突破东吁（同古）北进。所以，他还明确地规定：“敌若以主力攻击彬马拉（平满纳）、东枝（棠吉）时，第五军之主力应与第六军协力从曼德勒向塔泽、密铁拉专攻敌之侧背。”

这一战略思想是合乎“诱敌深入，切断敌后方交通线”以遏制敌人北进的要求。如果各军师能按照这一计划奋力作战，是可以克敌制胜的。不过后来由于第六军的怯战而难以施行。

但是，杜聿明将军这一在积极防御中寻求战机的“作战计划”，是与史迪威将军急于反攻仰光的思想相矛盾的。史迪威看了后，很不满意。把杜聿明召往他设在卑谬（眉苗）的司令部，在地图面前详细叙述他的进攻计划，急于说动这位实际掌握着在缅甸的中国军队的进攻与防御大权的将军，但是杜聿明并不为所动，只是皱着眉头沉默地听着。他只能按照经过蒋介石批准的“作战计划”来执行。

当时的一份电话记录中，是这样记载着史迪威和杜聿明的谈话：

杜聿明：对不起，将军，我得对我的部队负责。

史迪威：你不对我的命令负责吗？

杜聿明：不，我只对委员长负责。

史迪威恼怒地认为，杜聿明是在日军攻势前“犯了忧郁症”。

杜聿明则认为史迪威以数量不多的军队去攻击日军，“是想个人出风头”。

但是不管是坚持进攻的史迪威将军，还是力主防御的杜聿明将军，在那大敌当前之时，都没有确切地搞清楚，日军在东吁（同古）正面究竟有多少兵力，后边还有哪些师团在陆续增援。

日军方面却在利用一切可能来了解中、英军队的情况，除了从俘虏口供中以及破译的电文中获取情报外，还派出亲日的缅甸人扮作难民潜入缅甸南北城乡侦察英、印、缅军布防动向，了解中国远征军有多少部队进入缅甸，到达了什么地方。

所以，日本军队从战斗开始前和战斗过程中，都能比较确切地掌握英、印、缅军的情况，如1月17日，他们就了解到：刚由印度海运过来、在仰光登陆的第十七师师长为斯迈尔少将，这个旅有三个营，一个营有四个连，有6000余人，这些印度兵不擅长山林作战等等。

日军的严格纪律更是令出必行，如第十五军司令官饭田洋二郎在某些部署上与南方军总司令官寺内寿一大将相左，但是一被指出，还是立即改变自己的决定。

敌我两军的指挥系统、军纪、战斗力相比较，一方是如一股巨大浊流具有强烈冲击力，一方是如同一盘散沙，难以形成力量。

所以，史迪威将军和中国远征军的将领，实际上是在敌情不明的情况下进行一场战与守的争执。

这样争争吵吵，直到3月21日第二〇〇师在东吁（同古）与日军展开了激战，从俘获的日军口供和被击毙的日军军官尸体上缴获的文

件，才逐渐弄清楚了日军北犯的兵力和作战师团番号。在重庆的蒋介石得到在缅甸的林蔚、杜聿明将军的报告后，更感到第二〇〇师是以寡敌众，忙把廖耀湘师长的新编第二十二师往前调动，紧急增援东吁（同古）、卑谬（眉苗）方向的战斗，余韶师长指挥的第九十六师则仍然留在远离彬马拉（平满纳）几百公里外的曼德勒，以便进可攻退可守。

从地形来看，眉谬（眉苗）在右，东吁（同古）在左，都处于一条平行线上，面对日军的攻势，如果英、印、缅军从卑谬（眉苗）撤退，那就会危及第二〇〇师的侧翼。蒋介石又特意向史迪威声明：如果哈罗德·亚历山大指挥的英、印、缅军放弃卑谬（眉苗），他就立即把这两个师（第二〇〇师、新编第二十二师）从东吁（同古）、彬马拉（平满纳）撤回国内。

当时的战场形势那样紧迫，中、英、美三方还在为在缅甸的指挥权争执不休。英方认为缅甸是他们的属地，在缅甸作战，哈罗德·亚历山大自应是最高指挥官，史迪威、杜聿明都得听他调遣；但是罗斯福总统则认为："哈罗德·亚历山大和史迪威之间最好能保持双重指挥权。"也就是说他们之间只是合作关系，不存在谁指挥谁。蒋介石更是一个电报又一个电报发给罗斯福、史迪威、杜聿明，要求中国军队不得接受英方的指挥和约束，而哈罗德·亚历山大急于获得最高指挥权，特意在 3 月 24 日从卑谬（眉苗）经腊戍飞往重庆面见蒋介石，商谈中、美、英三方如何协同作战的问题。蒋介石表面很客气地敷衍了他一番，没有给他什么承诺，他在返回缅甸后，却在 3 月 28 日约见代表中国军事委员会在缅甸指导中国远征军行动的参谋团团长林蔚中将，向他宣布："在重庆已决定以本人作为在缅甸作战的中英联合军最高指挥官，史迪威将军受本人之指挥！"

如果蒋介石和英方真的达成了这样的协议，应该有正式的电文发给参谋团和中国远征军长官司令部，但是林蔚和杜聿明都一直没有收到这一命令。出于礼貌，他们当着哈罗德·亚历山大的面只能点点头。以后即使哈罗德·亚历山大和史迪威向他们下达了作战命令，他们也要急电重庆大本营去向蒋介石请示，没有得到那边允诺，在缅甸的中国远征军将领不肯随意调动部队。

史迪威想完全指挥这场战争，但是又没法调动中国军队。

他见一切都得由蒋介石做主，也就牢骚满腹地诉说："主呵！被绳索拴着的指挥官，其精神负担该有多重呵！"

3 月 19 日清晨，日军的第五十五师团攻向东吁（同古）了。

日军前锋是小原泽幸藏大佐指挥的步兵第一一二联队中的一个大队。这些日军从仰光出来后，见一路上都没有遇到抵抗，认为英、印、缅军已经跑得远远的了，也就完全失去了行军作战中应有的警惕，有的乘汽车，有的骑着抢来的自行车、三轮车，像赶庙会一样，参差不齐地沿着仰（光）曼（德勒）大道拥向皮尤河边。

进入缅甸以来，都是他们撵得英、印、缅军飞跑，也就很得意忘形。

他们还不知道英、印、缅军已经从东吁（同古）撤退，中国军队已经在东吁（同古）接防，仍然认为：他们的队伍还未到达，英、印、缅军又会继续望风溃逃。他们更不知道，中国远征军第五军骑兵团以及工兵团的一部分、第五九八团一个步兵连已经在骑兵团长林承熙、副团长黄行宪指挥下，从东吁（同古）推进到皮尤河两岸，皮尤河上的公路大桥也被中国军队预置了炸药，一场将使他们陷于车毁人亡的局面正在等着他们。

3 月 18 日晚，日军一支作为前锋的、200 余人的小部队，风风火火地在夜雾迷茫中冲过来了。

在皮尤河以南 12 公里处，日军遭到了中国军队的阻击。

中国军队在这一前哨战的任务是判明敌情。从敌人尸体上所佩戴的符号上查出来犯之敌是日军第五十五师团后，就不再恋战，利用夜色迅速撤退。

得意忘形的日军，错以为与他们交火的还是那些不堪一击的英、印、缅军，仍然是不加戒备地急匆匆往前赶。

第二天（3 月 19 日）黎明前的天色还很昏暗，田野、河岸全被茫茫白雾笼罩着，视线不清。日军先头部队一个中队分乘着汽车、三轮车、自行车，急匆匆驶上了那 200 余米长的公路桥，但是还没有冲到桥中间，就突然轰的一声巨响，大桥被炸断。桥上的日军被炸得人仰车翻跌进了河里。虽然冬春以来河水浅，但仍然有许多人被淹得失去了知觉，更多的是被炸死被摔伤。只有走在最后边的几辆自行车上的人伤势不太重，忙从水里挣扎起来，抓着枪乱射击……

埋伏在这里的是第二〇〇师五九八团一营一连连长谢蔚然和排长王若坤带领的一个排。他们在河岸挖掘的工事里用机枪、步枪扫向队形散乱的日军；日军被打蒙了，一边还击，一边向后逃跑。

这一伏击战，打死了日军少尉小队长矶部一郎和30余名士兵，缴获了步枪10支、轻机枪2挺、手枪1支，自行车17辆、三轮车12辆。

谢蔚然连长还从矶部一郎身上搜到了日军第十五军的作战命令，了解到敌人是准备三路合围曼德勒，西路以第三十三师团攻卑谬（眉苗），中路以第五十五师团攻东吁（同古），东路以第五十六师团从东吁（同古）铁道以东的地区向曼德勒东侧进袭，切断曼德勒至腊戍的公路。

这是日军入侵缅甸以来，第一次由中国远征军从敌人方面准确地了解到日军的兵力和动向。

这一缴获的敌情报上去，中、英、美军方高层都大为震惊，深感日军来势凶猛。

史迪威将军从重庆飞返腊戍的当天（3月21日）就签发了《中国远征军作战命令》，“决定在同古附近拒止由培古方向北进之敌，并与英军协同作战”，他的具体部署是：“第二〇〇师及第五军直属部队及第六军之第（暂）五十五师主力归杜军长指挥，担任同古方面之作战”，“第五军之新二十二师即由曼德勒开往唐得文伊附近，归余直接指挥，准备支援普罗美方面英军之作战”，“第六军方面，就现在部署，准备拒止由泰国方面来攻之敌”，“第九十六师为总预备队，即开曼德勒附近，归余直接指挥”……

日军这才从皮尤河这场前哨战了解到，当面之敌是中国远征军，而不是被他们一路上赶得四散奔逃的英、印、缅军。从而明白，今后的战斗将不同于从前，会很激烈了。

日军第五十五师团长竹内宽经此打击，深为自己的轻敌后悔，急忙命令各个联队迅速集拢，不得再零散行动。经过两天整顿后，才在3月21日用一个联队（第一四三联队）攻向东吁（同古）以南30公里铁路线上的标贝（瓢背）、公路线上的坦德宾。紧接着在第二天（3月22日）以另一个联队（第一一二联队）攻击东吁（同古）以南约12公里的奥墩，从两个方面形成钳形攻势，向据守东吁（同古）的中国远征军第二〇〇师围攻。

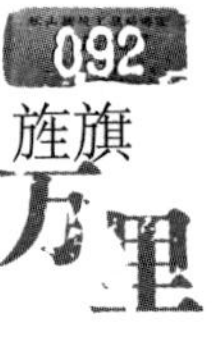

中国远征军第一路军副司令长官兼第五军军长杜聿明将军，深感

第二〇〇师以8000人的兵力，抗击日军第五十五师团23000余人的进攻，完全是以寡敌众，形势很险峻。特别是日军占领仰光后，缴获了英、美来不及运走的大量军用物资，火炮、装甲车等重武器大量增加，弹药更是充足。中国军队当时还没有得到美援改善装备，第二〇〇师的武器虽然比其他师好一些，重武器也只有24门八一迫击炮，又因为铁路运输受阻，弹药消耗了后没法及时补充。在这种兵力、火力都严重不足的情况下，他们别无他法，只能决心固守东吁（同古），争取时间让后续部队上来，再按原来的作战计划集中全军主力击破当面之敌。

这天杜聿明从位于标贝（瓢背）的军部驻地乘车疾行几十里赶往东吁（同古），与戴安澜师长一起部署这个师的防御作战。

东吁（同古）是锡当河与培古山脉之间的一块大平原，除了东边是大河外，西、北、南方向都是一望无际的平坦田野和亚热带南方树林，无险可守。

建立在这大平原上的东吁（同古）城，分为旧城和新城两大部分，从仰光通往曼德勒的铁路穿城而过。新城是有了铁路以后逐渐发展起来的商业区，比较繁华，旧城多是古旧的民居，有一道不算高的古旧城墙环绕着，从前很安静、舒适。如今战火逼近，居民纷纷逃往四乡，城内外一片狼藉。

第二〇〇师以旧城城墙为依托，在四周，特别是面向南边的郊野构筑了纵横交错的防御工事，多是采用坑道与地堡相联结，工事上边横着粗大的铁路枕木和铁轨，机枪、火炮位置和火力编排也都合理，并且早就测量出了对敌射击的距离，使得官兵在敌人攻过来时，能心中有数地准确射击……

这是中日军队在缅甸以南的第一次大规模战斗，一开始就很激烈，日军先是出动几十架飞机来轮番轰炸、扫射，再用六门山炮猛烈地向中国军队第二〇〇师前哨阵地轰击，随后是步兵发起冲锋。

这3月21日的战斗，日军虽然想一鼓作气攻下第二〇〇师的阵地，却屡攻不下，只好丢弃下300余具尸体退了下去；中国军队也在防守中伤亡了140余人。

日军第五十五师团长竹内宽见猛攻不下，很惊讶这支中国军队的战斗力怎么这样顽强。也是他们师团侵入缅甸以来，第一次出现这样多伤亡。当他们后来了解到，这是在桂南昆仑关战役给过他们重创、

消灭了他们第十二旅团5000余人，并击毙了旅团长中村正雄的第五军第二〇〇师时，才知道遇见了强硬的对手，急忙向第十五军司令官饭田洋二郎报告，请求增援兵力。

饭田洋二郎早就担心第五十五师团过于轻敌冒进，但是他手上已经没有可支配的机动部队，只能连续发出加急电报催促还航行在从新加坡到仰光的海面上的第五十六师团加速行进。

[几天后的3月24日，第五十六师团先头部队刚刚在仰光码头下船，他就命令这支部队不要停留，立即赶往东吁（同古）前线。]

3月22日清晨，日军依靠浓厚的白雾做掩护，再次发起攻击，又被第二〇〇师击退。

第二〇〇师在几场激战之后，急需后援和弹药补充，但是由于铁路沿线被日本飞机轰炸，铁路上的缅甸员工又趁机逃散，运送中国远征军部队和弹药的列车迟迟不能启动，使孤悬于东吁（同古）的第二〇〇师处于粮弹两缺、险情四伏的危急状态。

戴安澜师长在国内奉命率军出征时，是满怀激昂斗志，一心想扬国威于异域的，3月4日向东吁（同古）（同古）前进的途中，面对军容整肃的部队和沿途热情迎接的华侨人士，他这个入伍前曾经就读于著名教育家陶行知先生门下、一向热爱诗书、有儒将风度的军人，也诗兴大发，在车上吟诗两首：

万里旌旗耀眼开，
王师出境岛夷摧。
扬鞭遥指花如载，
诸葛前身今又来。

策马奔车走八荒，
远征功业迈秦皇。
澄清宇宙安黎庶，
力挽长弓射夕阳。

诗中充满远征豪气，并以善于运筹帷幄、知兵善战的蜀汉诸葛亮自勉，是深怀战胜之心的，但是到了东吁（同古）与军无战心的英、

印、缅军一接触，再逐渐了解到中、英、美高层将领在指挥上的矛盾，也就不如从前那样乐观。如今，他见日军攻势日紧，援兵还远在腊戍、曼德勒一线迟迟上不来，更是深为忧虑。战场上救兵如救火，莫说耽误三五日会招致失败，就是迟延片刻，也可能误了战机。他深感这东吁（同古）阻击战是要付出极大的伤亡代价。作为第一线指挥官，他只能和官兵们一起与阵地共存亡了。3 月 22 日，他在敌军炮弹不断倾泻过来的掩蔽部里，匆匆地给在昆明的妻子王荷馨写下了一封诀别书：

亲爱的荷馨：

余此次奉命固守同古，因上面大计未定，与后方联络过远，敌人行动又快，现在孤军奋斗，决心全部牺牲以报国家养育。为国家战死，事极光荣。所念者，老母外出，未能侍奉；端公仙逝，未及送葬；你们母子今后生活，当更痛苦，但东、靖、澄、篱四儿，俱极聪俊，将来必有大成，你只苦得数年，即可有出头之日矣！望勿以我为念。

又我去岁所经过之事，实在对不起你，望你原谅。我要部署杀敌，时间太忙，望你自重，并爱护诸儿，侍奉老母。老父在皖，可不必呈闻。手此即颂

心安

安澜　手启

3 月 22 日同古

话语虽然简洁，却满含愤懑、悲壮之情，令人读来戚然。

[信中提到的“端公”是戴安澜将军亲情甚重的叔祖戴端甫先生，于不久前的 3 月 1 日去世。当时，他正奉令从保山赶往腊戍，无法分身去料理丧事。家事国事都使这位将军心情忧虑。虽然戴安澜这次没有在东吁（同古）战死，但两个月后中、英、印、缅军在缅甸整体大溃败时，他带着第二〇〇师寻路向国内突围，还是不幸在途中负伤牺牲。这封写于炮火中的书简最终成了他的遗书。]

3 月 23 日和 24 日，日军对第二〇〇师加大了攻击的兵力，在用小原泽幸藏大佐指挥的第一一二联队从正面猛攻奥敦的同时，又用宇野节大佐指挥的第一四三联队从奥敦以西插入东吁（同古）的西侧后，

再向北迂回去攻击东吁（同古）西北6公里外的南阳机场；还不断用远射程一五榴弹炮向12公里外的东吁（同古）城区轰击……

第二〇〇师这天伤亡不少，在第一线指挥作战的第五九八团中校副团长黄景升壮烈殉国。但是在人员减少、弹药缺乏的不利情况下，官兵仍然拼死守住阵地不肯退却。

从西边攻了过来再向北穿插的日军第一四三联队，在3月24日中午攻近了东吁（同古）机场。

守御机场的是第五军工兵团，这个团的部队多数被派出破坏铁路去了，只留下少数几个连担任警戒。工兵团长李树正只会修路、破路，埋设炸药，引爆工事，不善于指挥部队野战，见日军猛攻过来，而且人数众多，却惊慌失措地不知道怎样抗击，在日军凶猛地挤压下，只得不断往后退。幸好这时候守御东吁（同古）城北边阵地的第五九八团的第一营赶了过来，与日军短兵相接地一阵搏杀，才暂时遏制住了日军的攻势。但是敌众我寡，日军又出动飞机加大了轰炸扫射。第五九八团一营在伤亡过大后，残剩的官兵只好撤出阵地退守东吁（同古）城。

下午5时，东吁（同古）机场完全被日军占领。

在日军刚开始攻击东吁（同古）时，英军的飞机还能从卑谬（眉苗）以北的马圭机场起飞与日军飞机进行空战，并轰炸扫射地面上的日军。但是日军第五飞行师团师团长小煨英良中将，在3月21日、22日连续两天从仰光以南海边的炯格敦机场出动了战斗机73架、轰炸机78架，对马圭的英军机场实施了毁灭性的轰炸。

虽然那两天冬雾浓厚，机场被笼罩在一片白茫茫中，日军飞机还是尽力穿过云层低空投弹扫射，把英国空军在缅甸的50余架飞机全部炸毁，从而完全掌握了向缅甸南部进攻时的制空权。

这给在东吁（同古）作战的第二〇〇师更加增添了困难，不仅要抵御地面日军的猛烈炮火，还要承受从空中来的轰炸、扫射。日军飞机投下的多是重磅炸弹，东吁（同古）城内外火光、浓烟弥漫，阵地上的许多工事被炸毁了。那些缅甸风格的木质结构民居和古建筑，哪里经得起这种摧毁，有的被炸得粉碎，有的在燃烧的大火中成了灰烬。

中国远征军出国作战前，中、英政府曾协商过，进入缅甸后，粮食弹药由英方供应。这时候，英方却置之不顾。

粮食、弹药运不上来，官兵都处于饥饿和子弹、炮弹缺乏的困境。

几天苦战，柳树人团长的第五九九团、刘少峰团长的第六〇〇团伤亡都很大。

3 月 24 日晚，第二〇〇师被迫放弃了东吁（同古）以南的前哨阵地坦德宾、奥敦，退守东吁（同古）城内外。以后的两天（3 月 25 日、26 日）在坚守的同时，戴安澜师长还命令各团不断以攻为守，以班、排为建制，主动出击去袭扰日军，以打乱日军的攻势。

日军两个联队（第一一二联队、第一四三联队）的伤亡也很大，竹内宽师团长不得不在 26 日把他们师团的预备队第一四四联队也投入作战，同时野蛮地发射糜烂性毒气弹，使中国军队第六〇〇团中毒的、伤亡的人员剧增。特别是日军占领了东吁（同古）侧后的火车站后，第二〇〇师与后方的联系完全被截断了。战场形势很严峻。

在戴安澜师长指挥第二〇〇师在东吁（同古）苦战时，与东吁（同古）处于平行线上的卑谬（眉苗），在 3 月 27 日前都平静无战事，退到那里的英军总司令哈罗德·亚历山大还掌握着英、印、缅军两万余人，还有一支有着坦克、装甲车 60 余辆，火炮 30 余门，汽车 200 余辆的机械化部队；在中国军队已经在东吁（同古）一线分担了日军主力师团的攻击之时，他们有足够力量或攻或守。而且这段时期，负责攻击西线的日军第三十三师团在攻下仰光后因为兵力不足，还在等待他们另一个联队上来，从而停歇在仰光进行了近半个月的休整，还没有向卑谬（眉苗）进攻的迹象。

这时候，如果英、印、缅军从卑谬（眉苗）出动一个旅从右翼侧击东吁（同古）的日军第五十五师团，是可以减轻苦战中的第二〇〇师所受的压力。

但是英军总司令哈罗德·亚历山大就是按兵不动。

杜聿明将军的第五军军部设在远离东吁（同古）、位于密铁拉以北的标贝（瓢背）。他 3 月中旬去东吁（同古）视察了第二〇〇师阵地后，就赶回军部调动这个军的新编第二十二师去增援东吁（同古）。但是这个时候的缅甸北方虽然还没有变成战场，大小城市的交通却是一片混乱地处于瘫痪状态，铁路上的缅甸员工受反英宣传影响，有的溜走了，有的公开罢工。中国军队上了火车却找不到司机开车，车站上

也难以判明前方车站的行车信号。过去每天有 12 次火车从腊戍开往东吁（同古），如今减少到 4 次也难以开出。铁轨、桥梁经常被炸断，长时间修复不了……

廖耀湘师长和他的新编第二十二师几个团，由于缺乏交通工具，正艰难地或车行或步行跋涉于铁路线上和公路两侧。刘建章团长的第六十四团在去往耶达谢（叶带西）的火车上时走时停，谢蔚云团长的第六十六团则被羁绊于远离东吁（同古）的密铁拉与标贝（瓢背）之间，只有第二十二师师部和邓林团长的第六十五团已赶抵东吁（同古）后边的耶达谢（叶带西）附近，准备向占领了南阳车站的日军攻击。

这个师迟迟难以完全集结，怎么能够集中兵力给来势汹汹的日军打击。

3 月 28 日，史迪威从卑谬（眉苗）来到标贝（瓢背）第五军军部部署战斗。

[据自称在那一时期担任过史迪威将军“联络参谋兼警卫队长”的王楚英在《军碑一九四二》一书中写道：他曾经在 3 月 15 日随同史迪威将军去东吁（同古）视察第二〇〇师，与戴安澜、高吉人、郑庭笈等将军在师指挥所作战室研究敌情，并在同古城内外和锡当河大桥等处观看地形。

但是在史迪威的日记中却没有东吁（同古）之行的记载。史迪威 3 月 12 日至 16 日上午都在卑谬（眉苗）。3 月 15 日是在卑谬（眉苗）与英国将军哈罗德·亚历山大、中国将军杜聿明先后会谈，3 月 17 日去了重庆。在第二〇〇师 3 月 8 日进驻东吁（同古），29 日突围北撤的 20 余天中，史迪威将军都没有去过东吁（同古）。可能王楚英记忆有误。]

杜聿明军长很清楚前边的第二〇〇师面临弹尽粮绝的困境，而从日军的攻势日益凌厉来看，可能敌人又增加了兵力……

[后来证明，从仰光登陆的日军第五十六师团前锋一个联队已经在这一天进抵东吁（同古）南边，加入了第五十五师团对中国军队第二〇〇师的攻击。]

这样日军在东吁（同古）的兵力，已经达两个师团，比中国远征军第五军一个军的兵力还多。

（当时第五军的兵员为42000人，日军一个甲种师团的编制为23000人至25000人，两个师团近50000人。）

但是史迪威将军仍然坚持认为：只有采取主动进攻才能打退当面之敌，连续去电催促廖耀湘师长的新编第二十二师，不待全师到齐就投入进攻。

廖耀湘师长指挥的新编第二十二师，是抗日战争中期的1940年才成立的一支新部队。虽然前两年编入了精锐的第五军，但是处于民穷财尽，物质缺乏的抗战中期，装备很简陋，步兵师应该有的轻重机枪都难以配齐。按编制每个步兵连应有9挺轻机枪，这个师每个连只有6挺，应该配备的六〇迫击炮却一门也没有。但是师长廖耀湘却是个与众不同的军事人才，他1929年在黄埔军校第六期毕业时，以前10名的优秀成绩考入军事委员会留法预备班，在学习期间，又在1000余名军官当中获得前36名，于1930年秋派往法国学习军事。先后毕业于法国圣西尔军官学校骑兵科、法国机械化骑兵学校， 1936年初才回国。这近6年的留学生涯给他的军事理论和指挥艺术打下了深厚基础，1938年他那篇以南京保卫战为何惨败为内容的军事学术论文，把敌我在作战中的得失说得很准确、透彻，深得蒋介石的称许，破例把他从中校提升为少将，还把他调往中国军队中唯一的机械化部队第二〇〇师担任参谋长。1940年6月为了加强新编第二十二师，又调他去担任师长。他不负重托，很快把这个新成立的、武器装备缺乏的师训练成了一支官兵都懂战略战术的部队，并在这年的全军总校阅中获得第一名。

如今虽然武器弹药不足，官兵们仍然敢于迎击武器装备都比他们强得多的日军第五十五师团，以及随后上来的第五十六师团。

杜聿明军长也知道，用这样装备简陋的步兵师去抗击兵员、武器充足的日军，肯定要付出沉重代价，特意把第五军战车团的两个连（第六连、第十连）调上来，协同新编第二十二师作战。

战车团团长胡献群在标贝（瓢背）军部接受了任务后，也亲自赶到耶达谢（叶带西）和廖耀湘师长一起察看地形，研究这两个战车连怎么配合第六十六团作战。

第五军战车团是中国军队第一支战车部队，建立于1928年。当时以从英国购买的24辆1.5吨“卡登·洛伊德”型、只装有重机枪的小型战车作为基础，在南京成立了一支直属于军事委员会的战车连，并

从各个部队抽调了一批有文化有科学知识的军官和士兵来学习战车驾驶和使用战车在各种复杂地形作战的战略战术，成了中国战车部队的种子。7 年后（1935 年），鉴于日军将大举入侵，又从英国购进维克斯公司生产的“帷幔”轻型坦克 32 辆（这种坦克有一门 40 毫米火炮、一挺 7.92 毫米并列机枪），并将这个战车连扩充为一个营（3 个连）。1937 年又以这个营为主增加了两个步兵炮营、一个汽车队和一个高射炮营，编成陆军装甲兵团，以杜聿明为第一任团长，在抗日战争初期参加了淞沪会战、南京保卫战，给了日军很大打击。1938 年又扩展为机械化第二〇〇师，由杜聿明升任第一任师长，1939 年 12 月参加了昆仑关战役，与友邻部队一起歼灭了日军 5000 余人，敌第十二旅团长中村正雄少将也被击毙。这一战役被公认为是“造成我抗战以来攻坚之首次胜利”。

如今这个装甲兵团已经从第二〇〇师独立出来，实力更为雄厚，别的团都是“三三制”（一个团 3 个营，一个营 3 个连），这装甲兵团却是“四四制”（一个团 4 个营，一个营 4 个连，一个连 4 个排），拥有苏联制造的 T−70 轻型 9.5 吨坦克 25 辆，以及英国、法国、意大利制造的 6 吨以下的中轻型坦克百余辆，还配备有各种战防炮。

团长胡献群是黄埔军校六期毕业，又先后进入武汉大学、德国炮兵学校、英国皇家炮兵学校深造，可说是文武兼备。这支战车部队初成立时，他就是连长、营长，抗战前还担任过中国驻德国大使馆武官。所以胡献群的军衔比一般的步兵团长高，是少将。

这次来缅甸作战，为了保密，他们把中轻型坦克伪装后用汽车装运。因为沿途公路桥梁最大负荷不能超过 10 吨，重型坦克不能通过，只好把整个坦克拆卸成几部分装箱，准备到战地再组装。缅甸南部全是开阔的大平原，可以任由坦克驰骋冲闯。但是这样拆卸，对坦克的损伤太大，不少坦克再组装时，就没有原来那样精密了，有的还因为零件丢失而报废。但是这些重型坦克运到缅甸后还来不及组装，就由于后来战局的逆转，又按原来的装箱仓皇运回国内。所以这次在耶达谢（叶带西）配合新编第二十二师作战的两个连（第六连、第十连）只是些轻型坦克（各有法式和意大利“卡罗·维罗斯”CV33 超轻型坦克 7 辆）。

杜聿明军长要求战车团在这耶达谢（叶带西）平原尽力发挥坦克的冲击作用，给日军以打击。但是，令胡献群团长担心的是：抗战以

来由于汽油严重缺乏（全国都有着“一滴汽油一滴血”之说），对战车部队的油料供应也是有限的。战车在各种地形间的训练都在尽量压缩，更很少深入山林里活动。如今面临耶达谢（叶带西）大平原上，绵延数十里、如同无边无际绿海的大森林，坦克手们能应付那复杂地形，特别是善于在树林间隐蔽的日本军队么？

他只能叮嘱坦克手们，既要敢于冲闯又要小心。

第二十二师师长廖耀湘的部署是：以邓军林团长的第六十五团从左边攻击处于东吁（同古）后侧、已经被日军占领的南阳车站；刘建章团长的第六十四团从右边攻击沙堤甘英；胡献群团长则命令杨荫森连长率领战车第十连配合左翼部队，魏成录连长率领战车第六连去配合右翼部队。

这要渡过那条横贯东西的斯瓦河，再南行去往耶达谢（叶带西）西北 5 公里处。幸好这缅甸南方的初春季节天干水浅，这些轻型坦克都能够涉渡。就利用夜色掩护，在天亮前赶到了攻击准备位置。

由于铁路运输受阻，第六十四团、第六十六团仍然迟迟上不来，只有邓军林这第六十五团能够对在南阳车站的日军攻击。

邓军林团长的部署是以第一营在左，沿铁路线两侧向前攻击；第二营在右，沿公路两侧前进。这里的铁路、公路都是并排南北行，这两个营的攻击部队也就形成了纵向齐头并进的攻击态势。

沿铁路两侧前进的第六十五团二营又把第四连放在铁路右边、第五连放在左侧向前攻击。

当时新编第二十二师除了武器简陋外，兵员也不齐，一个营只有 500 余人，面对人员、武器都占优势的日军，完全是以弱攻强，必然会打得很艰难。

铁路右侧有一条长长的、深浅不一的干涸大沟，当第四连连长华啸钧率领的两个排进入干沟，弯着腰向前冲时，却没想到干沟边埋伏有日军伪装得很好的工事。他们一进入就被密集的机枪、迫击炮火力罩住，连长华啸钧和两个排官兵在冲击中全都阵亡，只有留在后边作为预备队的一个排逃了回来。

从铁路右侧攻击的第五连发现这一情况，立即向干沟边的日军攻击，援救第四连的残剩人员脱险……

日军见中国军队攻得紧，而且坦克也上来了，忙调动 12 门山炮、6 门

一五五榴弹炮来轰击，还出动了一辆小坦克。但是面临中国军队的 7 辆轻型坦克和步兵的手雷攻击，敌军这辆坦克不敢应战，仓皇退了回去。

在坦克向前碾压时，邓军林团长也亲自带着步兵从后边赶上来冲杀。

战车第十连使用的是法国制造“雷诺”R35 轻型坦克，只装有 37 毫米短身管火炮，没有机枪。虽然行动比较轻捷，但是装甲厚度只有 45 毫米，火力也太弱，只能杀伤当面之敌的步兵，而难以完全摧毁敌人构筑得坚固的工事。日军则集中火炮来轰击这些坦克，弹雨密集地把这几辆坦克笼罩在一片火海中。

攻击途中，战车第十连连长杨荫森驾驶的那辆坦克被日军炮弹击中，他的两眼也被弹片炸伤，满脸流血。他还是忍痛驾驶着坦克继续往日军阵地碾过去，终于协同步兵夺回了南阳车站。

这场激战，把日军一个步兵大队和一个山炮中队完全消灭。但是邓军林这个团由于兵力微薄，难以把战果扩大，不能再往前冲与被围困在东吁（同古）的第二〇〇师靠拢。

新编第二十二师另外两个团（第六十四团、第六十六团）迟迟赶上不来，气得性格急躁的史迪威大骂新编第二十二师行动迟缓，把廖耀湘师长说成是一个“平庸的人物”，只会“喋喋不休地说个没完，却不知所云”；他还怀疑这是在重庆的蒋介石不愿意进攻，示意杜聿明、廖耀湘故意拖延……

当他骂够了以后，才搞清楚，不是廖耀湘师长的错，是交通运输问题。国民党政府的军需署长俞飞鹏在中缅边界附近的腊戍控制着 700 余辆能方便地在山间公路上行走的、美制载重量一吨半的奇泼斯牌轻便卡车。他向俞飞鹏要 150 辆卡车来运送兵员，俞飞鹏只给了 50 辆。因为俞飞鹏要用这些卡车抢运堆积在腊戍、兴威的物资。他又大骂俞飞鹏是个“脑满肠肥的蠢货”，不肯给他帮助。

但是骂也没有用，俞飞鹏并不听史迪威的，史迪威也控制不了消极怠工的缅甸铁路工人。铁路还是难以畅通。

其实新编第二十二师上下比史迪威还着急，第六十四团团长刘建章派出人四处寻找车辆，才在 3 月 28 日凑集了一些大大小小、新新旧旧的汽车把部队运上来。

这个团刚抵达耶达谢（叶带西）附近，就被日军发现，用一〇五榴弹炮、山炮远远地猛烈轰击。刘建章立即命令全团下车散开，并派

出第三营冒着炮火攻向日军占领的南阳车站左侧。那里的日军没有想到中国军队会突然攻过来，被打了个措手不及，伤亡不少，丢下 40 多匹骡马退走了。

在敌我呈胶着状态的激战中，日军也明白后退不得，又迅速组织人员反扑，在相互冲击的争夺战中，三营九连连长朱冬生阵亡；刘建章团长又在 3 月 29 日派出第一营向在塞格里特的日军攻击。

配合第六十四团作战的战车第六连，在连长魏成禄率领下，加入了这个团，配合步兵向日军冲杀。

这一带亚热带南方的树木长得高大稠密，树林里有当地人赶牛车辗出的小道，窄而坎坷，而且这缅甸南方的春末，气候炎热无风，白天的气温高达 35℃以上，坦克内更是如火炉般接近 50℃，炙烤得坦克兵们汗流如雨。他们还是冒着密集的炮火轰隆隆地碾过去……

但是这个战车第六连使用的是意大利菲亚特公司制造的 CV33 超轻型坦克，自重仅 3.2 吨，只有两挺轻机枪，没有转塔，射角只能 30 度左右旋转，装甲厚度也只有 6.5 毫米，只适宜大战斗前做火力侦察，或者用以扫射辗压步兵，攻坚却不行，更经不起重炮的轰击。如果遇见敌人从两翼包抄上来或从侧后绕来攻击，那还得艰难地掉转车头才能射击目标。所以，这种坦克如果没有步兵随后掩护，很容易在行进中被敌人摧毁。

日军发现第五军的战车部队上来了后，忙电告他们的第十五军军部，紧急地从仰光调来了 3 门从英军手中缴获的、反坦克用战防炮，对准中国军队的坦克群轰击。魏成禄连长的那辆坦克冲到距离日军阵地 100 米左右时，突然车的左履带断落，在敌人的密集炮火下，修不成也退不走，停在那里成了日军战防炮的靶子，很快中弹起火，魏成禄连长和乘员们都壮烈牺牲，紧接着左边的一辆坦克也中弹起火，在后边两三百米担任掩护、由巴春山排长驾驶的一辆坦克忙赶上去救援，也被日军的战防炮击中……

战车团中校团副程守钧，原来在后边的那张战车上指挥，见前边 3 辆坦克都被击伤，忙督促另外 4 辆坦克狠力辗压过去，步兵也追随着坦克蜂拥向前猛冲，才用猛烈的火力打退日军，并把那 3 辆被击毁的坦克拖了回来。

这期间，刚从泰缅边境过来的日军精锐第十八师团的第五十六联队、第一二四联队都被调了上来，增强了对中国军队的攻击力量。

在东吁（同古）那边，第二〇〇师虽然顶住了日军两个师团（第五十五师团、第五十六师团）的合力攻击，但是敌众我寡，伤亡日增，更由于粮食弹药缺乏，已是难以久守。

（日军第五十五师团有23000余人，第五十六师团是乙种师团有18000余人，合计有41000余人；而中国远征军的第二〇〇师不过8000人，是在以1抵5。）

日军见从正面对东吁（同古）久攻不下，却悍然地一再施放毒气弹，并在3月29日用一队骑兵在东吁（同古）以南30公里外渡过锡当河，快速插到位于东吁（同古）城的第二〇〇师指挥所附近。师部只有第五九九团特务连少数兵力，虽然狠力还击，伤亡很重，连戴安澜师长都拔出手枪来应战。他见形势危急，忙打电话给师步兵指挥官兼第五九八团团长郑庭笈少将，要求从第五九八团中派出两个营赶来增援师指挥所，但是电话还没有说完，就中断了。这使郑庭笈很是着急。

不过那两个营还是及时赶来增援，才顶住了日军的进攻。

杜聿明军长见战场形势日益恶化，决定不顾史迪威将军那不断进攻的要求，指示新编第二十二师廖耀湘师长从攻势改为守势，逐步退到耶达谢（叶带西）以北的铁路线上的斯瓦，据守斯瓦河北岸阵地抗击日军，以争取时间让后续部队上来并掩护第二〇〇师突围。

史迪威不同意这样退却，骂杜聿明怯战。并在3月29日从卑谬（眉苗）乘车赶到耶达谢（叶带西）新编第二十二师指挥部，迫使在那里的杜聿明军长、廖耀湘师长从准备退却改为进攻，并写下了命令："明天或后天从前沿向前推进，向东吁（同古）全力进攻。"

事实上是由于英军不肯在西线配合，又不肯在车辆上给予支持，进攻的大好时机已经错过，而且退却之事已经得到蒋介石批准，杜聿明也就不肯接受史迪威这一不顾实际情况一心蛮干的进攻命令。

史迪威火了，指责杜聿明、廖耀湘是"卑怯的杂种""十足的懦夫"……

廖耀湘的军阶、职务都比史迪威低，而且史迪威又是一个得罪不得的美国将军，只好隐忍地不作声，问得急了，才说了句："我听从军长的指挥！"

气得史迪威更是咆哮如雷地把怒火喷向杜聿明。

杜聿明这陕西汉子本来就个性刚直，又由于他的战功、资历，在军队中一向受人尊崇，更被蒋介石宠信。平时既自傲又自信，如今哪里受得了史迪威的辱骂，也愤慨地指责史迪威不了解敌情，处事不公，才形成这一被动挨打的局面。这完全是史迪威迁就英国军方，给中国军队的作战造成了困难。

他还严正地向史迪威指出：应对这些事负责。

气得史迪威更是暴跳如雷地大喊大叫：要军法处置杜聿明。还赶往腊戌，找到了代表中国军事委员会在缅甸指导作战的参谋团团长林蔚将军，要他下命令给杜聿明、廖耀湘立即进攻……

林蔚是了解战场形势的，仍然以运输问题没法解决，第五军的第九十六师和重炮团，还要半个月左右才能上来为理由，一边应付着史迪威，同时示意杜聿明，按照计划指挥新编第二十二师后撤，第二〇〇师也同时突围。

3 月 29 日，戴安澜师长接到杜聿明放弃东吁（同古）“火速突围”的命令后，决定把全师在这天夜间从锡当河东岸撤出，沿着河岸向耶达谢（叶带西）的新编第二十二师靠拢。

他把在一线作战部队的撤退事宜交给了郑庭笈少将。师指挥所与各个团已经被隔断，戴安澜师长只能依靠两个支持中国军队的缅甸人带着几个士兵寻路去郑庭笈那里送信。命令郑庭笈和第五九九团长柳树人、第六〇〇团长刘以峰一起来完成。戴安澜师长则亲自指挥师部人员和第五九八团在河东岸以进攻姿态掩护撤退。

那天（3 月 29 日）是农历的二月十三日，夜色明朗，月光如水银泻地般洒下来。视线很清晰，本来不适宜夜间行动，他们只能进入锡当河两岸的茂密树林来完成他们的撤退行动。

郑庭笈黄埔军校第五期步科毕业。抗日战争以来参加过忻口会战、昆仑关会战，具有较丰富的对日作战经验，一向以临战从容镇定闻名。他一面派出一部分军队向日军展开夜袭以缠住对方，同时命令各个团派出一名少校团附分别率领三个团的勤杂人员（炊事兵、卫生兵、伤兵）先沿着锡当河东岸向耶达谢（叶带西）方向移动，然后按第五九九团、第六〇〇团、第五九八团的顺序悄悄渡过河去往东岸。

缅甸南部平原的冬春干旱无雨，宽阔的锡当河水只淹到腿部，流速也不急，可以涉渡。

走在前边的第五九九团首先从锡当河大桥冲过去，迅速在东岸占领了有利地形担负掩护任务，其他部队都先后涉水渡河。

一个师几千人，又分散在不同地方，要在敌人炮火下安全撤退，是很不容易的事。好在他们在平日的训练中，就把夜行军、夜袭、夜间突围等技能操练得很娴熟。如今也就能处变不惊地按团、营、连建制，人人屏住呼吸，不发出声响，快步地疾行，在 30 日天亮前的拂晓 4 时，全部撤出了东吁（同古）城和据守的阵地。他们走得干净、利索，一个伤兵、一份文件都没有丢失。充分显示了这个师的战斗素质。

日军久攻东吁（同古）不下，又见新编第二十二师从耶达谢（叶带西）增援过来，这天晚上，还不断用激烈的炮火向他们轰击，错以为在东吁（同古）与中国军队的激战还会持续，却没有料到戴安澜的第二〇〇师会在这天晚上出其不意地悄然突围，也就来不及收拢部队去追击。

东吁（同古）阻击战从 3 月 18 日开始，到 3 月 30 日凌晨第二〇〇师全师突围，前后激战 13 天，抗击住了日军两个师团的强攻，不仅歼灭了 5000 余日军官兵，还击毙了当时指挥队伍冲杀得最凶的第五十五师团第一四三联队联队长横田大佐。这是日军入侵缅甸以来，阵亡官兵当中军阶最高的一名。

第二〇〇师这样英勇善战，令气焰正炽的日本侵略军也不得不表示佩服。他们向上级报告战况时，这样叙述："当面的敌人是重庆军第二〇〇师。其战斗意志始终旺盛，尤其是担任撤退收容任务的部队，直至最后仍固守阵地拼死抵抗。虽然是敌人，也确实十分英勇。军司令官饭田中将及其部下对其勇敢均表示称赞。"

饭田洋二郎更是直率地表示："当面的敌人是中国军队中最优秀的第二〇〇师。"

在东吁（同古）、耶达谢（叶带西）的中日攻守战正紧张地进行时，在仰光休整了半个多月、由日军樱井省三师团长指挥的第三十三师团，也在 3 月 25 日开始了向北进犯，兵分两路攻向英、印、缅军退守的卑谬（眉苗）。

其中由原田栋大佐指挥的步兵第二一五联队和一个山炮中队、一个工兵中队，从兴实达市沿伊洛瓦底江右岸前进，去迂回卑谬（眉苗）的侧后；荒木正二少将和作间乔宜大佐指挥的步兵第二一四联队并配备一个山炮大队、一个速射炮中队、一个工兵联队，则从正面沿着通往卑谬（眉苗）的公路浩浩荡荡北进。

荒木正二指挥的这支部队，行进得快，一路上扫荡了驻守于奥波、纳德林300余人的一支英、印、缅军，在29日攻下德贡；原田栋大佐指挥的部队在3月27日夜攻下了缅昂（苗旺），第二天（28日）在汤博附近渡过伊洛瓦底江进入东岸后，又兵分两支，一支在江西岸、一支在东岸，成钳形攻势攻向瑞当（瑞同）。几支部队都离卑谬（眉苗）不远了。

英军哈罗德·亚历山大总司令忙派出一支有着30辆坦克、20门火炮，以及由200辆卡车载运的近6000士兵的机械化部队，企图阻止日军原田栋那支以第二一五联队为主的部队。

那是一场恶战，从上午打到黄昏。拥有坦克、大炮的英、印、缅军虽然在火力上占了优势，却难以遏制住日军顽强的攻击。在打得正紧张时又发现有一支日军（后来查明是日军第二一三联队的一大队和独立混成第二十一旅团的炮兵中队），正向榜地方面迂回过来。英、印、缅军怕被包围，不敢再打了，忙撤出战斗，准备从瑞同向卑谬（眉苗）方向退却。

从瑞同通往卑谬（眉苗）的这条道路，修筑在缅甸南北山地与平原交接的起伏丘陵间，狭窄多弯，左边是浪涛汹涌的伊洛瓦底江，右边是巍峨险峻的起伏大山，坦克在多数地段只能一辆接一辆、成纵队行进。被日军拦击时，装甲车不能摆开阵势成扇行状冲击，从而减少了冲击力；而日军又据险拼死苦战，速射炮分队连人带火炮全部被坦克辗压完了，步兵还在以肉搏战方式冲向英、印、缅军……

日军樱井师团长为了对付英军的坦克，在战斗进行过程中，把配属给他们师团的重炮全都调了上来轰击。

在前后夹攻下，英军这支机械化装甲部队招架不住了，被日军击毙了500余人，俘虏了113人，缴获了坦克22辆、装甲车30辆、汽车163辆、轻重机枪53挺。

这场大败，使得英军总司令哈罗德·亚历山大和他的将校们深为惊骇。这期间又听说中国远征军第二〇〇师已在3月30日清晨从东吁

（同古）突围北退；卑谬（眉苗）侧翼已经完全暴露，很容易被日军迂回包围。他慌忙在 4 月 1 日下令放弃卑谬（眉苗）。

英军跑得匆忙、慌乱，又丢下了有故障的坦克 83 辆、装甲车 69 辆和大量的武器装备。这都是只要略作修理就可使用的战车，落入日军手中后，也就加强了他们的装备。

日军在 4 月 2 日进入卑谬（眉苗）市区时，城内已经是一座脏乱的空城。

东吁（同古）、卑谬（眉苗）失守，日军就完全占领了缅甸以南。

史迪威将军本来想在东吁（同古）、卑谬（眉苗）阻击日军的同时，调动后续的中国远征军上来，全力反攻南进，如今也难以实现了。

他既怨恨哈罗德·亚历山大指挥的英、印、缅军队不肯配合作战，又责怪杜聿明调动中国军队不及时，没有在日军抵达东吁（同古）前就把新编第二十二师调上去，从而丧失了战机。但是他如今也明白，仅仅对杜聿明发脾气没有用，还得找蒋介石。他又在 3 月 31 日急匆匆地飞往重庆，强硬地向蒋介石提出，如果不给予他能真正指挥中国远征军的权力，他就要辞职回美国。

史迪威虽然脾气大，不过他那急于打击日本侵略者、收复仰光的激奋心情，还是令人感动。

缅甸东西线都在败退的战局，也令远在重庆的蒋介石紧张不安。他明白，既然自己的两个军（第五军、第六军）进入了缅甸，已经是如同陷进了深深的泥沼，欲退不能了，必须立即采取措施，增加中国远征军的兵力，才能保住缅甸以北，以防日军趁势越过中缅边界，入侵滇西方。

他接受了在缅甸的林蔚、杜聿明两将军的建议，把主力集中在彬马拉（平满纳），利用那里的有利地形再打一场防御战，以争取时间调动后续部队保卫住缅北。

彬马拉（平满纳）南距仰光 390 公里，北距缅北第一大城市、缅甸旧皇城曼德拉 300 公里，是山地与平原交错的地方，西临山林深密的勃固山脉，东有掸山山脉的起伏断层，悬崖峭壁兀立，地形复杂，易守难攻，也是北去曼德拉省和掸邦高原的门户，守住这一战略要地，才能阻止日军北犯。

为了打好“彬马拉（平满纳）会战”，蒋介石下令还停留于滇黔线上，由张轸担任军长的第六十六军三个师（新编二十八师、新编二十九师、新编第三十八师）立即南进，务必在4月初进入缅甸；要求刘伯龙的新编二十八师、孙立人的新编第三十八师务必日夜兼程，赶去参加“彬马拉（平满纳）会战”。

蒋夫人宋美龄从史迪威将军来到中国后，就一直作为蒋介石与史迪威的翻译周旋于其间。她从史迪威将军的抱怨中，也深感缅甸战局的混乱，是指挥不统一，中、美、英主要将领不齐心，如今，既然中国远征军全部入缅作战，力劝蒋介石再去往缅甸排难解纷。

4月5日下午，蒋介石和史迪威一起乘专机飞到了缅甸腊戌。

他这次还带来了被他刚刚选择为中国远征军第一路军司令长官的罗卓英将军。

中国远征军从1941年12月初就开始动员、调动，1942年的2月、3月间主力部队陆续进入缅甸作战，却没有一个主要指挥官，只是由第五军军长杜聿明以第一路军副司令长官的名义代行指挥职权，这很不正常。原来，蒋介石早就内定了原来驻洛阳的第一战区司令长官卫立煌上将来担任这个职务，蒋介石还在3月6日晚上亲自打电话给卫立煌，要他从西安赶往重庆接受任命，但是在这时候，“军统”特务头子戴笠向蒋介石密告：卫立煌在河南前线时，有与共产党、八路军勾结之事……

（卫立煌将军在山西、河南时，也确实与中国共产党领导的八路军有来往。他和朱德总司令私交颇笃，还去过延安与毛泽东主席见面、长谈，回来后就一次送给第十八集团军步枪子弹10万发、手榴弹25万枚、牛肉罐头180箱。以后又不断对第十八集团军有弹药接济。这正是与蒋介石的封锁、断绝共产党、八路军供应的做法相背离。）

蒋介石虽然对卫立煌的“亲共”早有所闻，但是缺乏确凿证据也就不好处理，这次戴笠收买了第十八集团军驻洛阳办事处处长袁晓轩，从这个叛徒那里得到了卫立煌与共产党高层往来的详细材料。这使蒋介石很生气，哪里还敢把中国远征军的10万精锐之众交给卫立煌。

他只得在战区司令长官这一高层将领中另外选择，而定下了当时在湘赣前线担任第九战区副司令长官兼第十九集团军总司令的罗卓英

中将。

罗卓英是国民党军队中的老资格将领，1919 年就进入了保定军校，与陈诚成为同学好友，以后一直是陈诚的主要助手。陈诚 1927 年担任第二十一师师长时，他是师参谋长，陈诚任第十八军军长时，他是这个军第一师师长、第十八军副军长，抗战初期的 1938 年陈诚任第十九集团军总司令，罗卓英是副总司令，以后又升任这个集团军总司令、第九战区副司令长官。抗战这几年，他多数时间在江西、湖南方向指挥军队作战。他精力充沛，多谋略，也许是作为副职的时间较多，遇事却有些优柔寡断。被军界人士认为是主帅的好助手，却难以独当一面。蒋介石这时候把他从湘赣前线调来缅甸，也是想到他为人随和，能较好地与史迪威将军相处，而不至于像杜聿明那样过于刚强，时常和史迪威顶撞，那会把中美关系搞僵的。

在蒋介石到达腊戌的前两天（4 月 3 日），日军几十架飞机轮番轰炸了缅甸古都曼德勒。

这海拔仅有 80 米的城市，除了城边有座高约 240 米的低矮山头——曼德勒山外，多是平坦土地。由于天热，房屋都是干栏式竹木建筑，就连那雄伟精巧的古皇宫，也只比一般市民用料高档，使用柚木来建构。在日军的大量燃烧弹烧毁下，全城浓烟大火弥漫，从 4 月 3 日烧到 11 日，一连烧了七八个日夜都没有熄灭。

这里没有防空设施，英军的飞机又先后在东吁（同古）、马圭机场被摧毁，失去了制空权，当地人民在和平年月生活久了，完全没有防空意识，在日本飞机低空轰炸扫射下，只能茫然、慌乱地到处乱窜，以致成千上万的人被炸死、打死。没有炸死、烧死的市政官员、警察，全都逃跑了，也就没有人组织救火，更没有人出来善后。市区内到处是死尸，天热，很快腐烂发臭，引得成群的乌鸦、野狗在这些尸体上乱啄、乱嚼……

中国这几年抗战，许多城乡也经历了日军飞机的残酷轰炸，蒋介石更是目睹了前两年的重庆大轰炸。死伤虽然惨烈，但事后的救助还是尽力的，哪里有如此糟糕。这都是在缅甸的英军既不肯死战又不设防的后果。

蒋介石很愤怒，去信英国首相丘吉尔，表达了他对英方的谴责：

“在我一生这么长的军事经历中，从来没有见过像在缅甸这样如此可悲的无准备状况，这样混乱和腐败。”

他到达腊戍后，听取了将领们的汇报，才知道缅甸战局比他想象中的还要复杂、糟糕。高傲的哈罗德·亚历山大上将指挥的英、印、缅军队，在日军面前已经不仅是一触即溃，而是远远地望风而逃。他们从卑谬（眉苗）撤退时，不仅不派出部队节节抗击进攻的日军，反而利用他们的交通工具齐全，一退就是 110 余公里，不仅把沿途可阻击日军的城乡据点全都放弃，连公路沿线的桥梁、涵洞也懒得去破坏。这哪里是打仗，完全是敞开门户迎敌。

这也促使他进一步思考，既然中国远征军已经在缅甸参加了战斗，已是欲罢不能了，那只有尽量把后一阶段的仗打好，守住缅北，安排好这几个军不再受英军的连累而遭受损失，更不能让英国将军们再干预入缅的中国军队作战。他对来这里见他的哈罗德·亚历山大郑重表示：“史迪威将军享有指挥中国军队的全权！”

这是明白地告诉这个英国将军，你别瞎指挥我的军队了。

他对如何使用、尊重史迪威将军，也有了新的考虑。为了平息史迪威的不满， 4 月 7 日，他召集在缅甸的中国将领们训话，指示他们：必须无条件地执行史迪威将军的命令，史迪威享有对中国远征军将领、军官提升、撤职、惩罚的全权……

见蒋介石说得这样明确，史迪威听了，很是舒服。

从缅甸的战局来看，史迪威也认为：我们现在必须从反攻仰光改为打一场防御战了。

这天，蒋介石又把第六十六军军长张轸从昆明召来，当面交代他应该如何参加“彬马拉（平满纳）会战”，并要求张轸飞返昆明后迅速率领军队进入缅甸。

但是这第六十六军的移动比第五军、第六军迟了近 4 个月，再紧赶慢赶，作为先头部队的新编第三十八师才在 4 月 10 日到达曼德勒，张轸军长的第六十六军部和直属部队，4 月 14 日才到达腊戍。

日军占领东吁（同古）后，第十五军司令官饭田洋二郎命令第五十五师团不要停留，全力扑向守御着斯瓦河两岸的中国远征军第二十二师，先歼灭这个师后，再乘胜北进，力求尽快攻下彬马拉（平满纳）。他也在 4 月 2 日把他的军指挥部前移到东吁（同古），并在第

二天（4 月 3 日）召集有各师团长和参谋长参加的军事会议，制订出了名为“曼德勒会战”的进攻计划。

他们已经截获、破译了中国军队的来往电报，并从侦察员获取的情报中得知，中国远征军正向当面不远的彬马拉（平满纳）集结，准备打一场阻击战。但是饭田洋二郎却对这一看似重要的地方并不在意，而是把主要进攻矛头指向远离彬马拉（平满纳）300 余公里的曼德勒；他已经决定采取大胆迂回穿插的战略战术，把中国军队隔断、包围于缅北的那几个大据点。

他的作战方针是：“军要以有力兵团切断腊戍方面敌之退路，以主力沿东吁（同古）—曼德勒大道和伊洛瓦底江地区，重点保持在右翼向曼德勒方面前进，包围（中国军队）之两翼，并压向曼德勒以西的伊洛瓦底江予以歼灭。尔后，军于腊戍、八莫、杰沙（卡萨）一线歼捕残敌，同时，趁势以有力之一部向怒江（萨尔温江）一线追击。”并预定在 5 月上旬攻抵曼德勒。

饭田洋二郎还认为：只要把这一缅北中心城市攻下，中、英、印、缅军队就难以在缅北久守，可以在 5 月下旬结束战斗，全部占领缅甸。

迂回、穿插，一向是日本军队常用的战略战术，那时候又有众多受日本军方欺骗迷惑的缅甸人做向导，帮助了解中、英军队的进止情况，在中、英军队后方破坏道路、桥梁和各种设施。日军向中国军队后方的穿插也就能较顺利地进行。

但是这一“曼德勒会战”，还是要把守在北去的铁路、公路干线上的斯瓦、马圭的中、英军队先解决掉，他们的大部队才好行动。所以，那几天日军第五十五师团对守斯瓦河两岸的中国远征军新编第二十二师加强了攻击力量。

新编第二十二师师长廖耀湘也从杜聿明军长那里得到命令，这场斯瓦河两岸的阻击战必须打好，务必多撑持一段时间阻止日军北进。这关系到“彬马拉（平满纳）会战”的中国军队能否顺利集结。

廖耀湘师长把邓军林团长指挥的第六十五团放在斯瓦河北岸，刘建章团长指挥的第六十六团两个营放在南岸，另外的一个营则放在东吁（同古）与斯瓦之间的耶达谢（叶带西），从正面抗击来犯的日军。

除了这个师的三个团（第六十四团、第六十五团、第六十六团）外，杜聿明军长还给他们配备了一部分战车和一个山炮营，以及副师长黄翔指挥的两个新兵团（补充一团、二团），兵力还是比较充足。

日军开始是以第五十五师团的三个联队配以两个山炮、野炮中队、一〇五毫米榴弹炮一个中队和几辆战车，在空军掩护下来冲击，来势很凶猛。新编第二十二师在节节抵抗的同时，又由黄翔副师长带着两个新兵团在敌后袭击，干扰日军的正面强攻，还一度冲到东吁（同古）机场，使日军这个师团伤亡较大。日军见强攻不下，又增加了第十八师团两个联队（第五十六联队、第一二四联队）和山炮、重炮两个中队来攻击。

第十八师团是日军中的精锐，战斗作风凌厉，不断用坦克掩护他们的步兵冲锋、穿插、侧击……

新编第二十二师这几个团只有步枪、轻机枪，缺乏重武器，一个营只是临时配备了一门从军炮团调来的战防炮，炮弹也只有 20 多发。配置给第六十六团一营的那个年轻炮手，从来没有实战经验，更没有与日军坦克近距离接触过，见日军几辆中型坦克轰隆隆地压过来，很紧张，就一发又一发炮弹接连射出去。虽然击毁了日军一辆坦克，那 20 发炮弹也很快打完了。

日军其他坦克开始吓得不敢再向前冲，退往后边树林、土堆做掩护发炮，后来见这边炮火稀疏，坦克群又分三路在步兵的配合下，向这个营的阵地辗过来。

第六十六团虽然在阵地前挖了较宽阔的防坦克壕沟，但是日军步兵一边进攻，一边用从附近民居拆下来的木料、砖瓦，以及砍伐的树木和泥土来填充，帮助坦克越过壕沟冲过来。

战防炮弹没有了，步枪、机枪子弹打到坦克钢板上都被弹开了，第六十六团一营营长张淮只好带领士兵，提着英军供应的手雷扑向坦克。

这种磁性手雷设计落后，重而不便投掷。这些官兵又是临时获得这批手雷，还没有接受过投掷训练，投不远也投不准。为了阻住日军坦克的深入，张淮营长和官兵们只好从侧面匍匐过去，快接近坦克时，才把手雷掷出。这虽然提高了命中率，由于距离太近，手雷引爆坦克时，四处迸散的弹片把投掷者也一起炸死炸伤。

敌军坦克在被炸毁多辆后退了回去，日军步兵也跟随着往回窜。但是一营营长张淮少校、机枪一连中尉排长周惠云和众多官兵都壮烈牺牲了。

这个原来有着500多人的步兵营，经过几次拼搏，只剩下了185人，

其中还有20余人负伤。

日军不断地穿插、侧击，实施大小包围，还用了重炮、飞机轰炸，都攻不下中国军队阵地，又恶毒地施放毒气弹。

廖耀湘师长见第六十五团、第六十四团在阻击中都伤亡很大，就命令第六十四团先转移到沙加瓦占领阵地，掩护第六十五团在4月2日从耶达谢（叶带西）后撤。

刘建章团长把几个连埋伏在日军可能行进的两侧树林里，分散成小股不断侧袭日军，以迟滞日军的行动。这样交替掩护，才阻止了日军的进攻，掩护第六十五团从斯瓦河北岸后撤。但第六十四团第三营营长李平也在阻击战斗中负伤。

日军也明白，这样与中国军队长久纠缠，会影响他们的北进，决定加大炮火轰击。4月8日，一边派步兵沿铁路推进，一边调上他们几个拥有山炮、一〇五榴弹炮的炮兵联队，对着正阻击他们的第六十四团阵地一次就发射了千余发炮弹。把那一片森林、田野、公路、铁路都掘翻了。幸好第六十四团的指挥所是设在公路下边的一座钢筋水泥砌成的涵洞内，里外又用沙包、枕木、钢轨加固，才没有被击毁，刘建章团长还能够在硝烟迷漫中继续指挥作战。

这场阻击战从3月30日打到4月22日，连续24天的苦战，廖耀湘的新编第二十二师已伤亡了1500余人，也完成了以少胜多、阻敌北进的任务。杜聿明军长才命令他们利用夜色掩护往彬马拉（平满纳）方向撤退。

彬马拉阻击战和仁安羌解英军之围

中国远征军在东吁（同古）、耶达谢（叶带西）对日军的阻击，应该说是“彬马拉（平满纳）会战”的前奏。日军在 3 月 19 日攻向东吁（同古）时，杜聿明将军就对未来战场形势的发展有过较透彻的研究，并在这一天制订出了“彬马拉（平满纳）会战”计划。

他的预测是：经过东吁（同古）、耶达谢（叶带西）的激战后，日军战斗力必然有较大损耗，但是日军仍然会急于北进。如果能将日军吸引到彬马拉（平满纳）附近，在敌我的攻守战呈胶着状态时，再出动后续部队对敌攻击，争取把敌人在彬马拉（平满纳）包围、歼灭。

［杜聿明将军还准备在“彬马拉（平满纳）会战”的同时，调动守东线茂奇（毛奇）、包拉克等方向的第六军暂编第五十五师两个步兵团来参与机动出击。］

从战略布局上来看，杜聿明将军这一“彬马拉（平满纳）会战”计划是可行的。前期的东吁（同古）、耶达谢（叶带西）阻击战也确实达到了消耗、迟滞日军的北进，后来在彬马拉（平满纳）正面担任固守任务的第九十六师也就能守得稳，并如计划“胶住”敌人；从东

吁（同古）撤下来、经过短时间休整的第二〇〇师在战车、炮兵等部队配合下，又能机动出击。

这一“彬马拉（平满纳）会战”计划用加急电报发往重庆后，得到了蒋介石的批准。他在 4 月 5 日飞来缅甸腊戌后，特意在 4 月 6 日从腊戌乘车去到曼德勒附近的卑谬（眉苗），听取林蔚、杜聿明将军以及刚刚从东吁（同古）突围出来的第二〇〇师师长戴安澜的汇报，了解军情。

蒋介石对第二〇〇师能以 8000 人的一支孤军，苦战 12 天，抗击日军两个师团 5 万余人，歼敌 5000 余人，并把第五十五师团一四三联队的横田大佐击毙，很高兴。过去他常认为：敌强我弱，与日军作战必须以三至五倍之数来进攻或防御，没想到这次第二〇〇师却能在这无险可守的缅甸南部平原上，抗击多达六七倍的日军，而且战果丰富。不仅对戴安澜师长一再赞扬，还特意安排戴安澜在他下榻的“行辕”住了一晚上，以示宠信。

东吁（同古）、耶达谢（叶带西）的阻击战也加强了蒋介石在彬马拉（平满纳）与日军进行一次大会战的信心。他向远征军的将领们指出：不论（左右）两翼情况如何，也必须集中主力在彬马拉（平满纳）与敌决战……

第二天（4 月 8 日），蒋介石又在杜聿明、戴安澜等将领的陪同下，冒着敌机的轰炸去往曼德勒周围巡视。

从卑谬（眉苗）到曼德勒的路上，都是汤加山脉的起伏山岭。这暮春时节，阳光雨雾充足，山岭上的树木长得青葱浓郁，悬崖绝壁间云雾飘绕，更是突出了这一带地形的险峻。从军事的角度来看，真是处处有险阻，很适于防御作战。蒋介石沿途走走停停，仔细观察，叮嘱杜聿明要充分利用这些山形地势布兵设防。

过卑谬（眉苗）山口时，他还特意指出：“彬马拉（平满纳）会战”十分重要，必须鼓励将士一举击破日寇，进而收复仰光。如果日寇后续部队增加，我军也不要勉强决战，退一步准备“曼德勒会战”，或把住这一带山口与敌作持久战。

蒋介石这样说，给了杜聿明在作战指挥上很大的主动权，但是也表明，他仍然是担心英军的怯战，不肯配合，会把这两个军（第五军、第六军）在决战中拼掉。这是因为在这之前的 4 月 6 日，英军总司令哈罗德·亚历山大上将从东线赶来晋见他。两人谈及缅甸战事时，蒋介

石告诉他：中国军队将发动“彬马拉（平满纳）会战”，希望英、印、缅军能在东线守住阿兰谬，尽力给予支援。哪知道，哈罗德·亚历山大的回答却是：我们已经从阿兰谬撤出，现在是退守马圭、敏巫一线。

马圭、敏巫是在彬马拉（平满纳）以西百余公里，这也就是说，英军已经在彬马拉（平满纳）侧后敞开了一条大道，日军可以毫无阻拦地对中国军队迂回、包抄了。

这使蒋介石深为惊愕，虽然很不愉快，但是碍于外交礼节，他只能委婉地表示：你们还是要信守“坚决与中国军队并肩作战到底”的诺言，不要再自行往后退了。

哈罗德·亚历山大自有他的打算，哪里肯听从。

4 月 8 日晚上，杜聿明回到军部所在地标贝（瓢背）后，就召开了团以上军官（包括独立营营长）的作战会议，宣布“彬马拉（平满纳）会战”将正式进行。

他的部署是：以余韶师长指挥的第九十六师在彬马拉（平满纳）构筑独立持久的牢固工事，从正面迎击日军。他要求这个师在“被敌包围或被切断后方的情况下，继续独立作战”；再以廖耀湘师长指挥的新编第二十二师迂回敌后，以戴安澜师长的第二〇〇师和胡献群团长的战车团在彬马拉（平满纳）左翼的锡当河以西、彬马拉（平满纳）东南的爱勒一线机动攻击进犯的日军。

这段时期（4 月 1 日至 15 日）除了新编第二十二师还在耶达谢（叶带西）、斯瓦河阻击日军外，第九十六师已经在 4 月 1 日进抵彬马拉（平满纳），并迅速根据地形构筑了工事。从东吁（同古）撤下来的第二〇〇师得到了近半个月的休整，补充了粮食、弹药，也可以投入彬马拉（平满纳）会战了！

为了鼓励已经丧失斗志的英军，并求得英军的支持，杜聿明将军在 4 月 13 日上午赶到东线的马圭，会见新担任英、印、缅军第一军团司令的斯姆莱特中将，向他通报了即将举行的“彬马拉（平满纳）会战”的战斗部署，还请求英国军方给予战车、炮兵支持。斯姆莱特将军当时正按照哈罗德·亚历山大的意旨准备从马圭撤退，他指挥的英、印、缅军第十七师也在沿铁路线上的东敦枝后退，不仅不肯答应，还劝杜聿明放弃“彬马拉（平满纳）会战”去退守曼德勒一线……

这使杜聿明很失望，也就不欢而散。他回到标贝（瓢背）后，把与斯姆莱特会见的情形告诉了史迪威。史迪威也很气愤，恰好罗卓英传来讯息：哈罗德·亚历山大很想与史迪威面谈。史迪威立即与罗卓英一起于当天晚上 10 时半乘车出发，疾行一夜，在第二天天亮前的 4 时半赶到卑谬（眉苗）。

4 月 15 日上午，他们与哈罗德·亚历山大见面了。这缅甸战场中、美、英三方最高将领的紧急会商，本来应该对当前战局有个正确判断和应对措施，但是却没有。英国军方已经无心作战了。他们给史迪威将军的印象是："灾难和萎靡不振，英国人已经丧失了斗志。"

他了解到的英军动向是："恐惧使一个师的人马沿大路争相逃窜。"

哈罗德·亚历山大只是表示："如果曼德勒失守，一个印度旅和坦克部队将在腊戍掩护（中国军队）后方，其余的英国人将去葛礼瓦（卡里瓦）和密支那。"

这表明，英军将完全从缅甸撤离了。

这就是哈罗德·亚历山大紧急约见史迪威的目的，使史迪威很感意外，更是失望。

第二天（4 月 16 日）早上，史迪威回到标贝（瓢背），遇见英方驻缅甸总督金纳德·多尔曼·史密斯，这位总督很坦率地告诉他，缅甸的败局已经无法挽回了。他劝史迪威转移到印度去。那里可容纳 6 万至 10 万人……

史迪威很是颓伤，在这天给远在美国的妻子写信时，痛苦地表示："我们即将溃败。"但是他也不公正地把失败的责任推给已经在东吁（同古）、耶达谢（叶带西）苦战多日，如今还准备在彬马拉（平满纳）奋战的中国军队，却说："中国军队的表现糟透了。"

在他眼中，几名中国将领都是一些庸碌之辈。杜聿明"是个爱哭的孩子，不是一名指挥官"。罗卓英"应该被枪毙"……

其实在史迪威在卑谬（眉苗）与萎靡不振的哈罗德·亚历山大见面的那天（4 月 15 日），杜聿明正在把军指挥所从标贝（瓢背）往前推进到彬马拉（平满纳），并召集师长们部署作战。

当他了解到第九十六师经过这半个月的日夜赶筑工事，已经做好了迎击日军的准备，第二〇〇师休整后，战斗士气仍然很高，新编第二十二师也能及时从斯瓦河转移，就毅然做出决定："既然这样，我们

就把新二十二师最后那个阵地撤了（指第六十四团在伊拉附近的阵地）把敌人放进来吧！”

他和三位师长以及战车团、骑兵团、工兵团、炮兵团长们都很有把握打好这场“彬马拉（平满纳）会战”，歼敌于这“千塔之城”！

［彬马拉（平满纳）一向以佛塔多著名，仅西南丘陵上就有几百座佛塔。］

杜聿明将军还告诉师长们，第六十六军也进入了缅甸，不必担心后方的空虚了。

（张轸的第六十六军虽然早在 1941 年 12 月就列入了在昆明的第十一集团军序列，并作为中国远征军的总预备队，但是一直停留于贵州的兴义。2 月底 3 月初，毛淡棉被日军攻占后，才奉命从细雨纷飞的滇黔边界向云南进发。没有车辆运送，几万官兵只好在雨雪纷飞的严冬，徒步行军千余里，渡过湍急的南盘江进入云南，经罗平、师宗、陆良、宜良，再绕过昆明到达安宁，这才有汽车装运他们从滇缅公路经畹町出国。

这一长行军，时走时停，前后长达 40 余天。作为军前卫的新编第三十八师，在孙立人师长率领下，于 4 月 10 日才到达缅甸曼德勒，并担任卫戍曼德勒的任务。刘伯龙的新编第二十八师则驻扎于滇缅公路的终点、有铁路可南行的腊戌，作为二线部队。

4 月 15 日张轸军长也率领军部和直属队从腊戌到达曼德勒。

这样，中国远征军就有了 3 个军 8 个师的部队进入缅甸。）

这些缅北后方的城乡，虽然远离战场，却已经是一片混乱。那些一直痛恨英国殖民主义者的缅甸人，受了日本特务的欺骗，纷纷起来作为日本侵略者的内应。在夜里利用夜雾做掩护，放火，打冷枪，把警报器弄坏，以致日军飞机来轰炸时，无数市民来不及躲避惨被炸死。4 月 16 日夜间的一场大火，几乎把曼德勒的老街道烧尽。

进入缅甸的中国军队，既要对日作战，还要应付不稳定的后方。

按照中国远征军的兵力和缅甸以北多山岭、河流的有利地形，这“彬马拉（平满纳）会战”是可以给北犯的日军有力打击的。但是这次在英属缅甸地域作战，无论从后勤供应上，对人民群众的动员上，都需要英军总司令哈罗德·亚历山大上将来做好保障，并调动他的英、印、缅军队来共同作战，但是英国军队从一开始就是避战自保，4 月 1

在缅甸仁安羌援救英军的远征军新三十八师师长孙立人

日从卑谬（眉苗）撤退后，就沿着伊洛瓦底江一路快跑，经过阿兰谬退到马圭。这两天又大步退到仁安羌。这一退几百公里，已经退到了彬马拉（平满纳）后方右侧的两百公里外，把准备进行“彬马拉（平满纳）会战”的中国军队右翼完全暴露给了日军，而从东线进攻的日军除了用第五十五师团、第十八师团从正面推进外，还用第五十六师团一支部队穿越过掸邦高原逼向垒固（罗衣考）、东枝（棠吉），袭击彬马拉（平满纳）的左后侧。

当时的形势表明，日军正在利用英军的怯战和守御东部掸邦高原的中国远征军第六军暂编第五十五师的防御失当，对守彬马拉（平满纳）的中国军队从左右两翼形成夹击。

这正是日军第十五军4月3日在东吁（同古）确定的“曼德勒会战”的前奏。

日军的计划是：以渡边正夫指挥的第五十六师团在4月中旬沿垒固（罗衣考）、莱卡等地插向曼德勒后方、距离中缅边境不远的腊戍，先行切断中国远征军的后路；牟田口廉也师团长指挥的第十八师团则从东吁（同古）至曼德勒的铁路以东向曼德勒东侧突进，先占领彬马拉（平满纳）后方的央米丁、东枝（棠吉），然后切断曼德勒与腊戍的联系，包围中国军队主力的左翼，并压向伊洛瓦底江方向给予歼灭；竹内宽师团长的第五十五师团采取与第十八师团平行推进的攻击线路，从东吁（同古）至曼德勒的铁道以西地区向北进发，作战目的也是把中国军队压向伊洛瓦底江，给予包围、歼灭。

日军攻往缅甸中部、东部的这三个师团本来善战，经过补充、休整后，兵力充足，武器优良，尤其是第十八师团更是日军中的王牌。饭田洋二郎军团长是把最坚硬的拳头砸向中国远征军主力第五军；而对于在西北方向退却的英、印、缅军，只用了一个第三十三师团去追击，要求他们在4月1日占领了卑谬（眉苗）后，沿伊洛瓦底江攻占阿兰谬和缅甸大油田仁安羌，然后绕过曼德勒向中缅边境的八莫突进。

日军敢于这样向有重兵驻守和陆续有后援部队开进的中国军队后方大胆穿插，是他们有缅甸人带路、送情报，顺利地解决了在新的作战地域行军、作战时，地形、民情不熟悉的困难。他们连史迪威将军的指挥部设在曼德勒附近卑谬（眉苗）的具体位置都了解得很清楚，不断派飞机去轰炸。

日军第十五军司令官饭田洋二郎，准备派遣第五十六师团向中国军队的后方曼德勒、腊戍方向迂回穿插前，曾经担心山林起伏、江河纵横的缅北高原，道路崎岖，难以找到适于大部队和重炮行动的路线，几万人的军队又是长途行军作战，沿途的食宿、粮食供应怎么解决？

这些情况不搞清楚，饭田洋二郎和他的作战参谋们是下不了向北穿插的决心。

经过空军连续出动飞机侦察，又在昂山等反英人士，以及缅甸“克钦党”的帮助下，他们很快在掸邦高原许多条山间公路中，选择了从东吁（同古）往东走，经丹当、包拉克、垒固（罗衣考）、宾朗、央米丁攻向东枝（棠吉）的这条路线。并了解到从东吁（同古）至茂奇（毛奇）的几座大山之间，有一条为了运输矿石开掘出来的、路面较为平整的山间公路，而东枝（棠吉）到接近腊戍的孟崖之间又是肥沃的大平原，盛产大米，可以就地征用军粮。

这样，他们就放心地派出第五十六师团向北穿插了！

为了加强这个本来是乙种师团的第五十六师团的攻击力量，饭田洋二郎把在仰光缴获英军的大量坦克、重炮以及 250 辆汽车，调拨给他们，让他们大胆地从东吁（同古）以东进入掸邦高原。

饭田洋二郎的战略设想是：“对于在曼德勒以南作战的重庆军（中国远征军）来说，曼德勒附近是退路上的要冲。如果第五十六师团能够从掸邦高原方面直逼曼德勒占领这个要冲，则该地以南的敌人将全部成为瓮中之鳖。”

因此，在进攻之初，他仅是命令第五十六师团攻下铁路线上的央米丁和东枝（棠吉）后，不必急于向腊戍突进，而是尽快拿下曼德勒；只是后来由于缅甸北方战局的迅速发展，第五十三师团和第十八师团已经从正面攻击曼德勒，第五十六师团才没有在曼德勒附近耽搁，而是把他们的攻击目标伸向中缅边界的腊戍。

日军的这一远程奔袭战略，很大胆、狂猛，完全打乱了中国远征军的防御部署。

第五十六师团师团长渡边正夫派出了一支搜索联队作为先行，向南格里克北侧的叶昌进发；同时以一支部队沿雷吐、亚德、流芳大道向乐可以南地区突进，目的是切断中国远征军第六军暂编第五十五师的退路。

中国远征军的暂编第五十五师，是在战前由在四川的新兵补训处征集来的兵丁组成的，没有经过严格训练，更没有实战经验，不能攻也不能守。进入缅甸后，原来分散驻扎于中缅、缅泰边境的掸邦、克耶邦；杜聿明将军是希望在“彬马拉（平满纳）会战”时，这个暂编第五十五师能维护作战主力的左翼，并利用前出茂奇（毛奇）的态势侧击日军的后方。

这个师虽然以第一团和第二团一个营配置于茂奇（毛奇）、包拉克之间，第三团配置于塔泽，第二团两个营作为师的预备队驻扎于南曲依。但是既不具备攻守力量，官兵们也无心作战，在大敌当前应加强防御之时，第二团那个营却只把一个连放在最前哨的茂奇（毛奇），这单薄的兵力，哪里挡得住作为日军第五十六师团前卫的那个联队的强势进攻。

4 月 13 日，日军第五十六师团只过来一个联队，还没有经过激烈战斗，暂编第五十五师就从上至下乱成一片地往后跑。师长陈勉吾更是跑得失魂落魄，完全与罗卓英、杜聿明失去了联系，从而使东路掸邦门户完全洞开，日军能顺畅地取道克耶邦和掸邦高原插向第五军的后方。

本来可以作为“中流砥柱”策应东西战线作战的彬马拉（平满纳），也就突出地孤悬于敌前了，如果再集中兵力搞“会战”，就会被日军从东西两翼和侧后完全包围、歼灭。

这危险形势使得代表蒋介石在缅甸联络的军委会参谋团团长林蔚将军很紧张，深感这“彬马拉（平满纳）会战”是不能实施了，应该迅速改变部署。

他打电话与在标贝（瓢背）的中国远征军第一路军司令长官罗卓英和史迪威将军联系，但是电话不通，只好派出侯腾少将连夜赶往标贝（瓢背），向他们提出两条意见：“一、继续贯彻彬马拉（平满纳）会战，努力破敌之一路，以解除我之危局”……

（这孤注一掷、拼死作战的做法是碍于史迪威那执着的“进攻，再进攻”的作战思想，而不得不这样提出，以免这位美国将军又责骂他们怯战。）

另一条意见是：“二、彻底脱出敌之包围圈，一举退守曼德勒之东北，再增调兵力从新部署作战。”

（这第二条才是林蔚对当时战场形势已经发生巨大变化，不得不退

却的真实意图。几天前，蒋介石来腊戍、曼德勒视察时，也对林蔚等将领有过这种指示。）

战局发展成这样，史迪威也知道所谓“彬马拉（平满纳）会战”是打不成了。在这以前，为了保护东路，史迪威曾经在 4 月 11 日亲自去往东线的垒固（罗衣考）第六军视察。不了解这个军实情的他，听了甘丽初军长的汇报，又吃了丰盛的晚餐，喝了凉而甜的薄荷酒，却对甘丽初把军部设在距离前线指挥部近 68 公里“自感满意”的防御部署，没有提出批评，只是命令驻中缅边境景栋的第六军九十三师师长吕国铨，除了留一个团守景栋外，师部和另外两个团迅速前伸到垒固（罗衣考），协助暂编第五十五师守御垒固（罗衣考）、包拉克。但是这个第九十三师以没有汽车运输，步行难以如期到达为借口，迟迟不肯前行。实际是怕与日军作战。那几天，后方一片混乱，也确实派不出车来。又惹得史迪威大发脾气。但发脾气又有什么用？他面对的是一支实际不听从他指挥的部队，正如他恼怒地说：“我不能枪毙他们，也不能扔下他们，对他们讲道理也不起作用。”

面对这急转直下的形势，他审时度势，只好同意放弃“彬马拉（平满纳）会战”，退守曼德勒以南的密铁拉、达西、瑞娘一线，为下一步的“曼德勒会战” 做准备。

史迪威新的部署是：命令第六十六军刘伯龙的新编第二十八师迅速进入瑞娘、东枝（棠吉），然后固守曼德勒；孙立人的新编第三十八师两个团，前出于曼德勒以西的皎勃东（乔克巴当）阻击日军；第五军戴安澜师长指挥第二〇〇师分布于密铁拉、标贝（瓢背）一线，掩护后撤的部队布防；已经进抵彬马拉（平满纳）的余韶师长指挥的第九十六师在中路守住彬马拉（平满纳）阵地阻敌前进。

命令下达到第五军后，杜聿明将军认为，备而不战太可惜了，而且把他的军三个师以及第六十六军两个师分散驻扎于从彬马拉（平满纳）至曼德勒的长达三百余公里的公路线上，兵力分散，既不能攻，也不能守，很容易被日军逐一围歼，各个击破，这是战略上的部署不当。就在电话里向罗卓英表示：这种部署有问题，要么在彬马拉（平满纳）打下去，要么退守东枝（棠吉）、卑谬（眉苗）……

但是罗卓英不敢反对史迪威这一部署，却对杜聿明施加压力，板起脸孔语气严厉地说：“不接受命令，绝不许可！”

国民党军队中派系林立，杜聿明属于何应钦系统，罗卓英是陈诚系统，双方之间本来就面和心不和，如今在战场上的见解不一，更难以说到一起了。罗卓英是正职，杜聿明是副职，罗卓英后边还有林蔚、史迪威……在这种情况下，杜聿明虽然极为气愤，但是拗不过史迪威、罗卓英，也只有退让，去执行这一将给部队带来巨大损失的撤退命令了。

那是春末 4 月 18 日凌晨的 2 点钟，浓厚的白雾覆盖了远近山野，夜正深沉。在这以前，第五军的各个师都在彬马拉（平满纳）一线悄然有序地进入了阵地，做好了战斗的准备，几个小时后就要迎击攻过来的日军大部队了。但是官兵们都没有想到，形势突变，部队很快又要撤退；更没有想到，这一撤退将是大溃败的开始。

指挥撤退的杜聿明军长担心战斗一起，敌军扑上来后，与我军很快地胶合在一起，激战中就不好撤退了。他与军参谋长罗又伦商量了全军如何撤退的步骤，然后由杜聿明亲自给三个师长分别打电话，逐一布置战守、撤退事宜。要求在彬马拉（平满纳）主阵地上的第九十六师加上军直属队的平射炮连、工兵连务必多守一段时间，掩护全军从容撤退，第二〇〇师则立即行动，在凌晨的 5 点钟前先把炮兵、战车往曼德勒方向送，然后步兵退往密铁拉。新编第二十二师先步行往铁路以西的皎凄集结，然后再乘上火车退往曼德勒……

一个军 4 万人，其中 3 万余人要在短短的几小时内，从敌军面前迅速撤出，怎样做到不慌张、不混乱，不被敌人咬住，都是很不容易的事。师长、团长、营长们不敢怠慢，都分别去到了下属部队督促、检查、指挥。杜聿明将军一直在军指挥所的电话前守到天亮后的早上 7 点钟，日军的战车、步兵已经和坚守彬马拉（平满纳）的第九十六师前哨部队第二八八团打开了，奉命撤退的第二〇〇师、新编第二十二师也与日军远远脱离了接触，他才在激烈的枪炮声中，乘车离开前线回往标贝（瓢背）。

这样，日军向北进攻的两个师团（第五十五师团、第十八师团）近 50000 人的攻击力量就全部压向由余韶师长指挥的、不足一个师、约 8000 人的部队了。

（其中第二八七团第三营，由营长陈国荣带着去萨斯瓦保护英军了。）

余韶师长是位老资格军人，抗日战争初期的1938年就担任师长，军衔也比其他师长高，与军长、集团军总司令一样被授予中将。因为他只是广东韶关讲武堂毕业，不是黄埔嫡系，在军队高层缺乏支持他的人，虽然抗战期间军队在大扩充，但他只能长期停留于师长这一职务上。

他指挥的第九十六师，是3月18日继第二〇〇师、新编第二十二师之后，从边境内的芒市乘坐临时凑拢的军车、商车沿滇缅公路出畹町到腊戍，然后改乘火车来到彬马拉（平满纳）。因为铁路运输近于瘫痪，火车司机、车站调度、修理工多数逃散，还是依靠从国内赶来的铁路专家和技工临时顶替缅甸铁路员工来修车、开车、调度、修复铁路，载运军队的列车才勉强能行驶。

这个师进到彬马拉（平满纳）时，已经是4月1日了。

那时候，第二〇〇师在东吁（同古）苦战12天后，已经在两天前的3月29日突围北撤；新编第二十二师还在斯瓦河南北狭长的地带艰难地抗击着日军的进攻。

彬马拉（平满纳）位于南缅与北缅接壤的中部，南距仰光390公里，北去曼德勒300公里，属于曼德勒省的行政区域，东、西、南三面平坦开阔，北面近水临山（处于锡当河上游，并有兀勒溪河横贯），市区周围平坦开阔，有贯通南北的仰（光）曼（德勒）铁路穿过，还有多条公路四通八达。一向是南北枢纽、兵家必争之地。杜聿明军长原来的作战计划是：当第九十六师在中央阵地抗击时，第二〇〇师、新编第二十二师和其他部队从左右翼机动出击，对日军形成包抄。如今那两个师都撤走了，在第九十六师单独抗击日军的过程中，敌人必然会利用左右两翼的空虚包抄上来，第九十六师面临的作战，就不单纯是顶住日军，还要计划好如何同时堵住两翼，并边打边退，以免陷入日军的包围。

日军在进攻彬马拉（平满纳）前，就不断出动飞机对这里进行轰炸，城内外的几千间民居和大小佛寺多被炸毁，公路、铁路也被炸断不少，抢修后才能勉强行车。

余韶师长是久历行伍的将领，有丰富的临战经验，指挥能力强，能充分利用地形地物作战。他和团长们利用战斗前的那半个月时间，

根据周围地形指挥部队构筑了坚固的工事，并派出政工人员深入了解周围的民情，给以后的 4 月 17 日至 25 日的阻击日军、掩护全军撤退，创造了较有利的作战条件。

他的防御部署是：把部队布置在横贯东西的兀勒河北岸，依托起伏山岭来防御。刘有道团长指挥的第二八六团守卫彬马拉（平满纳）市区；凌则民团长指挥的第二八八团担任从市区东侧至锡当河之间的守备；刘宪文团长的第二八七团分成几个部分，第一营由副团长夏鼎率领在列威［彬马拉（平满纳）老市区］守卫前哨阵地，第二营和军山炮连的两门山炮由营长朱昆岳率领固守彬马拉（平满纳）左侧东南 8 公里处锡当河东岸的 1382、749、734 等高地，团直属队和三营作为师的预备队。

在第五军还没有接到放弃“彬马拉（平满纳）会战”的命令之前的 4 月 16 日，从东吁（同古）、耶达谢（叶带西）过来的小股日军四五百名步骑兵，就向第九十六师的前哨阵地发起了试探性的进攻，日军飞机也在疯狂地轰炸彬马拉（平满纳）市区内外。

日军第十五军司令官饭田洋二郎虽然还不完全了解中国军队有着“彬马拉（平满纳）会战”的计划，但是从地面和空中侦察所得，也明白要从正面向北推进，必须先拿下彬马拉（平满纳）。他命令第五十五师团从塔瓦提北进，先夺取铁路西侧的莱韦，再攻向彬马拉（平满纳），同时以他们的精锐第十八师团从斯瓦附近北进到塔瓦堤以南地区，然后沿锡当河攻向彬马拉（平满纳）北侧。他的军指挥所也尾随进攻的师团，推进到位于铁路线上、离彬马拉（平满纳）只有一站路的塔瓦提，以便就近指挥这两个师团的进攻。

日军从正面担负主攻的第五十五师团师团长竹内宽，又把他的部队分成左右两翼，右翼以步兵第一四三联队为主并配属有炮兵、工兵，在 4 月 16 日中午攻进彬马拉（平满纳）的艾洛；左翼以步兵第一一二联队为主，也是配有工兵、炮兵，在 16 日中午攻向群特。在这里他们遭到了中国军队第九十六师第二八八团一个营的抗击，被机枪、迫击炮密集轰击，伤亡不少。

日军还用6辆坦克掩护200余人的一个中队，再加上飞机轰炸扫射，大炮轰击，向第二八八团阵地猛烈攻击。守御前哨的排长陈成堂指挥全排打得机动灵活，用只伤亡两名士兵的代价，击毙日军近 50 人。迫

使日军退了下去。

第二天（4 月 17 日），日军又增加了两辆坦克，并把步兵、骑兵增加到一个大队 700 余人，去攻击第二八八团守卫的新昂久阵地；又被副营长周文指挥部队把敌人打退，击毙日军少尉小队长 1 名、士兵 9 人，缴获了三八式步枪 8 支。

日军见对第二八八团阵地强攻不下，就驱赶附近乡村的缅甸男女五六百人伪装成被炮火打乱散了的难民，哭喊着向第二八七团守卫的平满纳汉阵地拥了过来……

几天前，第九十六师在腊戌时，当地华侨给予了热情支持，还给这个师派出了几十个懂英语、缅语的华侨随军担任翻译工作。所以他们刚进驻彬马拉（平满纳），就能发现这里的社会治安很乱，不断有人打冷枪、放火，给日军飞机指点轰炸目标。师政治部副主任曹世清上校请随军华侨引领部队对彬马拉（平满纳）市区内外进行了调查，在一个名叫弊卡纳的村庄里破获了一个与日军有勾结的“德钦党”组织。这些人被捕后供称：“日本军队派来的人曾对我们说：‘英国是灭亡你们国家的，日本军队是来打英国人的，中国军队是来帮助英国打日本军队的。你们看谁是你们的仇敌？谁是你们的朋友？你们应该帮助谁反对谁？’我们就按照日军的要求，刺探中、英军队情报，在中国和英国军队的侧后扰乱或破坏交通，放火，并替日本军队带路。我们还有日本军队发给的步枪、炸药……”

对于这一“民心向日”的复杂情况，第九十六师政治部迅速通报给了各个团，要求他们提高警惕。如今第二八七团阵地前突然拥来了这样多“难民”，本来应该引起官兵的疑惑，但是在这个阵地前指挥作战的副团长夏鼎却优柔寡断，慌乱中不知应该怎样对付，只会大声喊话，叫那些人群停下来，而不敢鸣枪示警。混在“难民”中的几十名日军便衣，见阵地上只有喊声不见开枪，就驱动“难民”们蜂拥着往阵地上冲，在混乱中挤进了阵地，接着日军的步兵、骑兵又从两翼包抄过来，里应外合，打了中国守军一个不知所措。这平满纳［老彬马拉（平满纳）城］阵地就这样被日军趁乱占领了。

4 月 18 日，日军除了继续用重炮向防守彬马拉（平满纳）两侧的第二八七团、第二八八团守御的阵地轰击，掩护步兵、骑兵进袭外，还派出第五十五师团的第一四三联队步兵 2000 多人，在坦克 3 辆、骑

兵一个中队支援下，沿着铁路线从正面攻击彬马拉（平满纳），同时用第五十五搜索联队向第二八七团第二营防守的、挨近锡当河东边的一座山头进攻，想从主阵地左侧攻入。

余韶师长怕这一阵地有失，亲自打电话给第二营营长朱昆岳，询问了战斗情况后，语气沉重地叮嘱他："你可不能像你们副团长那样把阵地搞丢了，不然这个仗就打不下去了！"

朱昆岳营长也深感形势的严峻，毅然表示："我会死守！"他召集连长们表达了他死战的决心："如果阵地守不住，我先自杀！"并严肃地对连长们说："你们哪个向后转，我就对你们不客气！"

连长们也愿死守这块阵地。

朱昆岳营长是1937年高中毕业后考入中央军校16期，文化水平比一般军校生高，在军校学习期间，以及后来在部队当排、连长时，都能用心钻研战略战术。这次虽然是第一次指挥部队打仗，还是充满了信心。他面对锡当河把全营分成几道防线多重配置，由第六连连长带着四个排守住河岸山头，第二线两个排准备随时加入战斗，副营长带着两个排作为第三道防线，他自己带两个排居中指挥，还安排两个排作为预备队。一切都是配置有序。

发源于缅甸中部波布山脉的锡当河是缅甸的第四大河，全长563公里，在彬马拉（平满纳）附近的河面宽达400余米，周围支流多，水源充足，这春旱季节仍然水深过肩膀。

4月18日下午3时，日军在对岸用密集的炮火掩护200余名官兵利用漂浮器材做辅助涉水渡河攻过来了。守在河岸上的中国军队4个排被日军炮火所压制，顶不住了，第六连连长打电话向朱昆岳营长告急。他立即派副营长带两个排过去增援，自己也带着两个排从侧面攻过去，利用河岸地形，从高处向这股处于河边低地上的日军轰击，打死了几十名日军，剩下的日军见暮色苍茫中，河这边山头上、树林里都是密集枪声、喊杀声，也不知道有多少中国军队从上往下攻，不敢再向上攻了，慌忙丢下那些尸体、枪支逃回河东岸。

4月18日是农历三月初四。深夜22时初升的新月已经隐入云层里，河面上和两岸一片昏黑。日军第五十五师团两个联队（步兵第一一二联队、第一四三联队），又分两路趁着夜色对第九十六师采取了正面进

攻和迂回穿插，来势很是凶猛，如果阻拦不住，侧后的吉同岗就会被日军占据，后路也将被截断。

是继续在彬马拉（平满纳）固守，还是及时转移？余韶师长也不敢做主，用电话把这一情况向杜聿明军长报告。

杜聿明深知这个师孤处彬马拉（平满纳）凶多吉少，要他们立即向后边的也真、吉同岗撤退。并着急地说：“你们不要在彬马拉（平满纳）等着被围呀！”

余韶师长立即把各团团长召集到师部下达了撤退命令，第二八六团和第二八八团各派出一支部队赶往吉同岗抢先占领阵地，第二八七团、第二八八团各留一个营在原地，由他亲自指挥，掩护全师的撤退。后撤的部队由副师长胡义宾率领，按建制转移。

夜雾浓厚，也有助于撤退。

这个师留下的两个营顶着打了半夜，等大部队走远了，才在天亮前从阵地上撤下来。

彬马拉（平满纳）以北的田野，多是缅甸人种植的甘蔗田，气候热，甘蔗成熟得早，远近几十里一片碧绿，如一望无际的青纱帐，便于隐蔽行动，他们就从甘蔗地之间的小径中穿行，去追赶大部队。

日军没有料到一直抗击得很顽强的中国军队会突然后撤。他们连日不停歇地进攻，也打得很疲劳了，并不想及时追赶，在进入彬马拉（平满纳）市区后，先忙于吃饭喝水，搜括民财，然后才整顿兵力，兵分三路追来。他们吃饱了，喝足了，恢复了体力，追赶的速度很快。作为第九十六师后卫的第二八八团第二营，见日军又逼近了，只好停下来拦击。但是日军有 2000 多人，敌众我寡，这个营在拦击途中很快被包围，而早就沿锡当河东岸向彬马拉（平满纳）纵深进入的日军第十八师团的前卫、步兵第二十三旅团也从旁边攻过来，追上了已到达也真的第二八八团一、三营。野地里枪声喊杀声响成一片，很是惊骇人。

团长凌则民明白，敌众我寡，不能被缠住，急命令部队向外冲。在三营营长潘云鹏带头冲杀下，好不容易冲出了包围，想绕道吉同岗北撤，刚走到雅多附近，这里已经有日军第十八师团的另一支部队（步兵第五十六联队）先一步到达。他们再次被包围。只好继续以近战、肉搏战来冲杀，才打开一个缺口，在 4 月 20 日下午冲出了包围圈。

这几场冲杀战中，第二八八团牺牲了第二营营长邱志德、第五连连长王宝琛以及130余名士兵。

从左翼掩护部队突围的第二八七团二营，在营长朱昆岳的指挥下，以第四连两个排阻挡住了日军300余人的进攻。日军人数多，攻得紧，董进学排长率领的那个排全都在激烈战斗中阵亡。但是也给全团赢得了撤退的时间。

余韶师长在全师突围前，曾经先派出第二八六团团长刘有道率领全团提前往后边走。但是在4月19日早晨，刚抵达吉同岗，还喘息未定，就遭到接踵而来的日军第十八师团第五十六联队一支由步兵、骑兵组成的先遣队500余人的急袭。

日军这支部队是在4月17日早晨，采取远程奔袭，在谬拉渡口渡过锡当河穿插过来的。第十五军司令官饭田洋二郎给他们的命令是：先期占领吉同岗，断绝中国军队的后路。

他们没有想到，守彬马拉（平满纳）的第九十六师会退得这样快，已经先他们一步到达吉同岗。

吉同岗位于彬马拉（平满纳）以北16公里的伊洛瓦底江北岸，那一带山峦起伏、森林茂密、溪流纵横，是作为防守战的好处所，山林间还有着新编第二十二师在这以前为了进行“彬马拉（平满纳）会战”构筑的工事，正好用来狙击敌人。

第二八六团团长刘有道见这支日军数量不多，一边派出一个营近距离与敌搏杀，一边命令其他营、连，快速抢占有利地形构筑工事，以防日军大部队上来。

接着，凌则民团长率领的第二八八团也从彬马拉（平满纳）边战边走退过来，抢占了伊洛瓦底江南岸，耶真与吉同岗之间的642高地，控制着公路线。

余韶师长见敌我正在逐渐胶着，如果再退，部队就会在慌乱中溃散。决定利用这一带险峻地形，再打一场阻击战。除了用第二八六团和第二八八团分别扼守吉同岗、642高地，又把作为预备队的第二八七团和师直属队放在642高地西北约3公里处高地上的一片大森林里，那密荫的树林既可藏兵还可以防空。

日军发现中国军队并不是仓皇溃退，而是有步骤地边打边退，而且这一带又森林稠密，也就不敢大意，追击途中不断用少量的步

兵、骑兵先行搜索，然后再根据中国军队的数量，用超过几倍的军力攻击。

4 月 20 日清晨，第十八师团师团长牟田口廉也派出了步兵第五十五联队以及第一一四联队一个大队（三大队）共 1000 余人，还配以坦克 7 辆，对中国军队据守的 642 高地展开了三面围攻。

第五军平射炮连和第二八八团一起后撤。这个连不乏高超的炮手。他们迅速在 642 高地构筑了炮阵地，第一炮就把日军冲在最前边的坦克击中起火，接着又把走在最后边的坦克打坏，夹在中间的日军其他 5 辆坦克和装载士兵的 13 辆卡车，既不能进也不能退。第一营营长陈启銮趁势转守为攻，带着全营袭向日军右侧。密集的步枪、机枪子弹扫射和手榴弹轰击，打得这些日军慌乱地跳下卡车四处乱窜，一名大尉中队长和几十名士兵被当场击毙。

第二天（4 月 21 日），日军经过整顿后，由第十八师团步兵指挥官沱美少将亲自指挥步兵第五十五联队和步兵第一一四联队的第三大队，分成几路再次对 642 高地发起攻击。守御高地东南方向的中国军队第二二八团第六连，在日军步炮猛攻以及飞机从空中轰炸的情况下，阵地被突破，连长周嘉正左肩、腹部、胸口都被子弹击中而阵亡；凌则民团长见情况危急，亲自率领部队与冲上来的日军进行肉搏战。地形狭窄，双方都难以摆开阵势作战，树林里、岩石间，敌我混杂成了一片，只能从黄色、灰色的服装上来判别敌我，相互用刺刀捅，用枪托打，用大刀砍，或者跳向较远处用枪射击……

凌则民团长在右腿、腰部中弹后，还裹伤血战，紧接着又被一颗子弹击中头部而壮烈牺牲。

凌则民团长是湖南平江人，黄埔军校第十六期毕业。是中国远征军出国作战第一位英勇牺牲的团长。

敌军虽然攻得凶，剩余的中国军队在左腿负伤的副团长蒋治策指挥下，坚持不退，又经过一番狠力反击，才把日军压了下去。

在吉同岗方向，日军第十八师团第五十六联队出动了 2000 余人，先用山炮和一五五榴弹炮轰击。

（这种榴弹炮炮管较短，弹道弯曲，适于在大纵深内实施火力机动打击隐蔽的目标。每颗炮弹重达 70 余千克，杀伤力很大。）

几番轰击后，打得中国守军的阵地上一片火海。待把中国军队的

工事摧毁得差不多了，日军步兵才在坦克掩护下蜂拥地向上攻。

第二八六团在团长刘有道、副团长侯任的指挥下拼命苦守，一线连队官兵伤亡过多，就把团部参谋、副官、文书、勤务兵全都编成战斗队和团直属警卫连一起堵击已攻近团指挥所的日军。在阵地正面防守的第三营，在营长卢致桓指挥下，一次又一次与冲上来的日军肉搏，卢营长不幸壮烈牺牲。当日军的坦克、装甲车轰隆隆辗过来时，中国守军没有战防炮，第九连班长刘月华就带着两名士兵，手持英国制造的黏性手雷匍匐着靠近敌军战车，连续炸毁日军坦克一辆、装甲车三辆，击毙了日军少佐藤信二郎、安田忠雄和几十名士兵，缴获三八式步枪 37 支，迫使日军从阵地前退下去……

这场阻击战，第一营营长陈如冈少校在肉搏战中，被乱刀砍伤又身中数枪牺牲，团长刘有道右手被炸伤，副团长侯任的头部也受伤。

这天（4 月 21 日），杜聿明军长派骑兵团通讯兵骑着摩托送来了命令，在通报了第二〇〇师和新编第二十二师撤退情况后，要他们“视敌攻击情形决定，总以广正面迟滞敌人为主，不必作过于坚强之决战”。

把师部设在谬拉（老兰）的余韶师长也知道，不能再硬撑下去了，这几天的战斗，不仅人员伤亡多，弹药消耗大，不能及时补充，全师还陷于粮食断绝的饥饿中。

这正如当时担任第二八八团第一营营长的陈启銮在后来的回忆中所说：“中国远征军的伙食，原来约定由英方供给。在腊戍时还能吃饱，到了平满纳，头两天供应还算准时，以后就不行了。同时副食品质量极差，半数是发臭的、霉烂变质的。在战争打响以后，居然断粮了。他们根本没有给我们送过罐头食品。不是没有，而是不给。”

余韶师长按照杜聿明军长的指示，在 4 月 22 日指挥全师边打边向北撤退。以刘宪文团长的第二八七团退至达贡（大公）一线，刘有道团长的第二八六团退到谬拉（老兰）一线。受损较大的第二八八团则由第三营营长漆云鹏代理团长，带领这个团和师工兵营、骑兵连退往耶麦升一线。

这样，由第九十六师承担的、掩护中路军北撤的阻击战，也就告一段落。

这场作为夭折的“彬马拉（平满纳）会战”的延续的阻击战，打到 4 月 21 日，第九十六师已击毙日军近千人，自己也伤亡过半（军官阵

亡 88 人、伤 77 人，士兵阵亡 2570 人、伤 1346 人），其中包括守 642 高地的第二八八团团长凌则民，副营长周文一、夏生仁，连长周嘉正、熊辉卿、邹汝栋、熊芳扬、王敬西在内都先后阵亡；第二八六团团长刘有道、副团长侯任受伤。班、排长阵亡的更多。

由于没有记者随同第九十六师采访，中外的媒体在报道缅甸的几场大战时，只着重宣传了东吁（同古）、东枝（棠吉）、仁安羌那几场战斗，把那些战斗称之为“大捷”。在那几处浴血奋战的官兵当然是功不可没，但是却忽略了也是打得惨烈、对日军杀伤很多的彬马拉（平满纳）阻击战。第九十六师是以一个不足 9000 人的步兵师，在没有坦克、重炮支援下，抗击着两个配有重炮、战车的日军师团 50000 余人的攻击，边打边退，部队建制一直不散乱，这是多么难得！

第九十六师是由地方部队升级的，装备差，但是这次却打得沉着勇猛，给第五军其他两个师（第二〇〇师、新编第二十二师）的转移赢得了较宽裕的时间。只可惜在缅甸的中、英、美高层指挥意见不统一，没有及时对新的战斗部署做出有利的决策，从而难以挽回败局。但是第九十六师在彬马拉（平满纳）的这场阻击战的战绩却是不可磨灭。军事委员会派驻缅甸的参谋团团长林蔚中将既称赞又感叹地说：“该师战斗成绩及指挥技术均属可观……惜苦战结果，所取得之宝贵时间（8 天），我军主力既未用于保护腊戍之门户，又未集中击破任何一方之敌。”

这怪谁？

杜聿明抱怨罗卓英处置无方，罗卓英又说是史迪威刚愎自用，史迪威又埋怨英军总司令哈罗德·亚历山大擅自退却，还有中国军队的将领不听他的指挥；英方为了推卸责任又无耻地咒骂中国军队行动迟缓……

日本军队就在中、英、美将领相互埋怨、相互掣肘，指挥系统和战略决策陷于一片混乱之时，有计划、有步骤地从中路猛攻，并从东西两线加快了迂回包抄，完全攻破了中、英、美军队各自行动而漏洞百出的防线。

日军第十五军司令官饭田洋二郎原来只准备用第五十六师团一个联队试探性地向东部的克耶邦和掸邦高原进攻，但是和第六军的部队一接触，见这个方向的中国军队并没有构筑坚强工事建立防御系统，

在茂奇（毛奇）也只摆了一个兵力微薄的步兵连队。这个连队还不等日军接近就早早地后撤了。

日军发现中国军队的东线兵力薄弱、缺乏斗志，主力第五军又正在从彬马拉（平满纳）边战边撤，也就加紧实施他们原来拟订的正面进攻与迂回穿插相结合的战略意图。除了命令牟田口廉也师团长的第十八师团、竹内宽师团长的第五十五师团继续从正面沿仰（光）曼（德勒）的公路、铁路线，紧紧尾追第五军外，同时催促第五十六师团师团长渡边正夫指挥全师团加快向东进击。他在特意给这个师团增加汽车、坦克、重炮的同时，还强迫征调了一批民间的牛车来从事运输，让这个师团能根据不同的道路情况使用各种车辆不停歇地快速前进。

掸邦高原既有起伏的险峻山岭，也有群山围绕的大平原，中国远征军的第六军几个师进入这一带比较早，本来是以逸待劳，如果能充分利用地形构筑坚固的工事对日军阻击，可以迟滞日军的进程，以便中国远征军长官部能根据战局变化，较从容地调整防御阵线。但是这个第六军从军长甘丽初到师长、团长们都缺乏与敌拼搏的精神，日军刚刚攻下茂奇（毛奇），暂编第五十五师的第一团就仓皇地往后撤，随后第二团也退到了包拉克。虽然第二团在团长刘素行指挥下，4 月 12 日至 16 日在垒固（罗衣考）与茂奇（毛奇）之间的包拉克、南柏，利用山势对日军打过一场阻击战，但是这个团火力太弱，只有 4 门战防炮，主要依靠步兵连的六〇迫击炮来抗击日军的步兵和战车部队，也就难以阻挡住日军猛烈的炮火和轰隆隆辗压过来的 6 辆坦克、9 辆装甲车。在伤亡太多后，只好慌忙后撤。在一路败退时，虽然沿途有不少可以防御作战的险要地形，他们却不敢再集中部队对敌抗击，只是把桥梁、道路破坏，并派出一些连、排在后卫做警戒，但是这些连、排，不仅人数少，又军无战心，稍与敌人接触就慌忙撤走。不过日军也担心这是中国军队在诱敌深入，不敢过于快速猛追。

这样，在平井卯辅大佐的指挥下，以第五十六师团搜索联队为主，并配以炮兵、战车、工兵组成的先遣支队，没有经过大的激烈战斗，只是边追边打，就很轻松地完全占领了克耶邦，并在 4 月 19 日攻近垒固（罗衣考）以南的 15 公里处。

那一带山林起伏、树林茂密，地形很险要。日军的这支先遣支队不敢再贸然深入。他们根据原先的情报：“前出到垒固（罗衣考）以

南的中国军第五十五师为阻止这第五十六师团的突进，似利用险要地形力图持久抵抗。”

他们准备在这里进行侦察、整顿，并等待师团主力上来再展开进攻。

垒固（罗衣考）是克耶邦的首府，东接泰国西南部，北连掸邦，是从缅甸西南进入东部高原的战略要地。所以中国远征军才把第六军的暂编第五十五师摆在这里，既是作为中路军队在东吁（同古）、彬马拉（平满纳）的左翼，也防止日军从泰国北部的清迈越过泰缅边境攻过来。

暂编第五十五师师长陈勉吾很明白他这个师的战斗任务。但是他并非将才，更不是刚毅的军人。他虽然是1919年毕业于保定军校第六期的老一辈军人，也担任过排、连、营、团、旅长，都是因为能力有限而任职时间不长，更没打过什么硬仗，较多时间是在后方的军校当教官、集团军参谋处长、军事委员会补训处副处长等闲散职务。所以他在保定军校的同期同学顾祝同、薛岳，以及比他晚两年的学友陈诚都当上了战区司令长官，他还在团长、师长这一职务间浮沉。如果不是从前的老同学们怜念、照顾，可能这个暂编师的师长也当不上。他这年虽然只有47岁，但是在师长一级当中，已经是年岁较大的“老头子”了。他如今的顶头上司、第六军军长甘丽初只有41岁，同属第六军的第四十九师师长彭壁生只有33岁，第九十三师师长吕国铨也只有38岁。相比之下，他自感蹉跎，也就暮气沉重地不求进取。既不想领军打仗，更不像那些热血沸腾的爱国军人一腔壮志，愿为国捐躯、马革裹尸了。为了保全个人性命和这个师的实力，他只想一路快跑。日军一挨近，就急匆匆领着部队沿着公路向掸邦的和榜方向逃，把这一战略要地和堆积如山的军用物资全都拱手让给日军。

越过垒固（罗衣考）那些险峻的山地后，是一望无际的平坦草原，道路也宽阔平直，这一带又没有中国军队布防设卡狙击，日军第五十六师团的先遣联队也就放心地乘着大卡车，以每小时六七十公里的速度飞快地向和榜进发。

和榜属于缅甸的掸邦，有公路与西边的东枝（棠吉），东边的甘列

奥（罗列姆）、景栋相通，北去可沿公路抵达曼（德勒）腊（戍）铁路线上的纳朗（细胞）、腊戍。如今陈勉吾的暂编第五十五师放弃了垒固（罗衣考），就把日军引向了和榜，并使得日军能轻易控制掸邦高原中心地带，并在以后的几天，较便捷地西攻密铁拉，北取腊戍了。

满脑子都是“进攻，进攻，夺回仰光”的史迪威将军，原来是希望在第五军的第二〇〇师苦战东吁（同古）时，第六军能从茂奇（毛奇）前出，插入敌后的坦德宾，并威胁仰（光）曼（德勒）线上以南的奥敦、标贝（瓢背）、良礼彬等地，给日军一个前后夹击。如今得到暂编第五十五师在茂奇（毛奇）、垒固（罗衣考）不战而逃的信息后，既愤怒又着急，亲自从曼德勒赶往甘列奥（罗列姆）的第六军军部，想了解这个也是被蒋介石称为“精锐部队”的第六军，为什么是这样畏敌如虎？

去了甘列奥（罗列姆）后，使他大为失望，前边战事那样紧张，日军已日益逼近，军部的人员还松松垮垮地四处乱转，毫无战斗前的紧张氛围。军长甘丽初悠闲地穿着便服躺在树荫下抽烟、喝茶、乘凉，既没有退敌的策略，也不想惩办临阵退却丢失了茂奇（毛奇）、垒固（罗衣考）等要地的暂编第五十五师师长陈勉吾。

气得史迪威赶回曼德勒，要求罗卓英惩办甘丽初、陈勉吾。但是他不知道，在国民党军队中，对军长、师长的奖惩都是由蒋介石亲自掌握，罗卓英虽然是中国远征军的第一路军司令长官，一切都得报请重庆军事委员会转呈蒋介石。

在这样严峻的形势下，就是把第六军的军长、师长们都撤换掉也来不及挽救东线败退给缅甸战局带来的巨大危机了。

甘丽初军长所以不惩办暂编第五十五师师长陈勉吾，是因为他自己早就有着保存实力，不与日军硬拼的思想，并对部属们做了暗示。

日军在向和榜进击的路上，不断捕获到第六军掉队的官兵。从俘虏那里得知：和榜以南有第六军第九十三师两个团、第四十九师的一个团和一个营，是从景栋和木迈调过来的。面对这将近一个师的兵力，日军不敢掉以轻心，从而放慢了行军速度，并加强了前卫的攻击力量。出乎他们意料之外的是，还不等他们接近，中国军队的那三个团和一个营就慌忙地逃往东北方向的大山里了。

4 月 2 日上午，平井卯辅大佐指挥的先遣队未经过战斗就顺利地占领了和榜。紧接着，由松井大佐指挥的步兵第一一三联队、松本大佐指挥的第一四八联队后续部队，也从徒步行军改乘从和榜折回去接运他们的卡车赶到和榜。

日军第五十六师团把主力在这里集结，对败退的中国军队第六军也没有再追击，是担心中国军队会西从曼德勒、东枝（棠吉），东从甘列奥（罗列姆）、景栋过来夹击。经过这段时间长途快速行进，他们也很疲累，粮食、弹药，特别是所携带的汽车、战车油料已经用尽，大小车辆都难以发动了。如果这时候中国军队攻过来，他们的机械化部队可是动弹不得，只能以步兵应战了。但是又一次出乎他们的意料之外，近在咫尺的甘列奥（罗列姆）的中国军队还是不敢来进攻。

甘列奥（罗列姆）是第六军军部所在地，也是北去腊戍、东去景栋等中、缅边界的战略要地，驻扎于这里的军队不少。但是甘丽初军长一听说和榜失守，却不敢再在甘列奥（罗列姆）停留，急忙带着军部人员往景栋方向跑了。

第六军军部从甘列奥（罗列姆）不战而退，也表明中、日军队在缅甸东部高原的战与守已经完全结束。

蒋介石和重庆大本营最初把甘丽初的第六军放在泰缅边境，后来又命令这个军的暂编第五十五师前伸到克耶邦的茂奇（毛奇）、包拉克方向布防，既是防止日军从泰北高原名城清迈进入缅甸，也有着让这个军护卫彬马拉（平满纳）左侧，防止日军插向第五军侧后的防御措施。

这一战略部署是正确的，但是没有想到第六军的两个师（暂编第五十五师、第九十三师）是这样畏敌如虎，一场硬仗没有打，就完全放弃了他们的防线。

第六军从前是“西北军”韩复榘组建的部队（韩复榘以第三路军总指挥和第三集团军总司令兼任军长多年），全国抗战初期的 1938 年 1 月，韩复榘被蒋介石以违抗命令，擅自从山东撤退的罪名枪毙后，这支军队由蒋介石的嫡系将领、黄埔一期的甘丽初接任军长后，枪支、人员大量供给，战斗实力有显著加强，并参加了桂南的昆仑关战役。只是这次军长、师长们不肯苦战，不仅完全打乱了“彬马拉（平满纳）会战”的部署，也严重影响了即将举行的“曼德勒会战”。

渡边正夫师团长见没有东顾之忧，很是高兴，就迅速派出步兵第一一三联队的第二大队，由大队长入部兼康少佐西去攻取东枝（棠吉）。

东枝（棠吉）是掸邦首府，位于东部高原一块群山环绕的大盆地上，海拔约 1500 米。因为地势较高，城区内外又有着白鸦湖和水域宽达 65 公里的因莱湖等湖泊调节气候，冬暖（最冷时仅 14.5℃）夏凉（最热时为 22.5℃），一年四季树木都浓绿，鲜花更是不断地盛开。英国人占领缅甸后，把这里建成避暑地，绿荫丛中分布着许多建筑精巧的红砖楼房，街道也被改造成了英国式风格，西欧风光十足。

仰（光）曼（德勒）铁路有一条支线从达西通往东枝（棠吉），以及附近的瑞娘，中国远征军进入缅甸后，供应第六军的军需物资也都运到这里储存。第六军仓皇撤退时来不及运走，也完好无损地没有破坏。

日军这支仅有千余人的部队，又是没有经过战斗，就顺利地占领了瑞娘，不仅获得了大量的枪支弹药，仅每桶 180 公升的汽油就得到了 700 余桶。这样多的汽油完全够第五十六师团在掸邦高原作战所需，以及他们以后用以侵入中缅边界使用。

日军第五十六师团是一支组建不久的乙种师团，兵员不多（18000 余人），战斗力也不强（从各部队调集的官兵关系还没有完全磨合好）。他们这次向掸邦高原远程穿插时，师团长渡边正夫的内心颇为紧张，担心受到中国军队的顽强阻击。没有想到，遇见的却是一支不愿战斗的第六军，他们也就得以“所向披靡”，陡然增加了“所向无敌”的声名。

在日军还没有逼近东枝（棠吉）之前，杜聿明军长就预见到：如果日军抢先占领了东枝（棠吉），就可以迅速插向腊戌，不仅“曼德勒会战”难以实施，中国军队的后路也将被截断，与国内完全隔断联系。他命令刚刚从彬马拉（平满纳）方向退下来的第二〇〇师和军骑兵团迅速地从密铁那赶往东枝（棠吉）布防，以防止从垒固（罗衣考）过来的日军第五十六师团抢占这一军事要地，并威胁密铁那。

他这一部署本来可在战略上占上风，但是这时候，英军总司令部却制造了一件假军情，严重干扰了杜聿明将军和第二〇〇师的作战部署。

英国方面为了加强他们西线军力，更稳妥地撤退，在 4 月 19 日仁安羌之战还打得激烈时，向在卑谬（眉苗）的史迪威将军和中国远征军第一路军司令官罗卓英紧急通报：皎勃东的西南发现日军 3000 余人。

皎勃东处于第五军军部所在地标贝（瓢背）的右侧后，也是仁安羌油田的后方。

这一消息可把史迪威和罗卓英吓着了。他们大约是被这一段时间英、印、缅军的快速退却弄昏了神智，也没有仔细想想，日军怎么会那样快速地穿插到那里，又是从哪里穿插过来的？在慌乱中，只是紧张地认为：如果皎勃东有失，将威胁着处于平行线上、有公路可通的密铁拉的安全，日军如果再进一步占领密铁拉，就可以利用铁路、公路攻向曼德拉和达西、东枝（棠吉）。

史迪威也没有核实这一军情，就急忙命令罗卓英调当时已经准备去东枝（棠吉）作战的第二〇〇师，立即折向西边去往皎勃东。

命令传到第五军军长杜聿明手中后，他略作分析，就得出较准确的判断，这一敌情不可靠。因为根据他派出的摩托车小分队侦察所得，新三十八师刚进入仁安羌，日军不可能越过新三十八师插入皎勃东，如果皎勃东有敌情，孙立人也会及时报警。

史迪威和罗卓英却固执地认为：英军方面的情报不会错。

杜聿明郑重地告诉罗卓英：即使皎勃东真的有日军，也不能置东枝（棠吉）不顾，第二〇〇师东援东枝（棠吉）的作战任务不能变。

罗卓英久经战阵，并不是糊涂得不懂战略布局的人，但是见史迪威这样坚持，却不敢得罪这位美国将军。因为蒋介石派他来缅甸时，特意叮嘱过他，要和史迪威搞好关系，以免影响美国对中国的军需援助。所以他对史迪威的态度是：尊敬有加、恭敬从命，甚至被辱骂也不还口，像下级般绝对服从。如今，他只有反过来对杜聿明施加压力，要杜聿明“坚决服从命令”。

这次入缅作战，杜聿明虽然是罗卓英的副职，但是两人的军阶都是中将，而且罗卓英来缅甸，除了几个高级参谋外，一个连的兵都没有带来，是个“空头司令”，这次调动的又是杜聿明的主力部队，杜聿明哪里肯听从他，何况这一决策显然是错误的。他强硬地说：“如果出此决策，我不能负责。”

两人越争越厉害，以致脸红耳赤地大吵起来。

史迪威也加入了这场争吵，认为杜聿明是拥兵自保，不敢与敌人作战，还讽刺地嘲问：“中国军队吃饭不打仗吗？”

杜聿明也不甘示弱，反驳他：“我吃的是中国饭，不是吃的英国饭。”

杜聿明是陕西人，声音低沉而激昂，一生气，神情更是威严。正如史迪威所描述的：“杜（聿明）现在鼻孔里和嘴里都是怒火（也许不久后，他全身都会喷射出怒火）。”

这三位将军这样撕破脸皮争吵，惊得那些参谋、副官们都无所适从，只好婉言相劝。

因为罗卓英以司令长官的身份坚持这样调动，杜聿明只好勉强接受了这一命令，但是又郑重声明：“如果再侦察，皎勃东确实是没有敌情，还是不能派第二〇〇师去。”

他向戴安澜下达命令时，又特别叮嘱：可以先往皎勃东派去一个团，其余的部队看情况再说。

但是罗卓英已经以司令长官的身份越过杜聿明，直接发电报给戴安澜，命令全师立即开往皎勃东。

这样，第二〇〇师的两个团（第五九九团、第六〇〇团）和骑兵团都被派往了并无日军的皎勃东，等到发现皎勃东确实没有日军，再折回来奔往东枝（棠吉）时，日军已经利用中国军队的进进退退、反复折腾，抢先占领了东枝（棠吉）。从而失去了赶在日军 4 月 22 日占领东枝（棠吉）之前，先行布防的战机，但是东枝（棠吉）是缅北的战略要地，丢失不得，只有在 4 月 23 日和 24 日再付出一些伤亡进行一场反攻东枝（棠吉）之战。

第五军骑兵团作为第二〇〇师前卫，于 4 月 23 日沿铁路东行。骑兵团全是双人、单人摩托，速度快，一路疾行，走到东枝（棠吉）以西约 15 公里的黑河，就发现日军第五十六师团步兵第一一三联队第二大队的 1000 余人，乘着几十辆大卡车迎面而来。

两军骤然相遇，一场激烈的遭遇战展开了。骑兵团官兵迅速占领有利地形阻击敌人，同时急派摩托车折回去催促第二〇〇师上来增援。

由第二〇〇师陆军指挥官兼第五五八团团长郑庭笈少将率领的部队很快赶了上来，和骑兵团会合后一起攻向日军。

日军的入部兼康大队长，没想到会在半途遭遇中国军队，而且过

来的中国军队，人数多，炮火密集。他不敢久战，稍一接触就忙着往东枝（棠吉）方向退。

4 月 24 日，第二〇〇师的大部队（师直属队和第五九九团、第六〇〇团）在师长戴安澜将军率领下，也赶抵东枝（棠吉）郊外。

经过东吁（同古）苦战以及从彬马拉（平满纳）长途撤退、西移皎勃东来回急行军，这个师官兵都很疲累，但是也不断地积累了丰富的对日作战经验，完全不像暂编第五十五师那样畏惧敌人，而是充满信心地准备在东枝（棠吉）再给日军一次沉重打击。

戴安澜命令柳树人团长的第五九九团、刘少峰团长的第六〇〇团沿公路向东枝（棠吉）正面攻击。郑庭笈将军的第五九八团作为师的预备队。

这两个团在重炮和装甲车的掩护下，攻势很凌厉。第五九九团很快控制了从东枝（棠吉）去往甘列奥（罗列姆）的公路，并把东枝（棠吉）城四周的高地全部占领，居高临下地对守城的日军扫射、轰击，支援第六〇〇团从正面攻向城内。

日军急忙从和榜派出一个有着 3 辆坦克的战车中队和一个一五五榴弹炮中队来增援，第二〇〇师也派出 30 辆坦克来冲击。一场轰轰隆隆、震撼大地的步、炮、坦克战展开了。日军那几辆坦克招架不住中国军队坦克群的冲击和炮轰，狼狈地和步兵一起退进了东枝（棠吉）城内。日军大队长入部兼康还想利用城内的房屋和街道来进行巷战。戴安澜师长又派出第五九八团的一个营在坦克车掩护下来增援第六〇〇团。日军见实力悬殊，不敢作困兽斗，慌忙退出东枝（棠吉）城，往和榜方向逃窜。第二〇〇师只用了一天时间，就在 4 月 25 日傍晚完全夺回了东枝（棠吉）城。

根据第二〇〇师的统计：这东枝（棠吉）的反击战，共击毙日军 800 余名，击毁 14 吨重坦克 3 辆，缴获重机枪 4 挺，步枪 100 余支，汽车 21 辆，还有几匹战马。这战果还是丰硕的。

这使史迪威、罗卓英、杜聿明都很兴奋，忙用加急电报向在重庆的蒋介石报告，并为第二〇〇师请功。但是他们没有想到日军在东西两路的攻势并没有因为在东枝（棠吉）的受创而停止，东路的第五十六师团除了以步兵第一一三联队那个从东枝（棠吉）退下来的第二大队监视东枝（棠吉）方向外，命令平井卯辅大佐指挥的第五十六搜索联队越过甘列奥（罗列姆）和杰迪曼姗（开西满爽）去北攻腊戍，

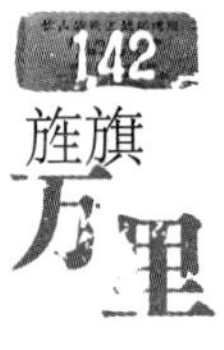

同时派出一支部队破坏了萨尔温江上的大桥和渡河设施，阻止中国军队从景栋过来，或者往那边退却。松井大佐的第一一三联队主力和松本喜六大佐的步兵第一四八联队则分别乘车和步行经莱卡向纳朗（细胞）方向推进。

纳朗（细胞）在曼（德勒）腊（戍）铁路以东，紧靠腊戍。日军的计划是：攻下了纳朗（细胞），就可以完全阻断中国军队沿曼（德勒）腊（戍）铁路向东退回中国境内，对中国军队的战略大包围就可以形成了。

日军第五十六师团师团长渡边正夫很有信心地命令平井卯辅、松井秀治、松本喜六等联队长们：务必在几天后的4月29日“天长节”，也就是天皇陛下生日那天攻下腊戍。

这兵分三路插向腊戍的日军，沿途没有遇见大的抵抗，几个联队也就行进得很快。他们的交通运输工具，除了原有的汽车外，还在沿途缴获了不少中国军队的车辆。没有车的部队就用急行军速度往北疾走。

战场风云就是如此剧烈多变，只是短短的几天，一场导致中国远征军大溃败的不幸事件就要发生了！

缅甸战场败局的急遽形成，又与西线英军的败退完全有关。

英、印、缅军在4月1日放弃卑谬（眉苗）后，利用他们拥有的卡车、装甲车飞快地沿着公路向北逃跑，4月5日又放弃了与彬马拉（平满纳）平行、离卑谬（眉苗）50公里的阿兰谬，把彬马拉（平满纳）的右翼完全暴露在日军的攻势前。4月10日前后，正当中国军队还在积极准备“彬马拉（平满纳）会战”时，管辖着印缅战区的英军远东军总司令的韦维尔上将，却指示在缅甸的英军总司令哈罗德·亚历山大，可以预先做好向印度撤退的准备。4月13日，哈罗德·亚历山大就向罗卓英提出：要求中国军队去接防他们驻守的沙斯瓦、东敦枝、马圭等地。史迪威将军4月16日在标贝（瓢背）见到从卑谬（眉苗）退下来的英国驻缅甸总督雷金纳德·多尔曼·史密斯爵士时，这位总督也好心地劝他不必再在缅甸停留，迅速退往印度。还说，可以为史迪威提供飞机给予运输。这都表明：英军将完全从缅北撤退，不准备再与日军作战了。

但一路疾行尾追上来的日军第三十三师团，却不等英、印、缅军向中国军队移交防务，就用荒木大佐指挥的那支追击部队（步兵第

二一三联队、山炮兵第三十三联队、工兵第三十三联队和独立速炮中队）沿着伊洛瓦底江左岸攻向马圭；用原田大佐指挥的部队（由步兵第二一五联队、轻装甲车队、独立射炮第十一中队、山炮兵第七中队、独立混成第二十一旅炮兵队和一个工兵中队、一个野战高射炮中队组成），攻向驻在彬马拉（平满纳）侧后的沙斯瓦、东敦枝的英军。同时派出作间大佐指挥的一支部队（步兵第二一四联队、山炮兵第三大队以及一个工兵中队），沿着铁路线越过东敦枝、马圭，插向仁安羌。

当时，那条战线上的英、印、缅军还不少，在东敦枝驻有英、印军一个旅，还配有 30 余辆坦克，是完全有力量抗击日军原田大佐指挥的那不足两个联队的部队。两军刚接触时，日军就感到英印军火力占优势，冒险强攻将招致重大损失，急忙把攻势改为守势，撤退到公路以南的山包上构筑阵地。

日军这样退缩，本来对英、印军有利，应该趁日军立足未稳之时扑过去予以打击，但是英、印军这个旅却不敢进攻，反而利用这双方都脱离了接触之时机，在迷蒙夜色中向北逃窜。从而使得日军作间大佐指挥的那支部队又转守为攻，在完全没有阻拦的情况下，顺利地攻向仁安羌油田。

英军丢下的 28 辆完好无损的汽车，也被日军用作快速追击之用。

仁安羌位于密铁拉右前侧的伊洛瓦底江边，距离阿兰谬约 100 公里，有公路、水路可通，周围是大沙漠，是缅甸的最大油田。要攻占这里必须先攻下南边的东敦枝和马圭。如今东敦枝英、印军已主动退却，日军荒木大佐的那支部队也在 4 月 12 日攻下了马圭以南公路线上的新榜卫，13 日又攻下了耶南马（米昌耶），这都有利于他们对仁安羌形成合围。

守仁安羌的英、印、缅军用两个营的 1000 多人，并配备有几十辆坦克、大炮在沿马圭向南流淌的因河北岸构筑了防线。

用望远镜隔河相望，那高耸于伊洛瓦底江边的妙达伦佛塔是那样金碧辉煌、圣洁庄严，它久经历史，如今又将见证这场战斗。

荒木大佐凭他的作战经验看出了英、印、缅军那些阵地都是草草挖成，设置不合理，工事也不坚固，交通壕更是浅而窄。

这表明，缺乏斗志的英、印、缅军并不想凭河岸久守，一实施强攻就会垮。

4 月 15 夜晚，荒木大佐命令步兵联队为先导，山炮和速射炮兵随后，从马圭以东迂回，突进到英印军的左后侧。为了行动的隐蔽快速，步兵都轻装疾行。河岸边道路狭窄、坎坷不平，原来用牛车装载的山炮跟不上步兵，他们就抛弃牛车，用抓来的缅甸人来扛运大炮，在天色还黝黑的 4 月 16 日清晨前穿插到马圭的东北，把英、印军包围。但是日军这时候并不敢贸然发起攻击，英印军一方的坦克、大炮是他们的几倍，还得等后续部队上来一起从正面、侧面攻击。但是他们又一次没有想到，英、印军又一次趁这支日军还没有攻上来的战斗空隙，在 4 月 17 日夜晚，开动坦克，乘上汽车，从马圭逃往 57 公里外的仁安羌。

马圭不守，仁安羌也就门户洞开，完全处于日军的强大攻势前。

退守仁安羌的英、印、缅军是由史林姆少将指挥的第一师。这一路上他们几乎是略微抵抗或不做抵抗，就急匆匆逃跑。由于过于慌乱、紧张，全师官兵的身心都很萎靡、疲惫。如今跑得接近密铁拉了，他们想，中国军队可以很快上来支援、接防了，也就暂时不想跑了。但是日军第三十三师团的追击不仅没有停止，反而在加快速度。4 月 16 日晚，日军作间大佐指挥的那支部队快速地超越了从马圭撤退的英、印、缅军，抢先推进到了仁安羌以东约 5 公里处。这夜间远远望去，仁安羌灯光明亮，还没有进行灯火管制，公路上更是闪烁着如流星般的车灯。根据当地人提供的情报，这是英、印、缅军在向滨河（拼墙河）以北撤退。

“仁安羌”在缅语中意为“油田”，位于伊洛瓦底江东岸，三面是大沙漠。这沙漠中的大油田，是缅甸最早开发的产油区，虽然海拔不高，仅 50 米左右，地形却很复杂，拼墙河两岸尽是高低不平的油田断层，这不利于英军坦克驰骋冲击，却有助于日军利用这些天然堑壕闪过英军坦克，去袭击英军。

作间大佐根据仁安羌地形和英、印、缅军不肯久守的态势，立即把他的部队分成两路，自己指挥大部队向仁安羌东北角的三岔路口突进，另外一个大队（三大队）由大队长高延隆雄率领，去奔袭仁安羌以南公路上的凯敏。4 月 17 日清晨，日军都如期攻下了这两个据点，还俘获了缅军 200 人、英军 80 人。

4 月 18 日从马圭退下来的英、印、缅军第一师主力 4000 余人分乘

400辆汽车，带着英军装甲第十七旅的15辆坦克、15门重炮逃到仁安羌了。他们没有想到已经有一支日军先于他们逼近仁安羌，面对骤然而起激烈的枪声、喊杀声，很是惊愕、恐惧，为了与原来在仁安羌的守军汇合，他们只有以坦克开路奋力冲击。

原来守在仁安羌的英、印、缅军见日军攻近了，自知难以久守，一边抗击，一边加快了对油田的破坏。大沙漠之间的巨形石油罐和深井被爆炸起火了，涌起的冲天大火和浓浓黑烟遮蔽了大半个天空，令人窒息的焦油味在空气中弥漫……

日军的目的是尽快夺取这大油田以作为军用，怎肯让英、印、缅军破坏？樱井省三师团长急速命令那些还在后边的步兵、炮兵、工兵联队都兼程赶上来，一并加入攻击战。

英、印、缅军第一师早在4月14日退往马圭之前，就连续发电报向英军军团长斯姆莱特中将、英军总司令哈罗德·亚历山大上将求援。哈罗德·亚历山大只能在4月15日要求史迪威、罗卓英急速派出中国远征军去马圭、仁安羌解围。

那期间（4月15日前后），中国远征军因为东西两路都被日军包抄，第五军的三个师正在待命后撤，准备退而进行“曼德勒会战”，而难以应英军之请西顾。

英军总司令哈罗德·亚历山大也就如同热锅上的蚂蚁，不知所措。如今仁安羌危在旦夕，他只能亲自赶往曼德勒附近的卑谬（眉苗），与中、美将领紧急召开军事会议，商量怎么办。

史迪威将军和中国远征军的将领林蔚、罗卓英、杜聿明都参加了。

新编第三十八师进入缅北后，就接管了曼德勒的防务，这天，师长孙立人也以曼德勒卫戍司令的身份列席了这次军事会议。

在场的中美将领听了随同哈罗德·亚历山大来的英军作战参谋报告仁安羌被围的情况，全场却一片哑然，似乎都束手无策，不知该怎样办。

只有孙立人师长站起来，用英语简洁地说了句：“去救！”

哈罗德·亚历山大急问：“怎么救？怎么救？”

在场的中美将领还是不作声。孙立人又慨然地说：“我去救！”

哈罗德·亚历山大那本来满布愁容的脸上，这才露出了一些笑容，

很高兴地表示："太好了！"以致史迪威也讽刺地认为："亚历山大给我的印象是，同我们这些人在一起，使他汲取了极大的精神力量，他自己周围的那些人总是萎靡不振。"

但是史迪威将军忘了，不打仗时，这位英国将军可是比谁都傲慢。

孙立人师长又提出了两点要求：一、为了尽快把部队运送到前线，请哈罗德·亚历山大总司令在两小时内派出 100 辆汽车；二、下命令给仁安羌的英缅军第一师和装甲旅，不准投降……

他虽然进入缅甸不久，已经深知英军的战斗作风，并不是打不赢才跑，而是不打就跑，跑不脱就投降。一年前，英军在英法海峡敦克尔刻大撤退时，最后退守海滩，难以渡海回往英国本土的英军第五十一师 8000 余人，本来还可以做最后的拼搏，却在福琼少将率领下整齐地列队向德军投降。

指挥那场大撤退并同意福琼少将率军投降的，正是这位哈罗德·亚历山大上将。

这时候，有求于中国军队的英军总司令哈罗德·亚历山大，真是和蔼极了，一口答应了孙立人师长这两个很合理的要求，并立即下令给新编第三十八师派车，同时电报守仁安羌的英、缅军第一师师长史林姆，务必坚守待援，不准投降。

但是匆忙中，英军方面只凑出了 80 辆大卡车。

在重庆的蒋介石，也从缅甸的军委会参谋团高级参谋侯腾少将 4 月 15 日给军令部长徐永昌的密电中得知英军在仁安羌被围。他在 4 月 17 日用"即刻"的加急密电给在腊戍的参谋团长林蔚"着新编第三十八师迅以两个团增援英军方面，并具报为要"。

这样，罗卓英才放心地让新编第三十八师派出第一一三团去援救英军。

孙立人师长命令副师长齐学启和第一一三团团长刘放吾，立即率领全团乘车赶往皎勃东，再转往仁安羌。

卫戍曼德勒的防务则交给了李鸿团长的第一一四团一营、二营。这个团的第三营则由营长彭克立率领守卫腊戍机场。

刘放吾团长毕业于黄埔军校六期步科，是从排、连、营长升上来

的，参加过淞沪会战、武汉会战等大战役，善于行军打仗。他指挥的第一一三团只有 1020 人，兵员少，武器也多是从前税警团时期配发的轻武器。这次出国作战，也没有给他们改善装备。如今去仁安羌解围，不仅首先要面对有七八千人的日军一支联队，还要抗击将随后上来、有 3 万余人的整个第三十三师团。但是他们还是士气高昂地赶赴战场。一向高傲的大英帝国军队，如今却被日本鬼子打得晕头转向，不得不向中国军队求救了。这样的战斗可是能够大长中国军人的志气和威风！

处于热带季风气候的仁安羌，在雨季还没有来到以前的晚春季节，很是炎热，大沙漠又最能吸收阳光的炽热，如同火炉一样烤人。

第一一三团在 4 月 16 日到达仁安羌后侧铁路线上的皎勃东时，在仁安羌被围的英军水源已经被日军切断，7000 余名英缅军在烈日干旱中，又闷热又干渴，更被日军步步紧逼，全都很惶恐。

英军第一军团团长斯姆莱特中将在 4 月 17 日上午乘车赶到了皎勃东与刘放吾团长见面，他在摊开的军用地图上指指点点地说明了敌情与地势后，就急不可耐地要求刘放吾团长立即把部队带往仁安羌，在第二天（4 月 18 日）一早向拼墙河北岸的日军攻击，以策应英、缅军第一师突围。

出发前，孙立人师长并没有告诉刘放吾团长可以听从英军调遣，虽然斯姆莱特的军阶很高，刘放吾这个处事严谨的湖南汉子也就不肯答应他的要求，而是直率地回答："我没有孙立人师长的命令，部队不能移动。"

斯姆莱特着急地说："孙师长已受令归我指挥，如果他在这里，也会遵照我的命令……"

斯姆莱特还是不肯出动部队。就这样你一言我一语，"友好"地商量、争执开了，一拖就是近一个半小时。

其实，在斯姆莱特与刘放吾团长商量的这段时间，第一一三团的参谋人员已悄悄发出电报向孙立人师长报告情况，得到孙立人师长回电同意，刘放吾才向斯姆莱特表示："可以接受这一命令。"

斯姆莱特很是高兴，还以为是他说服了这位年轻的团长。

这次与刘放吾团长的会谈给了英军第一军团团长斯姆莱特中将很深的印象：这支中国军队纪律这样严明，当然能打胜仗。战争结束后，他在回忆录中叙述仁安羌之战前，初次与刘放吾团长见面之事时，有

这样的描述：“我在皎勃东村里一栋残存的建筑楼下见到团长。他相当清瘦，方正的脸上却透出刚毅。他配戴一副野战眼镜及一把驳壳枪。我们通过英军翻译官介绍握手后，旋即摊开地图言归正传。团长给我的印象是反应敏捷，他了解我要他率团立即搭乘已备妥的卡车，迅速开往拼墙河……”

刘放吾团长派副团长曾琪带领少数参谋人员先随同英军派出的12辆重18吨的坦克、两门山炮去往拼墙河北岸附近观察地形并了解敌军动向，自己则率全团在4月17日午后随后前进。

当天（4月17日）晚上，第一一三团到达了拼墙河5公里处，就向北岸的日军展开了攻击。在前边开路的英军坦克和中国步兵很快被日军包围。刘放吾团长立即兵分两路，亲自和一营营长杨振汉带着这个营从左边攻向日军，二营营长鲁廷甲的部队从右边绕过去侧击日军。

这股日军一直在西线追击英军，气焰正旺，也不把中国军队放在眼里，而是呐喊着冲上来，想尽快把中国军队消灭。两军也就拥挤在一起展开了肉搏战。

日军飞机飞来助战，但是两军短兵相接已成胶合状态，而且夜色昏茫，反而不好轰炸、扫射，只能无奈地在空中盘旋。

经过几个小时的激战后，日军这个大队招架不住第一一三团的攻击，在这天下午4时放弃北岸的阵地，退过拼墙河，向他们的主力靠拢。

日军联队长沙荒木正夫大佐没想到会有中国军队来为英军解围，而且攻势这样凌厉，也急电第三十三师团长樱井三省要求后续部队赶快上来。

这又使斯姆莱特中将对刘放吾团长的指挥才能充满了赞叹：“他一旦付诸行动，我简直无懈可击。事实上，在往后的几天，我相当激赏他的表现。”

孙立人师长深知这次第一一三团去仁安羌，是他们师入缅作战的第一仗，关系国威、军威和全师的战斗士气，麻痹大意不得。虽然他很了解齐学启副师长、刘放吾团长都具有较高的指挥能力，但是他还是难以安坐于后方，就从曼德勒赶往卑谬（眉苗）去求见中国远征军第一路军司令长官罗卓英，让他亲自去仁安羌指挥。

罗卓英已经答应了英军总司令哈罗德·亚历山大，把第一一三团全部交给英军使用，从而担心孙立人去了会在指挥上引起矛盾。他更不把一个级别比他低得多的师长放在眼里，推说事忙，只派参谋长杨业孔出来接见。

进入缅甸的中国远征军不过八个师，作为远征军首脑的罗卓英，本来应该多和军长、师长这些主要将领接触，了解军情，听取建议，指点作战。但是他如今却摆出架子，来个避而不见，既是怕卷入麻烦中，也是欺负孙立人虽然与自己一样有着中将军衔，却不是黄埔嫡系，是所谓的“杂牌军”。所以才会这样怠慢。

孙立人将军向杨业孔参谋长陈述了他要亲自去仁安羌指挥作战的理由。他说：“英军一万多人被日军八千多人围困。如今只派我们师一个团去救援，第一一三团只有千余人，除掉后方勤杂人员，实际战斗人员不过八百人，而且是交给英国军队指挥；英国人没有指挥过我们的军队，我们中国军队也没有被他们指挥过，相互一时间难以沟通。英国军队是一败再败，在仁安羌有着一万多军队却会被仅有八千人的日军围困。败军之将不复言勇。把这一团人交给他们指挥，万一指挥无方，肯定会被日本人消灭掉。”他还着重地表示：“我对英国人的指挥不放心……”

杨业孔秉承罗卓英的意旨，不肯答应。

孙立人也就一再要求。

杨业孔见孙立人这样执拗，只好坦率地说：“你怎么不明白？派一个团去，实际是给英国人送人情。一万多人被围，一千多人怎么救得了？”

孙立人见他们这样如同官场应酬般的用兵，很是气愤，也激动地说：“我作为师长，不能看着部下去送死，要死也一起死！”

他们就这样从下午 3 时争执到 6 时。

孙立人火了，坚决要去，并对杨业孔参谋长说：“如果说我去指挥自己那个师也错了，仗打完了，我愿接受处罚。”

杨业孔拗不过孙立人了。他也明白，作为幕僚长，他只是参赞军机，犯不上得罪这些军长、师长。这些天他与孙立人有过几次接触后，已经感觉到这个从美国回来的年轻师长，有一种与众不同的自信与机智、勇敢，只好说：“好吧！你去吧！如果打了胜仗，算你首功。”从而任由孙立人去往前线，不再干涉。

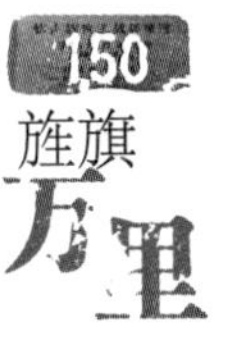

孙立人离开卑谬（眉苗）后，一边命令第一一二团随后跟上，自己则乘车一路疾行，在 4 月 18 日中午先行赶到了仁安羌前线。

这时候，英军第一军团团长斯姆莱特中将正在催促第一一三团立即渡过拼墙河去攻击日军。

孙立人虽然只是师长，但是他的军阶也是中将，又是一口流畅的英语，斯姆莱特也就不敢轻视他。

孙立人并不为英方的催促所动，他带着齐学启副师长、刘放吾团长先去仔细观察拼墙河两岸的地形。当时是春天干旱季节，河水不深，如一股细流在大片沙滩中间缓缓流过，但是河面很宽，高出河床许多米的南岸就是仁安羌油田。要过河攻击，就要越过宽阔的沙滩再攀上河岸，如同越过一片开阔地再向坡上仰攻。如果大白天进攻，在毫无隐蔽处和障碍物的河床里，将会遭到日军居高临下的扫射，那必然会增加我军的伤亡，而且第一一三团兵力又不多，难以在冲击中迅速给日军毁灭性打击。

他拒绝了斯姆莱特中将立即过河作战的要求，向这个英国将军表示：到晚上再说。

河那边被围困的英、印、缅军第一师、英军第十七装甲旅的官兵，以及随军的英、美新闻记者、传教士，跟随撤退的商人、眷属，已经是度日如年地难以支撑。特别是水源被截断后，整整两天没有喝上水了，不少人流汗过多近于虚脱。英、印、缅军第一师师长史林姆更是如同热锅上的蚂蚁，不断向斯姆莱特中将发来电报诉说他们已是体力衰竭、军心浮动，支持不住了。要求赶快去解围。后来的电报更是哀告，他们已经到了“最后关头”……

孙立人师长仍然不为所动。他很明白，如果应英军的要求仓促过河，不仅不能援救英、印、缅军，还会给第一一三团带来巨大伤亡。他请斯姆莱特中将转告史林姆师长：“贵师既已忍耐了两天，无论如何还要坚持这最后一天。中国军队一定负责在明天下午 6 点钟以前，将贵师解救出围。”

电报发过去，河那边的史林姆师长是既相信又怀疑，又发来电报：“有无把握？”

斯姆莱特中将又这样转问孙立人师长。

孙立人用流畅的英语坚定地回答：“只要他们不投降，中国军队，包括我在内，纵使战到最后一个人，也一定把贵军解救出来！”他那

诚挚的神态很准确地表达了他那军人的必胜信心。这使斯姆莱特中将放心了，又用电报叮嘱河那边的史林姆师长：“务必再支撑一天。”

被围的英、印、缅军见中国军队这样坚定地做出保证，也就觉得还有一线希望，愿忍住干渴，调整心态，挣扎着苦守。其实他们还有7000余人，枪支、弹药也充足，如果不失去战斗信心，不仅不会被围困，还能击败日军，但是他们这一路上连连败退，早把军人的战斗意志跑丢了。

孙立人师长与齐学启副师长、刘放吾团长就当面敌情、地形研究了后，又与英军军团长斯姆莱特沟通，做出了进攻前的部署：

一、第一一三团主力暂停攻击，就已占领的阵地固守，可由已从右翼渡过河的鲁廷甲营长指挥的第二营派出小部队向正面的日军实施扰乱性攻击；

二、英军炮兵应不断地对河南岸白塔附近的日军阵地以及在仁安羌村落中的日军进行炮击；

三、英军坦克移至师指挥所待命……

这天，斯姆莱特中将在孙立人师长的陪同下去了第一一三团视察。刘放吾团长不仅约了他去接近前线的营指挥所，还带着他往前沿连队走。以致斯姆莱特中将为之大惊，心想：“我不确定在战争即将开始的一刻，我是否应该接近连部？”

他虽然很不愿意，但是为了面子，还是随同孙立人、刘放吾涉水到达了连指挥所。刚进入掩体，攻击的枪炮声就响起了，以致斯姆莱特后来回忆那天的情况时，还心有余悸地说：“真担心他会说要到排部去。所幸他未再提议，只是望着我露齿而笑。” 因此他对刘放吾团长再一次发出了由衷的感叹：“只有优秀及干练的军人，才能在枪林弹雨中面无惧色。”

孙立人和刘放吾沉着、坚定的态度和有条不紊的部署，也感染了英军的将军们，不再与他们争指挥权，信服地听从他们的调遣。

经过仔细观察后，孙立人师长主张把攻击的重点放在仁安羌东北方向日军的右侧，因为左侧全是山石，侧背又临河，万一攻击受挫，危险较大。但是英军军团长斯姆莱特认为：被围困的英、印、缅军恰恰在那个方向，攻击一开始也难免受到我军的炮火误击，从而在激战中玉石俱焚，而且解围后撤退也很困难，要求孙立人师长

改变攻击方向。

孙立人师长只好依其所请，在 4 月 18 日傍晚 6 时下达作战命令：刘放吾团长的第一一三团在 19 日清晨 5 时半向仁安羌油区的日军左翼攻击，并由英军派出三门重炮协同第一一三团作战，英军战车队则沿公路进攻。

他自己把师指挥所设在距离拼墙河北岸约 1600 米处的一个小村庄内，就近指挥战斗。

4 月 19 日清晨前的 4 时半，刘放吾团长的第一一三团分两路（左边是一营，右边是二营、三营），利用夜色正浓，日军视线不清，快速涉过浅浅的河水，冲过了松软难行的开阔河滩，攀上了南岸，并且以最快速度攻下了日军用以控制河岸的 501 高地。

日军也拼命反扑，打得很激烈。

张琦营长率领的三营原来在二营后边，战斗一起。他们却冲到了二营前边。激战中张琦营长不幸中弹，流血过多，又来不及往后送，壮烈牺牲了。

这场战斗从拂晓前打到中午 2 时，日军终于抵抗不住，放弃了对英、印、缅军的包围，丢下 1400 具尸体以及他们从英、印、缅军那里缴获的 100 余辆汽车、1000 多匹骡马逃走了。

第一一三团也伤亡了 403 人。

河两岸的英军（被包围于南岸的 7000 余人，在北岸观战的英军军团长斯姆莱特中将等人），对这场战斗看得很清楚，很是佩服中国军队能以少胜多，只用了 9 个小时就击败了多于他们 10 倍的日军。战后他对第一一三团团长刘放吾亲冒矢石、靠前指挥、从容镇定的精神也有着很高的评价：“只有优秀及干练的军人，才能在枪林弹雨中面无惧色。”

被围困的 7000 余英、印、缅军，与中国官兵见面时，如第一一三团官兵所形容：已经是“情形狼狈、溃不成军”。那500余名随军记者、传教士、商人见终于得救了，更是感激涕零，庆幸在中国军队救助下得以重生，有的人见了第一一三团官兵，激动地大喊：“中国万岁！”

胜利的消息传到曼德勒，史迪威、罗卓英开始时几乎难以相信。他们原来只是为了应付英方所请，才敷衍了事地派出这个在他们看来是不能野战、只能警卫后方的杂牌军，没想到却能以千余人打败日军八千余人。他们也很高兴。

史迪威本来对中国军队的将领很不满意，如今也对孙立人师长赞不绝口："好得很！这家伙太有种了，又不怕打仗，一个货真价实的军人。我希望我们有更多的孙立人，我希望英国人永远记住孙立人为他们做了些什么。"

但是哈罗德·亚历山大总司令为了顾全自己的面子，却对外隐瞒了乞求中国军队援救之事，而是在一份公报中厚颜无耻地宣称："英国军队自己从困难环境中解救了出来。"

这样欲盖弥彰，只能引起了解内情的人们的讪笑。他忘了，从仁安羌被救出来的还有包括美联社、路透社记者在内的各国记者。他们都是那场战斗的见证人。

记者们迅速把中国军队援救仁安羌、以少胜多的战斗过程做了详细报道。重庆、伦敦、华盛顿的中外报纸都用巨大篇幅来刊载。1942年（民国三十一年）4月21日的重庆《大公报》的头条新闻就是大字标题："我军攻克仁安羌　油城重见天日　被围英军救出"，很是鼓舞人心。

但是仁安羌之役，如东枝（棠吉）一样，只是缅甸整个战局中的局部胜利，在日军的凌厉攻势下，东线、西线其他战地仍然处于败退、吃紧中。力图挽狂澜于既倒的孙立人将军，本来想趁日军在仁安羌大败，锐气大减之时，再打一两次胜仗，以改变西线的战局。就急调正在后边待命的第一一二团和卫戍曼德勒的第一一四团二营、三营连夜赶来仁安羌。准备在4月21日凌晨前以一个团出敌不意地从其右翼迂回，先断其后路，再以中、英优势兵力从正面猛攻，把日军第三十三师团主力压迫到伊洛瓦底江东岸，包围歼灭。

第一一二团在4月20日下午到达仁安羌与第一一三团会合，正在车行途中的第一一四团两个营也将于当晚赶到仁安羌。

但是英军总司令哈罗德·亚历山大在仁安羌之围解除后，却不想抓紧这一战机，整顿军队对日军攻击，反而命令英军趁这机会加速退却，放弃缅甸退往印度。

4月20日深夜12时，英军第一军团军团长斯姆莱特中将，派了一名上尉军官乘车急匆匆赶往新编第三十八师师部，给孙立人师长送去了一份紧急命令："因为东线战事的变化，新编第三十八师应立即退向贵羊、皎勃东之间……"

孙立人师长收到这份撤退命令时，已经是4月21日清晨前的零时，

这时候，英军已经开始移动，退往拼墙河北岸，23日又退到皎勃东，26日再退到曼德勒以西。

他明白了，英军还要不停歇地逃跑，自己这两个团将孤悬于西线了，只好改变战斗部署，命令第一一二团派出一个营在拼墙河北岸占领阵地，以掩护第一一三团和师指挥所，以及配属的英军坦克、大炮撤退。

英军这一次退却，有中国远征军的新编第三十八师在后边震慑日军，也就退得较为从容，不像从仰光、卑谬（眉苗）、马圭撤退时那样，跑得心慌意乱地丢盔卸甲了。

本来准备再给予日军一次痛击的新编第三十八师官兵，见功败垂成，面对拼墙河滔滔江水，只能黯然长叹！

东线、西线不守引发的大溃退

那几天，从仁安羌往北的山间公路上尘土飞扬，英国军队载运兵员的大卡车，一辆车接一辆车地形成前不见头、后不见尾的色彩斑驳的长龙在滚动。只不过这些军车上的士兵不是去往前线，而是背离战地向北走，以异乎寻常的行军姿态，时快时慢、慌慌张张地退往缅北的大山里。

由哈罗德·亚历山大指挥的英、印、缅军队，依靠中国远征军新编第三十八师的掩护，从仁安羌的日军包围圈中脱身后，乘上中国军队帮助他们从日军那里夺回来的 100 多辆大卡车，越过皎勃东、敏建，驰行几百公里退到了曼德勒，从而把西线沿伊洛瓦底江左岸的大小战略要地全部放弃。

本来在西线沿卑谬（眉苗）、马圭、仁安羌追歼英国军队的日军第三十三师团，这时候，却没有趁英军又在撤退之时继续追击。虽然他们在仁安羌之战结束的当天，第十五军司令官饭田洋二郎就下达了命令：“第三十三师团经敏建附近，向曼德勒方向突进，捕歼敌军主力，同时，以一部向八莫疾进，切断八莫及杰沙（卡萨）附近之退路。”

杰沙（卡萨）位于曼（德勒）密（支那）铁路中途的东侧，八莫位于伊洛瓦底江上游东岸，是紧扼中缅边界水陆交通的重要通道，都在曼德勒后方

的几百公里。日军如果迅速穿插到了这两处，中英军队都将处于日军大包围圈中，所谓“曼德勒会战”也必然解体。

饭田洋二郎这一向中英军队后方强行穿插的战略部署是很大胆，也很具摧毁力的！

但是第三十三师团师团长樱井省三中将接到命令后，却一连几天按兵不动。他只是与帮助英、印、缅军队殿后的中国军队暂编第三十八师形成对峙状态，等待全师团的后续部队赶快上来。

他向军部诉说：仁安羌之战后“师团的疲困，达到了顶点”。各个联队必须有几天休整，补充弹药、粮食，以及迫切需要的军鞋。尽管他们早就多次去电后方勤务部门请求尽快调拨这些物资。正如他在报告中所说：“但是军鞋终未到来。其中很多人是以麻袋代替。光着脚是无法在烫人的沙地上行军的。”他还特意指出：“就连当地居民，光着脚也不能在仁安羌附近的沙漠地上行走。”

这都表明，日军第三十三师团在仁安羌被孙立人将军的新编第三十八师打得伤了元气，再加上军需补给不足，战斗力大大削弱了。如果这时候英、印、缅军能接受孙立人将军的建议，在 4 月 21 日利用他们优良的武器装备（坦克、大炮）配合中国军队向日军进攻，是有可能击败日军并使西线战局改观的，但是那些有着显赫上将、中将军衔的英国将军们已经无心苦战，只会带着军队向后跑，跑得离战场远远的。

日军第三十三师团师团长樱井省三，原来了解到正面的中国军队在不断增加，担心会向自己这方面进攻，正紧张地调动部队准备应战，天亮后却发现中国军队在黑夜中后撤了。这使他深感意外，也怕其中有诈，而不敢立即尾追。这样，西线暂时无战事！

日军第三十三师团是在孙立人的新编第三十八师退走了五天之后，才在 4 月 25 日黄昏小心翼翼地沿着伊洛瓦底江两岸向曼德勒方向进发。

五天的时间在战场上可不算短，久战疲劳的第三十三师团得以从容休整，军官和士兵都恢复了精神和体力，急需的武器装备也得到了补充。这个师团又是一支能追善打的部队了。

西线日军这次是水陆并进。樱井师团长命令原田大佐指挥的第一二五联队两个大队（第一、二大队）、山炮兵第三大队，以及辎重

兵、独立速射炮、轻装甲车、工兵等各一个中队，沿伊洛瓦底江右岸攻向曼德勒右侧后的蒙育瓦（望濑）；荒木大佐带着步兵团司令部、步兵第二一三联队两个大队（一、三大队）、步兵第二一四联队两个大队（一、三大队）、山炮兵联队一个半大队，以及独立速射炮、工兵各一个中队沿伊洛瓦底江左岸攻向曼德勒右前方的小城敏建。日军还利用他们从仰光等地征调来的轮船、汽艇以独立工兵第二十六联队和步兵第二一四联队第二大队组成一支“水上挺进队”，从伊洛瓦底江逆流而上，以支援原田和荒木那两支部队的战斗。

第三十三师团这样沿伊洛瓦底江北上，是第十五军团4月3日在东吁（同古）制定的“曼德勒会战”的继续，部署得既周密又有条不紊。他们自信是能把中英军队击溃于曼德勒一线，并使中英军队无路可退而被全歼，按预定期限甚至提前完成他们“扫荡缅甸境内残敌于5月下旬结束”的战略计划。

与日军相比，中国军队方面由史迪威、罗卓英等人拟议中的“曼德勒会战”，就既空洞又没有结合敌情和盟军现状来实行有针对性的作战。

这4月20日前后，中国军队的中路虽然还有着余韶师长的第九十六师在彬马拉（平满纳）以北节节阻击日军主力两个师团（第十八师团、第五十五师团），但是东路由于第六军的溃退，战略要地东枝（棠吉）已经被日军第五十六师团的前锋一度占领。因此，日军第十五军司令官饭田洋二郎根据各个师团当时的战斗状况做出了明确判断：“与敌军主力的决战已告结束，现在可转向战场追击。”虽然他也知道中国方面在后方还集结有大量的战斗部队，但是他认为：“如果现在乘敌颓势而果敢地进行战场追击，估计连其后方部队也可一并歼击。”

所以，东枝（棠吉）虽然在4月25日被中国远征军第二〇〇师收复，饭田洋二郎仍然命令第五十六师团师团长渡边正夫不必在东枝（棠吉）与中国军队久战，应该迅速派出师团主力东去攻占有公路通向纳朗（细胞）的甘列奥（罗列姆）。在攻击得手后，就以每天的行军不低于100公里的速度，北向中缅边境的重镇腊戍，尽速截断中国军队的后路。

日军第五十六师团是个兵员约18000人的乙种师团，又是新组建

的，战斗力并不算太强。中国军队第二〇〇师虽然兵员比日军这个师团少，仅 8000 余人，但是从两军在东枝（棠吉）的那场战斗来看，若再把第五军的战车部队配备给第二〇〇师，完全可以战而胜之。

杜聿明军长也看到了日军在东线的攻击企图，准备以第二〇〇师向甘列奥（罗列姆）攻击前进，以阻断正在向腊戍进攻的日军后路。

军委会驻缅甸的参谋团团长林蔚是支持杜聿明这一作战意图的，曾去电给杜聿明：“腊戍之安危，系于吾兄一身，望不顾一切星夜向敌攻击。”

作为中国远征军第一路军司令长官的罗卓英，却完全被日军几路合围的攻势吓昏了头。他却不明白，腊戍若有失，中国军队将全部处于进退两难的危险境地，在战略部署上又走错了一步棋，反而命令杜聿明，只留第二〇〇师在东枝（棠吉），其他的部队（第九十六师，暂编第二十二师，第五军直属的战车团、炮团）全部向曼德勒集结，准备继续进行“会战”。

杜聿明不同意这样的部署，一再打电报给罗卓英阐述东枝（棠吉）、腊戍不可丢失，务必以第五军主力控制东枝（棠吉）这一通向南北的要道，以解腊戍之围。

罗卓英不予理会，仍然强硬地命令杜聿明，务必以“曼德勒会战”为重。

杜聿明迫于命令，只好连东枝（棠吉）也撤守，把第五军主力全都撤向曼德勒。

这样就完全放弃了东线战场，日军能毫无阻拦地扑向中缅边境的腊戍、兴威一线了。

杜聿明很不明白，罗卓英也是久经战阵的将领，为什么如今会这样糊涂，置后方的腊戍不顾？

他在 4 月 27 日回到皎勃西后，才见罗卓英拿出了一纸蒋介石的电文，命令他们：“腊戍应有紧急处置，万一腊戍不守，则第五军、第六十六军应以密支那为后方，第六军应以景栋为后方。”

从蒋介石的意图来看，并没有弃置腊戍于不顾。罗卓英也知道所谓“曼德勒会战”不会成功，在东线、西线都处于大溃退中，曼德勒两翼已经被折断的颓势下，不可能再用这次“会战”歼敌，只是蒋介石有过这样的命令，他不得不做出一些部署，结局还是退却。但是往哪个方向退呢？他却无心去固守腊戍，而是急于让中国远征军的主力

远离战场。他衡量了两条退往国内的道路后，决定选择还没有敌情的密支那方向。曼德勒到密支那有一条铁路相通，从密支那下了火车后，再步行或车行 152 公里就是中国腾冲的猴桥。在他看来，那是一条快捷的退却道路。所以他才决定弃腊戍方向不顾，下达了“曼德勒会战”的命令，表示要歼敌于这缅甸的第二大城市。

他对这一“会战”的部署是以第六军刘伯龙的新编第二十八师四个营守曼德勒城内外，孙立人的新编第三十八师守曼德勒以西伊洛瓦底江北岸的弯曲部，以廖耀湘的新编第二十二师、余韶的第九十六师部署于曼德勒以南的小河一线。

战场形势这样糟糕，可把史迪威将军愁坏了，但是，这个好胜的美国将军还想督促中国军队加强抵抗，挽回败局；早在东枝（棠吉）反攻战还在进行中的 4 月 23 日上午，他就赶到东枝（棠吉）以西约 30 公里的山口，与正在那里指挥作战的第二〇〇师戴安澜师长见面，听取了战况，还在当晚随着进攻东枝（棠吉）的军队近距离观看了那场攻城战。

他认为：第二〇〇师必须占领东枝（棠吉），否则（中国军队）就会受到前后夹击。

这一看法，也与杜聿明、戴安澜两位将军的所见相同。

一位美国陆军中将这样临近正打得激烈的前线，很使中国官兵感动。史迪威将军也因为这样勇敢，在以后获得了美国政府颁发的“模范军人十字勋章”。

他一向关心士兵，离开东枝（棠吉）时，还用自己所乘的吉普车载回了两名腿部负伤的士兵送往皎勃西后方医院。

这期间（4 月 25 日），日军已经从中路攻至标贝（瓢背）。廖耀湘师长指挥的新编第二十二师正在那里抵抗。他向史迪威报告：日军来势凶猛，攻击得很猛烈。他们最多可坚持到第二天（26 日）晚上。

史迪威明白，所谓“曼德勒会战”实际能用的兵力只有孙立人的新编第三十八师、廖耀湘的新编第二十二师，以及从彬马拉（平满纳）阻击战中边打边退、所剩不多的余韶第九十六师残余部队了。

他急需大量的卡车从各方面来调集军队，但是英国方面忙于撤退，一辆卡车也不给，由俞鹏飞掌握的、从中国境内开出来的 850 余辆卡

史迪威将军率残部从缅甸撤往印度

车，只是忙于把堆积在腊戍、兴威等地的物资往国内运，也是不肯把汽车拨给他。

史迪威不敢再在前线停留，抢在日军飞机还没有把途中的阿瓦桥炸毁时，在夜色掩护下越过曼德勒去到了铁路线上的瑞保，在那里遇见了罗卓英。如此糟糕的战场形势，使他按捺不住满腔怒火，把罗卓英臭骂了一顿。

他们两个人官阶相当，都是中将。而且罗卓英早在 1935 年 4 月就被授予中将军衔，比史迪威整整早了七年，但是史迪威是美国人，如今又得听从他指挥，也只有忍气吞声地任其辱骂。

这天（4 月 27 日）夜间，中、英、美三方在缅甸的高层将领哈罗德·亚历山大、史迪威、罗卓英、杜聿明聚在一起，举行了一次军事会议。当前的败局使得这几个将军都很颓丧，史迪威完全没有了前些日子急于进攻的锐气；罗卓英一脸愁容，大约想的是打了这样的败仗怎么向蒋介石交代；杜聿明则是满脸怒气。在他看来，战局如此糟，完全是英、美将军和罗卓英搞坏的，只有哈罗德·亚历山大因为已经做好了英军退却的准备，却以无所谓的态度显示他的从容镇定……

十几天前的 4 月 15 日，他们在卑谬（眉苗）会商时，哈罗德·亚历山大曾经郑重地许诺：如果曼德勒失守，英军可以派出一个印度旅和坦克部队在接近中缅边境的腊戍掩护中国军队的后方，其余的英、印、缅军队则分别撤往印缅边境的葛礼瓦（卡里瓦）和缅北重镇密支那。

如今，史迪威询问哈罗德·亚历山大：能不能按照原先的承诺，派出军队和坦克?

如果英军方面能这样做，当然能增加腊戍方向的守备力量，阻止东线的日军在进抵腊戍附近后，分兵向中缅边境和八莫方向楔入。但是在这时候，哈罗德·亚历山大的阴险意图却是利用中国军队对日军的阻击，英、印、缅军全速越过缅印边境向印度退却。他怎肯留下军队来掩护中国军队，面对史迪威将军的询问，他却装起了糊涂，推诿地说：不知道那个印度旅的确切位置，因为这些天下雨，山间公路泥泞陡滑，坦克也无法行动……

这样言而无信，气得史迪威和杜聿明都想发脾气，但是如今日军正逼近，已经没有时间来争吵了。面对这严峻的形势，他们都不得不承认，当务之急是怎么在日军还没有形成合围前，把部队分别撤向中国和印度境内。

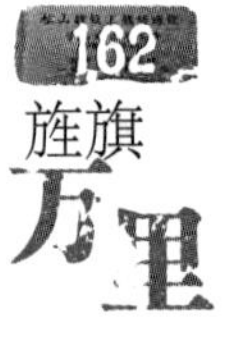

谈到撤退，哈罗德·亚历山大的劲头又来了，他以缅甸战区总司令的身份，行使了他在缅甸对中英联军的最后一次职权，下达了全面撤退的命令：英、缅、印军撤到伊洛瓦底江西岸，退往印度，中国军队经密支那北撤……

但这十几万的部队怎么撤，交通运输怎么解决，哪几支部队殿后，以求能边战边有条不紊地撤退，都缺乏具体、合理的布置。

这期间，日军几个师团正在东线、中线、西线全速北进。

沿公路北行的第十八师团从4月23日起先后占领了央米西、标贝（瓢背），然后继续北向攻击达西（塔泽）。

第五十五师团是4月23日从彬马拉（平满纳）北进，在25日攻下标贝（瓢背）西南10公里的延昂，再进到密铁拉西南的甘东，从而形成两支铁钳伸向密铁拉。

第十五军司令官饭田洋二郎的军司令部，紧紧跟随在这两个师团之后，在4月25日进驻标贝（瓢背），就近指挥对曼德勒、腊戍方向的战斗。

东线日军第五十六师团的一支联队（步兵第四十八联队）一直是用汽车载运快速突进，4月27日攻下了曼德勒至腊戍铁路之间的纳朗（细胞），在这里没有停留，又在28日夜间攻往中缅边界的重镇腊戍。

腊戍是铁路从曼德勒延伸过来的终点，再从这里经滇缅公路东行185公里，就可抵达中国边境上的畹町。腊戍历来都是中缅商贸的中转站。在滇缅公路没有修通前，从中国境内进入缅北的马帮都是到这里卸下驮运的货物。抗战开始后，这里因为是铁路公路的交会处，人员、货物增多，商业更是兴旺，也是中国远征军从滇西方向进入缅甸作战的必经之路，从而成了后勤保障、兵员补充的重要基地。仰光失守前后，从缅甸南部通过铁路抢运来的、美国援助中国的大量物资都堆积在这里，等待用汽车运往国内。那段时期，这中缅边境的重镇，除了原来的居民外，又增加了不少从中国赶来的抢修中、缅、印公路的工程技术人员和工人。这期间，就连中国政府交通部常务次长兼滇缅铁路督办曾养甫，滇缅铁路局局长、著名铁路专家杜镇远也从滇西来到这里坐镇。

从腊戍到曼德勒一线，由十几天前（4月10日）从国内调来的第六十六军驻守。这个军的新编第三十八师（师长孙立人）原来负责

卫戍曼德勒，英军在仁安羌被围后，调往仁安羌作战并改由第五军指挥，曼德勒的卫戍则由刘伯龙的新编第二十八师接防。这个师的第八十三团在杨砺初团长的带领下，4 月 20 日进入曼德勒，紧接着新编第二十八师师部和薛健仁团长的第八十四团也于 4 月 22 日到达，并由第八十四团守卑谬（眉苗）、庙项车站，另一个团（第八十二团）则还在从中国境内往缅北赶的行军途中。但是这个师忽然在 4 月 23 日接到在腊戍的军委会驻缅甸参谋团团长林蔚中将的命令：新编第二十八师除了留下一个团在曼德勒外，其他两个团都迅速北返腊戍，因为日军已攻下东枝（棠吉）、甘列奥（罗列姆），正在向纳朗（细胞）、腊戍方向穿插。

听说日军危及自己后方，第六十六军张轸军长很是紧张，也顾不上向罗卓英报告就连夜赶回腊戍，向林蔚请示，是怎么一回事。

罗卓英为此大发脾气，说张轸是临阵脱逃，不听指挥。

林蔚担心腊戍有失，也不管罗卓英的不满了，命令张轸留在腊戍指挥部队作战。

一个军却有几个人指挥，也可见当时指挥系统的混乱。

对第六十六军来说，他们首先要堵住从东枝（棠吉）、甘列奥（罗列姆）过来的日军第五十六师团。但是他们刚进入缅北，敌情、地形都不熟，军长、师长和参谋长们却连一张作战的军用地图都没有。发给他们的却是不知从哪里找来的、过了时的老旧民用地图，既粗略也不准确。例如从腊戍到东枝（棠吉），从这张地图上看只有一条小路，等到腊戍吃紧，张轸和中国远征军工兵指挥官马崇六中将坐着吉普车去看地形时，才发现这条小路早就修筑成一条铺有沥青的平坦公路。几个小时后，日军第五十六师团快速纵队的坦克、装甲车、大卡车，就从这条公路上浩浩荡荡地冲杀过来。

张轸军长忙派出新编第二十八师第八十二团的第一营、第二营和辎重团 400 余名新兵去破路。但是道路坚固厚实，一时间又找不到炸药、推土机，这些步兵只能用临时从附近农家搜罗来的锄头、镢头来挖路，还没等他们挖开几段，日军的坦克、装甲车已经轰隆隆地辗过来了，吓得破路的军工、民工丢下工具四处乱窜。

新编第二十八师师长刘伯龙和第八十四团团长薛健仁本来想带着这两个营在腊戍外围抗击日军，还没有来得及占领有利地形，就被攻上来的日军包围。

张轸军长闻讯，亲自带着军部特务营去救援。幸好那只是日军快速纵队的前卫，人数还不多，经过短促激战，把刘伯龙和薛健仁带领的部队救了出来。不过已经损伤过半，很是狼狈。

第二天（4 月 28 日），日军增加了兵力，张轸的军部、刘伯龙的师部都被包围在腊戍老城。他们极力抵抗，还是难以招架日军的猛攻，军部的作战科长张致广、搜索营长崔照陆、特务营连长任作舟都在战斗中阵亡。幸好有新编第二十九师一个营当晚从国内赶来，才把张轸、刘伯龙他们救出。面对日军来势凶猛的攻势，他们不敢再在腊戍停留，慌忙退往登尼（兴威）去布防。

新编第二十九师师部和所属三个团（第八十五团、第八十六团、第八十七团）原来分散驻在滇西的凤仪、下关、祥云、大理、漾濞、永平，长达几百公里的滇缅公路线上。虽然早就做好了入缅作战的动员，但是迟迟没有接到行动的命令，必需的车辆也没有配备。一直到 4 月 25 日腊戍吃紧，军委会驻滇缅参谋团团长林蔚才命令第六十六军军长张轸急调新编第二十九师出国作战。必须在 4 月 28 日前赶到腊戍。

在新编第二十九师接到出国作战命令的那天（4 月 25 日），日军一支近三千人的快速纵队正分乘百余辆大卡车向缅北以东疾进，离腊戍只有百余公里路了。日军第五十六师团长渡边正夫很明白，应该趁中国军队的东线门户洞开，不失时机地尽快乘虚而入，拿下腊戍。他做出了超乎常规的大胆决定：命令全师团的近 200 辆卡车，包括各个联队用来输送军需给养的车辆都全部投入运送兵员，所需吃食则就地解决。日本军队一向掠夺成性，也习惯了走到哪里，抢到哪里。这就加快了他们这支快速纵队的行进速度，如旋风般向东突进。而奉命来增援东线的中国军队新编第二十九师却还在远离腊戍 800 余公里外的大理一带，而且全师分散驻扎于各个地方，3 天内也难以凑足装运部队的车辆。真是用远水来救近火。

但是林蔚他们并不为新编第二十九师考虑这些实际困难，只想尽快用这瓢“远水”来扑灭燃及边境的大火。

从战争的整体布局来看，两军作战，应该是攻防并举。日军在这年 1 月初侵入缅甸以来，中国统帅部虽然就在密切注视着战局的发展，但是他们一心只想着如何御敌于国门之外，而没有更深入地考虑，一旦在国外的作战失败了将如何？所以从昆明到畹町的千余公里线上，虽

然有横断山脉纵谷的高黎贡山、怒山、哀牢山和澜沧江、怒江的众多山川险阻，他们却没有利用这些山岳河流构筑任何防御工事，也没有派驻承担防御任务的部队。如今日军已经攻近国门了，蒋介石、何应钦、林蔚这些将帅们，仍然没有采取措施填补这防御上的漏洞，还在把分布于滇西公路线上并不多的部队调往缅甸。那有如在正在垮塌的堤坝上去补漏。

重庆统帅部的高层将领们，这时候真是完全被那兵败如山倒的颓势吓慌了。如果他们稍微冷静一些，就不会这样急匆匆地把军队赶往前边去填充虎口，而是应该根据敌强我弱，而且败局已定的现状，考虑如何加强滇西一线的防守。如果他们当时不把这个新编第二十九师匆匆调往腊戌，改为在国境线上的畹町大黑山、蛮帕冷山、回龙山一带利用险峻山势构筑工事，就可以在以后的 5 月初，日军攻向畹町国门时，以逸待劳地对付日军那支仅千余人的先头部队。但是在这关键时刻，从重庆到腊戌前线，所有的将帅们都没有往这方面想。真是将帅无能，累死三军。

新编第二十九师的马维骥师长在 4 月 25 日接到命令后，就忙于派参谋长分头打电话给各个团传达命令、调动部队、征集汽车……

在他们的紧张联系下，滇缅公路下关运输处才在 4 月 26 日清晨调集了 70 余辆卡车来供军运。这些车辆性能、牌号参差不齐，有的损坏后还缺乏维修。而且这几十辆卡车只够师部和直属队以及第八十六团两个营部队的使用。马维骥师长只好亲自带着这支部队连夜往前赶。他无可奈何地对部属们说："哪怕在 28 日，我们只有一个连到达腊戌，也就算是执行了参谋团的命令了。"

没有人给他们的后续部队派车，就只能如他们所说："就地封车，封到一辆走一辆，封到两辆走两辆。"

这样匆忙散乱地启程，哪里还像有组织、成建制的作战部队。

由于情况不明，到达腊戌后怎么办，当面之敌有多少，参谋团和第六十六军的电令上都没有说清楚。这个师也就无法拟订作战计划，只能茫然无目的地匆匆往西赶。

当时的滇缅公路沿线，除了芒市、遮放之间是地势较平坦的大坝子外，从大理西去，公路多是在横断山脉纵谷的崇山峻岭间爬上绕下，弯多路窄，而且只有从畹町到腊戌的那一段是沥青路面，国内滇西段大部分是凸凹不平的沙石路面，严重影响了车速。

这时候，从中缅边境退下来的公车、商车，以及难民们乘坐的各种车辆正蜂拥地迎面而来，公路本来就狭窄，如今更是被堵得双方都难以快速前行。这正如当时亲身经历了这场行军的新编第二十九师参谋盛兆后来回忆：“司机熬夜开车，疲惫不堪，加之坡陡弯急，路窄车挤，车速越来越慢，车队已是七零八落，失去了统驭，（27日）下午才到达遮放坝子。过遮放西面大山时（按：为险峻的白羊山），已是深夜。细雨蒙蒙，路滑难行，而撤退（下来）的车辆依然灯光相接、绵延不断，并且两三路‘纵队’争先恐后地迎面而来，道路为之堵塞，谁也不能顺利前进。”

载运兵员的车辆不够，路况又差，再加上那些从缅甸撤退下来的车辆的挤堵，怎么能顺畅往前走?

急得马维骥师长在他的小吉普车上跺脚，不能按时赶到腊戍，贻误了军机，那会军法处置的。但是从西边退下来的杂乱人群与车辆只顾逃命，哪管这些。

马维骥派出部队去梳理交通，强制执行军车先行，才有一个营在4月28日晚上赶到腊戍。

这期间，刘伯龙的新编第二十八师第八十二团的两个营和辎重团那些新兵已经在27日被日军冲垮并歼灭过半，第六十六军军部和新编第二十八师师部也在28日被日军包围……

听见枪炮声激烈，刚从国内赶来的新编第二十九师这个营，跳下车就投入战斗，才把张轸军长等人救出，一起退到登尼（兴威）。

新编第二十九师这个营，在夜雾浓厚中到达腊戍，就昏头涨脑地投入厮杀，还没有把腊戍周围地形看清楚，腊戍就丢失了。

后来张轸军长却把丢失腊戍之罪名加在马维骥师长身上，说他“既无决心，尤无勇气”。

真是有失公允。

4月29日这天，是日本天皇的生日“天长节”，日军对这一节日很看重，连日来，他们快速向北突进，就是要在这一天以前攻下腊戍，向天皇效忠。

登尼（兴威）是个丘陵起伏地带，温泉很多。从地形来看，虽然不险峻，还是便于构筑工事做短期的防守战。

张轸命令马维骥的新编第二十九师后续上来的约两个团在登尼

（兴威）布防，又把刘伯龙新编第二十八师的第八十二团残剩部队收拢，放在后边作为二线部队。

阵地是仓促挖成的，新编第二十九师又多数是没有经历过战阵的新兵，几天来急于赶路没有得到休息，都很疲困。4 月 29 日夜间，日军步兵在 50 余辆坦克掩护下轰隆隆冲来，毫不费力地就把这个师在登尼（兴威）的薄弱防线冲垮了。

张轸和他的师长马维骥、刘伯龙等人也都在混乱中被冲散了，只好狼狈地带着残剩的部队，各自找路往中缅边境逃跑。

张轸为了掩盖自己的溃逃，却对外宣称："奉令在畹町以北高地布防，阻止敌军追击，掩护我军后方各部队撤退。"

远在重庆的蒋介石还不知道腊戍即将陷落，在 4 月 29 日这天，给林蔚发了一封电报，要他转发给罗卓英等人："如可能应抽调瓦城（按：即曼德勒）有力部队增援腊戍，先击破其袭腊一侧背，则以后皆易为力。如此瓦城不守亦可。盖此时保腊戍为第一，而瓦城之得失无甚关系也。"这是一份具有重要战略决策的电报，可惜来得太迟了，林蔚已经随同第六十六军残剩部队逃进国内，溃退途中没法使用电台，也就没有收到这份电报。这也表明重庆方面对战场形势判断的滞后，不过他们也没有料到第六十六军会败退得那样快。

腊戍、登尼（兴威）先后在 4 月 28 日、29 日被日军攻占的噩耗传到曼德勒，首先被吓得慌了神的是罗卓英。他没有想到，来到缅甸只 20 多天，战局却会如此急转直下，不仅他的"曼德勒会战"计划破产了，聚集在曼德勒周围的几万大军也被截断了退路。如果他是个有魄力、敢于带领部队拼搏的指挥员，用这几万军队沿曼（德勒）腊（戍）铁路线杀回去，还是可以击退当时只有一两个联队堵在那里的少量日军，在占领有利地形后，再从容布防坚守。但是他哪里有这样的勇气和决心，他所想到的是：如今唯一的退却路线是乘火车到密支那，抢在日军攻向密支那前，从密支那进入腾冲猴桥，从那条马帮踩出来的古驿道返回国内。

（当时正有修筑滇缅铁路的工程技术人员在那里抢修公路。）

如果被北进的日军抢先封锁那条道路，就只能再向北越过迈立开江和梅开江去攀爬海拔三四千米、终年积雪的高黎贡山、碧罗雪山。那里满布人迹罕至的原始森林，既无道路，也难以征集粮食，几万部

队怎么穿越？

罗卓英见英军总司令哈罗德·亚历山大已经往北走了，只有不服输的史迪威将军还在倔强地一个电报又一个电报发向重庆与华盛顿，不厌其烦地陈述他的反攻计划，要求增加军队……

在罗卓英看来，当前最主要的措施是如何尽快脱离日军即将合拢的包围圈，忙在 4 月 30 日命令集结在曼德勒的中国军队都赶紧乘上火车、汽车向伊洛瓦底江西岸撤退。

下完了命令，他也不通知史迪威、杜聿明，在第二天（5 月 1 日）清晨派军队强征了一列有 17 节车厢的火车，与他的参谋、卫队乘上火车往密支那方向跑了。

当时的曼（德勒）密（支那）线铁路一片混乱。在铁路上工作的缅甸员工（站长、信号员、调度员、司机、列车长）多数已经纷纷逃散，加上空中还有日军飞机一架又一架追逐着火车轰炸、扫射，完全不可能有秩序地行车。罗卓英乘坐的专列才驶出 40 余公里，就与迎面开来的一列火车相撞。那巨大的对冲力，撞得火车上的人死的死、伤的伤，罗卓英在位于中间的软席包厢里，却没有翻车，也没有被撞死，只是被摔得鼻青脸肿地受了些擦伤。铁轨路基被震坏，这条铁路也为之堵塞了两天。军队无法再乘火车，只好改为徒步行军，或临时寻找公路上的公、私车辆来载运。更是增加了大撤退的狼狈、混乱。

罗卓英深知自己无力改变这大溃退中的混乱，也明白，从密支那回国是不可能了，应该趁着印缅边境还没有被日军封锁前，追随英军总司令哈罗德·亚历山大退往印度。他顾不上去与林蔚、杜聿明商量，抛下应由他指挥的、还在退却途中的第五军、第六十六军、第六军，带着他的参谋长杨业孔和参谋、卫士们，乘着汽车经葛礼瓦（卡里瓦）、霍马林逃进印度去了。

战争中，将帅本应同心协力共同御敌，即使要撤退，也应该做出周密的计划，以求行军有序，切忌慌忙地乱窜，何况日军还没有完全逼近，中国远征军还有成建制的几万军队，完全可以在撤退过程中再打几次阻击战，给予敌军消耗、杀伤。对于罗卓英这样的高级将领来说，他领军多年，也打过许多大仗，本来应该处变不惊、镇定从容地稳住军心。但是，他这次却出奇地比任何人都恐慌得失了神智，全部心思只想早一些往后跑。这也可能是来缅甸不久，对敌我情况都缺乏

深入了解之故。他这主要将领率先逃走，也就形成了三军无主，使得已经陷于劣势的战局更加趋向不利，加剧了大崩溃之势。

史迪威想找罗卓英商议军情，却四处难见踪影，询问还在曼德勒的中国军人，他们也茫然地难以说清楚。史迪威又愤怒了，发电报回华盛顿，向美军总参谋长马歇尔报告："罗卓英抛弃军队逃往中国的保山了。" 马歇尔将军深感惊讶，忙去询问在华盛顿的中国驻美特使宋子文。宋子文又打电报回国，请蒋介石"查明指示"，闹得在华盛顿和重庆的军政上层都知道罗卓英弃军远遁。

罗卓英过了钦敦江后，见江流仍然平静清澈，追兵还远，他才定下神来，想起自己还是中国远征军的第一路军司令长官呢！这才在 5 月 8 日给已经率领部队走到杰沙（卡萨）以南的杜聿明发去一封电报，要杜聿明也带着第五军和新编第三十八师退往印度。

在战场上，攻守、退却本来是兵家常事，只是怕军心慌乱。如果不能有计划地从容撤退，就会变成兵败如山倒的大溃退了。这次大撤退，不像二十几天前，第二〇〇师在东吁（同古）狠狠打击了来犯的日军，趁对方没有从激战中反应过来时，悄然有秩序地退走。也不同于第九十六师在彬马拉（平满纳）那样，虽然面对凶猛的日军，仍然能有组织有部署地用几支部队交替掩护边打边撤退。更不是像新编第三十八师在仁安羌那样把日军打败了，震慑住了，几天不敢过来了，然后从容撤退。而是一次事前没有经过深入动员，向各个部队充分说明形势的突然大撤退。而且是在英、印、缅军已经先撤退，东线的中、缅边境后路被截断的噩耗传来的影响下，采取一种与正在向北迂回、追击的日军抢路逃跑的慌乱状撤退。从曼德勒北去密支那的 542 公里线上，属于缅北高原，地势越来越险陡，山岭、隘口无数，本来都可以用来阻击敌人，掩护大军从容撤退，但是因为罗卓英这些指挥高层先乱了神智，他们除了派孙立人的新编第三十八师在色皆担任掩护外，多数地方都是不战而弃，使得日军能顺利地进入他们拟定的"果敢地开始战场追击"战略阶段。几路追击部队都是如入无人之境，大胆地穿插、迂回，不断地抢在退却的中国军队前头，再折转身堵击、包围……

这正如杜聿明将军后来在回忆中所说："从此我中国远征军走上了惨绝人寰的惨败境地。"

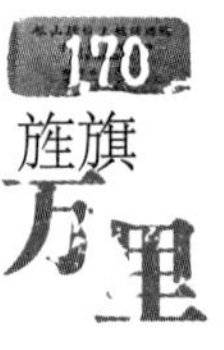

这场大溃退，只有英、印、缅军队走得快。早在 4 月 27 日，中路的日军两个师团（第十八师团、第五十五师团）刚过了标贝（瓢背），还没有攻向达西，西路的日军第三十三师团还被孙立人师长的新编第三十八师阻在温敦，东路日军第五十六师团也只是刚由东枝（棠吉）攻向曼（德勒）腊（戍）铁路之间的纳朗（细胞）时，哈罗德·亚历山大总司令就下令他手下的英、印、缅军急速从曼德勒撤退，以求抢在日军到达钦敦江边的葛礼瓦（卡里瓦）渡口以前渡过钦敦江去。他还下令，待他们的军队过了伊洛瓦底江后，就把江上的大桥炸毁。英国工兵早在两个月前的 2 月间就在桥上安装好了炸药，做好了炸桥的准备。

那里原来有一条从曼德勒经瑞保、金鸟、丹西、宾盖、葛礼瓦（卡里瓦）、吉灵庙、奎本进入印度英帕尔的老公路，平日来往人少，已经是野草杂树丛生，许多路段也被雨水、山洪冲刷得崩塌残破。但是缅甸战事一起，被英国军方预先选为退路，在几个月前派出工兵和民工修补好了。

哈罗德·亚历山大不愧为擅长指挥撤退的高手。许多天前，就已经命令后勤机关在钦敦江那边设立兵站，准备好了供应退却部队使用的食品、车辆。

他在 5 月 1 日乘车到达钦敦江边后，又命令那陆续到达的 12000 余名英、印、缅军把坦克、大炮、车辆全都丢下，快速逃过河去。

这场缅甸之战，英方投入了英、印、缅军 26000 余人，在几次小战斗和撤退中，已经死亡、失踪 13500 余人，损失过半。如果没有中国军队的新编第三十八师在仁安羌救出那 7000 余人，再被日军追赶、围歼，就所剩无几了。

哈罗德·亚历山大还是个善于表达英国绅士礼仪的贵族，他见这些日子，中、美的报纸、电台都在宣扬孙立人将军在仁安羌对英国军队的救援，他想瞒也瞒不住了，在逃过了钦敦江，危险已经过去后，派人给新编第三十八师师长孙立人将军送来了一封致敬信："谨代表我第一军及其他英帝国部队，对阁下热诚襄助及贵师英勇部队援救比肩之盟军美德，深致谢忱。本人奉英皇陛下命，赠阁下以'英军司令勋章'，尤感欣慰。阁下受命掩护贵国第五军之故，未得盘桓，殊以为憾！"

至于还留在后边担任阻击的新编第三十八师，在撤退途中将遇到

缅战失败，中美盟军总指挥史迪威率残部撤往印度

什么困难和危险，他却顾不上给予关心和解决，而且在他们英、印、缅军进入印度边境后，他就正式宣布：不再负责还留在缅甸的中国远征军的供应，使得已经陷入困境的中国军队因为无粮食、无弹药而更加艰难困苦。

孙立人师长收到这封感谢信时，已经是 5 月 3 日，正在继续执行掩护英军撤退的战斗。

他这个师是 4 月 28 日渡过伊洛瓦底江的，奉命占领江东北岸铁路线上的实皆（色格），在曼德勒右前方抗击日军，以掩护中英军队撤退。但是英、印、缅军和一部分中国军队刚撤过江，日军的先头部队也风风火火地追到南岸，呐喊着急于抢渡，孙立人将军忙命令轻重机枪手和迫击炮手组成几道拦截火网，向已经冲下滩头的日军倾泻过去，迫使日军往后边河岸的树林里退缩，才暂时阻止住了这支日军的抢渡。

当时哈罗德·亚历山大将军听到远远的枪炮声剧烈，不知日军已经追到哪里了，他手下的英、印、缅军是否能安然渡过江？他派人打听，才知道又是孙立人将军这个师在阻击日军，也就放心了，感激、信任之情又涌起。这也许是促使他在那时候向孙立人将军以及新编第三十八师送达那封感谢信的原因之一吧！

虽然当时的嘉奖和感激没有提及在仁安羌率部队作战的第一一三团团长刘放吾，但是战绩是难以磨灭的。战后许多年，英国方面还是出于各种原因想起了这位曾亲冒炮火，战斗在第一线的智勇双全的团长，在事过半个世纪后的 1992 年，英国国防部长特意写信给刘放吾，感谢他 50 年前指挥部队解救了在仁安羌被围的英国军队，美国总统布什也写信感谢他当年解救了与英军一起被围在仁安羌的美国记者、传教士们，英国前首相撒切尔夫人还特意去美国芝加哥看望了寓居于那里的刘放吾将军。这年刘放吾已经 92 岁高龄，离开军职多年。经历了残酷的战争和漂泊于异国、在美国靠卖煤球过活的困苦生活，本来早已感到人世沧桑、世事如烟、淡漠了一切。但是这迟到的荣誉还是令他这位老军人兴奋、激动。这不仅是对他个人的褒奖，也是对他指挥过的团队的全体官兵和战死者（仁安羌一役，第一一三团的千余官兵伤亡过半）的再一次肯定。这荣誉也属于虽然国家积弱已久，但是仍然勇于远征异域、抗击强敌的中国军人。

英军总司令哈罗德·亚历山大带着他残剩的英、印、缅军退进印度去了，已是危城的曼德勒内外，被日军的轰炸和慌忙撤退的军队弄得一片狼藉。战后许多年，当时担任卑谬（眉苗）从林军校指挥官的迈克尔·卡尔弗特上校回忆退却到曼德勒时的情景，还心有余悸：“我们发现曼德勒遭到了非常严重的破坏，成千上万的印度人都聚在码头，河面上漂浮着无数尸体，很多人都受伤了。这太可怕了！”另一个名叫威廉·诺曼的下士则回忆说：“我们在曼德勒车站看到一些狗正在吃人的尸体，这些尸体是日军的空袭造成的。”

曼德勒处于这种未战先乱的状态，美国将军史迪威却还没有离开的企图。前两天，他曾打电报给在重庆的蒋介石，向这位中国统帅建议：如果缅甸被日军占领了，把中国远征军也撤进印度，在那里训练、整编，将来再反攻缅甸……

他这一设想，在当时被许多人看得过于遥远、不着边际。强敌逼近，逃都来不及，还谈什么反攻？不过却强烈地表达了这位美国将军一贯不服输的坚强个性。以后中国远征军能够分别从中国、印度向缅甸反攻，也是有了这位美国将军的筹划、催促、指挥。

只是如今在重庆的中国军事委员会委员长蒋介石，正为缅甸战局的一败涂地，十万远征军都陷在那比泥潭还深的处境而心乱如麻，哪里还能想到那遥远的、近于痴人说梦的反攻。蒋介石只是连连去电询问林蔚、罗卓英、杜聿明，能用什么办法把这几个军安全、迅速地撤回中国。

他恨透了在缅甸、印度的英国将军们的不讲信义，一再避战自保，哪里还愿意把残剩的军队送进还是英国殖民地的印度。但是他又不愿得罪从美国派来的又确实在缅甸勇敢作战的史迪威将军，出于外交礼节，只好在 4 月 29 日敷衍地回电，原则上同意以后在印度训练中国军队的计划。

这使得史迪威很是兴奋。尽管曼德勒已是一座危城，他还在忙着给在美国华盛顿的陆军总参谋长兼陆军总司令马歇尔将军发电报，详述他准备在印度训练军队的计划，要求给人、给钱。还兴致勃勃地接受美国合众社记者达雷尔·贝里加甘的访问，大谈他将怎么反攻收复缅甸……

日军逼近曼德勒的炮声越来越响，随行的参谋们都明白，不可在这里久留，焦急地催促史迪威赶快离开这即将被日军攻占的险地。他

也不理会，还在忙于赶写反攻计划，只是抽空安排了一下他的随从，哪些人先乘飞机走，哪些人随同他留下。

那些被留下的军官、士兵们一片茫然，留下干什么？当俘虏，打游击？

几天后，他们才明白，史迪威将军有飞机不坐，带着他们步行穿越缅印边境那加山脉的渺无人迹的原始森林和沼泽地，做一次长途行军，是要再一次显示他的勇敢、沉着、坚毅精神。

天哪！那可是在险象丛生的死亡线上跋涉呀！但是作为军人，他们只有服从了。

日军的第十八师团、第五十五师团，在 5 月 1 日清晨渡过了曼德勒外围的新古河，攻向市区。

作为第十八师团前锋的木庭大佐率领的第五十五联队，从标贝（瓢背）通往达西的乡村小道前进；小久大佐的步兵第一一四联队一个大队（三大队）和炮兵、坦克则随后跟进。沿途他们几乎没有遇到大的阻挡，只是在前进途中顺便清扫一下中国军队来不及远逃的残剩小部队。

中国守军已经完全退走，日军第五十五联队没有经过战斗就在下午 5 时 25 分进入市区内，占领了曼德勒山、旧王宫以及被轰炸得残破不堪的大小街巷。

不久前，中日两军都把曼德勒看作必须经过一番苦战才能见胜负的战略要地，做好了付出相当大的伤亡代价的“大会战”的准备，没想到如今却被日军一个联队、不经过战斗就轻易地占领了。以致在向曼德勒行进的途中，作为第二梯队的日军第五十五师团，因为一直跟随在第十八师团后边无仗可打，而深感有损他们的声誉。第五十五师团师团长竹内宽特意派出他的参谋内稔少佐去晋见第十八师团师团长牟田口廉也中将，向他提出：“第五十五师团目前正继第十八师团之后前进，但是，从师团的体面来讲，永远步第十八师团之后尘前进，甚感遗憾。师团如今已组成（用）汽车（载运的）部队一个大队，大队长是步兵第一一二联队第二大队长星光少佐，是师团中最勇敢的大队长，希望把这个大队看作第十八师团的部下自由调遣，作为追击队，给其以立功机会。”

这是胜利前的公然要求分摊“胜利果实”。一向傲然自负的第十八

师团师团长牟田口廉也开始不以为然地表示拒绝，在内稔少佐一再央告下，只得答应了这一被他看作“奇异的要求”。

对于当时进入曼德勒的情况，日军方面曾有过这样的描述：“在遥远的曼德勒山冈上，金色的佛塔辉映在朝阳中。官兵由于长期征战，军装已破烂，满身污垢，虽然看去样子很脏，如今曼德勒已在眼前，却显出得意扬扬的姿态。曼德勒已无敌影……”

这5月1日前后，中国远征军为了从日军使用大迂回战略战术形成的大包围圈中冲出，除了孙立人师长的新编第三十八师已经在4月28日先行退过了伊洛瓦底江，在东北岸的铁路线上实皆（色格）构筑阵地，掩护退却的英国军队，随后又有第五军两个师赶来外，其他的几个军、师只能从自己原来的战斗位置寻路退却，以致兵力分散，难以形成强有力的战斗群体，从而被日军在追击中各个击破。

原来在克耶邦和掸邦高原扼守东路、由甘丽初军长指挥的第六军，完全没有尽到“扼守”的职责，在日军第五十六师团前锋一个加强联队冲击下，全军上下几乎望风而逃。短短的几天之间就放弃了茂奇（毛奇）、包拉克、垒固（罗衣考）、东枝（棠吉）、甘列奥（罗列姆）等东线战略要地，仓皇逃过萨尔温江，从中缅边境的缅甸景栋退进了中国的车（里）、佛（海）、南（峤）地区；近3万人的一个军，在20多天中没有打过一场硬仗，却在溃逃途中跑得七零八落，只剩下了6000人。原来在曼（德勒）腊（戍）线上作为第二梯队的张轸第六十六军两个师（新编第二十八师、新编第二十九师），在日军插向腊戍、登尼（兴威）时，虽然对日军有过阻击，但是战斗力太弱，与敌军稍一接触就溃不成军，狼狈地逃进国内。短短5天中跑出了400余公里，让日军一支仅有3000余人的快速纵队得以毫无阻拦地追进了中国的怒江以西。杜聿明的第五军几个师，因为分散在彬马拉（平满纳）、东枝（棠吉）作战，一时间难以完全收拢，只能分成几路向北、向东撤退。他这个军除了胡献群团长的战车团，在4月28日腊戍还没有丢失前，被杜聿明安排提前撤退，较完整地进入国内，余韶师长的第九十六师在彬马拉（平满纳）抗击了日军8天，打得很艰苦，然后又在仰（光）曼（德勒）公路、铁路线上的达贡、标贝（瓢背）、密铁拉节节抗击逐步向北退却。他们这个师是个只有9000人不满员的师，但是在日军两个精锐师团（第十八师团、第五十五师团）的合力攻击下，

虽然伤亡达4081人（阵亡军官88人、伤77人，阵亡士兵2570人、伤1346人），但是确实打得勇敢、坚强。这个师退到密铁拉时，罗卓英见了余韶师长也不得不由衷地感叹：“你这次总算努了力。”

4月28日下午，余韶的第九十六师撤到曼德勒南郊，与同一天分别到达的第五军军部、廖耀湘的新编第二十二师会合。他们这才得知，腊戌已经在4月28日晚失陷，从滇缅公路撤退回国内的通道已经被阻断。杜聿明军长只好另选退路，命令军部、新编第二十二师、第九十六师在4月29日依照行军秩序沿伊洛瓦底江北上。这一匆忙中的撤退，一开始就很艰难。追击的日军虽然还没有抵近，沿途却不断遭到日军飞机轰炸，4月30日这天，一次就来了36架低飞盘旋扫射、轰炸，迫使撤退的中国军队不断躲往路边树林里，严重地影响了行军的速度。5月1日这支部队陆续渡过了伊洛瓦底江铁路大桥，走在队伍后边的第九十六师的迫击炮连、重机枪连、师部收容队还没完全过河，就被日军先头部队第三十三师团一个中队追了上来，幸好有孙立人的新编第三十八师先期在东北岸构筑阵地进行掩护，用密集的机枪、迫击炮火力，把那股日军全部消灭。

守在桥边的英军工兵见中国军队最后几个连队都过江了，日军也迫近了，也就不顾江那边还有掉队的零散人员，忙引燃桥上的雷管、炸药把大桥炸断，日军暂时被阻止于对岸。

过了江的部队在杜聿明军长，廖耀湘、余韶师长的督促下，忙着向密支那方向走。

中国远征军出国作战时，是用千百辆大卡车装运，浩浩荡荡地沿滇缅公路自东往西行进，声势既浩大，军容也威武，从将领到士兵也都有着歼敌于国门之外，一雪国耻以壮军威的雄心壮志。如今才过去两个多月（有的部队如第六十六军进入缅甸才20多天），却会全线败退，这也太出乎人们的意料了。败讯传出，中外都为之震惊。

日军第五十六师团在4月中旬，从东枝（棠吉）、甘列奥（罗列姆）插向腊戌之前，第十五军司令官饭田洋二郎就预见到：中国军队一经败退就将难以再组织有效的反击。他曾给师团长渡边正夫下达命令：“攻克腊戌后，应继续以（师团）主力沿滇缅公路向怒江一线追击。”

他这是考虑到腊戌南北地区还有着中国远征军第六十六军设防，

必须以一个师团的力量去攻击，并趁势推进到中国境内的畹町、芒市、龙陵，直达怒江边上，并相机越过怒江攻取保山、大理。

那段时间，从缅甸腊戌向北至中国大理近千公里路段，都没有中国军队驻守，如果饭田洋二郎这一命令被快速执行，滇西地区也将要像缅甸以北那样很快陷落。

日军第五十六师团师团长渡边正夫却没有领悟饭田洋二郎这一命令的深意，也就没有以优势兵力全力追击中国军队。他指挥的军队在腊戌、登尼等地与中国远征军第六十六军的新编第二十八师、新编第二十九师接触后，发现这两个师并没有什么战斗力，几乎是一触即溃。从而产生了与军司令官饭田洋二郎的不同看法，他认为：估计今后前进到怒江，将不会有较大的抵抗，师团无须以主力追击。与此相反，在曼德勒方面仍有强大之敌。所以，对师团来说，如能以主力强行向八莫、密支那方面追击捕捉敌军主力，将是适合战机的策略。

他用电报向第十五军司令官饭田洋二郎表达了自己的见解，又担心电报往来费时而耽搁作战，不等批复就径自决定，从 4 月 30 日起，由他亲自率领师团主力，经八莫向密支那方向进攻，只以一个联队（第一四八联队）配备以坦克第十四联队，并用卡车装运步兵，组成一支快速纵队由松本喜六大佐指挥，从腊戌、登尼（兴威）沿滇缅公路攻向中国的畹町。出发前，渡边正夫指示他们："可以按战斗的发展大胆地向怒江攻击前进。"

日军纪律严格，一向是令行禁止，下属们多数不敢如渡边正夫那样，不待军部批准就"独断专行"，但是他这次是贪功心切，更是想鱼与熊掌兼得之，自感能够用少数兵力攻向怒江，又可以在追击中全歼中国远征军在曼德勒、密支那一线的主力部队。

第十五军司令官饭田洋二郎，对第五十六师团这样擅自更改原先规定的追歼路线，很是生气。因为用第五十六师团主力把攻击目标指向中国境内的战略意图，早在 4 月 16 日就做出了，并给第五十六师团下达了命令。以后的 4 月 30 日，南方军参谋长冢田攻中将又转来了东京大本营的电报："第十五军方面果敢的作战指导，值得共庆。大本营希望不失时机，更加扩大第十五军的战果，确定积极向重庆进攻的姿态，为更有利于以后的措施。力争在（缅甸）国境内歼灭敌军；同时，以有力的兵团越过（中国）国境，向龙陵、腾越附近怒江一线追击。"

这也表明，日军的东京大本营在命令部队追击溃败的中国远征军

的同时，也了解滇西境内防务空虚，可以乘胜深入以扩大战果，所以才命令必须以“有力的兵团”来执行。

［对于当时第十五军与第五十六师团在追击行动中的分歧，饭田洋二郎后来曾这样回忆：“第五十六师团在追击途中，虽接到应向怒江追击的命令，却认为先向密支那方面追击更为有利，曾电请军司令官批复。军虽然也承认，切断敌主力经八莫、密支那方面向云南的退路的价值，但为此将延缓向怒江的追击。另外，万一被该方面之敌所阻，势将形成主客颠倒，只要没有这种危险，同意（渡边）师团长率主力向密支那方面追击。”］

饭田洋二郎见渡边正夫的第五十六师团已在三天前（4 月 30 日），把他的师团主力推向腊戍、登尼（兴威）、木姐、南坎、八莫、密支那方向，不便再撤回了。只好在 5 月 3 日批复同意，同时命令中路的第五十五师团、西路的第三十三师团，分别攻向密支那以及密支那西边约 240 公里、位于钦敦江边的德曼迪，形成三路进攻，以求把中国军队退往中国、印度的后路全都切断。

渡边正夫这一擅自改变师团主要攻击路线的措施，也无形中“拯救”了中国方面。如果他把第五十六师团全部兵力都越过中缅边境，攻向畹町、芒市、龙陵，那就难以把他们阻止于怒江以西了。兵力空虚的滇西各城镇，保山、大理都可能很快陷落。这是否是天意垂怜，不让怒江以东的大片土地沦于敌手？

第六十六军军长张轸在腊戍从日军包围中冲出后，带着他的残剩部队慌慌张张地向中、缅边界奔逃，也搞不清楚在后边尾追的日军究竟有多少，更不敢停下来阻击。日军也就能够顺畅地越过缅北的古凯、南坎、九谷，追进了中国境内的畹町。

这时候，中国境内的畹町只驻有一个后勤兵站，却没有一支战斗部队，更没有修筑防御工事。已经逃进国境以内的军委会驻滇缅参谋团团长林蔚，见情势危急，只好紧急命令张轸军长指挥退下来的第九十三师所属野战补充团和第五军战车团一个营，在畹町布防阻击。

畹町虽然是个与缅甸接壤的平坦坝子，但是坝子以北的回龙山、大黑山、蛮帕冷山连绵起伏，卡住了从中间穿过的滇缅公路，地形险要，退下来的中国军队完全可以凭险固守，以等待怒江以东的援军赶

来。只是第九十三师这个野战补充团，除了军官外，全部是新兵，不但没有经过战前训练，而且是出发前几天才领得枪支、子弹，许多士兵连枪栓都不会拉，更不要说敢于冲锋杀敌了。一听见枪响就慌了手脚，不等日军逼近，这些新兵就呼天抢地地四处乱跑，喊都喊不拢。

那几天，从缅甸退进畹町的军队不少，其中的第五军战车团和骑兵团就人员、装备齐全，指挥系统完善。如果指挥得当，又有步兵配合，完全可以把日军那支不过两三千人的快速纵队歼灭于国境线上。

第五军战车团这次出征缅甸，除了在耶达谢（叶带西）派出了两个连去支援新编第二十二师作战外，多数战车、摩托都没有派上用场。4 月 25 日前后，罗卓英在部署“曼德勒会战”时，对各个师的作战位置、任务都有具体部署，却把第五军的战车团、骑兵团、工兵团、辎重团这些特种兵完全忽略了，在作战命令中毫未提及。如果真的有“曼德勒会战”，这些特种兵可是能起很大作用的。如骑兵团虽然名为骑兵，却是全部摩托化，以往的几次大战，这个摩托化“骑兵”，远出侦察、快速奔袭、联络传达信息，都起了很大作用。

这也表明这位罗卓英将军和他的参谋们还是只习惯于步兵作战，不懂得使用特种兵。不过也可能他早就了解英方哈罗德·亚历山大总司令准备放弃缅甸的动向。他的所谓“曼德勒会战”只不过虚张声势而已，一旦形势不对，他就要带头撤退，因而不愿对这支被蒋介石特别看重的特种兵部队的安全承担责任。

（第五军出国作战前，对这个战车团应该增加哪些坦克、野战炮，都是由在重庆的蒋介石亲自逐一审定。所以，作为第五军军长的杜聿明也时时为这些坦克、火炮面临的战场风险担心。一再叮嘱胡献群团长：要小心妥善地使用、保护好这些战车、火炮。）

杜聿明将军从英军的不战而退，以及罗卓英命令在东枝（棠吉）的第二〇〇师放弃向甘列奥（罗列姆）的攻击，就敏锐地看出了：不仅西线危急，东线也因为甘丽初的第六军怯战，中缅边界的腊戍、登尼（兴威）将有可能不保，一旦滇缅公路被截断，在这缅北山林间，步兵还可以上山寻路走，战车、火炮、摩托离开了公路就无路可走，又将像前几年的南京保卫战那样，几支没有及时撤出的战车连，因为退路被长江截断，战车全部被毁，官兵也全都殉国。如今，他思之再三，为了保存这既是第五军，也是中国军队的精锐，他也对罗卓英在

防御部署上对战车团的“忽略”佯装不知，不去提醒罗卓英，而是自行命令战车团团长胡献群立即指挥战车团、骑兵团、工兵团、辎重团、汽车团等特种兵部队，趁日军还没有封锁滇缅公路以前，迅速经登尼（兴威）、腊戌回国。

4 月 28 日，胡献群少将指挥的战车团顺利地通过了腊戌。

过贵街时，军委驻滇缅参谋团团长林蔚中将命令他们，留下轻战车连第二连，以及拥有四门战防炮的战防炮第一连，折回去协助第六十六军新编第二十九师守登尼（兴威）。但是战车和战防炮必须有精锐的步兵掩护才能充分发挥作用。胡献群团长对这两个连去登尼（兴威）很不放心，又亲自折回去看了地形，并去与第六十六军军长张轸商量怎么使用战车连和战防炮。张轸见有坦克、火炮回来助战，很高兴，也做出很有把握的保证：“以这里的有利地形，以及本军之兵力，相信能够在这里至少抵抗三个月以上。你们这两个连配合我们作战，不必为这担心。”

胡献群团长也就略为放心地继续率领他的战车部队北撤。

他哪里知道，这个新编第二十九师的第八十五团也是个不堪一击的乌合之众，在登尼（兴威）与日军刚接触就一哄而散，把来不及转移的战车连和战防炮连全部抛弃于敌前。失去了步兵掩护，坦克手和炮手只好与冲近前的日军做近距离搏斗，他们只有几支短枪，难以杀敌，多数都壮烈牺牲了。

噩耗传来，胡献群团长和营长们真是欲哭无泪，像第二十九师这样的军队，怎么还派到前线来？

他们的战车团行进到遮放，又被林蔚拦下，命令他们派大小战车十辆、战防炮四门，再归张轸军长指挥，协助刚从芒市方向退过来的第六军第九十三师一个团守御畹町的黑山门。

黑山门是畹町大黑山的险峻隘口，公路从大山中间蜿蜒通过，一边是深邃的峡谷，一边是难以攀越的悬崖峭壁，来往车辆在其间弯来绕去，稍不小心就会翻进深山谷中，用重兵和战车、战防炮来这里布防，确实是占据了有利地形。如果布置得当，又有御敌的决心，是可以阻击日军那支用装甲车在前面冲击，装运步兵的大卡车随后跟进的快速纵队的。

胡献群命令用两辆坦克在前封锁隘路口，一辆监视河谷防止敌人

从下边上来，其他大、小战车在公路上巡逻，防范日军从其他山谷的隘口迂回过来。

远在重庆的蒋介石每天都与军委会驻滇缅参谋团团长林蔚有电报来往，了解前方战事。4 月 29 日，他曾去电林蔚询问：“怎么会把腊戌丢了？”

已经退到畹町对面的缅甸九谷的林蔚只好在 4 月 30 日这样报告：“腊戌失陷，缘于刘（伯龙）、马（维骥）两师部队未齐，仓促布防，骤（然）被敌袭（击）便失掌握所致。现两师兵力综计约两团两营，除以马师一营分防南坎用保左侧联络外，主力布防兴威高地，形势尚佳，但部队久未经战，部署粗疏，深可危惧。若此地不守，则贵街以下无地形，而垒（杰）、畹（町）皆危矣……”

这使蒋介石心急如焚，第六十六军这两个师这样不能打，日军侵入畹町只是早晚的事了。忙在 5 月 1 日用“即到”密电命令林蔚：“一、第三十六师改开保山，归张军长轸指挥，负责布防。二、如当面敌情许可，尚能保有畹町时，准将该师向畹町推进。三、第三十六师输送完毕后，续输送第二预备师至下关、祥云填防。四、保山、畹町间桥梁应完成破坏准备。”

［第三十六师属于宋希濂第十一集团军第七十一军建制，是第十一集团军的主力部队。几天前才从西康的西昌沿西（昌）祥（云）公路向云南方向徒步行军过来。但是不知什么原因，在这军情紧急之时，蒋介石却没有把调动第三十六师开往保山的命令发给直接指挥这个师的宋希濂。］

林蔚接到蒋介石电令时，他正急匆匆由中缅边境上的缅甸九谷往国内跑，车行到遮放附近的公路上，就被夹杂在长长的逃难人群和车辆中间，前进不得，后退也不行，更无法架起电台与在昆明的宋希濂联系。这样，本来就是“远水”的第三十六师，因为没有得到命令，迟迟不能行动，救不了畹町的近火了。

5 月 3 日是个阳光炽热的大晴天，上午 9 时，日军快速纵队的坦克、卡车轰隆隆地出现于缅甸九谷后边的山上，急速地向中国国境冲了过来，辗过河上那窄窄的小桥进入畹町坝子。

两个月前，这个在傣语里被称为“太阳当顶的地方”的边境重镇

的人们，还在用极大的热情来欢送、慰劳出征的中国远征军，给官兵们送鲜花、吃食、茶水，把自己的房屋打扫干净让官兵们歇息。如今，那些巍立于公路上的牌坊还在，充满豪情壮语和深情祝福的标语，还没有完全在街上消失。哪里晓得，一转眼溃退的军队、逃难的人群就从缅甸那边拥过来了，在小镇上乱窜，找些吃食又往北跑，把那条公路挤得满满的。接着是日军飞机一批又一批飞过来，肆无忌惮地低空盘旋，把炸弹投向畹町街上，追着北退的人群、军队轰炸、扫射。那些为了适应亚热带气候而构建的竹木结构的房屋被炸塌了，起火了，来不及躲避的人被炸死了，浓烟、烈火在乱滚，人们在哭喊、呻吟，血肉之躯被炸成碎片飞溅……

进入畹町的日军，以占领者的骄狂，在这里升起了太阳旗，从那旗帜上血红的一团间散发着血腥与火焰，把这被太阳烤得如火炉，一片狼藉的土地上的一切烧成灰烬……

畹町这块土地也就结束了它那安详、和平的过去。

日军在畹町稍作整顿，又在当天下午 2 时左右沿着滇缅公路急速地北进。

他们用三辆坦克做前导，一个中队步兵乘卡车随后跟进，见一路上仍然没有军队阻击，更是毫无顾忌地奔向黑山门方向。

沿途尽是逃难的人和车辆，有从缅甸逃过来的华侨，有从畹町逃出来的商人和当地傣族人，扶老携幼一路哀鸣。见日军坦克辗过来了，吓得跌跌撞撞地往路两边逃，来不及逃开的人被坦克毫不停歇地碾成肉泥，随后上来的日军还用机枪对着逃散的难民乱扫射，干燥的公路上溅满了血迹。

大黑山如堵插入云天的黑墙竖立在前边，中午炽热的阳光把山头的云雾都蒸发完了，树木葱茏的大山显得很是浓绿。日军坦克车上的车长用望远镜眺望，山林静悄悄的，没有风，树木也似乎在闷热中睡着了。这一路上，他们很顺利地追击着溃败的中国军队，虽然沿途有不少山岭、溪河，都没有遭到阻击，也就忽略了这大黑山的隘口会有中国军队埋伏，仍然加大马力全速前进。

守在黑山门隘口的是战车团第一营，他们砍来树枝把坦克、火炮伪装了，在远处是看不清楚的。

比日军坦克、卡车的响声先传过来的是公路上逃难的人们被惊吓的悲惨哭声，在前边指挥的副营长喻耀辉是个有战斗经验的指挥员，他控制着炮手们急于射击的心情，待日军车辆快接近了，才一声令下，战防炮和坦克上的火炮一起轰击，日军的三辆坦克全被轰毁，几十名日军也被击毙。

被派来一起作战的第九十三师步兵本来应该趁势向日军攻击，但是这个团也全部是新兵，听见枪炮大响，也不分辨清楚是哪一边胜了、败了，却几声呼喊全部往后边跑了，又一次使得正在战斗的战车、战防炮失去了掩护。

步兵的溃散传到了在芒市、遮放一线统一指挥阻击的军事委员会驻滇缅参谋团团长林蔚、参谋处长萧毅肃那里。他们也吓昏了，却给战车团发来了一道既愚昧又可笑的命令："战车于掩护步兵撤退之后，自动破坏于隘路之中，以为路上障碍，而阻敌之前进。破坏之位置，如另纸附图。"

这图纸规定，这些战车应破坏在处于悬崖峭壁上下的弯曲道路上，每5米一辆，以阻止日军的快速纵队乘着卡车前进。

命令中还用语严厉地指出："如有违误，军法从事。"

这种既原始又低级的阻敌办法，却会在现代化的战争中，出自这些自命饱读兵书、深通韬略的将军们那里，令战车团官兵深为诧异，坦克再重也不是大山，日本军队出动一些人或者用重型坦克来推挤，很快就能把这些"障碍物"推开！

林蔚是以军令部次长、蒋介石侍从室主任的显赫身份来出任军事委员会驻滇缅参谋团团长的，是代表蒋介石来监军、传达命令的。在前线的高级将领罗卓英、杜聿明都要让他几分，胡献群这少将战车团团长哪敢违抗他的命令，只好先留下第一辆坦克在前边抗击，把后边4辆作为"障碍物"的坦克内的武器、观测镜等拆卸下，放进那5辆轻型坦克中往后运走。

这时候，日军步兵趁中国军队的步兵逃散了，分几路从南边攀上了大黑山，居高临下地向公路上扫射、投掷手榴弹。战车团官兵只好在撤走前，把那5辆用作路障的重型坦克浇上汽油爆炸，其他没有破坏的坦克、火炮忙往遮放方向退走，但是北边公路上的大小桥梁都被溃逃在前的第九十三师烧毁了，连轻型坦克也不能过去，日军又从后边紧紧地追了上来。坦克手们无路可走，只好停下来抗

击。虽然击毙了一些冲近前的日军士兵，但轻型坦克的转塔射击范围有限，左右射角只有15度，不能扫射从两侧围过来的敌人，敌众我寡，全都英勇地战死了。

这10辆大、小坦克也就全都被破坏或落入敌手。

其余的战车好不容易过了遮放，又因为沿途撤退、逃难的车辆拥挤阻塞，费尽气力，才冲出57辆大、小战车，从而全团损失过半。

战车团的官兵平日爱车如命，一向精心维护。没想到在退入国内后，还会被强迫破坏，被日军夺去，都伤心地大哭。

当时杜聿明军长正领着军队向印度方向突围，事过许久才知道这事。他很是愤慨，多年后回忆起来，曾感叹地怨怪参谋团的林蔚："竟不知使用战车逐次抵抗，阻击敌人，反令（不）与敌战斗，又在芒市附近（按：应为畹町）破坏一连战车以阻塞道路。他们对于武器运用毫无常识，可以想见。"

这不仅是林蔚、萧毅肃这些将领们不懂得使用战车和步炮协同，更主要的是畏敌如虎，在大溃败时完全处于慌乱中而不知所措。

追击的日军见中国军队不再用坦克反击，而是自行把这些坦克炸毁，既感意外又很高兴。他们很快就把挡在路上的那几辆坦克推往路边的悬崖下，扫清了障碍，又继续驱动车辆向北追。

拥挤在滇缅公路上的难民们，以及在那一带赶运物资回国的工程技术人员都希望张轸的第六十六军能多抗击日军几天，好让他们逃进国内渡过怒江，没想到这支军队跑得比他们还快，丢弃的装甲车、汽车堵在公路上，反而成了障碍物，使本来走得疲惫、缓慢、拥挤的逃难人群更难以行走。

随同战车团行动的第五军汽车团驾驶员刘家茂老人，许多年后曾这样回忆当时从腊戍到怒江边近千里的军民大逃亡情况："我们到达腊戍后，虽然不见敌军，但整个腊戍人心惶惶、一片混乱。一时间军车、公车、商车挤满了公路，扶老携幼的逃难人群，见车就爬，潮水般地向畹町方向涌来。最使我难忘的是我们载有俄式战车的四辆拖车在腊戍外边修理时，一批逃难的华侨就蜂拥而上，爬满了整个车子。连叶子板、引擎盖、驾驶室顶上和车尾的四个轮子上都爬满了人。车子无法开动，怎么说服也不行，最后只好强行把爬在轮子上的人拉下来。车子开动了，而那些一家人没有全部挤上车、造成分离的人们，

互相呼爹喊娘，特别是妇女、儿童的哭声，更惨不忍闻。其中有一男性华侨，可能是在缅甸出生的，满身缅甸装束，他用生硬的中国话高喊：‘中国！中国人！回去！回去！’意思是说他是中国人要回中国去。这时候，我们的心都碎了。”

虽然是简略的描述，当时那万千流离失所的人陷于灾难中的悲惨状，已经鲜明地跃入我们眼前。读来令人心碎。

几个月前，在缅甸的华侨还把抗击日本侵略者的希望寄托在中国远征军身上。他们相信，10 万大军的出击是能够拯救自己于灾难，免遭日寇的蹂躏。哪知一转眼，战火就烧近了，使自己陷于家破人亡的境地。这真叫他们既痛苦又不明白。

亲自在龙陵、遮放指挥战车北撤的胡献群团长，也为路途被拥挤的人群堵塞而束手无策。当时，待载运的重型、中型坦克约需 120 辆载重汽车来运送，但是进入缅甸后汽车团的汽车被日军炸毁，或在行驶中损坏了大半，只有 50 余辆还可以使用。他只好采取了分段运输的办法，先把一批战车用汽车运往龙陵，再折回来运第二批战车。当时从遮放到龙陵的公路里程约 87 公里，路面又开阔、平坦，按照计划，一天可以有一两个来回，但是路上车辆、逃难人群的拥挤造成的堵塞，却使得这些载运战车的汽车难以移动，更不可能驰行。那天早上 8 时，他们在遮放以西 5 公里的团部驻地把第一批汽车发了出去，等到晚上才有人来向胡献群团长报告，遮放路上尽是成三路、四路纵队的车子，“我们上午动身的车子，现在还在遮放这边哩，不晓得什么时候才可以通过（遮放）街。”“走一米，要等几十分钟。”

他还告诉胡献群团长，他是“等不得了，下车步行，从挤在公路上的车缝隙里钻回来的……”

胡献群团长很着急，这边道路阻塞，车辆难以移动，而东进的日军的快速纵队却很快要攻到遮放了。他只好亲自乘坐他的专用装甲车，从团部驻地赶往遮放街上去处理。他这辆装有防弹玻璃和实心轮胎的装甲车，可以越过那些一般车辆不能行走的泥泞田野、河沟，但是 5 公里的路段仍然走走停停地磨蹭了 3 个多小时。在遮放街上，他遇见军委驻滇缅参谋团团长林蔚，林蔚的小车也被堵在汽车堆里进退不得……

在东线追击中国军队的日军第五十六师团长渡边正夫，见中国军队第六十六军已经溃不成军，不会有大的抗击，就及时把部队做了调整。不再把松本喜六大佐指挥的那支快速纵队（步兵第一四八联队、坦克第十四联队）用在向中国境内的追击，改派他们去参加经南坎向八莫的攻击，而改用坂口少将指挥的步兵团，乘上汽车攻向畹町以东的芒市、龙陵、腾冲等地。

中缅边界的大溃败震撼了中外，也使在重庆的蒋介石更为焦虑。他虽然早就预料不肯久战的英军会临阵脱逃，影响在东线作战的中国远征军，但是怎么也没有想到缅甸战局会在几天之内如此快速地逆转，特别是第六军和第六十六军那几个师会不堪一击地一路败退。而更使他焦急的是那几天他无从了解缅北的军情，向云南省主席兼昆明行营主任龙云上将询问，龙云因为没有直接管辖中国远征军在缅甸的作战，对前线情况一点也不知晓。派驻缅甸的参谋团团长林蔚在 5 月 2 日以后就失去了联系，只有驻云南的美国“飞虎队”（美国空军志愿人员）指挥官陈纳德将军派出的侦察机驾驶员从高空向下观望后，在 5 月 4 日写成的报告用急电传给蒋介石：“在滇缅路上中国军队零零落落，溃不成军，对于日军的前进，完全没有抵抗。如果再不设法挽救，依照敌人几天来前进的速度计算，10 天左右就可以到达昆明了。”

这是实际情况，当时昆明到畹町的公路里程不过 800 余公里，以日军第五十六师团那支快速纵队袭取腊戍时，日行百余公里的速度，中国军队再不组织力量据险抗击，可能不要 10 天就会兵临滇池，冲上昆明的五华山了。

当时的云南虽然是大军云集，滇南红河、文山有着卢汉的第一集团军、关麟征的第九集团军，但那是防御日军从越南方向攻过来的，不敢轻易移动；龙云的地方部队虽然有 40 个营，但全都分散于各个县，武器装备简陋，战斗力很弱。如今能使用的只有驻在昆明附近的第十一集团军总司令兼昆明防守司令宋希濂的部队了。

蒋介石在 5 月 4 日深夜从重庆亲自打电话给宋希濂，用焦急的语气告诉宋希濂：腊戍、畹町均已失守，日军正沿滇缅公路东进……

（其实，5 月 4 日这天，日军的快速纵队已经越过龙陵攻近怒江。）

蒋介石命令宋希濂立即征调车辆，把驻祥云的第三十六师先行运往怒江东岸去阻击日军，然后把第八十七师、八十八师也调上去。

祥云离怒江约 300 公里。第三十六师是离怒江最近的部队了。

宋希濂指挥的第十一集团军有钟彬任军长的第七十一军、张轸任军长的第六十六军，以及顾葆裕师长的预备第二师。张轸的第六十六军已经在两个月前的 3 月末编入中国远征军序列去往腊戍作战并在最近的大溃退中被冲垮。如今，他这个集团军只有 4 个师，蒋介石又把驻曲靖的新编第三十九师拨归他指挥。

第七十一军原来由军事委员会直接管辖，分驻于四川、西康。1942 年春缅甸战局紧张，第三十六师才在十几天前的 4 月下旬从西昌调进云南。

云南与当时的西康省虽然是近邻，但中间有滇中高原的大雪山和金沙江河谷阻隔，只有一条古老的窄小驿道相通，冬天会被积雪封盖，夏秋又会被漫长雨季引发的山洪冲垮，加上沿途人迹稀少，来往的行人、马帮都把这一带视为畏途。直到 1940 年冬，参谋总长何应钦将军从军事需要考虑，必须尽快修筑一条把四川、西康、云南连接的“西（昌）祥（云）公路”，于是指令正在云南修筑滇缅铁路的著名铁路专家杜镇远带着张海平、王节尧、龚海平等大批铁路专家指挥近 10 万民工来修筑公路。虽然这一带山势险峻，地形复杂，但是专家们明白，这是抗战的需要，必须以临战姿态来赶工。加上他们都是早期留学欧美，经过多年筑路实践的中国第一流专家，善于根据不同地形、气候、施工条件来解决筑路过程中的难题。从 1940 年 12 月到 1941 年 6 月，仅用半年多的时间就修成了这条全长 524.6 公里、跨过无数起伏山岭之间的悬崖峭壁和包括金沙江、鱼泡江在内的大小江河的西（昌）祥（云）公路。

这就方便了从四川、西康至云南的军运、货运。虽然这年 4 月由于车辆紧张，第三十六师 8000 余人的部队只能沿公路步行，走了 20 多天，才抵达云南祥云。不过这个师的重武器、病员还是能从公路上车运。如果没有这条新修的公路，那些需要车辆运载的辎重，就要从西康绕往四川、贵州，多走几千里才能到达云南。在这以后，第七十一军的第八十七师、第八十八师，以及王凌云军长指挥的第二军，也都是从这条公路进入云南的。

第三十六师是第七十一军的主力师，也是抗日战争初期宋希濂担

任过师长的亲信部队。在他的指挥下，先后参加过1937年的“八一三”淞沪会战，以及南京保卫战、武汉会战等重大战役。官兵实战经验丰富，能攻善守。如今的师长李志鹏是黄埔五期毕业，抗日战争以来就在这个师担任团长、旅长、师长，对这支部队熟悉，指挥上也就顺手。他接到宋希濂的命令后，立即派出熊正诗团长的第一〇六团，乘车驰往保山以西的怒江。虽然这近300公里的山间公路，曲折多弯，险段很多，但是军情紧急，他们还是连夜驱车疾行……

宋希濂对第三十六师下达了命令后，又连夜驱车赶到位于昆明西郊黑林铺的“滇缅公路运输总局”，要求他们把所有从事军运、商运的车辆都停止外派，全部用来运送部队。

运输总局的主管也知道前线战事紧急将危及昆明，答应从第二天（5月5日）起的3天内提供550辆大卡车给第七十一军。以一辆车装运20人至30人计算，一次就可抢运两个师的兵力。

5月6日下午，宋希濂又带着几名作战参谋乘军用飞机到达祥云的云南驿机场，然后改乘汽车连夜往西赶，在5月7日的夜半3时赶到保山。这几天，日军飞机不断来轰炸，县城内外被炸得面目全非，到处是断垣残壁，溃兵、难民乱窜，一片兵荒马乱的残破惨状。当地的军政机关也不知躲往哪里去了，四处打听，好不容易才找到已逃到保山城北乡间的军委会驻滇缅参谋团团长林蔚以及参谋处长萧毅肃。宋希濂向他们询问怒江以西的军情。林蔚他们这一路上跑得慌乱，已经和前边的部队失去了联系，难以准确说明白前线的形势。宋希濂只好自己驱车赶往正在与日军激战的怒江东岸……

日军第五十六师团由阪口少将指挥的追击部队，快速越过了畹町、遮放、芒市、龙陵，一路上击溃了中国军队第六十六军两个师（新编第二十八师、新编第二十九师）、第六军的第九十三师和第五军的战车团，排除了散乱地遗弃在公路上的数不清的破烂汽车和行李物资后，打开一条通道，直接扑向了怒江边。

当时从仰光、曼德勒、腊戍、登尼（兴威）抢运下来的美国援助中国的军用物资和修筑“滇缅铁路”的器材，在沿途城镇堆积如山，都因为日军追得太急，来不及再向怒江以东抢运而落入敌手。据日军军方公布：仅在畹町就缴获汽油15070大桶（每桶53加仑），机油1000大桶、米500袋（每袋100千克）、盐280贯（每贯3.2千克）。

追到遮放后，又缴获汽车轮胎900只，榴弹炮炮弹900箱、速射炮炮弹600箱。攻到龙陵后，又缴获汽油550桶、柴油1000大桶、轮胎25只、米700袋、水泥10000袋，还有大量供修筑铁路、公路用的铜、钢轨、钢板、锌板、钨等物资。

这都是中国抗战最稀缺的物资。也不知道当时专程去往美国的中国的外交官和工程专家宋子文、杜镇远等人，费了多少时间与心力与美国政府谈判，还有美方许多同情中国抗战的人士，帮助对美国高层进行游说，才好不容易得到这些援助。又艰难地从美国，舟行万里越过太平洋运到缅甸仰光码头，再用火车运到腊戍、登尼（兴威），然后改用每辆载重3吨的汽车一辆一辆地往国境内运送。没想到还没有运过怒江就被入侵的日军抢去了。

日军的先头部队，在5月5日天亮前冲到了松山的腊勐街，占领了离江边不远、可以居高临下控制怒江惠通桥的高地。怒江峡谷的湿气重，早晨和上午都是云雾弥漫，看不见大河、村落、公路。但是日军知道白茫茫的云海笼罩下，挤满了争着过河的人们和车辆，却残忍地用大炮、机枪向下扫射、轰击。

从西岸过往东岸，要在险峻的怒江大峡谷中沿着蜿蜒的公路缓缓往下走，过了铁索桥后，再在弯曲的公路上费力地往山岭上爬。

惠通桥是一座用几根粗大铁索牢牢系在两岸，高悬于江上的公路桥。因为载重量有限，过桥的汽车要拉开20余米的距离缓缓地过桥。如今从西边撤退下来的军车、商车有几千辆，还有几万步行东逃的士兵、难民，把桥上桥下挤得满满的，有的汽车坏了，开不动了，停在窄而弯曲的公路上，阻住了人群和车辆的行进。这当中还夹杂着由日本特务化装成的汽车司机，故意把车子弄坏了，用来堵住行人车辆……

逃难的人们还不知道日军已经追到了后边的山头上，以为过了桥就安全了，但是走着走着就被穿过云雾从天而降的、一颗接一颗的密集、猛烈的炮弹炸得血肉横飞。

从山头上密集倾泻过来的炮弹、机枪子弹，表明日军已经占领了西岸山头，从那边下来冲向大桥只是早晚的事。逃难的人们和溃退的军队更是慌忙往桥上拥，压得那长长的铁索桥不胜负荷地发出吱嘎的声响并剧烈地晃荡……

中国远征军的工兵司令官马崇六中将已经先期赶抵怒江边。他已经接到命令：日军一抵达怒江西岸，就立即把吊桥炸断。

他派出工兵在桥上设置了炸药、雷管。

5 月 5 日上午 9 时左右，马崇六见日军射来的机枪子弹和炮弹愈来愈近，估计日军已从西岸山头下来了，他命令士兵赶紧驱赶还走在桥上的人。

就在桥上的一些人刚跳到东岸桥头几米处时，工兵们摇动发电机引爆了安装在桥上的雷管炸药。“轰隆隆”几声巨大声响，这高悬于江流之上，如一条棕色长龙的铁索桥痉挛地抖动了几下，顿时断成了许多截，沉入湍急的江流中。

炸桥之前，已经有一部分日军装扮成逃难的人混过了江，只是人数少又带的是短枪，还不敢公开在东岸露脸。

铁索桥刚炸断，日军的前锋部队也随后赶到了桥西。就趁着东岸一片混乱还没有中国军队布防之时，用橡皮艇和临时捆扎的木筏来抢渡。这些小舟、木筏每次只能载运三五个人。开始时渡过来的人还不多，还难以形成较大的力量向东岸山头冲击。

这时候，逃过江正在往山岭上爬的各部队溃兵却很多，而且都带着枪支武器，如果有一两个人及时登高一呼，号召大家停下来向江面上射击，完全可以把这些还只有少数人在抢渡的日军打得筏翻艇炸，使日军被毁于半渡。但是这些夹杂在难民中的溃兵已经跑得失去了建制，也跑得慌了神，只顾拼命往山上爬，想早些跑离这江边，也就让日军的先头部队能够一船又一船、不受拦截地冲过浪涛急流，渡过大江，顺利占领滩头阵地，再把舟筏送回去接应后续部队。

5 月初的怒江西岸，雨季已经开始，水位升高变得更汹涌急湍了。日军因为不必担心对岸会有阻击，只要全力应付浪涛急流就行了。在先过江的人员的接应下，陆续有四五百人渡到东岸。

他们过了江就迅速向东岸的山岭攀爬，占领了江边的海婆山。

海婆山是惠通桥东岸的一个山头，还不是最高处，往纵深发展，还得往更高处的老鲁田山爬。这时候，中国军队第三十六师的一〇六团在上午 10 时赶到了，跳下车就用机枪、迫击炮向爬上来的日军展开了猛烈的扫射、轰击。

日军第五十六师团这支由阪口少将指挥的快速纵队，这几天从腊戍进入中国境内后，一直所向披靡，如今又渡过了天堑怒江，正准备

直捣70公里外的滇西重镇保山，没想到会在这江边山头上遭遇阻击，只是他们的锐气正盛，也就想一鼓作气打垮迎面而来的中国军队，尽快占领东岸的老鲁田。

老鲁田在海婆山的上方，与江对岸的松山等山岭遥遥相对，是渡过东岸后兵家必争之地。

日军呐喊着往上爬，中国军队迈开大步往下冲。一场近距离的肉搏战开始了。

一〇六团团长熊正诗是黄埔军校六期毕业的贵州壮汉，在这个团担任连、营长时就以勇猛善战著称。他深知“两军相遇，勇者胜”的至理，他把全团的九个步兵连和重迫击炮连全都调了上来，以人多势众和敢于拼搏的精神压住了日军。

日军见攻击受挫，忙调动飞机来轰炸，还在对岸松山用几门山炮来轰击。

这时候，第三十六师轻重迫击炮兵也随后赶了上来，在老鲁田山头构筑了炮阵地，以猛烈的炮火轰向对岸日军炮阵地，以及还在怒江激流上用橡皮艇、木筏继续抢渡的日军后续部队……

紧接着第三十六师的第一〇七团也在团长麦劲东率领下乘车赶到加入了战斗。

这场阻击战，中国军队以优势的兵力和猛烈的炮火完全压制住了西岸山头上日军的炮火，以及渡到东岸的那几百人，并用火炮和轻重机枪封锁了怒江江面和西岸的公路，使日军不敢在西岸露头，也无法再乘船筏渡江。

打到5月6日下午，日军渡过江来的四五百人，死伤大半，只剩下两百多人还在就地挖掘工事顽抗。但是江面被中国军队的炮火封锁，他们的后援部队和粮食、弹药运不过来，逐渐招架不住了。

5月7日下午，宋希濂将军和集团军副参谋长陶晋初赶到了设在东岸的第三十六师指挥所，与李志鹏师长，一〇六团团长熊正诗、一〇七团团长麦劲东一起研究了歼灭残剩日军的部署。他认为：“不能让这些日军留在东岸成为钉子，全部歼灭了，不仅可以打击日军东进的气焰，还可稳定东岸的军心、民心。” 他当即决定把全师所有的轻重迫击炮都调过来，集中火力轰向这些还留在东岸的残剩敌人，并调整了重机枪的射击位置，封锁了江面以及周围大、小渡口。

5月8日上午，在火炮集中轰击，轻重机枪密集扫射下，日军这两

百余人也多数被击毙了，剩下的五六十人逃命心切，不顾会摔死、跌伤的危险，滚下山坡跳进怒江里，想泅水逃回西岸，在湍急浪涛中浮沉时，又被打死、淹死不少。

这是日军攻进滇西以来，败退得最狼狈、死伤得最多的一次。也再一次表明，对侵略者敢于打击，还是能战而胜之。

这样，窜过东岸的这股日军就完全被肃清了，也制止了日军以怒江为桥头堡接应后续部队，长驱直入，东犯保山、大理、昆明的战略企图。

随后几天，第十一集团军的预备第二师、第八十七师、第八十八师，也分别乘车或步行赶到保山附近集结。

这一阻敌于怒江以西的胜仗，使国民党军队军威大振，略为安定了保山、大理、昆明一带的民心，也使宋希濂将军豪气大增。他了解到日军第五十六师团主力，正北向密支那追击杜聿明的第五军，进入中国境内的只不过是一个临时组成的、两三千人的部队，兵力并不雄厚，而且已被我军消灭了五六百人，战斗力大损。他向在重庆的蒋介石报告并获得批准后，决定趁日军在怒江以西的龙陵、腾冲、芒市、遮放、畹町立足未稳时，派部队过江去反攻以夺回失地。

这是一个雄伟的、有见地的战略举措。如果部署得当，弹药、粮食、兵员有保障，是可以趁日军主力还没有力量顾及怒江以西这个方向时，迅速驱敌于国门之外的。

5 月 11 日，顾葆裕师长指挥的预备第二师从保山与六库接壤的栗柴坝渡口渡过怒江，越过高黎贡山，攻向腾冲以北；5 月 17 日，胡家骥师长指挥的第八十八师在惠通桥下游的攀枝花渡口渡过怒江攻向龙陵，紧接着张绍勋师长也派出第八十七师的一个团加入第八十八师的战斗序列；李志鹏师长的第三十六师也从惠通桥附近渡江攻击正面的松山……

这样多部队越过怒江去作战，已经逃到保山、代表军事委员会指挥作战的林蔚等将领，本来应该立即镇定下来，转入对大反攻的组织、支援。令人叹惜的是，他们已经从大溃退中跑得失去了神智，仍然不去改变、中止大溃退中形成的混乱局面，对部队渡过怒江去作战，所需要的粮食、弹药都没有人负责调配。作为联结东西两岸的惠通桥被炸毁了，也不派工兵修理或及时搭建浮桥，以致重炮、战车都无法运过江去参战。这就给去怒江以西作战的部队带来了许多困难。不过

渡过江的官兵锐气正盛，开初的几次战斗都打得不错，先收复了平戛，又逼近了龙陵，把日军第五十六师团步兵指挥官阪口少将的那支快速纵队（一个步兵中队、一个工兵中队）包围。吓得阪口连连向第五十六师团发去告急电报：“正陷于苦战，请求增援。”

第五十六师团师团长渡边正夫没有想到中国军队敢于这样大规模地渡江反攻，也着急了。除了把拉勐的步兵第一四六联队一个大队、野炮第十八联队两个大队、重炮第三联队一个大队、镇安街一个步兵中队都调回增援龙陵作战外，并把已经进到缅甸八莫、杰沙（卡萨）追击第五军的松井大佐指挥的第一一三联队也调往龙陵。

第十五军司令官饭田洋二郎，也担心被他们占领的中国怒江以西的土地得而复失，除了命令第五十六师团全都调往怒江正面作战外，又从精锐的第十八师团中，抽出了步兵第五十六联队两个大队、步兵第五十五联队一个大队、山炮兵一个大队、工兵一个中队，并配备一所野战医院，由藤村大佐指挥，自北折向东，经腊戍、畹町赶往芒市、龙陵。

日军的援军很快增加到了近一个半师团（近4万人），远远超过中国军队在怒江以西进行反攻战的兵力，而且中国这几个师因为背水作战，后援（粮食、弹药、兵员）被怒江阻隔不能及时供应，特别是急需的重炮、坦克难以运送过江，以致本来还凌厉的渡江反攻战，也就从“一鼓作气”变得“再而衰”了。

在重庆的蒋介石得知日军在不断增加兵力，担心背靠怒江作战的几个师，因大江的阻隔无路可退而又一次被歼。如果那几个师再被消灭，日军就会趁东岸兵力空虚攻向保山、大理。他忙在5月31日急电宋希濂，把第七十一军3个师（第三十六师、第八十七师、第八十八师）全部撤回东岸作为江防部队，只留下顾葆裕师长指挥的预备第二师在腾冲以北依托高黎贡山打游击。

腾冲并不在滇缅公路线上，日军攻近怒江以西后，担心中国军队会从那个方向插入，经腾冲北部去袭取缅北密支那，于5月初从龙陵派出了一支292人的中队，配以一门山炮绕往腾冲。

腾冲是高黎贡山以西扼守中缅边界的战略要地，在明代就修筑有高约8.33325米、厚达6米，全部用巨石厚砖构筑的城墙。这期间，驻有腾（冲）龙（陵）边区行政监督龙绳武的特务营以及护路第三营，

史迪威将军在缅北战地小憩

有着人枪千余；以超过日军四五倍的兵力，并在当地民众的支援下，完全可以歼灭这一小股日军。或者依靠牢固、高大的城墙来固守，等待援军的到来。但是这两个营却在日军还没有到达前，就在龙绳武和腾冲县长邱天培带领下逃走了。

这时候，第六十六军的新编第二十八师师长刘伯龙带着20多个残剩兵卒从腊戍那边逃了过来。不甘家园就此陷于敌手的腾冲人民又把守土御敌的希望寄托在这个师长身上。

刘伯龙那个新编第二十八师原有七八千人。在登尼（兴威）遭到日军攻击后，混乱中师与团失去了联系，只能各自向中缅边境寻路撤退。他不敢沿滇缅公路东逃，而是丢下大部队带着几十个人翻山越岭北逃，从还没有敌情的八莫折向东，再从猴桥那条古驿道进入了腾冲。

守卑谬（眉苗）的薛健仁团长本来想带着他的第八十四团沿滇缅公路往回走，见日军拥过来了，他们只好躲进公路一侧的山林间，才没有被东进的日军发觉。这时候的日军正忙着向中缅边界深入，还顾不上搜索公路两侧，薛健仁这个团人多枪多，中校团附刘绍瑞、第一营营长罗再启都力主趁日军的麻痹大意，对走在后边的日军小部队打一场伏击战，以干扰日军的东进，既可杀杀日军的傲气，还可以提高自己部队的斗志。但是薛健仁团长却被日军吓住了，只想带着部队尽快逃离战场，却坚决拒绝了刘绍瑞和罗再启的意见，从而放过了一次杀敌的战机。这使不少官兵都为之怏怏。

薛健仁带着第八十四团急匆匆地奔向腊戍以北的南渡。那里有着缅北连绵起伏山岭间一望无际的大森林，可以隐蔽行军。但是原始森林里阴暗潮湿、人烟稀少、路径难觅，有时连方向也难辨，给这个团的行走带来不少困难。他们不熟悉路途，又没有地图，更困难的是无从获得几千人的粮食，幸好后来找到了一名当地华侨做向导，引领着他们从南渡河往北走，再从那长达几百里的大森林里穿行了几天几夜去往瑞丽江方向。那些日子，日军还没有来到这一带，他们得以比较安全地走到中缅边界一侧的缅方滚弄。雨季开始了，萨尔温江（怒江）也涨水了，宽阔的江面上一只船也没有。他们就采伐竹木，扎成了几十张每张可坐八九个人的筏子，用两天时间渡过了江，又在滂沱大雨中跋涉两天，进入了中国临沧的南汀河地区。

薛健仁虽然历尽艰难地把这个团的1000多人带回了国，战后全师整训时，那个丢下全师，只带着20多个人逃跑的师长刘伯龙，为了推卸责任，却以“坐失伏击敌军良机”为名，撤了薛健仁团长的职务。

新编第二十八师的另一个团，由梁少雄任团长的第八十二团，从腊戍跑得较快，得以先于日军的追击部队沿滇缅公路回到了畹町。不过并不如他们宣称的是“边退边战”，其实是一路上全团都跑散了。残剩的人员，后来才在怒江东岸被第十一集团军总司令宋希濂派人收容、整顿。他本来应该对不战而退担负责任，由于受到刘伯龙的包庇，反而没有受军纪处分。

最惨的是杨砺初团长率领的第八十三团和跟随他们行动的第八十四团第三营，以及第一营的第三连。这两支部队共3000多人枪，原来是奉命保卫腊戍。日军攻下纳朗（细胞）、腊戍后，他们的退路被截断，发电报给军长、师长请示，一直联系不上。走到文多（温藻），在电台多方呼叫下，才好不容易找到孙立人的新编第三十八师电波，孙立人师长要他们赶紧西渡伊洛瓦底江与自己的这个师会合。但是杨砺初团长又听说第五军大部队正向密支那方向寻路回国，却放弃了西去印度，改而去追赶第五军。这个团走到八莫附近，就被日军第五十六师团的前锋追了上来，他们边打边夺路向北冲，全团被冲成了两股，只好各奔东西，一路从八莫冲出重围东向腾冲回国；另一路由杨励初团长带着穿越缅北山林进入中缅边境无人迹的野人山，翻越碧罗雪山、高黎贡山进入国内，渡过怒江到保山、永平与师部会合。在缅北山林中，他们被饥饿、病痛、野兽、毒虫折磨，官兵大批死亡，近3000人的一支部队只剩下了几百人。

当时担任新编第三十八师副师长兼参谋长的何均衡后来回忆：“有一位杨团长率领三四千人的一支队伍，向曼德勒以北山区转进，当我师进至缅北文多（温藻）附近地区时，还同他们有电讯联络，但过了几天，我师向印度转进时，同杨团长的联络就中断了。以后据闻在缅北原始森林中，在新平洋（欣贝廷）附近，曾发现有架着很多已经锈坏了的枪支，枪架后边是一堆堆的白骨，其中有新编第二十八师的符号，似可证明这就是杨团长所率领的那支三四千人的队伍的遭遇。”

（新编第三十八师退进印度，并在因帕尔、兰姆伽休整后，曾派出一个加强连，由第一一二团第三连连长周友良带领，携带粮食、药品

和对空联络的器材折回印缅边境的胡康河谷寻觅、接应那些以杜聿明的第五军军部、新编第二十二师为主，还陷在原始大森林中无法出来的部队，故有此发现。）

这也就是身为新编第二十八师师长的刘伯龙，后来在逃跑途中经过腾冲时，他只带有二十余名人员之故。这也够狼狈了。但是腾冲人民和士绅在处于惶然无主的状态时，见来了一位少将师长，虽然带的只是些残兵，不过这几天通过腾冲的溃败士兵不少，而且都带有枪支，也就希望刘伯龙留下来收容那些人枪，帮助守御腾冲，等待预备第二师过来。他们哪里知道，刘伯龙这个复兴社特务集团出身的将军，过去只会指挥他的别动大队在后方搜捕镇压无辜的人民，从来没有打过仗，所以这次进入缅甸，一和日军接触就垮了。已经吓破了胆的刘伯龙，怎敢留下来与日军交锋？搜刮了一些钱财、粮食后，就急匆匆地翻越高黎贡山往保山、永平方向跑了。

日军的 292 人，就这样一弹未发，在 5 月 10 日顺畅地进了腾冲城。

几天后（5 月 15 日）预备第二师渡过怒江赶往腾冲时，日军已经利用这段时间加固了城墙，赶修了工事，紧接着他们的主力部队第一四八联队五六千人也陆续赶了上来。

预备第二师虽然一度攻抵腾冲城下，给了日军有力打击，还是因为城坚又兵力不足，没有把这座边城收复。在日军的兵力一度增加到万余人的形势下，只好改为在腾冲山乡进行游击战争。从 1942 年 5 月至 1943 年 5 月的一年间，大小百余战，曾以伤亡 3000 余人的代价，牵制日军第五十六师团的大部分兵力，使得这个师团无力渡江东犯。

宋希濂将军指挥的第十一集团军几个师，依靠怒江险阻，一边对日军进行攻击，一边加强防守。从 1942 年 5 月 8 日起至 1944 年 5 月，保持了长达两年的与日军隔江对峙的局面。日军虽然多次想越过怒江东犯，都因为中国军队防守严密而难以得逞，而且因为太平洋的战事逐渐转向对日军不利，难以增加东进的兵力，南方军总司令官寺内寿一大将原来制订的越过怒江、攻保山、占大理，直取昆明的战略计划也就难以实现。

日军虽然被阻止在怒江以西，但是中国远征军在缅甸的那场大溃退所引发的人们的惊愕、愤怒却久久不能平息，军政高层和民间舆论

的谴责矛头纷纷指向在中缅边界作战的第六十六军。他们有着两个师（新编第二十八师、新编第二十九师）和军直属队近两万人的部队，却不能挡住日军一支 3000 人的攻击，5 天之间从畹町一退 1000 余里，这种丧师辱国的大溃败岂能容忍？

军内外强烈要求惩治张轸、刘伯龙、马维骥等人。

第六十六军原来属于第十一集团军建制，如今溃退回国，又由宋希濂派出部队在怒江以东收容、整顿这个军。

在收容过程中，宋希濂也了解到，第六十六军不堪一战，并不完全是战斗力差，而是军长、师长们贪污腐败使得军无斗志。他们自己要保钱保命，也就不愿用心指挥军队带头死战，只能望风而逃了。

据宋希濂将军后来回忆："内中有不少的官兵向我控告了他们的军长张轸和师长刘伯龙、马维骥。根据他们提供的许多材料和当时的情况来推断，他们 3 个人每个人贪污的缅币卢比有 10 多万元（折合美金三四万元），这还是最低的估计。根据这些情况和他们的不战而逃，我向重庆军事委员会建议，将第六十六军番号撤销，所有残部合编为一个师，并将军长张轸，师长刘伯龙、马维骥革职查办。蒋介石虽然很快批准了我的建议，但他们（张轸、刘伯龙、马维骥）利用贪污得来的大量金钱，在重庆、昆明两地公开地大请其客，秘密地大送其礼，最后经何应钦（他是国民党政权高级军职人员中最贪污、最腐败、最无能的典型人物）的庇护，张轸、刘伯龙没有受到任何处分，而且很快就另派新职；马维骥只关了一下，也很快开释了。"

在国民党军队中，高级将领们都有他们的关系网，经常是牵一发而扯动全局，哪里能随意惩办。

按照张轸的辩解："宋希濂请求蒋介石对我撤职查办，把在缅（甸）失败责任归罪于我一人。蒋介石即召集最高军事会议，会商处理。参加会议的有何应钦、程潜、白崇禧、徐永昌、林蔚、刘斐等。白崇禧首先提出，远征军在缅（甸）作战失败，统帅部应负完全责任，不能归罪于哪个人。林蔚是亲身指挥作战的，对失败原因更为清楚。因此程潜、徐永昌、刘斐、林蔚等均相继发言同意白（崇禧）的主张，对我未予处分。于是调我为第二十集团军副总司令、代理总司令职务（庞炳勋因病辞职三次），并暂留中央训练团担任副教育长职务。"

张轸与宋希濂的叙述虽然不同，还是可信的。他虽然不是桂系军人，1927 年的程潜、李宗仁、白崇禧联合讨伐唐生智时，张轸在程、

李、白手下担任过长沙警备司令，抗战开始后的1938年3月台儿庄战役，他作为第一一〇师师长受李宗仁、白崇禧指挥，与日军苦战40余天，全师伤亡4310余人，深得李、白嘉许，战后被评为“运动战第一”，并升为第十三军军长。

这也表明，他和程潜、李宗仁、白崇禧的关系不同一般，关键时刻他们自然要为他说话。而且中国远征军在缅甸作战的失败也确实不能由他们这几个军长、师长完全负责。所以，在军委会上，白崇禧首先为他辩护，程潜等人也出来支持。

张轸有这些军界大员保护，前途也就没有受大的影响。第二年（1943年）又先后担任了豫南挺进军总指挥兼豫东南行署主任、第十战区（下辖第十五、第十九、第二十一集团军的八个军）副司令长官，职务反而提升了。

新编第二十八师师长刘伯龙从缅甸逃回来后，依靠有康泽这大特务做后台，想把溃败的责任全部往张轸身上推，在宋希濂主持的作战检讨会上与张轸大吵大闹。后来作为军长的张轸都没有受处分，他这个师长当然也不会有事，在中央军校担任了几年教育处长后，又在1948年被提升为第八十九军中将军长。

新编第二十九师师长马维骥，因为不是黄埔军校学生，又没有师友和现任高官维护，就比较倒霉。不仅他这个师被撤销了番号，他也被关押准备送交军法审判，但是重庆的军事委员会将领们见张轸、刘伯龙都悠游自在，也不好严处他，关押了一段时期，还是把他无罪释放了。不过从此以后，他再也没有在军队中任职。

张轸去职后，第六十六军和新编二十九师的番号也被撤销，把剩余部队编入新编第二十八师归第七十一军指挥。这支成立仅几个月的军又不存在了。这可能是国民党军队中寿命最短的一个军。

在缅甸东线不战而退的第六军军长甘丽初也被免职。他是黄埔军校第一期毕业，是蒋介石的嫡系，师友如云，更不会对他深入追究了。他只是与在桂林的中央军校第六分校中将主任黄杰对调，以后又升任第十六集团军副总司令兼第九十三军军长。

国民党军界就是这样的腐败，虽然打了败仗还要看你的关系、后台如何，更不要触怒蒋介石。蒋介石虽然常常表示要重惩那些不肯死战的将领，但是对他的黄埔嫡系亲信将领却多数是呵护有加，不是万不得已不肯加罪。这也就是某些高级将领虽然屡战屡败，却从未得到

严惩，并导致他们手下的师长、团长遇敌不肯苦战的原因之一。

日军第五十六师团这场从缅甸腊戍开始的追击战，虽然在 5 月 8 日被阻于怒江西岸，并形成了隔江对峙的局面，但是这段时间，中国远征军那些从曼德勒附近撤退，先是向北行走，以后又改向西奔逃的第五军 3 个师（第二〇〇师、第九十六师、新编第二十二师）以及新编第三十八师还在中缅边界、印缅边界的退却路上苦苦挣扎，长久处于被饥饿、疾病、雨水折磨的艰难困境。几万官兵一批又一批地惨死在渺无人烟的大森林里……

分路突围的几个师

中、英军队在缅甸战场与日军的这场大战，是双方战斗实力的比拼，更是敌我将领们在战略战术上的较量。中国远征军的将领不乏具有实战经验和敢于率军拼搏的将领，如杜聿明、戴安澜、廖耀湘、余韶、孙立人等都多谋善断、作战勇敢。但是，他们都不是战略部署的主要决策人，也就受着各方面（如英军哈罗德·亚历山大、中国方面的罗卓英等人）的牵制，从而难以发挥更大的作用。日军方面却选用了饭田洋二郎这一用兵泼辣、处事果断的将领，既能全权处理在缅甸的作战，又善于利用各种侦察手段和战场上出现的情况来分析、判断中国军队的动向，也就每次进攻都比较容易得手。

早在 4 月中旬，被迫放弃了彬马拉（平满纳）的中国远征军第九十六师还在边战边退；新编第三十八师刚刚在仁安羌解救出了被日军围困的英、印、缅军队；东线日军也只是在 20 日攻陷垒固（罗衣考），还没有进入东部掸邦高原，中国军队大溃败的局面还没有完全显露之时，日军第十五军司令官饭田洋二郎中将，就从这三个方向的战斗进展，看出了中、英军队在指挥上的矛盾。他明确地表示："与敌军主力的决战已告结束，现在可转向战场追击。"他还指出：虽然"中国军（队）强大的战斗部

队仍在后方，这些部队在今后将陆续参加战斗。由于我军已经在东吁（同古）以及彬马拉（平满纳）附近对这些部队的前方部队予以痛击，估计他们今后已无法形成纵深完整的战斗力。因此，如果现在乘敌颓势而果敢地进行战场追击，估计连其后方部队也可一并歼灭”。因此，他在 4 月 20 日下达的命令中，要求各个师团“猛烈果敢地突进，将敌压向曼德勒附近的伊洛瓦底江歼灭之”。

饭田洋二郎这一判断和果敢地实施战场追歼的决心，准确、有力地打中了虽然拥有数量庞大的军队，但由于指挥上的矛盾，正处于混乱的中、英军队的要害。以致从 4 月 20 日到 5 月 1 日这短短的十余天时间中，东线日军得以顺利地横越掸邦高原，在 4 月 28 日攻下了腊戍，截断了中国远征军与后方联系的滇缅公路；中路日军在 5 月 1 日攻占了曼德勒；西线方面更是由于英军在 4 月 21 日从仁安羌脱离重围后，继续不战而退，而让在几次战斗中受损较大、兵员不足的日军第三十三师团，能获得较充足的时间休整，然后轻快地尾随英军，占领了皎勃东，进抵曼德勒以西。这样，日军就迅速完成了向缅北的三路进攻的战略态势，完全掌握了战场的主动权。

日军这一咄咄逼人的迂回、穿插攻势，更使得在缅甸的中、英军队高层慌了神，不知如何应对，从而加速了中、英军队的大溃败。

日军的第十八师团在 5 月 1 日占领了曼德勒后，饭田洋二郎军团长立即命令已经在 5 月 1 日接近印缅边界的第三十三师团，迅速前行占领印缅边界的葛礼瓦（卡里瓦），除了拦击正在退却的英、印、缅军外，还应该尽快以一部分兵力沿着钦敦江向霍马林方向北上，控制沿江的重要渡口，不让败退的英、印、缅军和中国军队去往西岸进入印度。

饭田洋二郎还命令第五十五师团尽快以一部分兵力沿着铁路向实皆（色格）、瑞保、金乌方向去追击往北退却的中国军队，并电告在东线的第五十六师团，在 5 月 3 日夜间占领了中缅边界重镇八莫后，应该继续沿塔奈河北上去攻占密支那。

日军这三个分路北上的师团，也就以近于竞走的速度，飞快地楔入曼德勒以北的地区，阻断正处于大溃退中的英、印、缅军队，不让他们退往印度、退回中国。

5 月 3 日，日军第三十三师团在师团长樱井省三的指挥下，击溃了逃到葛礼瓦（卡里瓦）的英、印、缅军，完全占领了这一缅印边境重

镇。樱井省三也在这天把师团部前移到这里，并命令原田大佐的步兵第二一五联队不停歇地赶往耶乌，占领钦敦江渡口。

接着，第十五军司令官饭田洋二郎又给樱井省三师团长发来了急电，命令他们应该以一支有力的部队沿钦敦江向北攻往密支那以西、印缅边界的德曼迪，并切断沿江所有的渡口。

德曼迪处于钦敦江上游，有一条窄小的山间公路通向印度东部的科希马。占领了德曼迪后不仅可以封锁印缅边境，还可以控制它东边的乌尤河两岸，不让中、英军队从密支那方向过来。

樱井省三师团长接到命令后，立即指派荒木大佐率领一支由步兵团司令部、步兵第二一三联队，以及师团一个工兵中队等组成的步、炮、工兵联合部队，迅速往德曼迪方向进击。

第三十三师团的另一支先遣队则从葛礼瓦（卡里瓦）折回来，东向攻击穆河西岸的耶乌，切断了企图从铁路上下来、经由耶乌至葛礼瓦（卡里瓦）这条公路去往印度的英、印、缅军队的退路，并在5月7日与从曼德勒沿铁路线上的瑞保过来的第五十五师团的追击部队会合。

虽然这几支部队都军行迅速，第十五军司令官饭田洋二郎仍然担心他们会有所懈怠而失去战机，又在5月6日下达命令催促这两个师团，不要在已经攻占的地方停歇，务须昼夜兼程北上，全歼退往密支那方向的中国军队。

他给第三十三师团的作战命令是："主要应捕歼曼德勒—密支那铁路沿线地带之敌。"

面对这只有追歼，没有大的恶战的战场新形势，日军第三十三师团长樱井省三也就敢于把全师团的部队一分为五地拆散使用，除了北向德曼迪的荒木大佐那支部队外，他命令原田大佐率领步兵第二一五联队的两个大队和山炮兵第三大队，沿着曼（德勒）密（支那）铁路西侧的文多（温藻）、班茂、曼西方向去搜索，抵达曼西后，再折向西边的霍马林；作间大佐率领的步兵第二一六联队一、三大队，则沿着位于西去公路上的平梨铺攻向印缅边境的庞宾；德重中佐则率领他的步兵第二一四联队第一大队，从耶乌沿着公路去往葛瓦礼，然后与荒木大佐支队会合继续北上。

印缅边境和钦敦江西岸群山起伏、陡峭、险峻，多数是没有道路

的原始森林，江两边又有着无数从峡谷间流淌出来的大小溪流，几乎每前进一段路都要穿林过涧，很不利于大部队的行动。日军这样分成几股来追击，也是从地形的复杂以及中、英军队不敢再组织有力的阻击战来改变追歼战术的。他们的多路追击，也就把印缅边境几条通往印度的道路口和渡口都严密地封锁了。

日军能这样详尽地掌握敌情、了解地形，是有着亲日的缅甸德钦党人在提供情况、担任向导，而向北退却的中、英军队却是敌情不明、地形不熟，只能在败退中慌乱地寻路乱窜，不仅行动迟缓，还处处陷于被动。

这期间（5 月 9 日前后），从葛礼瓦（卡里瓦）西去印度的那条狭窄的土路上挤满了败逃的英、印、缅军队，大小汽车、装甲车。日军的荒木支队一攻上来，本来就乱了建制的英、印、缅军队，更是惊恐、慌张地四下逃散。日军的追击队伍却很有章法，先把周围山岭占领，然后趁着英、印、缅军队形散乱处于难以抵抗的慌乱状态，居高临下地展开攻击。这短促的一仗，英、印、缅军被打得溃不成军，弃尸 1200 余具，丢下了坦克 110 辆，火炮 40 余门，汽车 2000 多辆。只有少数官兵利用山林的掩护带着随身的轻武器逃往大山里，再找路逃往印度。得以生还也是极其狼狈。担任过卑谬（眉苗）丛林军校指挥官的迈克尔·卡尔特上校曾这样回忆他们被打散了后，是怎么偷渡钦敦江的："钦敦江大约有 400 码（米）宽，两边都有日军把守。在暴风雨中，日军并没有发现我们，所以我们成功地逃脱了！……除了随身携带的物品，我们一无所有。我身上只有一条短裤，一把左轮手枪和 1000 卢比硬币。而曼德利中士身上除了衬衫、袜子和短裤之外，什么都没有。我们冒险选择了一条小路，没穿靴子的我们没法穿过丛林。我们发现了一些难民丢下的食物，还捡到了一些糖果，尽管上面爬满了蚂蚁，但是把蚂蚁弄掉之后，我们还是将它放入了嘴里。我们的体力越来越差，人也越来越憔悴。晚上我们紧紧地抱成一团，靠体温来互相取暖。"后来他们是混杂在一群印度难民当中，穿着印度服装才躲过了日军的搜查，进入印度。

英军在缅甸的败讯传出后，当时曾经令许多人不明白，这支过去称雄东南亚的大英帝国军队，怎么会这样不堪一击？这正如经历了那几次惨败的约翰·兰德尔少尉所说："战斗中的日军非常凶猛而勇敢。

从前我们非常傲慢，并将他们看作是苦工，是三等民族，但没过多久，我们不得不转变自己的观念，因为他们太可怕了。我们不知道怎样在丛林中作战，没有任何经验和参考资料。我们不仅是一支没有经过训练的部队，而且很多方面都从未接触过。刚开始的时候，我们试图用我们的方法来穿越丛林，后来我们才知道，那些方法根本就没用。因为这些方法不仅让我们穿越丛林的响动太大，而且让我们觉得非常累。”

日军方面也明白，追到印缅边境后，与英、印、缅军的大规模战斗至此完全结束了，以后的追歼对象主要是中国军队了。

荒木大佐指挥的部队占领了葛礼瓦（卡里瓦）后，只留下了少数人员来打扫战场，由作为先遣队的独立工兵联队乘坐船只溯钦敦江而上，攻向400公里外、有条道路通向印度科希马的缅印边境要冲德曼迪。

这支作为先遣队的“水上机动部队”，是日军进入缅北后，用从沿途的大小江河掳掠得来的一些小型轮船、游艇，以及装有汽车马达的小木船组成的，都没有铁甲外壳。如果英、印、缅军能利用他们拥有的炮火，沿江据险狙击，很容易就能击沉这些装载日军过多、负荷过重，又是逆水行舟的船只。但是只顾逃跑的英、印、缅军哪里还敢停下来战斗，也就让日军这支船队能毫无阻拦地在4月16日驶过了莫莱，18日抵达塔班，19日抵达锡当，20日抵达当都，24日攻抵霍马林，与已经在头一天（23日）从陆路过来的原田大佐的步兵第二一五联队的一个大队会合。

荒木大佐把留守霍马林的任务交给第二一五联队的这个大队，又继续率军北进，在5月30日进占德曼迪。

这样，日军的第三十三师团只用了20天时间，就把沿钦敦江所有通往印度的路口全都封锁了，并在德曼迪与已经于5月8日占领了密支那的日军第五十六师团形成隔着乌尤河遥相呼应之势。

向北撤退的中国远征军，处于日军几个方面的追逼下，几乎陷于走投无路的困境。除了孙立人师长的新编第三十八师在日军还没有完全封锁钦敦江之前，在5月中旬分两路先后从文多（温藻）、杰沙（卡萨）折向西北，越过钦敦江和巴特克山脉、勒塔山脉进入了印度外，

其他的中国军队因为途中的迟延，再想往印度走，就只有艰难跋涉于渺无人迹、尽是原始森林、被人称为“死亡之谷”的胡康河谷。

日军那几个师团本来不满员、很疲惫，却能利用他们的快速穿插，把几万中国军队的精锐包围、阻断，置之于死地，这也是令人嗟叹的事。

中国军队和英、印、缅军队大撤退时还有十余万人，特别是戴安澜、廖耀湘、孙立人指挥的几个师和日军打过几场硬仗后，锐气未减，还保持有相当的战斗力，即使不再与敌正面交锋，要退却也可以退得从容、镇定。

但是作为中国远征军的最高指挥官罗卓英，在放弃了“曼德勒会战”后，不是镇定地指挥各个部队利用缅北山峦险峻地形交相掩护，节节阻击；而是在西线英、印、缅军的败退影响下，一听说日军从腊戍方向抄了后路，就慌忙下令全线撤退。几万大军在撤退途中如何有序地行进，如何利用沿途地形地势抗击，军行途中的后勤供应如何保障，他都没有做出具体布置，导致各个部队缺乏统一指挥，在敌情不明的情况下，只会慌张地夺路北逃，从而被来势正凶猛，又有缜密追歼计划的日军快速追上，合围、歼灭。

5 月 1 日曼德勒失守了，史迪威也退到了曼德勒以北约 75 公里的瑞保。那天傍晚，印、缅、中空运部队司令凯莱布·海恩斯上校亲自驾驶了一架美制道格拉斯 C–47（DC–3）型运输机飞到瑞保，要把史迪威和他的参谋人员接往印度。这里已很危险，日军正全速推进，相距瑞保不过 30 公里左右了。

出乎人们的意料，史迪威却拒绝上飞机，自己却带着 114 名由各类人员（18 名美国军官，6 名美国士兵，两名美国医生，19 名缅甸护士，16 名担任他的警卫的中国士兵，6 名英国救护人员，9 名为他服务的印度、马来西亚、缅甸籍勤杂工，以及十几名英国难民和来不及撤走的英国军官、美国传教士、新闻记者），乘上汽车向北走，再向西渡过钦敦江，寻路前行。

来到缅甸后，反攻不成还要逃难，使他深感屈辱。他要用他的行动来证明他“能够胜利地走出缅甸”。

这支 114 人的撤退队伍，虽然军民混杂，但是由于有他的带领，特

别是他的刚毅性格，处事又有魄力，不像英军的撤退队伍一路上大量死亡、掉队。尽管旅途艰难，也遭受饥饿、病痛、毒虫咬，走到后来，所有的人都虚弱不堪，有的人“衰弱得形同甘地”，史迪威体重也减少了 20 磅，他的参谋长窦恩上校病得更厉害，掉了 32 磅，但是他们最终战胜死亡，走到了印度。

这份勇敢、坚毅的精神，使得所有的军人们都不得不佩服他，就连日军方面得知史迪威放弃乘坐飞机，步行穿越山林走入印度，也这样评述：“该中将生于 1883 年 5 月，此时他已 58 岁，但通过这次逃避行动证实，他具有不屈服于任何困难的精神与任何密林地带均能突破的顽强体力。”

那位一直为他担心的美国陆军总参谋长兼陆军总司令马歇尔上将更是欢欣地发来了电报，转达了罗斯福总统、陆军部长史汀文生和陆军部全体成员，对他这种英勇顽强精神的敬意。

不过也有人质疑，既然史迪威、罗卓英、哈罗德·亚历山大在一起做出了退出缅甸的决定，史迪威又在指挥中国军队，他为什么不和军队一起撤退，而是把退却的实际责任全都压在了远征军副长官兼第五军军长杜聿明身上？在大撤退途中还有许多包围与反包围的恶仗要打，更需要坚强的指挥人员。按常情，他和罗卓英都不应该丢下部队自行找路突围。但是那个时候，谁敢公开追究史迪威这位美国将军近似于临阵脱逃的责任？

杜聿明将军在这大溃退中，还是比较清醒、镇定的。他在 4 月 28 日得到日军已经在东线占领腊戌以西的纳朗（细胞）后，就判断出：不仅向东退却无路，而且要小心日军从纳朗北向攻取八莫、密支那，截断中国军队北退之路，还要防止西线的日军第三十三师团沿伊洛瓦底江北上，和东线日军形成对从中路北退的中国军队的夹击之势。所以，他才命令刚从仁安羌方向退下来的孙立人师长指挥的新编第三十八师在 4 月 28 日立即渡过伊洛瓦底江，在东北岸的铁路线上的实皆（色格）占领阵地，掩护中、英军队撤退。

早年在清华大学研读时获得的学识和在美国军校的严格训练，把孙立人将军塑造成了一个与国民党军队众多军人不同的、充满了既爱思考又有挑战精神的新型军人。他认为：这样仓皇地不战而退，不是上策。应该在退却途中适时地以攻为守，寻找战机歼灭日军的追击力量。

他把军队在实皆（色格）一线布置好了后，又从实皆（色格）连夜赶到耶乌，找到已经退到那里的英军总司令哈罗德·亚历山大，要求配属给他一部分炮兵、坦克，他可以用新编第三十八师的全部兵力击退已经占领蒙育瓦（米内瓦），正沿钦敦江北上扑向葛礼瓦（卡里瓦）的日军钳形攻势的“左钳”。

孙立人将军并不是盲目地请战，他是仔细观察了实皆（色格）那一带的山形水势。从军事角度来看，这高耸险陡的山岭和急湍的水流都适于阻击战，而且可以以逸待劳，对满是骄气的日军，打他一个措手不及。但是在敌众我寡的情况下，不能仅用步兵近战搏杀，必须有坦克、大炮支援，在用炮火给予日军大量杀伤后，才能用步兵逼近敌前给予歼灭。

哈罗德·亚历山大正忙于催促英、印、缅军快速撤退，哪里敢停留。他认为：只要走快些，不必担心后路被截断之事，也就可以顺利逃走。而且炮兵、坦克都已经撤远了，不便折回，军需后勤也没有做出再战的计划，在一无汽油、二无给养的情况下，不能停下再战。断然拒绝了孙立人将军的要求。

孙立人将军只好怏怏地回到实皆（色格）去执行他掩护中、英军队撤退的任务，并命令已在仁安羌打得很苦的刘放吾团长的第一一三团先坐小火车北撤。

但是哈罗德·亚历山大以为可以很快通过葛礼瓦（卡里瓦）的如意算盘，还是被抢先占领葛礼瓦（卡里瓦）的日军打乱了。葛礼瓦（卡里瓦）之战，英、印、缅军又被歼1200余人，除一部分人逃脱外，那110辆坦克、40门火炮和2000辆汽车全都抛弃在钦敦江东岸。

孙立人将军深为英军的怯弱，特别是这些坦克、火炮没有使用在战斗中，轻易地成了日军的战利品而叹息、愤慨。

北撤途中的中国军队不断遭到日军飞机的轰炸、扫射，仅4月30日这一天就有36架日军飞机在实皆（色格）新编第三十八师的阵地上疯狂地轰炸、扫射，工事被炸毁了，官兵们又忙着抢修。他们知道，这是日军步兵、坦克即将攻上来的前奏。

5月2日，撤退的中国军队走在最后边的几支部队（第九十六师迫击炮连、机关枪连、收容队）才走下了河，还在半渡中，日军的前锋就追到南岸了，半渡时遭遇袭击，这是最危险的事。负责掩护的新编

第三十八师部队，忙用机枪、大炮轰向对岸，把日军这股急匆匆扑上来的先头部队全部歼灭。

这样，在撤退的第一阶段，有新编第三十八师两个团担任掩护，第五军的大部队还是退得比较顺利。新编第三十八师完成掩护任务后，也奉命沿铁路线向文多（温藻）方向随后跟进。

在重庆的蒋介石得悉第五军已经撤离曼德勒，他没有答应史迪威将军提出的中国远征军中路的主力都进入印度休整的要求，而是在5月3日去电杜聿明："坚守八莫，掩护主力经密支那、片马回国。"

杜聿明与史迪威矛盾很深，特别是对英军的背信弃义、不战而退很愤慨，也不愿意把军队带进还在英国统治下的印度去。虽然他也知道，往北翻越片马那些大山很艰难，但他还是愿意执行蒋介石的命令。但是如今八莫方向情况不明，还得防止东线的日军从瑞古方向渡过伊洛瓦底江的杰沙（卡萨）插过来，截断部队去往密支那的退路。

他正筹划用哪支部队去杰沙（卡萨）堵截时，新编第三十八师的第一一三团作为前锋，在5月6日上午到达文多（温藻）。过去杜聿明看不起新编第三十八师这支"杂牌部队"。仁安羌之战后，杜聿明才明白：这是一支能打硬仗的部队。他把刘放吾团长找去，告诉刘放吾，八莫方向情况不明，要求刘放吾亲自带一个营，并由军部配属一连山炮兵，步兵、炮兵都用汽车运输，先行赶赴杰沙（卡萨），防止日军从八莫方向渡过伊洛瓦底江和太平江攻过来。这个团的其他两个营，则由副团长曾琪率领步行跟进。

文多（温藻）到杰沙（卡萨）不远，有一条简易公路相通，车行三四个小时就可以到达。

刘放吾团长和一营营长杨振汉带着这个营，在下午乘车赶到了杰沙（卡萨），立即观察地形、构筑工事，还派出一个连渡过伊洛瓦底江去东岸侦察、搜索敌情。

第二天傍晚，杜聿明将军也带着参谋、卫队分乘四辆轻型坦克赶来杰沙（卡萨），在江岸边观察良久，一再叮嘱刘放吾团长要守好这一滩头阵地。

后来的战局发展也证明，守住杰沙（卡萨）渡口的重要性。日军第五十六师团的松本喜六大佐指挥的步兵第一四八联队，于5月5日夜间占领八莫后，就急速地西行，准备于5月8日从杰沙（卡萨）攻

过伊洛瓦底江扑向密支那。

罗卓英脱离了大部队，也不了解那几万军队撤退的过程，只是在途中给杜聿明发来了一封电报，命令他带着军队退往文多（温藻）后，再进入印度。

杜聿明是在5月8日在杰沙（卡萨）以南才得知史迪威、罗卓英已在三天前（5月5日）分别带着他们的随从逃往印度了。这使杜聿明很是愤怒，他们都是中国远征军的主要指挥官，怎能在危机中丢下部队？三军不可一日无帅，何况这关系到大撤退中的几万部队的行动。他对美国将军史迪威无可奈何，却执有蒋介石5月3日命令他们北撤密支那经片马回国的电报，也就敢于去拦阻罗卓英。

他在当天（5月8日）就派出了军参谋长罗又伦去追赶，但是罗卓英已走出了几天的路，哪里追得上？

面对三军无主的混乱局面，杜聿明决定独担大任，坚决执行蒋介石的命令。他在杰沙（卡萨）召集师长们开会，传达了蒋介石的意旨。师长们都同意这样走；印度终究是异邦，还是早日回归祖国为好。虽然那是一条山高林密，得寻路前行的艰险旅程。

杜聿明于是下令各师随他从杰沙（卡萨）退往密支那。

密支那位于伊洛瓦底江上游，是缅甸克钦邦的首府，有一条长达1166公里的铁路直达仰光，距中国腾冲的猴桥仅152公里，但是如今那条通道已被从东线穿插过来的日军堵住，只有避开那里再向北走了。但是若从片马回国，就要攀越海拔4000余米的高黎贡山和碧罗雪山并渡过迈立开江、恩梅开江等无数大小河流。

这5月初，缅北的雨季已经开始，整天倾盆大雨，平地都水深三尺，江河更是水势汹涌、浪涛滚滚，无论翻山越岭，还是渡过江河都很困难。一年前（1941年）的5月，中国政府的交通部门为了开辟一条从中缅边界进入印度的陆上通道，曾请“滇缅铁路工程局”局长杜镇远挑选一批专家组织一支“中印公路勘测队”，由著名筑路专家袁梦鸿担任队长，带着24名技术人员去往那终年积雪、长达500余公里、被千年老树藤条严密封裹的原始森林。在191天的实地勘测中，饱经冻饿和疾病缠绕以及野兽、毒虫的袭击，几乎难以生还。因而得出结论：这是一条“死亡线”，如想进入这一地段，别说挖路，仅几万工程技术人员、民工的粮食、器材就无法运输，夏秋雨水一来，冬天大雪封山，

全都会冻死、饿死于这山林深处。那条设想中的“中印公路”，经过那次勘察，也就被迫取消了。

如今，杜聿明指挥的几万军队却要从这筑路工人都不敢接近的“死亡线”去寻找生路，也确实太冒险了。但是军人多数都有着几分异于平常人的冲闯精神，特别是杜聿明这样的战将。他还是准备领着这几万人马翻越过去。

不过，还不等他们完全行动，日军的合围就在迅速收拢。5 月 10 日，日军第五十六师团的步兵第一一四联队从杰沙（卡萨）开始了渡河，攻向守在渡口的新编第三十八师的第一一三团，在文多（温藻）担任掩护的第一一二团也被沿铁路线追上来的日军第三十三师团原田大佐指挥的步兵第二一五联队包围。面对这一前后被夹击的险情，善于出奇制胜的孙立人师长又一次大胆用兵，带着师直属队和第一一四团，从杰沙（卡萨）折回文多（温藻）对日军来了一个反包围。这很出乎日军的意料，原来他们以为中国军队都在望风而逃，孤悬于此的第一一二团将在没有援助的困境下，被他们消灭。却没有想到会突然出现一支人多、枪多、攻势凌厉的部队，也就被打得招架不住。那 18 吨重的坦克也被炸坏了许多辆，还被歼灭 800 余人，原田大佐带着残剩的部队狼狈地败退走了。

已经战斗得精疲力竭的第一一二团也就得以绝处逢生。

原田大佐的败讯传到了日军第三十三师团师团长樱井省三那里，当他得知，这支中国军队就是在仁安羌给予了他们沉重打击的新编第三十八师时，很明白，与这个师不能硬拼，忙催促正沿伊洛瓦底江北上的各路部队都急速东向，截断从文多（温藻）北行的道路，先对孙立人这个师形成大包围圈，然后再用优势兵力从容攻击。

孙立人师长也从当时的敌我态势看出，这一战虽然救出了第一一二团，但是已难以赶上已经走出较远的、杜聿明率领的大部队了，而且那个方向也是前途迷茫、险象环生，能否突出去也难以预料。他当机立断，决定趁敌人的合围还没有完全形成时，把部队折向西北没有公路的大山里，经刊帝、庞宾，渡过钦敦江向印度的英帕尔方向撤退。

这是要担当违抗蒋介石、杜聿明军令，被认为擅自行动的风险。但是不这样做，就会陷入日军的包围中。他思之再三，还是决定不顾杜聿明一再发来电报催促他们往北走的命令，自行找路突围。

后来战局的发展也证明孙立人将军这一大胆举措是正确的，全师

得以及时避开日军的拦击、包围，较完整地进入印度，并在以后成了反攻缅甸的主力，而不是像杜聿明率领的第五军军部和新编第二十二师等部队，在北撤时大部分困死、饿死在野人山、胡康河谷里。

孙立人这个师在寻路突围的途中，还幸运地遇上了带着几个熟悉这一带山林道路的缅甸人的英军联络官马丁中校。有了向导，也就能少走许多弯路。

缅甸的山脉、河流都是从北向南的走势，如今他们要从东往西北方向走，就要不断攀越悬崖绝壁，渡过一道又一道大小河流，特别是日军第三十三师团的水上支队正开着汽船、炮艇溯江而上，过江时不小心就会遭到拦击。有的山岭太高太陡峭 ，背着沉重的枪支武器难以攀爬，孙立人师长命令各个连队就派出一些身手矫健的士兵，背着粗大的绳索先爬上去，再放下绳索把人和装备逐一往上拉……

这时候，日军的大部队和几十辆坦克就在山下的公路往北开，却不知道这支中国军队就在他们旁边的山林中悄悄行进。

好不容易翻过许多座险峻的山岭，在 5 月 18 日走到了钦敦江边的庞宾。这里已是缅印边界上了，日军的水上支队正在附近沿着河上下巡逻，庞宾村子里还有不少亲近日军的缅甸“克钦党”和日军便衣活动。他们没有想到中国军队会突然在这里出现，都很惊讶，也就急于刺探军队的情况。孙立人师长看出了这些人的可疑，他故意把当地的缅甸官员请来见面，表示要在这里进行防御战，请他们给予支持，以麻痹这些人。同时悄悄命令部队迅速砍伐竹子、树木扎成竹木筏，当天夜晚在一弯新月的淡淡光亮照射下连夜抢渡。等到日军接到报告追踪而来时，全师都安全渡到西岸，并用一支部队在河西岸占据有利地形进行阻击，打死了日军 200 余人，还把被日军俘虏的几十名英军官兵也救了出来，然后继续往西北方向走。

那几天大雨倾泻，道路泥泞，在山林间行走很是艰难，但是他们是一支训练有素的部队，撤退途中有小分队打前站，了解敌情、寻觅食宿，有后卫收容掉队的伤病人员，防止敌军的跟踪追击。虽然山路崎岖，有些山岭甚至连道路都没有，团、营、连还是能成建制地军行有序，更不像那些溃逃的英、印、缅军那样把枪支武器和军需装备边走边丢弃。

他们就这样时疾时缓地行走了 7 天，在 5 月 27 日完全甩下了追击的日军，到达印度英帕尔东南约 30 公里的普拉村。

孙立人师长在回师文多（温藻）解救第一一二团时，对守卫杰沙（卡萨）渡口的第一一三团很不放心，特意电令正在第五军军部接洽车辆的副师长齐学启赶到杰沙（卡萨）了解战况。

5月9日下午，在东岸担任滩头阵地守卫的第一一三团第二营五连，首先遭到从八莫过来的日军攻击。这个连兵力薄弱，经过短促的战斗后，退回了西岸。

在西岸守卫的第一一三团各个连队，都赶紧进入阵地准备抗击。

这农历的三月末，星月无光，河上夜雾浓厚，所以没有发现日军趁夜黑抢渡，一直等到拂晓前的10日早晨5时，河上游远处的西岸忽然枪炮声大起。原来日军一支部队已经从上游渡过河，并沿着河岸攻了下来，接着在第一一三团扼守的河对面的日军也在密集的炮火掩护下，乘着汽艇攻过河来了。

刘放吾团长又忙着指挥各营分头抗击。这场战斗从早上5时打到晚上11时，日军人数多，攻势很猛，第一一三团的一些阵地丢失了，部队伤亡很大。

齐学启副师长见日军是采取大迂回包抄之势，形势越来越危急，和刘放吾团长商量后，他带着一批伤员先退往已经撤退到曼西的第五军军部向杜聿明军长报告战况，同时请示该怎样退却。

日军久攻不下，深夜12时后，战斗暂时停歇了。第五军也发来电报，要第一一三团边打边撤退，并命令配属他们作战的军属山炮连立即归建。

刘放吾团长又用电报向孙立人师长请示：该如何行止。

那时候，孙立人师长正指挥部队援救在文多（温藻）被围的第一一二团。他从日军几路北进的攻击态势判断出，向北退的道路将被截断，就电令刘放吾团长趁着还没有完全被敌军紧紧咬住之时，迅速带着部队往西撤，经纳巴、印岛等地去往钦敦江西岸的当都、宠宾，以便和也将往那边撤退的全师会合。

5月10日清晨前的半夜2时，刘放吾团长指挥全团利用夜色掩护，悄悄撤出了阵地。但是这个方向的纵深地带已经被日军分成许多股穿插进入。他们5月11日刚走到离纳巴车站几公里处，就听说前边有日军，只好改往品列库方向走，想从那里奔往南坑。一路上不敢停歇，好不容易在5月13日走到南坑，又与从文多（温藻）方向过来的一股日军遭遇，经过短促激战，毙伤了日军40余人，才把日军打退。这时

候，他们才发现，北去的公路、铁路上都是源源不断的日军步兵、卡车、坦克。敌众我寡，那是没法冲过去的，他们只好离开大路往大山上爬。

这缅北伊洛瓦底江与钦敦江之间，有几座从北向南的大山，如冈高山、满根山、丝彪山、明纹山、勒塔山……

他们如今攀爬的就是陡峭的冈高山。这与横断山脉纵谷地貌相似的大山，要不断地攀上、滑下，很难行走，但是更艰难的是山区人迹稀少、粮食难寻，带的干粮吃完了，近千人将要挨饿。

刘放吾团长只好命令部队下山再折向北行，想找个市镇或乡村筹集粮食。

他们本来想前往迈凯（孟康），但是派人去打听，那里已经被日军占领，不能去了，只好在 5 月 15 日的晚上，冒险从迈凯（孟康）以西去穿越公路。

那一带也被日军封锁了，发现有中国军队经过，不断用机枪、大炮轰击扫射，只是夜雾浓厚，摸不清楚有多少中国军队，不敢贸然扑过来。

5 月 16 日刘放吾团长带着又困又饥饿的部队抵达易康，好不容易在这小镇上筹集了一些粮食做成炒米，日军也随后追过来了。这表明日军已经发现了这个团的行踪，在紧紧尾随。他们不敢在山下走了，又在 17 日从那名叫“好要”的山村附近爬上满根大山。这又是一次长达六十公里的翻山越岭。在山林里疾行了一昼夜才把日军甩掉，在 20 日抵达他阻以东十余里外的林宝寺附近。在这里又遭遇一小股巡逻的日军。刘放吾团长见敌人不多，下令强攻前进；敌人见中国军队人多，不敢阻拦就退走了。

刘放吾团长明白，敌人大部队还会赶过来。他决定尽快离开这里，从他阳村方向寻路渡过钦敦江。果然，日军得到中国军队在这一带徘徊的信息后，决定迅速给予聚歼。原田大佐指挥的步炮兵约一个联队（步兵第二一五联队两个大队、山炮兵第三大队）从下游赶过来了，接着荒木少将指挥的、拥有步兵第二一三联队、山炮兵第二大队、独立工兵第十六联队等部队的六千余人，也从钦敦江下游赶了上来。这是两支几倍于第一一三团的兵力，刘放吾团长不敢在他阳村附近停留，领着部队连夜奔往南先庆渡口。22 日走到那里时，才发现日军已经把那一渡口封锁。他们只好仍然采取白天在山林里隐蔽，夜间急行军的

方式在 24 日赶到霍马林渡口，又在这里遭遇日军拦击，难以过渡。

这真是陷在天罗地网中难以有出路了。

经过这近半个月的东打西突，全团官兵都很疲困，特别是粮食、弹药、医药缺乏，严重影响了部队的继续行军作战。但是官兵们也明白，在这极为困难的时刻，既不能懈怠，更不能丧失斗志，必须保持全团队精诚合力冲出一条生路。

在深密的大山森林里，无线电台经常失去作用，有时恢复了收发报功能，又与师部联络不上。他们真是如一叶孤舟在惊涛骇浪中漂浮。

日军原田大佐率领的那个联队一直紧紧尾随着第一一三团之后，不停歇地追击，必欲给予歼灭。日军有与他们亲近的当地缅甸人报信、做向导，也就能较快掌握这支中国军队的去向。

刘放吾团长明白，如果不尽快甩脱日军，再拖上几天，部队将会完全走得精疲力竭，那时候，就难以再摆脱敌人而被歼灭。如今更要与敌人斗智斗勇。他们在 27 日夜间从迈凯（孟康）渡过乌尤河时，故意对那些凑上来询问行踪的缅甸人宣布，将北去克钦邦，从那一带找路回中国。

乌尤河是从北边的道茂大山里流淌出来的，西向汇入钦敦江的一条小河，平日水不太深，这雨季虽然水位在升高，有些河段还是可以涉渡。

中国军队将北去克钦邦的“讯息”，很快由那些缅甸人传到日军原田大佐那里。他忙指挥军队从公路北上抢在德曼迪一线堵击。

其实第一一三团过了乌尤河并没有再前行，而是潜伏在附近的深山里，等日军大部队离开了那一带后，在 28 日晚间迅速折回来，再渡过乌尤河向南走。在两天两夜中疾行 110 公里，并扫除了沿途日军的几支小分队，在 5 月 30 日清晨抵达钦敦江边的南先庆。

几天前的 5 月 22 日，他们曾经到过这里，被日军堵住而没法过河。如今，日军被他们用声东击西、调虎离山等策略引开了，渡口上出奇地平和、安静，除了雨声、浪涛声，并无日军防守。这真是偷渡的好时刻。不过要快。

江两岸林木葱茏，山脚、山腰长有一些粗大竹子。刘放吾团长命令全团官兵分批上山，每人砍伐一根 4 米长的竹子扛下来编成竹筏；竹子不够用，就拆河边村庄的竹楼。在这天上午 10 时开始按营、连、排、

班建制，6 个人一小组渡河。

河面宽阔，水流汹涌，每张竹筏都由善于划船撑筏的官兵来摆渡。但是那些用竹楼拆下来的竹子扎的竹筏，因为竹子上有洞、有裂缝，下水后失去了浮力，再载上人就会或沉或乱摆动，好在这个团官兵多是来自湖南、贵州，不少人从小就会泅水、划船，忙跳进水里边游边推着竹筏去往对岸。

部队正紧张渡河时，日军一支水上巡逻队乘着用小木船装上汽车马达的“快艇”，从上游的霍马林下来了。他们没想到大批的中国军队会在这里渡河，想冲过来扫射拦截，被在两岸担任掩护的第三营用密集的火力压制住，打得日军掉转船头逃回霍马林去报信了。

刘放吾团长判定日军大部队一时间还来不了，督促部队加紧了渡河，但是水浪过于汹涌，还是有一些筏渡、泅渡的官兵被冲得漂向下游很远，有 30 多人被淹死。其他落水的人，好不容易挣扎着游到对岸，也难以准确去到指定的上岸处，只能散乱地在沿河的芦苇丛中寻路，有些重武器如迫击炮也丢失了。全团又在西岸收容、整顿了一天，才继续寻路西进。

这两天，他们的干粮都吃完了，只有忍着饥饿干渴行走，一些官兵走着走着就难以为继地倒在路边上了。

第二天（6 月 1 日）日军分两路，一路从霍马林沿钦敦江西岸下来，一路从东岸的海宁、南先庆过来，准备夹击这支中国军队，但是第一一三团已经远远地走进了大山一天多，追不上了。

刘放吾团长的第一一三团也就完全摆脱了日军的追击，进入了印缅边界的那加山脉。这条山道多是悬崖峭壁，前些日子从缅甸逃往印度的难民，在葛礼瓦（卡里瓦）、锡当、霍马林等方向的公路被日军封锁后，曾经无可奈何地往这大山里钻，他们扶老携幼，又缺乏有组织的指挥、安排，多数人在这条山道上饿死、病死、渴死。第一一三团官兵过来后，还能见到一堆又一堆尸骨。这使久经战阵的官兵也为之心寒。这些死者都是无辜平民啊！

6 月 2 日，第一一三团终于在滂沱大雨中抵达印度边境阿克陇。这支千余人的步兵团，经过仁安羌、杰沙（卡萨）战斗和这次 21 天的艰难突围，损伤过半，只剩下了 500 人。

身处还一片宁静、祥和的印度山野，刘放吾团长虽然庆幸终于突围成功，但是想起有那样多共度患难、如同手足的官兵长眠于途中，

不禁满眼是泪。

印度边防军见来了这样一支军衣褴褛、形容憔悴的军队，很是紧张，担心是日军化装成中国败军来袭扰。忙派出侦察人员贾克上尉等人化装成打猎的山民前来了解。当他们从近距离观察，判明这是真正的中国军队时，对第一一三团能攀越渺无人迹的满加山脉和激流汹涌的钦敦江等天险，全团成建制地突围过来，很是钦佩。在刘放吾团长的请求下，他们在第二天（6月5日）送来了12大袋大米、两大袋黄豆，以及罐头、香烟等吃食，把官兵们从饥饿中解救出来。

因为团部电台的发报机在部队抢渡乌尤河时被淹坏，不能发电报，印度边防军又帮助他们联系上已到达英帕尔附近的新编第三十八师。孙立人师长正为这支在敌军追踪、堵击下，时而向南时而向北，长久难以突出包围圈，几天又讯息中断的官兵命运着急。如今见他们已经到达印度境内，很是高兴，电令他们立即向师部所在地靠拢，同时亲自带着载有粮食、药品的车队赶来迎接。

治军严格的孙立人师长在担心之余，对第一一三团迟了十余天才进入印度，又很不满意。见面时，对已是身心俱疲、被担架抬过来的刘放吾团长说了一句重话："你是不是懵了头？为什么跑不出来？"气得刘放吾团长委屈地又一次涌出了眼泪，愤然地回答道："我是在作战，不是旅行啊！"

孙立人将军这才感到自己言重了。他关心地亲自把刘放吾送进了美军医院，请美军给予高规格待遇，派技术最高明的医生，用最好的药品来治疗。

美军医院从前是不收治中国官兵的，在孙立人将军的交涉下，他们知道了刘放吾是在仁安羌击败日军的战将，特意派出了最好的医生和两名护士成立专门的治疗小组。刘放吾是中国远征军第一个进美军医院治疗的军官。从那以后，中国的伤员也可以进美军医院了。

这新编第三十八师几个团经过千辛万苦的奋战，虽然损失不小，终于突出重围会合，使官兵们既唏嘘又兴奋。但是在杰沙（卡萨）战斗中就离开了第一一三团的副师长齐学启将军却仍然下落不明，孙立人师长很是担心。孙立人与齐学启是清华大学同学，又一起并肩作战多年，一向私交甚笃。齐学启副师长还兼任了师政治部主任，协助孙

立人师长做了不少鼓舞官兵士气的工作。

孙立人师长曾多次去电第五军军部询问齐学启副师长的情况；那边回电是：齐学启副师长曾在 5 月 11 日乘第五军的轻型坦克从杰沙（卡萨）前线去到曼西军部报告军情，但是并没有随第五军转移，而是把坦克车交回后，就带着新编第三十八师在第五军野战医院的一批伤员去与第一一三团会合了……

齐学启副师长没有掌握作战部队，又带的是一批行走不便的伤病员，在日军四处围堵、进退都艰难的情况下，真是凶多吉少。

孙立人师长为此迁怒于刘放吾团长，不该在日军的重兵从四面八方围过来时，让齐学启副师长离开第一一三团。这使刘放吾团长深感委屈，也造成了他们的不和，刘放吾见得罪了师长，只好请求让他回国进陆军大学深造。这也就是刘放吾虽然善战，却在以后的 1943 年至 1944 年没有参加新编第三十八师的反攻缅甸作战之故。

又过了一段时间，孙立人师长才从一个被英军救出的伤员那里得知：齐学启副师长带着伤病员往西去追赶部队时，见那些伤病员多数是伤重难以行动，就在村庄里向缅甸人买了一群黄牛来驮运他们。好不容易走到乌尤河边的迈凯（孟康），在连日的风吹日晒雨淋下，伤病员的伤势更趋严重，连牛背也骑不稳了。他又派人砍来一些竹子扎成竹筏，顺着乌尤河向钦敦江漂去，准备从霍马林渡过西岸，再沿公路进入印度。

齐学启将军当时对突围路线的选择是正确的。他在危难时刻对受伤的部属不离不弃，愿一起共患难、同存亡的真诚情意，体现了一位具有中华民族仁厚传统的正直军人的高尚风格。但是在日军的第三十三师团正分几路快速北进的时候，他们这支缓慢的牛队以及竹筏漂流，怎能走出包围圈？几经漂流、停歇，再漂流，5 月 19 日漂到霍马林以南 12 公里左右时，被日军的骑兵发现了，从岸上呐喊着追来。伤员们能活动的都加入了逃生的斗争，用竹篙、木桨尽力撑、划，想加快竹筏向下漂的速度，但是仍然逃不脱日军骑兵的追击，在轻重机枪的密集扫射下，竹筏上的人纷纷落水，有的被打死，有的被淹死，有的被浪涛冲往下游……

这个得以幸存生还的伤员，是被冲向钦敦江后，侥幸被路过的英军救起带进印度的。当时他在枪声密集、浪涛翻滚的河水中挣扎、浮沉，也没看清楚在竹筏上的人，哪些被打死了，哪些被淹死了，更是

弄不明白，齐学启将军是死还是活。

这一不幸消息辗转传到孙立人师长那里，使他更惦念这位同学的生死。他派出人在退进印度的英军中打听，希望能再听到一些有关齐学启将军的消息。没有获得。他又派出人化装成难民到乌尤河上下游去打探，希望能从那里得到一些情况，哪怕是尸体的所在地也行。还是一无所获。

这真令孙立人师长和新编第三十八师的官兵忧虑。

这样又过了三年多，直到 1943 年冬 1944 年初，退入印度的中国远征军（后改称“中国驻印军”）向缅甸反攻，同盟国军队在 1945 年 5 月收复了仰光，解救了关在那里的中、英、美战俘，才得知齐学启将军在霍马林附近的江中受伤落水后，并没有死，而是被日军捞起，解送到仰光的集中营关押。日军从他的军衔查出他是位少将，而且是著名的新编第三十八师的副师长。他们如获珍宝，一再逼迫他投降；还指派南京汪精卫汉奸政府的陆军总监兼陆军部长叶蓬，专门从南京飞来仰光劝降，许诺给齐学启将军一个中将军长的职务。面对这些诱饵，齐学启将军深知应以民族大义为重，凛然拒绝。他以文天祥的“人生自古谁无死，留取丹心照汗青”的诗句来表达他愿以死殉国的决心。这样在狱中饱经折磨地熬了近三年。日军在 1945 年 3 月间将要败出仰光时，又来劝降，见齐学启仍然不听从，就狠毒地抬起刺刀对着齐学启将军连刺几刀，还对躺在血泊中的齐将军恶狠狠地说：“你若投降可以给你治伤，不然就让你死掉……”虽然被剧烈的伤痛折磨，齐学启将军仍然忍住剧烈的伤痛不呻吟，更不予回答。集中营里有位被俘的英军上校军医要给齐学启将军治疗，也被日军残忍地阻止，以致他在伤痛中煎熬了 6 天后，在 3 月 7 日壮烈殉国。

齐学启将军铁骨铮铮、从容就义的壮烈精神，令在集中营里的英、美战俘都为之感佩！

齐学启是位文武全才的将军。他是湖南宁乡人，1923 年毕业于清华大学。后来又在 1924 年去美国诺维琪军校学习，1929 年毕业回国，在上海担任保安团长时，参加过“一·二八”和“八一三”淞沪抗战，率领部队打得很勇敢。

他也是中国远征军入缅作战中继戴安澜师长之后，第二位殉国的将级军官。虽然抗战胜利后，国民政府追赠其为陆军中将，只是他不是死于枪弹横飞的战场上，那坚贞不屈的事迹不为多数人所知。其实，

正如前人所述，“慷慨捐躯易，从容就义难”，不具有大智大勇是难以度过那经常被严刑拷打的三年监狱生活，并毅然赴死的。战后，齐学启将军的尸骨从仰光经加尔各答辗转运回中国，归葬于长沙的岳麓山。孙立人将军为墓园撰写了楹联：

九载同窗，同笔砚，同起居，情逾手足；彪勋震异域，
威名撼寰宇，君酬壮志，功垂青史，湘水湘云存浩气。

十年共事，共生死，共患难，倚若股肱；杀身骜天地，
成仁泣鬼神，我迎忠骸，泪洒红叶，秋风秋雨悼忠魂。

楹联写得极有感情，深沉感人，也很具文采。战后几十年，湘江两岸也是风雨多事，齐将军的墓地在“文革”中一度被毁，1989 年得以重修，身在台湾，年已 90 高龄的孙立人将军，念及故友，还抱病写了《重修齐学启将军墓园志》。

新编第三十八师在孙立人师长和第一一三团团长刘放吾的分别率领下，先后经历千辛万苦到达印度的英帕尔后，却引起了驻印度英军高层的紧张，担心这支“溃退”过来的中国军队也会像他们的英、印、缅军那样纪律松弛、作乱地方。负责印度东部防务的英军“东方警备军团”军团长艾尔文中将蛮横地向孙立人师长宣告：“我们大英帝国的国土里，不准许外国的武装部队驻防，你们新三十八师要缴械，作为难民居留。”

他却忘了，前些日子他们还一再请求中国军队进入也是他们大英帝国“领土”的缅甸去援救他们。如果不是他们的怯战退却，中国军队哪里会从胜利转向溃败，辗转流离于印度。

艾尔文的无理要求，被孙立人师长凛然拒绝。他派人去传话：“我们不是难民。是奉中国战区统帅命令，进驻你们印度，协助你们英国军队保卫印度。”

话语铿锵，显示了孙立人这位战将的刚毅和自信。

艾尔文见这支“溃退”进来的军队不听他的安排，又用加急电报向在德里的驻印军总司令韦维尔上将报告，要求动用兵力把中国军队缴械，收容进集中营。

高傲、愚昧的韦维尔对中国军队一向没有好感，准备按照艾尔文的要求来办。

这一讯息被从缅甸退进印度的英军总司令哈罗德·亚历山大知道了。4 月间在卑谬（眉苗）、耶鸟与孙立人师长的两次见面，他对孙立人的勇敢、睿智，大胆用兵留有鲜明印象，特别是这个师用一个只有千余人的步兵团在仁安羌打退了日军近万人的两个联队，解救了英军七千余人更是心存感激。他力劝韦维尔上将不可以那样做，不仅不能缴械，还要以客礼相待，一旦日军向印度进攻，还要倚仗这支部队……

恰好这时候，在仁安羌与孙立人将军、刘放吾团长一起战斗过的驻缅英军第一军团军团长斯姆莱特中将在英帕尔养病，忙抱病去见艾尔文，告诉艾尔文：孙立人指挥的新编第三十八师，是有恩于英军，如果没有他们救助，那七千英军就全部被日军歼灭于仁安羌了。

他认为：于情于理都应该给予新编第三十八师帮助、招待。

他还坦率地告诉艾尔文，这是一支有战斗力的部队，强行去缴械，英军可能不是他们的对手……

有哈罗德·亚历山大和斯姆莱特这两位了解孙立人新编第三十八师的英国将军劝告，韦维尔和艾尔文之流才不敢孟浪造次了。

几天后，艾尔文去新编第三十八师驻地进行了一次名为拜访，实为观察之行。

孙立人师长也知道，部队退进印度后，虽然远离了战场，又面临不友好的英方，仍然不能大意。他除了加紧整顿军队，对伤病员进行治疗外，也特别加强了警戒，防止意外事故发生。把军队驻扎在一座地形较险要的山头上，并连夜构筑了防御工事。

英国将军艾尔文来的那天，孙立人师长率领军装洗刷整洁、枪支擦得雪亮的部队列队迎接，十几名号手吹起了欢迎号。高昂、嘹亮、节奏鲜明，而又动人心弦的号音声振山谷，令来访的英国军人都为之动容；也明白了，这确实是一支不同于那些在溃退中丧失了斗志、军纪废弛的败军。但是在会谈中，涉及中国军队在这里驻扎的一些具体细节时，艾尔文又显得颐指气使了，他答应供给新编第三十八师所需要的粮食、药品，但必须听从他的指挥，日军进攻时，要帮助他们作战……

孙立人将军严肃地回答他："同盟国之间有租借法案，你们对我军的供给，我国政府会还给你们的。我们师是中国军队，中国政府要我做什么，我会遵命。你无权指挥。"

这话义正词严，使得艾尔文也只能心服口服地点头。

再谈到中国军队的驻地时，这个英国将军又以英军营房已经住不下了，只能住进难民收容所。

对于这一具有侮辱性的安排，孙立人将军当然不会答应。他几天前就派人调查了附近村庄还有许多谷仓。如今离秋收还远，都空着，部队可以住在那里边。他还郑重申明，中国军队是军纪严明的，如果老百姓丢失了一根稻草，我们就陪他一根金条……

这些话说得句句铿锵有力、掷地有声，艾尔文也无法反驳。交谈中，孙立人师长那流畅的英语，不卑不亢的态度和睿智见解，也使得艾尔文不能不表示敬佩。从那以后就按照孙立人将军的要求，给予了粮食、医药、弹药的接济。

几天后的 6 月 14 日，同盟国在印度的首府德里举行阅兵典礼，新编第三十八师代表中国军队派出了一个排去参加。在参加检阅的 11 个国家的军队中，以新编第三十八师这个排军容最威武，步伐最整齐。参加检阅的各国军官得知，这就是在仁安羌解救了英国军队的那个师的官兵时，全都报以热烈的掌声以表达他们的敬意，还被各国军队的将领一致评为第一名。

这又一次给中国军队，特别是新编第三十八师带来了殊荣。

6 月 20 日，新编第三十八师奉令从英帕尔去往印度西北的阿萨密省的马黑里达休整，25 天以后，又在 7 月 15 日迁往比哈尔邦的兰姆伽进行整训。

比哈尔邦与尼泊尔接壤，兰姆伽属于这个邦的兰溪县，离加尔各答约 400 公里，是个平坦的地势间有着一些小丘陵的偏僻乡镇。英军占领印度后，为了震慑印度东西部人民和尼泊尔，早就把这里作为驻军的区域，建有 20 多座大营房，可以驻扎 3 万余人的军队。营区内树木高大葱茏，设有靶场、球场、电影院、游泳池、军官俱乐部……

新编第三十八师官兵，前段时间在缅印边界大山里长途跋涉，一边战斗一边寻路突围，饱经饥饿干渴和疾病缠绕，如今来到这安详的环境，再回想起前些日子在印缅边境的山林间，屡次陷于绝境中的苦战，颇有隔世之感。

如今有了新的驻地，又可从容整军顿伍，准备再战了！

（三个多月后，第五军军直属队和新编第二十二师陆续退进印度的

残余的部队，也都被安排来兰姆伽整训。这里也就成了后来由中国远征军改编为“中国驻印军”的训练基地。）

这本来默默无闻、地处偏远的兰姆伽，也因为有一支将在缅甸战场再起风云的中国军队驻扎，而逐渐为世人所知了。

缅甸英军总司令哈罗德·亚历山大，虽然在缅印边界被追击的日军打得丢盔撂甲，把所有的大炮、坦克都丢光了，仍然为自己能把残余的英、印、缅军队带进印度而自鸣得意，特意在 5 月 27 日对外宣布：“由于缅甸方面军部队已经撤退，我作为司令官的任务已经完成了。”

5 月 28 日韦维尔上将也在新德里向记者们表示：“原在缅甸的哈罗德·亚历山大上将所属部队，现到达印度境内。自现在起，已成为印度东部方面军，将承担阻止日军入侵印度的重任。”

哈罗德·亚历山大在印度并没有停留多久，很快就被调回英国，派往中东担任英军总司令，指挥着第八集团军等部队。

中国的军人们这才恍然大悟，英国有那样多将军，丘吉尔首相却百里挑一，独独挑选了这位在敦刻尔大撤退有功的哈罗德·亚历山大来缅甸，原来他的任务就是指挥撤退。如今撤退完了，他也就走了。

哈罗德·亚历山大乘着飞机安然地远走了，可是饱受他们避战自保之害的中国远征军几万军队（第二〇〇师、第九十六师、新编第二十二师，以及第六十六军被打散了的几个团），仍然在中缅、印缅边境的莽野深山间寻路行进。尽是钻不完的原始森林，爬不完的起伏大山，前路茫茫，险情层出，不知道哪一天可以挣脱那可能饿死、累死、病死，甚至全军覆灭的厄运。

第五军的几个师，由于是分别突围，没有完全走在一起。

戴安澜师长指挥的第二〇〇师在 4 月 25 日攻下东枝（棠吉）后，杜聿明军长给他们的命令是：“继续肃清东枝（棠吉）东南隘路之敌，向甘列奥（罗列姆）攻击前进，以断向腊戍北犯敌人的后路。”

如果按照杜聿明将军这一攻击计划，是可以威胁正风风火火攻向腊戍、登尼（兴威）的日军第五十六师团的后背，因为 4 月 25 日至 26 日，日军还没有攻近腊戍（日军与中国军队新编第二十八师在腊戍的战斗是 4 月 27 日才开始）；如果中国军队能合力前后夹攻，日军是不可能在 4 月 28 日轻易地攻下腊戍的。

第二〇〇师在 4 月 26 日进抵甘列奥（罗列姆）时，那里并没有日军，日军第五十六师团都全部北进了。这时候，是继续向腊戍方向追踪日军，还是守住这甘列奥（罗列姆）、东枝（棠吉）这一联系东西的交通线，以护持“曼德勒会战”的左翼，戴安澜师长不敢定夺，只有听候罗卓英、杜聿明的电令。

但是日军的行动快，在 4 月 28 日占领了腊戍。消息传来，罗卓英哪敢再提“曼德勒会战”。忙下令在缅甸的中国军队全都撤退。军委会驻滇缅参谋团团长林蔚，担心紧邻中国车、佛、南（如今的西双版纳）的泰缅边境有失，给第二〇〇师发去了电报，命令他们不必归还第五军建制，可以自行从甘列奥（罗列姆）退往景栋方向，与正从那边往中缅边境退却的第六军会合，并归第六军军长甘丽初指挥。

东枝（棠吉）、甘列奥（罗列姆）至景栋有条简陋的公路便道可通行，从那里退回国内的车、佛、南约 200 公里，纵使没有车运，步行也不过四五天行程。从急于撤退的角度来看，那确实是一条“捷径”。

但是在派系林立的国民党军队中，却各有各的山头，将领们都是始终追随一两个老上级随同浮沉，而不愿意把自己的部队交给别的人去指挥，那很容易被撤并、吞没。

杜聿明在 1930 年任教导第二师第六团团长时，戴安澜就是他这个团的连长、营长。他处事的干练、在几次战斗中表现出来的指挥才能，很受杜聿明器重，随着杜聿明在军队中的快速发展，戴安澜也亦步亦趋地跟着提升，1939 年就成了第二〇〇师少将师长。带领这个主力师在武汉会战、长沙保卫战、昆仑关战役等几场大战中打得很出色，也使他和第五军声名大振。多年共患难同战斗，他和杜聿明私人感情也甚笃。如今他怎肯在大撤退的困难时刻脱离杜聿明的第五军？他和副师长、参谋长、团长们商量了后，决定舍近求远，不往景栋方向走，而是北向纳朗（细胞）越过曼（德勒）腊（戍）铁路去追赶正往密支那退却的杜聿明。

戴安澜和他的同僚们低估了这次大撤退的困难与复杂。他们前一段时间从国内来缅甸，是车行于缅甸以南平坦的大道上，并不了解缅北山岭险峻异常，而且这次过于慌乱的全线退却，也与他们师十几天前从东吁（同古）的突围大有不同。那次是与日军打得正激烈时，趁敌人不备，有组织有计划地撤出阵地，而且还有新编第二十二师在耶达谢（叶带西）牵制日军。这次却是在即将陷入日军大包围的不利形

势下紧张地北撤，左右两翼既无友邻部队掩护，也不知道往前行走会出现什么样的敌情。而更困难的是北边多是人迹罕至、无路可走的深山大岭，还要越过没有舟船可渡的南渡河、瑞丽江等水流急湍的大小河流和三条横贯东西的公路、铁路。如果这些道路被日军封锁，每越过一条道路，都可能遭遇到日军的堵击。沿途既没有供应粮食、弹药的兵站，也没有可采购军需用品的城镇，进入没有道路的大森林中，只能砍路前行，靠指北针来辨别方向。但是他们全师上下与第五军军部靠拢的心切，也就顾不上那样多了。戴安澜师长决定从甘列奥（罗列姆）出发后，部队先渡过棒班河，攀上雷公山，取道丹亮、昔卜、孟贡等地，突过曼（德勒）腊（戍）公路、铁路线北向行走……

这一路山深林密，前后难以呼应，以致有的营、连（如第五九八团三营），在大山里走着走着就和师、团失去了联系，转了两三天又转回到了东枝（棠吉）附近，只好又四处寻找道路。在当地好心人的指点下，他们才找到一条比较近的小路追上大部队。而更不利的是突然奉令撤退，各方面都准备不足，也没有对官兵做深入的动员和解释，以致许多官兵只是盲目地跟着走，从而军心逐渐慌乱，严重影响了士气和战斗力。所以，整个师往北撤退时，官兵心情都很郁闷沉重。一支本来很有攻守能力、对敌无所畏怯的军队，突然变得对敌紧张、恐惧，失去了几天前与日军拼搏的锐气。而且撤退的路线不明确，要边走边找路，还要小心地避开日军的拦截，走得既缓慢又慌乱，在军情瞬息万变的紧急时刻，也就危机四伏。

他们这个师还没有走到曼（德勒）腊（戍）公路、铁路线上的纳朗（细胞），腊戍就在 4 月 28 日丢失了，接着日军又回过头来攻纳朗（细胞）。第二〇〇师实际已处于日军的大包围圈中了。幸好师长戴安澜、副师长高吉人、参谋长周之再和师陆军指挥官兼第五九八团团长郑庭笈、第五九九团团长柳树人、第六〇〇团团长刘少峰，都是久经战阵的军人，能够比较沉着地指挥部队寻路前行。

日军为了追歼撤退的中国远征军，除了各个师团多路出击外，还派出飞机在缅北各条道路上和山林间盘旋侦察。第二〇〇师只能隐蔽地行军，如果前边是密荫的原始森林就白天行走，如果是森林稀少的开阔地，就白天停歇，晚上再走。这样昼伏夜行，走走停停，才躲过了日军飞机的高空侦察。

过南渡河时，宽千余米的河面，水深、浪急，没有渡船，不过河

南岸多是茂密的竹林，他们就派出一部分部队加强警戒，一部分部队砍竹子扎成竹筏来过渡，用了一天时间才把全师渡了过去。

这一路上，他们还先后遇见了与军部失去了联系的几支部队或自行寻路北奔的零散人员。其中有黄翔率领的补充第一团、第二团，第六军两个营、新编第二十八师的部分人员。这些部队和零散人员正愁自身势单力薄难以击破日军的拦截，如今能与第二〇〇师一起突围，也就比较安心了。但是人数增多，也增加了沿途寻找给养的困难。

过了南渡河后，横在他们前边的有三条从东向西的公路，曼（德勒）腊（戍）公路、抹（谷）莫（洛）公路、八（莫）南（坎）公路。日军占领腊戍和曼德勒后，把这几条公路完全控制了。不断派出装甲车和摩托车队巡逻。这就要派出侦察人员去打探日军的行动，以免被发现、包围。这样小心警惕地边走边试探，才安然通过了曼（德勒）腊（戍）公路的封锁线。但是在 5 月 18 日夜间抵达抹（谷）莫（洛）公路时，却与日军遭遇了。当时作为前卫的第六〇〇团一个营刚通过，就被在附近设伏堵击的日军两个大队（第五十六师团第一四八联队第一大队、第一四六联队第一大队）发现，并迅速地扑了上来，与还在通过公路的第二〇〇师后续部队发生了一场近距离的夜战。

日军这两个大队有 1600 余人枪，人数比第二〇〇师少，事前也没有料到这山林间的公路上会有中国军队的大部队过来，仓促遭遇，部署上并不周密。第二〇〇师方面，虽然戴安澜师长事前派出了刘少峰团长的第六〇〇团在公路两侧占领有利地形担任警戒，但是这个师 20 多天来在原始森林中穿行，风餐露宿，被毒蚊、蚂蟥叮咬，不少官兵都患上了恶性疟疾、痢疾，又因为饥饿、走得疲劳，战斗力明显大不如前；再加上心理上存在着忙于夺路奔逃的慌乱，也就不能像从前那样敢于狠打猛冲。

戴安澜师长为了尽快打退扑上来的日军，亲自指挥第五九九团从左翼攻向敌人。林深夜暗，敌我短兵相接地混战，刺刀、手榴弹都用上了。幸好作为后卫的第五九八团在师陆军指挥官兼团长郑庭笈指挥下赶上来加入了战斗。

黑夜间，敌人听得呐喊声、冲杀声由远而近，也摸不清这支增援的中国军队有多少人。也就不敢再战，慌忙撤出了战斗。

这场黑夜中在山林间的混战，第五九九团、第六〇〇团伤亡都很大，分别损失了近两个营的人员。师参谋主任董干、第五九九团团长

柳树人、第六〇〇团副团长刘杰都中弹阵亡，乱军中连尸首都没有抢下来。这个师进入缅甸作战以来，在东吁（同古）、东枝（棠吉），面对几倍于自己的强敌，打了那样大的硬仗，都没有损失一个团级军官。这一场短促的夜间遭遇战，却会如此损兵折将，真是不可思议。这也可见长途突围的艰难。

团长、营长、连长和士兵们的心情都很低沉，一支多次战胜过日军的精锐之师，如今却会这样狼狈，也太令人感伤了！

第二〇〇师不知前边还有多少日军，也就不敢再去穿越过公路，撤回原来的山林里整理，收拢军队。

各个团打散了的人员和师指挥所的人都陆续回来了，却不见了戴安澜师长。四处询问，都不知道师长在哪里。副师长高吉人和师参谋长周之再深感问题严重，怎么一场战斗会把师长弄丢了？周之再忙带着几名官兵折回去寻找。

这天晚上没有月色，山岭间又林深叶暗，视线不清。他们更不敢大声呼叫，只能在刚才那些发生过战斗的地方小心地摸索寻觅，幸好日军远走了，不然他们也很危险。

在周之再参谋长等人耐心地寻觅下，在一条林中小路旁，发现深草丛中有微弱的呻吟声。他们循声赶过去，找到了满身是血躺在那里的戴安澜师长，经过同去的军医、卫生兵快速查看，是胸部、腹部各中了一颗机枪子弹，幸好没有伤及心脏、肝、胆等主要部位。这是战斗结束后，部队匆忙往后撤时，因为随行卫士有的牺牲了，有的在黑暗中跑散了，却没有人照顾他，以致伤口流血过多支持不住而倒在这山路边草丛里。也幸好日军被打退了，没有来这一带追击、搜索。

师参谋主任董干、柳树人团长、刘杰副团长的尸体仍然没有找到。

周之再参谋长他们也不敢在这里长久耽搁，怕日军大部队折回来搜索。

他们对戴安澜师长的伤口做了简单的包扎，就地砍伐两根竹子，用绑腿做了一副简易担架，把他抬回师指挥所临时停留的树林里。

戴安澜师长负伤，几位团长、副团长牺牲，对全师震动很大，处在这突围途中的困难境地，没有坚毅、勇敢，又指挥若定的指挥员，怎么能继续边打边退？

官兵们这段时间都是在没有路的山林中，依靠指北针来钻树林过大河，上山下山，过河再过河，走了许多天也没有走出多远，不少官兵走累了，病倒了，掉队了，死亡了！望着在滂沱大雨中葱茏茂密、逶迤起伏的重重叠叠山岭，也不知道归国的路程还有多长、多远，一个个都很愁闷。

副师长高吉人、参谋长周之再把团长、营长们召集来开会，通报了戴安澜师长受伤过重的情况，也指出了如今在突围途中的处境很艰难，如果不继续北走，就会在这缅北不知名的深密山林里被困死、饿死，被追踪上来的日军消灭！

团长、营长们也知道，只有鼓起勇气，重振信心，才能绝处逢生。都表示要继续率领部队杀出一条血路回归祖国！

这时候的第二〇〇师，还有 4000 人左右，虽然官兵们体力下降，战斗力大不如前，仍然是一支不小的战斗力量。

第二〇〇师在公路以北的原始森林里休整了一天，把打乱了的营、连做了调整，加强了突围途中应注意的事项，同时派出了侦察人员出去侦察敌情，找到了通过公路的新的突破口，改由第五九八团作为前卫，并把负伤的戴安澜师长用担架抬着，随同这个团行动。

5 月中下旬的缅甸北部完全进入了雨季，粗大密集的雨点整天不停歇地倾泻，江河都涨水了，原来的浅浅小溪如今也变得水势湍急难以徒涉。稠密的树林里更是雨雾弥漫，一切都是湿漉漉的。寻路撤退的部队整天在雨中的树林、草丛中钻，军衣也全都湿透了，被撕烂了，特别是夜间没法露宿，患病的官兵日增，躺在担架上的戴安澜师长伤口发炎化脓，日益恶化。医药缺乏，不仅较有效的药品用完了，连碘酒、红汞也没有了，想用盐水给伤口消毒也找不到盐。有一次他们打到一头野牛，因为缺盐，只能用水煮、火烤了淡吃……

拖到 5 月 26 日，戴安澜师长终于在部队走到缅北的茅邦村时去世了。

戴安澜治军严格，又能宽厚待人，所以部属对他都有感情，愿意服从他的指挥。在他受伤后，虽然部队要在山林中不断穿林过涧上下攀爬，很是疲劳、困难，士兵们仍然轮换着用心地抬着他走了八九天。这很不容易。

工兵营选用优质木材，快速给戴安澜师长打造了一口棺材。遗体

在缅甸作战中牺牲的远征军第二〇〇师师长戴安澜

入殓后又抬着走了约三天，气候酷热，又没有防腐的药物，尸体从棺材里沁出腥臭的黄水。不能再保存尸体了，只好就地火化，把遗骨装箱带着走。

戴安澜师长负伤后，也自知伤势严重，可能不起。他除了叮嘱部属们一定要克服困难走回祖国外，还事先留下遗言：如果他不幸牺牲了，由少将步兵指挥官兼第五九八团团长郑庭笈代理师长职务，率领部队回国。

郑庭笈是黄埔军校五期步兵科毕业，先后以连、营、团长的军职参加过忻口会战、昆仑关会战。他指挥的第五九八团又是第二〇〇师的主力。这场长途突围中，其他两个团（第五九九团、第六〇〇团）都伤亡不少，只有他这第五九八团仍然兵员齐整，保持较强的战斗力。所以，戴安澜师长会把继续突围的后事托付给郑庭笈。

也有人说，戴安澜师长平日与副师长高吉人关系不融洽，才不愿把部队交给高吉人。

参谋长周之再按照戴安澜的遗嘱，去到第五九八团请郑庭笈来师部履行代理师长的职务。郑庭笈认为在这困难时刻，全师应该更精诚团结不可分裂，师长职务应该由资历比他高的副师长高吉人代理。这使高吉人很感动。也保证了第二〇〇师的剩余部队能继续上下一心翻越山岭冲破障碍向国内行进。

6 月 2 日，第二〇〇师走到了八莫与南坎之间的公路边上，如能顺利通过这条公路，就可以越过中缅边界回到腾冲了。但是八莫早在一个月前的 5 月 3 日就被日军占领了，这条公路也被封锁了。

高吉人师长派出侦察人员化装成逃难的老百姓去打探，了解到日军往来巡逻的规律是白天严密，大雨的夜间较少出动。他们在夜间趁日军不防范时，冒雨冲过了公路；然后兵分两路，一路由高吉人带着师部和第五九九团、第六〇〇团残余人员，一路由郑庭笈带着第五九八团和戴安澜师长的遗骨前行，在 6 月 10 日进到腾冲以北。

这时候的腾冲城虽然已经被日军第五十六师团第一四八联队占领，但是腾冲人民在 20 多天前的 5 月 15 日渡江西来的预备第二师组织下，正不屈不挠地以腾北为基地，开展敌后游击战争。预备第二师师长顾葆裕将军听说第二〇〇师突围回来了，特意派出两名侦察员化装成山民赶去迎接并担任向导；腾北人民对这支经历了千难万险突围归来的

军队给予了真诚照顾，腾出房屋给官兵住宿，把节约下来的粮食送给部队，采摘来草药医疗伤病员……

几天后，第二〇〇师在腾北人民引导下，越过海拔 4000 米、终年积雪的高黎贡山，从北斋公房险隘下到怒江边上的栗柴坝渡口。

怒江上的溜索桥全都被破坏了，舟楫也完全消失，只能自己扎竹筏过渡。

第二〇〇师官兵们经历了这近一个月的缅北山林江河间的穿行，积累了不少抢渡江河的经验。师工兵营带着各团士兵砍来竹子，每个连都扎好了 4 张用电话线捆扎成的 5 米宽的竹筏。竹筏一次可载运 10 多个人。但是涨水的怒江，水流过于湍急、汹涌，竹筏在浪涛中旋转起伏，很难划到对岸。他们就挑选了十几个水性特别好的士兵，在浪涛中把十几根电线拉往对岸，拴在大树上，然后由这些士兵从对岸用电线来牵引竹筏；筏上的人也尽力地划。这样用了整整 3 天时间才把师部、第五九八团、第五九九团、第六〇〇团的 4000 余人渡到怒江东岸。

那几天，风狂雨急，西岸日军没有巡逻到这里，也就没有发生在抢渡时被袭击的险情。

第二〇〇师过了怒江后，又攀越怒山山脉向保山方向前行。这里已经远离前线，不必担心有敌情了，他们也就能在白天行军，沿途还能得到当地政府和人民的帮助，供给粮食、药品。在 6 月 25 日经过滇西重镇保山，到达云龙县的漕涧镇，休息了几天以后，又移防永平、凤仪。

第二〇〇师出征缅甸时，有 9000 余人，东吁（同古）、东枝（棠吉）的两次大战，面对强敌打得那样激烈，也只伤亡 1300 人，但是在两个月的突围中，却战死、饿死 3200 余人，以这个师第五九九团第九连的一个排为例，出国作战时有 48 人，回国时仅剩下 14 人。师长戴安澜、团长柳树人、副团长刘杰都是死于突围途中。这代价也太大了！

戴安澜师长在突围战斗中不幸受伤而殉国的消息传开了后，上下震动，举国同哀。因为他的善战已是名声远播，在昆明市的志舟体育场举行公祭时，除了云南省主席龙云等军政要员全都参加外，万余市民也自发地前来悼念这位为民族圣战而英勇殉国的将军。在无数挽联中，戴安澜夫人王荷馨女士的挽联所体现出的家国之哀，很是感人：

天道无凭世道衰，君斯壮烈成仁，已侥幸薄取功名，略酬素志；

国难未舒家难续，我忽强肩巨责，应如何勤伺二老，教抚孤儿？

在昆明公祭后，又由戴夫人王荷馨和子女以及第二〇〇师官兵代表护送，用专车载运灵柩经安顺、贵阳、柳州、桂林，再转往湘桂边境的全州。1939 年 2 月，国民政府军事委员会将驻扎于全州的新编第十一军改为第五军。这全州也是第五军的诞生地。把戴安澜将军安厝于此，也是让在异域战死的将军能魂归旧地。

国民政府在这年 10 月追授戴安澜师长为陆军中将。美国总统罗斯福也把军团级将领的“懋绩勋章”追授给戴安澜师长，在授勋词中，颂扬戴安澜师长“实为我同盟国军人之优良楷模”。

八个半月后的 1943 年 4 月 1 日，又由国民政府出面，在全州香山寺举行隆重的追悼大会。由时任军事委员会桂林办公厅主任的李济深将军代表蒋介石委员长主祭，当时的广西省主席黄旭初，从缅甸脱险归国的第五军军长杜聿明将军以及各界人士一万余人参加了悼念。

蒋介石委员长的挽联是：

虎头食肉负雄姿，看万里长征，与敌周旋欣不忝；
马革裹尸酬壮志，惜大勋未集，虚与期望痛何如？

李济深将军的挽联是：

孤军歼敌，捷报频来，伟绩缅家声，完节更逾谢幼度；
万里招魂，灵旗倏下，遐荒归战骨，临风痛哭马文渊。

李济深将军把戴安澜师长誉之为东晋淝水之战的大将谢玄（谢幼度）和东汉的征越名将马援（马文渊），戴安澜将军无愧于这一评价。

中国共产党中央领导人毛泽东、周恩来、朱德、彭德怀都送了挽词、挽联，以表示对这位在民族危难之时，勇于御敌于国门之外的爱国将领的敬仰与哀思。毛泽东主席的挽词是：

外侮需人御，将军赋采薇。师称机械化，勇夺虎罴威。

俗血东瓜守，驱倭棠吉归。沙场竟殒命，壮志也无违。

这对广大抗日军人中的死者与生者都是极大的慰勉！

但是戴安澜将军的骨灰在全州却难久安。1944 年秋，日军发动了桂（林）柳（州）会战，全州危急，人们担心残暴的日军不会放过这位已经死去的抗日英雄，又把骨灰匆忙迁往贵州的贵阳，葬于花溪河边，抗战胜利后的 1948 年夏才迁回故乡安徽。

那外敌入侵、人民受难的年月，英雄的骨灰与灵魂也难以安宁，令人叹息！

在那 1942 年 5 月的缅北大撤退中，余韶师长指挥的第九十六师，是 5 月 1 日下午在新编第三十八师掩护下，最后一批通过伊洛瓦底江铁路大桥的，紧接着，英国工兵就把这座大桥炸毁了。

第九十六师出国作战时有 9863 人，是一支人员较多的步兵师，从 4 月 16 日开始，经过历时半个多月的彬马拉（平满纳）阻击战，在日军两个师团 3 万余人合力攻击下，伤亡、失踪了 4534 人。虽然伤亡过半，但是军心肃然，锐气未减，仍然是支战斗力较强的部队，敢于夺路北行。

伊洛瓦底江以北的铁路遭到日军飞机轰炸和亲日的缅甸“德钦党”的破坏，已经难以正常运行。中国交通部门只好派出铁路专家和技术人员来抢修，才勉强有几辆列车能使用，只是沿路被破坏的设备太多，火车只能走走停停。第五军拨给了他们师几节车厢，不够装运。余韶师长就和副师长胡义宾各带一半官兵，一部分人乘车，一部分人步行，走上一段路后，又把乘车的改为步行，步行的乘上火车，以求能劳逸结合。乘车的第二八六团、第二八八团以及第二八七团一个营（一营）只走出了一段路，就因为“德钦党”把铁轨破坏导致列车出轨，伤亡了 70 余人。全师部队只好都下车步行。

5 月 8 日，余韶师长带领的这一路人马抵达杰沙（卡萨）以西的印道与第五军军部会合后，才知道密支那已经被日军第五十六师团占了，河对岸的杰沙（卡萨）附近也发现了从八莫过来的日军。

这就表明，他们不可能再沿铁路去往密支那，更不可能从那里寻路回国了。

杜聿明军长这时候还直接掌握着三个师（第九十六师、新编第二十二师、第六十六军新编第三十八师）以及军炮团、工兵团、战防炮营等部队。他估计，占领密支那的日军不会多，可能只是先头部队的一两个大队。他一向信奉“狭路相逢勇者胜”的至理；也自信，凭自己军现有的实力是可以把密支那夺回来，打开这条回国的通道。

他命令军部情报科长吴惕园带一个连先去密支那附近侦察，然后由余韶师长带领第九十六师，再配给军炮团、战防炮营，用汽车运送去攻取密支那。

第二天（5 月 9 日）一早，余韶也不等待胡义宾副师长、胡心愉参谋长带领的师部人员和第二八七团两个营（二营、三营）还在后边没有上来，就命令刘有道团长的第二八六团作为前卫，骑兵连、第二八七团第一营、第二八八团、军炮兵团、战防炮营随后跟进，去攻取密支那。

从印道去往密支那要穿越横亘于东西的一片茂密的大森林，森林中有一条当地人踩出来的不算宽的牛车道可供汽车徐缓行走，也就能以日行百余公里的速度，在第二天中午赶到距离密支那只有 30 公里左右的孟拱。再往前走，都是山岭、河流，没有公路可通行了。

部队在孟拱与吴惕园带的那个连（第二八八团第一连）会合。吴惕园已经侦察到进入密支那的日军，只有五六百人，完全可以在攻击中消灭。

余韶命令刘有道团长的第二八六团先渡过孟拱河去警戒，防止日军向这边袭击，整个师略作休整后，准备当晚向密支那进攻。

但是到了下午 4 时，突然接到杜聿明军长的电报：日军已经从杰沙（卡萨）过河，守杰沙（卡萨）的新编第三十八师第一一三团抵抗不住正向西退却，从印道至孟拱的道路已经被日军截断，不能去攻打密支那的日军了。

杜聿明军长命令余韶师长立即从孟拱撤出，改为西去迈昆（孟关）。

迈昆（孟关）远离密支那，接近印缅边境。这也表示从密支那方向回国无望了。

余韶不愿意放弃对密支那的攻击。他认为：那里只有几百日军，即使日军防守得严，一时间攻不下来，也可利用自己的优势兵力压制住

敌人，让后续大部队强行通过。

从当时的战场形势看，余韶师长的攻击取向是对的。如果能按照他的主张及时去攻打密支那，第五军以后往北撤退的形势将是另一番局面，而不至于狼狈、悲惨地进入野人山了。

余韶师长和配属给他的军炮兵团团长朱茂臻、军情报科长吴惕园商量时，这两个人却无心恋战，主张服从杜聿明军长的命令。

余韶师长虽然是中将军阶，但是他不是黄埔嫡系，也不是杜聿明故旧（他的第九十六师是1939年桂南会战后，从撤销番号的第三十六军中并入第五军。属于“外来户”，所以，遇事还得小心），也就不敢再坚持己见，只好把部队带往甘蛮，在那里等待他这个师的后续部队来集结。但是只有师工兵营赶了来，副师长胡义宾率领的师部人员和第二八七团却随着军部去往大打洛方向了。

从甘蛮到迈昆（孟关）都是原始森林密布的险峻山岭，原来只有一条当地人砍柴、打猎，在附近探亲访友踩出的羊肠小道。日军在3月间攻占仰光，中国方面在失去了用滇缅公路与海港的联系后，为了另辟一条从印度接受外援的“中印公路”，才在3月间匆匆把原来在临沧南汀河流域修筑“滇缅铁路”的曾养甫、杜镇远所率领的工程技术人员调来抢修公路。这甘（蛮）迈（昆）段正是滇缅铁路局副局长张海平负责的第一工程段，路基刚刚挖出，可供部队的运兵卡车行驶，几十公里路程，车行半天就到了。

迈昆（孟关）是缅北胡康谷地间一块较大的坝子，方圆有二三十公里，周围山岭高耸，原始森林稠密，有一条水流湍急的塔奈河从东北边流过，肥沃、潮湿，一年四季的上午都被浓厚的白雾笼罩住，要到中午以后才会缓缓散去。

英国军队曾经在这里驻扎过一个营，如今，大部分人员都跑往印度了，只剩下了几个人留守。

这期间，陆续来到迈昆（孟关）的部队很多，除了余韶第九十六师的第二八六团、第二八八团，以及第二八七团的一个营外，还有第五军的炮兵团、工兵团、战防炮团、辎重团。近万人的部队挤在这块坝子上，吃住都成了问题。有的部队到达迈昆（孟关）的第二天就断粮了，只好上山去找野菜充饥。山林的野生植物虽然丰富，没有油盐，吃起来很难受，特别是官兵们见从密支那退往国内的道路已经被截断，军心为之动荡。

余韶师长把军官们召集来开会，勉励大家要有信心寻路回国，还派人四处寻找英国军队有没有留下吃食。

第二八七团一营的士兵在找野菜时，遇见几个留守的英国兵，从他们那里得知，这附近有座英军的大仓库，贮存的食品很多。他们找到仓库打开一看，里边堆满了大包小包的大米、麦片、奶粉、咖啡，各种肉类罐头。把他们看得眼花缭乱、瞠目结舌。进入缅甸作战以来，还没有见过这样高档而又丰盛的食品呢！

这些吃食是供应英军，也准备供应修筑中印公路工程人员使用的。英军逃往印度时来不及运走。

余韶师长派出专人来清点、搬运，按照各个团现有的人数来分配，不仅官兵都吃饱了，每个连队还储存了不少，准备在渺无人迹的山林间行进时食用。

他们在等待胡义宾副师长和胡心愉参谋长带领的那部分人员时，还四处寻找熟悉北边山林的人做向导，谋划北归的道路。但是等了几天，仍然迟迟不见胡义宾那批人赶来，杜聿明军长却在 5 月 13 日从曼西发来电报，命令他们师和其他部队折回去，从密支那以南的伊洛瓦底江下游选择渡口过江往东走回国。从杜聿明的观点来看：这比深入野人山去寻路北行要方便些。这期间缅北的雨水越来越稠密，近万大军茫然陷在山林中，不累死也会饿死、冻死，还不如强闯过已被日军封锁的河段就近回国。

但是这时候，缅北的形势与四五天前准备攻打密支那时大有不同。日军第五十六师团的主力近两万人，已经陆续从八莫进到密支那一线，伊洛瓦底江大小渡口都被占领，江上还有日军的大小轮船游弋。在日军严密封锁下强行抢渡，肯定凶多吉少。

余韶考虑再三，毅然回电，不同意折回，要求由他们师自己找路回国。

杜聿明对往密支那以南走，也没有把握，不好勉强，来电批准了。

但是从迈昆（孟关）再往北走已经没有公路，杜聿明又来电报给余韶师长：把各个部队的大小车辆都全部烧毁，只把大炮抬回国。

一门重型榴弹炮重达千余千克，拆卸开的部件也各有几十、几百千克，怎么抬着穿林过涧？但是这是军长的命令，不能违抗。余韶师长只好命令各团从各营、连中，选择最壮健的士兵来抬炮、扛炮。经过这一两个月的长途行军和激烈战斗，官兵们都拖瘦了、拖病了，

哪里还有壮健的士兵，只能尽力挑选。以后在穿越山林时，为了抬这些火炮部件，沿途累死者不断。

当那些车辆被拖到坝子西边烧毁、爆炸时，平日用心驾驶、维修这些卡车、炮车的官兵这才感到了战败后丢弃武器装备逃亡的痛苦与屈辱。许多人都悲从心起地放声大哭。

男儿有泪不轻弹。但是他们太伤心了。

那些不在烧毁车辆现场的官兵，看见附近的火光、黑烟，想到今后只有徒步行军了，前路渺茫，还不知道能不能走出那一座又一座深密、险峻的大山，也是很怆然。

他们又经过两天的紧张准备，缝制了米袋，带足了 15 天的食米和干粮，每个人还打了许多双草鞋背着。行军路线是先走到孙布拉蚌，再经江心坡返回国内。

全师上下，谁也没有从那个方向走过，也不知道山有多高，树林有多深，气候怎么样。只是听人说，那山林深处是终年积雪、寒冷异常，毒虫野兽多，十个人进去九个人难以出来。不过他们也想到，如今是一支成建制的大部队，只要一路小心、齐心合力、相互照顾，还是能冲闯出一条生路的。他们就抱着这点自信和强烈的归国愿望出发了。

出发前，余韶师长亲自在周围寻访，得到当地一位热心的华侨妇女帮助，找到了一名虽然也不认识路，但是懂山头人（景颇族人）语言的腾冲籍华侨。他想，这样也好，散居于那山岭高处的多是山头人，有这个人也可以帮助部队边走边问路；接着又通过那腾冲籍华侨，在附近找到了两名家在孙布拉蚌的山头人（景颇族人）。这两个人认识路，只是不会说汉话，不过与那腾冲籍华侨在一起，也就相辅相成，把向导的问题解决了。

这支万余人的大部队，在 5 月 15 日离开迈昆（孟关）坝子，开始往北边的大山上爬。上了山，走出不远，大队人马就被深不可测的密荫大森林吞没了，如果没有这两个景颇人做向导，部队只能在一片昏茫中乱钻，真是不知道会走往哪里去。

森林中没有人迹，猿猴却极多。几千只猿猴在大树之间攀藤附葛地乱钻、乱跳跃，忽高、忽低、忽短、忽长地呼叫，比三峡的猿啼还令人惊骇。如果不是全副武装的部队，仅一两个人通过，不被猴群踩死、抓死，也会被吓死。

他们这才初步感受到，这原始森林里的神秘、恐怖！

但是更令人心悸的是那些小而恶毒的黑虫、蚂蟥。余韶师长曾这样回忆刚开始的行程："15 日 8 时出发，进入森林，除道（路）上有一线黄土外，余皆草木。这是原始森林，（稠）密的地方，连狗都钻不进去。行未数里，忽闻群猿哀鸣，甚为凄惨。它们都在树上攀缘跳跃，尖脸、黑毛，身长约两尺许，不下千头。5 月 16 日至 18 日，均于森林中行军，仍然是满目青苍，遮蔽天日，群猿啼鸣，闻之异常刺耳。蚂蟥甚多，草间树梢皆是，人人身上多处被咬，伤口流血。挨近草木坐立，数分钟后，身上蚂蟥已百十条矣！幸而在空旷无落叶的干土地面上，蚂蟥不来，否则是无法露营的。"

第二八八团一营营长陈启銮也曾这样回忆："在山上露营倒很方便，砍下五六片大芭蕉叶，就够搭一个棚子。棚下用雨衣当起帐篷，可以挡大雨。地上打几个桩，架起临时床铺，就可以睡了。我们曾遇到过巨蟒和猛兽，但不感到可怕，因为我们有枪。可是遇到了小小的蚂蟥，它虽然小，但最可怕，我们竟无办法对付它。蚂蟥生活在树上，我想也许是可以吸吮猴子的血的缘故。经风雨一吹打，蚂蟥就掉在我们身上，它小如孑孓，不注意找，是看不见的。它能穿过我们的衣服和袜子，钻进皮肉里去，不多时吸饱了血就能鼓胀起来。当身上发痒或感到刺痛时，就是被蚂蟥咬了。每天宿营时，各人都可以在身上找到几条，多的七八十条，身上黑点斑斑，真使人不寒而栗。蚂蟥叮在身上，不能去拉，一拉就断，拉断在身上的半截，还是出不来。烟斗油是灵药，一涂上，它的头就立即从肉里退出来。山上还有许多奇奇怪怪不知名的小虫，连蚂蚁也叮人。蚊子更可怕，大的如蜻蜓，嗡嗡叫的声音像'轰炸机'，叮上了，就会染上恶性疟疾（或叫瘴气）。病魔缠上了身，就很难根治，严重的会送掉性命。我曾患这病半年多，险些丧命。地区和气候病繁多，中暑、感冒、寒热病，蚂蟥叮咬后带来的破伤风，以及回归热和其他传染病，就在部队中严重地流行起来。病了无药治疗，才真可怕啊！我们上山的第三天开始发现病号和落伍兵，第四天就有死亡的。这时候就被迫开始丢武器，丢行李，只要背不动的都丢到山沟里去。自此，疾病与死亡与日俱增，各团减员每天都有几人甚至几十人。落伍者，大都无法生还。……当时沿途死亡累累、尸骨遍野，惨绝人寰！"

这真是一幅恐怖的大森林的真实描述。

余韶师长和陈启銮营长不是记者、作家，但是事过多年，他们的回忆仍然是这样逼真，令人读来悚然。也可见那段艰难而又恐怖的生活，对他们来说已是刻骨铭心。

在那条路上还有不少从密支那逃出来、欲去往印度的印度籍难民，以及一些掉队的英军士兵和在缅甸各个政府部门工作的英国人。他们缺乏有组织的行动，更没有爬山越岭、深入原始森林行走的常识，匆忙中也没有准备应该带的粮食、衣服、药品、露宿用的雨布。一上山进入茫无边际的大森林，很快就陷入了绝境，不断有人在沿途饿死、病死，被毒蛇、野兽咬死。

余韶师长的回忆中，还有这样的描述：“连日见印度人扶老携幼，自密支那经孙布拉蚌向印度逃去，络绎不绝。抛儿弃女的很多，有一妇人怀抱一婴儿，后面跟着一个五六岁的男孩，边哭边喊地追赶。刘有道（第二八六团团长）恻然不忍，将孩子抱起送与那妇人。她说：‘先生，我自己的命尚难保啊！’……有一老妇人坐于路边，奄奄待毙，满身金饰累累：金鼻钏、项链、脚镯及鼻上镶的宝石，随手可得，竟无人取。有一英国人以金戒指一枚，求我军一个士兵给换一碗米。士兵说：‘我自己还要留着救命呀！吁！此时，黄金成粪土矣！”

这大溃退引来的凄惨流亡情景，令自身也在艰难中挣扎的中国官兵长久唏嘘！虽然军队也要断粮了，还是有好心的士兵，宁可自己少吃一口，也匀给难民一碗粥，而不要报酬。

日夜不停歇的雨水，也增加了撤退途中的困难。雨季的缅北山林，雨水不是绵绵细雨，也不是忽晴忽阴之后的阵雨，而是一下开了就连续许多个昼夜不停歇的倾盆大雨。把整个山林都浸入雨水淋漓中，也引得山洪暴发，大小河流都浊浪翻滚地难以涉渡。官兵们没有雨具，只是一身单衣草鞋，全都淋得从外到里的湿透了。既无法在行进中找个干燥地方歇息，晚上更无法露营。不少走得疲累的官兵被拖病了。病了也不能倒下，只能拖着病体挣扎着往前挪动。

经过五天的艰难行走，部队终于在 5 月 19 日走近了已经涨水的塔奈河。河上原有的一座竹桥已经被激流冲垮，没法过河了。

余韶师长赶往岸边巡视，见周围多是高达几十米、两三人合抱粗的古老大树。他急中生智，派出工兵营在河边砍倒了两棵大树。大树从这岸轰然地倒向那岸，形成了两座可让官兵缓缓通行的独木桥。这才越过浊浪翻滚的大河去到对岸。然后又是不断地爬山越岭……

第九天（5 月 23 日）他们才走出这片原始森林，来到了公路线上的马高（埋通）。这是块平坦的小坝子，离孙布拉蚌只有一天路了。许多天来在密荫的森林中钻行，人们都在雨水中浸泡得发霉了。见到了蓝天、白云和英国军队留下的砖砌营房，心情又豁然开朗，似乎有重回人间的感觉。但是这里有条公路直通密支那，两地相距约 150 公里，日军的车队可以随时过来。前些天，日军就来过这里烧杀劫掠，镇上仍然可以见到被炸翻的汽车、惨遭屠杀者的尸体。残余的居民都跑散了。这又使师长、团长们为部队的安全担心，但是官兵们实在是走得太疲累了；余韶师长还是大胆地决定在这里歇宿一天，第二天（5 月 24 日）再去往孙布拉蚌。

他派出了第二八七团一营向南警戒，以防日军袭击。但是日军没有料到中国军队会从大山深处钻到这里，也就没有出动部队来奔袭。这一夜平安无事。

但是这个师还是有一些后续部队没有完全钻出山林，特别是那些抬着沉重的大炮各种部件的步兵、炮兵，还落在后边三五天或六七天的路程。余韶师长担心时日一拖延，容易被日军发现。部队在第二天出发时，他特意把第二八八团第一营留下来，由陈启銮营长率领占领公路两侧高地，作为期九天的驻守，以接应后续上来的部队。

几天过去了，后边的部队和掉队的人员陆续过来了，却迟迟不见副师长胡义宾、参谋长胡心愉率领的师部人员和那两个营。虽然每天晚上宿营后，余韶师长不断用电报询问，那边也有回复，只是说正在前进中，却不说明他们已到达哪个地方。大约是担心日军截听破译。

这样又过了五天，在 5 月 28 日这天，据守河边的警戒部队发现有一小股日军从密支那方向过来了，而且已临近马高（埋通）六七公里的河边，只是人数不多。敌我经过短促的枪战，日军又退了回去。

陈启銮营长忙把这一敌情用电报向余韶师长报告。余韶师长估计这只是日军的巡逻小分队，既然双方已交火了，日军大部队必然会随后赶来，忙命令陈启銮营长迅速撤回来与大部队靠拢。

几天后，日军一个大队果然赶到了马高（埋通），但扑了个空。这

次他们不走了，在这里修筑了工事驻守，以拦击后续的中国军队。

5 月 24 日余韶师长率领部队到达孙布拉蚌。这是群山环绕、商业繁荣的一座大市镇，有着两千余幢房屋，居住着近万名各种职业的人。除了克钦人外，多为在这里经商的印侨、华侨，还有英国人、美国人建立的别墅和天主教堂。如今，镇上的人多数都往印度方向逃走了，形成了十室九空，一片荒凉狼藉。

到达这里后，担任向导的两个山头人（景颇族人），对前边的路不熟悉，告别部队回寨子去了。得另找向导。余韶师长又派出人四处寻觅，好不容易找到一位在当地传教的美国女传教士。她热情地向余韶师长详细叙述了应该怎么往北走。

余韶师长决定在这里休息三天，等待落在后边的炮兵团上来，然后去往葡萄。那里是从密支那北行的公路终点，有两条被商旅马帮踩出的古驿道分别通往西康和云南的贡山、福贡。那里往来于中缅边境做生意的人多，可能找到向导……

余韶用电报请示杜聿明军长，并获得同意。

在这三天中，他们还派出部队搜寻英国人逃走前遗留、藏匿的粮食，在一些仓库和山沟里的石洞中找到了几百包大米。这就又一次解决了行军途中所需的粮食。

从孙布拉蚌到葡萄约有 150 公里，路也平坦。他们在 5 月 29 日清晨出发，准备用每天 25 公里的平缓速度前行。沿途少数民族的村落很多，每隔一二十公里还有英国军队筑建的营房，这都便利行军途中的宿营。

一路上没有敌机轰炸，也不必担心日军的袭扰，部队也就走得从容安定。

6 月 4 日下午，他们到达了本坎（坎底）附近的迈立开江边。这条发源于中国西藏察隅的大江，在中国云南境内被称为独龙江，流入缅北后被称为迈立开江，再向南流至桑合附近与恩梅开江汇合，形成了缅甸的“母亲河”伊洛瓦底江；江流浩荡，纵贯缅甸北方南方，在仰光以西的葛博底附近流入安达曼海。所以，全长 2173 公里的伊洛瓦底江也包括了迈立开江在内。

连续下了 20 多天的大雨，这条冲闯于大山间的大江，翻滚咆哮，很是湍急。不过余韶师长一向行军有序，在三天前就派出了师部政工

人员蒋治策等人去和那里的傣族土司联系，在那位土司帮助下，从上下游集中了 9 条大小独木舟和一批熟悉水性的水手来摆渡。傣族的独木舟都是用山间坚实的柚木挖成，大舟可坐 7 人，小舟只能坐 2 人。虽然载运量有限，但还是能把部队分批分次地闯过激流，渡往对岸。而更令人宽心的是日军还离得远远地没有上来，不必担心在渡河途中被攻击。

葡萄是缅北接近印度阿萨姆邦的一座边境重镇，周围被雪山环绕又三面临河。这山中盆地宽 20 余公里，居住的多为傣族人。英国军队原来在葡萄驻有人数不少的边防军，还修筑有一座供飞机升降的小型机场。前些日子，英国的一批军政官员就是从这里飞往印度。如今这里还有 1 名英军准将带着 4 名校尉级军官和 10 余名士兵留守。他们正担心日军会从密支那过来而无力抵抗，见来了一个师的中国军队，很是高兴，忙过来拜访余韶师长，希望中国军队能留在这里依据山形地势，特别是迈立开江之险进行防守，他们愿意在物质上给予支援。

在余韶师长率领下进入葡萄的部队，除了第九十六师的两个团和一个营外，还有第五军军属炮兵团、战防炮营、军需处、军医处的全部人员，以及在退却路上陆续汇集在一起的中国远征军直属铁道兵团、通信兵团、后勤人员等，万余人。人数这样多，也是驻扎葡萄的英国军官从来没有见过的。如果在这里进行防御战，是可以阻止日军北向中缅、印缅边境深入的。

对于这战守大事，余韶师长哪里敢擅自做主，他去电杜聿明军长请示。但是一再呼叫，却联系不上。

[后来才知道，杜聿明正率领部队艰难地跋涉于印缅边境欣贝延（新平洋）附近的深山密林中，正处于断粮、断路的困境，电台也时好时坏。]

余韶师长很着急，第五军部和随同突围的部队，是不是全军覆没了？又命令电台试着呼叫重庆军事委员会，却出乎意料地联系上了。

在重庆的蒋介石，正为缅甸大溃退中被冲得七零八落的中国远征军各军、师的下落不明而着急呢！他曾命令派驻印度加尔各答的军事委员会后勤部长兼行政院交通部长俞飞鹏派出飞机在中、缅、印边境的大山上空寻觅，只是山深林密，又被雨雾覆盖，飞机多次出动，都难见踪迹。如今终于有了一个师的消息，很是高兴，除了通知余韶在葡萄待命外，还把俞飞鹏的电台波长、呼号告诉了他们，叮嘱他们，

有什么要求可以直接向俞飞鹏提出，会派飞机运送。

这对余韶师长他们来说，真是喜出望外。虽然与祖国还隔着千山万壑，这电波却如同一只从天外伸来的巨手，把他们紧紧联结在一起了。

余韶师长把这一喜讯传达给各个部队，官兵们也就从绝望中转悲为喜，上下一片欢呼，安心地在这里休整，等待接应。

6月4日，四架从印度飞来的美制运输机在葡萄降落，运来了大米、面粉、盐、食油、香烟、医药用品。这都是部队急需的物品，对官兵体力的恢复很起作用，寻路回国的信心更高了。余韶师长让随同他们行走的军部后勤人员带足半个月的粮食，先行越过迈立开江、恩梅开江，攀越高黎贡山进入中国境内，经贡山方向回国，师的战斗部队则继续在此休整待命。

这近40天在山林间奔走，各部队病员日增，余韶师长命令师属野战医院，采取先收治急病、重病，后收治轻病人的方式，把伤病员有步骤地收进来住院。经过近一个月的治疗，有800余名伤病员康复了。

这些天，余韶师长一再命令电台与胡义宾副师长带领的那支部队联系，要他们迅速来葡萄归建。5月初撤退时，胡义宾带的部队虽然被日军阻隔落在后边，估计相距不过八九天的路程，如今，时间过去近40天了，怎么还没有赶上来？而且每次来电都是部队所在位置不明，这使余韶师长很是焦虑，直到6月21日，才接到胡义宾副师长的电报，他们已经到达迈昆（孟关）。这更使余韶师长疑惑，怎么转了这样久才到迈昆（孟关）？想到沿途的孙布拉蚌、马高（埋通）可能会有日军堵击，他又派出第二六八团团长刘有道率领4个连折回去接应。

余韶师长后来才知道，在20多天前的5月10日，第五军从纳巴向北撤退时，胡义宾副师长带的师部人员和那两个营，开始跟着第五军军部走。走到大打洛时，杜聿明军长又命令胡义宾改变行程，不要随军部行动了，带着部队去追赶余韶师长。那时候，向北疾进的日军正以大队或联队为作战单位，分成许多股来追击、搜索中国军队。当时情报不准确，敌情不明，以致形成风声鹤唳，似乎到处都有日军的踪迹。胡义宾所带兵力不多，不敢走公路、大路，只好在山林中寻路向西北方走。他们不认识路又没有向导，也就时常走弯路，不断陷入不知何去何从的困境。途中他们遇见了也是在山林中乱转的第六十六军

新编第二十八师第八十三团团长杨砺初带的一千多人，这个团原来是卫戍曼德勒的，撤退时与仓皇东逃的刘伯龙师部失去了联系，只好自己找路北行。两支部队也就合在一起继续寻觅归国的道路。

费了许多天，他们终于转到了迈昆（孟关）附近。本来可以迅速赶上余韶师长的大部队，但是又谣传迈昆（孟关）已经被日军占领。他们不敢再前行，又退进附近山林里乱转。没有粮食，没有可以歇宿的地方，又是连日大雨，官兵冻饿生病而死的日增，原来有两千多人的两支部队，却病死、饿死，掉队时被野兽毒蛇咬死了一大半，还能走动的也是病息奄奄地难以支撑，这样在山林间摸索了多日（也就是他们每次与余韶师长通电报时，说不清楚自己具体方位和地址之故）。有一天，他们在迈昆（孟关）附近山林遇见了两个第九十六师因病掉队的士兵，才知道迈昆（孟关）就在前边，而且没有日军。他们才大胆地下山进驻迈昆（孟关）。那里仓库余存的粮食还多，足够他们食用，也就放心地休整了三天，才向马高（埋通）、孙布拉蚌方向进发。

他们在山林中瞎转了那样多天，已经错过了顺利通过这一路段的时机，日军已经在马高（埋通）、孙布拉蚌这两处都驻扎了军队，构筑了工事，用以拦截往北撤退的中国军队。余韶师长派去接应胡义宾副师长的那 4 个连，在第二八六团团长刘有道率领下，走到孙布拉蚌附近的多戛村时与日军遭遇，发生了激烈的战斗。那股日军虽然不多，却事先构筑了坚固的工事，使得中国军队多次冲击都难以通过。刘有道团长也在战斗中头部受伤。营长、连长们见强攻难下，只好带着这 4 个连折回葡萄，以致胡义宾副师长、胡心愉参谋长、第二八七团团长刘宪文带领的部队，在 7 月 2 日走到马高（埋通）也被日军拦住了。

胡义宾副师长指挥作战时，不幸中弹牺牲。

这是继戴安澜师长阵亡、齐学启副师长被俘后，又一位将级军官战死。这场大撤退的代价真是太大了。

胡心愉参谋长、刘宪文团长还是带着部队拼命死战，终于把这股日军歼灭。

但是前边的孙布拉蚌还有一股日军扼守。余韶师长怕这支部队难以通过，忙电令胡心愉他们趁日军刚败退，还不注意那个方向，迅速渡过迈立开江往东走，自行找路去江心坡回国。

这一天（7 月 2 日），余韶师长也接到了重庆军事委员会的电令，立即回国。他一边命令各部队做好长途行军的准备，带足 24 天食用的

粮食，准备经里党、可浪铺等地翻越高黎贡山；同时派出工兵营作为尖兵提前出发，先去逢山开路，遇水搭桥。

7 月 5 日，这个师按建制军行有序地出发了。过了迈立开江、恩梅开江大峡谷就是高达 4000 余米的高黎贡山。这一个多月的行程，遇见的多是大雨、积雪，零下几十度的气温（高黎贡山是 9 月初就降大雪，他们若再迟一两个月就过不了这座大山）。他们虽然在出发前尽力搜集了一些棉衣、蓑衣、毛毯，但还是不够这样多的官兵御寒。这使余韶师长和团长们很心焦。

另外一件令他们感到棘手的事，是那些拆卸开了的重炮怎么办？虽然拆卸开了，各个部件仍然很沉重。从迈昆（孟关）以来，四个兵抬一根炮管，没有走多远就累倒了，只好换人轮流抬。走到葡萄已经累死了一百余人、压伤了两三百人，再往高黎贡山攀爬，山更大，林更深，路更陡，雪更深，可能把全师的人力投进去，也难以把这些大炮抬回国。抬炮的士兵都是步兵团的，一路上怨声载道。他们说："打仗时，不见发几炮，如今却要我们来卖命！"

余韶师长思之再三，虽然这些都是从国外采购、价值昂贵的武器，但是不能再如此糟蹋士兵的生命了，和团长们商量后，毅然决定，把大炮都埋藏于山林里，如果将来还有可能回来，再来搬取。

这才终止了因为抬这些炮而不断增加的伤亡。

这次从 7 月 5 日到 8 月 5 日的长达一个月的行程，虽然山林险阻，每晚上都要在森林深处或野地里露宿，而这又是高黎贡山深处雨水最稠密的季节。但是想到回国有望，官兵们还是能以最大的勇气战胜困难，相扶相携前行。

他们每天把行程电告重庆和印度方面，也就时常有飞机来投送粮食、咸鱼、药品、火柴、蜡烛等吃食和用品，不致有断粮之苦了。但是整天在深密山林中行走，体力消耗大，病死、累死者仍然很多。这正如陈启銮营长回忆的那样："归国途中，死亡相继，尸体遍地，有的被野狼撕碎，惨不忍睹，有的任其腐烂，臭不可闻。我们这些幸存下来的弟兄，身体也虚弱得像纸糊的一样。部队因极度虚弱，每日行程只有几里至多二十多里。每人手持木棍，背挎小包，衣衫褴褛，踯躅而行，活像一群乞丐。但我们十分注意帮助落伍兵，因为他们一离开队伍，死亡就是他们的归宿。因此，挑选身体较好的士兵组成收容队，

设法将落伍病号营救回来。我们还规定，野菜必须煮烂了吃，禁止饮生水。但是，病魔总是追逐着我们，不断夺去战友的生命。”

寥寥数语，满含艰辛、悲壮，读来令人凄然！

8 月 5 日他们才抵达中国境内的怒江边。过了江又是在碧罗雪山之间爬上滑下地行走……

然后经过福贡、碧江、兰坪等地，在 8 月底到达大理的剑川。

这支原来有 9863 人的步兵师，在彬马拉（平满纳）的阻击战中伤亡了 4534 人，撤退时还有 5329 人，这次长途穿越山林，又累死饿死 2000 余人（有的连队几乎完全死亡，如第二二八团的迫击炮连，只剩下一个名叫王恩溥的排长）。全师幸存者仅 3000 人左右，一个个都身患重病，形如枯槁。一支本来有很强战斗力的军队，却会以这种不应有的败退严重受损，使余韶师长和侥幸生还的官兵们深为唏嘘！

他们是继第二〇〇师之后，成建制地退回国内的一支部队。如果没有余韶师长处变不惊的指挥，全师上下团结一心，听从调度，怎能克服困难，突出重围？这剩下的几千人恐怕也会如同第六军的陈勉吾，第六十六军的刘伯龙、马维骥那几个师，溃不成军地四处乱窜，大部分埋骨异国山野了。

但是因为余韶师长不是中央军嫡系，他带领第九十六师从缅甸突围回到云南后，却被解除了师长职务，给了他一个有职无权的第五军副军长虚名。抗日战争胜利后的 1945 年 2 月，又被免去副军长，任命为陆军总部新兵训练处第四总队长、第五军军官总队总队长、国防部部员。职务不断变更，他都没有去任职。回到家乡长沙，以织布、种菜为生，生活很是清贫。这虽然是“李广难封”的憾事，却又是塞翁失马，因祸得福，从而避免了在解放战争中领兵去与人民解放军作战，以致像第五军那些将领杜聿明、邱清泉、廖耀湘那样，或被俘或被击毙。1949 年，他还以过去的高级将领身份，支持程潜将军在长沙的起义，新中国成立后担任了湖南省政协委员。在生命的晚年有了一个好的结局。

虽然日军方面军早在 1942 年 5 月末，就宣布了在缅甸的作战已经结束，不再去追歼正陷在中缅边境、印缅边境大山里的中国军队。但是那被称为“野人山”的胡康河谷、高黎贡山深处的大雨、积雪、寒冷、饥饿、病痛，以及野兽、毒虫的侵袭，比日军的追歼还具有杀伤力呢！

在6、7、8那三个月，中国远征军的第六军、第六十六军以及第二〇〇师、第九十六师、新编第三十八师虽然从不同的方向先后突出重围，回到了中国或进入了印度，但另一支人数更多、由杜聿明军长亲自率领的第五军军部和新编第二十二师的两三万人却还在胡康河谷地的深山密林中苦苦挣扎，哪一天能走出那如同死亡之谷的绝地，还是个未知数呢！

陷在野人山里的军队

杜聿明将军指挥第五军撤离曼德勒前，就从日军从东西合围的凌厉攻势中，看出了这次大撤退形势的严峻，将是一场与敌人比实力、比速度，极为艰难的战斗。稍有不慎，就会陷入日军的大包围中，从有序的撤离变为大溃退。所以，他接到撤退命令时，也是十万火急地来部署。他本来想抢在日军北犯之前退到密支那，从那里转向东边的韦茂、甘拜迪撤回国内，并调来了原来在临沧一带修筑“滇缅铁路”的第四工程处员工，把密支那到腾冲猴桥约 152 公里的古驿道的路面加宽、夯实，让载重不大的小型卡车可以行驶。如果顺利的话，几天之后就可退回国内了。有后方做依靠，就可以从容战守。但是他没有想到，由于东线第六军不肯苦战，日军迂回穿插的速度加快了，5 月 11 日前后，第五十六师团一部分从杰沙（卡萨）渡过伊洛瓦底江，西向攻击纳巴后，就把杜聿明军长北撤的计划打乱了。当时，如不尽快冲出，日军第五十六师团将从东边冲过来，第三十三师团沿钦敦江上来，第十八师团和第五十五师团沿铁路追上来，而陷入被三路围攻的大包围圈内。在那危急形势下，杜聿明军长只好任由各个部队根据自己所在位置自行找路突围。因

此，随同杜聿明军长行动的部队只有第五军直属队、新编第二十二师，以及配合远征军作战的交通处、铁道兵团等单位，总共约 16000 人。

这仍然是一支兵员多、战斗力强的部队，如果日军扑上来，还是可以打几场硬仗的。但是这时候包括杜聿明军长在内的全军上下，已经无心苦战，只想快撤快走。

他们人多、车辆多，又走得急，也就在狭窄的道路上走得很拥挤。开始时几支军队还可以沿着缅北的简易公路乘车前行， 5 月 12 日到达曼西后，就接近被当地人称为“洞洞山”的当东隆山了。那是险峻的喜马拉雅山脉向南延伸的一部分，山陵起伏，没有公路可行了。一些驾驶员舍不得丢弃车辆，就一再加大油门奋力在山路上往前冲。但是路基太软、太窄，这些卡车不是陷在松软的泥地里走不动，就是在过于陡峭的山坡前滑退下来。只好不断卸掉所装运的物资以减轻负荷，车辆难行时就出动人去推、拉。这样几经挣扎，才在 5 月 14 日中午有部分车辆勉强行驶到当东隆山脚的莫的林村。走到这里，前边全是高插云天的陡峭大山，人畜行走的小道都没有了，给人感觉前面将是难以跋涉的绝境。

杜聿明军长心里充满忧虑。他明白，前些日子在曼德勒预感到的：一旦败北必须“丢车上山”的时刻，终于不幸来临了。这些在中国军队中其他军、师都还没有配备的先进装备：火炮、卡车、小型战车都必须忍痛抛弃，以便轻装上山。

他只好命令将所有不能运上山的火炮、卡车都烧毁、炸掉，只把拆卸下来的发电机、观测镜、瞄准镜带上。汽车内胎也全部带上，以作为遇见江河拦阻时的漂浮器材……

这样做，虽然官兵们在前些天就议论过，也是在意料中的事。但是命令一下，他们还是为之黯然神伤。这些武器装备都是他们战斗实力中最重要的一部分，抛弃了，也意味着自行解除了武装，既危险又耻辱。

不少官兵在战斗中挨饿、受伤时，都没有掉过眼泪，这时候却忍不住号啕大哭了。

大山脚下的小乡村内外，顿时遍地都是被抛弃的军用物资。官兵们实在舍不得，丢了又捡，捡了又丢，很是痛苦、矛盾。

随同第五军军部退却的还有一所野战医院，收容了各个师在战斗中受伤、染病的重伤员 1500 余人。前几天靠汽车运送，才勉强来到这

里。他们沿途颠簸，又遭受风吹、雨淋、日晒，伤病更为加重。不仅难以爬大山、钻密林，就近挪动几步也很难了。只能把他们遗弃在这大山下的莫的林村。

杜聿明军长对此很不忍心，又没有办法把这样多的人抬走，只是离开前专门去探望了一次，并派人在这里搭盖了十几排茅草屋顶、竹篾墙，可避风雨的棚屋，让这些伤病员们静等那可怕的未来。

这些被伤痛折磨得奄奄一息的伤病员，也自知熬不了几天，更不愿落入日军手中被侮辱、被折磨。他们派出代表向杜聿明军长提出：留给他们一些汽油，一旦敌人逼近，将以死应对……

这悲壮的要求，引得杜聿明这刚强的战将也满脸是泪。他带了几十年兵，还没有这样悲惨地和手下的官兵如此告别过呢！

几天后的 5 月 20 日，当杜聿明率领的部队还在当东隆山的原始森林中艰难穿行时，日军第三十三师团原田大佐指挥的第二一五联队两个步兵大队和一个炮兵大队，就逼近莫的林村了。那些手脚还能勉强活动的伤员忙把汽油洒向所有病房并迅速点燃。在炽烈的火焰和爆炸声中，这 1500 余名伤残官兵全都壮烈殉节。

这是一场既英勇又悲惨的集体自焚。若不是日军一向不顾国际公约残忍折磨俘虏，哪里会有这种惨烈的事发生！

令人感叹和遗憾的是，由于那场大溃败，第五军在穿越野人山时，所属各部队的花名册和武器装备一起丢失。这 1500 余名临难不苟的烈士是哪些人？姓甚名谁？都无法查找。那一悲惨壮烈，应该名留史册的烈士们都被淹没了！

“丢车上山”前，各个部队也为爬大山穿越原始森林做了一些准备。背不动的东西都轻装丢下，每个人除了枪支弹药外，还带了雨衣、干粮袋，团长以上军官都改乘骡马。出发前，杜聿明将军还亲自去各个部队检查，勉励官兵们奋勇前行。

出发那天，他站在远近一片茫茫的山雾中，心情也如同飘忽的白雾一样迷乱。一支装备精良的机械化部队抛弃了大炮、战车、车辆去钻山林，这本身就是最惨重的失败，而且前边那些险峻、稠密的山林，究竟有多高、多远、多深？都不知道。只知道这座当东隆山一向是没有人迹、商旅止步，被当地的人们视为死亡之地。如今他们别无他路

可走，只能从这绝境中求生了！

他命令号兵吹起了前进号。号音一起，各个营连的号兵也随着吹奏了起来，号声虽然尖锐、嘹亮，却隐含着凄厉与不祥。这是号兵们情不自禁地把自己那茫然感情融入了号音中。

官兵们排列成一字长蛇阵，神情肃然地缓缓向山上走去。虽然情绪低沉，那前不见头、后不见尾，人数众多的队伍仍然很有气势，也把山林间的鸟群惊得乱飞。从前，这大山里哪里来过这样多的人。

缅北气候温和多雨，适宜各种树木的生长。这当东隆山一带山势高陡，又人烟稀少，没有人能上山来砍伐，也就到处都是生长了几十年、几百年，甚至千余年、被粗大藤条缠绕着的参天老树。要穿越这些如罗网一般严密的树林，不仅一般的刀斧砍不动大树，就连那些散乱的藤条也由于过于粗大、坚韧而难以斩断。官兵们只能在树与树之间的缝隙间砍开那些小树丛前进，或者从峡谷间沿着从北向南流的山溪往上走。峡谷溪水间多是小树和杂草，比较好砍开道路，也容易辨别方向。

从 5 月 17 日到 21 日的 5 天中，部队都是在渺无人迹的原始森林中穿行。看不见天空、云彩，只见一排树又一排树，层层叠叠永无尽头。干粮快吃完了，军衣也被树枝、荆棘刮烂了，不少官兵受不了森林里的阴冷潮湿，又被毒虫、蚂蟥叮咬，引起了破伤风、恶性疟疾、回归热等传染病而突然发高烧，走着走着就陷于昏迷中踉跄倒下。如果没有人及时发现救治，几小时内就会被成群的蚂蚁涌上来啃成一堆白骨……

大雨日夜不停歇地下着，浸湿了山林中的一切。雨水泼在稠密的树枝叶上，不可能立即穿透，积存得很满后，才压垮树枝叶，如同天河缺了口似的形成一大股瀑布猛泻下来，有的人猝不及防，甚至被这些粗大的“雨柱”撞击得昏死过去。官兵们的军衣再也干不了，只能湿淋淋地在散发着沼气臭味的昏暗森林中寻路前行……

越往大山深处走，森林越稠密，不仅从日本人那里缴获来的、身躯高大的洋种马不习惯爬这种陡峭的山崖，就连从云南带出来，矮小、粗壮的山地马也爬不动这些山林了。走着走着，还会被从树叶上掉下来的、从草丛中爬过来的蚂蟥紧紧叮住吸吮血。一匹壮实的马匹转眼间就会被吸去许多血，精力不济地难以胜任这艰难的穿林过涧，失足跌进悬崖下摔死或摔断腿脚。一路上坠崖跌死的，被蚂蟥毒死、叮死

的，被树枝荆棘刮伤皮肉化脓感染而死的马匹日有增加，只好边走边遗弃。大山林还没有穿越完，几千匹骡马全都丢光了，所驮运的物资只好由官兵们自己背着行走。体格健壮的人还能多背一些，体质差的、有病的人，自己走路都困难，哪能多背东西，也就边走边丢。上山前，军部对每个士兵都有严格规定：每人须带足120发子弹。走着走着，这120发子弹越来越显得沉重，压得人喘不过气来了，只好丢掉80发子弹，勉强带着40发……

杜聿明对这情况也无可奈何，他只能一再叮嘱军部通信兵营的少校营附兼无线电连连长夏志忠："你们的枪、装备，甚至账册等，都可以丢掉，但是无线电机一定要保住！"以求开启电台时，能与重庆大本营和各师、团联系上。为了保证这些电台、发电机能够随军行动，杜聿明还调动步兵团队的士兵来扛运电台。这些沉重的钢铁制品在平地上移动都很累人，何况是在这山岭险陡的原始森林里钻行，一路上累死了300余人。夏志忠也只好把那些5瓦特、15瓦特功能的小型电台逐一丢弃，全力维护一部50瓦特、使用汽油内燃机发电的大电台。一路上宁愿自己被雨水淋着，也不能让电台、内燃发电机进水、受损。行进途中一有可能就寻找森林与森林接壤的空旷处架起天线收发电报。

人员、马匹、武器装备这样减少，比一场大战的损失还大，令每个官兵既无奈又黯然！

这时候，作为中国远征军的副司令长官和第五军军长的杜聿明，除了随同他行动的军直属部队和新编第二十二师外，对从其他方向突围的军、师已无法指挥。开始是担心追击的日军从电波上侦察到他们的走向而不敢开启电台，后来又因为进入大山林后，被雨水、山势阻碍难以与其他军、师的电台正常联系，只好各走各的了。不过有时候还可以从所带的收音机中听取中、日双方的广播，了解一些中国军队的败退和日军的追击进程，从而断续知道日军已经在5月10日越过中缅边境，连续攻陷畹町、芒市、龙陵，进抵怒江边上，也知道了第二〇〇师师长戴安澜在突围中不幸殉国……

这都使杜聿明为之忧心忡忡，又无可奈何。

5月21日这天，杜聿明的电台终于与重庆大本营联系上了。蒋介石还不了解杜聿明带的这支军队，已经在大山里走得死伤累累、大伤

元气，却电令他们“未奉命令，不得入印（度）”，还命令他们派出一支部队折向西边缅印边界的霍马林，去把已经进入印度的中国远征军司令长官罗卓英等人追回来。

5 月 21 日，杜聿明他们终于走出了当东隆山抵达斯委定。这是密支那以西一个小小的村寨，他们虽然历尽千辛万苦，付出了极大的伤亡代价，但还是没有逃脱日军的威胁，而且风闻日军已经从公路上快速抄到离这里约五十公里处，随时可以从东边攻过来。他们不敢停留，在这里只休息了半天，又继续往北边的观海走。

这期间，日军第三十三师团的两支快速纵队（荒木大佐率领的步兵第二一三联队，原田大佐率领的步兵第二一五联队），正沿着钦敦江北上加速向霍马林进发，20 日占领了霍马林以南的当都，将在 23 日攻抵霍马林。如果杜聿明按照蒋介石电令派出部队经过两三天跋涉去往霍马林，那就会撞进日军那两支部队的罗网中。而且罗卓英已经在半个多月前（5 月 5 日）去往印度，哪里追得上。但是，蒋介石的命令中不准杜聿明所率领的第五军残部进入印度。他们怎敢违抗？只好继续翻山越岭北行，5 月 23 日才抵达乌尤河边的杭巴。

过去部队的给养都有沿途兵站保证，如今在大溃退中，后勤保障全部溃散，各部队只好自己寻找粮食。

杭巴是大山深处的小村寨，住户不多。各个部队四处搜寻，才找到一些稻谷，还得自己动手舂掉谷壳。村民家的木臼不够用，士兵们就用钢盔来代替。一把一把地舂，舂得一些糙米来熬成稀粥。有的部队找到的粮食较多，还能炒成炒米做干粮用。

但是日军通过飞机的侦察和亲近日军的缅奸的报信，发现了他们的行踪。5 月 24 日从密支那、加迈出动了由 300 余步兵和 40 余辆坦克组成的一支快速纵队插向杭巴以北，企图拦截。

如果在从前，只要派出一个团就可以消灭日军这支数量不多的部队，但是如今他们已是走得筋疲力尽，枪支弹药也在山林里丢弃了很多，难以再像从前那样勇猛地作战了。

杜聿明命令新编第二十二师一个团（第六十五团）负责对日军警戒，其他部队都迅速离开道路往大山上爬。当晚都躲藏在山上的树林里，第二天（25 日）才寻路下山抵达乌尤河边的东岸。

这条春冬水流清浅的小河，由于连日大雨，山洪暴发，变成了浊浪翻滚的大河。几经探测，最浅处也超过了人的肩膀。砍竹木做筏子已经来不及了，只能冒险涉渡，但是水一漫过胸脯，人们就如同凌虚御风，难以在河水里站稳，而被浪涛冲得摇摇晃晃，甚至倒下，难以向对岸走。他们只好让高大强健又会水性的官兵手拉着手先下河，然后再拉着后边的人，缓缓地涉水过河。这人体形成的长长“肉链”又如同一道“河坝”，当然会给流速正急的河水形成阻力而加大冲击力，一阵又一阵汹涌的浪涛冲向这些手拉着手过河的军官士兵，体质虚弱的人经不起大浪接二连三地猛击，手一松就被水浪冲出很远淹死了……

过了乌尤河又是人烟绝迹的山野，部队只能露宿在大雨倾泻的潮湿森林中，忍受冻饿、毒虫、蚂蟥的袭击。

第二天集合时，又有一些官兵起不来，永远留在了那里，任由蚂蚁啃咬成白骨。

他们在深山老林里费力地钻，也不知道这些山岭的具体名称，只是在往这个方向走以前，约略听说这是渺无人烟的“野人山”。其实这纵深两百余公里的深邃山林，是那加山脉的胡康河谷地。

（据著名历史学家胡景敖考证：“胡康河谷地属户拱土酋”，“户拱、里麻原均属‘孟养’宣慰司。与木邦、缅甸、八百媳妇、车里、老挝，同为滇边六宣慰司，号称六慰……”）

在缅甸话里“胡康河谷地”意为“魔鬼居住的地方”。从这凶险的名称就可想而知山形、水势、气候的险恶。一支疲累、饥饿的军队陷在其中，哪里能轻易挣脱魔掌。

走到 5 月 27 日，部队又断粮了，就连平日给养丰富的军部特务营也在挖野菜、草根充饥。这些野生植物并不能产生多少热量，官兵们本来已经很虚弱的体质更是在急剧下降，幸好还剩有一些盐巴，发给每人一点含着走路，但是生病的、掉队的、倒毙于树林草丛中的人员还在与日俱增。有限的医药也都用完了，无法及时医治患病的官兵。特别是越往北走，山势更加险峻陡峭，除了作为前卫的第六十五团、殿后的第六十四团精选出的几个营、连还能保持建制外，其他部队由于官兵们不断掉队，已经难以保持行军序列。当时担任新编第二十二

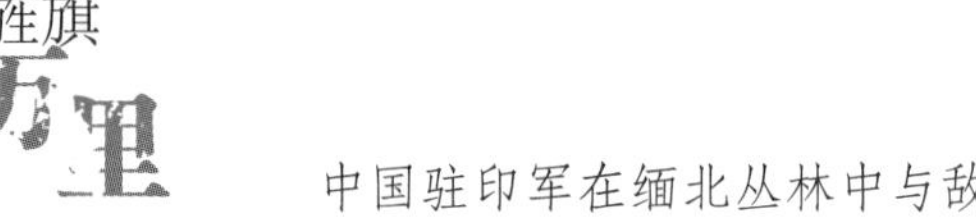

中国驻印军在缅北丛林中与敌激战

师第六十五团第六连连长的马荣相老人在 1997 年曾这样回忆：“行进途中，长时间不见天日，夜幕、晨曦难分，所谓‘行军序列’已被争先恐后者视为具文。上山坡时众皆匍匐向上爬，下山坡时则手脚交叉相互并用，身躯向后一仰，任其自然下滑……至此，大军已全赖野芭蕉、青嫩之杂树枝充饥果腹。体格强健者，消化力尚能新陈代谢，平安无事。衰弱有病者，则食后上吐下泻，久之面态变形、浮肿、重视听、两脚溃烂，至心力消耗净尽时，即安然而逝，含恨成为异域冤鬼。”

部队原来还可以成一路纵队每天前进二三十里，由于官兵们体质越来越虚弱，病员日增，也就越走越慢，从每天十来公里减至每天只能挪动两三公里，前边的部队已经走出几架山了，后边掉队的人还在几十公里外的山林里缓缓蠕动……

虽然森林中有“成群结队之野牛、猿猴，前后穿梭、呼啸不已”，他们却因为体质过于虚弱，多数人还患上了夜盲症，视力下降，十几步外就看不清楚，没有办法去捕捉那些勇猛矫健的野物而获得肉食。

他们还发现了不少走在他们前边、别的部队的死者。在接近缅印边界的山林里，有一排用宽大的芭蕉叶搭成的棚屋，里边整齐地躺卧着两百多名死去的官兵，虽然军帽、军衣、武器都还在，尸体则被蚂蚁等蛀成了一具具白骨。这些军官、士兵是怎么死的？为什么死亡时会排列得这样整齐？是饿得不能动弹而死？还是误食了有毒的野菜、野果集体中毒？因为肉体全不存在，而一时难以分辨。

杜聿明军长得到报告后，赶往探看，见这一惨状，忍不住泪流满面。他仔细查看后，还是从官兵们军服上的胸章分辨出了，这是第九十六师第二八七团的一部分官兵。显然是在深山老林间走错了路，在他们之前摸到这里而集体死难。

杜聿明想派人把这些官兵的骨骸掩埋，却难找出几个还有力气挖掘深坑的人。随同他行走的人也近于奄奄一息了。

杜聿明军长也患了回归热而发高烧昏迷了许多天，军医和卫士们只好让他停下来，在山林里搭了个小窝棚对他进行治疗、抢救。醒过来后，又由士兵轮流抬着往前走。

身体壮健的男子都拖垮了，女军人就更可怜了！

抗战初期，第五军在上海、南京作战时，就吸收了一些女知识青

年参加军队做政治宣传和医疗护理工作，如第五军政治部上尉女军官李明华，就是 1937 年的“八一三”淞沪抗战时，从上海爱群中学投笔从戎。中国远征军成立之初，又在云、贵两省动员了不少知识青年参加军队做政治宣传和医疗护理工作，仅在昆明、保山就有一百多名女教师和大、中学生出于抗日救国热情参加第五军，并随同进入缅甸作战。这次又随军向缅北撤退。

她们过去多数都是在城市里生活，进入战地前也没有受过热带丛林的野外应急训练。撤退途中所遇见的一切对她们来说，都是那样陌生、茫然、痛苦，适应不了的多数在撤退途中累死、病死、饿死了。

据后来得以侥幸生还的李明华女士回忆：“在 5 月 14 日，自曼西开始徒步进入（当东隆山）山区，从此补给中断，全凭个人自行谋生，断粮有半个多月了，人人都在饥饿、疲惫不堪的情形下，就连当天是几月、几日都无法记忆。各级部队长再也无力掌握部属，尤其军司令部各幕僚单位的官兵更加散乱。当时，国民党军队从未实施过野外求生训练，第五军是国民党军队中的机械化部队，也没有实施过山地战与丛林战训练，因此，很多官兵在饥饿难忍的情况下，吃了有毒的野果而丧生。”

她们这些女军人开始是组成一支队伍走在一起，相互支持、呵护地穿林过涧。但是几天下来，走着走着，有的掉队了，有的病倒了，队伍也逐渐散乱。李明华和军政治部的大多数人都走散了，只是和一个叫胡汉君的女军官同行。全军都断粮了，她们也是好几天没有吃东西，只能喝山林间的溪水来维持生命，喝得身子越来越疲软。

那些男性官兵虽然也在经受饥饿、病伤的折磨，见这些弱女子还在与死做斗争，很是同情、感动，也就尽力给予帮助。有个好心人给了李明华她们一点饼干。她们虽然很饿，仍然舍不得吃完，只吃了两三片，剩余的都放入背包，留作续命的金丹。

当天傍晚，她们走到塔平附近一条山溪边时，另外 3 个女军人：高淑梅、王云清、吴小苑从后边一瘸一拐地过来了。李明华和她们已经失散了几天，这时候“发现她们都病得很重，尤其是高（淑梅）的那双‘解放脚’已肿得像肥地瓜一样，仍在咬紧牙关苦撑赶路。她们已有好几天没有获得食物，我们把仅有的碎饼干分给她们，她们接过去后，那副狼吞虎咽的样子，我不禁热泪夺眶而出。当晚我们一同宿在一个芭蕉叶和竹子搭成的棚屋里……”

第二天，她们分手了。高淑梅、王云清、吴小苑有病想多休息几天，李明华和胡汉君不敢停歇，只好先往前走。

她们哪里知道，这却是永别。几天后的 5 月 27 日，李明华她们走到一个叫乌卡家的地方时，从后边上来的人那里得知：高淑梅、王云清、吴小苑不堪饥饿、病痛折磨，都先后倒毙于沿途的沙拜、拉曼等山林里。仅仅过了两天，就阴阳远隔，真是令她们伤感不已、欲哭无泪！

在一大群不幸的人当中，李明华、胡汉君、萧淑萍、陈忻、刘明、史敏英几位女军人还是比较幸运的，在同行的官兵帮助下，能从九死中得到一生，终于走到了欣贝延（新平洋），并在以后进入了印度列多（雷多）。

她们在 8 月 14 日到达列多（雷多）附近的达铺。这里已经有了补给站。军医们让她们换下褴褛的军衣，用药水为她们除去满身的虱子。这几个月，官兵们在山林里无法洗澡、换衣服，被虱子咬够了。特别是女兵们头发长而多，更是成了虱子的窝，几乎每一根头发上都白花花地黏有一大串。她们过去都是生活在城市中，是有知识、爱洁净的女性，从来不会如此肮脏，但是身处死亡线上，生命都难保，哪里还顾得了其他。如今洗了热水澡，换上了干净的军服、鞋袜，既感清爽又有恍如隔世之感。

随同第五军军部一起突围的新编第二十二师野战医院，也有一批出于抗战爱国热忱加入军队，从事医疗护理工作的女青年。多数都不幸死于那场大溃退的途中。唯一生还的刘桂英老人，入伍前是在著名的长沙湘雅医院护士助理班学习。据她回忆：大撤退时，和她一起跟随着队伍在大山中找路西行的就有护士班的何珊、笑春、孙月霞、王苹四个女兵。一路上她们被大雨淋、毒蚊咬，缺粮时挖草根、剥树皮、捡野果吃，在阴暗潮湿的大森林里找不到路时，就依靠前边累累白骨做“路标”前行。夜里找不到棚屋，也没有力气来搭盖棚屋，就睡在死人堆里，真是吃尽了人间罕见的苦楚。虽然她们都在尽力挣扎，但是饥饿、寒冷、病痛和毒蛇、野兽的折磨太厉害了，同行的女兵们还是一个个死去。笑春是被毒蛇咬伤后又被恶狼咬断颈部动脉血管死去的；孙月霞是发高烧昏迷，神情恍惚坠下悬崖而死的；王苹是发高烧

掉队死在山林间的；何珊是吃了有毒的野菜、野果腹泻、发烧，不治而亡的。刘桂英也几乎被黑熊咬死。不过她那时有个正在恋爱的男友尽力照顾，才拖着奄奄一息的病体，走出了野人山。

新中国成立后，留在大陆的刘桂英，虽然在历次政治运动中，蒙受了许多不应有的人生劫难，但是有过那场穿越野人山的遭遇，她还是顽强地活下来了。2006 年她已是 85 岁高龄，还在精神抖擞地对人们叙说着那远征异域、令人心悸的过往。那段悲惨往事不同于“白头宫女在，闲坐说玄宗”的闲适，而是件件辛酸、句句是泪，令人长久嗟叹！

尽管这一路上饿死、累死、病死，被蚂蟥、毒蛇、野兽咬死的人员日增，部队已经近于瓦解，杜聿明军长还是督率着部队尽力往北边的大山里走。作为蒋介石的学生、爱将，他明知前路凶多吉少，还是要忠实执行他的“蒋校长”“把部队带回国”的命令。但是云深雾重的大山似乎永无尽头，走到哪一天才能回到祖国呢？谁也不知道，他们只能强撑着已很疲困，还带着病的身体往前挪。不能停下，停下就会被这恐怖的大森林吞没、嚼碎。

不过电台能启动时，杜聿明还是直率地把部队在大山深处的困境向重庆大本营报告，请求给予空投、救援。

在重庆的蒋介石对这支军队的艰困垂危处境终于有所了解，很是焦虑。他紧急命令参谋总长何应钦和交通部长俞飞鹏迅速与驻昆明、印度的美国空军联系，请他们派出飞机去寻觅，尽快空投粮食、药品。但是原始森林太稠密，雨水季节的山谷里整天雨雾迷漫，从高空向下望，只见一片白茫茫的云雾如海洋般无边无际，哪里能见到人的踪迹。

正在山林间挣扎着寻路前行的军队，有时候也能听见飞机从头上掠过的响声，就是无法联系，只能任由这些想给他们救助的飞机飞来了，又远去了。

这真是叫天天不应了。

好不容易在 5 月 31 日熬到了坎迪，才接到蒋介石的电报，命令他们不必再往北从葡萄翻越野人山回国了，“应即西向印度列多（雷多）转进”。

蒋介石原来是坚决不允许杜聿明的第五军进入印度的。那是他对

缅北以及中缅边境复杂险要地形缺乏了解而做出的主观判断，而贻误了这支部队较为完整地保持战斗力进入印度的时机，以致一支精锐的军队完全在山林间拖垮了。蒋介石迟至 5 月末才改变主意，是由于看到那个不服从他的命令、径自把新编第三十八师带进印度的孙立人，却是早在 5 月 27 日就全师成建制地抵达了印度因帕尔，而那些遵照他的命令，从各个方向寻路回国的第五军几个师（第九十六师、第二〇〇师、新编第二十二师）则还艰难地在缅北大山里乱转。从电报上来看，由于饥饿、疲劳、病伤，损失很大。如果再让杜聿明这支部队穿越中缅边界的野人山，那就难以有几个官兵能生还了。再加上在 5 月 24 日抵达印度德里的史迪威将军，也一再电告重庆：这些军队如果不尽快进入印度，后果不堪设想……

虽然蒋介石终于改变了主意，但是对杜聿明所率领的第五军军部直属部队和新编第二十二师几万人，已经造成了难以挽回的致命损伤。这样多官兵不是战死在疆场上，而是累死、饿死、病死于撤退途中，真是无辜！

杜聿明虽然也不愿意去印度与史迪威会合，但是见军队垮成这样，也只好在 6 月 1 日起率领部队从坎迪沿钦敦江转往西北方向的欣贝延（新平洋）。重庆大本营电告他们：那里将有中、英、美军方设立的空投场，可以得到空投的吃食和医疗等救助。

这给陷于绝境的官兵带来了一线希望，已经是病息奄奄的人，也强打起精神，拄着自制的拐杖往前挪动。

这时候，除了几支殿后的连队外，大部分部队已经难以形成团、营、连建制，能走动的尽力往前走，走不动的就坐下来歇息一会儿再走。许多人伤病太重了，一坐下来就失去了再站起来的力气，无声地倒了下去。如果旁边有熟人还会给予救助，拉扯着再走一段路，不然就再也起不来了。

官兵们在大雨中稀稀拉拉地挪动着，在 6 月 6 日至 14 日之间，先后到达了钦敦江边的来赛卡西北。这一带河面宽约三四百米，急于渡河的人很多，却没有人来指挥采伐竹林制作渡河工具，任由人们自己找地方过河，水性好的游了过去，略为会水的在别人的帮助下也挣扎着游了过去，体弱又不会水的人只能在岸上望着水流悲叹。但是后边的人又陆续挤上来了，陡峭的河岸上，从低到高，一层又一层密密麻麻地挤满了人。后边的人不知道前边的情况，像赶闹市一样，只顾往

前挤。雨后的岸边，山坡陡滑，挤得前边的人站不住脚了，纷乱地跌进河里……

这正如马荣相老人后来的回忆："众人皆不问前路状况，一味向前挤进，致使站在急流前端，面对山洪等待过渡的人群，因无力抵挡背后排山倒海的来势，纷纷被挤入激流。瞬间随波逐流而去，凄惨呼救之声，震天撼地……"

杜聿明军长躺在担架上也对这大溃退形成的惨状无能为力，幸好有个对他忠心耿耿的军部特务营营长常焕章带着一批精心挑选的警卫人员卫护着他，把仅有的食品和药品供他使用。他才不致像那些散兵一样陷于随时可能死亡的绝境。

从6月6日到16日这十余天中，所有部队都没有粮食了，只能天天挖野菜、草根剥比较嫩的树皮来充饥。那种涩苦不仅难以下咽，还加重了人们的虚弱。官兵又倒毙了不少。

6月17日，他们好不容易走到了德罗（打洛）以西的河边，在河滩上待渡时，终于被低空盘旋的美军飞机发现了，投下了几十包粮食。只是河两岸过于狭窄，不少粮包都掉进了森林里、河水中。官兵们获得的粮食虽然有限，还是可以用来煮粥吃。在这以前，一连十几天都是在啃野生植物，如今一人一碗粥，却成了"神奇"的补品，饿得垂死的人又缓缓还阳了。更能起振奋人心作用的是官兵们都欣喜地认为：既然有这次空投，以后肯定还会有第二次、第三次。生还有望了！

杜聿明命令新编第二十二师第六十五团团长邓军林带着一部分还能较快行走的人员作为前卫，尽快与欣贝延（新平洋）方面取得联系。

从坎迪经坚唐、德罗（打洛）、达邦加到达欣贝延（新平洋）有两百余公里，全是大山和原始森林。那时候又是雨季，山洪暴发，险阻很多，如果让身体较强壮的人去走，有个 十余天还是可以抵达的，但是他们已是病体衰弱，一天两三公里地走了近四十天，在7月1日至8月10日才陆陆续续抵达欣贝延（新平洋）。

欣贝延（新平洋）是缅印边界胡康河谷的一块小盆地，有条塔奈河汹涌地从北向南流过。地势较开阔，也便于飞机空投。在这以前的二十多天，杜聿明将军率领的残破军队，还远远地没有接近这里时，美军运送救护人员和物资的飞机就在欣贝延（新平洋）降落，搭起帐

篷，设立救护站，早早地等候着了。他们通过电台联系，知道杜聿明这支军队已离这里不远了，但一天又一天过去，就是不见人过来，真是令人望眼欲穿。他们哪里知道，这些官兵每挪动一步都要拼出全身力气与死神搏斗呢！

这些一个个都病饿得形同骷髅、没有了人形的“伤兵”，拄着自己做的拐杖一瘸一拐地走近欣贝延（新平洋）时，等在那里的中、美、英医疗救护人员先是惊愕，然后都难过得掉下了眼泪，这哪里是一支曾经英勇拼搏于战场上的军队！他们不能不惊叹，那雨雾弥漫的大山和阴暗潮湿的原始森林，摧毁力太强了！

中、美、英的医疗人员，把官兵们那些已经不成为军衣的褴褛破布片脱下烧毁，对每个人喷洒药水消毒、洗澡，换上新军衣，吃药、打针，进饮食。再按照原来的师、团建制收容……

长久积存于官兵们身上的伤痛，到了这里又回光返照地并发了。有的人因为吃的野生植物太多，已经缺乏免疫力而满身是病，如今都集中发作而突然死去；有的人因为饿久了，消化能力太弱，或者早就胃肠穿孔，难以胜任含有油、盐、脂肪、蛋白的食物，多吃了几口饭菜就“胀”死了……有些人虽然没有死，却由于体质太弱，奄奄一息地在病床上躺卧了几个月。

中、美、英医疗人员也用心研究应对这些病情的治疗办法，帮助这些残剩的官兵避免病情恶化，以闯过“鬼门关”。

经过一段时期的治疗、休整后，杜聿明军长才把各个部队恢复了体力的官兵召集到一起，动员他们继续向印度的利多进发。

那天面对列队听他训话的官兵，杜聿明军长想起两个月前从曼德勒北撤时，包括第九十六师在内，还有着军容整肃的16000余人，撤退途中一仗未打，却在深山野岭中失去了三分之二，死亡了12000余人，只残剩这4000余人抵达欣贝延（新平洋），不禁悲从心起，只说了一句：“亲爱的同生死共患难的弟兄们……”就泪流满面，哽咽地难以作声。

全场官兵想起那些不幸的事，也是哭成了一片……

欣贝延（新平洋）不是久留之地，还必须往印度走。但是前边的山势更为陡峭，行走仍然很艰难，不过有了粮食、医药、帐篷，又休息了这么多天，他们又恢复了前进的信心。

杜聿明决定从7月8日至20日分批行进，并再次让新编第二十二师的邓军林团长指挥第六十五团作为前卫，先派出一个营（第二营）去往哈巴采开辟空投场，并在卡拉卡、尚尼伽等地设立收容站，以便后续部队能够一路上不缺吃、住地西行。

对第六十五团来说，这又是一次逢山开路、遇水搭桥的艰难行程。

作为前卫的第二营在7月8日下午刚出发，就遇见了雷电交加的倾盆大雨。他们顶风冒雨沿着峡谷间一条时而盘旋而上，时而绕到谷底的小路行走。走了两天才在7月10日抵达塔奈河的上游。这两岸的山崖过于壁陡，没法停歇。他们只好下到河边的沙滩上宿营，准备第二天再过河西行。这一夜又是大雨倾泻，河上浊浪翻滚，让他们心悸得难以入睡，全都抱着枪坐于沙滩上等候天亮再行动。到了半夜，上游的山洪暴发，河水在风雨中呼啸地以一分钟腾起几米的速度猛涨，一会儿就淹上了沙滩，营长、连长们忙带着部队往岸上撤，但洪水来得太快，还不等他们离开河滩，大水就漫过了他们的胸脯，冲走了他们带的五天粮食和开路的器材。他们在风雨交加的黑暗中，抓着岩岸边从石缝里长出的矮树、竹根，拼命向上攀爬，一直爬到30余米的高处，才躲过了水浪的冲击。但是洪水还在汹涌地狂吼着上涨，黑暗中只感觉眼前水浪滔滔、一片汪洋，似乎这两岸的大山都要被淹没了。

第二天，天亮后一看，他们才发现自己都像猿猴似的，东一个西一个零落地攀附在削壁悬岩上，上不去也下不来。这样长久高悬着，不摔死也会冻饿死。营长、连长们又呼喊着士兵们手脚并用地继续往上爬。大白天面对这些长满了青苔过于陡滑的峭壁，他们反而心存恐惧，难以攀爬了，挣扎了一上午才到达山顶，暂时脱离了洪水的威胁。看到河水仍然在疯狂地上涨，前路已断，粮食又没有了，他们想往回走，但原来走过的山路已被山洪冲垮，连退路也没有了。又困在这大山里多日，饿得只能挖野菜、吃野果度日。

到了7月15日，杜聿明军长见这个营西行多日都没有信息，很是担心，派出一小队人员去沿途搜索，才发现处于困境中的这个营。他这才明白，单靠这个地形不熟的步兵营打前站是不行的，又增派了军部工兵营与第六十五团第二营一起做前卫，并与驻欣贝延（新平洋）的英国边防军联系后，由英方帮助征集了当地少数民族一百多人做民工并担任向导。在7月16日再次来到塔奈河上游，选择了峡谷里一段只有40余米的较狭窄河面来架桥。

满山都是大树、藤条，这些做向导的当地少数民族又善于在山野砍树编织藤桥。在他们的帮助下，架起了一座长约 50 米的藤桥。

凌空高出水面几十米的藤桥，人一走上去就会像荡秋千般晃动，使人目眩心乱。在当地人的指点下，工兵营的官兵来回走了几趟后，总结出了一条过桥的规律：“大背枪，向前看，前后距离 10 步，两手扶栏杆，稳住身体重心，徐徐前进。”

这样，第二营和后续部队才依靠这座藤桥渡过了波涛汹涌的大河。又走了两天，在 7 月 18 日抵达哈巴采。

哈巴采是座小村寨，位于那加山脉高达千余米的山岭间。四周都是满布原始森林的高耸山岭，有着百余座山民们盖建的简陋竹楼。

在当地人的帮助下，部队在村寨西南山坡上选择了一大块刀耕火种的休闲地，砍去杂草、小树，布置成了空投场，只待雨过天晴，美国空军就可以飞来空投。

7 月 19 日下午，突然天晴了。雨后炎热的阳光把积聚在山岭上空的厚重云雾，烘烤得化成了缕缕轻烟飘散开，把山岭、村寨全都清晰地显现出来。经过电讯联系，几小时后，从印度方向飞来了 3 架运输机，盘旋中投下了 200 包大米、面粉，以及油、盐、饼干、奶粉、香烟、糖、葡萄干、罐头、药品。

这都是能增强部队官兵体力的物资。以后只要天色放晴，就有飞机来空投。

部队又以哈巴采为中心，运输了一部分粮食、物资去开设了卡拉卡、尚尼伽收容站。

先期抵达印度的中国远征军长官部第二兵站分监部和新编第三十八师也派出人员在列多（雷多）以东山岭间的浓漾、南胖姆、提旁等地设立了收容站。还征调了印度特有的山区运输工具——大象来驮运粮食。高大壮实的象可不怕险山恶水，再密集的树林，也能踩出一条路。从而有力地保证了运输的畅通。

这样，后续部队在行进途中，粮食、医药的补给问题都较好地解决了，但是林中瘴疠和多雨潮湿的气候，还是夺去了一些身体过于虚弱的官兵的生命，使得他们无法走完这大撤退的最后一段路程。

第六十五团第二营在哈巴采建立收容站后，又派第六连走在整个部队最后边负责沿途的收容，是这场大溃退的最后阶段，最鲜明、完

整的见证人。只见沿途山林中到处是一具具已成了骷髅的白骨，在一些大树干上还潦草地刻着“安徽吴楚先之墓”“铁道兵团吴工程师之墓”等字迹。所谓“墓”，只是把死者浅浅地埋在树下边，不过已经比那些暴露于山野，任由野兽、蚂蚁啃食的尸体好多了。

据女军官李明华回忆：这位吴工程师是英国剑桥大学毕业的铁道专家，长期在铁道部门工作。中国远征军成立后，随军进入缅甸指挥工程技术员抢修铁路。突围途中，因为饥饿过甚而病倒，有一次李明华和胡汉君还把她们仅有的半缸米汤送给他喝。路途遥远，那点米汤有什么用，最后还是不幸倒毙于山野。

可惜年代过久，她已经忘记了这位吴工程师的名字，只能让他寂然埋骨于异国山野。

8 月中旬，杜聿明率领的第五军军直属部队和新编第二十二师的残剩官兵，终于结束了这场长达三个多月的大撤退，在印度边境的列多（雷多）集中。

官兵们如同从地狱回到人世，长久都不敢回想这几个月是怎么熬过来的，几万精锐之众为什么会陷入这悲惨境地。

多年后，杜聿明军长对这场大溃退曾这样回忆：“由于指挥错乱，致各部队被杀伤、落伍、染病死亡的，比在战场上与敌战斗而死伤的还多数倍。计中国远征军动员总数约十万人，至此仅余四万左右。”

这是多么大的死亡数字！

杜聿明军长愤慨地认为，这真是“丧师辱国，罪无可恕”。

他作为中国远征军的副司令长官，以及这次出征缅甸的主力第五军军长，本来是想打一场扬威于异域的胜仗，但结局却是如此悲惨，原因在哪里？他认为：“（首先是）中、英战略矛盾，英方别有阴谋。从中、英共同防御滇缅公路这一协定来说，中国远征军的主要目的是确保滇缅路这条国际交通线。而只有保卫滇缅路的咽喉——仰光海港的安全，才能保全滇缅路，这是人所共知的常识。可是自从中国缅、印、马考察团提出中、英共同防御意见草案，于 1941 年五六月间正式送交英方后，在半年多时间内，英方对中、英共同防御计划既未着手准备，亦未同意中国远征军事先入缅布防。多次中、英会报中，英国方面一直坚持它的错误判断，着重要求中国在车里、佛海布防，而不愿讨论中国远征军入缅布防问题，以致中、英共同防御计划未能及早

准备。这是中国远征军失败的根本原因。”

如果仅只是这一“中、英共同防御计划未能及早准备”造成失败，那还只是英方高层战略决策上的错误，属于认识问题，但是更深层次的原因还是英国当局鉴于缅甸和中国的历史渊源，宁愿把缅甸丢给日寇，也不愿让给中国。

其实那时候积弱已久的、由国民党主政的中国政府，面对东西方帝国主义，已经难以有再占有缅甸的力量。对于出兵缅甸，中国政府也早就表明了：“只是为了战胜日寇，需要借重缅甸仰光海港而已。”英国政府高层却以小人之心度君子之腹，在大敌当前之时，仍然不以共同的反法西斯利益为重。正如杜聿明将军所说：“（英方）始而不同意中国远征军预先入缅布防，继而战争爆发，又阻止中国军队入缅；及仰光危急，英国才要求中国派一个团、一个师……它是利用中国军队来掩护它的安全撤退，并不希望中、英并肩与敌决战，更不是为了保全仰光这个海口。”

这就表明，10 万中国远征军的 6 万之众抛尸于异域，并不是战斗不力，也不是日本军队强大得不可战胜，而是受损于英国这个“同盟国”。同盟者的背叛最具有杀伤力，这令中国远征军官兵中的生者与死者均含恨不已！

中国出兵缅甸之前，蒋介石和他的高层将领们并不是没有发觉英国方面缺乏共同御敌的诚意。1942 年 3 月初，蒋介石对英军不通知中国就放弃仰光，从而使中国失去了通过滇缅公路和仰（光）曼（德勒）铁路至仰光的出海口，就很愤怒。他认为：“再出兵缅甸已没有什么意义了。”曾在 3 月 9 日电令在昆明的杜聿明：“第五军未入缅（甸）部队暂缓入缅。”

如果，蒋介石能把他的这一决定坚持下来，用 10 万中国远征军布防于中缅边界，利用横断山脉以南、高黎贡山以西，东北高、西南低的山形水势，构筑防御工事，以逸待劳地抗击来犯的日军，就不会把怒江以西大片土地丢掉，更不会形成这伤及中国军队精锐的大溃退。但是他抗拒不了美国政府的出兵要求，特别是史迪威将军来了后，又不顾英国军队避战自保的实际情况，强烈地主张以中国军队单独发动反攻，以夺回仰光。因为这时候的中国政府得依赖美国的援助，怎敢得罪这位美国将军？但是史迪威又指挥不了英国军队，英国军队反而趁中国远征军与日军激战于东吁（同古）、耶达谢（叶带西）之时，加

快了东线英、印、缅军退却的速度，从而使得中国远征军制订的“彬马拉（平满纳）会战”“曼德勒会战”等战略计划都不得不临阵放弃，从防御转成边撤退、边抗击，进而形成难以收拾的大溃退。

所以，杜聿明也说：“蒋介石过分迁就英、美，应负最大的责任。”

那个时候，谁能追究英国将军哈德罗·亚历山大、美国将军史迪威以及蒋介石的责任？死者已无言，生还者除了满腹辛酸外，也只能噤若寒蝉。

作为第五军军长的杜聿明在选择退却路线上也有错，并有着不可推卸的责任。从曼德勒撤退时，何去何从，他作为身在缅甸前线的高级将领本来应该有清醒的决断，但是他在5月5日接到罗卓英命令他率军进入印度的电报时，不但没有遵守，还在5月6日去电重庆的蒋介石表示：“战败入印，恐为英人不齿，仍愿经密支那撤入滇西国境。”

蒋介石身处远离缅北战地几千公里外的重庆，既不了解缅甸北部、伊洛瓦底江流域那复杂险恶的地形，又不可能掌握那瞬息万变的战局，却对杜聿明愿意撤回国内的态度很欣赏。除了在5月7日复电同意外，还亲切地去电对杜聿明给予嘉勉。

他的电报才发出，密支那就在第二天（5月8日）被日军攻陷，截断了第五军从那个方向取道回国的道路。如果这时候杜聿明能像新编第三十八师师长孙立人那样，毅然改弦易张，抢在日军封锁缅印边境以前迅速改道进入印度，第五军直属部队和新编第二十二师就不会有那样多人惨死在野人山里了。但是，当时他还是不顾前途的艰难，继续指挥部队往北边深山野岭里走，从而在深山密林里被饥寒病痛所困，死亡累累。他这种不从具体形势出发的错误决断，只讲对蒋介石的忠心，也就害苦了部队。作为主要指挥官是当断不断。

所以，杜聿明也不能完全用史迪威、罗卓英指挥上的错误来掩盖他应该承担的责任。这也是他后来回到国内后，检讨战败罪责，没法告倒罗卓英之故！

杜聿明的第五军直属部队和新编第二十二师的残部退入印度后，中国远征军这场分几路突围的大溃退也就完全结束了。日军完全占领缅甸，也达到了从南亚方向对中国的包围。只是日军由于兵力不足，一时间难以再向怒江以东的中国滇西腹地和印度方向入侵。日军参谋总部在这年（1942年）5月28日给南方军的命令是：“为了保持对华

的压力，务在相当长时期内确保龙陵及腾越附近的怒江一线。望善于指导。”

占领了缅甸的日军第十五军，于是在6月10日正式宣布：“除了在中国境内怒江以西的战斗还在继续外，在缅甸境内的作战已经结束。”

惨败后的中国军队这才有了与日军隔江相对的喘息机会，并调动部队加强怒江以东的防守。

这次在缅甸作战，英、印、缅军有着步兵43个营、两个坦克连、炮兵14个连，约45000人的兵力；中国远征军则有9个师约10万人的兵力。退却前的几场战斗，中国远征军和英、印、缅军共死亡27454人，被日军俘虏4918人；而在大撤退途中则病死、饿死、累死了六万余人。

日军只死亡军官157人、士兵2274人，总数不过2431人（其中第十八师团123人，第三十三师团730人，第五十师团702人，第五十六师团286人，其他部队590人）。

不过日军公布的这一数字，与中国方面的统计出入较大，但是比较可信。因为当时除了仁安羌之役外，中、英军队都处在退却中，没有占领战场，也就不可能去现场清点，从而精确地计算出日军的遗尸有多少。

日军这2431人的死亡数，与中国军队10万之众损失6万，以及英、印、缅军队被击毙、被俘虏的3万余人相比较，敌我双方的伤亡也就太悬殊了。这并非中国远征军战斗力差，更不是官兵们不肯死战，完全是在缅甸的中、英、美主要领将战略思想不一致，又各有所图，以致形成对战局的看法有异，而难以有统一的战守之策。特别是西线英军避战自保，一再放弃有利的战机，东线中国军队第六军畏敌如虎、望风而逃，从多方面造成了这场缅甸作战不应有的大溃败。真是将帅无能，累死三军！

史迪威、蒋介石为反攻缅甸的争执

史迪威将军和随同他从缅甸步行撤退的 114 名人员，5 月 20 日那天抵达印度东部边境因帕尔。

那十几天，他们从印缅边境的险山恶水间，爬山、钻林、涉水、淋雨、挨饿，艰难地退向印度，随时都可能因为难以继续支撑而在山野里倒下去。但是史迪威是个具有不服输个性的老军人，一路上都在想着以后怎么去反攻缅甸，也就能用顽强的意志抗拒由于体力日渐衰弱而可能随时发生的死亡。有他的存在，这支人数不多又缺乏战斗力的“部队”也就显得异常的坚强。

他很得意，这次中英那样多军队往中缅、印缅边境撤退，一路上伤亡、溃散者极多，只有他这支由英、美、缅甸、印度、马来西亚军人和地方人士临时拼凑成的非战斗队伍，却一个不少的全部抵达印度。

这就给人们，特别是中外记者鲜明地展示了史迪威那顽强的个性和高超的组织能力，预示着他能够实现他的誓言：“重整旗鼓，胜利地返回缅甸。”

但是在缅印边境山林艰难跋涉的苦楚，不同于一般，就是钢铁的巨人也会被严重磨损，何况史迪威是个年近六旬的老头。这正如一位记者描述的：“他体重减少了 20 磅，本来就已瘦弱的身体只剩下了皮包骨头。他双手颤抖，蜡黄的皮肤就像得了黄

疸病，眼珠深深地陷进眼窝。”

史迪威确实得了黄热病引起的黄疸症，每天高烧不止，连他自己都感觉：“虚弱得像块破布。”

他在 5 月 23 日被用飞机接到印度的德里。这里的美英军方的医院医疗条件好，他又是这样一位声名显赫的将军，对他的治疗当然不同于一般的军官、士兵。经过打针、吃药、补充营养，很快控制了病情，没有再向恶性发展。

到达德里的第三天（5 月 25 日），他就抱病给美国陆军部长史汀生、陆军总参谋长马歇尔将军写了一份报告，陈述他的反攻缅甸计划，要求从美国派 1 至 3 个师来印度投入对缅甸的反攻。他特意强调了中国战略地位的重要性，如果不派遣美国战斗部队来到印度迅速反攻缅甸，“将是一个严重错误”。

史迪威将军的反攻计划拟订得这样快，令美国军方的高层都为之惊讶，不能不佩服他的坚毅、刚强。他们都知道，这个在撤退途中受够了苦的史迪威，如今还躺在医院里。

他这一建议得到了美国陆军部一部分人士的支持，与史迪威私交甚好的格鲁伯将军就认为：“中国是将来进攻日本本土最好的出发地，应该先派一个师到印度，然后逐渐加派 2 至 3 个师。这样也可以提高中、英军队反攻缅甸的信心。”

但是史迪威和格鲁伯的建议都没有得到陆军部长史汀生和马歇尔将军的支持，因为史迪威他们并不了解罗斯福总统和美国军方高层的战略意图。

美国应付德、意、日法西斯的战略原则是“先德后日”。也就是在欧洲战场打败了德国后，再转向远东收拾日本。1941 年 12 月 9 日珍珠港被偷袭后，虽然使美国军政高层紧张了一番，担心日本海空军会乘胜进攻美国防务空虚的西海岸，后来见日本意在东南亚并没有向西深入，又放心了。他们只派遣史迪威将军带少数随从来中国战区而没有派出大量的战斗部队，也只是想先稳住他们已一败涂地的太平洋战线，让中国的抗日战争坚持下去，并在不妨碍对德作战的可能条件下，给予中国少许物资援助，让中国军队继续缠住日本在中国大陆和缅甸的百万大军。

这样的“先德后日”战略意图，是美国高层的高度机密，当然不能让中国政府领导人知道，也不便透露给史迪威将军。如今，缅甸已

经完全丢失，美国军方更不急于制订反攻缅甸的计划。特别是这年（1942年）6月由于苏联在德国军队强力进攻下，处境很是艰难，一再要求英美开辟第二战场，以减轻他们对德作战的压力。美英两国除了以战后结算的方式贷给苏联大量的飞机和坦克外，还派去了8个近程战斗机中队、1个远程战斗机中队、3个轻轰炸机中队，以及85000辆载重汽车，以增加苏联军队机动作战的能力。援助力量之大，令远在中国的蒋介石和他的部属们为之瞠目，不明白美国怎么会这样看重苏联。但是罗斯福总统仍然认为，如果美国在1942年不迅速采取行动，那无论对俄国战场的形势，还是对世界舆论，都会产生不利的影响。所以他指示马歇尔将军，1942年美国军队还要在欧洲和非洲战场直接加入战斗。经过多方选择，美国军方在这年六七月间制订了代号为“火炬”的登陆北非的作战计划，面对已投降德国的法国驻非洲的14个师和500架飞机约20万人的军队，除了英国出动23000人的部队外，美国将在11月8日出动110艘运输船、200余艘军舰，载运着总数为86000余人的部队，分别从英国苏格兰和美国东海岸出发去作战。

美军这86000余人，约占他们战前陆军总人数174000人的一半。珍珠港事变后，美国虽然在全国紧急动员征调兵员扩大军队，匆促间，训练有素的军队仍然不算多，既然向北非派出了那样多军队，哪里还能抽调出1至3个师的兵力来印缅作战。

马歇尔将军也不便对史迪威说明他们的“先德后日”战略计划，只能含糊地回答：“如果派部队来印缅，将使美国陷于不应有的不利地位。”

陆军部的将军们也婉转地提醒史迪威：“不要过早地提出中国希望重开滇缅公路的问题。”

这使急于反攻缅甸的史迪威既感茫然也很恼火。美国不派军队来，已成惊弓之鸟的英国军方更不可能返回缅甸作战。他总不能又召集随同他退进印度的那支114个军民混杂的队伍去拼搏吧！只好把希望全部寄托于中国军队了。他是个性急的人，不等病体痊愈，就在5月29日从印度飞往重庆。

缅甸失陷后，从印度飞往中国的空中航线也被迫改变了，要乘坐B-25型重轰炸机，从德里向北长途飞行1770余公里至阿萨姆邦，越过海拔4572米的西喜马拉雅山后，再飞行885余公里抵达昆明，然后

转往重庆。

这比从前经缅甸腊戍直飞昆明转重庆远多了，也艰难多了。

被称为“世界屋脊”的喜马拉雅山脉上空，气流超常强烈，旋转的强劲大风，常会把当时已是体积够硕大的飞机刮得底朝天，或者折断成几截，是一条危险四伏的空中航道。

史迪威为了与中国高层洽商反攻缅甸的事，不得不经常来往于中国重庆至印度德里之间。从那以后，几乎每隔一两个月或一个月两三次地在这条被人称为“驼峰”的航线上飞行。

6 月 3 日他飞抵重庆。

几个月前的 3 月初，他刚从美国到达中国时，蒋介石夫妇为了给这位不同于一般的尊贵客人有个舒适的住宿条件，几经选择，特意把宋子文新建的一栋豪华别墅拨给他作为办公兼住宿的处所。这是座位于山城北边山头上、紧临嘉陵江的一所两层建筑的宅邸，有花园、草坪，从屋顶的平台上可以看到浩瀚东去的青绿江水和江上的木船、白帆。那船上水手和拉着上行船的纤夫与激流浪涛搏斗时发出的、如同高歌般的沉重吼声，是那样撼动人的心灵，也常常引得史迪威长久凭栏聆听，觉得身心都被这充满了活力的“歌声”所冲击。他当然不知道这就是四川大小河流上常有的“川江号子”。

蒋氏夫妇为了让史迪威在这里生活得舒适、愉快，配备了包括警卫、花匠、厨师、勤杂工在内的 29 名人员为他服务。

史迪威过去大多数时间都是在军营中度过，还从来没有享受过这“王公般的生活”，很喜欢这地方，把这里称之为他的“家”。在这里研究作战，会见中国军政官员，在小楼的地下室里看作战地图，心情愉快时还放映从美国运来的电影。

史迪威到达重庆的第二天（6 月 4 日）中午，就去晋见蒋介石、宋美龄夫妇，并在那里共进午餐。

虽然中国远征军不幸在缅甸被打败了，损失很是惨重，中国远征军的将领对史迪威在指挥上的固执、专横作风也啧有烦言，但是蒋氏夫妇也不能不佩服这位美国将军有飞机不坐，宁愿步行越过缅印边境渺无人迹的层层大山的勇敢精神。而且出于对这位美国将军对反攻缅甸的一片热情的尊重，还是很友好地给予招待，关心他突围出来后的病体，邀请他去黄山别墅度周末。

史迪威是个不习惯应酬的人，在午餐后两个多小时的谈话中，他立即转入了正题，坦率地谈了他对缅甸作战失败的看法：中国士兵很好，负伤了都没有怨言，只是缺乏优秀的领导。一般连长甚佳，营长、团长优劣不一，高级将领则令人失望。师长及较高级的将领，有的缺乏能力，有的缺乏胆略，因循迁延为各级将领的通病……

不过他还是肯定了第二〇〇师师长戴安澜“勇敢干练”，新编第三十八师“战绩特别优良，孙立人师长在仁安羌时是亲自率领士兵奋勇解围”，新编第二十二师师长廖耀湘“情况尚可”，第五军军长杜聿明“作战勇敢，不离部队，唯个性刚愎，不容易应付”，就连罗（卓英）将军也“难以驾驭”他……

他当时与罗卓英还没有产生矛盾。罗卓英对他的谦恭、忍让，使他对罗卓英有着良好的印象，认为罗卓英“领悟战术上的需要极为敏锐，有时认明需要行动，即能迅速实行”。

他对第九十六师师长余韶的评价不高，认为余韶在彬马拉（平满纳）阻击战中“夸大敌情”。余韶本来就不是蒋介石的黄埔系，被看作“杂牌军”，史迪威的告状，也就给曾经率军苦战的余韶师长造成很大损害，导致余韶从此再难领兵作战。史迪威印象最恶劣的是第六十六军暂编第五十五师师长陈勉吾。战斗中这个师长躲在远离前线的后方，只是用电话向部队发布命令。当时史迪威要罗卓英命令陈勉吾把指挥部迁往

中国驻印军在兰姆伽实战训练

前线，陈勉吾还是逡巡不前。只派了一个连去守御战略要地茂奇（毛奇），在日军仅有一个大队的进攻下，这个师却一退近 80 公里，以致东部战略门户洞开。

他认为：这与第六军军长甘丽初的失职、避战有关。

他强烈地要求枪毙陈勉吾、甘丽初。

蒋介石怎肯答应，只是说："陈师长已被革职查办。此人为最恶劣的师长，国军在缅甸失利，此人难辞其咎。"对于甘丽初的处置却避而不谈。甘丽初是他的爱将、黄埔一期学生，他怎么舍得枪毙、撤职，后来只是悄悄调换了一下职务。

史迪威对中国军队中贪污腐败影响了作战能力，也举了不少例子，如中国远征军出国作战时，戴安澜的第二〇〇师不能迅速赶赴东吁（同古）作战，就是缺少卡车运输。蒋介石下令调给第二〇〇师 175 辆卡车，但是只得到了 22 辆。不是没有车，军事委员会后勤部长俞飞鹏在腊戍就掌握有 850 辆卡车和充足的汽油。

那些卡车干什么去了呢？据史迪威了解，"似在经营商业"。

一些部队的军长、师长趁战乱武装走私，确实是当时的突出现象。

史迪威说的这些情况，蒋介石不是不知道，平日也有人向他报告，只是他如今有些奇怪，是哪些人把这些内情透露给这位美国将军的？

他对史迪威的诉说，也就不好表态，只是把话题一转，关切地询问缅甸战败的原因何在。

史迪威认为：失利原因很多，从战场实力来看，在于没有空军帮助侦察、轰炸，以致敌情不明，盲目作战达两个月。日本的空军虽然不多，但是适量，而且处于主动地位，不断出动轰炸、侦察中国远征军的前后方，威胁很大。日军的战斗士气、训练、配备、人数、交通、后勤供应、指挥、组织都比中国远征军强。仅以人数来比较，第五军的编制应该是 47000 人，但是据史迪威了解，实际兵员只有 42000 人，东枝（棠吉）战斗之后，第二〇〇师只剩下 5600 人……

他认为，这都是军长、师长、团长们贪污腐败吃空饷，以致兵不满员。

对这些情况蒋介石也很清楚，他在太平洋战争爆发后的 1941 年 12 月 9 日致各行营主任和各战区司令长官的电报中，就针对这一现象指出："应核实部队名额，根绝浮滥流弊。我前方部队兵额之空虚，已为全国皆知之缺点。各级层层欺蒙不一而足；至有一师之中缺额至三千

人以上者，亦相率视为故常。平时领一师之饷，临战不能做半师之用，及事后申报战役经过，则又任意浮报，动称一师死伤五六千人……”

在国民党军队中，这已经是积重难返，再三令五申，也难以改变这病入膏肓的腐败现状。

其实史迪威只看到了其中的一面，各部队兵员不足，除了官长吃空饷外，抗战以来大片国土丧失，国民党统治区的城市乡村壮丁日少，难以补充中国军队这数目庞大的300多个师，也是原因之一。

史迪威还激动地建议蒋介石：对军队里的将校级军官进行一次全面的清理，提升有能力的军官，彻底清洗那些昏庸无能的将军。不然就难以反攻缅甸。

他说得很对，只是他把昏庸无能的范围说得太大了，连杜聿明、戴安澜、余韶这样善战的将领都在其列。这使蒋介石很吃惊。

史迪威还把他在印度写成的那份关于中国军队中存在的弊病以及如何解决的报告送给了蒋介石。其中特别提到改造军队的过程中，用美国武器装备、训练30个师，但必须对将校级军官完全更换，担任这支军队总司令的人，应该放手让他去指挥，任何人，无论是谁，都不能横加干涉……

因为史迪威这份报告是用英文写的，蒋介石看不懂，坐在一旁为他们担任翻译的宋美龄就接过去看了一遍，深为史迪威的大胆、尖锐惊讶，担心难以被蒋介石接受。她很明白，军队是蒋介石进行统治的依托，怎能这样大刀阔斧地砍削军队，不禁脱口而出地说了一句：“哎呀！这不就是德国顾问向他建议过的那些东西吗？”

[1934年，蒋介石曾聘请原任德国国防军司令的汉斯·冯·泽克特将军来中国担任他的军事顾问。这位德国将军认为：军队的质量比数量重要，应在中国军队中对军官们进行一次清洗、整顿，先训练装备20个师，然后再逐步扩大到60个师。但是中国军队中派系林立，谁也难以对军队彻底整顿。1929年1月的“编遣（裁军）会议”，蒋介石也曾经想通过法令来整军顿伍，却引起冯玉祥、阎锡山、李宗仁等军事集团的不满，从而在5月初引发了那场历时半年、双方死亡人数达30余万，伤者难计其数的“中原大战”。那场内战虽然以代表中央政府的蒋介石一方的胜利结束，但是战争所耗费的资财巨大，国力、军力都严重受损，削弱了以后的抗击日本侵略者的力量。所以，蒋介石也就不敢接受汉斯·冯·泽克特将军的建议。]

如今正处于抗日战争最艰难的时刻，面对百余万日军的进攻，军队内部更要稳定，他更不可能采纳史迪威的意见，动这样的大手术了。何况他手下的战区司令长官、集团军总司令、军师长们，大多数都与他有着较深的关系。但是他也不便严词拒绝史迪威的陈述，只是礼貌地听着。心想，这美国人太不了解我们了。

史迪威急于反攻缅甸，却认为不立即这样做就反攻无望了。

1942 年的 6 月间，中国远征军的几个军、师，特别是精锐的第五军在缅甸溃败后，还在缅北的大山里艰难寻路突围，几万人生死难卜，蒋介石怎么有激情去反攻。而且这 5 月、6 月，浙赣前线战事又趋紧张，由日本第十三军 5 个师团、1 个旅团发起，目的为打通浙赣线摧毁美军在东南空军基地的进攻战正在激烈进行，中国军队第三战区几个军正节节败退，战略要地衢州在 6 月 7 日早晨陷落，14 日又被日军攻占了第三战区长官部所在地上饶……

蒋介石忙于从各地调动军队去策应作战，哪里还抽得出军队去缅甸反攻，而且经过缅甸的惨败，他已经不敢再相信英国那一盟友了。

但是史迪威掌握了给中国分配租借物资的大权，蒋介石如想多得到一些美援，就不能得罪这位美国将军，他只能继续含糊其辞地应付着。

耿直、任性的史迪威既不了解他们美国政府高层“先德后日”的战略原则，也不关心中国政府所面临的几面受敌、内外交困的处境，只是按照他的意愿，一个劲地催促蒋介石迅速制订出反攻缅甸的计划。

在 6 月 15 日的一次会上，史迪威又提出了反攻缅甸的事，还说，他已经得到英国驻印度的韦维尔将军的承诺，可以一起去反攻。

提起不守信义的英国军方，蒋介石就控制不住长久压抑在心中的怒火，他讥讽地问：“什么，他们也能反攻？” 还说：“没有中国军队的支援，他们想都不敢想。”

这是实际情况，只是史迪威可不管这些，还在催促尽快进入对反攻计划的具体拟议。蒋介石和他的参谋总长何应钦则认为，在缺乏足够的飞机、大炮、坦克和枪支弹药之际，反攻缅甸的事，目前是不可能实行的。他们要求史迪威先去争取美援。史迪威却不以为然，还是认为，赢得战争胜利的唯一出路就是彻底整顿（中国的）地面部队……

为这些事他们又争论了起来，只是因为有极有风度的蒋夫人宋美龄，在翻译时轻言细语地从中转圜，才没有演化为当面争吵。

史迪威见蒋介石不肯按照他的意见及时做出反攻缅甸和清理中国军队的决定，很是不满意。几次谈话后，他这个性急的人，越来越没有耐心了，更相信一些人，包括在重庆的美国军事顾问团团长马古德将军等人告诉他的情况：中国政府是“掌握在一个无知、专横、顽固的人手中”。他手下那些年轻气盛、又自感比中国人高人一等的高傲的助手们，更是火冒三丈。如他的驻重庆的代表比塞尔将军就强烈主张对蒋介石施加压力，如果中国不能迅速在浙赣线上击败日本、不去反攻缅北，就在援华物资上给予制裁……

史迪威将军也同意这种观点：只有用这样的高压和制裁手段才能逼迫蒋介石听从摆布。

他们的这些意见也迅速传递到了大洋彼岸的美国政府。史迪威也明白，要这样干，还必须得到总统、陆军部、总参谋部等高层的支持。

该不该对蒋介石施压，也在华盛顿军政界引起了争论。

陆军总参谋长马歇尔将军的战略思想虽然与罗斯福总统一样，也是主张 “先德后日”，但是他心里明白，这样对待已经抗战 5 年的中国是不合适的。他郑重地表示：“美国在几乎没有为支持中国做些什么的情况下，是没有资格敦促中国行动的。”

马歇尔将军是史迪威的上级和真正的后台，他不支持史迪威将军的过激言行，才略为约束了史迪威等人的过于猖狂的行动。但是史迪威是个定下了主意就不达目的不肯罢休的人，仍然不停歇地要求蒋介石尽快下达反攻缅甸的命令。

他也不冷静地想一想，这期间（6 月、7 月）中国远征军的 10 万大军，除了孙立人师长的新编第三十八师退进了印度外，其他的几个师，包括杜聿明将军在内，都还在中缅、印缅边界的大山里挣扎着找路突围，生死难卜，蒋介石怎么能再派兵去反攻缅甸。

蒋介石觉得史迪威不仅过于性急，也太像儿童般天真了。他在国内外的政治风浪中被锤炼多年，手下又有一批深通孔孟之道的智囊为他出谋献策，并不像他的部属和学生杜聿明那样，急躁地当面给予史迪威反驳，任由史迪威怎么催促，他还是那个态度：美国不增加援华物资给中国军队改善装备，反攻是难以进行的。在 6 月 24 日与史迪威

中美工程人员在缅北丛林中修路

的会谈中，蒋介石更明确地提出：如果要反攻缅甸，美国必须立即给予中国 500 架飞机，每月给中国运输 5000 吨军用物资……

从缅印的战局需要来看，这不是过分的奢求，而且美国也有力量供给。这年（1942 年）5 月 7 日，美国政府在拟订的下一步战略投入计划时，为了保证“先打败德国”这一战略意图的实施，决定从 1942 年 7 月至 1943 年 6 月这一年期间，给予苏联 700 万吨的军火和其他物资，以求苏联能在苏德战场继续胶住德国军队的大部分兵力。这也就是说，苏联每个月可获得 58.33 万吨以上的军火援助，在中国战场抗击住了 100 余万日军的中国政府，所得的美援却少得可怜，以 1942 年 6 月为例，空运量只有 106 吨。与苏联相比，中国每个月所得，连一个零头都达不到。这差距真是太悬殊了！

这怎么能令中国军政高层心服？但是蒋介石还是尽量不把喜怒形于外，向史迪威和蔼地表示：如果这些条件能达到，中国可以空运 5 万军队去印度接受史迪威的训练，并让史迪威担任驻印度的中国军队总指挥，资深的中国将军罗卓英则作为他的助手。

这正是史迪威所盼望的。有了 5 万人，他真是可以在反攻缅甸中大显身手了。他很是高兴，也就满口答应，由他出面催促美国政府增加援华物资。他刚从印度过来，很清楚从美国运来的军用物资在那里堆积如山，新组建的美国第十航空队也刚刚到达印度，正准备担负起从印度越过喜马拉雅山南端“驼峰”航线，给中国运输物资的任务。只是史迪威没有想到，美国军政高层正在实施“先德后日”的战略计划，又给了他无情的一击。却在 6 月下旬把第十航空队调往北非，几乎完全停止了“驼峰”运输。弄得他在蒋介石面前很尴尬，而且加剧了中美之间的矛盾。

1942 年 3 月初，仰光失陷，滇缅公路通过仰（光）曼（德勒）铁路的出海口被封锁后，美国援华物资只能从海上远程运到印度，再从印度东北部的阿萨姆邦的汀江机场空运昆明。

那条航线长约 805 公里，从印度阿萨姆邦起飞，越过印缅边境和喜马拉雅山脉南段起伏群山，沿途山势高耸陡峭，风向、气流变化很大。在中缅陆地运输已中断的情况下，别无他途，也只有依靠这条艰难险阻甚多的中印空中航线了！

这条航线的开辟也很费周折。早在 1940 年 11 月，日本还没有发

动太平洋战争的前一年，中美合营的中国航空公司（美国占有 49% 的股份）美籍经理威廉·兰·邦德就预见到：一旦日军南进占领了缅甸，不仅滇缅公路会被切断，中缅的空中航线也会被破坏，必须尽早另找能把缅、印、中联系起来的航线。他亲自和飞行员休·伍兹驾驶着飞机从密支那起飞，飞越中、缅、印边界去寻觅合适的航线。当他们飞越喜马拉雅山南部时，被云层下边那像骆驼峰峦一样起伏的险峻群山和周围的旋转气流所震慑了，深感这是世界上最艰险的一条空中航道。将来战事一旦燃及缅甸北部，又不能不往这个方向走。这是唯一的选择。

他们的大胆探索也引起了当时在中国政府担任财政顾问的美国专家亚瑟·杨的注意。他在 1941 年 3 月给中国政府的一份备忘录中，谈及将来如何获取外援物资的交通线路时，郑重地提出了：“可以选择威廉·兰·邦德的‘驼峰’航线。”

这也是“驼峰”航线这一名词首先见诸正式的文件中。

两个月后的 5 月 8 日，威廉·兰·邦德公布了他的长篇研究报告《战时“驼峰”航线的起源》，详细叙述了他们是怎样越过喜马拉雅山的“驼峰”，并提出了如何开辟中印航线的方案。这引起了中美从事航空事业的专家和部分政界、军界人士的浓厚兴趣。只是这需要大量财力、人力来完成的计划，却是已经被多年的抗战挤榨得更为贫困的中国所无力完成的，只好暂时搁置下来。又过了半年多，日本南进的侵略计划已经显露，太平洋战争已有一触即发之势，具有远见卓识的威廉·兰·邦德和亚瑟·杨在 1941 年 11 月下旬又进行了一次飞越“驼峰”的航行。他们乘坐中航公司美国飞行员查克·夏普驾驶的飞机，从缅甸的腊戍飞往密支那，再越过印缅边境的那加山脉抵达印度西北方的阿萨姆邦汀江机场，然后飞越喜马拉雅山南部的“驼峰”，在 11 月 22 日飞抵中国的昆明。那次飞行也是“驼峰”航线被提出后，第一次完整地飞完了“驼峰”航线全程。他们的勇于实践，也证明了这条航线虽然沿途艰险甚多，只要在飞行途中尽快熟悉、了解那险恶、多变的气候，寻找出应对之策，还是可行的。

半个月后的 12 月 7 日，日本海空军偷袭了珍珠港，太平洋战争爆发。第二天（12 月 8 日），美国、英国、荷兰、澳大利亚等 13 个国家正式对日宣战。但是这些完全处于措手不及慌乱状态中的国家，再呐喊、谴责，还是挡不住日本蓄谋已久的锐利攻势，不到两个月，就丢

失了太平洋大部分岛屿。在 1 月间被从泰国过来的日本第十五军攻进了缅甸，所向披靡地快速逼向仰光以东的重要港口毛淡棉。

中美高层都不得不关注缅甸的战事，也都明白，一旦毛淡棉陷落，仰光将危在旦夕，滇缅公路必然会被切断。中国方面在忙于责成航空、交通部门的专家寻找一旦滇缅公路被切断后，如何接受外援的通道。

中印边境都是原始森林密布、难以修筑公路的大雪山，唯一的选择还是接受威廉·兰·邦德和亚瑟·杨的建议，开辟“驼峰”航线。

中国驻美特使宋子文，在 1 月 31 日（也就是在同一天，日军攻下了毛淡棉，将攻向仰光）向美国总统罗斯福递交了一份立即开辟“驼峰”航线的备忘录。他是这样叙述的：

> 日本在南太平洋的胜利，使缅甸公路处于巨大的危险之中，仰光已经关闭。在过去 4 年半与日本作战期间，中国战争物资的储存量从来没有这样少过。为了供应中国军队并维持人民士气使中国能继续战斗，有必要开辟一条到中国去的新的生命线。像奇迹一样，这条生命线就在附近。从印度铁路线的终点萨地亚到昆明或者叙府（四川水路交通中心）只分别为 550 英里或 700 英里，飞越的是比较平坦的地段。这些可供选择的线路已由泛美航空公司按全年飞行的要求调查过，该公司准备飞行这些航线，美国军事顾问团也宣布这一计划是可行的。所有必要的航空基地已经建成并经常使用……

他的“飞越的是比较平坦的地段”的说法，显然是不了解实际情况的大胆想象，或者是急于开辟这条航线而不顾事实掩盖了“驼峰”航线的艰难。从而受到了了解这一航线情况的中美航空专家们的强烈批评，但在滇缅公路即将中断，中国必须另辟通途以获取外援之时，除了这“驼峰”航线，也别无他求了。

罗斯福总统把宋子文这一备忘录批给了哈里·赫普金和军界官员研究时，得到了美国陆军航空兵司令亨利·H. 阿诺德中将的支持。他从战略要求考虑，在几天后向罗斯福总统建议：立即开辟这条航线。

当时美国空军还没有从陆军中分离出去，利·H. 阿诺德将军以空军主要将领参加参谋长联席会议，是空军方面最有发言权的重要人物，

他的建议，加强了罗斯福总统对“驼峰”航线的重视，决定尽快拨出经费、调集力量去筹划、开辟。

1942年2月9日，罗斯福就开辟“驼峰”航线一事，专门打电话给在重庆的蒋介石，要他不必过于担心今后外援被阻断的事：

> 我们正在迅速增加经非洲和印度到中国的运输。我现在可以向你明确保证：即使仰光遇到更多的挫折……我们可以通过空运维持经印度到中国的补给线。

这当然给了中国政府很大的鼓舞，一旦仰光不幸失陷，中国不致因为滇缅公路被封锁、外援断绝而窒息了。

1942年3月3日，专门用来支援印、缅和中国战区作战的美国陆军航空第十航空队在美国俄亥俄州组建，由路易斯·布里尔顿少将担任司令官，并准备飞往印度驻扎。紧接着属于美国陆军航空兵转运部管辖的第一转运大队（又称“阿萨姆—缅甸—中国部”）也随之成立，并就近归第十航空队指挥，他们将担负“驼峰”航线的运输任务。

第十航空队在还没有抵达印度前，就在3月初派出了参谋长厄·L. 莱登准将飞往即将开辟的“驼峰”航线调查、研究、制订即将开始的空运计划。第十航空队也于1942年5月中旬，全部抵达印度。只是这一刚刚开始的“驼峰”空运计划只试行了一个月，就由于中东战事吃紧（那里的英国军队3个步兵师、2个坦克旅和几个加强旅，正被德国元帅隆美尔指挥的德军2个坦克师、1个步兵师，意大利军队的4个步兵师、1个坦克师、1个摩托师攻击得招架不住）。在英国军方的紧急要求下，美国军方只得命令路易斯·布里尔顿少将的第十航空队主力和供“驼峰”航线使用的运输机飞往中东去支援英国军队。刚起步的“驼峰”航运计划又被迫陷于停顿。

对于第十航空队的调动，美国军方事前并没有通知中国战区统帅蒋介石，就连作为美国军方驻中国的代表人物、担任中国战区参谋长的史迪威将军也是在6月25日才得知这一消息，使他大吃一惊。他在这一天的日记中这样无可奈何地记着：“唉！布里尔顿带着全部重型轰炸机和他所需要的运输机去了埃及。唉！A-29飞机将留在（苏丹）喀土穆，用于支持英国人。我现在能对大元帅（按：指蒋介石）说什么呢？我们所有的诺言都没有兑现，却喋喋不休地对他说，坚持干吧，

老兄。”

当他第二天上午 11 时去看望蒋介石，并把这一他也认为是“坏消息”告诉蒋介石时，立即引起了蒋介石的强烈不满。这件事事前没有和他商量，不仅暴露了美国对中国战区的忽视，也是对他这个中国战区统帅的不尊敬。他一改平日对史迪威的谦逊有礼，恼怒地责问：“罗斯福总统曾经向我保证，第十航空队将派到中国来。那么，为什么不通知我就把其中的一部分飞机调走？”

史迪威怎能回答，只能尴尬地沉默以对。

蒋介石还怀疑，这是一直轻视中国的美国军方某些人瞒着罗斯福总统干的。

他要史迪威立即打电报回美国去询问：美国还想不想维持中国战区？虽然罗斯福总统很快就在第二天（6 月 27 日）亲自回电蒋介石，解释了这事：“最近轴心兵力在近东迅速推进，突使美国面对最危急之局势，若不立予制止，恐中印交通亦将中断，或受严重之骚扰，故曾搜集一切可能力量赴援以保持我与中国战区之交通线。美国空军第十队之重轰炸机调赴埃及助战，乃一临时措施，一俟保卫交通线之空中力量充实之后，该项飞机当即请回，仍交空军第十队应用……”

话虽然说得很清楚，仍然难以平息蒋介石的愤怒。英国军队在缅甸的避战自保，造成了中国远征军巨大的损失，美国还这样处处维护英国，是他难以容忍的。

就连一向风度翩翩，在美国客人面前显得很有教养的蒋夫人宋美龄，也难以遏制她的愤慨，气恼地说：“每次英国人吃了败仗，都把中国的装备拿去抵挡。”

她还冲着史迪威说：“如果总是这样，中国没有必要再打下去。”

蒋氏夫妇认为，这都是作为同盟国中国战区参谋长、还兼有负责援华物资使用的“租借物资总监督”史迪威将军不肯在这些事上出力，以致罗斯福总统答应援华的物资，运来的不到十分之一。他们越想越气，蒋介石也就抛弃外交礼节，像平日训斥部下那样，板着脸孔对史迪威说：“你作为我的参谋长，有责任保证把答应提供的物资统统运来。”

这使得高傲的史迪威很是委屈、气愤。他一片热心筹划反攻缅甸，如今却成了美国陆军部的替罪羊，只好强压住心头的气愤向蒋介石夫妇陈诉：他向华盛顿发出了多少电报，请求过运送多少物资。还拿出 5

至 10 月的物资分配清单来做证……

蒋介石正在气头上，哪里肯相信。他再一次强硬地表示：美国如果不能在 8 月、9 月间派出 3 个步兵师来印缅战区协同中国打通滇缅公路，在中国空军基地的美国飞机如果不能保持 500 架的数量，从 8 月份起，每月援华物资如果达不到 5000 吨运输数量，他只好取消中国战区，重新调整中国的立场，做出其他安排。

这就明白地表示：中国将停止抗日战争，与日本侵略者单独媾和。

这并不是处于愤怒中的蒋氏夫妇故作惊人之语，而是有其实际困难。在进入抗日战争第 6 年的 1942 年，中国由于大片土地沦陷，特别是富庶的江南、华中南地区大部分都丢失，仅靠边远贫瘠、大部分地势是山区的西南、西北的有限人力、财力支撑着战争。这些地方的正常生产也早被战争所搅乱而日益萎缩，工厂在日机轰炸下以及因为原材料不足或停工停产，或倒闭，农村壮劳力大部分被抽去当兵打仗，修公路、铁路了，贫穷的农村还要承受巨额的公粮、军粮，更是一片萧条……

这民穷财尽的困难局面，正如中国政府的财政部长孔祥熙所说："中国的经济形势已经极端困难，每天要花一亿元（法币）。通货膨胀已达到有完全崩溃的危险程度。"

如果说，农村人员和城市公教人员还可以勒紧裤腰带吃糙米饭、喝杂粮粥，勉强度日子，军队打仗可是需要大量的军火。这些军火工业，由于原材料缺乏，已经难以正常生产了。根据兵工署署长俞大维的报告：中国士兵普遍使用的 7.92 口径步枪子弹，库存仅有 4000 万发，平均每个士兵只能得到 20 发。大炮、坦克等重武器更是无法制造。

兵员、粮食、军火都极为缺乏，打什么仗，反攻什么缅甸？

在这种困难情况下，史迪威作为美国军方的在华代表，本来应该暂缓他的反攻缅甸计划，并按照蒋介石的要求去说服美国政府增加对华援助，或者谨慎地向华盛顿方面探询，面对这一情况该怎么办？但是他这个性格过于倔强、傲慢的将军，却认为蒋介石夫妇是要他这个美国将军"做一个中国人，当一个根据他们的意愿，并经他们同意在一切事情上向美国进行游说的傀儡"。

他还认为：蒋介石的要求在 8 月份前派 3 个美国师来印度、给 500 架飞机和每月运输 5000 吨物资来中国都是愚蠢的、不可能的，所谓"做出其他安排"，是"试图吓唬我们"。

面对蒋介石的这三项要求，他倔强地不肯表示自己的态度，只生硬地说了一句："可以转送。"惹得蒋夫人宋美龄也大怒。据史迪威在7月2日的日记中记载："她在电话中大发脾气，开始责骂我。"

史迪威还从来没有见过雍容华贵、美丽大方的蒋夫人宋美龄愤怒起来是这样可怕。按他的形容："简直像发疯的魔鬼。"

在不久前，史迪威还认为宋美龄是"一位聪明、有头脑的女人。持有西方的观点（我这句话的意思是，中国人在政治和斗争上往往采用拐弯抹角、间接、隐晦的方式，而她能够理解一个外国人对此做出的方式，而她能够理解一个外国人对此做出的反应）。她直爽、坚强、精力充沛，喜欢权力，重名誉，喜奉承，对于她的过去满不在乎。在与外国人打交道时，她从不向西方观点让步……"

这也表明，温柔、美丽、有风度，又善于在外交场合周旋的蒋夫人宋美龄，从前给史迪威将军的印象很好（虽然她"从不向西方观点让步"）。

如今的宋美龄却顿时成了"发疯的魔鬼"，而且会不顾外交礼仪责骂史迪威，也可见美国减少对华军事援助一事，对宋美龄刺激之深。已经抗战5年处于民穷财尽的中国，没有外援怎么支撑下去？更不要说反攻缅甸了。

史迪威将军被宋美龄的责骂弄得昏头涨脑，宋美龄的举动太出乎他的意料了。但是在吃惊、愤怒之后，也不得不冷静地思索，美国陆军部那些对援助中国一贯冷淡的官员是否对？他想，还是应该缓和这一冲突为好。经过冷静思索后，他向蒋夫人宋美龄做出了这样的解释：如今还不具备每月运输5000吨物资的条件，因为还没有那样多的机场和所需要的众多航空地勤人员，因为运送5000吨物资，要304架运输机、275名机组人员、3400名地勤人员，中印两国还要分别新建5座机场。这可不是一时间能调配齐全的……

这才使宋美龄略为明白，事情并不简单，也就逐渐平息了怒火。不过仍然不能解除蒋介石他们对第十航空队调走的不满。

史迪威见又占了上风，得意的同时，也用威胁的语气对宋美龄说："一旦出现对我缺乏信任的征兆，我就回国去。"

这是史迪威的个性，他这样说，也准备这样做。但是当他回到自己那嘉陵江边山坡上的官邸，又接触了一些从各方面汇集来的、有关中国近况的材料后，也逐渐明白，中国这些年确实在艰难困苦中进行

抗日战争。对于这样一个国家的广大军民，还是应该给予理解和尊重。所以，几天后为了纪念“七七”抗战5周年，请他去中央广播电台发表讲话时，他深情地说道：

> 5年前的今天，我前往宛平县了解中日军队发生冲突的情况。我了解到日本人进攻了县城，大感意外的中国人进行了英勇抵抗。卢沟桥保卫战是具有预示和象征意义的，中国的抗战坚持下来了。5年后的今天，置身于此，歌颂中国的士兵——他们肩负重任，经受了战斗的考验，这对我来说是一种莫大的荣幸。在我看来，中国的士兵最充分地体现出了中国人民的伟大——不屈不挠，吃苦耐劳，诚实正直，坚韧不拔。他们倍受艰辛，而毫无怨言；听从调遣而毫不犹豫。在他们简单而诚实的头脑中从未想过自己正在完成着一项英雄业绩。中国的士兵所求甚微，却随时准备奉献一切。作为美国军队的一名代表，能在这里向中国的士兵致敬，我感到非常荣幸。

这都是史迪威将军的真诚话语，他看不起中国军队大多数的将校级军官，却对中国士兵充满感情。在战斗中，他也是深情地关心爱护中国士兵的。

但是，当他了解到，蒋介石与他谈话时流露出的，将停止抗战的心情，并非一时气话，而是对日本的所谓“和谈”暗中有所回应时，他不能不为之担忧。

史迪威认为，蒋介石这样做，将“面临着两个危险：一是最终失去他所指望的全部美国物质，巨额资金将被抽走；二是会失去美国人民的同情。在他战斗时，美国人民是和他站在一起的，但是半途而废的懦夫是得不到支持的”。

本来友好相处的朋友，一旦矛盾激化、争吵开了，就一时间难以缓和了。对于史迪威的傲慢，蒋介石也不肯忍让了，还毫不客气地给予反驳。史迪威在7月9日前后要求见他，他拖了一个多星期也不理睬，气得史迪威在他那居住的小别墅里，如一头困兽般乱窜，还在7月10日给他夫人温尼弗雷德·A. 史迪威的信中这样述说：“这是我至今所从事的最枯燥无味的工作。我试图劝导和说服的人，是一个顽固、

无知、满脑子偏见和自负的暴君。”

他从印度来重庆才一个多月，就因为反攻缅甸与对华援助等问题和蒋介石从商议发展到争执，甚至相互到了水火难以相容的地步，也为以后矛盾的更加激化埋下了伏线。这是双方都没有料到的。不过史迪威仍然并没有因此而打消他急于反攻缅甸的念头，一边牢骚满腹地发泄着对蒋介石的不满，一边仍然督促他的参谋人员加紧修订将要在缅甸作战的计划，并在7月19日以“备忘录”形式通过时任军事委员会办公厅主任的商震将军送给蒋介石。蒋介石又批给参谋总长何应钦和军令部部长徐永昌去审议，一拖又是许多天。这样拖延，当然是看美国的军援是否能增加。

那段时间，“驼峰”航线的军运实际上已处于停顿状态。由于第十航空队调走了，留在印度的多是些引擎损坏、轮胎破旧的C–47型和P–43型飞机，难以安全、顺利地越过“驼峰”，1942年7月份的空运量只有73吨，比6月份的106吨运送量又减少了许多，而且还有继续减少之势。

这几十吨物资，对正在战争中、急需援助的中国来说，真是杯水车薪。

蒋介石日益感到了被封锁的窒息，而更加焦躁、愤怒了。

深知中国抗战现状的美国驻华大使高斯，也为美国政府这样不公正地对待抗战中的中国而不满。高斯是一位了解中国艰难处境、对中国深表同情的老牌外交官，常常为美国政府不重视他在中国的实地观察而写出的报告而生气。他在8月12日打电报给美国国务卿赫尔，郑重地指出：“在中国战场，应认真考虑给中国切实有效的大量援助，使其能够继续抗击日本，牵制现在该国的日军。”

罗斯福总统和他的助手们，在收到这些电报后，终于明白，过于忽视长久处于艰难中的中国，确实不合适。为了平息蒋介石的愤慨和解决中国的实际困难，他也考虑过：在第十航空队一时间难以调回印度之时，把“驼峰”航运完全交给中国航空公司来承担。因为这个由美国专家参与了高层策划的中国航空公司7月份就运送了1293吨物资，比第十航空队效率高多了。他的政治助手们也认为，给予这家航空公司一些帮助，他们完全可以承担“驼峰”的运输。

这一方案却遭到了史迪威将军的强烈反对，他不愿把运送军用物资的职权转入“民间”，战争时期的军运应该由军方来完全控制。他的

主张得到了美国军方，特别是陆军部长史汀生、陆军总参谋长马歇尔将军的支持，并授权他去整顿第十航空队。

史迪威报请陆军航空部队司令亨利·H.阿诺德将军解除了路易斯·布里尔顿将军第十航空队司令的职务，派出由他从美国带来的空军顾问克莱顿·L.比斯尔准将去担任司令。

在克莱顿·L.比斯尔将军的大力整顿下，调来了飞机，加快了飞机的维修，到10月间，已经有75架飞机可以投入运输。以每架飞机每月载运60吨至120吨计算，在正常、顺利的情况下，这批飞机可以从印度载运4500吨至9000吨物资飞往中国。

这可不是个小数目，能完全满足蒋介石每月通过“驼峰”运送5000吨物资的要求。也用事实平缓、消除了蒋介石的愤怒，不再用“取消中国战区”来抗议美国，并且命令参谋总长何应钦把史迪威将军那份反攻缅甸的“备忘录”做些修改，拟订成了“中、英、美联合反攻缅甸方案大纲”。这项“方案”在作战准备方面是这样规定的：

> 一、中国陆军以15至20个精锐师准备以主力由滇西、一部由滇南攻击敌人。英美陆军以5至7个师及所要空降部队与中国驻印军联合准备以主力由印度陆地正面、一部从海上由仰光登陆攻击敌人；
>
> 二、英、美联合海军以主力舰3至4艘，航空母舰6至8艘为基干，特需编入多量潜水艇，准备确实控制孟加拉湾，掩护陆军在仰光登陆；
>
> 三、英、美空军以能击破敌人一个空军师为对象而准备之；
>
> 四、美国应设法加强中、印空中运输力量，尽量输送中国出击部队所要之装备及其他必要的物资；
>
> 五、英国应迅速准备并开设印缅边境之交通道路。

“方案”中还要求英、美空军首先攻击日军空军基地，夺取制空权，以掩护海军、陆军的作战；英、美海军应以有力的潜艇和舰队进出中国海和爪哇海，截断敌人海上交通，然后以海军主力攻略安达曼群岛，控制孟加拉湾，掩护陆军在仰光登陆；中国陆军则在英、美空军掩护下，主力由滇西、另一部由滇南向缅北之敌攻击；中、英、美

联合陆军以主力渡过钦敦江向斯威堡、曼德勒方向，另一部由（印度）吉大港海岸向（缅甸）实兑、仰光方向攻击敌人……

中国军方把这一“方案”送给史迪威将军，由他审阅后，又在一起反复协商，取得了一致意见。并在以后的1942年11月28日，用军令部的名义颁发了“关于部署联合英美反攻缅甸作战计划及训令”，并对这一反攻的作战要求和目的，具体的进攻路线和使用的兵力做了详细规定，要求在几个月后的1943年夏季开始实施。

如果单看这一“方案”是颇能振奋人心，给予人能迅速反攻缅甸、报仇雪耻有日之感。但是，这在当时只是一纸空文。首先是这中、英、美阵容庞大的陆海空军由谁来指挥？没有明确规定。蒋介石虽然是同盟国中国战区统帅，却指挥不了英、美军队，缅甸、印度也不在中国战区范围之内。他有了缅甸惨败之痛，也不愿再把中国军队交给不可信任的英国将军们。如果由史迪威将军来统一指挥，这也要由中、美、英三方高层首脑来协商并做出明确的决定，傲慢的英国人会答应吗？

指挥权和具体的指挥人员没有解决，这一“方案”也就无从实施。而且从英国政府的态度来看，还在继续排斥中国。在这一反攻缅甸“方案”制订后的一个多月，英美政府于1943年1月在卡萨布兰卡秘密举行了一次军事会议，做出了准备在这年（1943年）7月间进行以空、海军实施两栖登陆收复缅甸、占领仰光的“安纳吉姆战役”计划。这个战役将以美国太平洋舰队为主，由退入印度的英国海军、陆军配合，中国驻印度的军队也要参加登陆后的战斗。

这一事关中、英、美将要再次共同作战的重要军事会议，在英国政府主使下，却把中国政府排斥在外。这是既要中国出兵作战，又不把中国政府放在眼里。在丘吉尔首相看来，中国和他们的殖民地印度、缅甸一样，只是供他们驱使之用。可以呼之即来，挥之即去，却不能与他们平起平坐共商战争大计。

这使蒋介石和他的高级将领们很难堪，也很愤慨，更不愿意认真地实施反攻缅甸的作战。而且经过缅甸的败退，损失了3个军的大部分后，中国战场的东南和湘赣方向经常吃紧，他们哪里还抽得出15至20个精锐师来。但是既然史迪威这样强烈、固执地要求反攻缅甸，他们也只好先给予应付，以求能够先得到15至20个师的武器和装备。蒋介石作为中国政府的军政领袖，不仅要考虑反攻缅甸的事，还要关注全国的战局，其他战区的军队也要改善装备才能作战。

史迪威虽然不断埋怨蒋介石只会伸手要物资却不肯对军队进行改革，也逐渐明白，军援对中国军队的迫切需要，加紧了催促华盛顿方面援华物资的运输。如今见中国军方能按照他的要求制订反攻缅甸“方案”，颇为满意。他在 8 月 6 日离开重庆，经昆明飞往印度去训练那些已经退入印度的中国军队。

离开前，他在 8 月 4 日应邀参加了蒋介石在黄山别墅举行的家庭宴会，除了作为主人的蒋氏夫妇外，孔祥熙和夫人宋蔼龄、孙中山先生的夫人宋庆龄都来了。

那天，史迪威的心情很愉快，在日记中用难得的温和语言描述了宋氏姐妹，他认为：“孙夫人是三姐妹中最令人愉快的，可能也是最深沉的，她非常敏捷可爱，文静自信，细致周到，穿着很得体。”“蒋夫人聪明伶俐，是行动型的，想把事情赶快做完，希望她自己是个男人。思想不深刻，但理解事物很快。非常直率开放，但奇怪的是对传说和谣言（她）不加核实就加以接受，而本应该在采取行动之前证实一下的。易于冲动仓促行事。”“孔夫人令人愉快但缺乏个性，对正在进行的事物不置可否，这正是最糟糕之处。”

从这些描述来看，他在重庆的这段时间与宋氏三姐妹的关系又逐渐走向融洽。他也了解，她们当中的蒋夫人、孔夫人又是能给予蒋介石重要影响的人物。通过这种应酬、交往，蒋介石、史迪威之间的矛盾又逐渐缓和了。其实他们的矛盾并不完全是个性不合，而是与美国政府的“先德后日”战略有关。在美国不愿全力支持中国的抗战，而蒋介石、史迪威又不能完全了解这些内幕之时，相互难免会埋怨、指责，把矛盾继续发展下去。

史迪威在 8 月 7 日回到印度前后，在缅印边界大山里苦苦寻路突围达 3 个月之久的杜聿明将军，也在 8 月初带着第五军直属部队和廖耀湘的新编第二十二师残剩部队，陆续进入了印度。因为史迪威与杜聿明之间积怨甚深，在这之前的 6 月 24 日，他在重庆与蒋介石会谈时，就坚决反对杜聿明担任未来的“中国驻印军”的司令长官。蒋介石也考虑到杜聿明的刚强个性确实难以与史迪威合作，而且第五军的主力第九十六师、第二〇〇师、战车团的残部都退回了云南，也需要杜聿明去整顿、重建。就在 8 月 5 日用专机把杜聿明接回昆明，军部的其他人员也分三批离开印度，飞越喜马拉雅山返回中国。

十几天前，这些人还在缅印边境的野人山里艰难挪动，面对饥饿、病痛，不知能否生还，如今却能乘上飞机扶摇直上九天，这种快速、愉快，真是前些日子不敢想象的！

廖耀湘师长率领的新编第二十二师残部三千余人，进入印度后，在边境休整了一些日子，治病、疗伤，补充营养，略为恢复了元气后，也奉命去往兰姆伽和孙立人师长的新编第三十八师会合，接受史迪威将军的训练。

史迪威虽然是位勇敢、正直的军人，但是在那个时代也和一些白种人那样，在东方人面前，特别是积弱已久的中国人面前会有一种优越感。他虽然很需要中国军队去与日本侵略者作战，又看不起中国军队，特别是对中国的军官们充满了蔑视。作为蒋介石的战区参谋长，他却对这个直接上级毫无尊敬之意，认为蒋介石是个“无知和昏庸、自鸣得意的人”，还把蒋介石蔑称为“花生米”。

他那彻底改组中国军队的要求，虽然没有得到蒋介石的同意，还是准备在他的权力范围之内，把驻印度的中国军队中的中国军官全都撤换，换上美国军官来指挥。2 月间，他离开美国之前，陆军部长史汀生答应派给他的 300 名校尉级军官，这期间已经陆续抵达印度。史迪威就准备用这些美国军官来代替中国驻印军的营以上军官。

这其实是沿袭英国人对待他们统治的印度、缅甸殖民地的做法。印、缅军队的师、旅、团、营军官都由英国军人担任，印、缅人只能担任排长、连长等下级军官。史迪威忘了，中国是美国的同盟国，并不是美国的殖民地。他这样做，当然是对中国抗日军人的侮辱，一时间新编第三十八师和新编第二十二师内群情大哗，中国军官全都强烈地表示抗议。就连孙立人这位曾经在美国留学和史迪威常有交流、私交颇笃的将军也很不满意。

这样的大事，当然会迅速传往重庆报告给蒋介石。这是要剥夺他的兵权，架空他，他怎肯答应，从而蒋史之间又有了新的矛盾。史迪威见不能按照他的意愿行事，很是愤怒。但是中国军人这样愤慨地对待他，他也明白，要反攻缅甸还得依靠中国军队，也只好让步了，改为由中国军官来负责行政管理，美国军官作为军事教官负责训练。

蒋介石也做了较大让步，同意史迪威的要求，撤销了原先的“中国远征军第一路军长官司令部”，另行成立“中国驻印军指挥部”，由

史迪威担任总指挥，罗卓英任副总指挥。罗卓英来缅甸前是第九战区副司令长官，如今却成了史迪威的副职，这就把来缅甸前只是个第三军少将军长的史迪威推崇得很高。但是正副总指挥又似乎各不相属，罗卓英还有个副总指挥部。这也表明，中国的军队还得由罗卓英具体指挥，这又使得史迪威很不满意，常迁怒于罗卓英。中国驻印军成立仅两个多月，他们又难以共事了。1942 年 10 月间，史迪威发了个长长的电报到重庆，向蒋介石控告罗卓英的十大无能，说罗卓英“终日绕室彷徨，对于军队之教育训练毫无办法……”他忘了，几个月前他从印度去重庆晋见蒋介石夫妇时，为了赶走杜聿明，他曾称赞罗卓英“领悟战术上的需要极为敏锐，有时认明需要行动，即能迅速实行”。

罗卓英夹在蒋介石和史迪威的双重领导之间，真是有苦难言。他对蒋介石要绝对服从，对高傲自信并盛气凌人的史迪威也不敢得罪，他这个副总指挥能有什么作为？每遇见难以处理的事，只有“终日绕室彷徨”了！

蒋介石当然不相信罗卓英是个“十大无能”的人。抗日战争以来，罗卓英在第十八军军长，第十六军团长，第十五、十九集团军总司令，第九战区副司令长官的职位上，先后参与了南京、武汉、南昌、上高等重大战役，都指挥有方。蒋介石拗不过史迪威的要求，只好把罗卓英调回重庆，对这深受委屈的将军好言安慰，并委以军令部次长的重任。

罗卓英很是高兴，这无异把他从“囚牢”中解救出来。这几个月在缅甸、印度真是把他折腾够了，也就满意地去重庆就任新职。

中国驻印军的副总指挥派谁去担任呢？颇使蒋介石为难。原来他想派中央军校第七分校主任邱清泉去。邱清泉是黄埔军校五期毕业，担任过第五军的师长、副军长，能打仗，只是性烈如火，一言不合就要与人拼命，即使是他的上级也不怕，参谋总长何应钦担心他会和史迪威闹僵，力劝蒋介石另外选人。

这既能指挥打仗又能和美国将军周旋的将领，还真不好找呢！

他们斟酌再三，只好调当时任第八军军长的郑洞国中将去印度。郑洞国是黄埔一期学生，也是位战将，抗战以来的许多恶仗，如昆仑关战役、攻守宜昌之战都打得好。

郑洞国的资历不如罗卓英，也就不好让他直接接任中国驻印军的副总指挥。蒋介石接受了何应钦等人的建议，把在印度的这两个师组

成一个新编第一军，让郑洞国担任军长，管辖新编第二十二师、新编第三十八师。

当时郑洞国指挥的第八军驻扎于湖北桂城，负责防守长江南岸的荆江西段。当时他正在湘鄂边境的湖南石门视察防务。1943 年 3 月中旬第六战区司令长官陈诚突然转来一份军事委员会委员长侍从室的急电，命令郑洞国立即赶赴重庆，听候蒋介石的召见。

他不敢怠慢，急忙乘上船沿长江逆流而上，日夜兼程地往重庆赶。

抗战期间，国民党军队有一百多个军分驻于各战区，军长这一级将官很难被蒋介石召见，郑洞国也只是 20 年前在黄埔军校见过蒋介石。如今却要单独召见他，也使他心怀惴惴，不知是吉还是凶。

他到达重庆的第二天傍晚，就被蒋介石传唤去共进晚餐。这不同于一般的召见，是蒋介石对部属表示宠信的一种方式。郑洞国才略为安心了。进餐时，他被告知，已决定他为新近编成的中国驻印军第一军军长。

这可是个与一般军长不同，既有荣誉又拥有精兵的重要职务。担任了这个军长，也就表明更高的升迁有望。但是郑洞国也深知，自己只是能带兵打仗，要去印度指挥带有涉外性质的中国驻印军，特别是与高傲、刚愎自用的美国将军史迪威共事，却不是一件容易的事。想到这些，他为难地没有作声。

在蒋介石的追问下，他才老实地表示："学生绝对服从校长命令，只是自忖才疏学浅，又没有同洋人打交道的经验，恐有负校长的厚望。"

这是真心话。蒋介石自己就深感很难与那位美国将军史迪威相处，所以他能理解先后被史迪威从缅甸、印度撵回来的杜聿明、罗卓英。他也曾从多方面了解了郑洞国的个性和为人处世特点。重庆军界一些与郑洞国有过来往的人士，多数人认为郑洞国有涵养，处事稳重，能比别的将领更容易搞好与史迪威的关系。也就劝谕郑洞国："你去那里是会有困难的，同外国人打交道确实是不太容易。但是目前抗战需要盟国帮助，必须有人担负这个任务。我反复考虑过，觉得你去是合适的。你身为革命军人，在国家艰难时刻，要以大局为重。"

军人以服从为天职。见蒋介石说得这样重，郑洞国只好表示愿意去印度。

蒋介石很高兴，夸奖郑洞国不愧为黄埔的好学生。

几天后的 4 月初，郑洞国带着将担任新一军参谋长的舒适存乘上一架美制 C-87 运输机，从重庆经昆明飞越喜马拉雅山去往印度。

舒适存是郑洞国的得力助手，抗战初期，郑洞国任第二师师长时是他的参谋长。郑洞国调任第五军副军长兼荣誉第一师师长时，他又是副师长兼参谋长。1940 年 4 月郑洞国调任新组建的第十一军军长，又保荐舒适存升任荣誉师师长。这年 5 月初，枣（阳）宜（昌）会战打响，日本侵略军分三路进攻枣阳、随县、襄阳、宜昌等战略要地，郑洞国的第十一军（下辖荣誉第一师、第五师、第三十三师）拨归新成立的第六战区作战。临战前，荣誉师奉命脱离第十一军建制据守汉（口）宜（昌）公路的要冲土门垭。在拥有飞机大炮的日军优势兵力攻击下，这个师苦战四昼夜后孤军难支，败进宜昌以北的鄂西大山，宜昌也随即失守。从战役全局来看，本来是战区司令长官陈诚的战略措施有误，用兵分散，形不成对日军的打击力量。战后却归罪下属军长、师长们，把尽力苦战过的舒适存送交军法审判，判刑 5 年。郑洞国虽不敢公开反对陈诚，却很明白舒适存是无辜的。经过多方奔走，舒适存在关押了 3 天后，被释放出来，改为“戴罪服军役”，放回已从第十一军改为第八军的军部，被郑洞国给了个“高级参谋”名义。

如今组建新一军，郑洞国又约他同行，去担任参谋长。好在这幕僚长不必经过军事委员会审批，只要直属长官任命就行了。

经过昆明时，郑洞国特意去看望了他的黄埔一期同学、第五军军长兼昆明防守总司令杜聿明。从杜聿明那里较详细地了解了当时难为外人所知的中国远征军兵败缅甸的众多内情，以及史迪威虽然直率却过于骄横的个性。使得郑洞国能提前思考，该如何与这位美国将军相处。好在他涵养较好，一向喜怒不形于色，不似别的将军那样一言不合就拍案而起，也就能在以后忍辱负重地应对史迪威那些不把他这个军长放在眼里，甚至把他称为“白痴”的狂傲作风。在缅北反攻战中，能根据战场的实际情况，委婉地向史迪威提出合理的作战建议，并与孙立人、廖耀湘几位师长一起，逐步把作战指挥权争回来。

史迪威赶走罗卓英的目的，是想自己直接指挥中国驻印军，如今见又派来了个郑洞国，还成立了一个新一军，继续横隔着他这个总指挥，很是生气，却又拗不过蒋介石，就以中国驻印军的改革要效法美国军队为理由，缩小新一军军部的编制，从军长到官兵只有三十余人，没有任何直属部队。部队的指挥、人事、训练……全部由史迪威的总

指挥部来处理。郑洞国名为军长，却只能管理部队的军风军纪。这与他在国内担任军长时，几万人都听从他的号令，真是不可同日而语。郑洞国虽然很不满意，也无可奈何，前任罗卓英资格老、军职高，都因为把史迪威惹翻了而被赶走，自己面对这倔强、高傲的美国将军，也只能忍耐着，而且来印度前，蒋介石、何应钦都叮嘱过他，要以大局为重，不能得罪史迪威，以免影响美国对中国的援助。

郑洞国一方面应付着史迪威，另一方面又耐心地去劝说、抚慰那些对史迪威做法不满意的将校级军官，要他们以抗战大业为重，以中美关系为重。

对于一名曾经叱咤风云的战将来说，这样忍气吞声并不容易。他后来回忆那段与史迪威共事时的处境时，曾引用了一位也在印度的中国将领的诗："捧檄出神州，天涯作壮游。关山欣聚首，风雨感同舟。束手难为策，依人岂善谋？重温西汉史，无语对班侯。"诗句颇激愤、凄婉。他没有说明这位满怀怨愤写诗的将军是准。有人猜测，可能就是郑洞国自己，也可能是很有文采的军参谋长舒适存。

英国军方对史迪威把大批中国军队引入印度驻扎的举措很反感，只是他们如今也要从各方面依赖美国，而不敢公开反对。

中英关系由于历史的、现代的各种原因，本来就不和谐，缅甸的战败更加剧了这种紧张关系。英国军方不仅不承认是他们的退战自保丢失了缅甸，还把战败责任推给中国。英军总司令哈罗德·亚历山大在退入印度后，不仅不感激中国军队援救了他们，还忘恩负义地把中国远征军骂成"只想叫人喂养的蛆虫"。驻印、缅的英军最高长官韦维尔上将在多次对新闻界的谈话中，更是一再嘲弄、贬低中国军队。据中国驻英国大使顾维钧说："他（韦维尔）话中，除了称赞中国远征军纪律严明外，批评（蒋）委员长缺乏进行现代化战争的知识和经验，尤其是在陆军联合作战和运用装甲部队等方面特别无知。（中国军队）营养不良，而且缺乏应有的常识。高级军官们对运用空军和坦克部队的大规模作战缺乏训练，指挥无方……"

顾维钧大使还在伦敦了解到，英国报界都曾接到明确的指示，要他们贬低中国军队在出征缅甸过程中所起的作用。

参加过中国远征军和还在中国驻印军中服役的中国将校级军官，不乏曾经留学英、美或深通英语的人。他们从广播和报刊中得知英方

的这些不友好言论，很是愤慨。这样否定中国远征军在缅甸战场的东吁（同古）、东枝（棠吉）、彬马拉（平满纳）苦战和仁安羌解救英军之围的作用，真是太缺乏军人应有的良知和信义了，哪里像一个愿意共同对日作战的同盟国。

所以，不仅中国军队中对英国反感强烈，就连在重庆的茶楼酒肆里，那些爱泡茶馆的市民、知识分子，谈起国事也是满腹牢骚，纷纷说：别打了，让英国人、美国人去打日本鬼子吧！

英国军方以韦维尔上将为代表的那些高级将领仍然是那样狂傲、自信，他们还在吹嘘自己战斗力如何强。丢掉了新加坡、缅甸、香港那么多地方，不是他们的军队不能打，而是猝不及防地遭受到日本偷袭，认真打起来，还是可以打败日本的……

相信了韦维尔他们的胡说的英军总参谋部，也就决定不要中国军队协助，再用自己的英、印军在缅甸与日本打几仗，以提高英印军的士气。

这年（1943 年）1 月末，英、印军在韦维尔上将和东部警备军军团长艾尔文中将的指挥下，十几艘舰艇满载着陆战队官兵从印度的吉大港出发，攻向位于缅甸若开海面的阿恰布（实兑）岛，英印军第十四师则沿着印缅海岸线的加拉丹河谷攻向缅甸若开邦的包多市。

一月间的印缅海岸，是没有冬日严寒的凉爽季节，正适于行军作战。按照韦维尔的作战计划，如果攻击顺利，就沿北去的公路楔入马圭省内陆地带，再向北攻占仁安羌。日军第五十五师团却采取了诱敌深入的战术，把英、印军放进拉丹河谷以东，然后用两个联队（第一一二联队、第一四三联队）切断英、印军后路给予包围。战斗力本来不强的英、印军，连日来背着沉重的装备（每人约 27 千克）在泥泞的山道上夜行军，本来已经走得很疲惫，在日军的穿插、包围和凶猛冲击下，被打得落花流水。特别是他们使用的布朗式轻机枪、冲锋枪、步枪都是些伪劣产品，一射击就卡壳。正如当时担任英军达汉姆轻步兵团二营 C 连军士长的马丁·麦克莱恩所回忆的：“当时一个下士向我报告：‘这些冲锋枪和步枪都没法射击。’” 因为不相信这位下士的话，“于是，我便拿了一架布朗式轻机枪射击。在第一发子弹射出去后，枪便卡住了。我检查了所有枪，但没有一支能射击。于是我十分恼怒地将其丢在了一旁”。

这些军火是英军在印度名为刻基的地方制造的，技术不过关。也

就加速了他们的溃败。

4 月 7 日那场战斗，英、印军第六旅旅长卡本德许准将也被日军活捉。英、印军方面虽然又派出了第二十六师增援，也挡不住日军的攻击，只好遗弃 4700 余具尸体，在 5 月 9 日败回了印度。

这场英、印军反攻战的失败，又一次沉重打击了这个百年来自命为“海上霸王”的英国军方，就连英国首相丘吉尔也不得不哀叹：“重新征服缅甸，看起来就像用牙齿一根一根地用力去拔豪猪的刺！”

他们再也不敢单独反攻缅甸了，就连原来准备和美国联合进行的、以占领仰光为目的的“安纳吉姆战役”也消极地一再拖延。

从那以后，他们对中国驻印军在印度兰姆伽的训练，才不那么反对了。有这支中国军队在印度驻扎，一旦日军进攻，也可以帮助他们抵挡。

中国驻印军的新一军管辖着廖耀湘师长的新编第二十二师、孙立人师长的新编第三十八师。开始时新编第二十二师只有残剩的 3000 余人，新编第三十八师略为多些，有 5000 余人，合起来也不过 8000 人左右。在史迪威将军不断去电重庆催促下，从 1942 年 10 月起，新兵陆续从国内空运过来补充这两个师。到 1942 年 12 月，中国驻印军已增加到 32000 余人。

这两个师，每师各有 12000 人左右。按编制各有 3 个步兵团，以及两个装备有 12 门 75 口径山炮的营。孙立人的新编第三十八师还多出一个拥有 12 门 105 口径的榴弹炮营。每个师还配备有工兵营、通讯兵营、辎重兵营、卫生队、特务排。

史迪威将军的总指挥部由柏德诺将军担任参谋长，有参谋、军务、军需、军医、军法、副官 6 个处，直属部队有炮兵 3 个团（每个团重炮 36 门）、一个汽车团（有载重汽车 400 余辆）、工兵两个团，重迫击炮一个团（有重迫击炮 48 门）、一个用骡马拖运的辎重团。这些骡马都是从英国和澳洲运来的良种马，还有一个特务营、一个通讯营、一个战车训练处。

除了这些步兵、炮兵、特种兵外，史迪威将军还在他的总指挥部设立了一个总管全面训练的总训练部，内设步兵、炮兵、装甲兵训练组，由美国将军马克伯负责。在兰姆伽训练期间，权力很大，凌驾于中国驻印军的军长、师长之上。

中国驻印军的武器装备都是从美国运来的，英国和印度则负责供应服装、食品。

训练的科目很多，每个士兵都要学会步枪、冲锋枪、轻重机枪、火箭筒、火焰喷射器、轻重迫击炮、反坦克炮、漂浮器材的使用，还要接受山地丛林作战和战地救护的训练。军官们除了和士兵一样，要熟悉那些战斗器材外，还有战略战术课程。

中国官兵多数是从国内补充来的。原来由于营养不良，身体都很瘦弱，史迪威将军就要求军需处严格按照供应标准给每个官兵供应主副食品，每天半磅肉类、半磅蔬菜或豆类，还有一定数量的花生油、食盐、白糖、茶叶，每人每天大米 28 市两、白面 4 市两。少校以上军官还每天加发牛奶、水果、香菇、白糖、鸡蛋、奶油、香烟等。

每个官兵还要每天服一片多种维生素，一片预防疟疾的阿托平。

这样的伙食供应，不要说中国军队的士兵从来没有享用过，就连中国的校尉级军官平日也不可能吃得这样好。营养充足，又都是生命力旺盛的年轻人，很快都变得身强力壮，能适应那紧张、艰苦的训练了。

驻印军军官每人有两份薪饷，一份在国内发，由家属领取；一份在印度发，由官兵自己使用，这样的优厚待遇也使得军官们能在国外安心服役。

史迪威将军吸取了在缅甸惨败的教训，特别注重部队在亚热带南方山地丛林的作战训练，如炮兵进行两周的熟悉武器性能的基本操作后，就把部队拉到野外去进行实弹演习，每个官兵（营长、连长、观测员、计算员、射击手）都要实弹发射 300 发到 400 发炮弹。官兵除了亲手发射那么多炮弹外，还能在演习中观看全团发射 4 万发以上炮弹的实况。这对官兵们都是极大的锻炼，提高了射击的命中率，更是远远超过了被称为“军事强国”的纳粹德国（在德国军队中，每个炮兵军官能看过发射一万发炮弹就是优秀的军官）。

步兵更是每天都在实弹射击中，从来不限制子弹的消耗。这与在缅甸作战中，有的步兵团新兵（如新编第三十九师）上了战场才发给枪支、子弹，真是有天渊之别。

负责训练的美国军官很敬业，也很严格（虽然有时也很粗暴），中国官兵悟性一向很强，抗日情绪又高涨，愿用心学习、接受训练。部队的战斗力很快得到了提高。连美国军官也佩服地称赞他们：“是世界

上最优秀的模仿者，学得很快。”

受史迪威将军强烈的反攻信心感染，以及武器装备的改善，中国驻印军的官兵士气日益高涨，都自信能打败日本侵略者去收复缅甸。但是战争的胜负并不是单纯决定于中下级军官的是否敢于作战，还有着许多复杂关系，特别是具体负责这场战争的中美高层将领之间的关系是否和谐，战略措施是否一致。

这一阶段，史迪威将军和中国远征军将校级军官在缅甸作战时产生的矛盾并没有完全消除。反而因为在训练中，美国一方的严格、固执、轻视中国军官，中国驻印军军官方面又由于自己的权限被限制、削弱，甚至有时被剥夺，而增添了牢骚和不满。

国民党军队一向是恩威并重。如杜聿明身为远征军副司令长官兼第五军军长，用电话对第二〇〇 师师长戴安澜下命令时，都不直呼其名，而是客气地称呼其号：“海鸥兄，你立刻命令……”对其他师长也是这样。从而能给予下级一种亲切感。美国军人，特别是史迪威将军可不是这样，他们会在队列前当着众多官兵的面，毫不留情地严厉斥责一位中国将军或校官，甚至给予处分。如史迪威将军在重庆时，就向蒋介石提出，他必须拥有“枪毙不服从命令的少校以下军官和撤换少校以上的军官的权力”。

史迪威对国民党军队的贪污腐败一向痛恨。他就怀疑，中国的军长、师长们和他的手下人，还在暗中克扣中国驻印官兵的军饷，因而坚决反对由中国的军需人员把军饷领回去，而是要求由美军的联络官在一旁监督，点名发放。

想贪污的人无从下手，不想贪污的人也觉得是对他们自尊的亵渎，这当然惹得中国军官很不满，时常引起争吵。

美国军官虽然在训练中很严格，但又看不惯中国驻印军军官在管理上对士兵的不人道。一个士兵偷偷用手榴弹炸鱼被枪毙了，另一个士兵丢失了一床军用毛毯被打了125军棍，打得皮开肉绽、卧床难起。美国军官们见了很是想不通，怎么能这样对待士兵？有个炮兵把大炮上的一个零件弄坏了，也要枪毙，遭到美军联络官的强烈反对。他说：养大一个人要20年，制造这样一个零件，在我们美国只要几分钟，怎么能枪毙？

这样又引起了一场争执。都觉得对方的观念有问题。

这些争执虽然难免影响中美官兵的关系，但时间长了，相互也逐

渐习惯了。中国官兵不能不佩服美军的认真负责，美军官兵更为中国军人的吃苦耐劳而感动。而真正影响中、英、美难以齐心合力对敌的巨大矛盾，还是中英之间的互不相信，以及蒋介石与史迪威那表面很有礼貌，实际上在反攻缅甸等问题上难以调和的争执。

英国军方韦维尔上将和印度总督林思戈，一直反对中国军队在兰姆伽训练基地驻扎和训练，更反对中国驻印军不断增加被训练的人数。他们担心这样会加大“中印合作”，而影响他们在印度的殖民地利益。在这 1942 年秋至 1943 年春夏之间，中英两国除了因为在缅甸的惨败而互相指责外，在外交上也是麻烦不断，据当时中国驻英国大使顾维钧回忆：“1942 年美国政府同意废除在华美侨享有的治外法权。在美国的影响下，英国同意照样行事。在华盛顿同美国进行的条约谈判相当顺利，但在重庆同英国签订条约的情况就完全两样。”

当时中国方面与英国驻华大使在 1942 年 12 月间的几次谈判，虽然包括了废除英国在中国内河航行权等条款，在其他问题上还有不少的争执，最重要的是对香港九龙的归还问题。蒋介石指示参与谈判的中国全权代表王宠惠、驻英国大使顾维钧，要求英国方面必须宣布愿意归还九龙租借地，否则宁愿不缔结条约……

英国政府却坚持他们的殖民主义立场，不肯答应这一要求。但这事关中国领土主权的完整，双方经过一次又一次激烈争论后，难以达成共识，谈判几乎破裂。直到 1942 年 12 月 30 日才达成一项折中方案，英方愿承诺“在战争胜利后再讨论九龙问题”。开始蒋介石还不愿答应，在宋子文、王宠惠、顾维钧等人的再三劝说下，才考虑到如今是战争时期，出于同盟国之间的共同对敌，他才勉强同意这样做，因为顾维钧对他说：“在签署中美条约后，未能签署中英条约，将给人以这样的印象，同盟国内部存在着严重的分歧，盟国阵线的团结有缺口。”

宋子文等人还认为：“在今后对付苏联时，与英国的合作关系是至关重要的。”

这一中英条约虽然在 1943 年 1 月 11 日签字，但蒋介石仍然很不满意，并明确地表示：“由于九龙问题未能解决，中英条约对中国来说是一次失败。”

蒋介石还很反感英国不断插手西藏的问题，煽动西藏上层与中央政府闹分裂。他在 1943 年 3 月 6 日召见顾维钧大使时就说：“英国应停止他的阴谋诡计。英国是在打算用这种手段来牵制中国，并对中国

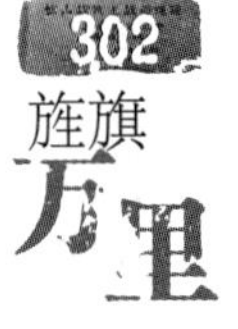

在印度问题上所采取的态度进行报复。但实际上，中国对印度问题并不想采取干涉或干预的政策。中国在印度争取自由与独立的问题上所采取的政策，完全是基于希望看到各民族都获得独立与自由地位的愿望。如果英国放弃在西藏的全部秘密活动，并尊重中国对它的主权，我们当然要克制任何有损于英国在印度利益的言行。”

当时，由于在英国的煽动和支持下，西藏藏族上层反对中央政府的活动不断升级，以致国民党政府在西藏的政令难以执行。逼得蒋介石几乎到了忍无可忍的程度，从而同意了当时担任蒙藏委员会委员长吴忠信将军的建议：“以武力恢复中国在西藏的地位及在拉萨的声威。”准备派出一支远征军去西藏。

吴忠信是一位有着军人个性的“铁腕人物”，一向处事果断。1911 年的辛亥革命时，担任过江（苏）浙（江）沪（上海）联军总司令部总执法官兼兵站总监、南京警察总监、粤军旅长等军职，以后又担任过安徽、贵州省政府主席，还是著名的《大公报》创始人之一。他在 1936 年刚就任蒙藏委员会委员长时，就规定了达赖、班禅、哲布尊丹巴等活佛喇嘛转世，必须报经中央蒙藏委员会核准。1939 年 10 月 21 日，又由重庆经香港、缅甸、印度进入西藏，主持了第十四世达赖喇嘛的坐床典礼。从 1940 年 1 月 15 日至 4 月 14 日，在那里逗留了 3 个月，是个对西藏深有了解的高级官员，蒋介石对西藏事务的处理一向倚重他。

这一准备进军西藏的行动，在国民党政府高层遭到了一些官员的反对。他们认为：抗战时期大敌当前，不宜内部动干戈，而且西藏山高水远、雪山重重，一旦开战不是三两个军就能解决的问题……

蒋介石思之再三，才没有立即执行。

中国政府在外交上的这种维护国家主权的明确态度，当然使得英国方面很不满意，只是由于这一时期，美国总统罗斯福向中国明确表示：“香港也好，台湾也好都应归还中国。”才迫使英国方面不敢过于嚣张，但是对中国驻军印度的事，仍然明里暗里反对。1942 年 12 月 7 日，韦维尔上将又提出了取消缅北反攻作战的计划，把他们原来准备用 7 个师兵力参与反攻缅甸的承诺，改为只愿出 3 个师。这又忙得史迪威将军一再向华盛顿发加急电报，请罗斯福总统、马歇尔总参谋长劝导韦维尔上将改变这种消极拖延的态度。

蒋介石见英国对反攻缅甸的大事一再作梗，更是不耐烦。他认为：

“如果要反攻缅甸，英国务必全力以赴参加。如果海军控制不了缅甸水域，反攻缅甸的战役，还是推迟到秋天进行为好。”

他在1943年1月8日发给罗斯福总统的电报中这样表示：“日本人将垂死抵抗。他们已有足够的准备时间。我们的供应线状况不佳。英国人的力量不够充足。我们（是）冒着失败的危险。在缅甸（再）遭受失败的结果将是灾难性的。联合的海陆行动是必要的。我们可以利用这一时间开展空中攻击，我管保其结果与所投入的力量相比要合算得多。”

这可把急于反攻的史迪威将军气坏了，他在日记中把1月8日这天称之为“黑色的星期五”，他又一再去电催促美国陆军总参谋长马歇尔应该强硬起来，立即给蒋介石施加压力，并按他在这之前起草的一封电报给蒋介石发出最后通牒。用他的话来说：“除非我们强硬起来并在眼下就把大元帅（指蒋介石）束缚住，那他将永远失去控制。”这种一心想控制蒋介石的倨傲态度，也表明史迪威根本不把蒋介石当作一个国家的领导人。

他这种倨傲言行似乎是他的天性，不仅是对待蒋介石这贫弱国家的领袖，就是自己的总统他也不完全放在眼里。1942年2月他受命来中国前，在马歇尔将军建议下，罗斯福总统于2月9日召见了他，对于当时仅是少将军衔的史迪威来说，这是一种破格的礼遇，因为他要作为使者去往中国。他却在这一天的日记中把罗斯福对他的谈话说成是“一大堆空话，我听够了”，“他热情、快乐……但浅薄”。

罗斯福这样伟大的政治家都被他看成了“浅薄”的人物，那么在世界上的军政领袖中，还有谁能被他看得起？

虽然史迪威急不可耐地催促美国军政高层对蒋介石施加压力，罗斯福总统却不为所动。他心中明白，局势如此，责任并不完全在蒋介石，还是因为自己的“先德后日”战略限制了对中国的援助。要在亚洲和太平洋战场打败日本，无论从直接或间接方面来说，都还得依靠中国。他就说过：“如果中国因孤立而屈服，你知道这将意味着发生什么？这意味着日本人不仅可以从中国腾出100万到150万军队，而且还会再武装起500万到800万中国人来。这些黄种人的大军会像蝗虫，不，像狮子一样扑向白种人的澳洲、扑向印度和俄国，占领埃及，然后和德国人在中东会师。那时候，美国人还能指望干些什么呢？唉！上帝才知道。”

中国驻印军副总指挥郑洞国中将

他把担心中国与日本媾和退出抗战的问题看得这样严重，并不是故意夸大中国的作用，而是表现了他不同于一般政治家的睿智。所以，他面对凶顽的法西斯德国，虽然不得不积极执行“先德后日”的战略，但是鉴于亚洲的不可乐观的形势，又担心中国退出抗战，还是应该尽力腾出一些力量来把中国维系于同盟国之内。可惜的是缺乏全局观念的史迪威，不能领会罗斯福总统的意图，却抱怨罗斯福总统为什么不肯采纳他的意见。又焦躁地写信给马歇尔总参谋长：“这无疑使我的工作更加困难了。如果中国军队的战斗力真的那么强，指挥又那么得当的话，还要我在这里干什么？”

罗斯福总统已经发现史迪威过于偏激，在 1942 年冬和 1943 年春，就有过召回史迪威将军的想法，只是遭到陆军部长史汀生和马歇尔总参谋长的反对，才拖延下来没有实行。如今见史迪威不听从劝告，又准备把史迪威撤换，只是还在考虑如何说服军方。

这也可见，在中国军政领袖和众多将校面前表现得咄咄逼人的史迪威将军，他自己的处境也不妙。不过他是个不顾个人成败、一往无前的坚强军人，还是那样尽心尽力地筹划对缅甸的反攻，不断催促大洋彼岸的美国，迅速运送物资过来，要求中国方面继续补足中国驻印军兵员。他还每天亲自去往训练场上与中国官兵一起参加训练，像一个普通士兵那样，一身单衣、短裤趴在满是泥水的地上做射击示范，还经常去往食堂检查官兵的伙食是否合乎营养……

他这样身体力行，深得中国驻印军官兵敬佩。

这年（1943 年）2 月，罗斯福总统为了详细了解中国政府在美援方面的要求，也为了平息不久前中国被英、美排斥于卡萨布兰卡会议之外，而引起蒋介石的愤慨，派出了新成立的参谋长联席会议成员、陆军航空司令亨利·H. 阿诺德中将、后勤司令布里恩·萨默维尔中将，以及英国代表约翰·迪尔等人组织的一个高级代表团，于 2 月 4 日飞往中国重庆，与蒋介石进行会谈。并以美国政府的名义告知中国政府，将通过“驼峰”航线，给中国每个月运输 5000 吨军用物资所需要的 137 架运输机，还给中国调遣一个 B-24 型轰炸机大队。

蒋介石考虑到战局发展的需要，并不认为给这样一些援助就够了，他认为：每月必须把运输量增加到 1 万吨物资，运输机也要增加到 500 架。不然，中国就难以装备新的军队，也不可能参加对缅甸的反攻。2

月7日在有中、美、英高级将领和宋子文等要员参加的会议上，他以同盟国中国战区统帅的身份，郑重地提出了这一要求，但立即遭到史迪威很不客气的顶撞，嘲弄地质问：“是不是美国不给援助，中国就不抗战了？或者这是中国是否愿继续作战的条件？”

蒋介石当时很不愉快，但还是压下怒火，冷冷地说：“这不是条件，是对日作战和在缅甸反攻的最低限度要求！”

史迪威本来还想说些嘲弄的话，见中、美、英将领都不以为然地望着他，才不再吭声。

蒋介石也不想再和这些美、英将领争执，直接去电罗斯福总统提出这一要求。罗斯福已理解中国的困境，很快回电同意了。

这使得史迪威以及英、美将军们都很愕然。

2月9日，中、美、英三方转移到印度加尔各答，对一些实质性事务继续进行会谈，详细商讨怎么执行卡萨布兰卡会议上确定的反攻缅甸的“安纳吉姆战役”。中国方面很重视这事，派去了驻美特使宋子文、参谋总长何应钦上将，美国参加的是亨利·H.阿诺德空军中将、后勤司令布里恩·萨默维尔中将、史迪威中将，英国是约翰·迪尔以及驻印军司令官韦维尔上将。

在印度时，宋子文按照蒋介石的交代，向史迪威转达了那天对蒋介石出言不逊的不满。史迪威也可能受了美国军方的责备，经过反思，也自感对蒋介石失礼。2月11日向宋子文表示：他那天说话不对，请宋子文给予疏通。

宋子文于是电告蒋介石：“文抵加（尔各答）后，即将钧嘱各节转达史迪威，彼极为懊丧，并谓当时谈话有失体统，甚以为歉。但相信钧座必谅其忠实及一番热忱……”

这场蒋、史的又一次可能爆发的矛盾才暂时缓和。

美国代表对“安纳吉姆战役”是积极的，中国因为美援增加了，也支持进行这一战役，只有英国代表仍然持消极态度。但是在美国将军们的坚持下，中、美、英还是达成了在这年（1943年）缅甸雨季过后的11月发起这一战役的决定。只是后来由于欧洲战场吃紧，原定投往印缅战场的美军3个师调不过来，英军在印度的军方领导人韦维尔将军，虽然每个月能得到美方几万吨军用物资（他们1942年3月份就得到了6万吨，是这个月中国方面3000吨的20倍），还在抱怨美国不

支持他们。他声言：如果一个月得不到 18 万吨物资，他们就不会在这年秋季进行“安纳吉姆战役”。

这当然是英方继续实行避战自保的托词，正如史迪威将军所说：“在实兑惨败之后，日本人在缅甸的 4 个师（团）就把他们吓死了。”

韦维尔等英方将领这样消极拖延，所谓“安纳吉姆战役”也就被一再迟延而取消了。反攻缅甸的作战任务，完全压给了中国驻印军。

蒋介石受克莱尔·陈纳德将军的影响，在战略措施上，主张优先加强空军，史迪威则表示反对，认为应该优先充实地面部队。从而在蒋、陈、史之间又发生了争执。罗斯福总统又支持了蒋介石与陈纳德，决定加大在华美国空军的力量，于 1943 年 3 月 8 日下令把克莱尔·陈纳德指挥的第十航空队第二十三战斗大队（又称“美国驻华空军派遣队”）升格为第十四航空队，并把陈纳德提升为少将司令官。

罗斯福总统对马歇尔总参谋长表示了他对史迪威一再要求对蒋介石施压的不满。他说：“用这种方法处理这样的事情是完全错误的。蒋介石不仅是（中国）军事委员会委员长，而且还是一个国家的元首。我们对这样的人，不能用这么严厉的语气，也不能用对待摩洛哥、苏丹的方式要他承担义务。”他还说：“蒋介石能够成为 4 亿人民无可争议的领袖，并在很短的时间内，在全国范围内取得了我们用两个世纪才取得的成就，是很不容易的。”

克莱尔·陈纳德是在第一次世界大战中参加过美国陆军航空队的老飞行员。1937 年退役后，应蒋夫人宋美龄的邀请，来中国担任航空委员会顾问和航空学校总教官。日本入侵中国后，他同情中国人民的抗日战争，返回美国在军政界宣传、游说，从而打动了罗斯福总统，并得到了支持。1941 年在美国陆海空军的退役人员中招募了 109 名飞行员、150 名地勤人员来到昆明，建立了“美国志愿航空队”，由美国政府暗中拨出一笔经费来开支。使用的飞机则是从英国购来、即将淘汰的 100 架美制寇蒂斯 P-40A 型、B 型战斗机。因为飞行员在飞机头上绘有老虎嘴和鲨鱼嘴的图案，又被人称为“飞虎队”。这支人员少、飞机老旧的航空队在克莱尔·陈纳德的指挥下，却很有战斗力，从 1941 年 12 月开始，与入侵缅甸的日军空军第五飞行师团作战，仅 6 个月的时间（1942 年 3 月至 9 月）就击落了日军飞机 279 架，自己只损失 42

架，有力地支援了中英军队的战斗，从而声名大震。以后，这支志愿航空队的人员和飞机逐渐增加，也就能扩大作战范围，支援中国其他战场的战斗。

罗斯福总统很满意“飞虎队”的战绩，答应给克莱尔·陈纳德的第十四航空队增加经费和物资，修建、改造机场，还命令从当时每个月运送到中国的4000吨物资中，至少应拨给第十四航空队1500吨。

如今（1943年3月），克莱尔·陈纳德将军的第十四航空队，已经有了一个P−40型战斗机、一个B−24型重型轰炸机大队、一个P−38型侦察机分机，共有500余架飞机。战斗力更强了。这一年（1943年），克莱尔·陈纳德已经53岁，但他还是经常亲自驾驶飞机飞行在战斗的高空。这种勇于为反法西斯战争献身的大无畏精神，很令人钦佩。

克莱尔·陈纳德从前就自信地声称：只要给他105架新型战斗机、30架中型轰炸机、12架重型轰炸机，并在作战中不断补充消耗的飞机和弹药，保持着这一数量，他就可以用半年至一年的时间打垮日本。如今，他有几倍于他原先希望得到的飞机，上下的战斗信心也就大为增加。

这也是从1942年秋以后，日军飞机再也不敢飞临云南轰炸，1943年秋中国驻印军开始反攻缅北时，能完全夺取制空权，从印度飞越西喜马拉雅山“驼峰”航线的大批运输机能够得到有力护航，不再受日军飞机半途袭击之故。

（几年后的1945年8月，日本投降时，第十四航空队总共击落了日军飞机两千余架，战绩很是辉煌！）

美国对“驼峰”航线运输以及第十四航空队的加强，也就有力地提高了蒋介石的抗战信心，不再扬言要退出对日作战。他也认为，应该有一支装备好、战斗力强的军队来防御云南，并在日后反攻缅甸。他接受了史迪威的建议，迅速把重新组建中国远征军的事宜提上日程，把分驻于四川、云南、湖南的第二军、第六军、第八军、第十五军、第五十四军、第七十一军等部队都编入中国远征军序列，并完全给予美式装备。并任命他的宠将陈诚将军担任新组建的中国远征军司令长官。陈诚当时正担任防守长江上游、重庆外围的第六战区司令长官兼湖北省主席。把装备精良的远征军交给陈诚，他也放心。

在国民党的众多高级将领中，史迪威颇欣赏陈诚，和陈诚有过几次交谈后，认为陈诚“通情达理”，“能得到他让人感到欣慰”。陈诚在3月12日去云南赴任时，他亲自陪同陈诚从重庆飞往昆明。

（但是他在这天的日记中，却倨傲地写着“带陈诚到昆明”。其实陈诚的军衔比他高，是一级上将，而且这新成立的中国远征军也不归史迪威指挥。）

陈诚也想用这支完全是美式装备的军队来反攻滇西和缅北，除了积极整军顿伍、补充兵员外，还在昆明市郊的北校场开设了军官训练团，由蒋介石兼任团长，云南省主席龙云和他任副团长，远征军各军师的校尉级军官都要来接受6周的战略战术训练（师团级军官还要飞往印度兰姆伽接受也是为期6周的步炮协调作战训练）。

按照中美的协议，将来史迪威将军指挥的中国驻印军从印度向缅北反攻时，驻扎于中国云南的中国远征军，也必须同时从滇西向怒江以西反攻，形成东西呼应的攻势去歼灭日本侵略军。

这都是“驼峰”航线的运输能力日增，处于困顿的中国军队能不断增加新的美式装备而有了活力。史迪威将军指挥的中国驻印军也能源源不断地从这条空中航线接收运去的军队，使得败退进印度的新编第二十二师、新编第三十八师，从突围出来后仅剩有七八千人的基础上，增加到35000余人。

“驼峰”航线是开天辟地以来前所未有的一条新的空中航道，沿途气流、山岳的险恶，曾经使从前的航空界人士为之却步。如今飞行员们却要每天在这条航道上穿梭般飞行，其中的艰难和危险也不是局外人所能想象的。

飞行于“驼峰”航线的各种型号飞机，多数是从印度阿萨姆邦、海拔仅有27米的布拉马普特拉河谷的汀江空军基地起飞。机场处于低凹的盆地，四周却被海拔3048米的险峻高山环绕，终年云雾迷漫，能见度极差，飞机在上升的过程中，稍一不慎就会撞上山峰。即使较顺利地起飞了，再向东飞越印缅边境的那加山脉、钦敦江上游的巴特克山脉，山势更是越来越高耸陡险，有的海拔高达4267米。这对于当时的飞机设备和技术条件还不完善的C-46型运输机、护航的P-51型战斗机，驾驶员们常会遭遇缺氧、机件失灵等危险。

就连史迪威这样无所畏惧的将军，在“驼峰”航线乘坐了几次飞

机后，也会深深感到航行的艰难。他回忆道：“汽化器都结了冰。在经由驼峰的航线上，我们已经损失了6架飞机了。飞行员的士气越来越低。”

这并不是参与飞行的美国、中国飞行员胆小、技术差，而是那突然出现的险情常常令人难以应付。如果说，山势的高度在飞行过几次后，还能逐渐了解、熟悉，那常常风云突变的高空气流，却是过于狂猛和难以捉摸。这是因为“驼峰”航线恰巧处于欧亚大陆三大强气流之间。来自孟加拉湾的暖湿高气压团，来自西伯利亚的寒冷低气压团，沿喜马拉雅山西面而来的低气压团等形成的冷暖峰，在这里汇合又相互撞击，剧烈地搅动高空的气流，形成了旋转的飓风、冰雪、暴风雨，能在一刹那把飞机的机翼、螺旋桨打断，把机舱击穿，甚至把整架飞机掀个底朝天，使飞行员突然缺氧、冻死。为了避开这股险恶气流，飞行员们还离这一段航线很远就把飞机拉起，拼命往更高处上升、再上升，一直升到近9000米以上的高空，但是这又是当时的飞机设计性能所难以承受的高度，会出现仪表失灵、发动机停止运转的机毁人亡事故。

飞机越过7315米的喜马拉雅山南侧时，对每个飞行员来说，都是如同在死神巨大的黑翼下挣扎，谁也不知道这次能否顺利航行完全程，飞过去了又是否能安全飞回来？

不仅这航线上险情四伏，飞机起降时也是危险很多。被群山围绕的印度阿萨姆邦汀江机场，由于山谷短而窄，一年四季都有许多天被浓雾，或者被密集的大雨所笼罩，那厚达4米的浓雾，常使飞行员如坠入黑暗的深渊，视界不清，难以升降。有一次，30架美国道格拉斯飞机公司生产的C-47型号的运输机去中国完成运输任务后返航印度，飞抵机场上空时，只见下边一片白茫茫的云海，机场设施全部被淹没了，他们盘旋良久都难以找到云开雾散的那一刹那，或者可以从浓厚白雾中向下钻的缝隙，油料都将燃尽了，飞行员们只好在地面无线电指引下，冒险强行迫降，有18架飞机侥幸平安着陆，另外7架飞机着陆时坠毁起火，还有5架飞机因燃油已尽被飞行员弃机跳伞。

这样大量机毁人亡的事故，怎不令飞行员们心惊胆战？每次有飞机在起降中出事，其他人都长久为之黯然。但这飞越“驼峰”是与反法西斯战争的神圣大业紧密相关，美国、中国的年轻飞行员们还是前赴后继地在这条危险的航线上冒险飞行着。一天天过去，也逐渐积累

了不少克服险情的飞行经验，即使飞机被大风刮翻了，正在底朝天地剧烈晃动，他们也能临危不惧地在7000余米的高空把飞机翻转过来，继续飞行。

在空军指挥员、航天专家、飞行员、地勤人员的努力下，飞行条件和士气逐渐得到了改善和提高，运输量日有增加。在反攻缅甸条件日趋成熟的1943年夏，空运量从5月份的3000吨不断上升，7月份达到了13000吨，祥云、昆明等机场的军用物资堆积如山，每天需要几百辆汽车来运往各地仓库。

现代化战争中，战斗士气是否高涨，也与能否拥有优良的武器紧密相关。获得了美式新装备的中国军队的反攻信心也日益高涨了。

“驼峰”航行的代价却是巨大的。战后据美国空军的不完全统计：从1943年10月起至1945年10月的两年时间，美国空军坠落于这里的飞机为563架、失踪107架。另外中国航空公司也在这条航线上损失飞机40架。牺牲的中、美飞行员多达1500余人。也就是说平均每天有一两架飞机坠落，有2至3人牺牲于“驼峰”航线上。

这条航线上气流最复杂、最容易出事的那些山谷间，布满了飞机的残骸，云开雾散、阳光明亮的时刻，从高空向下望去，摔成碎片的铝质机身、机翼，闪耀着刺目的寒光，令人骇然、心酸！

为“驼峰”航线的开辟、航行费尽心血，并为之献身、献力的人们，是第二次世界大战中胜利的花环的重要组成部分。他们不仅和其他战场的战斗者一样，给了日本法西斯沉重打击，也在中国抗战最困难的时刻，通过这条生命线支援了中国。

中国人民不会忘记他们！

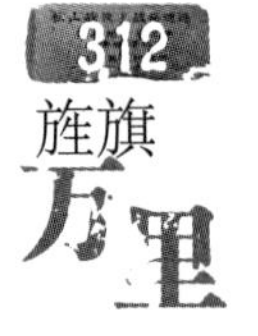

反攻缅北的前奏

1942 年 5 月，中、英军队在缅甸大溃退时，尾随追击的日军 4 个师团只分路追到印缅边界和中国境内的怒江以西，却没有继续沿缅印边境向防务空虚的印度东北部深入，就在 6 月 10 日匆匆收兵，并对外宣布缅甸作战已经结束。这使已经吓破了胆的英国将军韦维尔、哈罗德·亚历山大等人深感意外，也为之长吁了一口气。他们又可以在印度继续过着奢侈安逸的绅士生活了。

其实，攻下缅甸后继续入侵印度，早就列入了日军南方军总司令官寺内寿一大将的作战计划。只是因为这年（1942 年）6 月初，日本与美国的海军在西太平洋夏威夷群岛附近的中途岛进行了一次太平洋战争爆发以来的第一次大海战，双方都出动了大量战舰和兵员，以日本海军联合舰队的大败而结束，从而打乱了日军南方军的部署。

日本海军这次总共出动了 8 艘航空母舰、11 艘主力战舰巡洋舰、65 艘驱逐舰和 90 艘有游船、运输船在内的辅助舰只，想先占领美国中途岛，再占领白令海峡附近的阿留申群岛西部和基斯卡岛，以这 3 个岛屿形成一个在太平洋北部和中部的大战略地界，进可攻美国、加

拿大，退可防卫日本近海。山本五十六大将命令舰队主力首先攻击中途岛，是想把美国太平洋舰队司令尼米兹上将指挥的舰队从珍珠港诱引出来给予歼灭，以求能够彻底摧毁美国海军主力，使美国再也没有力量兼顾东南亚战区，更谈不上反攻缅甸、新加坡、菲律宾等地。

5 月 27 日，由日本海军联合舰队南云中将率领的 4 艘航空母舰、14 艘巡洋舰和驱逐舰在 261 架飞机掩护下作为前导。紧接着是装载着 5000 海军陆战队士兵的运输船和卫护舰的舰队，向中途岛进发。随后还有联合舰队司令官山本五十六大将亲自率领的 34 艘包括航空母舰在内的主力舰队。

这中途岛海战的成功与失败，也事关日本能否在缅甸长久立足并进而入侵印度。所以山本五十六不惜动用他的联合舰队全部力量来作战。据日本的海军后勤专家计算，这一次海战所需要的油料等于日本和平时期海军一年的用量。这样巨大的消耗战，本来是日本这小小岛国的国力所难以承受的。作为日本海军主帅的山本五十六也很明白这利害，但是他仍然要冒着巨大风险去与美国较量，也是形势所迫、别无选择。

在现代战争中的胜负，除了武器兵员外，还与高科技有关。日本海军虽然自感出击的行动很秘密，战斗部署也很周到，但是他们没有想到他们通过密码电报发出的作战计划却有 90% 被尼米兹将军手下的作战情报处破译，从而对山本五十六联合舰队的行动了如指掌。在日本海军出动前，尼米兹将军亲自飞往中途岛部署防务、增加兵力，还指示情报专家发出一系列能让日军破译的假情报来迷惑日军……

日本海军破译了美军那些“情报”，还错以为他们已经把美国海军盯住了呢！也就完全陷入了敌情不明的盲目出击中，在 6 月 4 日至 6 日的 3 天战斗中，舰体巨大的“赤城”“加贺”“苍龙”“飞龙”4 艘航空母舰被击沉，还有 253 架飞机被击毁。

中途岛海战的大败，使日本海军和空军从此在太平洋上丧失了发动大规模进攻的能力，不得不转为战略守势。

日本军方深为震惊，极力对这一海战的失败严格保密，东条英机首相还下令把从被击沉舰只上脱险回来的幸存官兵，全都隔离软禁起来。日本参谋总部第一（作战）部长田中新一也黯然地表示：“完全出乎预料的大失败，太平洋的霸业已成泡影。”

这也表明，日本海军的大败，已经难以阻止美国在东南亚的反攻了。

中国驻印军从印度列多（雷多）开赴缅甸作战

日军南方军总司令官寺内寿一听说海军在中途岛大败，很是震惊，从全局出发，也就不敢贸然下令立即向印度进攻，再加上第十五军这4个师团久战之后也是损伤很多，官兵都很疲困，需要休整补充。这才给了退进印度的英、印军队和中国军队有了喘息的机会。只是南方军里的少壮派军人并不愿就此收敛，拖到1942年8月初，他们又把进攻印度东北部重要口岸吉大港和缅印边境英帕尔一带的计划提了出来。他们已了解到，印度只有英军5个师和一个旅（驻英帕尔两个师、利多1个旅、吉大港1个师、加尔各答两个师），而且战斗力都很弱。退进印度的中国远征军，当时也只有孙立人的新编第三十八师约5000人，杜聿明的第五军军部和新编第二十二师残部还在印缅边境的大山里艰难跋涉，没有进入印度。

南方军总司令官寺内寿一大将为了慎重行事，特意派出了一名作战参谋于8月11日从新加坡飞往东京，向大本营呈送了这一进攻印度的作战方案。

这期间，日本与美国在所罗门群岛海域的第二次海战正在激烈地进行。日军高层全都忙于关注那里的战斗，没有时间来审议这南方军的报告。

十几天后（8月25日），所罗门战斗又以日本海军的惨败结束。这场海战，日军海上的兵力虽然是美军的两倍，却没有击沉一艘美军舰艇，自己却损失了一艘航空母舰“龙骧”号、一艘驱逐舰“睦月”号，还有巡洋舰“神通”号受伤，一木清直大佐指挥的2000名官兵，安田义达大佐指挥的600名官兵全部被打死、淹死。一木清直大佐自感罪责甚大，引咎自杀。

日军东京大本营在两次海战失败后，才明白自己海军无论从战略战术以及战斗力来比较，都与美国海军相差甚远，也就日益气馁。再联系到南方军想用进攻印度，以配合他们轴心国德、意在北非、中东的作战，以迫使英国屈服的战略目的“希望已甚渺茫”，从而不愿给予批准。

南方军这一进攻印度的计划再次被搁置了下来。

这年（1942年）11月初，日本军政高层于2日、4日、7日在东京举行了三次名为“大本营政府联合会议”，对世界形势进行研讨。

这些法西斯将领由于在中途岛、所罗门群岛的一败再败，已经完

全没有了年初时在太平洋上咄咄逼人的气势，并看到了“在太平洋、印度洋方面美（国）将与英（国）合作，以有力兵力较过去更加积极发动攻势作战，加强自澳洲、阿留申（群岛）、印度及中国方面之对日本反攻态势，破坏对日海上交通，并结合与苏联之合作等，企图逐步进行积极对日反攻”。

他们也看到了：“美国明年以后，颇有可能对帝国本土及占领地之要害进行大规模空袭。”这也是他们最担心的事，一旦日本本土被袭击，不仅这窄小岛国经不起战火的摧毁，也将表明，他们发起的侵略战争终于引火烧身，并将导致日本军民对战争信心的瓦解，而加快帝国政权的崩溃。

所以，他们对印度现状的分析是：虽然作为殖民地的印度有反英情绪，但“印度仍然是（英美）反攻的基地”。而中国的“抗战力量虽然逐步下降，但是他们相信美英之最后胜利，仍然不放弃其继续抗战意志”，而且“中国人的资源丰富。财政经济虽然极穷困，但粮食及轻武器均可自给。因此，不能期待其抗战态势很快发生破绽”。他们还认为：“中国军有 300 个师……蒋介石地位仍然巩固，其统帅力尚未削弱。”

这也表明日本原来想趁中国单独抗战多年，处于疲惫困难之时，压迫、诱引蒋介石领导的国民党政府投降，或者与他们单独媾和，以便他们从中国大陆抽出百万大军对付英美的目的已经难以达到。英美方面，虽然，“英（国）本土人（力）的资源已达极限”，仍然还有那样多殖民地和附属国，特别是美国的“战时兵力大体可能维持 600 万，目前，人的资源并不缺乏”。

600 万军队可不是个小数目。日本从 1937 年 7 月发动侵华战争，到 1943 年底，陆军共有 70 个师团，约 200 万人的兵力，而且分布于中国、朝鲜、太平洋战场和日本本土的广阔地域。美国如果把这 600 万生力军投入对日作战，日本这个资源匮乏、人力有限的岛国哪里招架得住。

所以日本这些军政首脑们对世界形势进行了深入判断和分析后，得出的结论极为悲观：“所谓目前阶段彼此战势向有利‘轴心’方面发展，主动权尚在我方的判断是极大的错误。特别在南太平洋方面，主动权明显在于敌方。”

这些分析和判断，可是一幅充满了阴影的形势图解，与一年前他

们偷袭珍珠港、发动太平洋战争时那不可一世的骄狂气势大不一样。

南太平洋属于寺内寿一大将的南方军作战区域。在这种已逐渐丧失作战主动权的不利情况下，他四顾茫然，哪里还敢轻言进攻印度。所以 9 个月后的 1943 年 1 月下旬至 5 月初，虽然发生了阿恰布（实兑）战斗，而且是进攻的英、印军大败，5 个旅有 2 个旅被全歼，另外 3 个旅损失过半，再一次暴露了英、印军的软弱，缺乏战斗力，但是寺内寿一大将也不敢批准驻缅甸的第十五军司令官饭田洋二郎等人急于趁战胜之威攻进印度的要求。只是在阿恰布（实兑）战斗期间的 1943 年 3 月，根据战场形势的发展，缅甸是“切断重庆政权与（英美）联合军方面联系的战略要地，不仅是进攻印度的作战基地，并且是防卫南方的锁钥”的判断，认为：在缅甸只驻一个第十五军已经难以胜任未来的战局，报请东京大本营批准，成立了缅甸方面军司令部。把关东军第二十军司令官本多政材中将从中国东北调来，升任缅甸方面军司令官，下辖第五十五师团以及第十五军 4 个师团（第十八师团、第三十一师团、第三十三师团、第五十六师团）。第十五军司令官饭田洋二郎则调往关东军，改由原第十八师团师团长牟田口廉也中将升任军司令官。

驻缅甸日军这种从进攻转入防御的态势，也就使得驻印度的英印军能够偏安一隅，较长时间处于安全状态。史迪威将军也能够不断飞越“驼峰”，往来于加尔各答、昆明、重庆，与蒋介石等中国军政首脑商议反攻缅甸的计划。在印度兰姆伽受训的中国驻印军也能够从容进行训练，接收从中国输送过来的兵员，不致因为担心日军的突然越过缅印边境攻过来，而被匆匆调上战场……

1942 年秋到 1943 年的春天，印度东部边境也就显得格外的安宁。如果不是每天有无数架美国运输机、轰炸机、战斗机从高空掠过，兰姆伽训练基地周围的山林间大炮、机枪、冲锋枪实弹射击的响声此起彼伏，居住在这佛教圣地的人们，可能不知道世界上还有战争在进行呢！

（据说，佛祖释迦牟尼修成正果的地方，就在兰姆伽西北的伽雅，唐代玄奘法师从中国东土远程去往西天取经，就是来到伽雅的灵山。）

印度洋周边的众多国家，如缅甸、泰国、新加坡、菲律宾都陷入了灾难的战火中，印度却能一再避开，在人们看来，这也是佛祖的庇

佑吧！

史迪威将军虽然不能从中、美军政高层那里得到反攻缅甸的确定日期，但有蒋介石批准的那份“中、英、美联合反攻缅甸方案大纲”做保证，从 1942 年 9 月起，每天都有 400~500 名从中国送来的补充兵员，陆续越过“驼峰”空运过来，补充给新编第二十二师、新编第三十八师。蒋介石还下令在这年（1942 年）10 月把驻四川泸州的第二十五新兵补训处改编成新编第三十师，由师长胡素率领空运来印度，编入中国驻印军序列；除了不断增加步兵外，又从中国抽调一批炮兵、工兵、辎重兵骨干组成了炮兵第四团、炮兵第五团、炮兵第十二团、重迫击炮团、工兵第十团、工兵第十二团、辎汽第六团。为了适应山地丛林作战的后勤运输，还专门成立了一个骡马辎重兵团。

美国空运给中国的物资正在逐月增加。这些步兵和特种兵团的武器装备都很先进，弹药也充足。经过半年多的训练后，已经具有很强的战斗力。

中国方面也很关注这支在印度训练的军队，1943 年 2 月间，参谋总长何应钦上将、驻美特使宋子文等军政大员，都利用来印度开会的机会去兰姆伽视察。

他们见部队装备好、营养足，美国人又不计成本地大量给予弹药进行实弹射击，军队战斗素质提高得很快。他们很高兴，也觉得用这支军队去反攻缅甸，胜利的把握会很大。蒋介石听了他们的报告，也放心多了。对史迪威将军的反攻要求，也没有从前那样冷淡了。

其实对于反攻缅甸的事，能否真正地尽快实行，还得远在美国的罗斯福总统、马歇尔总参谋长决定。但是每当史迪威将军去电询问，那边只是口头允诺，而不愿把这场反攻作战明确地列入议事日程。

性急的史迪威将军只好自己动手来干了。他本想以印缅边境的英帕尔作为反攻作战的出发点。那里原来就有三条山间公路分别通往缅甸的霍马林、锡当、奎本，北向可控制缅甸实皆（色格）省，南向可进据缅甸的克钦邦和沿海的若开邦。从英帕尔往西又有公路通过科希马与印度东北部的铁路联结，是个军事运输方便，进可攻退可守的战略要地。当他于 1942 年 10 月 27 日去与英国驻印军司令韦维尔上将商谈时，却被一口拒绝。因为从英帕尔进攻将插入缅甸的中部、南部，这个独眼的英国将军又一次表现了他视点的歪斜，担心中国驻印军进

入那些地方后，将来不肯退出，而影响他们在战后对缅甸的继续统治。他只同意史迪威指挥的中国驻印军以印度东部边境的列多（雷多）为攻击前进的基地。

列多（雷多）以东就是半年前中国远征军从缅甸败退时，曾经艰难跋涉、几致全军覆没的胡康河谷，几万中国远征军的尸骨还抛弃于那些原始森林里。如今韦维尔却要中国驻印军从那个方向去反攻，那不是再一次把中国军队驱向死亡之地么？

根据专家们的调查研究，印缅边境的胡康河谷，山林深密，气候诡谲多变。不仅开辟一条公路很困难，即使修好了，也难以全天候使用，夏秋的漫长雨季，公路将经常被大水冲断。虽然干旱的冬季灾情少些，但是几万军队从这条长达560余公里的道路上进入缅北去作战，每天要用800辆卡车来运送军用物资和粮食，才能保证作战所需。如果道路被阻，不要说难以熬过那长达大半年的漫长雨季，就是两三天也会使战斗受到影响。进入了胡康河谷的中国军队又将像1942年夏秋大溃退时那样，不仅饿死、冻死于深山老林里，还将因为弹药不足、官兵体力下降而被在缅北以逸待劳的日本军队歼灭。据情报部门报告，在印缅边界驻守的日本军队，是战斗力位列第二的王牌军第十八师团。

亲身经历过缅甸大溃退的中国军官和士兵，对那些山林的险峻，遍地毒蛇、野兽和蚂蟥，一到雨季整天大雨滂沱的恐怖还记忆犹新，怎愿再往那条死亡谷里钻。他们力劝史迪威将军不能上韦维尔的当，又把几万军队投向那“魔鬼出没的地方”。

但是这并不能说动急于反攻缅甸，又心高气傲，极为主观、固执的史迪威。他回答说，不要担心这些事。他会从美国调来拥有新式筑路机械的工兵部队，还会用飞机来担任后勤补给，及时空投粮食、武器、弹药、器械。从而不容商量地把中国军方的意见否定了。

马歇尔将军虽然忙于西线战事，不能依照史迪威将军的请求，给他调来3个步兵师，但是还是在1943年初从美国派来了一个有着新式装备的工兵团，与中国驻印军的工兵第十团、第十二团一起，组成了一支筑路部队。由美国将军惠勒少将和阿罗·史密斯准将指挥，以列多（雷多）东南9.2公里处为起点，开始了中印公路的修筑。在修路的

同时又敷设了输油管，准备把汽油沿公路输往前线，再随着战斗的胜利逐步向中国方向输送汽油。

在史迪威将军心目中，只要有了先进的技术装备，那些被称为“死亡”“魔鬼”之地的险峻山林都不在话下，中国军队只管负责打仗就行了。

修筑道路之前，美国就多次出动飞机对沿途地形进行了翔实的航空拍摄，把照片发给各个修路部队参照。中国工兵也在美国工兵的帮助下，针对胡康河谷的山林地形特点开设了训练科目，进行了修筑道路、架设桥梁、山岩爆破，在原始森林中如何就地取材，以及遇见敌军袭击时如何自卫的各种训练，较快地提高了中国工兵的筑路技术。

惠勒少将派出了一支精干的、由中美工兵组成的先头部队，去砍倒大树，修筑简便的道路，再由后续的工兵大部队把道路拓宽、加固、整平，逐步往东边的山林里深入。河流、山谷之间都用钢梁或就地取材修建起了桥梁。原始森林里多是几人合抱粗、质地坚硬的树木，适合建桥用。大小桥梁的承载力都要求能让 30 吨以内的坦克安全驶过。工兵团每个班都配备一顶可容纳 12 个人睡卧、可抗御暴风雨的双层帐篷。因为森林里阴暗潮湿，蚂蚁、毒蛇多，在帐篷内安的是木板床。伙食也好，不仅吃得饱，还每天都有新鲜肉食，一个专门负责宰杀牛羊的屠宰场就随着筑路部队向前移动。每个连每天可以得到半头牛。对正年轻又特别需要营养的中国官兵很有补益。这正如当时工兵团的一位连级军官王琦所说：“从前在国内生活非常苦，士兵的体能都非常差，经过在印度三个月的调整之后，可以说是健壮如牛。”

后勤供应及时，年轻官兵们的体力有保障，反攻缅甸的热情也就日益旺盛。虽然山林里地势陡险、气候恶劣，筑路的进度还是能够有条不紊地进行，平均每天能往前延伸两公里左右。

沿途每隔一段路程还开辟了一个空投站，给筑路工兵投送一个星期的肉食和蔬菜罐头、大米。这样就保证了陆上运输受阻时，部队不致挨饿。

美军工兵团还实行每月轮休一次，一批部队下去，另一批部队上来。所以，一开始时，每天中美工兵实际只有七千人左右在现场施工。这当然不够。史迪威将军又与英、印方面交涉，把原来在印度东北部修筑机场的印度民工调过来加入筑路行列。这些印度民工朴实、吃苦耐劳，又能适应这印缅边境大山林里的恶劣气候，有力地加速了筑路

中美官兵研究反攻缅北的
行军路线

进度。

渺无人迹的胡康河谷地，开始有了一条现代化的公路从西向东延伸！

中美工兵是迎着在缅北驻有重兵的日本军队修路，为了保护筑路工兵和民工的安全并应付随时可能发生的战斗，史迪威将军命令在兰姆伽的新编第二十二师、新编第三十八师都移驻到印缅边境的列多（雷多）一线，利用山林地形继续进行训练，并由新编第三十八师派出一个团先于筑路工兵越过印缅边境的深山老林，前出到卡拉卡去占领桥头堡阵地担任警戒任务。

孙立人将军派出了李鸿上校指挥的第一一四团，从列多（雷多）出发。

李鸿1926年毕业于黄埔军校五期，担任机枪连长时就追随孙立人参加过许多战斗。早在1937年8月、9月间淞沪抗战中就与日军第十八师团交过手，在敌众我寡的劣势下，打退了日军多次进攻，守住了阵地。他的勇敢、多谋善断，很为孙立人赏识，快速把他提升为营长、团长。这次派他率领第一一四团前出胡康河谷，也是相信他能对付日军第十八师团。

这支先头部队行经的山林，正是1942年夏秋，中国远征军和缅印难民、华侨逃亡、溃退时的那条路线。虽然如今新编第三十八师官兵带有足够的食品和医药，不必担心饥饿、疾病。雨季还没有开始，也不必遭受整天滂沱大雨之苦。但是山林还是那样深密，进入大森林后就只能依靠指北针来定位，砍树、搭桥，摸索前行。部队在稠密的大树藤条间艰难开路，走了五六天都难以见到一线阳光，还有难以数计的蚂蟥和毒蛇、野兽时时来袭。只是他们带了美军特制的驱蚊油和火焰喷射器，能尽快消灭这些虫兽。不过仍然要一步一小心地前行，不能有丝毫麻痹。而且山势险陡、落差极大，刚费尽力气爬上海拔两三千米的悬岩，还没有走出多远，又要下到海拔只有两三百米的河谷，然后又艰难地再向上爬。幸好他们在兰姆伽练兵时，把在热带山地丛林行军作战都列入了训练科目。如今又都体格健壮，带的开路工具齐全，还是能够胜任这一被他们称为从陆地上越过另一座“驼峰”的艰难行军。

从列多（雷多）往东再行70公里，就进入缅甸边境了。他们在缅

甸一侧立下了一块高大醒目的标语牌：“欢迎来缅甸，这条路通向东京！”

词句简洁，充满了胜利的自信，对东向进攻的部队很有鼓舞作用。虽然他们历经征战直到胜利，也没有几个人去到东京，但是他们如今都相信，自己的这场反攻缅北的作战与打败日本侵略者占领东京有着紧密关联。

驻扎在胡康河谷一线的日军，是他们的精锐部队第十五军第十八师团。原任第十八师团师团长的牟田口廉也中将在 1943 年 1 月升任第十五军司令官后，由田中新一中将担任师团长。

田中新一原来是日军总参谋部第一部（作战部）部长，是日军东京大本营仅次于参谋总长、次长的重要人物。曾经全面、具体地策划了日军在中国大陆和太平洋各个战场的战略部署，是个颇有战略战术思想的将领。日军发动太平洋战争以来，他根据敌我的实力和战场形势，多次指出了日军在战斗中的不利因素，希望在用兵时能保持清醒、稳重，从而遭到了顽固主战的东条英机首相的不满。特别是 1942 年 11 月 4 日那次有东条英机首相、陆军次相、总参谋长等众多高级将领参加的“关于今后作战指导的恳谈”会上，田中新一做了有关形势判断的说明。因为他对面临的困难，特别是日军在太平洋战局中正朝不利方向发展的具体情况说得较坦率、详细，被东条英机当众斥责：“不能只是罗列不利情况，第一阶段作战已经达到目的。敌（军）因为感到痛苦才反攻的，忘了这一点而消极悲观是不行的。”

东条英机手下的一些将领为了推卸太平洋战事不利的责任，更是把几次大海战的失败归咎于参谋本部筹划、指挥不当，有人还提出要田中新一亲自去太平洋的爪达尔卡纳尔岛战线去直接指挥作战。

田中新一却傲然地表示：“作为第一部长，我考虑轻率离开东京是危险的，这是因为必须警戒陆军统帅部及陆军省对爪岛作战态势的动摇及出现四分五裂现象。”他还认为：“在作战进展不如意时，陆军省对统帅部的干涉逐渐激化是无可辩驳的事实。”

他这样说，就当众把总参谋部与东条英机领导的陆军省的矛盾公开化了。更引起了以东条英机为首的，既要不断挑起侵略战争，又不愿面对失败的现实的顽固派的不满，必欲除之而后快。两个月后（1943 年 1 月 7 日），田中新一被免去部长职务贬到缅甸战场。按照

他在1939年就是军参谋长，如今又担任了多年大本营作战部长重要职位的资历和才能，纵使外放，也要出任军司令官一级职务，但是只派他去担任师团长。如果不是南方军总司令官寺内寿一不放心把精锐第十八师团交给一般将领去指挥，他连这个职务也难得到。这使他颇郁闷，但是也没有办法，因为一向器重他的杉山参谋总长也不敢违背正权倾一时的东条英机首相的意旨。

（一年后的1944年2月，杉山参谋总长也被排斥，东条英机以首相身份同时兼陆军省相、参谋总长，把军政大权完全集于一身。）

田中新一迟至1943年3月才来到缅北就职。在这以前，日本陆海军又在南太平洋海域经历了新几内亚作战的惨败。3月3日那天，日军8艘运兵船，在8艘军舰、200架飞机护卫下，载运第八方面军的第十八军司令部和第五十一师团官兵6912人，从拉包尔去往莱城，途中在克勒汀角海面遭到美国107架飞机猛烈轰炸。8艘运兵船全部沉没，护卫的舰队也有5艘驱逐舰被击沉，被淹死的官兵达3500余人。

这一切，田中新一都很了解，也很焦虑。只是他如今职位不同，已经难以顾及全局，在身处缅北一隅之时，只能设想如何守住这一防区。所以他的计划是："即使在最坏的情况下，也要确保密支那及甘马因这一要地。"他把师团部设在可控制缅印边界、中缅边界的密支那。师团所属几个联队，由于有的驻扎于中缅边境一侧的云南境内支援第五十六师团作战，有的驻扎在腊戍沿线，有的驻扎于杰沙（卡萨）附近，很是分散。他视察了缅北几个战略要地后，认为这不利于即将到来的防御作战，容易被中美军队各个击破。他迅速调整部队的驻地，改变了原有的布局，把战略重点放在胡康河谷方向。

这一决定得到了日军第十五军司令官牟田口廉也中将的批准。牟田口廉也长期在战斗第一线，难以全面地了解太平洋整体战局，并不是从战场形势的变化而具有危机感，而是有着他的如何加强进攻作战的考虑。这就是："第十八师团在不久对印度方面发动进攻作战之际，可能被运用为由胡康河谷地区向（印度）阿萨姆（邦）方面进攻的半独立性战略兵团。"

牟田口廉也的盲目自信，虽然使田中新一深感诧异，碍于上下级关系，他只能沉默不语。

只是一个月后，太平洋战局日军的劣势更见明显，许多被东京大

本营高度保密的败讯也不断泄露（如中途岛之役，第五十一师团和那样多军舰在新几内亚海面被袭击沉没等战况，原来被严格限制在大本营作战部长以上和有关课室阅读，严禁外传，以致许多在前线作战的军、师级将领都懵懵懂懂地不知道战争全局已经处于劣势），牟田口廉也是到了 1943 年 6 月才逐渐了解太平洋战况的真相，这才悄悄取消了越过胡康河谷进攻印度的计划。而且他也逐渐了解到，不仅胡康河谷的山林河流的险恶远远超过了泰缅边界的他念他翁山脉，按日军当前日益陈旧、简陋的装备来看，已经难以与中美军队相比较。例如，日军在缅北离开了公路后，就只能依靠人背马驮，数量有限运送更迟缓。而中美担任筑路和警戒的部队全部都是现代化装备，中国军队的每个连都配备有美国联络军官，如果缺乏武器弹药、粮食、修路器械，一个电报发回指挥部去，飞机就来空投了。

胡康河谷是缅甸克钦邦的欣贝延（新平洋）山林和德罗盆地的总称。总面积达 1738 平方公里，大部分地方被原始森林覆盖，大小河流纵横其间，其中以塔龙河、塔奈河、大宛河、大比河、德罗河最长，水流也汹涌。尤其是每年夏秋长达六七个月的雨季，山洪暴发，河水猛涨，大小盆地一片汪洋。这也是肥沃的大片土地上却人迹稀少，只有少数丘陵地带建有村寨之故。

这一带较大的城镇是迈昆（孟关），古称户拱、孟缓，明清朝时属于孟养宣慰司管辖，是滇边六大宣慰司之一。英国占领缅甸后，这地方的土司不肯屈服，一边反抗一边向清朝求援，只是当时的清朝国力衰弱、无力增援，却长久成了所谓“未定界”。20 世纪 60 年代，中缅两国就边界问题谈判，才划入了缅甸。抗战时期英国一再反对中国远征军进入缅甸，也是担心中国在战后再拥有这些地方的主权。

原来在胡康河谷一侧的印度边境担任守卫的是英军东北部边防军阿萨姆邦旅。因为经常受到日军第十八师团第五十六联队第二大队的袭击，几次战斗后，英、印军招架不住，把卡拉卡、塔家铺等据点都丢失了。李鸿团长指挥的第一一四团在 3 月 20 日来到后，派出第三营向日军展开了攻击。日军没有想到上来的是中国军队，被打了个措手不及，狼狈地向东边森林中退去。丢失的塔家铺、卡拉卡被收复。

3 月 31 日第一一四团继续北进，又攻下了拉斯卡。

反攻部队在前方探雷

4月11日又占领了帕特凯山，把日军完全赶出了这个险要隘口，从而能完全控制这一带高地，保障从后边上来的中美工兵部队安全地修筑道路。

日军第十八师团师团长田中新一从中日军队这一前哨战的战况中判断出：这只不过是中国军队为了掩护大部队进入帕特凯山隘口的一支尖兵， 主力部队可能在后边，他决定争取时间调动部队夺回这个隘口，就派出了长久笔竹郎大佐的第五十六联队以及山炮兵第二大队从孟拱（莫冈）出发，攻向塔龙河畔。

从孟拱（莫冈）到塔龙河约有120公里，虽然还只是4月中旬，缅北山林雨季的前奏已经开始了。开始时是白天晴、夜晚下雨，每场雨来势都很凶猛，道路都被冲烂了。日军在雨水泥泞中深一脚浅一脚步行，很是狼狈，走了三四天才到达胡康河谷塔龙河以北的于邦。

到了4月末5月初，雨水更大了，像浪涛汹涌的天河开裂了一样，倾盆大雨日夜下个不停，到处都是洪水奔泻，对双方的行军作战都不利。日军田中新一师团长只好把第五十六联队撤回了密支那附近。只是有时候派出一支人数不多的小部队来袭扰，双方的伤亡都不大。日军却在这几次小战斗中逐渐摸清楚了中国军队的编制、装备和作战企图，特别是明白了这支中国军队经过在印度的训练，已不同于一年前的衰惫，而是一支有着优势装备、战斗力很强的军队。

这使田中新一师团长很是为未来的局势忧虑，以他一个约25000人的师团是很难阻挡已经接近10万人的中国驻印军。他只能再次调整部署来加强这一带的防御，把驻在中国腾冲、支援第五十六师团进行扫荡战的几支部队都调回缅北。这其中有步兵第一一四联队的第一大队和步兵炮中队、速射炮中队，步兵第五十五联队第二大队、山炮兵第十八联队第二大队等，并把驻孟拱（莫冈）的步兵第一一四联队第二大队也调回密支那。

日军这些联队利用漫长雨季中山洪暴发、道路被冲烂的阻隔，与中国军队大的战斗还没有开始的时机，一边休整一边根据胡康河谷地形，构筑了大量的防御工事。田中新一师团长给联队长、大队长们的告诫是：“第十八师团的任务是保卫北缅，即使在最坏的情况下，也要确保密支那、甘马因一带要地。也就是说，防卫乃是师团的基本任务。今后开始的胡康河谷作战，也是根据这一基本任务。”

一年前他们这个第十八师团越过泰缅边境时，几乎是以不可阻挡之势横扫缅甸南北，直达中缅、缅印边境，那攻势是何等凶猛，如今却要小心翼翼地转入防守。这也表明，由于太平洋战场形势的变化，日军已是计穷力竭了。

在 1943 年夏季的漫长雨季中，虽然印缅边境没有大规模的战斗，敌我都在歇兵养马，中美工兵和印度民工的筑路工程却没有停止，几万人还在冒着大雨艰难地施工。

这里全年的降水量高达 3810 毫米，有时候一昼夜的降水量就达到 35 毫米，似乎能把起伏山林全都泡入水中。峡谷间那些大小河流更是汹涌地狂涨，淹到两岸几十米以上，经常会把河边峡谷里的筑路器材、帐篷冲走。大雨对筑路工程的妨碍实在太大了。虽然负责指挥筑路的美国将军惠勒是一位卓越的工程师，他筑路前预见到了雨水季节山洪暴发的冲击力，在设计时，每英里（1.6093 公里）都要修筑 13 个涵洞，以便雨季中排水溢洪。但是这里的山洪可不同于一般，常会把长长的一整段长达五六公里的公路从路面到路基全都冲垮。工兵们只有再开动推土机、打桩机重新砌土夯路。

从印度列多（雷多）附近到缅甸胡康河谷的欣贝延（新平洋）约有 165 公里。工程指挥部原来想抢在五六月间雨季到来前把公路修到那里，但山势过于陡险，树林又太稠密，再努力也难以顺利按计划进行。修到 1943 年 5 月 11 日，也只修了 66 公里，只向从印度边境伸出了约 7 公里。想修到欣贝延（新平洋），还有近 100 公里要他们在雨水中苦干。

中国工兵一向以能吃苦耐劳著称。雨水虽然狂猛，他们在雨水天施工的经验也逐渐丰富，筑路工程虽然进展缓慢，路却一米又一米地在雨中往前延伸。

在这期间的 1943 年 4 月末 5 月初，史迪威将军和在中国的第十四航空队司令陈纳德将军被召回美国华盛顿，参加有美英首脑和军政高层人员参加的军事会议。

这次代号为“三叉戟”的会议，是英国首相丘吉尔在 4 月 29 日致电美国罗斯福总统提议召开的。他根据当时英美军队在突尼斯的胜利，考虑到，应该进一步筹划包括欧洲、缅甸等战场的作战了。这一建议

得到了罗斯福总统的赞同。

丘吉尔首相带着一个有陆军元帅约翰·迪尔、帝国总参谋长艾伦·布鲁克上将、第一海军大臣兼海军参谋长达德利·庞德、空军参谋长查尔斯·伊斯梅中将组成，还有众多海陆空高级参谋作为随员参加的军事代表团，在 5 月 4 日乘坐“玛丽王后”号轮船前往美国。这是一艘极为豪华的大型海轮，就连丘吉尔这样的高官、贵族也感叹地认为：“这艘船的设备实在令人赞叹，可以适应我们的一切需要。”这条海轮不仅给丘吉尔和每一位军政首脑提供了卧室、办公室，还有着宽敞的地图室、会议室供他们处理公务。这次远行还同时运送了 5000 名德国战俘去往美国。为了避开德国潜艇的袭击，他们绕道北冰洋，在那还寒意很重的海上浮行多日，于 5 月 11 日抵达华盛顿。

美国方面也由罗斯福总统和威廉·李海海军上将、陆军总参谋长乔治·马歇尔上将、海军作战部长兼美国舰队总司令欧尔内斯特·丁·金海军上将、麦克纳尼中将等军事部门的首脑来参加会谈。

罗斯福总统想具体了解中国、缅甸的形势，所以在“三叉戟”会议前把史迪威、陈纳德从中国电召回去。

史迪威、陈纳德是 4 月 23 日乘飞机离开重庆的，沿途要经过几个大洲和许多国家，28 日才飞抵华盛顿。又是一次横越大半个地球的长途飞行。

史迪威将军从 1942 年初离开美国去往缅甸就没有回来过，很高兴这次有机会向罗斯福、马歇尔、史汀生当面陈述他的反攻缅甸计划。中国驻印军都出动了，公路也在修筑了，其他方面还能按兵不动?

史迪威到重庆不久，就和陈纳德在空军、陆军的使用上有争议。他认为陈纳德所说的“只要加强第十四航空队的装备就可以用轰炸、扫射，在 6 个月内打垮日本”的说法，是夸大了空军力量，是不切合实际的设想。但是在战略思想上还在采取守势的蒋介石，为了避免在陆地作战而过多地使用军队以招致损失，却完全支持陈纳德所提出的，把 5 月、6 月的援华军用物资全部拨给他们第十四航空队，然后在 7 月、8 月、9 月每月给予 4700 吨的要求。

这就是说，在中国战区只要加强陈纳德的空军就行了。这当然是过于片面，也使史迪威很是反感。他明确地表示：单靠空军是不行的，反攻缅甸和中国其他地方的作战，还是应该加强地面部队的

装备和训练。

他到达华盛顿的第二天就向陆军部长史汀生、总参谋长马歇尔陈述了他的看法："中国已处于经济崩溃的边缘，我们再也等不起另一年了。云南省是绝不能丢的，必须建立起一支力量保卫它。如果日本人占领了云南，重新夺回缅甸也就失去了意义。增加激怒日本人的空中攻势只会给日本带来强烈的反应，从而毁掉一切，甚至会使中国退出战争。浙江战役即是一例，（因为）日本人相信轰炸东京的飞机就是从那里的基地起飞的。"

（史迪威说的"浙江战役"，是指日军东京大本营为了制止美国飞机从中国大陆起飞轰炸日本本土，在1943年4月所策划的"迅速摧毁浙江省机场群，特别是丽水、衢县、玉山等地的机场" 而发动的，由日军中国派遣军总司令官畑俊六指挥5个师团，共有10万兵力参加，从5月18日起沿浙赣线向南大规模进攻的"浙赣战役"。那一战役，日军攻势凌厉，短时间内连续攻占安华、长乐、义乌、东阳、武义、金华、兰溪、孝顺、建德、衢县、玉山……不仅那里的机场全被摧毁，中国军队第三战区司令长官部所在地上饶，也在6月14日被占领。接着又在7月、8月间攻占了贵溪、鹰潭、东乡、抚州等城市。把中国军队的33个师又3个旅的26万人，打得溃不成军……）

虽然史迪威在重庆时，也把他的看法向蒋介石陈述过，却没有说动这位中国战区统帅，反而说："日军攻过来，我们有足够兵力打败他们。"

史迪威了解中国军队装备的简陋、战斗力的薄弱，怎肯相信蒋介石的话。

陆军部长史汀生和总参谋长马歇尔都同意史迪威的看法，并告诉他：他们已经建议罗斯福总统明天在白宫召见他，可以直接向总统陈述。

罗斯福总统在当时的形势下也是倾向于加强陈纳德的空军。陆军部门不好过于反对，只好把史迪威的意见往上推。史迪威这才明白，这当中的阻难，深感压力之大。

他受罗斯福接见前，虽然写好了一份"备忘录"，希望能制订一份把中国战区与南太平洋作战紧密地结成一个整体的"总体战略计划"，除了重新打通缅甸运输线，加强中国军队的装备和训练以达到有60个

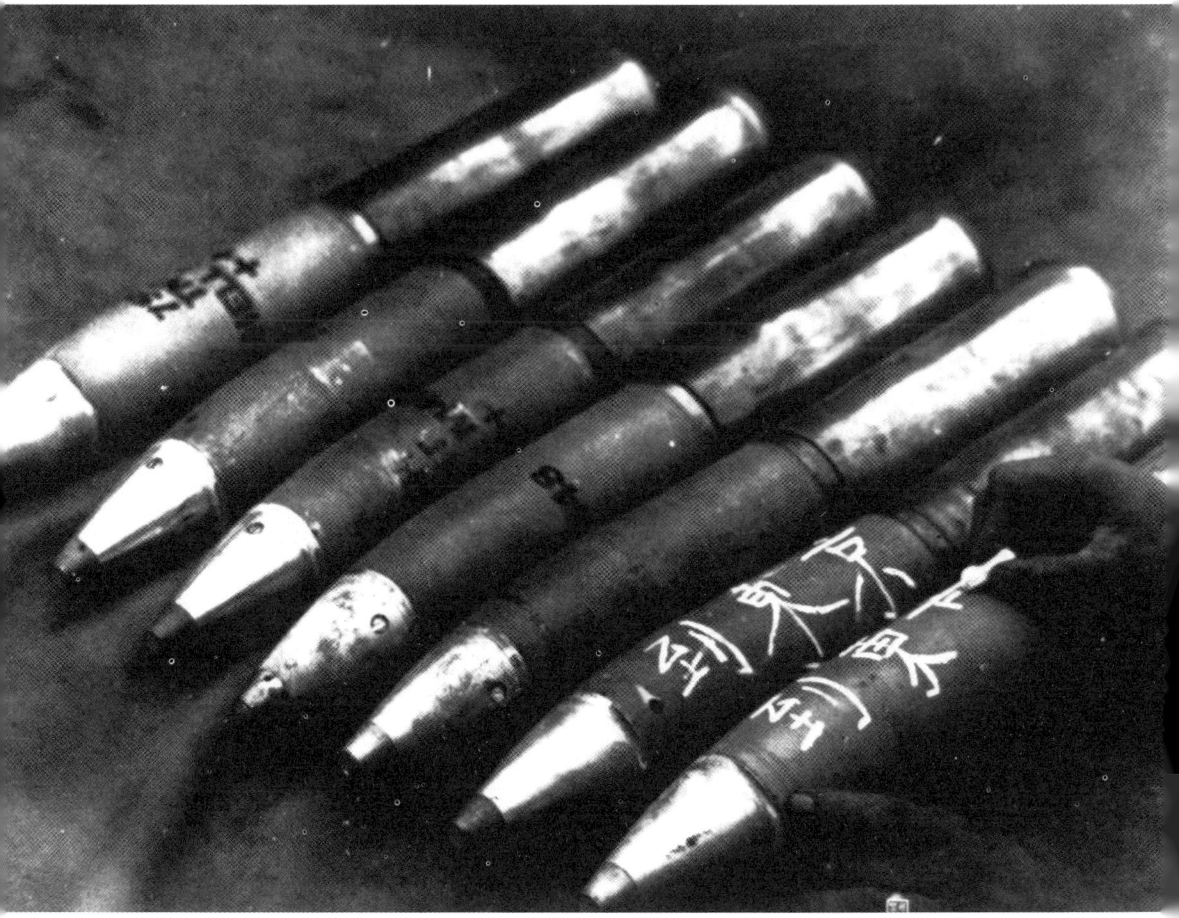

远征战士在炮弹上书写“打到东京去”的誓言

师的精锐，还应加派一个军的美国军队去中国作战……

也许是想要陈述的事太多了，一时间不知从何说起。他那天在白宫时，一反常态，神情紧张显得语无伦次，哪些话该说，哪些话是次要的应该略去都没有搞清楚。听得罗斯福总统一头雾水，不知所云。当时马歇尔也在场，只能为他着急。事后，马歇尔曾这样描述：他只是“弓着背，低着头，嘟嘟哝哝地说了些中国不抗战的话”。

罗斯福本来想直接听听这位来自中、缅、印前线，在那里出生入死地打过硬仗，如今还在大森林中苦心筹划反攻的将军，简明扼要地谈谈这一战区，如今在全局中的发展前景，应该起些什么作用，并提出一些切实可行的建议，供他在英美首脑会谈时做参考。没想到史迪威却像个老妇人似的，只会不断地埋怨蒋介石。他虽然听得不耐烦，还是幽默地问史迪威：“你是不是生病了？”还对马歇尔说：“难道不应该让一个病人去休息吗？”

史迪威当然很难堪，也使得马歇尔对史迪威很失望。这个他熟悉的，平日很刚毅、爽直，也很有主见的将军，今天怎么了？虽然他对罗斯福的幽默也回应了一句幽默：“这位‘病人’的体力比白宫中任何两个人加在一起的体力还要强。”以冲淡史迪威的尴尬。不过这次史迪威向总统的陈述却是完全失败了。

如果他按照那份“备忘录”内容来细细陈述，那是很有说服力的，也就能很自然地否定陈纳德、蒋介石的空中优势观点。他却没有这样做，而“备忘录”上的文字又不如当面交谈有说服力。这使史迪威在事后长久懊恼不已。罗斯福也就更倾向支持陈纳德、蒋介石的空中攻势计划。他对手下人说：“蒋介石的处境非常危急，他的政府有彻底垮台的可能。”我们“必须尽一切可能满足蒋介石的要求，而不提什么条件……”

罗斯福不愧为一位高明的政治家。这是一种在既不能派出陆海军全力支持中国抗战，又不让中国政府感到无助而灰心失望地退出抗战的高明策略。而且派出大量飞机对日轰炸，也确实能鼓舞蒋介石和中国军队继续坚持抗战的信心。

“三叉戟”会议从5月12日至25日进行了14天，商谈的问题很广泛。

对于如何在欧洲、非洲战场上继续对德意法西斯作战，由于美国

具有经济优势，在军事生产上已胜过德国和日本，英美在军事上也就能不断取胜。对是否占领意大利，如何在 1944 年春横渡英吉利海峡攻向法国和德国本土，都没有多大争议，只要在某些细节上、步骤上更完善就行了。讨论较多并有争执的问题是关于在缅甸的反攻。

丘吉尔首相对反攻缅甸仍然很冷淡，他认为：在缅甸作战的种种困难是显而易见的，丛林阻碍了我们应用武器，漫长的雨季严格限制了作战的时限，而且也没有办法使海军的力量参加作战……

所以，他提出：能不能想出一个绕过缅甸的好办法。

这实际是放弃对缅甸的反攻。

其实，丘吉尔在从英国来美国的那七八天海行途中，已经和他的高级将领们在“玛丽王后”号轮船上仔细研究过了。丘吉尔和英国陆、海、空的将军们都不愿在缅甸投入兵力，而是想在 1944 年打败德国后，再在 1945 年集中力量与日本作战。但是他们担心这种拖延不能为美国所接受，并激怒力主反攻缅甸的美国将军史迪威，所以提出了所谓的“新的办法”：英美和中国军队是不是可以从印度出发，去对印度尼西亚的苏门答腊尖端和马来半岛中部的槟榔屿作战？这样可以把日本军队吸引过来……

这就与反攻缅甸，打通滇缅公路作战搭不上界了。丘吉尔首相和他的将军们却把这美其名曰：“这是击败日本的长期计划。”

虽然善于外交辞令的英国将军和政要们，把这一置缅甸，特别是置中国方面不顾的所谓“战略主张”说得委婉动听，罗斯福总统却难以同意。他认为：“日本在太平洋地区正不断衰弱中。美国海军和空军已经在阿留申群岛登陆，向所罗门群岛和新几内亚的进攻也已经开始。如今重要的是要集中打击日本在太平洋上的漫长供应线。自从太平洋战争以来，日本已经损失了 100 万吨船只，如果这种情况继续下去，日本的军事活动范围一定要受到限制……”

罗斯福还指出：“为维持在太平洋的海上攻势，在中国建立空军基地是很重要的。这次会议忽视中国由于单独抗战已是筋疲力尽而面临崩溃的可能性，是没有道理的。”

所以，他建议：1943 年和 1944 年，必须优先考虑中国。仅只夺回缅甸还不够……

他受了蒋介石、陈纳德“空中优势重要”之说的影响，又提出：“对中国只能由空中直接援助。要做到这一点，就应当不惜任何代价，

确保（印度）阿萨姆邦机场的安全。加强了在中国基地活动的美国空军，也意味着对日本航运增加了压力。”

列席这一会议的史迪威将军，见罗斯福总统虽然重视中国战场和缅甸的反攻作战，但是把加强军事力量的重点放在空军上，他很是着急，想在会上申述他的观点，罗斯福却没有给他发言的机会，使他很沮丧。陈纳德见加强他的空军有望，很是高兴。

4 月 30 日，美国陆军参谋总部为美、英高层即将讨论的中、印、缅战场问题，进行了一次准备会议。史迪威、陈纳德，以及在华盛顿的中国特使宋子文都参加了。

陈纳德首先发言，继续阐述他的空军优势观点。他充满信心地表示：只要给予他和中国 500 架飞机，不仅可以消灭日军在中国大陆的空军，还可以毁灭日军船运、陆运交通线，使得日军运输完全处于瘫痪状态，从而无力抵抗中国军队的进攻。这也是对缅北反攻的支持……

史迪威立即给予了反驳。他认为空军并不万能，这会不断激怒日军为了摧毁在中国大陆的中美机场而加强地面攻击，导致再一次类似“浙赣战役” 的惨败……

宋子文奉蒋介石的电令，在会议之前就向罗斯福总统和总统政治顾问霍普金斯表示：他们（中国高层）是支持陈纳德的观点的，应该“即刻完成空中攻击的准备，以免坐失时机”。

他这样讲，并不是如同陈纳德那样完全轻视地面作战的作用，而是几天前的 4 月 23 日，他去加拿大与加拿大总理麦肯齐·金协商后，加拿大答应在 12 个月内供给中国一批地面作战用的武器，其中有七九轻机枪 3 万挺和子弹 5400 万颗，强力式手枪 18 万支和子弹 5400 万颗，三七高射炮 240 门和炮弹 48 万发，战车防御炮 360 门和穿甲弹 24 万发，冲锋枪 6 万支和子弹 5000 万颗，轻榴弹炮 360 门和榴弹 115 万颗，烟幕弹 14 万颗，履带式战车 1200 辆，高射炮 600 门和炮弹 162 万颗，破甲弹 18 万发……

有这样多新式武器改善中国陆军的装备，他就不担心步兵作战所需的军火了。为了两全其美，所以全力支持陈纳德从美国获取空军装备。

5 月 17 日，宋子文又参加了由罗斯福总统的参谋长李海上将主持的美、英参谋团会议。他在发言中介绍了自从缅甸沦陷，滇缅公路被

截断后，中国没法获得军火补充和物资接济，国内经济衰退，通货膨胀，物价飞涨的困境。日军则趁此在山西、河南、湖北、湖南加强进攻，威胁重庆。在中国的陈纳德航空队因为数量有限，只能保护中印航线，不能投入前线对陆军作战的支持。所以，他要求把近三个月对华军援主要用在加强陈纳德的航空队。关于缅甸反攻，他认为，这不是一个普通的作战计划，也不单纯是中国的事，而是由美、英共同决定的，也就应该由中、美、英三国来共同承担。

他针对英国一再企图放弃反攻作战的表现，特意指出：如果哪一方面有放弃反攻的打算，都是背信弃义！

他的发言有理有据。青年时代在美国哈佛大学读书以及多年在外交领域工作养成的善于酌字用句，给人强烈感染的语音和风度，给了与会者很深印象。

他还当着美、英将军们反驳了史迪威前几天公开指责蒋介石“处事犹豫，没有战略眼光” 的说法。他列举了从前来中国的军事顾问，如苏联的加仑将军、崔可夫将军，德国的塞克特将军、卢登道夫将军、佛采尔将军都与蒋介石合作得很好。那些人都是世界名将。可是史迪威如今却认为：遵从蒋介石委员长指示会陷于错误，而处处反对，这是不对的……

这就把蒋、史的矛盾在英、美高层间公开化了。

宋子文这样批评史迪威，不仅是维护一国领袖的尊严，也表现了他对史迪威的反感。从那以后，他还代蒋介石拟订了一份“改组中国战区”的方案，请霍普金斯送呈罗斯福总统，阐述了撤换史迪威的理由。只是后来蒋介石担心会由此得罪美国军方，就没有积极要求实行这一方案。

在这次“三叉戟”会议上，英国对中国的不友好态度也表现得很明显。

5 月 21 日上午，本来是研究怎样加强在华的空军和运输，英国首相丘吉尔突然询问宋子文：“听说中国最近即将集中 11 个师进攻西藏。以致这个独立国家很是恐慌。希望中国能保证不致有这样的事……”

在这样的场合，丘吉尔突然这样发问，用心很是险恶的。一是想在这国际会议上让为他们暗中操纵的“西藏独立”合法化；二是攻击中国政府既然派得出 11 个师去西藏，却不积极抗日，反攻缅甸还要美、

英出动军队。

宋子文立即严肃地给予反驳：没有这事。西藏是中国的领土，并不是如你所谓“独立国家”。中英两国多次订立的条约中，你们英国政府都承认西藏为中国主权所有。你应该早就知道的。

丘吉尔见惹怒了宋子文，自知理亏，忙改变腔调，说：西藏是块不毛之地，我们英国对它并没有野心，只是希望我们这时候能集中力量对付公众的敌人，不要分散消耗力量……

罗斯福总统也忙着来调解，请宋子文不要介意，还是共同对敌为重。

但是提到对缅甸的反攻，丘吉尔又要开了花样，说什么缅甸是蛮荒瘴疠之地。在这种地方作战，白人不如日本人，英军在印度边境虽然多，但交通困难，不容易运输……

一句话，他们不想派出军队去反攻缅甸。

宋子文再次驳斥他：收复缅甸虽然困难，但是为了未来的一劳永逸，应该把这当作当前最重要的事来做。滇缅公路恢复后，每个月的运输量可以达到 10 万吨以上。这比空运有力得多，也很能增强中国打败日本的军事力量。而且你们在卡萨布兰卡会议上就承诺过要尽快投入反攻缅甸，前些天我们还在加尔各答与韦维尔将军举行过军事会议，做出了反攻的详细计划。你们为什么不执行呢？这也太使中国人民失望了。

丘吉尔这个平日威风凛凛、贵族气派十足的人，这时候却厚着脸皮要起了赖，说：我们只对反攻缅甸有过计划，并没有决定。如果美英的将军们对这事有承诺，那是越权。

宋子文说：加尔各答军事会议，是我和我们总参谋长何应钦将军与你们的韦维尔将军，美国亨利·H. 阿诺德将军、史迪威将军一起参加的，并且对作战细节做出了详细决定，会议之后又给你们写了报告。这已经不是口头承诺，而是中、美、英军方在进行中的事。

面对这难以辩驳的事实，特别是那几名参加加尔各答军事会议的美、英将军们如今都在场，丘吉尔不能再耍赖了，只好说：我前几天才看到会议文件。

宋子文不肯放松，又紧紧追问：加尔各答军事会议是 2 月 9 日至 2 月 12 日举行的，三个多月过去了，你怎么会这样迟才看到？不可能吧！

丘吉尔已是理屈词穷，只能涨红着肥胖的脸，不作声了。

宋子文又开导他：在缅甸作战确实有困难，瘴气、疟疾也确实厉害，但是日本人也同样受影响，不在于是黄种人还是白种人，而在于有没有作战决心。

这些话有理有据，再一次驳斥得丘吉尔尴尬地无话可说。

罗斯福总统见会场气氛很僵，忙说：反攻缅甸的事是决定了的，不会变更。但在战略的执行上，是从仰光进攻，还是从其他地方，还要考虑。

丘吉尔缓过了神，又开始捣乱了，说：就是反攻缅甸成功了，被破坏了的滇缅公路也起不了多大作用，每个月最多能运输一万吨物资。

罗斯福也担心地问：中国军队 1942 年撤退时，是不是把滇缅公路破坏了？

宋子文回答他：只破坏了一部分，而且早已经被日本军队修复。如今，他们就是用这条公路来南北运输。

这才坚定了罗斯福总统加快反攻缅甸的决心。

丘吉尔也感到自己这天过于挑衅，散会时却厚着脸皮要求宋子文不要把这天上午的会议情况向中国政府报告。

宋子文不是他的下属，怎么会听他的，当天下午就用加急电报向蒋介石做了报告。

第二天中午，宋子文又利用这会议间隙去看望了罗斯福总统，郑重表示了他对丘吉尔的不满。

罗斯福也认为丘吉尔那天的讲话“确实不得体”，但是又为丘吉尔打圆场，说丘吉尔在缅甸对日作战上，还是与中国方面没有大的出入。

宋子文说：我们中国政府为了执行在加尔加答军事会议反攻缅甸的决定，做了大量准备，并且不惜减弱其他战区的作战力量，抽调部队赴云南组成新的远征军。没想到丘吉尔首相毫无诚意，出尔反尔。做出了的决定都可以推翻。以后有了新的决定，能否保证他会执行？

罗斯福深知中国在这次大战中的重要作用，诚恳地对宋子文说：你可以报告蒋委员长，反攻缅甸一定会进行。参谋总部正在积极策划，下个星期一就可以完成作战计划。

他也知道中国方面对英国驻印度的韦维尔将军很不满意，已经完全失去了信心。又特意告诉宋子文，将来反攻缅甸时，会另行选派一

位“四十二岁富有魄力的将军”来担任指挥。

对于史迪威准备只从缅北反攻，宋子文也不完全赞同。他向罗斯福提出：还得在缅甸南北同时发动进攻。因为缅北山川险恶，交通不便。如果放弃缅甸南部的作战，日军就可以充分利用缅甸从南至北的铁路、公路来打击在交通不便的缅北作战的中美军队……

这本来是未来的缅甸反攻作战中的常识，如今，却要宋子文这位不是军人的外交官不厌其烦地阐述。这也表明其中的阻力重重。

罗斯福解释说：从缅甸南边进攻，那就要出动海军了。但是，英国在印度洋只有一些旧军舰，是招架不住日本飞机的轰炸的。听说，日军在缅甸南部修筑有23座飞机场，空中实力还是很强的。对缅甸南部的进攻只有依靠美国海军了。

宋子文明白，这又是英国夸大日本空军的力量。忙说：目前美国空军已经在中缅战区取得了空中优势，日本飞机没法拦阻“驼峰”航运就是证明。如今只要再加强陈纳德航空队的装备就行了。

罗斯福这才放心了，并表示：陈纳德将军需要战斗机、运输机，都不成问题，我会解决的。

5月25日是“三叉戟”会议的最后一天。罗斯福总统特意告诉宋子文，反攻缅甸作战已决定进行。并把这一作战计划的正式文件给了宋子文一份。

宋子文担心今后的作战中，仅有一向怯战自保的英军来与中国军队配合，难以成事。忙说：我们蒋委员长很想知道，他要求派出3个师美军，是否在决定中？

罗斯福说：英国说他们有60万精兵在印度，所以美国只派工兵去，不派陆军去。

宋子文坦率地表示：英、印这60万军队，并不是什么“精兵”，打不成仗的。

罗斯福也幽默地说：从非洲战场来看，我们美国军队确实是1个师可以抵英国3个师的战斗力。

宋子文说：何止3个师，可以抵5个师！

罗斯福大笑。

为了不让中国方面失望。他又表示：如果反攻形势需要，美国还是会派出几个师。在缅南反攻时，美国海军会帮助英国军队。这才使宋

子文略为放心。

在重庆的蒋介石，每天都能收到宋子文的电报详述“三叉戟”会议中的情况，很为丘吉尔干涉中国内政而愤怒，认为：“中国对此不能视为普通常事，必坚决反对，并难忽视。”

会议结束后，宋子文又去看望罗斯福总统，提出中国政府对丘吉尔干涉中国内政的不满。罗斯福告诉宋子文：他在丘吉尔离开美国时，曾责问丘吉尔为什么要在会上提西藏问题？丘吉尔却说英国并没有占领西藏的企图，但又说：中国政府在西藏并没有实权。罗斯福驳斥他：中国政府有没有实权，与英国有什么关系？善于狡辩的丘吉尔也无言以对。

这使宋子文略为欣慰。那年月，在国际关系上，美国的态度是很起作用的。

这次“三叉戟”会议本来是想加强同盟国的合作，共同对敌，由于丘吉尔的有意挑衅，中英之间的矛盾反而加剧，更难在反攻缅甸问题上取得一致。那个韦维尔也敢于继续刁难中国了。

虽然由于罗斯福的重视，做出了一个在 1943 年缅北雨季过后进行秋季攻势、代号为“索茜”的作战计划，但却确定由英国驻印军总司令韦维尔指挥。

这使史迪威将军很失望，他已领教够了这些英国将军的怯战无能。他认为：“由于是韦维尔指挥，失败也就不是不可能了。”他还这样描述韦维尔：“在每次会议上他什么也提不出来，只会说：‘事情不可能办到，没有希望，不切合实际。’丘吉尔甚至也称其愚蠢。英国佬想再等一年，在实兑（阿恰布）惨败之后，日本人在缅甸的 4 个师团就把他们吓死了。”

史迪威将军的分析和埋怨很对，英国人确实不想反攻缅甸，不然丘吉尔首相就不会明知这个韦维尔愚蠢无能，还要继续任命他为驻印军总司令了。丘吉尔如今需要的正是一个无所作为的将军为他维持印、缅的局面。

史迪威根据他列席会议的观察，还认为：“不可避免的结论是丘吉尔操纵了罗斯福。他们正在寻找一个对英国人来说容易的办法，一条捷径。不管代价如何，绝不能把注意力从欧洲大陆移开。”

他哪里知道，这“先德后日”的战略思想，也是罗斯福的坚定主张。不先打败最凶恶的希特勒，后果确实不堪设想。

史迪威虽然也承认“空军将会给日本人造成一些损失”，又担心“如果失败了的话，同时也会削减地面进攻的努力”。他牢骚满腹地恨恨骂道：“敲下几架日本飞机又有什么鬼用处！”

他无法说服罗斯福总统，就把这一切都归罪于蒋介石支持陈纳德，从而影响了罗斯福。他充满怨气地认为：“这是一个建立在对蒋介石的品质、意图、权势及能力完全错误的判断之上的决定。”

他这样咒骂蒋介石也不是一时性起的事，而是从他来到中国和缅甸以来长时间的积累。在与中国军政界人士接触时，也难免不表现出来。在重庆，四处都有蒋介石的耳目，史迪威那些激动得失去了自制，过于刺耳、脏污的用词，也必然会传到蒋介石那里。如果是别人这样辱骂蒋介石，他早派“军统”特务“密裁”了。只是史迪威是美国将军，又代表美国来行使分配援华物资的大权，得罪不得，只好容忍了。史迪威却不懂得克制，稍一不顺心就会怒气冲冲地暴发，这也就造成了史迪威和蒋介石日益不和，使他以后不能把反攻缅甸这一作战指挥到底。

缅北的雨季阻碍了敌我军事行动，再有雄心壮志也违拗不了这天时的不利，倾泻的大雨也暂时浇熄了史迪威本来还要上升的怒火。他只能耐心地等待秋凉后雨季过去再从事他的反攻作战。

史迪威从美国回到中、印、缅战区这段时间，除了在印度督促检查刚从中国来到兰姆伽的中国驻印军第三十师的训练外，就是不断往来于印度的德里、兰姆伽，中国的昆明、重庆，与蒋介石、何应钦以及英国将军们商谈，敦促重庆方面尽快给中国驻印军运送人员，给3月间在昆明重新组建的、新的中国远征军调集部队。他还把1942年2月随同他从美国来到中、缅、印战场的窦恩提升为准将，率领一批军官、军士去陈诚将军指挥的中国远征军担任顾问，从长官司令部到集团军、军、师、团，都有人数不等的，多则二三十、少则十几个人的美军顾问。

一年前窦恩不过是一名少校，一年后就越过了中校、上校的阶梯成了将军。这也是美国军方在用人方面的不拘一格降人才。

陈诚将军担任了新成立的中国远征军司令长官后，除了在昆明成立“军事委员会驻滇干部训练团”，加紧训练校尉级军官和技术军士外，还报请蒋介石从各大战区抽调军队来云南充实远征军。

虽然中国战区的各个战场在日军攻击下，都很吃紧，特别是湘桂、浙赣方面都时有大战，但蒋介石还是调了6个军编入中国远征军序列。但是中国军队一向不满员，如一个师按编制是12000人，能有七八千人就不错了，一些非嫡系部队则更少。除了各级长官贪污吃空饷外，也由于征兵、抓壮丁不容易，兵员难以得到补充。如当时已经编入中国远征军的5个军，第二军（辖第九师、第七十六师、新编第三十三师）缺员17381人，第六军（辖第九十三师、新编第二十八师、新编第九十三师）缺员13500人，第八军（辖荣誉第一师、第五十一师、第八十二师）缺员11215人，第七十一军（辖第三十六师、第八十七师、第八十八师）缺员9437人，第五十四军（辖第十四师、第五十师、第一九八师）缺员9806人。5个军总共缺少61339人。这可是等于少了一两个军。还有在湖南前线没有过来的第五十三军，那是非中央军嫡系的东北军残部，缺员人数就更多了。

陈诚将军除了自己要求各个省的军管区、师管区、团管区尽快给他补充兵员外，也把这缺员现状，通过担任中国远征军顾问团团长的窦恩准将反映给史迪威将军，促使史迪威亲自飞往重庆去找军政部长兼参谋总长何应钦将军，要求尽快给予补充。何应钦很清楚军队的缺员现状，他也是力不从心、难以解决。就连与他关系特殊的一些部队，如第八军是他的养子何绍周（他没儿子，把侄儿子何绍周过继为儿子）任军长，缺员万余人也难以照顾。如今见史迪威出面，也只有答应尽最大努力，争取在这年（1943年）的5月底补充完毕。但是这年5月，侵华日军“中国派遣军”的两个军，在第十一军司令官横山勇、第十军司令官高木义人指挥下，出动了6个师团步兵和4个师的汪伪军共约16万人，分路向鄂西、湘西、川东进犯。其中一支约6万人的日军则溯长江而上，企图越过三峡的几道险隘攻向重庆。

鄂西、川东是第六战区的防区，陈诚去了昆明任中国远征军司令长官，就由孙连仲代理司令长官指挥着7个军约15万人的兵力来抗击日军，但是日军的攻势凶猛，很快越过了宜昌攻向三峡中游的渔洋关、石牌、三斗坪……

如果这些险要丢失，日军就可以进入四川的巫山、奉节，威逼重

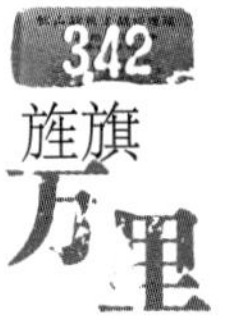

庆了。

蒋介石急调陈诚返回湖北恩施的第六战区驻地去指挥作战，还命令何应钦给这一战线增调兵员。已是兵员匮乏的参谋总部只好拆东墙补西墙，把原来准备拨给中国远征军的两个军以及75000新兵抽调往第六战区、第九战区。又从库存的4000万发7.92口径子弹中，调拨了1000万发给宜昌方向。何应钦还要求史迪威把美国援华物资中，准备给中国远征军的反坦克武器和弹药也交给军政部来分配。

史迪威对鄂西、湘西、川东战事的紧张，以及这些地方不守，将殃及重庆的不保，并不了解。还认为这不是一场大战役，不过是“日本人为掠夺粮草而进行的袭击，却把中国军方吓坏了”。不应该影响反攻滇西的中国远征军以及反攻缅甸的中国驻印军的装备、训练、补充。这是“作为参谋总长的何（应钦）有意削减远征军已经不足的弹药军火，将其发给第六战区”，“他阻碍了我建设它们的努力，还要竭力取走我们痛苦地积累起来的努力”。

他还认为：这是与陈诚有派系之争的何应钦，不愿让陈诚的中国远征军发展而这样做。

史迪威正在气头上，也没有搞清楚，陈诚还是第六战区司令长官。那两个军和75000名壮丁从中国远征军抽调走，是由于陈诚赶回去指挥鄂西、湘西、川东战事的需要。而且这次鄂西战斗，也并不是日军“为了夺取粮草的小袭击”，从日军伤亡了25718人，损失1384匹马、45架飞机、75辆汽车、122只艇舨，就可看出是场战役性规模攻守战。再从日军对这一战役的第三期作战目的“在于从侧背摧毁防卫四川的门户——宜昌对岸既设阵地、冲击长江天险以粉碎敌之抗战意志，并开通宜昌船舶的返航航道”就可以看出，这一战役的胜负关系着重庆的安全，只是在中国军队的奋力抵抗下，日军才没有达到这一战略目的。

美国军方在史迪威影响下，也对国民党方面宣传的“鄂西大捷”心存怀疑，以致当时在美国的宋子文，不得不在6月6日去电陈诚将军：“美军部及史迪威等，根本不信敌有进攻陪都之企图，以为敌绝不致远道轻入深山峡谷，冒第五、九两（战）区夹击之险，违反兵法原则，且中国士兵营养不足，军械窳陋，绝无歼灭多数敌人之可能性。”

陈诚将军只好按照宋子文的要求，对以下情况逐一给予详细回答：甲、敌寇此次大举侵犯之目标；乙、敌兵力总数及番号，使用之武器，

中国驻印军在反攻道路上悬挂的宣传布标

如飞机、坦克车及重炮；丙、第六战区之兵力以及五、九两（战）区之兵力；丁、战斗经过及敌我损失；戊、我方之（战斗）目标，例如恢复去年原阵地，或光复、夺获等等。

这样要求一个一级上将战区司令长官像下级对待上级那样给史迪威报告，虽然很难堪，而且带有侮辱性，但是那时候处于抗战后期的中国政府，财力、物力艰难，急需美国的援助，在许多事情上不能不忍气吞声。陈诚将军也只有照办，逐一给予答复。

这才略为减少了史迪威的怀疑。但他仍然轻蔑地把中国称作“粪堆”，把蒋介石叫作“一条贪婪、偏执、忘恩负义的小响尾蛇”。

在史迪威看来，他是在强捺住怒火来与蒋介石合作，以求达到他能反攻缅甸的目的，而深感委屈。而蒋介石在中国是凌驾于亿万人之上，一声怒喝就能吓得文武大员们颤抖、集党政军大权于一身的最高统治者，为了美援也在忍受着史迪威那盛气凌人的一切。这真是一个国家处于艰难时代的悲喜剧！

史迪威对蒋介石的这种不满和轻视，也断断续续地传到了华盛顿，罗斯福总统也从史迪威的许多电报和谈话中看出了他对蒋介石的讽刺挖苦。罗斯福在 7 月 15 日与马歇尔将军等官员交谈时，特意指出：“史迪威显然恨中国人。”“很明显，（蒋）委员长也不喜欢史迪威。”

马歇尔也不得不承认：“史迪威说话是不够检点。”

不过马歇尔还是不愿意把史迪威调离中国，他坚持认为：“在中、缅、印战区，史迪威是不可少的。”

马歇尔的看法是对的，如果那时候没有史迪威在倾其全部热情积极从事反攻缅甸的准备工作，是不可能在深山密林间修成那条具有战略意义的中印公路，也不可能有从 1943 年 10 月开始的反攻和 1944 年在缅北的一连串胜利。相比较之下，中、美、英等国的其他将领却没有他这份热情。蒋介石只想在防御战中消耗日军等待美国军队攻向日本本土的胜利。美国总统罗斯福关注的重点是欧洲战场，中缅只是一个偏远角落。英国的丘吉尔不仅不想与中国军队一起从缅甸反攻，还处处给予阻碍。正如英国驻华大使约翰·怀南特所泄露的：“首相十分愿意看到中国垮台。中国垮台了，他们就不必担心战后中国收回香港以及对缅甸有领土要求。他们可以大胆插手中国西藏的事务了。”

抗战中的中国面对凶顽的日本已经够艰难了，还会遇见这样一个英国“盟友”，真是不幸中更不幸的事。

罗斯福总统除了督促空运部队加大对华援助物资的空运外，还有意加强了对蒋介石的安抚工作，命令史迪威代表美国政府在7月7日中国抗战6周年纪念日这天，授予蒋介石“荣誉军团总司令勋章”。这是美国政府给予外国将领的最高勋章，以表达美国政府对蒋介石的尊敬。

史迪威很不愿意干这事，在给他夫人的信中写道：“我不得不把一枚奖章别在蒋身上，这让我直想呕吐。”但这是总统的命令，他只能执行。

蒋介石很高兴获得了这一勋章。这显示了美国方面对他的敬意，也可以提高他的国际地位，也就不因为这一段时间史迪威对他的过于不敬而迁怒其他。在一周后的7月12日用书面形式签署了同意参加美英在华盛顿会议上决定的，以“索茜”为代号的秋后反攻缅甸的作战计划。

史迪威把这称为“大喜之日”，得意地说：“经历了一年不间断的斗争之后，我们终于约束住了他。”

他还是不了解蒋介石，一纸文书怎能约束住他！

为了加快反攻的准备，两天后（7月14日），史迪威将军又急匆匆从重庆飞返印度，去检查中国驻印军的训练，并整顿他的指挥部。他的严厉是不仅限于对中国军队，对美国军官也毫不留情。这当中就有3名美军准将、2名美军校官因为工作懈怠被解职。

这期间的8月14日至24日，英美首脑又在加拿大的魁北克再次进行会谈，决定成立盟军东南亚战区指挥部，由英国海军中将路易斯·蒙巴顿勋爵担任总司令官。

路易斯·蒙巴顿是英国国王的表弟，比那个独眼将军韦维尔有文化、有修养、有风度，也不像韦维尔那样公然蔑视、排挤中国人。他知道蒋介石和史迪威有矛盾，还愿意从中调停。

这次魁北克会议因为主要是商谈如何遏制德国潜艇的问题，仍然把中、缅、印战局放在次要地位，也就再一次把中国首脑排斥在会议外。只是让中国驻美特使宋子文列席会议，而且对会议核心内容也不肯透露给他。这是因为美国在破译日本的电讯密码中已经得知中国政府和军方的电讯密码已经被日本方面掌握，如果把这次会谈情况告诉中国官员，无异于泄露给日本人。所以英国方面坚决要求对中国进行封锁。

处事周到的美国陆军参谋总长马歇尔将军却担心这样又会引起中国的误会和不满，他考虑再三，只好把宋子文请来，把这次魁北克会议的内容说给他听，也告诉他，中国的电讯密码已被日本破译，千万不能用电报把会议内容发回中国，只能由他亲自飞回重庆去口头报告……

这使宋子文很震惊，密码被日本破译，不仅日本完全了解中国高层在抗战中包括军事、外交、经济的全部情况，也表明，能破译日本密码的美国，也对中国的一切活动洞如观火，难怪美英方面能随心所欲地摆布中国。

他只能叹惜国家科学技术的落后，缺乏在隐形战线对敌斗争的人才。

在这同时，美国《纽约时报》随军记者汉森·鲍德温在中国转了一圈后，8 月间在海内外很有影响的《读者文摘》，发表了一篇长文揭露蒋介石政权的贪污、腐败、无能，军队只会打败仗……

汉森·鲍德温认为：中国军队虽然牵制了日本军队 15～22 个师团，但是不能打败日本，要打败日本，只能像如今的太平洋上那样在海上、陆上进攻，只能依靠俄国人……

这是实情，抗战中的国民党统治区，官员确实贪污腐败，中国军队也因为武器装备简陋、兵员薪饷不足，士气低沉，难以歼灭日本人。但是他忘了，中国军队能以简陋的武器牵制这样多日本军队还不够吗？如果日本抽调出这 15~22 个师团来进攻印度、澳大利亚，加入支援德、意军队的欧洲、非洲作战，那里的英、美军队抵挡得住吗？

那些受英国方面影响，又自以为是的美国部分军政界人士却很不明白此理。

不过这些批评虽然喧嚣一时，在美国终究不是主流，还是难以动摇罗斯福总统对中国的支持。随着 1943 年秋末冬初，印缅边境漫长的雨季接近结束，陈兵于险峻的那加山脉，等了近半年的中国驻印军，在史迪威将军的督促下开始了反攻。这激烈的枪炮声不仅能遮盖从重庆到华盛顿、伦敦、新德里中、美、英上层的无休止争吵，还能燃起每一个在战场上的或者远离战场的人的激情。他们争吵了那样久，不就是这场反攻缅甸的战斗能不能打，能不能打得好吗？

如今，缅北反攻战终于打响了，他们都在深情地等待结果。

胡康河谷和德罗平原的反攻战

虽然进入了初冬，那位于印缅边境，绵延几百公里的那加山脉葱茏茂密的原始森林，经过夏秋漫长雨季的冲洗，却是比从前还青绿。那些纵横于山谷、平原间的大小河流也停止了水涨时的浑黄混浊，恢复了在山泉水的清冽，碧蓝澄清地流向远方。

1943 年 10 月，在大山里缓慢延伸的中印公路，也修到了缅甸境内的欣贝延（新平洋）以西。虽然有些路段地基还松软，桥梁、涵洞也要逐步加固，但已经能试行载重卡车了。军用物资和粮食都能随军输送，同时还有当地山民组织的马帮、牛帮、象群来帮助驮运粮食，从而军运繁忙有序，已经不似 1942 年的夏秋，中国远征军从这一带溃退时，四顾茫然、无人援手的艰难、狼狈了。

从印度兰姆伽训练场地移驻印度边境列多（雷多）的中国驻印军两个师（新编第二十二师、新编第三十八师），经过这一年多近乎实战的训练，也成了一支能适应缅北山地丛林战、具有坚强战斗力的现代化部队，随时可以出击了。

急于反攻缅甸的史迪威将军，这年（1943 年）的 9 月和 10 月初，都在重庆奔走于中国政府的领导人蒋介石夫妇以及何应钦、俞大维等高层将领之间，商谈有关反攻的具体事务，经常来往、交谈，也加强了彼此的了解，逐渐达成了共识。他们都认为，

从天时、地利、人和来看，反攻缅甸的时机已趋成熟。

史迪威在 10 月初返抵印度后，就对中国驻印军下达了向盘踞在缅北胡康河谷日军第十八师团进攻的命令。

他把作为先锋打头阵的任务交给了孙立人将军指挥的新编第三十八师。

这年雨季前，这个师的第一一二团已前伸到印缅边境卡拉卡、唐家铺一线接替第一一四团担任警戒。

如今第一一二团的作战目的是向东南推进到塔奈河与大龙河的交汇点，以掩护中美工兵修筑公路，并在欣贝延（新平洋）那平坦的坝子上赶修一座军用飞机场。

这是史迪威将军一项极为高明、大胆、具有战略眼光的措施。有了这座位于胡康河谷盆地的机场，在军情紧急时，出动运输机快速飞行，几小时内就可以把在前边作战的中国驻印军急切需要的物资、兵员运抵前线。不必费日费时地从公路上越过印缅边界的重重山岭、大河、森林。

（这一飞机场建成后，与公路运输相配合，也确实对反攻缅北起到了很大作用，保证了前线部队有足够的粮食、弹药、兵员。）

第一一二团团长陈鸣人毕业于中央军校南京陆军教导队第一期，1930 年就进入税警总团担任排、连长，追随孙立人将军参加了淞沪抗战等重大战役，是个有实战经验的军人。他很明白：不能在敌情不明、地形不熟的情况下去作战。在部队出发前的 9 月间，就派出重机枪连长丁涤勋带着一个加强班在当地山头族（景颇族）人引导下，秘密进入塔奈河、大龙河两岸对敌情、地貌进行侦察，了解到在于邦、临滨驻有日军的第十八师团约一个中队，兵力虽然不多，却依靠山形水势构筑有坚固的工事。只是日军警戒森严，当地人都不能接近，也就无从了解工事内部的布局和结构。

这时候，中国驻印军的指挥权还完全由美国将军们掌握。因为史迪威对中国驻印军将领的指挥水平还不放心，作战计划和兵力的部署都必须由他和鲍特纳决定。

在用多少兵力去进攻的问题上，孙立人师长和史迪威将军的参谋长鲍特纳发生了分歧。鲍特纳认为当面的日军不多，仅几十个人和一部分缅兵，去一两个营攻击就可以了。孙立人师长则认为：不可小看

日军的战斗力，而且日军是凭借坚强的防御工事以逸待劳，必须采用几倍的兵力去攻击，这是合乎中国古代《孙子兵法》的……

但是他的意见没有得到鲍特纳的批准。

鲍特纳是一年前作为史迪威的副官随同来中缅战场的，并不懂军事，更没有指挥过大的战役，只是如今成了参谋长就有权决定战斗部署了。

孙立人拗不过他们，只好让第一一二团在 10 月 24 日先行出发。

这虽然只是一个先遣团，也表明，反攻缅北的序幕从此拉开了。出发前，新编第三十八师师长孙立人特意请新一军军长郑洞国前往检阅部队并授予军旗，以壮行色。

郑洞国虽然被史迪威排挤，无法参与这场反攻作战的指挥，但他出于对部队负责，一直在用各种办法了解敌我动态，激励这两个师的官兵的作战意志，要求他们以国事、民族利益为重，团结一心加强训练，准备出征。如今他亲自来送行、授旗，也使官兵深受鼓舞。

漫长的雨季虽然过去了，山林深处仍然阴冷潮湿，而且气候多变，山谷间不时有阵雨袭来。部队在山林中砍路行进时，又如同雨季行军一样，一个个全都被树叶上的积水弄得湿淋淋的。不过这次反攻，枪支武器和军用物资全都是崭新的美式装备，还有骡马、驮牛随同运输军需物资，夜里也能支起帐篷歇宿，不致淋雨、挨冻了。

第一一二团团长陈鸣人把部队分成三路，以一营居中直扑欣贝延（新平洋），二营在左去攻占下老寨，三营从右侧去攻取盐泉、瓦南关。

这三路部队都军行顺利，在山林间跋涉了 5 天后，在 10 月 29 日分别把那几个据点攻下。

攻取欣贝延（新平洋）的一营，虽然一年前从缅甸败退时没有来过这一带，但是他们都知道，当时从野人山里突围的第五军军直属队和新编第二十二师，忍饥挨饿，饱受病痛，才好不容易熬到这块群山环绕的平坦坝子里，从而获得救助，有了生的希望。面对这青山绿水也就有着一种特殊的亲切感。

欣贝延（新平洋）在山头人（景颇族）话语里是“长竹笋的地方”。这里水资源丰富、土地肥沃，到处是躯干粗大的竹林。当地人的房屋、用具也几乎全是用竹子来编制。只是如今部队来得不是时

候，冬笋、春笋都还没有长出来。不然，用美军供应的牛肉罐头炖竹笋是很鲜美的食品。

随同一营行动的美军工兵技术人员，立即对欣贝延（新平洋）坝子展开了修建机场的勘测。他们认为：这坝子平坦、开阔，估计修建机场的工程量不会太大。就电告后续工兵部队把推土机、夯土机快速调上来……

一营没有在欣贝延（新平洋）停留，又迅速攻下临滨、拉家苏。他们除留下一个连守卫临滨外，继续向位于胡康河谷西北边的重要据点于邦前进。

攻下了下老寨的二营第五连也配合一营向于邦合围。

于邦位于大龙河北岸，是从欣贝延（新平洋）去往孟拱（莫冈）河谷的通道。这块河边上的狭长地带被布满热带雨林的大山从三面环绕，仅一面临近大龙河。远远望去，飘浮的白色云雾时而把碧绿的山林、急湍的河流掩没，时而又把山林、河流从雾蒙蒙中推涌出来，那时隐时现的小村寨也如同海市蜃楼般虚幻。

日军第十八师团第五十六联队第一大队的一个中队和山炮兵第二大队的一部分，约有三百人，已经在这里驻扎了一年多。他们根据山林、大河的特殊地形，构筑有复杂、坚固的工事，除了隐蔽的地堡外，鹿寨、铁丝网密布，如果用步兵进攻，很难接近。

距离于邦村寨约六百米处的西边高地上，有几百棵粗大的榕树，每棵树的树身十几个人也难以合抱。每棵树又衍生出许多粗壮的气根倒垂下来深插入地里，再冒出来，形成了许多小树，组成了一座东西长六百余米，南北宽约一百米的热带雨林。树林中稠密、阴暗、潮湿，只有一条由村民踩出来的窄窄小路通向河边的于邦村寨。

这片榕树林，如今也成了日军抗击中国军队的防护网。他们在树林里边构筑了各式各样的工事，有的碉堡隐藏在大树底下，有的机枪巢高悬于大树上，形成了上下左右结合的立体型防御阵地。

日军埋伏在榕树林里的人不多，只有两个小队。最先赶到这里的中国驻印军那个连队（第一一二团第二营第五连），不了解地形的复杂，也没有派尖兵试探，就大大咧咧冲进了树林里，从而陷入了日军的密集火网中，第五连的官兵在连长江晓垣带领下拼命冲杀，也难以给予日军大的杀伤。全连除了几个走在后边的士兵负伤后外撤，全都壮烈牺牲。

中国驻印军用大象运送作战物资

五连的败讯传往后边的部队，陈鸣人团长只能叹惜五连的轻敌。忙指示第一营从三方面包抄这片榕树林，以班排为战斗单位逐点消灭日军，并用一个连阻止河边日军主力前伸。这才把榕树林的敌人全部消灭，并进抵树林后边、离日军主阵地约 50 米的地方。

守于邦的日军占据了一片树木稠密的高地，不断用山炮和轻重机枪向中国军队这个营（一营）轰击扫射，使得攻击中的一营无法接近他们的阵地，从而形成了对峙局面。

11 月 8 日，陈鸣人团长赶到了于邦。他在一营营长李克已陪同下，仔细观察了战地，感到日军占据了有利地形，工事也坚固，没有重炮抵近轰击，难以攻下来。他用无线电报话机呼叫了美军来轰炸，因为日军阵地前后的树林太稠密，河边云雾又浓厚，从空中往下看，只见一片绿色树海在云雾中时隐时现。视线不清，再三轰炸都效果不大。在重炮没有上来前，只能先把这股日军围住，断其粮食、弹药、援军。

他命令第一营除了以主力从正面攻击外，又分出两支部队从左右穿插到日军据点后边的河岸上，分别设立轻重机枪阵地，把渡口完全封锁。不让河这边的日军后退，也不让河对岸的日军渡过河来。

这一呈三面包围状的攻击部署很有效。南岸乔家的日军几次派出部队来增援，都在抢渡时被河边上的轻重机枪手用密集的火力扫射回去。日军不甘心一再受阻，就用猛烈的炮火轰击河岸这边的一营机枪阵地，以致机枪连长周瑾在检查阵地时，不幸中弹牺牲。

这个团出击不久就牺牲了两名连长，使他们深感，面对的日军虽然不多，却是一支战斗力很顽强的部队。

在密支那的日军第十八师团师团长田中新一，从于邦的战况迅速判断出：前出到大龙河畔的中国军队，虽然人数不多，其后续大部队可能已在欣贝延（新平洋）以北的大山里行进。应该趁中国军队主力还没有完全走出大山的隘口，进攻于邦的这支中国军队兵力单薄时，调动师团主力尽快给予围歼。他除了命令长久大佐的第五十六联队以及山炮第二大队全部赶往于邦方向外，还电令师团分驻其他地方的几个步兵联队和山炮兵、工兵、辎重兵联队都向胡康河谷的迈昆（孟关）疾进，准备集中师团主力在 12 月 15 日给予中国军队歼灭性的打击。

他自己也把师团指挥所推进到离于邦不远的新邦就近指挥。

先赶到于邦的日军第五十六联队和山炮第二大队，立即向中国军队的第一一二团展开了攻击。

日军一个步兵联队约 3200 人，再加上山炮第二大队，共有 4000 余人，比中国军队第一一二团前出到于邦的这两个营的千余人兵力多出几倍。

长久大佐也是兵分三路，一支去救临滨，一支去夺回瓦南关。主力从于邦对岸渡河前，先调集十几门山炮向大龙河北岸轰击。待那猛烈的炮火完全压制住了一营机枪连的火力，然后让步兵从下游渡过河，悄悄占领了一营后边的高地。然后通知已被一营包围的于邦日军往外冲杀，对一营形成了反包围。

日军急于把一营消灭，攻击得很是凶猛。幸好一营这两个连在与日军对峙中已构筑好了防御工事。李克已营长依据这纵深 800 余米，宽达 200 余米的一大片深密树林的起伏地形，分成 8 个据点，每一个据点用一至两个班据守，其他的班排作为预备队，视战斗情况出动支援。这些据点周围地堡、交通壕、铁丝网密布，能阻止住日军的冲击。特别是这个营的弹药充足，日军一连攻打了 7 个昼夜，都没有把一营阵地拿下，反而被打死了 400 余人。亲自指挥部队冲击的日军大队长田中胜中佐也被击毙在阵地前。

听说本来是攻击前进的第一营反而被日军包围，在后边团指挥所的第一一二团团长陈鸣人也急了。他手边已没有部队可支援，因为二营、三营也都处于日军反扑下的苦战中。特别是瓦南关方向的三营，营长陈耐寒、连长赵振华都在战斗中先后阵亡。

日军在使用大部队攻击一营时，还派出便衣四出侦察，探听到了处于战斗后方的第一一二团团指挥所的位置，在 11 月 25 日夜间派出一个中队穿越山林，绕过在前线的中国军队，对团指挥所进行偷袭。他们久在这一带活动，地形熟，很快就把第一一二团团指挥所包围了。

当时在团指挥所的直属部队只有一个通讯排和少数警卫人员，枪声、呐喊声一起，山林都为之震响。黑暗中也搞不清来了多少日军，只能昏头涨脑地仓促应战，被打了个措手不及，有的被打死了，有的四散奔逃，从而被日军轻易地占领了团指挥所。团长陈鸣人和副官王少之在卫士保护下，击倒了阻拦的几名日军，利用夜黑掩护逃进了附近树林里，也来不及照顾派驻这个团的美军联络官杰克林中校。慌乱

中，杰克林也不知往哪里跑，只好跳进一个掩体内躲藏，被日军搜出后杀害。

一个团指挥所就这样轻易地被日军占据了。

久在胡康河谷地的日军，这次又充分使用了他们的迂回穿插战术。

第一一二团的通讯排也被迫退出了团指挥所，但是排长邱光第却能临危不乱，他带着手下的十几个士兵，抬着两部电台，边打边冲入了森林里，然后找路退向临滨北边新建的一个空投场。

这里有担任警戒的一个连士兵，听说日军来夜袭，立即进入工事做好迎击准备。

邱光第排长喘息略定，就迅速架起电台向远在列多（雷多）的孙立人师长报告团指挥所被日军袭击的事。

孙立人师长很快回电，向他询问几点：“一、陈团长此刻在何处？二、于邦的团指挥所情况如何？三、第一营及第二营战况如何？四、临滨第一连战况如何？五、新平洋（欣贝延）有无敌情？”

邱光第排长的回电报告：“一、陈团长行踪不明。二、于邦团指挥所于午夜失守。三、第一营在于邦被四面围攻，第二营在达洛（德罗）激战中。四、临浜的第一连遭受三面夹击。五、新平洋（欣贝延）无敌情。”

他还根据他对当前敌情的判断，请求孙立人师长：“一、清晨6时前增派加强营赴临滨增援。二、空投粮食弹药补给前线……”

孙立人师长没有想到前线形势会这样突变，转眼间一个团被打得七零八落。他急令就在附近帕特凯山口担负警卫任务的第一一四团团长李鸿立即派出一个营赶往临滨空投场并去救援于邦。

第一一四团一营营长彭克立带着全营以急行军速度穿林过涧，经过大半夜奔走赶到临滨后，决定先夺回被日军占领了的团指挥所，再相机前进。

他们突然从深密树林冲出去，打了在那里歇息的日军一个措手不及，并把日军全部消灭，夺回了第一一二团团指挥所，只是还是没有足够的力量去解救一营之围。只能一边加强防御，一边派出多股部队去周围的山林寻找打散了的第一一二团团指挥所人员。

第二天（27日）傍晚，才把逃进森林中的陈鸣人团长找了回来。

丢失了团指挥所，还让一个美军中校顾问被日军俘虏、杀害，这

可不是小事，按照史迪威将军的个性，一定要把团长撤职送交军法审判。但是孙立人师长了解陈鸣人团长不是那种怯战、无能的军官，他反而向史迪威将军提出：造成第一一二团孤军深入，是驻印军指挥部的参谋长鲍特纳将军不了解敌情，不听从他的建议，轻率用兵的后果，在敌众我寡的情况下，几乎断送了他这个团……

他这个早年毕业于弗吉尼亚军事学院的少壮派军人，一向善于独立思考，也不为美国将军的傲气所屈。他强烈地要求史迪威将军处置鲍特纳的指挥失当。这反而使得史迪威将军处于被动，再加上这段时期，他风闻蒋介石正以“无法相处”为理由，要求美国方面解除他的职务，他正自顾不暇呢，也就没有处分陈鸣人团长，还答应孙立人师长的要求，把一部分作战的自主权下放给孙立人师长。

从那以后，孙立人师长也就能对驻印军指挥部拟订的作战方案，视作战需要机动灵活地部署自己的团、营。

他命令陈鸣人团长把打散了的团指挥所人员迅速集合起来恢复指挥事宜。

当时被包围的第一营还在那长约 800 米、宽约 200 米的高地上，依靠稠密的森林苦守着。日军多次攻击也没有突进去。

陈鸣人团长为了加强一营的坚守，命令重机枪连连长丁涤勋带着他那个连和有一部分步兵参加的、有 200 多人的一支队伍前去增援。

他不是要求丁涤勋连长去把这个营救出来往后撤，而是潜入包围圈协助一营那两个连继续防守，以拖住日军，等待师的主力到来后，再聚而歼之。

这是一项艰巨的任务，不能在半途被敌人发现，阻止在包围圈外，要在敌我阵地只有 50 米的近距离内，悄无声息地进入一营的阵地。

丁涤勋连长在战前带着一支小分队在这一带进行侦察活动时，就习惯了夜间在山林间的隐蔽行动。一营苦守的小高地四面都是芭蕉林、大榕树，夜雾升起时都成了天然的掩护体，行进途中，只要行动小心就是了。

出发前，丁涤勋连长就派出精干的侦察员先潜入一营，通知他们有这一行动，以免发生误会。他还向随他行动的官兵交代了两点：“一、决定在这天深夜零点通过敌人的包围圈，如果被敌人发现，迅速就地卧倒，敌人射击我们，不准开枪还击。如失掉联系，不许乱走，就地

停下来；二、零点以后阔叶林和芭蕉林露水增大，水滴成声，且有节奏，我们的脚步要踏着水滴声一步一步地轻巧前进，不能乱了步伐。要使敌人听不出我们的脚步声。”

新编第三十八师官兵多数经历过1942年夏的大撤退，新补充的人员也在印度兰姆伽和列多（雷多）接受过复杂的山地丛林作战训练，如今都在实战中应用上了。

这天下午，他们离开了临滨，一路疾行，在夜黑前悄悄接近了于邦。因为离预定时间还早，又在附近树林里歇息了几个小时，才在夜间零点继续行动。丁涤勋连长走在最前头，依照树林间水滴的节奏时而前行，时而停住，时而卧倒，悄然地从敌我相持、只有50米距离的空隙当中轻巧地一步步插入。

虽然这时候没有一声枪响，也没有日本兵的吆喝声，但这黑暗的树林中又似乎四处都隐藏着敌人，不知哪个时候会从哪棵大树后边或哪串粗大的藤条下边突然窜出几个日本兵，或响起激烈的机枪扫射声。

面对那难以揣测的险恶深渊，丁涤勋他们只能屏声敛气地走得小心又小心，脚步轻巧地提起又轻巧地放下，不能踩断一根枯枝，不能碰撞那从大树上悬下来的藤条，稍为有一点响声都会惊动敌人。

附近河水冲激岩岸的巨大响声，半夜刮起的大风呼啸响声，树枝叶和芭蕉林里的滴水声响成了一片，这山林之夜的奇妙交响曲，也掩盖了他们的行动。敌人只防止一营会突围，却没想到这时候会有一支部队敢于从他们阵地面前走过，往一营的阵地里钻，从而让丁涤勋连长带领的这200多人能够悄然与一营会合。

李克已营长有了这支生力军，很是高兴，更有信心坚守这一阵地，等待主力到来。

这一守御战前后近五十天。

这不算短的时间，时常有美国飞机来空投吃食和弹药，但缺乏的是水。这高地离河边远，不可能打井，熟悉热带森林特点的官兵们就把包围圈内大榕树上的大藤条斜斜地砍开一截插入军用帆布水桶内，一滴一滴地积累，一昼夜可收取两三斤清水。这大森林内满布的藤条，也就成了他们唯一的水源。这些来自藤条内的水虽然有些涩味，却清凉，而且含有大量的维生素C。

有饭吃，有水喝，弹药又充足，这个营也就守得住了。

日军急于拔掉这一近距离威胁他们的钉子，加紧了攻击。一营官兵都沉着地应战，敌人不挨近不开枪，等敌人只离工事20米左右时，才机枪、冲锋枪、手榴弹、迫击炮一起轰击，让攻近了的日军难有几个能活着回去。为了防止日军夜袭，他们在自己阵地前30米左右的树枝上、藤条上挂着拉出弦的手榴弹，敌人摸过来必然会触响手榴弹，只要对着爆炸处猛烈扫射就可以把从那个方向过来的敌人歼灭……

他们的阵地内外多是古老的大榕树，特别是高地北边有一棵树身粗达10余米的大榕树，藤条、树枝四面散开插入地下，形成了一座覆盖面积前后左右宽达25米的一棵母树携带着无数子树的独特“森林”。他们就用一个排的官兵来守御，在树下构筑地堡，在树枝叶高处安置机枪。这种“树堡”比钢筋水泥工事还有弹性，机枪子弹扫来，迫击炮轰来，都被既坚韧又柔软的藤条挡着减弱了杀伤力，也就打得日军难以接近。

日军第五十六联队联队长长久竹郎见用一个联队的兵力都没有把攻近于邦的中国军队这个营打退，就连续去电第十八师团师团长田中新一，要求正在向迈昆（孟关）集结的其他几个联队赶快上来增援。

田中新一师团长审视了战斗的进展，也认为，不把进抵于邦的中国军队尽快歼灭，就难以守住胡康河谷一线。但是在这1943年的12月上旬，他的师团参谋长大越兼二大佐，突然被电召到驻扎于眉谬的第十五军司令部去报告战况。军参谋长久野村听取了胡康河谷的战况后，代表军司令官牟田口廉也中将传达了军的作战命令：“第十八师团应停止目前攻势，须于孟关（迈昆）周围阻击敌军。即使在不得已的情况下，也应确保甘马因（加迈）一带。”

这命令还严格规定：“向塔奈河北岸地区，增加超过目前的兵力时，须取得军的同意。”

第十五军司令官牟田口廉也把这支一向有着勇猛进攻力的第十八师团局限于防守状态，是因为胡康谷地河流纵横、沼泽遍布，可用于兵运的宽敞道路极少，从而担心第十八师团在没有飞机空投以及汽车、火车运送兵员和物资的不利情况下，陷在胡康河谷出不来。如果退到迈昆（孟关）附近，就可以依靠连接密支那的公路，解决这一兵员、物资运输的困难。但是更主要的原因是他的主要作战意图不在缅北，而是在缅南的缅印边界。在这以前的1943年夏秋，在他的强烈要求下，南方军寺内寿一总司令官在8月7日给缅甸方面军下达了准备进攻印

度东部英帕尔为目的的“缅甸方面军作战准备纲要”，并在 1944 年的 1 月初，派出了南方军总参谋副长绫部桔树中将飞往东京大本营汇报，请求批准这一作战方案。

日军大本营在太平洋战局不断失利的情况下，对南方军这一作战计划不敢轻易批准。他们担心这以进攻英帕尔为开端的入侵印度作战，会引发美、英海军、空军在缅甸西南海岸大举反扑，使缅甸的防御陷入危险境地。因为那期间（1943 年底至 1944 年初），美国空军、海军在 1943 年 12 月 15 日攻下了新不列颠岛西南角的马卡斯角后，又攻下了古劳塞斯格岛，以及新几内亚群岛的古恩比角岛，马绍尔群岛也正在被攻击……

日本空军、海军在太平洋战区已经没有力量来加强南太平洋包括缅甸等地区海岸线的防守力量。

南方军总司令寺内寿一和参谋人员受牟田口廉也的影响，还是一再要求批准对英帕尔的作战。这次持作战计划前往东京的南方军绫部桔树总参谋副长又是不久前才从东京大本营的第一（作战）部调去南方军。有他出面，参谋本部的人员碍于熟人的情面，只好勉强批准了，在批准的同时，又明确地指出：“在指导作战时，务须充分考虑不久必将到来的缅甸西南沿海方面的防御作战，做到万无一失；同时要切实做好结束本作战的指导，不可因实行本作战为完成全面作战带来障碍。”

骄横的牟田口廉也却不愿过多考虑这些。他已经了解到：守英帕尔的只有一个英、印军第十七师，那是 1942 年他们在缅甸作战时的败将，不堪一击。

他这个军除了以第十八师团防御缅北外，用 3 个师团（第三十八师团、第三十三师团、第五十五师团）足够拿下英帕尔。因为牟田口廉也已经把未来的作战重点放在英帕尔，也就不愿在胡康河谷投放过多兵力，而命令第十八师团改为守势。而且他还认为，对英帕尔的进攻必将牵制中美军队向胡康河谷的攻击，能够减轻第十八师团的压力。

牟田口廉也自以为胜算在握，实际上这是他在缅甸战略布局上的大错误，从而在以后加快了日本军队在缅北的溃败。

田中新一师团长对军部把进攻改为退守的部署，很是愕然，格于军令也只有遵守，并重新调整部队，做出了在胡康河谷中间台地长久守御的计划。

中国驻印军第一一二团两个营在于邦一线进攻受挫并被包围的情况，也使得具体指挥这一反攻作战的美国将军鲍特纳很紧张。他这才明白，日军并不是一两支担任警备的小分队，而是战斗力极强的一个多联队。

在孙立人师长的强烈要求下，他才不得不同意孙立人亲自率领第一二三团、第一一四团以及炮兵第二营在12月14日分别从列多（雷多）、帕特凯山赶往于邦、临滨。

这段路程虽然有的地段已经修筑了公路，但是仓促间车辆调集不齐，部队只好步行。他们日夜兼程地紧赶，还是前后走了8天，第一一四团的两个营（二营、三营）才在12月21日到达于邦前线。

这一天，孙立人师长带着参谋人员来到了位于临滨的第一一二团指挥所。他随即把师指挥所也设在这里，虽然离前线太近了，前些日子这里还被日军袭击了呢，但他认为可以就近指挥作战。

12月20日才从重庆飞返缅甸的史迪威将军，也在第二天（12月21日）乘着吉普车沿新修筑的公路一路颠簸，在22日到达宁加姆。

他刚来战地，对敌我情况都不了解，更不相信当面的日军有一个多联队，仍然认为可能是两个小分队，并怀疑是中国人夸大敌情。但他却没有仔细思索，两个小队再强悍，怎么能够包围着第一一二团一营那两个连以及后来摸进去的机炮连？所以，他在12月23日上午召集新编第三十八师的团长、营长们训话时，还是很不客气地训斥："第一，我不希望你们被当地人看不起；第二，你们不要让印度人、缅甸人看不起；第三，你们不要被英国人看不起。你们一定要打好这一仗……"

他说的是一口流利的北京话，营长、团长们都听得懂。虽然这些话很刺耳，令人很不舒服，但他是总指挥、美国将军，也只有沉默地听着。在印度兰姆伽训练营地的这一年多，他们已经习惯了史迪威这种古怪脾气，也了解这位美国将军是一心一意希望把仗打好。

12月24日，孙立人师长指挥新编第三十八师两个团向日军开始了攻击。这大龙河与塔奈河交汇处，山陵起伏，河流纵横，怎么在这复杂地形间歼灭敌人，孙立人颇费心思。他的部署是以第一一四团两个营（一营、二营）配以炮兵第三营从左边的下老卡以北的原始森林中穿插过去，沿大龙河东岸进到日军侧背攻击；第一一四团的另一个营（第三营）从康道渡往塔奈河南岸，再从原始森林中砍开一条路，迂回

到日军右侧，以形成中间突破、左右夹击的阵势，以求把日军压迫于大龙河右岸歼灭。

这一年多，第一一四团官兵在大山里掩护工兵修路，已适应了深山密林间的生活，也就行动迅捷、悄然。从正面攻击的两个营，很快逼近了敌军设在大龙河北岸的前进阵地，在炮火掩护下以凌厉的攻击连续冲过敌人的两道壕沟，逼得日军连连后退。无处可退的日军也狂吼着端着刺刀来反扑，在白刃战中，只见血肉横飞，不断有人倒下。虽然连长刘炳新不幸中手榴弹牺牲，但其余的官兵还是毫不畏缩地向敌冲击……

被围困的第一一二团第一营和后来进去的机枪连，经过这两个月的战斗还剩有200余人，见援军来了，也在李克已营长率领下，从防御转为出击，分两路绕到河岸上敌军阵地，再次用轻重机枪封锁渡口，压住了想从南岸渡河过来增援的日军。

24日是战斗最激烈的一天。史迪威将军也一早就在浓厚的晨雾中穿林过涧，步行了两个多小时，在8时40分来到距离日军前沿阵地不过几十米的第一一四团的第二营指挥所。这是迫击炮、轻重机枪，甚至步枪的射程以内，一位中将司令官离阵地这样近，在第二次世界大战中也不多见。

团长、营长们见他来了，都大吃一惊。这里可是随时都会被炮火覆盖呵！有点闪失，他们可担负不起责任，再三劝他回去，他固执地不予理会，只好让他留下。

这天的攻击是先由炮兵轰击，从上午9时到10时的一个小时内，对日军那小小的据点发射了370发炮弹，几乎把日军阵地内外的工事和树林都轰平了。5分钟后（10时5分）步兵用两侧包抄战术发起进攻，躲在地下工事里还没有被炸死的残剩日军又跳出来顽固抗击，双方这么接近，机枪、步枪已经难以使用，互相只能用手榴弹炸，端着刺刀搏杀……

这场对日军前进阵地的攻击，进进退退地杀了近7个小时，一直打到下午5时夕阳将隐入山林才结束。大部分日军被歼灭，剩余的人投降。

史迪威从上午8时30分到傍晚7时，这一整天，都在营指挥所里用高倍望远镜观察战斗，目睹了战斗的全部进程。他这位老军人，还

是第一次见到这样残酷的拼杀，也深为中国官兵的奋不顾身、前赴后继的英勇精神所感动。这天（10月24日），他在日记中写道："李（按：为第一一四团李鸿团长）和韩（营长）干得很出色。日本人很顽强。一切都考虑到了。中国人打得很好。这些人勇猛无畏，下级军官好样的。把日本人赶出这片丛林将会十分艰难。"

这是他在最前线的真切感受。从这以后，他对中国官兵的看法有了很大改变，也明白了要在这缅北的原始森林中消灭顽固的日军，将是一件很不容易的事。

12 月 28 日清晨，李鸿团长亲自指挥第一一四团第二营和炮兵第二营，从河下游向日军的主阵地发起攻击，另以第一营埋伏在敌军侧后小河边的树林里，准备拦击敌人。

守主阵地的日军是步兵第五十五联队第一大队和一个山炮兵中队、一个迫击炮小队。

当中国军队的炮火开始轰击时，日军也沿着炮火的来向，迅速以山炮、迫击炮还击，两边的山林都陷入了山摇地动，黑烟、火光腾起巨大的火网。日军的炮火有限，很快被压制下去了。但是中国军队的步兵向日军阵地冲锋时，又陷入了日军构筑的地下工事的伏击圈，一个连冲进去，受到了从正面、侧面、后面，突然出现的日军机枪、步枪、手榴弹的密集轰击。冲在前边的第一排、第二排和连长谌茂棠杀伤了大量日军后，全都在激战中壮烈牺牲了；第三排又接着向前冲，用冲锋枪扫、手榴弹炸，日军招架不住了，忙从侧后山林中寻路逃走，被预先埋伏在那里的第一营全部消灭。

这场从 12 月 21 日起，打了 7 个昼夜的于邦攻击战，终于以击毙日军 1610 人，俘虏 17 人结束。中国官兵只阵亡了 230 人。

这 1 与 7 的对比，充分显示了中国军队经过兰姆伽的山地丛林作战训练和武器装备的改善，战斗素质已大大提高。

（根据当时中国驻印军的战报，这几场激战击毙了日军第五十五联队联队长藤井小五郎大佐和大队长管尾少佐。但是没有得到日军方面的证实，因为当时进入于邦作战的是日军的第五十六联队联队长久竹大郎大佐率领的第三大队和山炮兵第二大队，第五十五联队联队长是山崎四郎大佐，他的联队在以后的德罗平原作战时才与中国驻印军相遇。）

史迪威12月29日的日记也只记载着：“（日军）1名少佐、3名上尉、3名中尉被一网打尽。”没有那个名为藤井小五郎大佐。

于邦之战是新编第三十八师反攻缅甸的第一次大仗，虽然有过第一一二团团指挥所丢失的险情，但是李克已的第一营两个连（营部和二、三连）能在被日军围困中坚守50余天，刘益福的第一连在临滨困守36天，都没有败退溃散，还紧紧缠住日军，不让他们前进或后退，也就证明了这支部队已具备了较高的攻守水平，也就军威大振。

第一营据守的、位于于邦附近的那个高地也被当地人誉为“李家寨”。

日军第十八师团过去一向是以“战无不胜”自诩，甚至认为：以他们一个大队，可以击败中国军队的一个师。这次于邦之战，他们师团的主力部队第五十六联队却几乎被全歼。田中新一师团长在惊愕的同时，还了解到：进入于邦作战的中国军队就是在仁安羌给予他们第三十三师团重挫、由孙立人指挥的新编第三十八师，也就不能不惊叹：“中国军队的战斗力已经达到不可与昔日相比的精强程度。”

史迪威将军很是兴奋，决定趁攻下于邦之后，继续扩大战果，把胡康河谷各个据点的日军都扫除。

这时候，修筑中的中印公路已越过印度边境，抵近缅甸边境的欣贝延（新平洋）。

这条公路从1942年10月开始动工后，由于进入印缅边境被称作“野人山”的那加山脉地段后，山势越来越险峻，原始森林的覆盖面更广阔、稠密，虽然有中美工兵（美军第八二三航空兵工兵营、美军第四十五工兵团，中国驻印军第十工兵团）以及英军运输大队、印度民工等约三万人的奋力开挖，工程进度仍然不快，这与性急的史迪威将军那“部队打到哪里，公路随后跟上”的要求差之甚远。他很生气，认为是工程指挥官不得力；在1943年8月撤换了那个虽然负责修路，但是却如史迪威所指责的“从他的别墅中发号施令”的阿罗·史密斯准将，改派刘易斯·皮克上校来担任修路指挥官。

刘易斯·皮克是位著名的工程专家，战前他曾经负责修筑过美国密苏里河大坝。他接受新职后，根据那加山脉的地形和人力改进了施工

方法，采取分组、分段、分班，中美工兵混合配搭来日夜赶工。除了原有的中美筑路部队外，又增加了刚从中国进入印度的驻印军工兵第十二团，还从美国本土调来了配备有新型筑路机械的第三三〇二工兵团，还请印度地方当局帮助雇用了大量能吃苦耐劳的印度、尼泊尔和中国西藏的民工两万余人。修路军队和民工总人数大增，达到了55000余人。

公路沿线的山林里满是帐篷，筑路的机械、运输的大卡车陆续增加。夜间也是电灯、汽灯照得山野如白昼般明亮。

日军在美国空军打击下，已经失去了空中优势，也无法派出飞机来侦察、轰炸，却不知道一条将对他们加大杀伤力的公路正如长龙跃动般向他们逼近。

公路在1943年12月修抵欣贝延（新平洋）后，史迪威将军又命令美军第八二三航空兵工兵营，用一周时间抢修了一座可以升降P51型战斗机和C46运输机的小型飞机场。

[1944年1月2日，史迪威从新德里返回胡康河谷前线时，就是乘坐第一架飞往欣贝延（新平洋）的运输机在机场降落的。]

1943年12月28日，史迪威将军向中国驻印军做出了驱逐日军于德罗（达洛）至太柏卡以外，并准备向东南方向前进的战略决定。他命令在列多（雷多）待命的廖耀湘师长指挥的新编第二十二师，立即乘车赶到欣贝延（新平洋），以步兵一个团并配备一个工兵连作为右翼向德罗（达洛）攻击；孙立人的新编第三十八师作为左翼，向太柏卡、甘家卡攻击。

守德罗（达洛）平原的日军原来仅有桥次六中佐的一个大队。于邦之战后，第十八师团师团长田中新一中将为了加强德罗（达洛）的防守，加派了步兵第五十五联队冈田公少佐的第三大队进入，以后又命令步兵第五十五联队联队长山崎四郎大佐带着这个联队的第二大队前往，并把德罗平原的攻防事宜统一由山崎四郎指挥。

处于克钦邦与实皆（色格）省交界处的德罗平原，被山林阻隔，一向交通不便，没有公路可通。日军的军需给养只能从腰班卡附近用牛帮驮运，越过险峻的畹达克山脉，再用木筏渡过塔奈河。路程远而艰险，运输很是不方便。战斗一发生，沿途不断受到美军飞机轰炸，日军的供应更是成了问题，哪能像中美军队那样，战线向前延伸时，

公路也紧紧跟随修了过来，每天还有近百架飞机空投物资。

日军第十八师团师团长田中新一在战斗前估计：中美军队可能从塔奈河上游沿河岸下行去进攻德罗平原，也可能沿畹达克山脉东麓南进攻击腰班卡。根据这一判断，他在畹达克山部署了步兵第五十五联队室积忠少佐的第一大队来防守那一隘口。

德罗（达洛）之战开始前的 1 月 11 日，日军缅甸方面军司令官河边正三中将秘密地来到了缅北密支那，听取从前线赶回来的田中新一报告战局。

河边正三根据缅北当前敌情并联系太平洋各岛屿的战局后，坦率地告诉田中新一："大东亚战争全面战况不容乐观，将来令人感到悲运重重……"

田中新一不久前在东京大本营参谋总部担任第一（作战）部长时，对全面战局了解得很清楚，也早就料到了今后的战争形势必然是每况愈下，所以对这些情况并不感到意外，面对危局还显得比其他将领笃定沉着。这使河边正三很佩服。

河边正三还提醒田中新一："第十八师团已经被隔绝。由于第十五军司令官牟田口廉也一心扑在即将开始的英帕尔作战上，当前第十五军可能减少对第十八师团的关心。因此，为完成胡康河谷方面任务，在作战指导上，就交给田中师团长了。"

这也就是说，第十八师团将在没有后援的情况下孤军作战。这使田中新一颇为黯然，但是事已如此也没有别的办法，只能向河边正三表示：他将勉力为之。

当时，第十八师团的参谋人员根据中国军队锐气正盛的攻势，向田中新一师团长建议：改变现有防御部署，后撤到迈昆（孟关）一带作战，那里离公路较近，军需和兵员运输方便，形势不利时，也能较快退守。但是田中新一对胡康河谷地形实地调查后，认为还是应该以德罗平原作为决战防御。他的理由是：进入旱季后，塔奈河虽然日益变浅，但大部分河段仍然是水深、流急不容易渡过，在塔奈河这边的热带森林中设置几处火炮阵地，是可以封锁河面不让中国军队过来的。而且大龙河和塔奈河曲折多弯的险段多，还可以分散中国军队的兵力。如果不守住塔奈河就失去了一道天险，以后的防御作战就会更困难……

所以他决心以太柏卡为中心据点，沿着塔奈河两岸构筑阵地，并

在战斗中根据战况的发展从东西两方出击。

他还把师团的指挥所从新邦推进到更接近前线的金邦嘎。

在向德罗平原进攻时，作为左翼的新编第三十八师师长孙立人将军，考虑到日军在大龙河东岸以乔家为中心构筑有坚固的工事，正面强攻必然会增加伤亡，认为应该采取避实就虚的迂回战术。他的部署是：一、李鸿团长的第一一四团作为师的右纵队，由临滨偷渡大龙河攻占河东岸的腰班卡，得手后再返回包抄乔家的日军，然后绕道从康道渡口渡过塔奈河直插太柏卡的敌后；二、赵狄团长的第一一三团作为师的左纵队，经宁库卡去牵制太柏卡敌军的左侧；三、陈鸣人团长的第一一二团以一个营（二营）配合第一一三团进逼太柏卡左侧。

（第一一三团团长原来是率领这个团在缅甸仁安羌解救被围英军的刘放吾上校。他在退入印度后的1943年春，就返回中国进入在重庆的陆军大学特别班第七期学习。团长一职改由赵狄担任。）

大龙河如同它的名字一样，像条硕大的长龙奔腾于德罗平原上。由于两岸山林深密、水源丰富，汇向大河的支流很多，河面宽达800多米，雨季虽然已经过去，水势仍然汹涌浩荡。日军在这里驻扎了一两年，已经把两岸地形了解得很详熟，在乔家附近可能船渡的地方都设置了据点监视，枪声一响，驻乔家两侧的部队能及时扑过来封锁河面。但是他们没有想到，这次中国军队却没有从正面强攻。

1月11日夜晚，第一一四团李鸿团长命令第二营做前导，用木筏、橡皮艇装载部队，在临滨方向悄悄渡河。

这天（1月11日）是农历的十二月十六日。一轮银盘似的满月特别明亮，如水银泻地的月色，把宽阔的河面上照射得寒光闪闪，很不适宜夜渡。军情紧急，他们也顾不得可能被日军发觉而遭受半渡被阻击的危险了。但是部队在月光、水光中，一船又一船被运过去，对岸都没有动静。这使他们既意外也很高兴。

第二营过了河后，除了在东岸留一个排掩护后续部队外，立即不停歇地穿过河边的深密树林，直奔乔家后方的腰班卡，打了正在睡梦中的日军一个措手不及，消灭了那个作为日军补给站的守军。腰班卡丢失的消息传到乔家，那里的日军见自己陷入被前后夹攻的处境，再空守河防已经没有意义，忙丢下阵地仓皇向太柏卡方向退却。

第一一四团这一迂回战打得很出色，渡河，攻腰班卡，轻取乔家，

没有一个人员伤亡。

这天晚上，作为师的左纵队的第一一三团，在赵狄团长指挥下悄悄从塔奈河的康道渡口渡过河后，又越过塔奈河支流孟羊河去攻取孟羊和太柏卡。

这条长约30公里、弯弯曲曲流淌于布满原始森林的山岭间的孟羊河，地形复杂。日军特意从孟羊到太柏卡沿线配备了第五十六联队的两个大队兵力来防守。他们没有想到中国军队敢在这月色明亮的夜晚出击，也就很懈怠，不能及时发现中国军队渡河。直到第一一三团接近了他们在孟羊的据点时，才大吃一惊，仓促迎战。

孟羊是日军德罗平原防线的右翼，攻下了这据点就可以直叩太柏卡的背部。日军虽然处于突然应战的劣势，长久竹郎联队长仍然明白，不能轻易撤守。他指挥军队一边加固工事，顽强地阻击，还不断改守为攻地疯狂出击。战斗从1月12日开始，打了20余天，大小战斗50余次，一直打到2月6日这股日军才被分割包围。

新编第三十八师的政工人员从俘虏口中得知，被围的日军死伤日增，已是军心动摇，又赶印了许多用日文写的传单，宣传中国军队优待俘虏、缴枪不杀……

日军虽然不肯投降，在中国军队狠力强攻下，也无心久守，连夜向迈昆（孟关）方向逃走。

这一仗，消灭日军600余人。日军大队长宇生少佐、室隅大尉，中队长山林、松尾、大森、小野都被击毙。

打了胜仗，史迪威将军很是满意，赞扬第一一四团“取得了缅北过去各个战役中，最辉煌的光荣成绩”，还特意派人去新德里制作了一面中国式锦旗，上面绣有“庆祝孟羊河胜利”的字样颁给第一一四团。但第一一四团也伤亡很大，仅连、排长一级的军官伤亡就达到百分之六十，可以说是元气大伤。李鸿团长见熟悉的部属大半不在了，忍不住泪如雨下。

在同一时期，修筑中的中印公路已从欣贝延（新平洋）前伸至胡康河谷，与缅北原来修筑的老公路衔接。前段时期日军要利用这段老公路运输兵员、给养，没有破坏。如今在中美工兵和当地印缅民工的修补下，略做拓宽、加固，就可以行驶重型卡车和战车。

这就便利了随后从列多（雷多）出发的新编第二十二师，都可以乘车行进了。

1944 年 1 月，新编第二十二师第五十五团，在团长傅宗良率领下，从列多（雷多）先行抵达了欣贝延（新平洋）。

一年半以前，这个团不少官兵是从缅北“野人山”经历了千辛万苦败逃到这里的。旧地“重游”，从前那悲惨状又从记忆中涌出。还能不断在山林间的草丛中、大树下发现一堆堆白骨和没有完全腐烂的衣衫、皮带的碎片。真是惨不忍睹。

一些军官、士兵想起了那些饿死、病死、累死的战友都忍不住热泪盈眶地跪了下来，哀声祭拜，逐一呼喊着那些死者的名字：你们死得好惨啊！……

虽然那些人不一定就死在这一片山林，而且阴阳有隔，也不知道能不能听见，但他们还是哭喊个不停。就连那些几个月前才从中国空运过来、新编入这个团、没有经历过“野人山”大溃退的新兵们，也脸色发白、惨然地跟着祭拜。这阴森的树林里到处是白骨，实在是太悲惨了。

当时在新编第二十二师第六十五团第二营第六连先后担任过中尉排长、上尉连长，后来以少校军衔退伍的吴如冈老人，在 78 岁时还回忆了他们从“野人山”败退，以后又打回“野人山”，在欣贝延（新平洋）驻扎时的一件事：“这里就是当年新平洋（欣贝延）收容所的原址，附近的木桥仍在，其他了无痕迹，一片蔓草荒烟。我连在此待命，因靠近战地，晚上派哨兵在桥头警戒。头天夜半，哨兵连放两枪。据哨兵说：‘明明看见一伙人从桥对面走来，喝令停止，不听，故鸣枪警告，枪响后不见踪影，我害怕，所以再开一枪。’此后，每夜哨兵都说：‘桥上有脚步声，就是看不到任何东西。’连长于早点名时，特将此地的一些特殊状况——翻越‘野人山’，官兵死伤盈野的往事告诉他们，（要他们）不必害怕，我们是为前年死难的弟兄复仇的，他们（鬼影、脚步声）就不会再现踪影了。后来哨兵（晚间）听到声音即说：‘我们是来为你们报仇，向日本鬼子讨还血债的。你们安息吧！’自此之后，都说安静无事。我们离开此地时，弟兄们走到桥头说：‘安息吧！保佑我们为你们报仇雪恨。’”

吴如冈老人说了这事后，还郑重地表示：“我从不迷信，但确有其事。”听者都为之戚然。

史迪威将军命令新编第二十二师第六十五团："抵达欣贝延（新平洋）后，归新编第三十八师孙立人师长指挥，作为军的右纵队，沿塔奈河右岸直趋拉家苏，去解救已被日军第五十五联队一个大队包围的新编第三十八师第一一二团三营之围。"

第六十五团团长傅宗良毕业于中央军校六期。是个有魄力、勇敢、刚烈的湖南汉子。他仔细了解了那一带的地形后，认为从塔奈河右岸前进是从正面攻击，不仅不能包围消灭日军，还会增加自身的伤亡。他审时度势，大胆违背了史迪威的命令，决定改变路线，沿塔奈河左岸行进，去攻占德罗（达洛）。这可以迅速截断敌人的补给线，迫使敌人从拉家苏退守德罗，那就可以把日军歼灭于塔奈河畔。

在兵法上，这有如春秋战国时代大军事家孙膑的"围魏救赵"，是很高明的战略战术，却不为指挥这次作战的中国驻印军指挥部参谋长鲍特纳所理解。他认为傅宗良违抗命令擅自改变战斗部署，并向史迪威将军报告，惹得史迪威大怒，只是他没有撤换团以上军官的权力，就给重庆的蒋介石委员长发去了一封电报："傅团长未遵照原作战计划，（却）从塔奈河左岸成一字长蛇阵向德罗前进，若不制止，易遭不测，傅团长应予撤换。"

蒋介石和中国驻印军的军长、师长们一直有电报直接来往。他没有立即答复史迪威，而是先去电询问新编第二十二师师长廖耀湘将军，这是怎么一回事。

傅宗良的勇敢作战、多谋善断，一向为廖耀湘所器重，而且两人既是湖南同乡，又是军校六期同学，他怎肯撤傅宗良的职。他明白，如果这时候不为傅宗良承担责任，不仅这个主力团长会受冤，这次战斗也会吃亏。忙去电向蒋介石报告：这次作战路线的变更是根据敌情、地形来改变的，只有这样才能减少伤亡取得胜利，而且经过了他这个师长的批准……

蒋介石最担心的是美国人的瞎指挥，又把他的这支精锐部队葬送掉，第一一二团在于邦险些被日军歼灭，就是那个美国将军鲍特纳轻敌的后果。他也就相信了廖耀湘师长的报告，压下了史迪威要求撤换傅宗良团长的电报，没有立即回复。

廖耀湘也知道，不能与史迪威硬顶，他一面去电向史迪威报告，已经改派副师长李涛少将赶往第六十五团指挥，同时电告傅宗良不要对此有压力，专心打好这一仗……

傅宗良团长在 1 月 6 日带着部队从欣贝延（新平洋）出发后，一路疾行，1 月 9 日在塔奈河的康道渡口渡过河，并在那里开辟了一块空投场，从美军飞机的空投中补充了粮食、药品、弹药。他除了派一个连（第一营第三连）守卫空投场外，大部队都沿着河谷向陡峭的大山上爬去。走在最前边担任尖兵的第六连在行进途中，在应该是没有人迹的树林里，发现了有人走过的足迹和大便。虽然被大雨淋湿了，一时间看不出新旧，用树枝扒开后仔细分辨，是不久前拉的。这表明，日军曾在这一带走过。再往前搜索前进，又见到前方山头上有成群的猿猴惊慌地发出呼啸声，慌乱地往大树顶上爬。宁静的山谷突然显得很骚动。他们判断有日军从左前方山间小路上了山头，立即加快速度分路往山上搜索。

山大树林深，敌我的行动都很隐蔽，走近前才与日军一个加强小队遭遇。枪声一响，双方都各自迅速散开，抢占有利地形。日军先占领了山头以逸待劳，火力又猛，第六十五团第六连一开始处境不利，伤亡了 10 余人，仍然用包抄战术堵住了日军的后路。但是打到晚上，还是难以把藏在大树丛中、山石后边的日军歼灭。

傅宗良团长连夜给这个连增援了 4 门各有 300 发炮弹的八一迫击炮。在优势火力密集轰击下，日军死伤狼藉，被击毙了小队长井泽觉等 39 人。残剩的人员趁夜色往山的北边逃走。（战后，团的作战参谋从地图上标出，这个山头为 1176 高地。）

从地形上看，这是控制塔奈河河套的一个重要山头，所以日军在这里设立了据点。为了防止右岸的日军从这里退回来，傅宗良团长命令第三营就留在这里警戒，第一营改为前卫继续向德罗方向进发。

第一营在 1 月 16 日行进到塔奈河的支流百贼河时，与守在那里的日军第五十五联队第三大队展开了激战。

日军冈田公中佐指挥的这个第三大队本来战斗力很强，过去与中国军队相遇，都是主动出击，如今因为运输困难，粮食、弹药都缺乏，只能依靠事先构筑的工事来防御。他们依山势和稠密的森林把地堡、交通壕构筑得既隐蔽又错综复杂，纵横之间都能相互支援。

第一营连续攻击了 3 天，也没有把日军的阵地攻下。

傅宗良团长亲自去前沿观察了后，认为敌人虽然不多，所占据的地形却很险要，工事都是依山势筑成，能居高临下地打击向上仰攻的中国军队。再从正面强攻只会增加伤亡。他除了留第一营继续从正面

牵制日军外，命令第二营营长窦思恭少校带着部队绕往敌军阵地左侧，往那险峻的大山上爬。在大树、藤条密布，常会令人处于窒息状态的原始森林里，时而左转、时而右旋地摸索前进。森林里没有路径，也找不到向导。 这正如当时参加了这次敌后穿插的第二营第六连第三排排长吴如冈排长所说：“1 月 20 日黄昏时分出发，一连三天，都在茫茫的林海里摸索开路前进。入夜后，不是伸手不见五指，就是昏暗如漆。唯一的目标就是每个人背包上的磷光木片。先头开路的人全靠手摸。方向先在地图上标定，到达一个基点后，再用指北针标定，向第二个基点前进……”

他们在印度兰姆伽训练时，就有如何在原始森林间寻路、生活、作战的科目，如今都用上了。虽然地形、气候不同，冬天的山林间，一进入夜间寒冷得如同冰窟，又不能生火，饿了也只能吃点干粮和罐头。用了 3 天时间摸到了日军的侧后。

窦思恭营长命令全营稍作整顿（吃饱干粮、检查武器、整理衣鞋），就按照预定的方案，由第六连居中担任主攻，第四连从左侧插过去截断日军后路并阻止日军的后援部队上来，第五连从右侧攻向敌阵地。

日军冈田公中佐的注意力都放在了从正面攻过来的一营，忽略了连日来都是静悄悄的侧后大山。除了几个哨兵外，也没有重点设防，更没有派出部队去搜索、巡逻。所以，当第二营 3 个连摸近日军阵地与正面进攻的一营形成了合围时，他们还蹲在那里吃饭，见中国军队冲过来了，才丢下饭碗仓促应战。

1944 年的 1 月 24 日正是中国农历的除夕，那比民间鞭炮还响亮的枪炮声响彻了这人迹罕至的河谷，仅第二营就使用了 36 门重迫击炮，12 挺重机枪来轰击。火力之猛，使日军为之心悸。在中国军队的前后夹击下，日军被打得死伤狼藉，侥幸活着的有的往山林里钻，有的在大队长冈田公带领下往百贼河那边跑，企图躲进河边那稠密的芦苇丛里再寻路逃走。

第二营部队经过连续三天三夜在原始森林里穿插和这场激战，全都累得疲惫不堪，枪声才停歇，就昏昏然倒在地上睡着了。营长、连长只好去把他们逐一摇醒，告诉他们，日军还没有完全消灭，一些残剩人员正窜向百贼河那边呢！

他们只好强打起精神去追击。

这亚热带河流间的芦苇丛，秋冬都不凋谢，春夏更是疯长，每一株都粗大茁壮，形成了沿着河两岸沙滩分布的深邃、稠密的大“森林”，有人躲进去是很难发现的。

第二营连续派了两个排过去，还没接近就被躲藏在里边的日军用冷枪、冷炮打死、打伤而退了回来，最后又派了第五连的第三排去搜索。在近距离用刺刀捅、手榴弹炸、冲锋枪扫射的肉搏战中，才把还在作困兽斗的100余名日军消灭，缴获了速射炮2门，八二迫击炮2门，轻重机枪各 4 挺，掷弹筒 4 个，三八式步枪 75 支。

第三排排长吴如冈在一个洼地发现一个受伤的日本军官时，这个家伙已经气息奄奄处于垂死状态了，但还想做困兽斗，用左手和嘴巴抓住、咬住吴如冈的衣服，把他拖过去，右手却拉响了身边的手榴弹。当时吴如冈才 24 岁，年轻，力气大，身手矫健，忙一把将这个日军军官推倒，压在手榴弹上，他自己则迅速地往旁边一滚，躲过了手榴弹的炸点。手榴弹在这个日军军官腹下爆炸开了，炸得肠肚裂开、血肉飞迸……

这个凶顽的日军军官就是冈田公中佐。

这百贼河之战，第六十五团共歼灭了敌军 325 人，自身只伤亡了 10 余人。

1 月 3 日，他们把战况用电报发给史迪威将军。史迪威还没有消除对傅宗良团长的成见，却怀疑这个团长可能谎报战果，于是去电命令：暂时不要打扫战场，他要亲自来察看。

1 月 28 日上午 9 时，史迪威将军乘上一只小汽艇沿着塔奈河行驶了近 3 个小时来到百贼河战地。被炮火毁坏的森林，满地的日军尸体和散乱丢弃的枪支、弹药，以及打烂了的工事，完全表达了这一仗打得极为惨烈。他相信了，连声夸奖傅宗良团长和第六十五团打得好！

这天他在日记中记着：“汤普森称：大概打死了 325 名日本人。遍地都是露着脑袋和脚的日本人，埋葬得太匆忙，河里还有许多。他们把枪投入了河中。”

这也使他明白，傅宗良团长违背他的命令改变作战部署，在战略战术上，是出奇制胜的高招，是自己错怪了这位能打仗的年轻团长。于是他又给蒋介石发去电报：“新二十二师于百贼河之役，全歼日军一个加强大队，傅宗良团长厥功至伟，应予勋奖。前电请处分傅团长一

案，请准撤销。”

史迪威这种面对事实，勇于纠正自己对傅宗良处理不当的行为，又一次体现了这位美国将军的坦率、正直、光明磊落。中国驻印军的官兵都很感动，对他的处事严厉、不留情面，也就更能理解和尊敬。

1 月 30 日，第六十五团趁日军向塔奈河右岸败逃时，在追击中占领了德罗（达洛）。

德罗（达洛）盆地的占领，也就把畹达克山脉突出于前，第六十五团再向前进击，就威胁到了日军第十八师团主力的侧背。

于邦和德罗（达洛）之战，日军第十八师团损失惨重，再想聚集重兵出击已是很难了。据田中新一师团长估计：“最多也不会集结到 5 个大队以上的兵力。”

根据日军甲种师团的编制，第十八师团应该有 3 个步兵联队（每个联队有 3 个步兵大队、1 个速射炮中队、1 个步兵炮中队、1 个通信兵中队），另有搜索、炮兵、工兵、辎重各 1 个联队。这 7 个联队共有 25000 人的兵力。不久前的于邦、德罗（达洛）两场大的战斗已经损失了一半人员。· 虽然日军缅甸方面军对这主力师团还在尽可能补充兵员，但那都是一些从后方临时征集、只受过短期训练的新兵，没有实战经验。这个师团的战斗力也就大减。

田中新一师团长决定集中兵力退守迈昆（孟关）一线。原来在太柏卡的第五十五联队第二大队退到拉强嘎构筑阵地，并负责收容那些从前边败退、溃散下来的官兵。

孟关（迈昆）是德罗（达洛）平原的紧邻，南靠畹达克山脉，有着方圆 50 余公里的广大面积，宽阔汹涌的塔奈河从北边流过，距离密支那约有 190 公里。由于地势过于开阔平坦，即使把第十八师团的全部兵力部署在这里，也难以防堵中国军队的进攻。

田中新一在各个步兵联队严重减员、难以再战的情况下，只好从师团部、炮兵联队、辎重兵联队中各抽出一个中队，并配备速射炮、反坦克炮等武器，编组成一个名叫“菊”大队的特种部队来应对战斗。总兵力共有 11 个大队（7 个步兵大队，2 个山炮野炮大队，1 个重炮大队，1 个 47 战防炮大队），日军 1 个步兵大队约有 800 人，这次防御作战的步兵比进攻的中国军队少，但火炮却是中国军队的 4 倍。

但是不等日军完成布防，中国驻印军就尾追过来了。史迪威将军

的部署是：廖耀湘师长的新编第二十二师，除了留一个营守卫德罗（达洛），再以一个营护卫坦克部队作战外，全师的其他部队，作为右翼向迈昆（孟关）之敌攻击；作为左翼的孙立人师长的新编第三十八师，渡过大宛河后，即向守御塔奈河、南比河右岸的日军攻击。罗斯韦尔·布朗上校和赵志华营长指挥的战车第一营的75辆坦克和第六十六团第一营集结于塔奈河西岸，准备向迈昆（孟关）以南出击。

这次作战，除了中国军队这两个步兵师外，史迪威手下还新增加了一个代号为“5307支队”的美军步兵团。这是不久前从西南太平洋和加勒比海地区，具有山地丛林作战经验的部队中，各抽调一个营组成的。这个由弗兰克·梅里尔准将指挥的约3000人的部队，有3个营，每个营又分为2个战斗群体，各有军官16人、士兵456人，编成1个冲锋枪连、1个重武器排、1个工兵排、1个侦察排和1个卫生班。官兵都是一些身手矫健、性格粗犷的壮汉。因而也被称为“劫掠者部队”。中国军队则把他们喊作“强盗部队”。

弗兰克·梅里尔在战前担任过驻东京武官助理，懂日语，办事稳妥，很为史迪威欣赏。一年前的1942年5月大溃退时，史迪威将军带着百余人从缅甸步行穿越山林、退入印度，他是随行人员。所以仅一年多，就把他从少校晋升为准将并指挥这支特殊的军队。

史迪威将军给这个美军步兵团的战斗任务是：3月3日从中国驻印军左侧向东前进，穿越那片原始森林，相机占领迈昆（孟关）东南12公里的瓦鲁班。

他们连日来在原始森林中穿行，被蚂蟥、毒蚊虫叮咬，被大象、老虎的出没干扰，都疲困不堪。而且他们那美国大汉洋洋自得的作风，在行军中一路喧哗，不注意保密，行踪早就被日军派出的便衣发现。第十八师团师团长田中新一也了解到这是一支军纪不严，初次在缅北上阵的美国兵，就调动了部队去围歼，以解除自己侧翼的威胁。

他命令长久竹郎大佐的步兵第五十六联队作为前卫向南比河疾进，去夺取渡河点，并用临时建造的门桥让部队迅速渡过河。在3月4日清晨进入了瓦鲁班，并派出这个联队第二大队，在大队长吉田武司率领下，对已进到瓦鲁班附近和南比河渡河点的美军5307支队展开了攻击。

他自己也把师团指挥所移驻到南比河南岸附近，就近指挥作战。

2月29日，第六十六团行进至唐开以北时，被守在那里的日军第

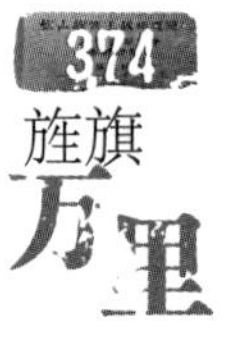

五十五联队所属一个中队拦住，发生了激烈战斗。中国军队兵多、武器好，迅速歼灭了日军大川铁夫中尉等 68 人，突破阻拦，攻抵芒光西南 3 公里。在同一天，第六十四团攻抵芒光以北的小河岸。但第六十四团继续南进时，3 月 1 日却在唐开北侧遭到人数比第六十四团多的日军约两个联队的围攻，前进一度受阻。

作为攻击部队左翼的新编第三十八师，在孙立人师长指挥下，又把第一一二团和第一一三团分成两路，第一一二团第三营为右翼，从拉毛卡附近沿塔奈河北岸向丁克来卡、大林卡、拉曼渣卡攻击；第一一三团为左翼由丹般卡向恩新卡、丁宣卡、马高（埋通）、瓦卡道攻击；第一一二团的两个营（一营、二营）则作为师预备队留置于拉毛卡一线相机进击。

李鸿团长的第一一四团因为在于邦、孟羊河几场战斗中伤亡太多，暂时留在后方休整。

孙立人师长亲自带着作为左翼的第一一三团，在山林深密、河流纵横的塔奈河北岸，迂回穿行了近 90 公里，悄悄越过恩新卡、上下马高（埋通）等 30 多个有日军小部队据守的据点，进到迈昆（孟关）侧后的瓦鲁班，并与从丁克来卡穿插过来的第一一二团第三营取得联系。从而对迈昆（孟关）之敌形成了包围。

3 月 2 日，战车第一营在罗斯韦尔·布朗上校和赵振宇、赵志华的指挥下，由第六十六团第一营配合，从正面沿公路开始了攻击。日军事先在这一线部署了几十门重迫击炮、75 毫米山炮、47 毫米反坦克炮阻击，猛烈密集的炮弹在坦克周围爆炸，中美战车营的两辆 M3 轻型坦克由于装甲厚度只有 12.7 毫米，被打坏滚进河里，1 辆装甲推土机被击烂起火，就连布朗上校乘坐的指挥车上的无线电天线也先后被打断 4 次，使他无法及时指挥部队。随后掩护的步兵更是在不断躲闪炮火中，没法及时跟进。赵振宇与布朗上校审时度势，决定迅速脱离目标显著的公路，转入旁边的树林中寻路南进。这正面攻击由第六十五团去执行。

战车营在没有路的山林间辟路行进，险陡远远超过了公路。好在坦克冲击力大，又有两台装甲推土机在前边开路，密集的大树小树被冲击得纷乱倒下，辗压出了一条路。这样走到 3 月 5 日下午 4 时，估计早已越过日军阻击防线了，才驶出树林，却在距离瓦鲁班约两公里处

的一片矮树林中发现一个日军的“据点”。坦克手们加大马力冲过去，逼近才看清楚，树林里帐篷很多，周围布满了电话线、天线，附近还停有 5 辆 97 式中型坦克。

（这种坦克装甲正面、侧面厚度 25 毫米，装备有一门 57 毫米短身管火炮，120 发炮弹。其中的穿甲弹可在 200 米距离内击穿 50 毫米厚的钢甲，还有两挺 7.7 毫米重机关枪，火力很强，是日本军队的主战坦克。）

这地方警卫如此森严，不像一个普通的军事据点。布朗上校和赵振宇上校立即命令赵志华营长的战车营组成攻击阵势去冲击、扫射。

他们当时并不知道，这里是日军第十八师团师团长田中新一的前方指挥所。

日军师团部是官多兵少，更没有料到中美军队的坦克部队会突然在这里出现，慌忙中哪里抵抗得住。那几辆装甲车还来不及发动，就被击毁了 3 辆，俘获了 2 辆。师团作战科长石川中佐、经理（后勤）部长木村大佐、第五十五联队联队长山崎大佐等 450 余人全被击毙。师团长田中新一在战斗中，马也顾不上骑，就溜入后边的树林，钻进密集的藤条老树间逃走了。逃得慌张，师团的大印、作战室的军用地图、文件都顾不上收捡，几辆汽车和一群战马，全成了战车营和第六十六团第一营的战利品。

当天下午，从正面攻击的第六十五团也攻下了迈昆（孟关）。

美军 5307 支队的侦察排和第三营的一部分士兵，作为他们的前卫，也走出原始森林，进抵南比河边。他们的任务是在这个渡河点堵住日军，让后续上来的中国驻印军把日军消灭在这里。

他们刚构筑好工事，日军第五十六联队就攻过来了。

日军的武器不如美军，只有三八式步枪和手榴弹，但是在攻击阵势上组织有序、冲杀凶猛。美军这个排的官兵是第一次与日军交锋，完全被那凶神恶煞地呐喊着冲过来的狠状镇住了，只好毫无节制地拼命射击阻挡，很快就把弹药都耗光了。全靠在河这岸的美军第三步兵营用大型的八一迫击炮轰击，才阻住日军的猛扑，掩护美军这个排退往河这边与第三营靠拢。他们退得狼狈，把枪支武器和电台等装备丢得满地都是。

美军只好连连向史迪威电告：“陷入敌人圈套”，“受到重大伤亡”，

"需要空军把敌人炮火压下去"。

这样日军就打开了一条通道，让第十八师团其余的部队得以从这个渡河点退往瓦鲁班。

美军 5307 支队见日军在退却，劲头又来了，忙在这天（3 月 4 日）清晨 5 点左右，在晨雾迷蒙中尾随着追往瓦鲁班。日军并不把这支美军放在眼里，却从瓦鲁班拥出，疯狂地进行反扑。

走在最前边的是美军第二营。他们没有想到败退的日军会杀回马枪，惊愕之余，只能慌忙散开，利用日军原先挖的一些散兵坑来阻击。

这一天，日军在迫击炮和山炮掩护下，连续发动了 6 次冲锋。日军熟悉这一带地形，迫击炮弹打得准确，多数都能落进美军的散兵坑内爆炸。

美军第二营和随后上来的第三营，都被阻于一片稻田附近。空投食品的飞机没有来，粮食吃完了。这正是亚热带缅北早稻成熟的季节，他们饿得受不了，就冒着炮火去割谷子，用钢盔来碾压掉糠皮，再用钢盔来煮食。这"战地野炊"可是极其狼狈！

日军还在加大火力攻击，除了步兵用的八一迫击炮、掷弹筒外，还把 150 毫米榴弹炮也调来了，每隔 7 分钟就是一轮猛烈的炮轰，打得趴在凹地里的美军全都抬不起头来。

美军 5307 支队指挥官梅里尔准将只好用加急电报向中国驻印军第三十八师师长孙立人将军求救，请求快些派部队来支援。

孙立人一边复电请他们坚守，同时派出陈鸣人团长的第一一三团从太柏卡出发，急行军两昼夜，迂回到瓦鲁班日军侧后东北方的拉干卡和秦诺，切断了日军的退路。在这同时，赵狄团长的第一一二团也推进到了拉树卡、散道卡、山那卡、卫树卡一线，与新编第二十二师形成了对瓦鲁班日军的合围之势。

田中新一师团长见战场形势突然逆转，已是取胜无望，才命令对这支美军停止打击。

攻得正紧的日军向美军发射了最后一轮炮弹以后，趁着美军伏在弹坑里不敢抬头时，悄悄撤退。

这使美军深为诧异，不知发生了什么事，以为日军又将悄然偷袭呢！仍然紧张地趴在工事里不敢移动。又过了一些时候，远处传来了嘹亮的军歌声，原来是救援的中国军队过来了。

这真令他们喜出望外，那“强盗部队”的野性又发作了，又跳又叫地欢呼。

看到这些美国兵全都是“毛发蓬乱衣衫褴褛”的狼狈相时，中国官兵都大吃一惊，这支著名的“强盗部队”怎么这样经不起打击？

中国军队把带来的干粮拿出来给美军官兵吃。饿伤了的他们狼吞虎咽地大嚼着，才从极端饥饿中恢复了神志。

美军官兵们很佩服中国军队在稠密的、骡马都不能穿越的原始森林中行动时，却能“把厨房挂在一根竹竿上带走”。

（中国的随军伙夫是用一根竹扁担分别挑着行军锅、油桶、大米、肉食。因此被没有见过这一情景的美军官兵感到诧异、不可理解。）

在这南比河渡河点附近的 5 天战斗，美军 5307 部队声称：“消灭了日军 800 名，他们仅有 37 人受伤，8 名死亡。”但又说：“由于在热带森林中穿越和战斗染上各种疾病死亡 109 人，其中有 10 人是思想压力太大患有精神病死亡。”

这也表明，这些曾给予史迪威将军“面容刚毅”印象的“强盗部队”，也因为承受不了战斗的残酷而发狂。

弗兰克·梅里尔准将很明白，如果不是中国军队及时赶来救援，他这 5307 支队还能剩下多少人？是很难说的。

这场战斗结束后，孙立人、廖耀湘师长去战地视察时，见到美军在战场上四处丢弃的武器弹药、电台。也为之叹惜：外表强悍的美军有那么好的武器装备，怎么这样经不起打？

弗兰克·梅里尔准将毕业于西点军校，是个具有战略战术学识的职业军人，只是长期处于和平、没有战事的美国，缺乏实战经验。他来到印缅战场后，并不是谦逊地面对现实，还是那样高傲自信，处事武断，也和史迪威一样看不起中国的高级军官。

中国的这几位师长平日与弗兰克·梅里尔准将相处就不融洽。受了弗兰克·梅里尔不少气的廖耀湘，这下很是得意，心想，你梅里尔的指挥水平原来不过如此。虽然这次救援美军不是他的新编第二十二师，他还是忍不住在 3 月 16 日给重庆的蒋介石发去一封电报，指出美军 5307 支队的三大弱点：“一、战斗力不坚强，缺乏硬性；二、战斗纪律不严，未奉命竟自由撤退；三、在并不紧张状况下，遗弃装具及尸体为我掩埋队搜出。”

所以，他很得意地向蒋介石表示：“我此次战斗，与敌及美军比较结果，已恢复革命军及民族自信力……故国军如有现代装备，良好补给及卫生，训练指挥适当，以同等兵力即能击溃日寇。将来与其请美军在中国登陆共击日寇，不如请其供给装备粮弹及医药，自力驱寇于国境之外，免受人挟制。”

他这得意之情溢于言表，就连史迪威将军也感觉到了。史迪威将军在 3 月 9 日的日记中写道：“廖（第二十二师师长）兴高采烈。第二十二师在昆仑关打败了日军中最厉害的师团，现在它又打败了日军中第二厉害的师团。1942 年的插曲（缅甸撤退）给忘了。”

史迪威当面对廖耀湘说了些什么，不知道。但是这天的日记里却是嘲讽廖耀湘的新编第二十二师在 1942 年夏的缅北大溃退中，一个师 9000 余人，死得只剩下 3000 余人。

蒋介石是迟了十余天才看到廖耀湘的这份电报（不知怎么搞的，3 月 30 日才送呈到蒋介石那里），却担心这些年轻将领（廖耀湘这年 39 岁）过于骄狂会影响中美军队的关系，忙亲笔批示：“对友军只可隐恶扬善，不可引起恶感。弟等在外应谨慎谦和自持，对友军切不可有轻蔑之意，更不可现于言色。将来当有相晤之机，面告一切可也。”

这才压住了中国驻印军中刚刚萌发的对美军作战不力的蔑视，以后在孟拱（莫冈）河谷、密支那攻取战中，又有过几次援救美英军队的战斗，由于师长、团长们能有礼貌地谦和对待，两军会合时也就能和谐相处。

美军中的年轻士兵和排、连级军官多数都单纯、直率，通过几次并肩作战，见中国军队这样朴实，能忍饥挨饿苦战，特别是敢于拼搏，并不如传闻中的那样衰朽、不能打仗。许多官兵都和中国官兵成了朋友，聚在一起就欢快地赠送食物、交换纪念品。

田中新一师团长不敢再死守这胡康河谷的最后一块险地了，忙下令放弃瓦鲁班向南边 30 公里外的闻布山口撤退。

这时候（3 月 4 日晚），中国驻印军的新编第三十八师和新编第二十二师已经对瓦鲁班形成合围，把日军南边退却的大道严密封锁，第十八师团指挥所和第五十六联队等部队似乎都陷入了无处可退的绝境。

田中新一是个有远见的指挥官，他在胡康河谷大战前，就预感到

必须有几条既能避开美军飞机轰炸扫射又便于进退的隐蔽通道。他命令师团工兵联队长深山忠男中佐悄悄带着部队去往瓦鲁班侧后，在原始森林中砍出了两条秘密通道，一条在瓦鲁班西边的森林里转往南边的大道上，一条是从迈昆（孟关）附近森林去往西方与瓦鲁班那条秘密通道衔接。道路都修筑较宽，可以并行 6 列纵队。因为隐藏在原始森林中，美军的飞机虽然经常在这一带盘旋侦察，却没有发现这两条秘密通道。刚进入胡康谷地战斗的中美军队地形不熟，就更不知道了。

溃败的日军从 3 月 5 日至 7 日分批撤退了，由相田步兵指挥官带领的两个大队和“菊”字部队，在长久大佐指挥的部队掩护下，走瓦鲁班第一条道路。在迈昆（孟关）的残余日军无法退往瓦鲁班，就从迈昆（孟关）附近那条通道撤走。

担任掩护任务的长久大佐的部队，则是背靠瓦鲁班通道的入口，抗击到 3 月 7 日才撤走。

中国军队本来以为被围攻的日军已经无路可退，可以来个瓮中捉鳖，给予全歼，却没有料到，打着打着，日军会悄然溜走。

不过日军还是退得仓皇，不仅枪支弹药抛弃很多，在迈昆（孟关）、瓦鲁班就有四五个堆满了炮弹的军用仓库来不及运走、销毁。

这迈昆（孟关）、瓦鲁班之役，日军被击毙 1500 余人（仅瓦鲁班战地就遗弃了 775 具尸体）。从迈昆（孟关）到瓦鲁班的 20 余公里道路上，到处是敌军死人、死马、死牛和遗弃的枪支、弹药。亚热带南方的春天，气候热，那些人畜尸体很快腐烂、发臭，引得绿头苍蝇蜂拥而起，在满布尸体的战场上嗡嗡乱飞。

中美军队在迈昆（孟关）、瓦鲁班打得正激烈时，日军第十五军 3 个师团（第十五师团、第三十一师团、第三十三师团），在军司令官牟田口廉也指挥下，从 3 月 8 日起开始了他们策划已久的向印度边境英帕尔的进攻。

浓眉、怒眼、大脑袋上秃得只剩下一小圈头发的牟田口廉也，个性也如同他的长相那样粗野、狰狞。多年来担任师团长、军团长的要职，更是养成了专横、粗暴的作风。虽然军师参谋人员当中，对这次作战有许多不同看法，都不敢向他提出。他也就自信地认为，只要他这几个师团一出动，就可以迅速击溃战斗力弱、一向怯战的英、印军

队，顺利地向印度腹地深入。因为缅印边境的雨季是 5 月中旬开始，要拖延到 9 月末才停歇，他的战略部署也是速战速决的“突袭”，计划在 4 月中旬前就完全打败英、印军，结束这次战斗。所以，他命令作战部队轻装上阵，只携带 3 个星期的口粮和有限的弹药武器去作战。他认为，进入印度后，可以夺取英、印军的军用仓库来补充自己。

一个指挥着近 10 万人军队作战的军司令官，在制定进攻部署上，却会这样草率、狂妄，也就注定了必将陷于失败！

英帕尔是距离印缅边境约 80 公里的一块宽约 68 公里、长约 34 公里的椭圆形大平原，气候温暖，雨水充足，也是印缅边境人口较多、商业颇繁华的重镇。

在印度的英、印军队共有 5 个师。守英帕尔一线的是英国将军威廉·约瑟夫·斯姆莱特指挥的第十四军两个师（第十七师、第二十师）。两年前从缅甸败退回来后，曾训练补充过，但战斗力仍然很弱，当然招架不住日军的攻击。

战斗开始时，日军第三十三师团的攻势很凌厉，只用了六七天时间就越过钦敦江，在 3 月 16 日楔入印度境内的通赞、新盖尔之间，把英印军第十七师两万余人和为军队服务的几千民工，以及运输用的千余辆汽车和两千多头驮马、驮牛包围。

那几天，印缅边界的大小道路上又挤满了逃难的人，似乎 1942 年夏秋的大溃退历史又再现了。

虽然在这以前，英、美空军就发现了印缅边界缅甸一侧的公路上和钦敦江渡口上，车辆、木筏军运繁忙。作为东南亚盟军最高司令官的蒙巴顿却毫不在意，既不调动军队加强防守，也没有应战措施。如今，日军打进来了，他的司令部人员全都慌了手脚，是把他们驻英帕尔的第十四军撤出？还是顶着打下去？谁也拿不出好的主意。如果按照日本军队这势如破竹的攻势，要不了几天，英帕尔以北的科希马、以西的锡尔杰尔都要沦入敌手了。

他只好放下英国贵族们一贯对中国人的蔑视，急电罗斯福总统和丘吉尔首相，请他们向中国的蒋介石委员长呼吁，再帮他们一把。中国在云南新组建的中国远征军 6 个军有着近 20 万人驻扎在怒江以东，只要中国军队向西发动进攻，或调几个师来印度，都可以把英、印军队救出危境。但是从前吃够了背信弃义的英国将军们亏的蒋介石，却不为印度形势的危急所动。他以驻云南的中国远征军还没有完全装备

训练好，日军又将在中原、湘桂战线发动新的进攻为理由，拒绝了再派军队进印度参战，或者立即从云南向缅北发动进攻。

蒙巴顿只好在3月6日飞往胡康河谷的太柏卡与史迪威见面，名义上是以东南亚盟军总司令官身份视察战地，实际上是要求史迪威停下在缅北的反攻，把中美军队调过去支援英帕尔作战。

这些贵族出身的英国将军，时时都要显出他们的高贵、与众不同。他除了乘坐专机外，还出动了16架战斗机护航，与史迪威的不管去哪里都是轻车简从，或步行、或乘一叶扁舟的朴素作风，甚至深入到前线的营指挥所去观战，真是有天渊之别。

史迪威在这天（3月6日）的日记里愤慨地记着:“路易斯（蒙巴顿）2点45分到。16架战斗机护航（我们用于战斗的才4架）。去司令部，他做了一通一钱不值的讲话。然后我们谈到4点45分。同往常一样试图使我就范。”

所谓试图使史迪威“就范”就是以英帕尔危急为名，要史迪威放弃反攻缅北。

史迪威正打得顺手，怎肯停歇，而且这样恰恰中了日本人声东击西，以攻取英帕尔来拯救濒于灭亡的缅北第十八师团的计谋。他没有答应蒙巴顿，但从印缅大局出发，还是答应把不久前调进印度、在兰姆伽接受训练的中国驻印军新编第三十师的一个团和一个战车营派往英帕尔去支援英印第十四军的作战。这使蒙巴顿很是感激。

第二天（3月7日）一早，天还没有完全亮，史迪威就陪着蒙巴顿从太柏卡驱车去往刚结束战斗的迈昆（孟关）战地。那里遍地都是日本人的死尸、死马、死牛，以及抛弃的大量军用物资，鲜明地显示了中国驻印军的战果和日本这支号称“无敌”的第十八师团的狼狈败相。这给了蒙巴顿将军很深的印象，不得不佩服史迪威的指挥才能和中国军队的英勇善战。

后来英国将军们从恐慌中镇定下来后，也就相信如果不是有中国军队在缅北作战，日军这次对印度的攻击力量会更大，日军第十八师团再南向加入作战，那早就夺取了英帕尔。

日军第十八师团经过于邦、德罗（达洛）、迈昆（孟关）、瓦鲁班这几场大败后，伤亡大半，而且多是精锐。虽然把后方的勤杂人员都抽调入战斗部队，每个步兵中队仍然从过去的176人减到只有50人左右，只是原来每个步兵中队的三分之一还弱。而更严重的是屡战屡败

后，士气大受影响，从前这个王牌师团那种自感战无不胜的傲气已经荡然无存。特别是制空权失去后，不仅没有飞机掩护作战，想出动一两架飞机帮助侦察敌情都办不到了。敌情不明，师团上下都处于茫然中，难以了解中美军队的下一次更大的打击会在什么时候、从哪个方向发起，深有风声鹤唳、草木皆兵的紧张感。

田中新一师团长要扼守缅北，也不敢把部队往南退得太远，只能把新的防御战场部署在北起丁高瑟坎、南至夏杜苏（沙杜渣）约 25 公里地段的间布山隘口。这里是塔奈河谷与孟拱（莫冈）河之间的分水岭，南高北低，峰岩凸起的险峻大山上布满了没有路径可通行的原始森林，只有峡谷间有一条顺着蜿蜒山势，狭窄多弯、勉强可通行汽车的公路，从地势来看是适于他们的防御作战。

田中新一选择了间布山隘口以南 5 公里的夏杜苏（沙杜渣）作为防御主阵地，由第五十五联队来驻守。还在沿途山岭构筑有许多利用起伏地势构筑的许多小据点，由长久竹郎大佐的第五十六联队分别组成的许多小分队来驻守，以便节节狙击南进的中国军队，减少主防御阵地的压力。

这两个联队的残剩人员，在胡康河谷连续苦战，好不容易才突围出来，已经没有多大战斗力。不仅武器弹药缺乏，而且官兵身心极为困乏。正如他们自己所说："此时对疲惫不堪的官兵来说，唯一的希望就是睡眠，连构筑阵地工事也迟迟不见进展。"

略作休整并补充了武器弹药的中国驻印军，于 1944 年 3 月 13 日向间布山隘口开始了攻击。

史迪威将军的部署是：战车第一营配合廖耀湘师长的新编第二十二师第六十四团从正面攻取丁高瑟坎，第六十六团把躲藏在瓦鲁班附近森林里的残剩日军清扫后，也向丁高瑟坎南侧推进，控制那附近的交叉路口。梅里尔准将的 5307 支队的第一营和孙立人师长的新编第三十八师一个团（第一一三团）闪开大路，从满布原始森林的库芒山脉悬崖绝壁间寻路前行，迂回攻取日军后侧的拉班。

瓦鲁班之战后，史迪威将军终于明白了，被称为"强盗部队"的美军 5307 支队，虽然个个都外貌剽悍、凶猛，但是在作战中还得有中国军队配合为好。

间布山隘口很是险峻，日本军队那些构筑于山岩间的工事，又能居高临下地充分发挥正射、侧射的火力，从而给正面强攻的中国驻印军增加了攻击难度，不过步兵有坦克在前边开路，还是能不断攻击前进。

日军为了对付中国驻印军的坦克，也出动了他们的第十四坦克联队来应战。他们这种1933年设计的95式轻型坦克，自重仅6.7吨，装有1门37毫米坦克炮、2挺重机关枪，装甲厚度12毫米，只能防御轻武器的攻击。过去在中国战场上对没有重炮和战车的中国军队那是威风八面地任其纵横碾压。如今中美战车营出动的M3型坦克，虽然也只有1门37毫米火炮，却有5挺重机枪，而且M3型坦克装甲厚度达64毫米，自重12.7~14.4吨，装有1200匹马力的8缸环形汽油空气飞机引擎，一次可装满100加仑汽油，攻击和防御性能都比日军坦克强得多。紧接着，中美战车营又增加了M4型，以美国南北战争名将约翰·谢尔曼命名的、装有1门75毫米可发射穿甲弹和榴弹火炮、3挺机枪（1挺7.62毫米并列机枪、1挺7.62毫米机枪、1挺12.7毫米高射机枪），装甲厚度达89毫米的中型坦克。日军战车哪敢正面相搏，只能藏在房屋内、树林间作为固定工事来射击。一旦被中美坦克手发现，就集中火力给予毁灭性打击。

日军无法与中美战车营进行坦克战，只好派出甘愿为天皇献身的敢死队人员，身上绑满炸药或手持磁性手雷贴近中美坦克，人与坦克一起爆炸。以致这次间布山作战，中美战车营先后有8辆坦克被炸毁。

为了对付日军这种亡命徒的举动，中美坦克手赶制出了一种用粗大铁丝编成的大网罩在坦克上。这铁丝网离坦克钢板10厘米左右，使得磁性手雷和“人体炸弹”都无法贴近，从而避免了坦克被贴近炸毁。

史迪威又把十几门150毫米口径的加农炮通过新修筑的公路运上来投入了轰击。

这种刚刚由美国专家研制成的新型火炮，炮管长，弹道低伸，射程远（可达20公里），穿甲力量强，在攻坚上发挥了很大的作用。那一颗又一颗重达30余千克的炮弹飞过去，炸得山石崩裂、工事垮塌，也压得日军布置在间布山隘口，又分散于各个大队使用的三十余门、口径只有7.5毫米的山炮难以再对抗，有的被炸毁了，有的狼狈地忙着转移了。

第六十四团和第六十六团在3月15日占领了丁高瑟坎后，立即分路向间布山隘口强攻，由第六十六团和战车营沿公路正面推进；第六十四团的官兵则攀山越岭从悬崖陡壁间插入守御隘口的敌人侧后，把已经被火炮轰击得失去了战斗力的日军全部消灭，在3月19日完全控制了这一隘口，从而打通了胡康谷地与孟拱（莫冈）河谷交汇处的战略险地。

在这期间，由美军威廉姆·奥斯波恩中校率领的美军5307支队第一营、由赵狄上校指挥的中国军队第一一三团，于3月19日进入库芒山脉深处后，还在渺无人迹的原始森林和悬崖绝壁间，艰难地跋山涉水、砍路南进。

他们没有想到，这库芒山脉的原始森林里是不分旱季、雨季的，才3月中下旬，就如同缅北夏秋最绵长的雨季了，暴雨一阵阵倾泻下来，把山林浸泡得水汪汪的，也把穿越山林的官兵浇得全身从外到里都湿淋淋的。但更折磨人的是布满青苔的陡峭山岩被雨水浸泡后，更滑溜难行了。人和马一不小心，就会滑进悬崖底下摔得粉身碎骨。攀悬崖时，士兵还能手脚并用地抓住突出的岩石或小树费力地往上爬，马匹却挣扎不上去，官兵们只好把驮马上的武器、弹药卸下来，加给士兵来背负，然后用几个人在前边揪着马笼头，再用几个人从后边撑着马臀部，一步步把马匹顶上去。这“送马上山”极艰难，稍不小心或者马匹发怒、挣扎着不肯配合，又会连人带马摔进深谷。仅两天中，就有二十余匹驮着弹药和重机枪、迫击炮的马匹摔死了。这样经过了近十天的艰难穿行，美军第一营和第一一三团，才先后在3月28日清晨和傍晚走出了库芒大山，接近了因为连日大雨已是波涛汹涌的孟拱（莫冈）河上游的南高江。

美军的待遇比中国军队好，行进中不必自己背着干粮。那样太沉重了，而是依靠空投食物，每个食物箱里有罐头肉食、奶酪、肉饼、小甜饼、咖啡、方糖、巧克力、香烟，很是丰富。

有时候，森林太稠密，难以空投，他们只好饿着，以致他们感到在森林中穿行，最难熬的除了雨水、蚂蟥，还有饥饿和饮用不洁净的水后引起的痢疾。这缅北的山林比他们的训练地巴拿马运河两岸险恶得多。

南高江那边就是有日军据守的拉班，田中新一师团长的指挥所也设在那附近。

日军正在集中力量抗击从正面大路上过来的中国驻印军新编第二十二师，没想到从他们侧后山林间会突然钻出一支美国军队，这太出乎他们的意料了，那一带可是被稠密的原始森林封锁，难以通行的“绝境”啊！

他们也立即判明了，这只是一支以奇袭为目的，仅带有轻武器的美国军队，可以尽快击溃。田中新一立即从第一一四联队和第五十五联队各抽出一个大队扑向美军第一营，并调动山炮、迫击炮来轰击。逼得美军这个营前进、后退都不得，只能就地挖掘战壕、构筑工事来抵抗。

日军打美国人还是充满信心的，攻势也很凌厉。笼罩于猛烈炮火中的美军，被打得抬不起头来，很快有 8 人阵亡，35 人受伤。

威廉姆·奥斯波恩中校忙向走在后边的中国军队第一一三团求救。

傍晚，第一一三团赶上来了。

赵狄团长见美军有被包围、歼灭的可能，除了派人上去联系，要美军顶住外，又亲自去观察、选择地形，准备对日军发动攻击。

他们把出发前拆卸开了、分别装在马驮子上的榴弹炮、重迫击炮部件卸下来，迅速地组装。同时由观测员测算出距离、弹着点，几十门火炮一起发射，炮弹如雨点般向日军倾泻。

日军没料到美军后边会出现一支人数更多的中国军队，而且还带有重炮，火力是这样猛。

（这也是孙立人将军的战术思想，他认为：“迂回穿插只是手段，击溃消灭敌人才是目的。”所以，尽管山路难行，穿插部队也必须尽力带上重武器和充足的弹药。）

日军被打得四散奔逃，只好放弃拉班。

这才解救了美军第一营。

美军官兵在又一次经历了险被歼灭的命运后，高兴得大叫：“活着真好！”

一个美国兵还真诚地对第一一三团的士兵说：“和你们在一起作战，我们什么都不怕了。”

日军田中新一师团长没想到美军和中国驻印军从正面攻击的同时，

还会有这样的穿插，而且打到了他的师团部附近。只好再次命令撤退，退守孟拱（莫冈）河谷的丁克林一线。

这间布山之战，日军被击毙 2772 人，丢下了山炮 6 门，轻重机枪 9 挺，步枪 117 支。第五十五联队第二大队队长管尾少佐也被击毙。

中国驻印军这两个师也伤亡了 745 人。

从 1943 年 10 月开始缅北反攻，到 1944 年 3 月底的近半年中，中国驻印军越过那加山脉胡康河谷的险峻山林攻抵德罗平原，南进 150 余公里，大小战斗百余次。日军虽然凭险顽抗，还是伤亡 12000 余人（其中被击毙军官 60 余人，士兵 4100 余人），使这被称为“山林战之王”的第十八师团减员近三分之二。这与 1942 年春，日军入侵缅甸时，第十八师团只死亡 123 人，真是有天渊之别。

中国驻印军虽然是处于进攻中，按一般规律会损失较大，但是只伤亡了 6495 人。

日军第十八师团一再败退，伤亡这样惨重，严重减员， 只好把在后方住院治疗的伤病员 2000 余人，不等他们痊愈，都调集回来分派给各个步兵联队，同时把缅甸方面军新近送来的新兵加紧训练。

新兵们从前连枪声都没有听过，如今却要上战场了，只好每人分给 5 颗子弹，搜集一些原来做包装材料用的木板制作成靶子，进行实弹射击训练。

这第十八师团已经是一派残破，远非从前的精锐了。

日军东京大本营对第十八师团的评价也是：“师团的战斗力已达到了最低限度。”

南方军总司令官寺内寿一见中国驻印军逼近孟拱（莫冈）河谷，即将威胁缅北交通中心密支那，除了催促所属的第七野战补充队加紧对第十八师团补充新兵外，又从面对中国怒江正面防守的第五十六师团中，抽出第一四六联队拨归田中新一指挥。

一直留在后方，完好无损的第十八师团第一一四联队也被田中新一从密支那附近调了上来，参与孟拱（莫冈）河谷防御战。有了这两个兵员充足的联队，军势才略振。

他的防御部署是：以第一一四联队一个大队（第三大队）守御南高江西岸，沿公路线的起伏地形构筑工事，其余的部队（第五十五联

队、第一一四联队、第五十五联队、第一一四联队，第五十六师团的一四六联队）在南高江东岸守御师团的侧翼，防止中国驻印军从拉克老河、马鹿塘方向过来。

这些部队虽然还保存着联队番号，多数已经兵力微弱，当然抵挡不住中国驻印军的进攻。

田中新一师团长又一再向南方军总司令官寺内寿一呼吁，请求增兵。

寺内寿一只好又把第十六军第二师团中的第四联队，原驻缅甸南部的第五十三师团的一个半联队（第一二八联队主力和第一五一联队的一部分）和一个炮兵联队，一个坦克大队都调往缅北。从 1944 年 4 月末起，统一由第三十三军司令官本多政材指挥。

这样，缅北日军又增加了近一个师团的兵力。

连日的大雨冲烂了道路，严重影响了中国军队的行进，使得史迪威将军很是焦虑，看见乌云满布阴沉沉的天空，他就会心烦意乱地咒骂老天不配合，叹息这些地方已经成了“雨季的停泊地了”！

他很想在雨季完全来到前结束孟拱（莫冈）河谷的作战，然后尽快夺取密支那，也因为新编第二十二师、新编第三十八师伤病过多，深感兵力不足。他除了把还在印度兰姆伽训练的新编第三十师两个团调来外，还在 3 月 27 日经昆明飞往重庆去晋见蒋介石，要求再给予增加军队。

远在重庆的蒋介石是在用主要精力关注着反攻缅北的战事，每天都要批阅从郑洞国、廖耀湘、孙立人那里直接发来的电报。开始时，他很担心史迪威打得太猛了，过于深入，会在胡康河谷与孟拱（莫冈）河谷的深山峡谷间遭受敌人的伏击，所以一再去电史迪威要求稳扎稳打。这当然不合乎这位美国将军一贯的“进攻再进攻”思路，也就把他的提醒完全置于脑后，使蒋介石常为之烦躁。如今见在史迪威指挥下，这两个师都打得好，进展很快，也就放心多了。

史迪威在 3 月 28 日上午到达大雾迷茫的重庆，蒋介石就在下午 5 时接见了他。

蒋介石心情正舒畅，史迪威一提出要给缅北增加军队，他就立即爽快地答应再给他两个师，而且可以在半个月内的 4 月 10 日前，先把驻云南的中国远征军所属第五十四军中的第五十师从昆明空运印度。

美军眼镜蛇突击队从列多（雷多）出发对密支那实施突袭

过去史迪威为了反攻缅甸向蒋介石要军队，都要颇费口舌地经过几番争执。3 月初，日军进攻英帕尔后，英国政府担心印度有失，曾一再电请美国总统罗斯福去电催促中国政府出动驻云南的中国远征军，蒋介石都没有理会。

这次蒋介石能如此大方，是史迪威从缅北飞来的时候没有想到的，从而高兴得碧蓝的眼睛发亮。

中国远征军 1943 年在云南重新组建后，经过一年多的调整、训练，如今拥有 6 个军（第二军、第六军、第八军、第五十三军、第五十四军、第七十一军）以及直属长官司令部的炮兵、工兵、辎重兵，约 20 万人，全是美式装备。

在英美方面看来，以 6 个军的优势兵力去打击盘踞于怒江以西，只有 18000 人的日军第五十六师团，应该是游刃有余。中国远征军如果能从怒江以东出动，不仅有助于史迪威将军指挥的中国驻印军更快速地在缅北的反攻作战，还可以大大缓解英印军队在英帕尔的败局。

按照同盟国共同作战的要求，英国军队如今在印度有难，中国不能见死不救。使蒋介石按兵不动的原因是一个多月前的 1 月 31 日，还不了解日本军情动态的英国军方的参谋本部，却愚昧地提出了一个所谓“公理行动”计划，向英国首相丘吉尔建议：在印度的英、印军队不要参与史迪威将军指挥的中国驻印军反攻缅甸作战，以便保存实力。等到 1944 年或 1945 年的冬季，南太平洋战局有利于英美盟军，可以向印尼的苏门答腊和马来西亚的诸岛屿进攻时，英国再从欧洲战场抽出海军、空军来参与缅甸南部的登陆战……

一句话，这些英国将军们经过 1942 年春夏的缅甸溃败，1943 年春季进攻缅甸南部阿恰布（实兑）的失败，已经被日军吓破了胆，再也不敢使用步兵在山林起伏的亚热带缅甸与日军作战了。

中国驻印军正在缅北艰难苦战之时，英国却这样以局外人的冷漠态度作壁上观，这使蒋介石和他的将领们既惊讶又气愤，这哪里像同盟国，缅甸是你们英国人的属地，你英国人都不急着收复，我们急什么？

直等到日军入侵英帕尔了，英国方面又忘了他们那避战自保的“公理计划”，厚着脸皮来向中国求救了。

蒋介石的态度是：不理他！

而更使蒋介石不愿动用在云南的中国远征军的原因，是他从情报部门得知：日军东京大本营已经在这年（1944年）1月24日正式命令中国派遣军司令官火田俊六，从驻中国大陆的各个侵略军中抽调约41万人的兵力以及12000辆汽车、67000匹骡马，准备对中国战场进行一场代号为“一号作战”，沿平汉、湘桂铁路线南进，战线长达2000余公里的进攻战。其作战目的是打通中国大陆从华北、中原到湖北、湖南，直至广东、广西沿海的交通线。摧毁这几个战区在江西遂川、赣州，广东南雄，湖南芷江，广西桂林，福建建瓯的美军机场，以消灭美国飞机用以轰炸日本本土的基地。

如果这场大战一起，不仅中原、湘桂战区吃紧，还将威胁作为抗战大后方的西南几省。

蒋介石很了解那几个战区的军队经过多年苦战，已是武器装备简陋，弹药、粮食缺乏，难以应付日军的大规模进攻，必要时还得调动在云南的这几个有美式装备、兵员又充足的军。

蒋介石对印缅边境英帕尔战事的冷漠，不仅惹恼了英国的丘吉尔，也惹恼了远在华盛顿的罗斯福、马歇尔。他们认为：中国战区局势再艰难，也不能长久在怒江以东按兵不动吧！在中缅边界以内，日军的第五十六师团是个只有18000余人的乙种师团，而且近期还有一个联队调往了孟拱（莫冈）河谷支援第十八师团作战，在云南的中国远征军只要出动一两个军就可以取胜了。而且美国给中国军队这样多装备，主要是为了反攻缅甸，如果任由蒋介石手握重兵置身于缅北作战之外，美国议会中的反对党议员又会指责罗斯福总统的援华政策不妥。但是罗斯福、马歇尔并不完全了解刚刚接受了美式装备的中国远征军，还没有得到充分的训练，对武器性能也不熟悉，特别是还不善于在滇西险峻山林间进行攻坚战。

罗斯福在3月17日发了一封电报给蒋介石，婉转地敦促这位委员长尽快出兵：

> 新编第一军正予日军第十八师团以沉重打击，日军缅甸方面军主力已被拖在英帕尔及阿恰布方面。英空降部队正在威胁第十八师团背后。对此请予注目。盟军如失此良机，日军恐将重整旗鼓再度进攻。预料胡康（河谷）方面之第十八

> 师团必将救援，对此可能由第五十六师团抽调一个联队。
>
> 望阁下命令云南远征军司令长官发起攻势，使此大好机会得到发展。

用语简洁有礼，对缅印形势也指点得明确。这是罗斯福总统处事的风格，不同于丘吉尔那样颐指气使、傲慢自大。

这给蒋介石出了一道难题，在云南的中国远征军出动不出动？他不怕得罪一再背信弃义的丘吉尔，却不敢惹恼正在给抗战的中国援助的罗斯福。他一贯认为，在敌强我弱的态势下，与日军作战，不能轻易发动进攻，只能在防御战中消耗敌军，若贸然进攻，稍有闪失就会造成大溃败。1942 年夏秋的远征缅甸，就是史迪威不了解中国军队的实际情况，一味主张进攻、进攻，不注重防御，更因为英、印军队避战自保，而造成了那次 10 万军队损失了 6 万，几乎把云南这块险地都丢失。

所以，前段时间他和参谋总长何应钦等将领研究后，为了表示对正在反攻缅北的史迪威将军的支持，迅速从驻云南的中国远征军中抽调两个精锐的师去缅北作战。把战场限于缅北，比从怒江以东出击要保险得多。

他犹豫再三，过了 10 天（在军情紧急的时刻，这 10 天可不是短时间），才在 3 月 27 日给罗斯福回了一封电报，词语婉转却是断然地拒绝出动在云南的中国远征军。他在给罗斯福总统的复电中，是这样表达他的苦衷和顾虑的：

> 由于中国战区形势已趋紧迫，故以通报阁下为宜。中国为能对盟军及中国自身尽到义务，当前之重要课题为：
>
> 一、必须倾其全力保持作为大规模轰炸日本本土唯一地面基地之中国战区；
>
> 二、因盟军决定不久将为进攻日本本土进驻中国沿海基地，中国需要为此进行准备。
>
> 以上为中国方面当前之重要事项。同时考虑到，中国在过去长达 7 年的对日战争中所承担之兵力、物资已达巨大数量。强迫超出中国之国力，必将招致灾难，并为云南、四川乃至全中国造成深刻影响。倘如此，恐将招致日军之入侵云

南、四川以及新疆革命、山西赤化与最终全国赤化的新局面，进而使我政府无法尽战争之义务，以致失掉对日作战之基地。权衡上述理由与中国之义务，如目前中国战区不能适当加强，自云南发起攻势则不可能。在开罗会议之际，余曾向阁下言及，一俟英国在缅甸沿海展开大规模登陆作战，我主力当立即对缅甸采取攻势。此一约定，现今当有效。正因为考虑缅甸之军事地位，理解协力之必要，故已同意自云南派往印度两个师，以增强新编第一军。

总之，余深知中国对东亚地面作战所负之重任，并感谢迄今给予中国之援助。请对阁下盟友寄予一如既往之信赖。

蒋介石这封电报可谓坦率之至，把他的内忧外患，特别是他为什么派重兵驻扎于陕西对中国共产党的防范都说了出来。他也知道，一向对中国不提要求的罗斯福总统，这次催促中国出兵，除了史迪威的急于反攻缅甸外，主要是英国方面的从中怂恿，既然你英国有个等待在南太平洋战局有利时，再反攻缅甸的“公理计划”，我就以此来作为按兵不动的挡箭牌，而且我也不是不关心缅北战局，如今不是立即往缅北方向派出了两个师么！

他这封电报不仅字斟句酌，还选择了史迪威将军正从缅北飞向昆明、即将到达重庆的那天（3 月 27 日）发出这一电报，也是省得史迪威来了后又为增加军队的事和他争执。

史迪威还没有看到罗斯福和蒋介石的来往电报，见蒋介石这样爽快地答应给两个师，又高兴又颇感意外。他也知道从第五十四军中抽调给缅北的第五十师具有较强的战斗力，而且属于官兵满员的甲种师。满意之余，也就没有就中国远征军是否从滇西发动进攻的事与蒋介石做深入研讨。

第五十四军是陈诚军事系统中七大王牌军之一，是从 1937 年 10 月从陈诚担任过军长的第十八军中分出的一个师（第五十四师）为基础组建的。原来驻防于滇南红河一线，防止日军从越南入侵，新任军长方天是黄埔一期毕业，不久前在鄂西会战中指挥第十八军打退了沿三峡逆流而上的日军，也是位善战的将领。如今第五十四军已编入了驻扎在云南、待命反攻的中国远征军第二十集团军的系列，集团军总司令霍揆彰将军就是第五十四军成立时的第一任军长。第五十师又是这

个军的主力部队，师长潘裕昆是黄埔四期毕业，几个月前的 1944 年 1 月才从第十四师副师长的职位上调升过来。

蒋介石原来准备把第五十四军全部调入缅北。但是过于倔强、耿直的史迪威还是没有改变他那“要中国兵不要中国官，特别是不要中国高级军官”的偏见，只答应再接收这个军的第十四师，而坚决拒绝方天军长和他的第五十四军军部。

这虽然使蒋介石、何应钦很不愉快，但也无可奈何，只好在以后的 4 月间再让龙天武师长率领第十四师飞往印度。

这样，在 1944 年夏，投入缅北反攻战的中国驻印军就达到了 5 个美式装备的步兵师。

史迪威这次飞重庆，因为办事顺利，只在重庆停留了一天半，就忙着在 3 月 30 日上午飞返印度，给即将到来的第五十师安排改换装备和投入作战的事宜。

他虽然年过六旬，还是那样充满活力，在昆明、新德里都没有停留，而是命令驾驶员直飞胡康河谷前线。冬末春初的喜马拉雅山脉是风雪最狂猛的季节，对于每一架飞越“驼峰”的飞机都是充满了危险、要不断与死亡搏斗的行程。稍不小心，突如其来的旋风就会把飞机刮得底朝天或者把机翼、机身折断成几截，造成机毁人亡。

史迪威乘坐的军用运输机就这样一次又一次在激烈的气流中颠簸着来回。他是很能吃苦的军人，也不得不发出这样的惊叹：“可恶的路途，讨厌的天气，（飞机）颠簸得像一片树叶。”

1944 年 3 月末，印缅南方边境英帕尔的英、印军形势很糟，日军第十五军的第三十三师团在新任师团长田中信男少将指挥下，已经打到了距离英帕尔只有 20 公里左右的比辛布尔，从而封锁了英帕尔以南的通道。由山内正文中将指挥的第十五师团避开了沿途的英、印军，在深山密林间轻装前进，在 3 月 28 日突进到英帕尔北边科布马至乌克鲁尔的路上，与第三十三师团从南北方向一起对英帕尔形成了合围之势。这个军的另一个师团（第三十一师团）从缅甸的霍马林渡过钦敦江后，也攻抵科希马附近。

日军的凌厉攻势使英、印军一片慌乱，也使极力主张向印度进攻的第十五军司令官牟田口廉也很是得意，不断把胜利讯息报往南方军

和东京大本营。3 月 27 日的东京《朝日新闻》就这样报道：“战火在英帕尔平原燃烧，敌第十四军的根据地陷于极度混乱中。败敌两个师的大兵力拥进了英帕尔平原，造成了大混乱。”

英、印军在英帕尔的败退，并没有影响史迪威将军继续在孟拱（莫冈）河谷作战的决心。虽然他也明白：“如果他们（英、印军队）那边不振作起来的话，我们的日子也不会好过的。”他还是趁缅北日军第十八师团损伤极大，新补充的兵员还不适应战斗，刚调来的几个联队还刚刚部署，立足未稳之时，迅速展开了新的攻势。

他不愁打不败日军，着急的是这几天时晴时雨，气候太糟。一下雨山林内外遍地都是水，大小河流更是变得波涛汹涌，给军队的行动增加了困难，也影响了飞机的侦察、轰炸、空投。

他特意访问了胡康河谷的原住民克钦人。这些熟悉当地气象的人都预言当年的雨季会提前到来。因此，必须在雨季进入高潮前的 6、7 月占领孟拱河谷，攻下密支那。

在史迪威积极筹划孟拱（莫冈）河谷之战的同时，蒋介石、罗斯福这两位中美首脑，继续在电波上展开了一场无声的但很激烈的“战斗”。

罗斯福在接到蒋介石 3 月 27 日电报后的一周，在 4 月 3 日又发来了一封电报：

日军目前对英帕尔的进攻，其目的在于切断印中联系。如攻势得逞，日军下一次攻击目标无疑为胡康河谷之新编第一军，其次为阁下之云南军。当前缅甸西部及缅甸西南沿海虽然正在激战，但怒江前线平静。如此，日军得以抽调第五十六师团之一部，以对付英空降部队及新编第一军之威胁，对阁下美式装备的云南军不能进击已削弱的第五十六师团，余实难想象。即使区区一个师团的炮弹能在怒江畔干扰贵军，亦无力阻止贵军之进击。

我方过去装备、训练阁下之云南军，正为在此时，予以利用。云南军如不能用于协同作战，则空运装备，提供训练教官等我方费尽心血的广泛支援，完全失去了意义。日军在

英帕尔、胡康（河谷）、阿恰布方面作战，7个师团之大部正在展开。

余殷切希望阁下迅即采取行动。

罗斯福这封电报虽然还在对蒋介石晓之以理，却比上次来电的措辞强硬多了，而且还含有嘲讽、威胁语气，这使得本来就刚愎自用的蒋介石很不愉快，也就倔强地命令外交部门表示抗议。

罗斯福也火了，再次来电，严厉地要求“中国军队应该迅速越过怒江开始攻势”。

蒋介石更生气了，心想我又不是你的部属，怎么能听命于你们？我怎么没有采取行动？在缅甸作战的中国驻印军3个师不是我派去的，又是哪个派去的？何况我如今又加派了两个师……

他一怒之下索性不再理会罗斯福了。

蒋介石这样强硬，更是激怒了以史汀生、马歇尔为首的美国军方，一再怂恿罗斯福总统给蒋介石施加压力；罗斯福也同意军方可以采取行动，给蒋介石“一点颜色看看”。

4月10日，史迪威驻重庆的参谋长赫恩少将，会同派驻中国远征军司令长官部的顾问组长窦恩准将，一同去谒见军事委员会参谋总长兼军政部长何应钦上将，明确地表示：“如果中国远征军再不行动，将把4月份空运来的7340吨物资，转给陈纳德将军的第十四航空队。”他们还准备按照美国政府的指示：取消向中国国营航空公司贷给飞机的合同，并收回迄今已贷给的飞机……

这表明，美国政府将断绝对中国的援助。

对已经是民穷财尽的抗战中国，这可是一道撒手锏。何应钦将军忙把这事向蒋介石报告。

蒋介石也被镇住了。他没有想到一向宽厚、友好的罗斯福总统会这样与他决裂，很是苦恼。

他们迫于来自美国的压力，又再三权衡了是否向怒江以西出击的利害得失，只好改变原来的消极拖延，决定中国远征军尽快反攻。

4月14日，何应钦上将奉蒋介石之命以军事委员会参谋总长的名义签署了“怒江攻势命令”，指示在昆明的中国远征军司令长官卫立煌上将，“务必在5月11日向怒江以西攻击，不得延宕！”军令部长徐永昌上将也迅速对原有的作战方案进行了修改，以求更完善，并在4

月19日拟出了新的《远征军策应驻印军作战指导方案》，报请蒋介石批转并饬中国远征军司令长官部实施。

电令到达，驻云南的20万中国远征军都紧急行动起来了。虽然雨季已经开始，在涨水的怒江和险峻的高黎贡山实施进攻战是兵家之大忌，正如史迪威将军在5月11日给他夫人信中所说：“本月‘天门’即将打开，洪水将从天而降，田野将变成湖泊，道路将消失踪迹，一切将变得极为困难。”但这是战争，而且是与复杂的国际关系纠缠在一起的、不得不打的一场战争，就容不得中国的将军和士兵按照常规去估量天时地利是否合适了。作为军人，他们只能淋着大雨、踩着泥泞，迎着敌人从牢固的工事里倾泻过来的炮火去战斗。

这就是“不得延宕”的战争！

孟拱（莫冈）河谷之战

这年缅北的雨水来得比往年早，仅 4 月间就先后下了 10 天瓢泼似的大雨；平地上满是积水，大小河流也变得汹涌、浑浊了。这虽然给史迪威将军的行兵布阵带来了许多麻烦，但是他认为：兵贵神速，还是应该趁这时雨时晴的天气，抢在孟拱（莫冈）河谷还没有完全淹成一片汪洋的泽国之前去进攻日军。

孟拱（莫冈）河谷是由自北向南的南高江劈开大山形成的一道长约 70 公里，东西仅 8~18 公里宽的一道狭长山谷，除了山脚下有两块顺着河岸延伸的狭窄平地外，都是 3000 米以上的险峻高山；干旱的冬春，南来北去的人们还能沿着岸边的小路行走，一进入雨季，猛涨的江水向东西两岸漫延，汹涌的波涛能淹过山脚，交通也为之断绝了。

这里距缅北重镇密支那约 60 公里，仅有一条公路可通行。

在缅北盘踞了近三年的日军，很了解这里的天时与地形，也就希望能在 4 月初尽力顶住中国军队的进攻，雨季一来，他们就可以利用洪水的险阻继续守住这一地方了。

敌我都想抢在雨季完全到来之前来战守。

史迪威将军由于先后得到了从中国国内新调来

的两个步兵师（第五十师、第十四师），实力大增，决定在 4 月初发动反攻缅北的第二次大攻势，以夺取孟拱（莫冈）、密支那这两大重要城镇。

他的作战部署是：孙立人师长指挥的新编第三十八师作为右翼，廖耀湘师长指挥的新编第二十二师作为左翼，并配属一个战车营沿公路南下去攻取孟拱（莫冈）；梅里尔准将指挥的美军 5307 支队继续在山林间迂回穿插，潜往英开塘日军侧后，在战役发起之后截断敌军后路。

4 月 4 日，新编第二十二师以第六十四团为前导，在团长熊杰率领下，沿孟拱（莫冈）河谷公路出动了；新编第三十八师的第一一三团也在赵狄团长率领下，从拉班南下攻占了巴杜阳。

日军经过胡康河谷战斗和惨败后，兵员不足，后勤补给困难，已经军威不再，很是狼狈。正如日军在《缅甸作战》那部战史中所记载："此时，第十八师团在长时间连续作战和撤退中，官兵已极度疲劳，上衣破烂，衬衣撕碎，露出脊背；裤子已不成形，大腿、膝盖露在外边。拖着透底的皮鞋的步兵，满脚上长着一层'丛林疮'。因战伤、战病后撤的一群官兵姿态，令人不忍入目。身体骨瘦如枯柴，仅仅脸上尚残留一丝九州男儿坚决不屈的气魄。"

第十八师团是以日本九州矿工为基干组成的，所以时常傲然地自称"九州男儿"。这些当年曾在中国南方和东南亚横行的侵略军中的精锐，如今却落得这样一副惨相，也是侵略者末日已近的表现。大量的伤病员和普遍营养不良，更是使得他们的战斗力日趋低下。《缅甸作战》还有这样的记载："第一线中队的官兵，包括中队长在内，一般不足 30 人，甚至只有军曹以下 10 数人者。即使这些人，几乎也都是半病员状态，可以说全部患有疟疾和脚气病。因此，无不苦诉行走困难。每人每日配给大米不足 1 合（约 150 克），补给正处于中断状态。"

日军步兵中队的编制为：每个中队有 3 个小队，12 个分队，合计官兵 176 人，比中国军队一个连的人数多一半，如今只剩有六分之一左右的人数（约合中国军队的一个排）。也真是够残破了！

更使他们自感行将灭绝的是难以走出饥饿的困境。过去一个士兵一天的口粮标准是 1000 克大米，如今只有 150 克，煮稀饭都不够，饿得他们只好四处挖掘野菜、捕捉老鼠来充饥。

平日威风凛凛、方头大脸上一副傲然自得神态的第十八师团师团长田中新一中将，如今由于疲惫、焦虑，特别是连续几个大败仗的打击，也变得神形黑瘦枯槁，眼睛里满含着忧郁神色。他很明白，这缅北是守不住了。但是身为师团长，又深知不能临阵退缩，特别是长期受武士道精神影响，形成了亡命徒的个性。他还是那样顽固地不肯完全认输，想驱使官兵继续拼死打下去。他除了尽力整顿这些溃败下来的军队重新布防外，也连续发出加急电报给第三十三军司令官本多政材，以及缅甸方面军司令官河边正三，要求再加派军队前来支援……

部署于公路两侧的是日军左翼的第五十六联队的一部分。他们也知道，以这些残剩的兵力，难以抵挡兵员众多、武器弹药充足，并有飞机、坦克支援的中国军队的强力攻势；为了进退方便，他们把南高江两岸密荫森林内，原来由当地人的马帮、牛帮踩踏出来的小路，悄悄拓宽成可通行汽车的秘密通道。

南高江汹涌地从北往南冲刷时，还接纳了沿两岸芒库山脉大小山谷间流淌过来的几十条溪河。如今都因为天降大雨而涨水了，每条河流都成了横亘于中国军队进攻道路上的障碍，从夏杜苏（沙杜渣）到英开塘的短短 6 公里路程就有 5 条浊流滚滚的溪流，河上的竹桥、木桥早被日军破坏了；向南进攻的新编第二十二师第六十四团，只能根据水势和河床的宽度，能涉水的就徒涉过去，水深难以徒涉的就由工兵冒着日军的炮火轰击，砍伐竹木架设浮桥。

中国军队每次渡过这些河流都很危险，不断遭到埋伏在树林里、深草丛中的日军第五十六联队派出的小分队的袭击，损失不小。中国军队也用猛烈炮火给日军以压制，掩护工兵架桥、步兵过河。在不断的强攻下，逼得日军不得不一再往后退。从而被新编第二十二师连续攻下了瓦康、瓦拉渣、马拉高等据点，进入了英开塘以东。

在这同时，美军 5307 支队正穿过芒库山脉的层层密林艰难行进。从 3 月下旬开始，用了近半个月时间才前进了不到五十公里；因为平均每前进一米都要用斧头和砍刀砍伐半小时甚至一小时，才能让人和驮军用物资的骡马钻过去……

美军 5307 支队的任务本来是迅速穿插以截断日军的后路，如今由于行动过于迟缓，他们的动向已经被日军发现，并在他们行进途中的大龙阳附近的山岭间设置了阻击阵地和包围圈。

在日军的猛烈攻击下，美军招架不住，只好边打边退，一路上经过大龙阳、蛮宾、瓦兰、奥溪、潘卡、山兴阳等村寨往北走。走在后边担任掩护的第二营却无法摆脱日军的尾追，在潘卡被日军一个大队800余人追上并迅速包围。

美军这个第二营在艰难的行进和战斗中，本来已经走得疲惫不堪，如今左冲右突也难以冲出日军的包围圈，弹药粮食也将用尽；而且电讯中断，和梅里尔准将的支队部也失去了联系。

他们见走不脱了，只好利用山林地势挖掘了400余米长的壕沟来抗击。日军也下了狠心要在这里把这支已经人数不多的美国兵聚而歼灭，攻势很是凶猛，一个上午就连续发动了16次冲锋；美军也拼死抗拒，肉搏、近距离枪战，打得战壕两边都是日、美士兵的尸体。

日军见冲不进美军阵地，就调集山炮、迫击炮轰击。狭窄的阵地在密集的炮弹轰击下，如同被一再犁垦过那样，难得有几块完整的地方。人还可以往挖掘得很深的地下工事里藏，那些随同行动的骡马就难以藏身了；炮弹飞来，阵地上的剧烈爆炸声、人的呐喊声、战马惊恐的哀鸣嘶叫声，加重了恐怖气氛。一百多匹骡马全都被炸死。天热，血肉狼藉的人与骡马尸体没法掩埋，在雨后烈日的暴晒下，很快地腐烂发臭，引得无数绿头苍蝇拥过来，嗡嗡地在死人、死马身上，以及活人的脸上乱叮……

更使被围的美军这个营难熬的是，他们的粮食和水都快断绝了。

走在前边的梅里尔准将，久等也不见他们的第二营过来，发电报也联系不上，忙派出人折回去寻找，才知道被日军围住了。

他很着急，亲自率领第三营赶去救援，走出不远，他的心脏病就发作了。史迪威将军知道了，赶紧派出小型飞机来把他接走，改由亨特中校来指挥第三营作战。

4月3日早上，第三营在潘卡附近与日军展开了激战。日军占据了有利的阻击地形，第三营的攻击很难得手。

退却在前的美军第一营，本来已经走得很远了，这时候也以24小时的急行军速度，用了7天时间，赶回潘卡来加入解围作战。但是他们在森林中不停歇地奔走了那样多天，已经精疲力竭，暂时处于无力冲击的状态。

在数量上，全部返回来的美军5307支队已经超过日军这个大队，

滇西民众协助抢修中印公路

本来可以用优势兵力里外夹攻日军，但是处在包围圈内的第二营已经被打得奄奄一息了，刚上来的第一营、第三营还没有从长途奔走中歇息过来，一时间还难以合力攻击。幸好这时候，中国军队的一个营赶上来了。

那次瓦鲁班之战后，史迪威将军就感到，美军这支部队虽然可以承担敌后奇袭的任务，但是孤军深入经常是险情四伏，还得依靠中国军队的随时支援，因而特意在新编第三十八师调了一名上校军官派驻5307支队担任联络参谋。梅里尔准将飞返后方之前，曾请求联络参谋李睿上校从他的指挥部驻地乘坐小型飞机飞往新编第三十八师师部向孙立人师长报告，请求派兵去解5307支队之围。孙立人师长立即电令左路的第一一二团团长陈鸣人迅速派出第一营从大德卡道赶往潘卡。

日军从3月24日开始对被围困的美军第二营发动攻击以来，开始还攻势凌厉，但是久攻不下，死伤日多，自己也处于疲困状态，而且弹药日渐缺乏，只能捡拾美军飞机空投的手榴弹来掷向美军。如今见美军大部队陆续折回来增援，过了不久，又听见附近山坡上传来嘹亮的冲锋号声。这号音他们很熟悉，是中国军队的攻击前奏，中国军队从来都是人数众多，如今也不知道来了多少军队，两个营？三个营？只见周围树丛中枪声、呐喊声大响，猛烈的炮火向他们倾泻过来。军心更是慌乱。

在中美军队合力攻击下，日军招架不住了，伤亡的尸体也来不及收拾，就急匆匆地向后撤退。只是他们这支联队一向训练有素，还是在沿途留下一些小分队，依靠茂密山林来节节狙击，以掩护大部队逃走。

这场被围困和解围之战，美军阵亡了59人，受伤14人，日军被击毙了四百余人。

第二天（4月4日）梅里尔准将给孙立人师长发来了一封感谢电："贵师第一（一一二）团第一营，以急行军速度赶来救援，完成任务。足见该营士气旺盛，体力超人，训练有素。敝支队能执行任务并解除围困，全赖贵部给予充分合作之所致。特此感谢。"

这是胡康河谷战斗以来，新编第三十八师第三次解救美军这个支队，而且每次都行动敏捷，打得干净利索，使这支美军能从濒危中获救。

这使自视甚高，一向对中国军队的将领缺乏信任和尊重的梅里尔准将，面对具体事实，不得不逐渐矫正他对中国军队的看法。遇险就向中国军队求助，也成了他常做的事。

作为左翼从孟拱（莫冈）河谷大道正面推进的新编第二十二师，这次却打得很不顺利。第六十四团在攻击日军长久联队时，被预置于路上的大量地雷和火炮炸伤了不少人，而节节受阻，有 57 名连级军官阵亡，士兵则伤亡更多。从而使得这个师在这一线难以突破，也影响了廖耀湘师长和团、营级军官们的作战情绪，面对这艰险地形和日军的顽强防守，一时间无计可施。

一向主张强攻的史迪威将军，这时候也似乎有些束手无策了。他在 5 月 2 日的日记中这样记载："又是阴天。我们沮丧地坐着。第二十二师已有 57 名连级军官战死。在这种情况下推动不了二十二师，也帮不了他们。天啊！"

第三天（5 月 4 日）史迪威又记述："现在廖（耀湘）正在找出一切已知的借口，以便不再前进。他和孙（立人）谈了三天。他要'躺倒不干'了。"

廖耀湘是一名战将，他当然不会、也不敢在军情紧急的前线"躺倒不干"。他是在苦思怎么从这伤亡太大、前进不得的困境中解脱。他和孙立人师长坦率长谈既是诉苦，也是商量对策。

孙立人师长也深感，这样不惜伤亡地从正面强推不是上策，虽然中国驻印军又增加了 3 个步兵师，也不能这样无节制地与日军拼消耗。如何在歼灭敌人的同时，又尽力珍惜官兵们的生命，是长官们的职责，那都是自己的兄弟呵！

他是一位不同于一般将领的高明战略家，面对当前战局，他进入缅北后，就认为："正是北缅这种利守不利攻的地理环境，使得日军从一开始就失去了主动，把自己置于被动挨打的地位；敌人的据险扼守、层层设防，看起来十分吓人，但实际上分散了其兵力，给我军提供了各个击破的机会，使敌人兵力总的优势变成了局部的劣势，随着敌军一股股被我消灭，最后总体上也就失去了优势。"

他很睿智地看出了日军据险扼守、层层设防，使自己的兵力不断被消耗，如今该怎样找到可以尽快突破之处？

他在每战之前，都会派出精干的情报人员化装成当地山民出去侦

察敌情。这段时间他从师情报组组长葛士珩的报告中得知：日军为了苦守孟拱（莫冈）河谷，有限的兵力都用到了前线，特别是中美的一支混合编组军队正在奇袭密支那，更使日军捉襟见肘，难以兼顾加迈（甘马因）等地的后方。那几天，部队从被击毙的日军第十八师团补充兵大队长野恒光一大尉身上搜到了一封日军第十八师团步兵团长相田俊二写给野恒光一的信，这封信里透露了日军如今因为伤亡过多，兵力大部分用于第一线，而且士气消沉，很是疲惫……

孙立人师长根据当前敌情，决定除了用一部分兵力继续从正面推进外，另以一个团去穿越山林，进行大迂回，从日军孟拱（莫冈）河谷防御阵地中间的空隙地带钻过去攻向日军的后方——第十八师团部所在地的加迈（甘马因）。这次长达 170 公里的迂回穿插，不能走有人走过的小路，因为小路上很可能有日军的巡逻部队和派出的谍报人员，要另外开辟新路。

这要忍受很大的艰险，才能穿过那渺无人迹的重重山林。为了保密，还不能有飞机在行军路线的上空掩护和空投，以免被日军发现，在中途堵击……

他命令作战参谋们拟出了迂回穿插方案后，在 5 月 19 日夜带着葛士珩赶回驻印军总指挥部去面见史迪威将军。

史迪威正因为新编第二十二师正面推进受阻，苦于无计可施，而躺在那低矮的军用帐篷里发愁。见孙立人从前线赶回来了，很是高兴。他知道这个充满锐气的少壮军人，如果没有良策是不会来找他的。

孙立人也不拐弯抹角，在史迪威帐篷里用弹药箱堆成的“桌子”上摊开地图，申述了他这一大胆穿插攻占加迈（甘马因）的作战方案。

这天晚上，在史迪威的帐篷里，只有他们 4 个人（史迪威、孙立人、葛士珩以及美国将军柏特诺）在密谈。这可是极端的机密，走漏了风声可会使一个师遭到极大的损失。

史迪威将军虽然也明白，战斗中必须正面强攻与迂回穿插相结合，但是这种很特殊的任务，最好由经过特殊训练的部队来承担，如他最近几次使用过的美军 5307 支队；孙立人如今却提出用一个步兵团在没有空投，没有后方保障，越过多数是无人区的山林，长途迂回穿插，却是过于冒险了。

所以史迪威不同意孙立人的方案，认为这不仅胜利的把握不大，

而且分散了如今正面强攻的兵力。

孙立人师长却相信经他训练出并久经战斗的这个师，能忍受巨大的艰难完成这一长途奇袭任务，也就一再向史迪威陈述、要求。

史迪威将军考虑再三，只好勉强同意了。他问孙立人师长：“这次穿插几天可以完成？” 孙立人师长早从葛士珩的报告中做出了约需 6 天的计划。但史迪威将军是个性急的人，考虑到前线军情紧急，却说：“3 天如何？” 孙立人师长处事一向从实际出发，回答他：行程长，约有 170 公里，至少要有 6 天……

当时也在场的美国将军柏特诺对沿途地形并不了解，但是为了表现自己的能干，却轻率地表示，他可以带一个团从西边去穿插，3 天可以到。

孙立人师长很了解这位美国将军的华而不实，也懒得和他争论，就说：“我走东边，你走西边两相包围；而你又能早到，那不更好吗？”

史迪威将军却觉得这样从东西方向分两路穿插更有把握，就同意了。

5 月 21 日上午，孙立人师长亲自用电话给第一一二团团长陈鸣人简明扼要地下达了作战命令，指示四点：“一、全面动员，向敌后大迂回攻击；二、绝对迅速，绝对保密；三、限 4 个昼夜完成任务；四、中途无补偿。其他具体情况由葛士珩随军掌握、布置，不必多问，到时候会宣布。”

陈鸣人团长接到命令后，立即下令全团在 4 个小时内准备好干粮、弹药，做好行动的准备，以李克已营长的第一营为先导，在当天的下午 2 时从瓦兰地区出发。

这行动的迅速也体现了这支部队的战斗素质。史迪威将军知道了也深为赞赏。

第一一二团进入山林后，就由了解地形、方位的师情报组组长葛士珩在前边引路，成一字长蛇的纵队前进。山林的夜晚来得早，部队仍然摸黑赶路，但是不准点火把、用电筒；为了不让部队在黑暗中走散，以排、连为建制，每个人都牵着一条长长的绳子顺序跟进。行军途中也不准煮饭、烧开水，饿了就吃点干粮，渴了就喝几口山间的溪水……

他们穿插的路线是南高江东岸库芒山脉由北向南起伏伸延的大山，不仅多是悬崖陡壁，而且稠密的原始森林密布，几乎没有可以行走的道路，只能在大树、草丛中钻。不过这次他们没有带骡马，一切装备都由自己背着。虽然累却不需要再费力去拖、拉、抬驮马了，也就走得比较“轻松”，更没有过去大部队行军时人喊、马嘶的喧闹声响。有几次走到了日军哨所一二百米外，也没有被发觉。

没有路的大山和森林间实在是太难行走了，原计划 4 天走完的行程，走了 6 天还没有抵达。

那几天，大雨倾泻，山林里阴冷潮湿，大小河流都在汹涌地涨水；他们背着沉重的武器弹药和 4 天的干粮艰难地在稠密的树林穿行，在悬崖陡壁间攀上滑下，体力消耗很大，还要忍受干粮逐渐不够吃的饥饿折磨；但是这一切都没有阻止他们行进。夜里没有地方歇宿，就披着雨衣在大树下打个盹，然后又摸黑赶路。行军的最后几天，进入了敌军占领地区，大小据点更多了。为了不打草惊蛇，他们就利用山林的掩护和当时瓢泼般大雨的“哗哗啦啦”声响掩盖，悄悄溜过去。一个团几千人在敌人腹心地带通过了那样多的据点，都没有被发觉，这也是迂回穿插中的奇迹。

5 月 26 日上午 11 时，第一一二团的先头部队第一营，终于克服沿途的艰难险阻走到了南高江东岸。对岸就是敌人据守的西通了。

葛士珩让部队先在树林里隐蔽、休息，才拿出一张孙立人将军手书的命令，向陈鸣人团长和营长们宣布这次作战的目的：渡过南高江后，截断加（迈）孟（拱）公路，攻取西通，断绝日军的补给线。

这支部队从出发那天起，官兵们只是闷着头不分昼夜地前进、前进、再前进，也不敢问究竟攻向哪里。有军纪规定，不准问，不准打听。这是因为孙立人师长担心这次长途迂回、穿插，难免有官兵掉队或在遭遇战斗中被俘，而被敌人察觉。所以，采取了对全团官兵高度保密的措施。这也是孙立人将军了解迂回穿插的艰难，成败难以完全预料，而细心谨慎之处。

如今距日军的西通仅一江之隔，也就可以让官兵明确战斗的目的了。

西通在加迈（甘马因）以南，是座处于山林间的小市镇，有着几百户人家。如今是日军在孟拱（莫冈）河谷的重要补给基地，建有 15

座弹药库和粮仓，驻扎着第十二重榴弹炮联队和野炮第二十一大队的一个中队，两个守仓库的警卫中队，共有 1500 人的兵力。

这些天，虽然前线打得很激烈，这南高江东岸却很是安静，驻守的日军都麻痹了，以为中国军队离这里还很远呢！

日军把激流汹涌的南高江，看作他们的外围天堑，因为连续下了几天大雨，山洪暴发，原来只有五六百米宽的江面，如今却浪涛翻滚，宽达一两千米，两岸相望一片模糊。江上没有桥梁、舟楫，涨水季节一向行人绝迹。

军情紧急。第一一二团的先头部队第一营走到这里，也来不及砍伐竹木扎排筏，而且那样会惊动对岸的敌人；他们用在兰姆伽、列多（雷多）训练时学会的武装泅渡本领，用军用水壶、钢盔和临时搜集到的竹木，制作成辅助泅渡的漂浮器材，以班、排为建制，头顶着枪支弹药游过去。

风声雨声掩盖了浪涛中一批又一批的泅渡者，一直没有被对岸的日军发现。日军都缩在营房里躲雨、睡觉了。

部队完全渡过江后，陈鸣人团长并没有立即向西通发起攻击，而是先占领附近的 4525 高地，从高处控制西通，并在山间选择了一片开阔地，派出部队铲除杂草、小树，开辟出空投场，通过电台呼唤美国飞机来空投粮食、药品、弹药。

正在用早餐的日军，听见空中突然出现了飞机响声，这才被惊动，纷纷跑出来观望。开始时见大小降落伞上系着一包包东西往下飘，他们还以为是空降兵来临了，后来才从望远镜中看清楚，是中国军队已经渡过江并且设立了空投场，顿时军心慌乱，军官们有的主张打，有的急于突围逃走……

炮兵中队长忙调动山炮、榴炮向空投场这边轰击。他们守着军火仓库，有的是炮弹，短时间内就发射了 183 发；打得山头上大小树干断裂，石块、泥浆飞溅。正在指挥部队安排空投的第一一二团副团长梁砥柱也受了伤，还打坏了通讯排一架正与师部联系的无线电发报机。

在这之前，第一营营长李克已已经派出第二连连长孟化新率领他这个连作为尖兵越过森林去占领公路西侧的高地，截断加（迈）孟（拱）公路，第一连则在连长刘益福率领下，随同二连跟进，然后再沿公路南进 500 米左右，占领那里的一座高地，防止从孟拱（莫冈）过来

的日军，周有良连长的第三连向公路以北推进500米左右，寻找有利地形，阻击可能从加迈（甘马因）出来的日军。

日军派出一股人向周有良第三连阵地冲击，被赶往增援的第二连连长孟化新带领的迫击炮排，连续发射36发六〇迫击炮弹，把这股敌人炸得遗下死尸11具、步枪8支，逃回了西通据点。

日军第三十三军司令官本多政材接到第十八师团告急的电报后，为了夺回西通这一补给基地，忙从新调到缅甸的几个师团中抽出近万人的兵力（第二师团的第四联队，第五十三师团的第一二八联队、第一五一联队的一部分），并配属4门155毫米重炮、12门野炮、15门速射炮，以及5辆中型坦克分成两股从南北方向攻过来。兵力是中国军队第一一二团1800人的6倍。

第一一二团也兵分两路在南高江两岸构筑阵地给予拦击。

日军仗着人多势众，攻击得很猛烈。第一天（5月29日）先是用一个大队做前导来冲锋，被击毙115人退回去后，第二天、第三天又增加兵力打了两天，再次被消灭300人，第四天（6月1日），日军加大了攻击力量，但还是败退下去。

日军略作整顿又集中力量，加大兵力和炮火向第一连据守的阵地连续冲锋了14次。

日军自恃拥有杀伤力大的重榴弹炮，仓库里又堆积着大量的炮弹，而不停歇地发射又发射；仅向第一连第一排的阵地就发射了3000余发炮弹。这巨大的轰击力，把第一排仓促间筑成的阵地全都轰平了。连长周有良上尉、第一排排长周浩中尉以及全排40余名士兵全都壮烈牺牲。

周有良连长是1942年春第一批出征缅甸的老军人。一向作战勇敢、身先士卒。那年5月间，中英军队大溃败时，他带着连队经历千辛万苦退进了印度，稍作休整后，又奉命带领一个加强连再进入野人山去寻找、接应陷在深山密林中、被死亡所困的第五军残部。几经周折，终于找到了已经是病息奄奄的杜聿明将军和军部的残剩人员。他的坚强、干练，深得孙立人师长、陈鸣人团长的称许。如今他在胜利在望的反攻作战中，不幸战死，令陈鸣人团长为之长久哀痛。

这个连队已经在多次战斗中锻炼得很坚强，并没有因为失去连、排长们而军心涣散，其他官兵又主动出击，在敌人的密集炮火下拼死阻击，打死了日军320余名。

日军的反扑虽然凶猛，但第一一二团官兵以大无畏的精神不断还击，狠力顶住了日军的进攻，不让敌人得逞，也不让敌人退走。但是苦于弹药不够，他们电告孙立人师长请他转求史迪威将军的总指挥部空投弹药。总指挥部的回答却是："密支那战况紧急，飞机不敷应用。"

孙立人师长除了催促第一一三团、第一一四团加速前进去支援第一一二团，又亲自赶往史迪威将军那里去要求空投。史迪威却不相信第一一二团已经穿插到西通，并在那里与几倍于我的日军激战，派出侦察机去战地观察，才相信了，并立即下令给予空投。

在史迪威那里，孙立人师长又见到了那位柏特诺将军。他问柏特诺："你带领的穿插部队如今到了哪里？"

柏特诺不回答，史迪威却气愤地说："不要说了，不要说了。他们回来了。"

孙立人师长这才从史迪威将军的叙述中得知：柏特诺他们在东边山林中瞎转了三天，都分不清东西南北，更没法向敌后穿插。史迪威只好让他们回来。哪晓得他们只用半天时间就走回来了……

这表明柏特诺带的这支部队根本没有"穿插"出多远。

所以史迪威将军也不相信第一一二团能够穿插到西通，从而不肯及时给予空投。

在中国军队的四面合围下，西通的日军难以抵挡，他们的炮筒也都打红了、打烂了。在死伤不断增加的情况下，不仅失去了冲杀力，也无心再防守，只能军心涣散地四处乱窜；有的往河里跳，有的往山林里钻。

这一仗日军被打死了900余人，还被中国军队缴获了重榴弹炮4门、满载军需品的汽车75辆、骡马500多匹。那15座仓库里的弹药、粮食也全部成了战利品。

占领西通也就切断了加迈（甘马因）与孟拱（莫冈）的交通，使加迈（甘马因）的日军处于孤立状态。

战讯传到美军5307支队，使得梅里尔准将很是惊讶、佩服。他深知长途迂回穿插的艰难，又以佩服之情给孙立人师长发来了一封电报："贵部之第一一二团，进军神速，余确知其所经过的地区，其地形之险恶，攀登困难，如悬崖绝壁等，都为地图上所表示不出。敝部特向一一二团致敬，对贵部克服困难之精神深感钦佩，并庆幸能与贵师并

肩作战。”

陈鸣人团长也因为这次长途迂回穿插成功，享誉于在缅北作战的中美军队，得到了一个“拦路虎”的威名。

第一一二团经历了连续6天的穿越山林和一场激烈战斗，本来急需休息、整顿，孙立人师长认为：军情紧急，停歇不得，应该趁日军喘息未定时继续去追踪扫荡。他命令陈鸣人团长第二天（5月27日）就率领军队从西通出发，沿着公路往加迈（甘马因）方向攻击。

这个团官兵也就不顾疲劳、奋勇进击。只用了两天时间，就把设在公路南北的20余处小据点，以及分散于公路附近的军用仓库、通讯、联络机构全都摧毁，使得孟拱（莫冈）河谷的日军，因为后勤基地被占领、摧毁，再也得不到一粒米、一颗炮弹的供应，而陷于弹尽粮绝的困境，饥饿时只能挖掘野菜、摘食野果。

这期间，由李鸿团长指挥的、从中路前进的第一一四团，在拉芒卡道和丹那卡附近击溃了日军山崎四郎大佐指挥的第五十五联队以后，也在6月4日进抵离孟拱（莫冈）城仅两公里的巴棱杜；把孟拱（莫冈）处于炮火控制中，从而与第一一二团遥相呼应，一起合击日军。

这一仗从5月底打到6月中旬，前后20余天，第一一二团虽然付出了较大伤亡，但是先后击毙了包括日军大队长增永在内的2700余人，使得困守孟拱（莫冈）河谷的日军第十八师团师团长田中新一完全失去了守住加迈（甘马因）的信心。

新编第三十八师从右翼进攻的第一一三团，在团长赵狄指挥下，从5月29日起由西瓦拉向南进击，一路攻占了青道康、纳昌康等据点后，在6月8日进到了与加迈（甘马因）隔江相望的支遵。

支遵是加迈（甘马因）的外围阵地，山势起伏，地形险要，守住了支遵就可以保护河那边的加迈（甘马因）。日军特意在这里安排了由第五十五联队、第一一四联队所属的各一个中队，还另外配属一个工兵中队，合计600余人组成的守卫部队，来保护这通往加迈（甘马因）的渡口。

那些天连续大雨，遍地泥水，支遵附近的洼地更是一片汪洋。

这并没有阻止住第一一三团的凌厉攻势，官兵淋着大雨、踩着漫过腰膝的泥水冲向守卫支遵的日军。日军兵力少，经不起打击，有的

参与修筑中印公路的腾冲傈僳族妇女

逃散，有的被击毙。

虽然占领了支遵渡口，但涨水中的南高江宽达千余米，把两岸隔绝于一片汪洋间。只见浑黄的浊浪上下翻滚，把岸边上大大小小的树干、芭蕉叶干，都卷往下游漂去，使得对加迈（甘马因）的攻击很是困难。

加迈（甘马因）位于著名宝石产地隆肯（龙京）与孟拱（莫冈）之间，南距孟拱（莫冈）65 公里，是孟拱（莫冈）河谷重镇之一。1943 年反攻缅北的胡康河谷之战初起时，日军第十五军给第十八师团的命令是："即使在不得已的情况下，也应确保甘马因（加迈）一带。"

日军用炮火封锁了沿岸，过河很困难，虽然抢扎了一些竹筏、木排，但河宽浪急，这种用人力划动的运载工具行动迟缓，很容易被对岸的炮火轰击，又很难掌握，一离岸就被水浪和漩涡冲得乱旋转地往下游漂淌，以致一连三次强渡都失败了。

他们用电报向孙立人师长报告了渡河受阻的情况。孙立人又立即电告史迪威将军。

这时候的中国驻印军总指挥部物资丰富，可说是有求必应。16 日美军飞机飞来，空投下了几十只橡皮艇。这种装有马达的渡河工具，轻快简便，又能较有力地抵挡水浪的冲击。每只艇可载一个班并架设一挺轻机枪。这天上午 9 时，第一一三团第三营官兵在岸这边的山炮、迫击炮、重机枪组成的火网掩护下，乘上几十只橡皮艇，成扇形劈开波浪向对岸飞速冲去，只用了半个小时就泊近南高江西岸，士兵们飞身跃入岸边浅水中、沙滩上，去攻击加迈（甘马因）东南侧的高地；驾驶橡皮艇的"水手"们又返回去接运第二批、第三批官兵……

日军原来还想依靠大江的水浪来加强他们的抗击力，没想到中国军队会突然增加这样多现代化的渡河工具，军心为之大乱，抵挡不住这潮水般涌上来的中国军队。

两个半小时后的中午 12 时，加迈（甘马因）城的东南侧可俯瞰加迈（甘马因）全城的 673 高地被第一一三团占领，紧接着第一一二团也攻到了加迈（甘马因）附近的 2 公里处。

下午 3 点左右，另一支中国军队也攻过来了。这是新编第二十二师由傅宗良团长指挥的第六十五团，他们在连续攻下了林加塘、卡大康等日军据点后，也攻抵加迈（甘马因）西南方，与第一一三团第三营会合，合力攻下了加迈（甘马因）城。

加迈（甘马因）一占领，也表明日军第十八师团在缅北的败局已定，孟拱（莫冈）、密支那的不守也只是迟早的事。

孙立人师长指挥的新编第三十八师，作为中国驻印军左翼，从 4 月初到 6 月中旬的两个半月时间内，沿着库芒山脉和南高江两岸穿插迂回，在山高林密、地势险陡，又是大雨不断倾泻的不利环境下，全师上下顽强地与日军大小战斗 300 余次，攻下了城镇、村寨、据点 200 余处，共计击毙日军 7700 余人。这战果是很丰硕的。

孙立人师长以及陈鸣人、李鸿、赵狄团长也都再一次成了为人注目的战将。

新编第三十八师向加迈（甘马因）的迂回穿插，也分散了日军正面的防御力量。中国驻印军右翼纵队、由廖耀湘师长指挥的新编第二十二师和战车第一营，以及不久前才从国内空运印度，又从印度匆匆赶来孟拱（莫冈）河谷的第五十师罗锡畴团长指挥的第一四九团，也就能够较快捷地沿公路南下，突破日军沿孟拱（莫冈）河谷狭长地带呈一字长蛇阵的逐点设防，向英开塘方向楔入。

英开塘是孟拱（莫冈）河谷北端比较平坦的一块狭长开阔地，南北长约 20 公里、东西宽约 4 公里，东临孟拱（莫冈）河（南高江下游），西靠原始森林密布的沙逊山脉，往南有一条公路经索卡道通往加迈（甘马因）。

守御这一带的日军是长久竹郎大佐指挥的第五十六联队。这个联队从胡康河谷作战以来，几次被歼又几次补充。虽然还保持着 3000 人左右的兵员，但是新兵多，武器、弹药也不够，战斗实力已严重下降。这次田中新一师团长特意给他们配备了一个山炮兵大队来加强防御。他们利用这狭长坝子周围的地势，在东边的山岭上，以及不能涉渡的孟拱（莫冈）河边等地带，都构筑有大量的钢筋水泥地堡，挖有许多条蜿蜒相通的交通壕。他们把这称之为守护孟拱（莫冈）河谷的“马其诺防线”。

熊杰团长指挥的第六十四团匆忙上阵，对英开塘敌情并不了解，只派了一个营（第二营）从正面去进攻。营长王明儒带着部队急匆匆攻往日军纵深，才发现日军的工事布置得错落有致，正射、侧射的火力都很猛烈；他们的几次冲击都受阻。熊杰团长忙命令第二营营长祝

能带着部队改向东边山岭。在山林中搜索行进时，又被埋伏在那里的日军把第一连连长张绍曾的大腿击伤，接着第二连、第三连也被阻。

廖耀湘师长见进攻受阻，忙向战车营求援。先上去的坦克第一连冲击得很猛，日军也调动所有的反坦克炮来狙击，以致好几辆坦克被击毁。新担任坦克第一连连长的李纪元在驾车冲击中阵亡。

布朗上校又调来了 57 辆 M4“谢尔曼”中型坦克。这批新研制出、1941 年 6 月才投入生产的新式坦克，装有 75 毫米火炮和 3 挺机关枪，火力猛，扫射面积宽，而且自身钢甲厚度达 89 毫米；不仅一般枪炮难以穿透，就连日军的 47 毫米反坦克炮也失去了作用。在这庞大的坦克群轰击、辗压下，摧枯拉朽地扫荡着日军那些工事。驻印军总指挥部还出动了 36 架飞机来轰炸、扫射。这空中炸、地上轰，日军伤亡狼藉，中国步兵才得以随后跟进，在 5 月 4 日把英开塘占领。

这两天的战斗，虽然击毙了日军第五十六联队官兵 410 余名，第六十四团因为一开始时敌情不明、地形不熟，几次陷入日军火网中，自身也损失很大，伤亡了军官 20 余人，士兵 652 人。

前几次战斗，新编第二十二师都是采用了正面攻击的同时派出了有力的部队从两翼迂回穿插，迫使日军因为侧后被袭而难以固守；这次他们自恃兵力强，日军又处于平坦的开阔地，也就急于从正面强攻，从而给自己带来了不应有的挫折，若不是飞机、坦克赶来助战，伤亡还会更大。

攻下英开塘后，廖耀湘的新编第二十二师又攻向马拉关（马拉高）。

马拉高位于加迈（甘马因）以北，是个山岭起伏、扼住南来北去公路的要冲。日军在这里构筑了坚固的防御工事，在一些通道上埋设了地雷，还紧急调来了狙击坦克的反坦克炮。

攻马拉高的中国军队第六十五团在战车一营做先导下，开始了攻击。当战车轰隆隆冲过去时，立即陷入了日军设置的火网中，有的被地雷炸断履带、有的被反坦克炮击中起火，只得暂停进攻。

日军却在这时趁第六十五团步兵忙于掩护坦克后退时，发起了反冲锋，几路纵队向北插入得很深，几乎把新编第二十二师师部包围。

廖耀湘师长急调第五十师的第一四九团和第六十四团的一营加入战斗，才把日军打退，又趁日军败退时阵势已乱，紧紧追击，把马拉

高攻下。

这样他们才能与已从左翼攻向加迈（甘马因）的新编第三十八师遥相呼应。

经过间布山隘口、英开塘、马拉高的几次战斗，新编第二十二师的部队受创较重。第六十六团在攻下间布山隘口后，就留在那里休整，第六十四团打完了马拉高也伤亡过半，如第一营只剩下130余人，全营3个连长，第一连连长张绍曾，第三连连长刘围斌负重伤，第二连连长雷嘉祥阵亡，9个步兵排排长伤亡了7个，只剩下了2个排长还能率领部队战斗。

廖耀湘师长只好把傅宗良团长的第六十五团和第五十师的第一四九团调上来，投入对加迈（甘马因）外围索卡道的作战。第六十四团和第六十六团经过整顿、补充后，作为后援部队。

这也就是从正面攻击的新编第二十二师，反而比担任穿插迂回的新编第三十八师晚到加迈（甘马因）外围之故。也反映了战场形势的错综复杂，不过如果没有正面强攻来牵制敌人，迂回部队也难以顺利穿插。

日军第三十三军司令官本多政材很明白：残剩的第十八师团部队已经难以抵御中国军队的进攻，忙抽调新近调进缅北孟拱（莫冈）的第二师团两个联队（第四联队、第一五一联队），加入了索卡道一线的守御。这两个联队，兵员、装备都较齐全，也就加大了中国军队进攻的难度。

6月4日，中国军队开始了对索卡道的攻击。新编第二十二师傅宗良团长指挥第六十五团从沙逊山的高山密林间穿插过去；第五十师罗锡畴团长的第一四九团的一个营（第三营）也在当地人的引领下，寻找人迹稀少的林中小路前行，趁日军的不防备攻下了昆卡道、大柯等据点；廖耀湘师长则亲率师的直属部队从正面沿公路推进。

这几路的穿插和正面攻击，使得守索卡道的日军陷入重围。日军几次想撕开一个口子突围，都被打了回去。随着攻击力量的加强，对日军的包围逐渐缩小，第十八师团退到这里的几支残剩部队，以及来增援的第五十六师团一个大队（第一一四联队第三大队）、第十八炮兵

联队、第二十一重炮大队逐一被歼灭。

身在迈昆（孟关）师团部里的日军第十八师团师团长田中新一，开始还忙于从各方调遣军队来支撑，战斗到快结束前，见已经没有守住的希望了，就趁攻击的中国军队还没有对涨水的南高江边完全封锁时，利用夜黑带着千余人泅水逃走了。

这场孟拱（莫冈）河谷战斗，消灭的日军比以往都多，据当时担任新一军军长的郑洞国将军回忆："此役先后发现敌尸 1600 余具，估计敌人死伤不下 5000 人；俘敌大尉以下官兵 89 人，各种火炮 30 门，步枪数百支，汽车 200 余辆。"

廖耀湘师长在 6 月 30 日又有一封直接发给蒋介石、何应钦的电报，内称："甘马因（加迈）会战自 6 月 1 日突破马拉关（马拉高）敌坚固阵地，9 日包围敌十八师团于湖沼地带，歼其主力。16 日晚进克甘马因（加迈）。赖友军协力，再将敌残部包围于甘马因（加迈）以南山地及孟拱（莫冈）河间，其虽作困兽之斗，终因我官兵士气旺盛，用命所致，于 29 日完成扫荡。田中新一率领残卒 1500 余，钻隙辟路，攀缘雪邦山（SHAVBVM）崖壁，向南逃窜。我俘大炮共 40 门（内 150 及 105 重炮 12 门、野炮 6 门、山炮两门，新式 47 战防炮 7 门、37 平射炮 7 门、70 榴弹炮两门、中迫击炮 4 门），高射机枪 1 挺，载重汽车 167 辆，田中新一以下乘车 12 辆，轻重机步枪、掷弹筒 1600 余枝，仓库 30 余所。生俘敌原藤大尉以下 70 余名；重要文件，装具弹药等甚多，尚难统计。查此次敌重武器及军用车辆遗失之大，人员死伤、疾病，转于沟壑者之众，狼狈溃散惨状，有甚于两年前国军野人山之转进。追昔睹今，因此痛雪前耻，官兵大奋……"

这封电报没有说明白歼灭了多少敌人，缴获的战利品数目也与郑洞国军长的回忆有所不同。但是那份胜利者的激奋心情却跃然纸上，特别是廖耀湘的新编第二十二师不少军官和士兵是 1942 年大溃退时，从"野人山"九死一生侥幸逃出来的，如今终于击败了日军，并看到了日军在败逃中饿毙的狼狈状，当然很是痛快。

加迈（甘马因）内外围之战后，损失惨重的第十八师团所剩无几，从此难以再战了。

史迪威将军很满意这场大歼灭战，特别是孙立人师长的新编第三十八师敢于在渺无人迹的深山大岭间远程迂回穿插。他曾这样评

价这次战斗：“乃为我发动攻势以来，敌伤亡最惨重之一役。此实有赖迂回部队秘密果敢前进，一举截断敌退路，而坚决固守，阻敌撤退。”“担负正面攻击的部队……以大无畏之精神奋勇合击，始能收协同歼灭顽敌之全功也。”

日军第十八师团败退时，许多无力远逃的伤病人员躲进了加迈（甘马因）城西南的深山里。大雨不停歇地倾泻，山林里的夜晚冷如寒冬，又没有可以歇宿避雨的地方，更没有食物，只能挖掘野菜充饥，冻死、饿死的不少；剩下的人员在中国军队的第六十四团和第一四九团的搜索下，有的被击毙，有的成了俘虏。

攻下加迈（甘马因）后，新编第二十二师与新编第三十八师就可以合力攻取孟拱（莫冈）城了。

孟拱（莫冈）城位于南高江下游南岸，有铁路、公路北通加迈（甘马因）、密支那，南去曼德勒，水路沿南高江下行，可进入缅甸最大的河流伊洛瓦底江去往八莫、瑞古等城镇，还可以远去缅南的拉布达、博葛礼等处，是个水陆交通方便、商业繁荣的地方。如果占领了孟拱（莫冈）也就从铁路、公路线上截断了密支那与缅甸南部的联系。

蚁集于孟拱（莫冈）的日军还不少，除了从前线败退下来的第十八师团的第一一四联队的残剩部队外，还驻有第五十三师团的主力第一二八联队、第一四六联队，第二师团的第四联队、第五十六师团的第一四六联队、第五十三炮兵联队，武兵团一三九大队的一部分人员，总人数 7000 人左右。

在中国驻印军进攻孟拱（莫冈）之前，已经有一支英国军队的一个旅（第七十七旅）空降到加迈（甘马因）与孟拱（莫冈）之间。

这个旅是由一位名叫沃德·温盖特的英国军官指挥，在英国驻印军总司令韦维尔支持下，于 1942 年 6 月由 3000 名英、印、缅人和廓尔喀人（尼泊尔人）组成，以“远距离突破”为攻击手段的游击部队。

韦维尔将军当时的战略设想是：在不可能派出大量的英、印军正规部队去反攻缅甸的情况下，可以空投这支游击队到日军后方，去破坏公路、铁路、桥梁、仓库，并在可能情况下对日军进行奇袭。这样所投入的兵力少、成本低，却可能取得较大的成效。

一年前的 1943 年 2 月，这支部队曾经兵分两路从印度出发，一路由埃米特少校率领 800 名士兵和 250 匹骡马组成；一路由沃德·温盖特亲自率领 2200 名士兵和 850 匹骡马，分别从南路和北路越过钦敦江，潜入缅甸边界的大山里，逼近伊洛瓦底江以东的铁路线。按照常情，作为一支将潜入敌人后方的游击队，必须经过一段时间严格的山地丛林作战和野外求生训练后，才能投入敌后游击作战；但是急于求成的韦维尔和沃德·温盖特只是在印度简单、快速地训练了一下这些人，就开始行动了。以致战斗一发生，就暴露出这支“游击队”还是一群乌合之众，并不具备游击战的优良素质。比如这个旅有 7 个纵队，其中 4 个廓尔喀人（尼泊尔人）组成的纵队，3 个英国人组成的纵队（每个纵队约有 400 名士兵，还配备 90 头骡子）。但是正如当时在这支游击队中的多米尼克·奥尼尔中尉后来回忆：“在我接受的所有训练中，我们并没有学到在遇到敌人时，应该采取什么样的行动……”“之前，我从来没有见过骡子。廓尔喀士兵曾在尼泊尔附近的山上看到过运货的骡队，但从来没有喂养过它们。”

哈罗德·詹姆斯中尉也说：“没有一个廓尔喀士兵会游泳。温盖特没有尝试过教他们游泳，事实上，有些英国士兵也不会游泳。然而，我们必须过河。英国军官和突击连必须带着骡子和马过河，这让他们花费了很多精力和时间。”因此他们在渡过那条仅有 400 码（约 366 米）的钦敦江时，却如多米尼克·奥尼尔中尉所说：“我们花了将近 1700 个小时来将所有物品运到河对岸。”

游击队的作战原则是隐蔽、快速、出其不意。像沃德·温盖特他们这样声势浩大地出现在铁路、公路线上，怎能隐蔽活动？他们很快就遭到了日军第十五军派出的部队围剿。

由埃米特少校率领的南路 800 人，在一开始就遭遇了一场伏击战后，被打得只剩下 74 个人和 65 匹骡马逃回印度；由沃德·温盖特亲自指挥的北路人马，在进入曼德勒与密支那之间的铁路线上后，分成了许多支小分队，准备对一些铁路桥梁、涵洞安置炸药破坏，也分别遭到了日军两个联队的追剿，伤亡很大（有 450 人被打死，210 人被日军俘虏。其他的人，多数是伤重致残者），只好狼狈地撤回印度。以致多米尼克·奥尼尔中尉曾感叹地说：“如果一个战地司令官没有让士兵得到很好的训练，那么当他们遇到敌人的时候就会不知所措，这是我从这次事件中得到的教训。”他还说：“那晚我发誓，如果我在战争中存

活下来，我一定会让我的士兵接受良好的反伏击训练。”

虽然那次企图在缅甸南北广泛展开游击战争的行动，以惨败而告终，不少人都认为：游击队的指挥官沃德·温盖特将被送上军事法庭。但是在韦维尔的包庇下，再通过英国军方控制的电台、报刊舆论大力宣传，沃德·温盖特却被塑造成了一位似乎是神出鬼没、英勇无比的游击英雄；以至英国首相丘吉尔也把他看作新的作战方式的创造者，召往伦敦亲自接见，并带着他参加了这年（1943年）8月英、美在魁北克的军事会议。以沃德·温盖特为榜样，大肆宣扬：今后的中缅战区，应该以这种快速、简便、投入少的游击作战来动摇日本军队在缅甸的占领。

只有英军驻印度东部边防军司令斯姆莱特将军不以为然，并坦率地表示：“沃德·温盖特部队的突袭战，其实是一次失败。”

如今在孟拱（莫冈）城外被日军围困的，就是这支经过整编补充、再次投入缅北作战的游击部队。

因为有丘吉尔首相重视，这次被称为沃德·温盖特部队“第二次远征”，装备也更先进，获得了一支拥有13架C–47飞机、22架C–46运输机、20架米切尔B–25中程轰炸机、30架野马战斗轰炸机、225架威科滑翔机、100架L–1和L–5轻型飞机、6架直升机组成的航空队，帮助他们空运部队和物资，不必像上次那样因为赶不动骡子而延误行动了。

这支游击部队，由麦克·卡尔沃特带领着1300余人，在几个月前的1944年3月，分批空降到密支那以南的铁路线上，进行炸毁桥梁、路轨的袭扰作战。但是他们在沿途不断遭到日军的围攻，又一次接一次在战斗中败北，只好狼狈地边战边往山林深处退却，待退到加迈（甘马因）和孟拱（莫冈）西北的茵道支（湖）边上时，已经伤亡近半，原来1300余人的队伍，只剩下了700人左右。

缅甸人把湖称为“茵”，道支是“大”的意思。茵道支面积约210平方公里，南北长约26公里，东西宽约10公里，是大地震后形成的宽阔湖面。湖中间还有些凸起的小岛。湖的三面都是原始森林密布的群山，很适宜这支近乎残破的部队在这里隐藏、整顿。他们用电台呼唤来了水上飞机降落在湖面上，给他们送来食物、弹药，运走伤病员和战死者的尸体……

中国驻印军的两个师在加迈（甘马因）前线打得正激烈时，史迪威将军想起了这支早就在日军后方负有奇袭任务的英国游击队，去电命令他们向茵道支东北约20公里处移动，去占领那公路边上的山头，把孟拱（莫冈）与加迈（甘马因）隔断。

他们刚走到那座山头，就被孟拱（莫冈）城的日军发现了。当时孟拱（莫冈）驻有日军约1500人，是英军第七十七旅残剩人员的一倍多。日军深知不能让这支英国军队楔入这纵深的咽喉地带，忙出动全城的部队来攻击。

英军第七十七旅官兵只习惯于游击战中的突然袭击、突然撤退，还不善于阵地战。这个旅的第一营，6月8日在孟拱（莫冈）河边的屏米桥附近与日军战斗时，却是全营都挤在一块200米宽的狭小地带内，形成密集队形去冲锋，被日军用炮弹炸、机枪扫，很快伤亡了150余人；被打昏了头的英军指挥官，还不懂得及时改变阵势，继续驱使士兵冲锋，又死亡了一大片……

（后来中国军队来接替战斗，只用了一个排的兵力散开攻击，就把日军的这一阵地攻下了。）

打到6月13日，这支英军的伤亡不仅日有增加，而且不少官兵还被缅北丛林的热带疟疾以及久在淹满脏水的战壕中匍匐，引发了腿脚和下肢糜烂的病痛。全旅从进攻孟拱（莫冈）前的700余人减少到500人左右。

他们的指挥官麦克·卡尔沃特知道支撑不住了，只好派出一名叫迪克的少校参谋，带着12名士兵往北去寻找中国驻印军求助。

麦克·卡尔沃特在震耳欲聋的枪炮声中，扯开嗓门严厉地对迪克少校喊着："你如果搬不来一支至少有五六百人的中国军队，你就不要回来！"

迪克少校哪敢怠慢。他带着人在雨水泥泞中急匆匆地奔走了两天，终于在6月15日找到了已进抵加迈（甘马因）的新编第三十八师师长孙立人将军。他一脸惶恐地向孙立人师长报告：他们英军第七十七旅残剩的官兵还不到500人，如果不能在24小时内去救援，他们就支持不住了，只能向东南山地退却……

孙立人师长立即命令已经进到巴棱杜、亚马楼一线的第一一四团去孟拱（莫冈）救援。

李鸿团长下令全团部队轻装前行，在大雨倾泻的薄暮黄昏向东南

山地疾行，在 6 月 18 日用英军提供的橡皮艇越过已经涨水、水面宽达 400 余米的南高江，深入到了孟拱（莫冈）日军的侧背。

他们除了在铁路线上留下第三营第八连的一个排在铁路线上构筑工事，以防从密支那方向过来的日军袭击我军背后外，全团都渡过江去解英军之围。

到了晚上，一股日军果然从密支那方向顺着铁路过来了。这是一队约有千余人、由炮兵、步兵组成的部队，本来是由孟拱（莫冈）去往密支那支援作战，才走到孟拱（莫冈）附近的南堤，听说中国军队攻向孟拱（莫冈），又奉第十八师团师团长田中新一的命令折回。天黑视线不清，他们也没有想到这里已经埋伏有中国军队，还是急匆匆地往前奔……

第一一四团第八连这个排的士兵配备的都是可以打连发的加拿大式冲锋枪，一个弹匣装 25 发子弹，30 多个人如同手持 30 挺轻机枪。在密集的扫射下，日军顿时死伤一大片。

日军这支步炮兵慌忙往后退缩，喘息略定后，又重新组织进攻。

已经过了河的第一一四团团长李鸿听见河这边枪声激烈，忙命令第三营副营长陈高扬带着第八连的另外两个排乘橡皮艇过河来增援。

夜黑，视线不清，这股日军在前后夹攻下，也不知道有多少中国军队，军心慌乱地被打得往铁路两边的树林里乱窜。

第二天天亮后，陈高扬副营长带着部队去清扫战场，见铁路两边散乱地躺着日军尸体，有 100 多具。

他们还在那些尸体中发现了一个身体肥胖、穿着黄呢军服和长筒马靴的军官。经过仔细查看，却是日军炮兵第五十三联队长高见量太郎大佐。

他们还从这个高见量太郎大佐所带的图囊中发现了一幅日军在孟拱（莫冈）的兵力、地形防御配备图。

这真是太重要了，对第一一四团攻取孟拱（莫冈）城很有帮助。

孟拱（莫冈）是座位于南高江与南英河汇合处，三面被河水环绕着、成坡状倾斜的城市。街巷都建筑在西北边的山坡上。如今连续大雨，河水正急剧向上涨，漫过坡脚、涌上了山腰，城市外边的稻田和低地都成了沼泽地带。向孟拱（莫冈）城进攻的中国军队只能在齐腰深的泥水里艰难行动，不断有人陷在烂泥里难以自拔，在挣扎中越陷

越深而被埋死；更困难的是在一片汪洋间，苦于找不到日军那构筑得很隐蔽、坚固的枪炮阵地，而一时间难以克敌制胜，所以头一两天都打得很艰苦，付出了不少伤亡。

陈高扬副营长立即过河去，把这幅日军的孟拱（莫冈）防御配备图送交正在前线指挥作战的李鸿团长。经过懂日文的作战参谋仔细辨认，日军在孟拱（莫冈）城内外构筑的防御工事、火炮位置，联队、大队、中队的兵力分布都完全明了。再攻击就可以按图索“骥”了。

担任主攻的第一营营长彭克立，按照李鸿团长的指示，针对敌情在兵力部署上做了调整。

这时候，新编第三十八师的 7.5 山炮、八一迫击炮、六〇迫击炮都调了上来，能有目的地对准日军的火炮阵地准确轰击。

在第一一四团攻孟拱（莫冈）城的同时，第一一二团也在孟拱（莫冈）至密支那之间向日军进攻；第一一三团则负责攻击孟拱（莫冈）与加迈（甘马因）之间的公路两侧的高地。三个团相互策应，对孟拱（莫冈）城形成了几路合击之势。

被中国军队的火炮、轻重机枪打得抬不起头来的日军，开始还想依靠那些被炸成了断垣残壁的街巷，进行近距离的巷战，但是经不起在数量上、武器上，特别是士气上都占优势的中国军队的冲锋枪扫射、手榴弹炸、火焰喷射器烧，而逐一被歼灭。一些残剩日军无处可逃，慌乱间也不顾江水滔滔，跳进了南英河内，也被中国军队设置在两岸的轻重机枪扫射死。浑黄的浪涛间漾起了一道道鲜红的血水，很快又被涌来的浪头冲散，随着那些尸体漂向下游……

25 日傍晚，孟拱（莫冈）城内的枪声逐渐停歇，第一一四团完全占领了这座三面环水的城市。

在这同时，在孟拱（莫冈）、密支那之间铁路上的第一一三团又攻克了南堤，把停留在那里的 300 余节火车车厢截获，缴获了大量的军用物资。

这个团没有停歇，紧接着又向密支那方向追击，并一边行进，一边对这 60 公里长的铁路线两侧进行搜索、扫荡，把那些困守在小据点里的残敌逐一消灭。他们在 7 月 11 日傍晚进到了密支那附近，与正在那里作战的新编第三十师会合。

这样，缅北胡康河谷、孟拱（莫冈）河谷之战就完全结束，只剩有一座孤立的密支那城有待攻克了。

新编第三十八师攻下加迈（甘马因）后，又只用了 10 天时间，一鼓作气攻下孟拱（莫冈）。随后再扫荡加迈（甘马因）至孟拱（莫冈）之间公路上、孟拱（莫冈）至密支那铁路线上的残敌，前后也只用了 20 余天时间，共计击毙了日军军官 81 人，士兵 4300 余人。

史迪威将军见新编第三十八师前段时间迂回穿插得好，这次攻取孟拱（莫冈）城，又打得干净、利索，比他预期的作战时间缩短了许多，很满意。他在 6 月 27 日的日记中愉快地写着：“孟拱（莫冈）传来好消息。我们占领了它。”他还特意给孙立人师长发来了一封嘉奖电：“孙兼师长：贵师攻占孟拱（莫冈），战绩辉煌，达于顶点，特此电贺。”

这“达于顶点”的评价是很高的。也就再一次使孙立人将军和他指挥的军队扬名于印缅战场。

英、印军第三师师长蓝敦中将，也在 6 月 27 日给孙立人师长发来电报表示感谢：“孟拱（莫冈）之捷，谨致贺忱，并谢协助敝师第七十七旅之美意。此致孙兼师长、李团长及阁下之英勇部队。”

[54 年后的 1999 年，当时参加孟拱（莫冈）攻城战的第一一四团第三营副营长陈高扬老人，回忆起救援英军的往事时，曾这样说：“打下孟拱（莫冈），我深感英、印军的战斗力很差。像这次孟拱（莫冈）作战，英、印军第七十七空降旅先是空降卡萨（杰沙），再向北攻击孟拱（莫冈），但等我们打到孟拱（莫冈）时，他们的兵力只剩 800 人（按：应为 300 人左右）。我们打下孟拱（莫冈）时，英、印军一个个懒散地睡在草地上，毫无军纪，我们的伙夫烧好饭时，他们就像讨饭似的，向我们要饭吃，个个蓬头垢面的，看样子一点战斗力也没有。而他们见到我们就竖起大拇指夸奖我们！”]

攻下孟拱（莫冈）的当天，史迪威将军又发来电报，命令英军第七十七旅去攻击位于孟拱（莫冈）西南方向铁路线上，还有着日军盘踞的一个名为胡频的小据点，然后从那里转向西北，从加迈（甘马因）侧后穿过去扰乱第十八师团的后方……

这一作战命令使得这支只剩有 300 名左右的第七十七旅官兵很是不

满，他们哪里还有力量在山林间远程行军作战。卡尔沃特旅长以无力再战为理由，在 6 月 25 日断然拒绝了这一命令。

史迪威毫不放松地再命令："那就派一个连去作战。"

麦克·卡尔沃特也不甘示弱，回电报说："如果让我搜罗每一个还能站立起来的士兵，我都难以凑够一个连的人数。我总共只有 300 名士兵……"

史迪威生气了，又去电报："那就去密支那作战！"

密支那比孟拱（莫冈）打得还要激烈，那不是去送死吗！麦克·卡尔沃特索性命令关闭电台，不再接收史迪威的电报（据麦克·卡尔沃特自己说："我把无线电整整关闭了两周。"），然后带着他这支全是伤痛的残剩兵丁，在泥水中深一脚、浅一脚地撤往加迈（甘马因）。那里的战斗已经结束，他宁愿上军事法庭也要彻底退出缅北的作战。

这些英军官兵们的体力也确实过于衰弱，仅 40 余公里的路程，由于雨水已泡烂了那些山间小道，他们在没过膝盖的泥浆中跌跌撞撞、摇摇晃晃地走了两天多，还累死了两名士兵。

史迪威愤怒地表示，要严惩这个违抗军令的英国指挥官。他派出一辆吉普车把麦克·卡尔沃特带到了他位于夏杜苏（沙杜渣）的指挥部，他真想给麦克·卡尔沃特一顿臭骂，然后交付军法审判。他气愤地说："你的不满表现得太明显了，卡尔沃特！"

不过史迪威将军是个既严厉又很有人情味的军人。当他听了这支部队三个多月来在森林中艰难游击，在破坏铁路、桥梁的同时不断遭到日军围堵，由于空投不及时，武器弹药、粮食缺乏，而死伤惨重，就连麦克·卡尔沃特自己如今也一身是病时，他又很是同情。经过调查后，反而授予了他们银星勋章，并用飞机把这支确实失去了战斗力的部队送返印度。

这也是史迪威将军那特殊的、与众不同的处事风格。

这场孟拱（莫冈）河谷之战，日军除了田中新一指挥的第十八师团外，还增调了第二师团的一个联队（第四联队）、第五十三师团的两个联队（第一二八联队、第一五一联队）、第五十六师团的一个联队（第一四六联队），总数 30000 余人投入战斗。但是在中美军队正面推进、长途迂回侧击下，还是不得不节节败退，前后伤亡了 26000 余人（其中被击毙 11500 余人），这十几个联队或完全被歼，或溃不成军，

多数已经失去了战斗力。

以中国驻印军为主体的中美军队也先后伤亡了 4591 人。

一个月前的 5 月间，日军第十五军司令官，也是第十八师团的前任师团长牟田口廉也中将来加迈（甘马因）视察时，曾要求这个师团至少守个两三年。但如今才过去了一个多月，就以全面惨败结束了孟拱（莫冈）河谷的防御战。

这也表明，一向骄横自大的牟田口廉也，对这场即将开始的孟拱（莫冈）河谷大战，中美军队所具有的攻击力量完全估计不足！

攻下孟拱（莫冈）后，就完全截断了密支那日军通过铁路与缅甸以南联系的通道，只能从公路绕向八莫转道至腊戍，再通过铁路南行，路程远得多了。这使得他们的军运费时、费力，更是困难。

这期间，从 5 月初就开始了的中美军队对密支那的围攻战，虽然已经打了近两个月，还处于艰难的拉锯战中难见分晓。不过攻下了孟拱（莫冈）就使密支那更加孤立，史迪威将军可以调动在缅北的全部军队合力猛攻了！

难以速战速决的密支那攻城战

密支那是缅甸克钦邦的首府，是座位于伊洛瓦底江西岸，被群山围绕的平原与丘陵交杂的城市；北距八莫 217 公里、中国边境腾冲 152 公里，南去缅甸当时的首都仰光 1166 公里；是那条贯穿缅甸南北的大铁路在缅北的终点站。还有密集的公路网通向四周的城乡，一向是缅甸北部南出北进的交通枢纽，战略上攻守必争的咽喉重地。1942 年夏，中国远征军从缅甸南部向北退却时，就想扼守密支那以控制缅北，从而与向北攻击的日军展开了一场比速度的大转移，但是被日军的快速穿插抢先占领了密支那，迫使中国十余万军队进退失据，不得不向渺无人烟的“野人山”溃退……

星移斗转，如今一场新的大战斗又逼近了密支那；只不过这次战守换了位，将承受沉重打击的是当年凶狠入侵的日本军队。

缅北反攻战打开了后，在日军后方的密支那似乎离前线还很遥远，中美军方也难以对这缅北重镇的防务做深入了解，更谈不上做出具体的攻击步骤，只是在后来连续取得了胡康河谷、德罗（达洛）平原大战的胜利，才把密支那列入战略视点，派出侦察人员潜入，多方搜

集敌情和地形资料，才逐渐对这座东南方临伊洛瓦底江，西依库芒山脉，城郊森林密布的城市有所了解。

1944 年 4 月间，中国驻印军新编第二十二师、新编第三十八师和部分美、英军队发起孟拱（莫冈）河谷之战时，史迪威将军考虑到缅北日军在连续几次败仗后，这个时候已经捉襟见肘，难以组成全面有力的防御体系；而中、美军队因为兵员充足、武器装备精良，完全有力量对日军分割包围、各个击破；于是有了在进行孟拱（莫冈）河谷战斗的同时，派遣一支中美混合部队从险峻的山林间远程穿插过去，潜入日军侧后，奇袭缅北重镇密支那的计划。1944 年 5 月，他又从情报人员那里得知，日军第十八师团和新增援的其他师团的兵力大部分都调上了孟拱（莫冈）河谷前线，处于战场后方的密支那兵力空虚。据说，只有 300 人的一支小部队担任警戒。如果能趁日军的不备，快速攻下密支那，就可以使得在孟拱（莫冈）河谷的日军由于腹背受敌而加速败亡。

这一计划得到了在美国的陆军参谋总长马歇尔将军的支持，并在 4 月、5 月间多次来电报询问、督促。

史迪威将军把远程袭取密支那的作战方案交给了新一军军长郑洞国和军参谋长舒适存来制订。郑、舒两将军从他们丰富的军事经验来分析：日军在密支那的防务重点是放在北边以应对从迈昆（孟关）沿公路和塔奈河南下的中美军队，东南和西边都不会有过多守军。

日军这样布防，是日本守军指挥员的防御思路过于陈旧、木讷，还不了解中美军队如今在作战装备上的精良，能够脱出常规，采用奇袭手段。

郑、舒两将军迅速拟订了以远程奔袭进抵密支那后，以西边机场为攻击目标的“侧翼奇袭”方案。他们已经了解到，在密支那有两座飞机场，西郊外是座已经建成的机场，东北郊还有座没有完成的小型机场。根据作战方案：部队经过远程奔袭潜抵密支那外围后，应迅速接近西边的飞机场并予以占领，攻击得手后立即清理出跑道、场地，通知美国空军用飞机把后续部队空运过来，再用优势兵力去攻取城区。

史迪威将军批准了这一作战方案，并给这一作战代号取名为“威尼斯商人”。

他原来准备以弗里克·梅里尔准将指挥的美军 5307 支队来承担这一奇袭任务，但是这支被称为“劫掠者”的部队，3 月间入缅作战时还有 2997 人，经过胡康河谷的几次战斗，减员过半，如今只有 1400 人左右，兵力过于单薄。史迪威将军就把不久前才从中国国内空运过来的新编第三十师、第五十师各抽调一个团编入这一作战群体。在弗里克·梅里尔准将统一指挥下，把这几支中美部队混编为 K、H、M 三个战斗群体。K 部队由基尼逊上校指挥美军第三营和新编第三十师的王公略团长的第八十九团；H 部队由亨特上校指挥美军第一营和第五十师黄春成团长的第一五〇团，以及骡马运输团的一个连（第三连）、新编第二十二师一个榴炮连；M 部队由马基上校指挥美军第二营和一支由 300 余名缅甸克钦人组成的游击队。

在史迪威将军看来，以这样近一个师的优势兵力去攻取只有 300 余名日军驻守的密支那，应该是游刃有余的。

密支那的那两座机场，因为日军原来驻缅甸的第三飞行师团调往太平洋方向作战，已经长久空置没有使用。在缅北的炽热阳光照射和充沛雨水浇灌下，成了野草疯长的大草原，不时有牛羊窜进来啃食。中美军队开始反攻缅北后，这里仍然没有日军飞机升降，但是考虑到以后的作战需要，也没有破坏，只是在跑道上摆设了一些空汽油桶，破损的牛车、马车以及粗大的树干作为障碍物，还有几挺高射枪对着天空，以防止美军飞机强行降落。

史迪威将军远程奇袭密支那的战略战术，又一次显示了他那超人的胆略和智慧。但是也招致了印缅战区一些英军将领的反对；这样“蛙跳式”地越过日军多重防线深入敌后，可是凶多吉少。英军那支以游击战术出名的温盖特部队，在缅甸日军敌后的一再惨败就令人心怵。盟军印缅战区总司令蒙巴顿在 5 月 6 日表示：“这太冒险了，不仅占领密支那不是一件容易的事，能否攻下缅北也是问题，单靠中国军队 5 个师是不够的……”

刚毅、果断的史迪威将军没有理会这些，仍然是秘密、紧张地调动中美军队。他是那种做出了决定，就要不计成败去干的人。

他还向在重庆的蒋介石要求：从驻云南的中国远征军中抽调一个师，经怒江峡谷的六库方向越过怒江、高黎贡山进入缅甸边境的拖角，

从东北方向攻取密支那侧后。

那都是行人绝迹的深山密林，中国远征军 1942 年 5 月、6 月大溃退时，有部分军队曾经从那里往北走，被疲累、病痛、冻饿所折磨，生还者寥寥。如今即使是有组织、有后勤保障，一支大军通过，也要派出大量人员砍路行进。那至少要有相当于两个师的工兵和后勤人员来支援，既费力，又费时，而且还难以成功。被蒋介石断然拒绝了。

这又使史迪威很不愉快。

弗里克·梅里尔准将指挥的中美混编部队，是在 4 月末的 28 日、30 日先后在迈昆（孟关）附近集中后，分批向密支那行进的。

部队出发前，弗里克·梅里尔准将的心脏病又发作了，只能留在后方治疗，而把在前线的指挥权交给了亨特上校。

这是一次近 150 公里的行程，要越过胡康河谷、孟拱（莫冈）河谷间，多数是没有道路的起伏山岭和原始森林，以及在雨季中已经涨水的大小河流。4 月末的缅北，雨水更稠密了。部队出发那天就下着倾盆大雨，以后的许多天就没有停歇过，官兵们每天都得在泥水中跋涉，夜里也只能在大雨中搭起帐篷宿营。对于这群早就被缅北的险峻山林折磨得心身疲惫的美国兵来说，已经没有几个月前刚刚投入胡康河谷战斗时的那股“劫掠者”的蛮劲，而是一路上怨声载道地咒骂天地、埋怨史迪威把他们往地狱里推。特别是在大雨中攀爬那海拔近两千米的枯门岭时，由于坡度太陡，一匹又一匹驮着军用物资的骡马，腿软蹄滑地从悬崖上摔下深渊，跌得血肉模糊，更是使得他们心惊胆战。许多人被蚂蟥、毒蚊虫叮咬，患上了恶性疟疾，全身发冷发热；还有一大批官兵被传染上了由日本人带来的斑疹伤寒。这种病的症状是持续高烧，患者全身都如同烙铁般滚烫，似乎把患者的皮肤都要烤煳烧烂，常用的退烧、消炎药都不起作用，陆续有 149 人痛苦地在衰竭中死亡。其中就包括指挥美军第三营和新编第三十师第八十九团的 K 部队基尼逊上校。

他们就是这样在山林的险阻、病痛的折磨下，一天以十余公里的缓慢速度艰难地一步步向密支那行进。

和美军一起行动的中国军队两个团（第一五〇团、第八十九团），第八十九团来缅北前，在兰姆伽受过几个月热带丛林作战训练，还能适应这孟拱（莫冈）河谷的气候和山林的艰险，第一五〇团的官兵则

中美盟军在密支那与敌军激战

是从中国云南飞到印度后，下了飞机，换上新的武器装备，一天也没有接受过丛林战训练就被编入这远程奔袭的战斗群体，对这险峻的大山，阴暗、潮湿、稠密的原始森林，水流汹涌的河水都很陌生。但是出生于中国农村的士兵们一向具有朴实、能吃苦耐劳的天性，特别是严格的军纪不允许他们有任何不满。他们只能默默地强忍住一切艰难苦楚，尽力保持着行军队形往前走。

5 月 5 日，基尼逊上校率领的 K 部队（美军第三营和中国军队新编第三十师的第八十九团），走到了一个名叫雷托彦的小村寨附近。这里驻守有日军第一一四联队第二大队的两个中队。中美军队急于前进，不想打这场遭遇战，正想潜行远走，却被日军发觉，成几路扑上来，顽强地把 K 部队纠缠住。双方打得正激烈时，亨特上校带着 H 部队（美军第一营和中国军队第五十师的第一五〇团）也上来了。他审时度势，决定不加入这场战斗，而是趁日军也被 K 部队缠住时，果断地命令部队不顾雷托彦的战斗，径行向前超越。

在这同时，马基上校率领的 M 部队（美军第二营和克钦人游击队），也从辛乔嘎、福卡他嘎等地方绕过雷托彦向阿兰古进发。这就保证了大部队的长途偷袭不完全受干扰。

远在夏杜苏（沙杜渣）指挥部的史迪威将军虽然一直在密切、紧张地等待这支中美混合部队的讯息，但是为了不让日军发现中美部队的行迹，穿插部队一直关闭了电台行动。这样，那 3 支部队出去后，就如同断了线的风筝，长久渺无踪迹。这令他心焦、茫然，也不知他们是凶是吉。直到 5 月 14 日夜，也就是中美混合部队出发了半个月后，终于从电台上传来了一个只有史迪威将军才明白的特殊信号，表明远程奔袭的部队离密支那只有 48 个小时的路程了。由于路途艰难，所谓“48 小时”大约是离曼德勒还有 20 公里左右。第二天（5 月 15 日），指挥部的电台又收到了一个再次使得史迪威欣喜的“24 小时”信号。这表明，离密支那只是几公里了。

负责对密支那空运增援部队和食品、弹药的唐纳德·奥尔德准将，这些天一直和史迪威一起焦急地等待这一讯息。他立即下令运输机群做好随时起飞的准备。史迪威将军也把第四十二团团长许颖叫来，命令他这个团准备乘飞机去作战。但是为了保密，他还是没有讲明白是飞往哪里，弄得许颖团长一头雾水。

5 月 16 日，已经走得很疲惫的这支中美混合部队当中的 H 部队，终于率先到达了密支那西北方向约八公里一个叫南归的小村寨。

当时在第五十师第一五〇团任见习排长的宋国诚，对那次 H 部队穿插时的艰险过程，有过这样的回忆：

这次出击是十分秘密的。我们奉命从孟关东进，于是我们开始在黑暗的森林里行军了。树木多是高达数十丈的橡树，树上挂满了有人的胳膊粗的葛藤，一串一串的青苔又沿着葛藤挂下来，就像一层层绿色帷幔。除了猴子凄厉的啼声，还经常听到沉闷的大象叫声。在行军之初，还可以偶尔看到一两处“山头人”的房舍，这些房舍都是用竹子和树皮筑成的，没有窗户，因为这里多雨，所以房舍筑在高高的树桩上，梯子是用挖成一道道横槽的树干代替，像是一只竖起来的小木船。据传说，山头人是三国时孟获的后代，他们对中国人很友善。我们在 4 个山头人向导的带领下，在不能辨认方向的原始森林中前进。山头人辨认方向的准确性比指北针还精确，我们始终没有走错路，前几天，我们沿着山脊爬，山两边都是陡壁悬崖，不小心跌下去，就永远找不到踪迹了。我们每个人弯着腰，提着沉重的腿往上爬，气喘得几乎炸破了肺，汗水像断了线的珠子一样掉下来，有时却又碰到一阵倾盆大雨，整个身子就浸在汗水和雨水之中。我们说不出当时心里是一种什么滋味，只知道随着前面的人麻木地往上爬，生怕掉了队。有的地方连小径也没有，我们每个人都像是爬虫，把枪支弹药和行装捆在背上，只能用手和膝盖爬行。有时空投断绝，仅靠山果和芭蕉充饥。渴了，只能用钢盔接雨水喝。小溪里有水，但有瘴气，喝了要中毒，大家只能望着溪水叹气。山头人向导对日军的兵力配置，了解得十分清楚，我们都是从敌人防守的空隙中穿过，而始终没被敌人发觉。一天，我们来到一个坝上，上面有两间茅屋，土人早已跑了。淙淙的泉水从岩缝中泻（下），在坝下汇成一汪水田。山头向导告诉我们，这些没有瘴气，可以喝。我们发狂了，就如同和多年阔别的亲人重逢似的，急火火地扑向它的怀抱，喝足了水，又脱光了衣服洗澡。大伙正尽情嬉水的时候，忽然听见不远

> 处传来轰隆隆的火车声。我们知道这是日军的运输车，大伙顿时紧张起来，再一看4个山头人向导，竟然泰然自若地蹲在坝上吸烟。他们见我们一个个惊慌失措的样子，就向我们打了个手势，意思是说，没关系的，你们尽管洗好了！果然敌人的火车在离我们仅有五六百米的地方开过去了，竟然没有发觉我们这支部队。后来，才听山头人向导说：敌人的火车在崖上面，我们在崖下面，而且又有密林掩护，别说不注意，就是注意了也很难发现。我们从心里感谢这4个山头人向导对我们的帮助，同时也认识到山头人并不笨，只是没有文化罢了。经过十多天的艰难跋涉，我们连登上了一个长满树丛的小丘陵。这时，一个山头人向导指着丘陵下的一块空地，对陈营长说："那里是日本人的'林空'。"陈营长举起望远镜观察，突然脸上挂上了惊喜："前边就是敌人的西机场！"因为山头人对飞机还不了解，把飞机叫作"大鸟"，把机场叫作林间空地的"林空"。我和大伙儿一齐举目向西机场望去，说是机场，其实只是一块用砂石筑成可供飞机起落的硬平地。西机场的东北和西北面，都是高山峻岭，我们是从西北的山地绕过敌人的每一个步哨渗透过来的……

这近20天在险峻山林间潜行的叙述，虽然简略，却很生动感人。如果不是亲历其境，是难以有这些感受的。

密支那西机场的日军守卫力量薄弱，更不知道中美军队的H部队已经悄悄逼近，也就没有进入临战状态。

但是密支那的守敌并不如史迪威将军原先所了解的只有300人，而是驻有第十八师团丸山彦安大佐指挥的第一一四联队的联队部，猪濑重雄少佐的第一大队的1个中队、1个机枪小队、1个大队炮分队，山田实盛少佐的第二大队的1个中队、联队炮半个中队（拥有联队炮1门、速射炮2门），1个通讯中队，共有1000余人。

在中美军队向密支那潜行穿插的过程中，在密支那的丸山彦安大佐已经从驻守雷托彦的第二大队那里得知有一支中美混合部队向南行进，在与日军混战一场后又遁入山林不知去向。但他认为：孟拱（莫冈）河谷战斗正紧张，那支中国军队可能是去那边增援了，也就没有

在意。

中美军队悄悄接近密支那的同一天（5 月 16 日），美军十几架轰炸机在战斗机群掩护下，突然飞临密支那城上空，对城内外能发现的军用设施和可疑的地点进行了长时间轰炸，一批刚刚轰炸完，另一批又飞来低空投弹、扫射。炸得这江边小城大火熊熊、硝烟弥漫，本来就简陋的竹木建筑物纷纷倒塌，燃烧成灰烬……

过去美军也偶尔来轰炸过，但似乎只是路过时，随意地投下几颗炸弹就飞走了，还从来没有遇见过这样长时间、这样猛烈的轰炸。这里的日军也就在毫无防备的情况下被炸得头昏脑涨、神志慌乱地四处寻觅藏身的地方。

不过日军联队长丸山彦安大佐是个具有丰富战斗经验的军官，定下神来后，凭他的直觉判断出：这可能是中、美军队向这里进攻的前奏。但是从哪个方向过来？有多少军队？却一时间搞不清楚，因为轰炸过后，城周围的岗哨都没有发现中美军队的动向。他又估计：这可能是美国空军为了支援正在激战中的孟拱（莫冈）河谷前线，而对日军后方的战略轰炸，是不是错以为这里驻有大量军队或积聚了大量军用物资？

他为了防患于未然，还是急电驻在密支那至孟拱（莫冈）铁路线上的第三大队尽速返回加入城防。

这一夜，他没有睡好，时常凝神对远处聆听；仍然毫无动静，更没有一声枪响。他才略为放心了。

第二天（5 月 17 日）是连日大雨后的一个难得的晴天，大量的水汽凝聚成的一团团明净白云，在碧蓝的天空上变幻着各种形态，轻盈地飘浮。这是个最适宜飞行的好天气。从清晨开始，大批美军飞机又飞临密支那轰炸。

日军在昨天被炸后，不敢再疏忽了，连夜加固了那些大大小小的防空壕（洞），飞机一飞临城市上空，都缩在壕（洞）里边等候这可怕的轰炸过去。但是他们没想到，已经潜伏在机场附近的中美军队趁日军只顾躲藏时，突然发起了进攻。机场上本来驻有日军一个中队，因为美军飞机没有轰炸机场，那时候正蹲在壕（洞）旁边吃早餐，听见枪响，才丢下碗筷仓皇四顾。指挥官平井中佐跳起来召唤士兵们应战，当场被密集的子弹击毙。日军失去了指挥，又缺乏有力的防御部署，被打得散乱地向市区内逃窜。

亨特上校除了派第一五〇团两个营向市区内追击外，其他的军队就迅速清除机场跑道上的障碍物和杂草……

史迪威将军在上午 10 时 30 分收到亨特上校发来的“进入圈子”的暗语后，立即通知唐纳德·奥尔德准将：“可以起飞了！”

晴天的密支那中午，亚热带南方的阳光又恢复了那火一般的炙热，烤得连日大雨后潮湿的土地水汽蒸腾。下午 1 时左右，那白云成阵的天空上，闪着银色光辉的美国运输机一架接一架地从西北方向飞了过来。这次它们没有在城区上空盘旋投弹，而是每架飞机后边都拖曳着一架满载兵员的滑翔机。

唐纳德·奥尔德准将早就通过航空拍摄和地面侦察了解到，这刚竣工的小型机场跑道短、地基软，还不适应 C-46 大型运输机降落，他就采用了这种拖曳滑翔机飞抵上空，让载有步兵的滑翔机轻巧地在机场上降落。

日军被这如流云、霹雷般从天而降的机群惊呆了。他们还是第一次遇见这种别开生面的，刚发起地面攻击，飞将军又从空而降的袭击方式呢！

日军城防指挥官丸山房安大佐很快从惊骇中恢复了神智。他判断：攻入机场的中美军队还不多，可怕的是那些从天上源源空降的后续部队。他立即派出军队向机场冲击，并组织轻重机枪对空射击；但是日军全被中国军队第一五〇团那两个营猛烈的火力压制住，接近不了机场，只好眼睁睁地看着那一架又一架运输机飞过来，把载满兵员的滑翔机拖运到机场。

第一批降落的中国军队是第十四师龙天武师长属下的第四十二团第三营五百余人。这些天都在后方养精蓄锐地等待这场战斗。他们下了飞机后，就精神抖擞地和第八十九团、第一五〇团一起向密支那市区的日军攻击。

这天，从空中运送兵员的行动一直没有停歇，第一批来到的美军航空工兵连很快把机场的电讯、指挥、灯光等设施都安装好，入夜后架起几十盏探照灯，用那雪亮的灯火来为滑翔机的降落照明。

这真是这座缅北山城有史以来没有过的壮丽场景，在四周的山林和涨水后的伊洛瓦底江上夜雾沉沉、一片暗黑时，只有市区以西机场上那一大片空旷地方灯火通明亮如白昼，不断有飞机冲过乌黑浓厚的云层盘旋而下，机翼闪动着的红绿灯光是那样灿烂，如同满天的星斗

都被他们摘取下来了。滑翔机一着陆，一会儿就从里边跳出了一大批头戴钢盔，手持机枪、冲锋枪，身手矫健的士兵……

远在夏杜苏（沙杜渣）的史迪威将军，没有料到密支那的偷袭战会这样顺利，心情好极了。这天（5 月 17 日）晚上他特意把中国军方的郑洞国、舒适存、胡素、潘裕昆等军、师长，以及美国的海登·鲍特纳等都邀请来他的帐篷共进晚餐。打开军用罐头、啤酒、香槟来吃喝。想到胜利在即，一个个都是兴高采烈、豪情满怀。但是这位美国将军把这场密支那奇袭看得过于简单，他没有想到困难、挫折还在后边呢！

从中美军队白天黑夜的源源不断空降，日军丸山房安大佐深感这将是一场大的攻击战。他除了利用他们对周围地形的熟悉，部署现有的兵力来加强防守，并趁中美军队立足未稳之时，派出平井柳铺大队长率领部队扑向机场，以扰乱中美军队的空降和攻击阵势，并迅速电告师团部、军部请求迅速派部队来增援。

日军的军行一向快速，在 5 月 17 日、18 日这两天，就有第一一四联队的第二大队和第三大队一个中队，分别从瓦扎和伊洛瓦底江东岸赶回来，使守御密支那的总兵力迅速增加到 3500 人。

中美军队这一方，除了不断空降的军队外，原来因为疾病、断粮而行动缓慢掉在后边的基尼逊上校指挥的 M 部队，也在亨特上校的催促下勉力赶了上来加入攻城战斗。

这支美军因为经过在山林间半个多月的长途跋涉，日晒雨淋，毒蚊、蚂蚁叮咬，已经有百分之八十的人患上了痢疾、疟疾，体质都很虚弱，有的高烧到 39℃以上。

史迪威将军担心这些美军借口有病临阵逃脱，严格地命令随军的医官，不准随便把病员送回后方；但是前线医疗设备简陋，这些高烧病人如不及时后送，就会死在前线，美军医官们还是不顾史迪威将军的命令，在飞机的跑道加长、加固了后，运输兵员的 C–46 大型运输机可以降落时，每天从这密支那运送 100 名左右的美军伤病员去往印度的阿萨姆邦医院。

（十几天后的 5 月底，这支原来有 3000 人的美军 5307 支队只剩有 200 名“劫掠者”留在密支那战斗。）

中国驻印军部队在抢修机场跑道

那几天，又下起了大雨，战壕里、低洼处的积水淹过人们的大腿，敌我军队全都泡在深水里，攻击也就受阻。除了地形不熟外，还因为缺少重炮攻击而难以展开具有摧毁力的攻击。

5 月 18 日史迪威将军得知密支那攻击受阻后，又在这天把新编第三十师的第八十九团，以及一个重迫击炮连、两支英国高射炮兵空运去增援。

这天，他还和郑洞国将军等人从夏杜苏（沙杜渣）飞往密支那。这不过半小时的空中行程，上午 9 时半起飞，10 时就降落了。

在机场上的中美官兵见史迪威将军来到距离日军这样近的前线，也不吃惊，他们已经习惯了这位被人称作“中将排长”的将军不断往战斗最激烈的前线闯的事。

史迪威将军指挥部队奇袭密支那成功，也通过电波传到了全世界，更引起了报刊、电台记者的浓厚兴趣。5 月 18 日这天，还有 12 名英美记者随同史迪威来到密支那采访、观察战场……

史迪威又一次成了新闻人物。

在伦敦的英国首相丘吉尔也被惊动了，他用粗胖多肉的手指在十万分之一的缅北军用地图上摸索着查看，密支那的中间确实隔着正在作战的孟拱（莫冈）河谷大片地区，那都是山林起伏、河流纵横的险地，而且加迈（甘马因）、孟拱（莫冈）这些战略要地都还没有攻下，他史迪威派出的军队怎么就攻到了密支那？

他去电印度询问盟军东南亚战区总司令蒙巴顿中将：“对突然占领密支那一事，蒙巴顿中将是否料及？”

蒙巴顿正因为作为盟军副总司令的史迪威对攻击密支那一事不听从他的反对意见，更没有和他具体商量而不愉快。他曾经认为：要占领孟拱（莫冈）、密支那，收复缅北至少要出动5个步兵师、1个伞兵师、1 个挺进旅，而且不可能在 1944 年底以前进行这些作战……所以他 5 月 1 日还在电令史迪威将军取消对密支那的作战。史迪威将军当然不会听这个英国将军的，而是照样秘密地策划他的攻击密支那行动。

如今中美部队却突然攻进了那中间隔着孟拱（莫冈）战场、远远地处于日军后方的密支那，蒙巴顿的惊讶并不亚于遭到突然袭击的日军的将领们；对史迪威将军的成功，很是不满又无可奈何，只好回复丘吉尔首相：“有关史迪威进攻密支那的计划，仅偶有所闻。”他还满

腹牢骚地表示："我实在应该在这一决定以前获悉这一战斗计划。"

丘吉尔首相才明白，蒙巴顿在战略上的短视、浅白，从而被史迪威置之于局外，这太丢人了！但蒙巴顿虽然军事指挥上平庸，却善于处理政治、外交，他给史迪威将军发去了一份嘉奖令，同时又表示：这是英军温盖特游击队的第七十七旅在"密支那及其以南的地区截断了日军的交通线"，才保证了中美军队能无后顾之忧地攻取了密支那。

他还据此大为发挥，把中美军队在孟拱（莫冈）河谷的胜利，都说成是英军温盖特游击队的第七十七旅的作用。

[如他在《第二次世界大战回忆录》中谈到缅北战事时，这样写道："5 月底，史迪威的另一个主要目标——孟拱（莫冈），被精锐的'温盖特'旅、即第七十七旅包围，终于在 6 月 26 日攻占了。"]

这真是歪曲历史，贪天之功为己功。

攻取密支那等战斗的分歧，也就使在印缅战场的英美军队首脑之间的矛盾加剧了。几个月后的 1944 年 6 月，在缅甸的战事正紧张时，蒙巴顿中将却在丘吉尔的支持下，企图向美军总参谋长马歇尔上将建议，解除史迪威将军的印缅战区盟军副总司令职务。

这使史迪威很愤懑。他在前线打仗，这些英国人（蒙巴顿）、中国人（蒋介石）却忙于把他赶走。

不过他有美国陆军部长史汀生、总参谋长马歇尔这两个坚实的后台，还是又一次挺过了有可能被召回美国的"倒史"活动。这使性格刚毅、高傲的史迪威更不把被他轻蔑地称作"子弹头"的蒋介石和那些"英国佬"放在眼里。

在密支那临时担任指挥的亨特上校，正因为攻击的不顺利而牢骚满腹。他向来到密支那的史迪威将军诉说：兵力不够，重炮没有及时运来，病员太多……

史迪威将军一向是眼见为实，他亲自去了敌我相距不远的前沿，满身泥水地在壕沟里时而疾走、时而匍匐，近距离观看了正在激烈进行中的战斗。面对密支那这河水宽阔、周围山林起伏的复杂地形，也觉得原来情报不准确，从而低估了日本守军的力量，战场形势这样艰难，确实要增加兵力。他答应亨特上校，两天后（5 月 20 日）再空运两个团来。他如今有的是中国军队，很是大方。

弗里克·梅里尔准将因为心脏病一再发作，已不可能来密支那指挥，史迪威只得从 5 月 20 日起改由约翰·E. 麦卡尔准将指挥作战。

5 月 20 日，新任指挥官约翰·E. 麦卡尔准将命令中美军队发动进攻，除了留第一五〇团一个营守御已经占领的密支那西郊机场外，其他两个营由黄春成团长带领去攻击火车站；新编第三十师的两个团（杨毅团长的第八十八团、王公略团长的第八十九团）向密支那铁路线上两侧的南北地区日军设立的大小据点攻击。

密支那这古城虽然风景秀丽，被万千棵终年常青的大榕树所围绕、覆盖，又以玉石的集散地而著称。但城市狭小，从南到北不过两公里，从东往西只有一公里，人口稀少，当时不到一万人；街道都是顺着山势斜斜地从西北往东西走向，当地人文化不高，也不会给街道取几个有意义的名称，只会称为“第一横马路”“第二横马路”……共有 11 条。

城南紧临伊洛瓦底江，城西是火车站，日军司令部和兵营都在城西铁路边上。

如今中国军队从西边飞机场攻起，也就要一条又一条横越过这些第一横至第十一横的马路。

第一五〇团黄春成团长指挥着两个营一路猛攻，在黄昏时攻到了火车站北侧，遭到了预伏在那里的日军的强烈抗击。日军不多，却利用他们构筑得巧妙、隐蔽的工事用火力正射、侧射，使这两个营伤亡不少；不仅攻击受阻，在日军包抄下，与后方的联系也被切断。

虽然处于前后受敌状态，这两个营还是在黄春成团长的指挥下，拼命向车站里冲击，在第二天清晨攻进了车站。但是这两个营也伤亡很多，而且粮弹告绝，又被日军调上几个中队过来反包围。他们呼唤空军支援，飞机投掷下来的炸弹难以准确命中日军的工事，双方又挨得这样近，美军的空中打击也难发挥作用。黄春成团长只好率领残存的官兵用刺刀和手榴弹与敌人肉搏，才好不容易冲出了包围圈。不仅火车站得而复失，还伤亡了 670 余人；担任主攻的第三营营长郭文轩不幸阵亡，冲在前边的连长、排长伤亡更多，全团 12 个连长（9 个步兵连长、3 个机枪连长）伤亡了 9 个。

日军重新控制了火车站后，也就能继续保持对外的联系；赶来增援的两支部队，一支 800 余人，一支 200 余人，能从这个缺口进入市区与丸山房安大佐的守卫部队会合，加强了防守力量。

中国军队这次进攻失败，除了地形不熟，又逢大雨外，还有着美军指挥官约翰·E.麦卡尔准将指挥上的错误。他没有利用日军当时的防守兵力还不多，守御面积太宽，派部队迂回插向日军背后临近伊洛瓦底江的那个方向，来个前后夹攻，只会一味命令正面强攻。这就陷入了日军布置得严密的火网中，从而增大了伤亡。

连续的进攻战都不利，使得想速战速决拿下密支那的史迪威将军既失望又焦急万分。他在5月21日的日记中这样记着："下午6点，坎农从密支那来。坏消息，第一五〇团一片恐慌。他们失去了控制，必须撤出。密支那发生些什么？一天精神很糟。十分紧张忧虑，如果这些部队靠不住，我们又该怎么办呢？我期待着这件事情彻底结束。真希望现在下场倾盆大雨。"

这份焦虑，对一向在战场上以镇定出名的史迪威将军来说是很少有的。当时孟拱（莫冈）河谷战斗刚开始，进攻密支那的中美军队完全是越过重重山岭和许多河流孤军深入，除了空中接应外，还不可能从陆路上得到支援，打得不好就会被日军包围、吃掉。他也知道美军5307支队那3个营伤病过多，已经不能再战，主要靠中国军队作战；如果第一五〇团等部队真像他手下人形容的那样"不堪一击"，他真的只能哀叹："我们又该怎么办呢？"

约翰·E.麦卡尔准将没有搞清楚敌情就仓促发动进攻，本来应该负指挥上的责任，第一五〇团在包围圈中苦战了一夜，他在这样长的时间里却没有派出援兵，如果不是这个团奋力向外冲杀，就可能被歼灭于火车站一带。但约翰·E.麦卡尔却把攻击失败的责任推给第一五〇团团长黄春成，说他作战不力，要把黄春成押送回国。

黄春成团长当然不服，据理力争。在密支那的中国军队的其他团长、营长都把这场战斗过程看得很清楚，责任在约翰·E.麦卡尔。他们也激愤地指责约翰·E.麦卡尔无理、不公平，同时分别去电给史迪威将军和新一军军长郑洞国将军陈述……

约翰·E.麦卡尔见压服不了，也给史迪威将军发去电报诉说中国军队不听从他指挥……

史迪威深感密支那前线问题严重，焦虑地坐卧不安，忙在5月23日中午派出了驻印军指挥部参谋长海登·博特纳准将和第十四师师长潘裕昆少将、新编第三十师师长胡素少将一起飞往密支那去了解情况，并抚慰中国官兵。

朴实的中国官兵并不想闹事，他们从国内飞越险峻的喜马拉雅山，又从印度长途跋涉来到这缅北的险山恶水间，只是想尽快打败日本鬼子，讨回民族尊严。如今见他们的师长来了，也就感到有地方可说话了，纷纷诉说他们的委屈。潘、胡两位师长也明确表示：会为他们撑腰。特别是那位黄埔军校一期毕业，身材矮胖，性格直率的胡素师长更是毫不客气地当面责备约翰·E.麦卡尔：不能文过饰非，作为军人应该勇对现实……

这一切使中国官兵们看了很愉快，气愤也逐渐平息，愿听从指挥打好下一仗。

海登·博特纳在傍晚飞回夏杜苏（沙杜渣）时，向史迪威将军报告了密支那的情况，并不像约翰·E.麦卡尔在电报中所说的那样混乱，中国官兵是在勇敢作战，而且准备在25日重新发动进攻。这才使史迪威放心。

在密支那的约翰·E.麦卡尔，面对日军的顽强抗击以及中国军队对他的缺乏信任，自感威信扫地，情绪低沉地仍然拿不出攻战的上策。5月25日的战斗，仍然只会驱使中国军队从正面强攻，而不能有组织地部署炮火轰击、支援，各作战部队之间也缺乏有机联系，又一次形成对敌情地形不明的盲目作战，从而被日军利用中国军队各部队之间的许多间隙，调动部队来机动地穿插、围攻突出于前的中国军队第八十八团、第八十九团，使这两个团伤亡很大……

这气得新编第三十师师长胡素又和约翰·E.麦卡尔大吵，指责他不把中国官兵当人。

日军面对数量超过自己的中国军队的攻击，并没有单纯地固守，而是利用他们熟悉密支那四周地形，在夜黑雨大时派出许多小分队来偷袭，以干扰进攻。这天（5月23日）晚上还一度攻到了新编第三十师师长胡素的帐篷附近，迫使师直属队的官兵都跳进大雨、泥水中去迎战，经过近一个小时的混战才把日军打退。这使胡素师长更是难以容忍约翰·E.麦卡尔的指挥不当。

约翰·E.麦卡尔也暴跳如雷地怒骂胡素干涉他的指挥……

消息传到史迪威将军那里，他也感到事态越来越严重。在5月25日再次冒雨飞往密支那，听取中美双方将领的诉说。当夜还住在飞机场上观察整个战斗的进行。这一夜中美官兵都在冒雨夜战，枪声时远

时近，似乎我军杀过去了，又似乎日军冲过来了，他怎么睡得着。正如他日记中所写的：“整个战线枪炮声彻夜大作，没怎么睡。”

中国军队这几个团虽然作战勇敢，但是没有足够的重炮、坦克支援，对日军那些修筑得牢固的明暗地堡和工事也就难以摧毁，常常是几个连队冲进去了，又被突然出现的火力点打得死伤狼藉地退回来。

史迪威将军原来的计划是：大炮、坦克不能运上来时，利用空军的优势来轰炸日方。但是这些天连续大雨倾泻，还不能全天候飞行的飞机难以按计划起飞。

更使史迪威将军心烦的是约翰·E.麦卡尔准将面对错综复杂的形势，那无计可施的一脸苦相和难以消除的颓伤情绪。作为主要指挥官这样低能和缺乏斗志，怎么能指挥作战。他想，应该临阵换将了，但是换谁上来，一时间还难以决定。

他在密支那停留了两天，5 月 27 日才飞返夏杜苏（沙杜渣）。

回到夏杜苏（沙杜渣）后，他在 5 月 28 日、29 日那两天，忙于调集部队，把中美工兵部队和中国驻印军第十四师的第四十二团也空运往密支那。

5 月 30 日清晨，史迪威将军带着海登·博特纳再次飞往密支那。战场的形势仍然很糟，美军 5307 支队第二营只剩下了 12 个人，几个月前率领千余人进入缅北的马基上校成了可怜的“班长”。损伤这样惨重，令史迪威将军很惊讶，今后主要由中国军队来作战，就不能不考虑约翰·E.麦卡尔在中国军队中的影响了。他决定撤除约翰·E.麦卡尔的指挥职务，改由海登·博特纳来指挥密支那的战斗。

这是进攻密支那以来，不到半个月的短时间内，第三次更换战地指挥官。临阵换将一向是兵家大忌，但是他面临如此糟糕的战场形势，已经别无他法。

日军第三十三军司令官本多政材深知，密支那这战略要地一丢失，缅北就完了，于是忙于从各方面调动军队去加强密支那的防守。除了第一一四联队第三大队已经在 5 月中旬由中西德太郎大队长率领突破中美军队防线进入密支那外，密支那守备队长丸山房安大佐的步兵第一一四联队原来曾拨归第十八师团部直接使用，如今也改为归军部指挥，作为机动部队；在铁路线上的第五十三师团主力也向密支那迅速

中国驻印军部队围攻密支那敌阵

靠拢，还把第五十六师团水上源藏少将指挥的步兵团、第一四八联队水渊嘉平大尉指挥的第一大队，也分别从中国的怒江以西和胡冈河谷调往密支那。

他还指令：密支那的守御战改由在那几支部队中军阶最高的水上源藏少将指挥。

但是调动第五十六师团这两支部队（步兵团、第一四八联队第一大队）的事，却遭到了这个师团松山佑三师团长、川道富士雄参谋长的强烈反对。因为这1944年的5月下旬，驻扎于云南的中国远征军第二十集团军5个师，在5月11日渡过涨水的怒江后，已经攻上了高黎贡山高处的南斋公房、北斋公房附近。日军过去依仗的怒江、高黎贡山两大险阻已经失去防御作用；而中国远征军的另一支主力部队（第十一集团军10个师）也将渡过怒江向松山、龙陵进攻。中国远征军这15个步兵师和十几个团的炮兵、工兵、辎重兵近20万人的部队，都压向了日军第五十六师团仅18000人的部队。在他们正处于极端紧张之时，却要从他们这个方向调走部队，他们怎么受得了，也就不顾军令如山，敢于表示反对了！

水上源藏少将原来是指挥着步兵第一一三联队第三大队、野炮兵第五十三联队一个中队（第二中队）、工兵第五十六联队大部分，以及电信、卫生、防疫等勤杂分队驻扎在八莫附近，负责搜剿英国军队空降到那一带的“温盖特”游击部队。中国远征军在5月中旬攻过怒江以西后，他奉师团命令率领部队向芒市进发，已经走到中缅边界的南坎。

第五十六师团参谋长川道富士雄大佐接到第三十三军命令后，考虑到他们师团已经没有机动作战部队，如果再把水上源藏少将指挥的这一两千人调走，那就更无法抗击中国远征军的优势兵力攻击了。他犹豫再三，决定不顾军部的命令，只给水上源藏一个步兵小队和一部分炮兵、工兵，总共约120人的一支队伍去增援密支那。

这使水上源藏少将很愕然，他哪里还是步兵团团长？只能算一个已经严重减员的中队长了（日军一个步兵中队的编制是176人）。处于被包围中的密支那急需大量援军，如今却让他带着这寥寥的百余人进去，那起什么作用！他深感气愤、屈辱，也明白这次去密支那是凶多吉少。临行前，在南坎给师团参谋长川道富士雄打了个电话诀别：“命令接悉。对于不能在云南战场与师团主力共存亡，深感遗憾。但在密

支那必将竭力完成任务。今日一别，恐难再晤。请代向师团长致意。”

话语很凄凉，已经完全没有一年前由他指挥着几个联队近万人马在中国腾冲北部，对中国的抗日军民进行残酷扫荡时，那股不可一世的骄横杀气了。

水上源藏率领的那支小部队，是5月18日深夜乘汽车离开南坎，车行两天在20日抵达曼昌的。前边没有公路，只好在大雨中徒步行军，一边走一边与在那一带活动的小股游击队战斗，又走了10天，才在5月30日清晨利用昏茫的夜色潜入了被炮火笼罩的密支那。

听说密支那的守御将改由水上源藏少将来指挥，守城的丸山房安大佐以为这位军阶比自己高的将军至少能带来几千人的援兵，没想到却是这人数稀少、走得满身泥泞的百余人。他既惊讶又很不满意，就去电第三十三军军部询问：这是怎么一回事？

军司令官本多政材也没有想到第五十六师团敢这样违抗军令。只是如今战场形势复杂，他没有简单地去电斥责，而是特意派出军部参谋野口省已从曼德勒去往中国滇西的芒市调查。

那时候已是6月初，中国远征军第十一集团军3个军已分别渡过怒江攻向松山、龙陵、平嘎并威胁芒市。面对那严峻的形势，又听了第五十六师团参谋长川道富士雄的诉说，野口省已参谋也感到，以一个不过18000人的乙种师团来防守北起中国的泸水、福贡，南迄镇康，沿着怒江的近千里防线，与20万人的中国军队作战，这也够难为他们了。这艰难处境也是在缅北的别的师团所没有遇到的。他回到军部后，极力为第五十六师团的困境解说，从而免除了对川道富士雄参谋长的追究。

日军在整个滇缅战局的危险现状，却不为处于密支那一隅的丸山房安大佐等人所理解，反而怨怪只带着那100余人进来的水上源藏，在第五十六师团缺乏权威，调不动军队，也就不把这个少将放在眼里。密支那守御的指挥权仍然掌握在丸山房安手里。

因为陆续得到了约2000人的援军和4门山炮、2门野炮，丸山房安大佐决心在加强守势的同时展开攻势。

他这支原来属于第十八师团的官兵，入伍前多数是日本北九州岛的矿工，善于打井、挖坑道，如今也就充分发挥他们的特长来构筑地下工事，挖得深而牢实。那些大队、中队的战斗指挥所全都挖在地下十几米深，用钢板、巨木、砂石层层铺盖，既隐蔽又能抵挡中美军队重磅炸弹的轰击，指挥所四周还有挖得很深的交通壕与各处的工事、

中国驻印军用重炮对密支那敌阵实施轰击

据点连接；各个据点都在掩体中贮存了弹药、口粮，安置了竹筒、水管与外通气，以防掩体炸塌了时，人们不会因空气断绝而窒息。

苦战多日，又运输断绝，炮弹已经不多，整个守军只有榴弹炮炮弹约300发、山炮炮弹2500发。丸山房安大佐命令炮手们节省着用，只能往中国军队密集处轰击。

进攻的中美军队由于连日大雨，空中补给时常停顿，也陷于粮食、弹药缺乏的困境。到5月20日初，口粮只够3天用了，75毫米的榴弹炮炮弹也只剩350发。虽然史迪威将军不断催促空军改善空中运输，尽量趁短暂的天晴间隙飞往密支那，但还是难以应付那多雨的天气。到了6月初，只能当天运来的粮食，当天就吃完，难以有储备。

在弹药方面，美军指挥部更是采取了削足适履的办法，规定每个炮兵连队一天的发射数不可超过150枚。在师长、团长们看来，这比在印缅边境训练时还不如，那时候面对空无一人的山头，都可以尽情发射，如今在你死我活的战斗中，反而要“节约”了，这叫打什么仗。

粮弹缺乏的中国军队，在日军坚固的工事前，伤亡日增。仅6月2日许颖团长的第四十二团就伤亡240人，黄春成团长的第一五〇团伤亡了80人。到了6月8日，伤亡的总人数更是激增到1867人。

新编第三十师师长胡素将军认为：仗不能这样打下去。在他的强烈要求下，只好暂停攻击。

这就给日军赢得了喘息时间和等待援兵的到来，由第五十三师团田中信男师团长指挥的部队，正沿着孟（拱）密（支那）铁路向密支那前进，并用电报与水上源藏、丸山房安指挥的守军约定，里外合围处于疲惫的中国军队。

如果那第五十三师团上来了，攻击密支那的中国军队怎么招架得住。

史迪威将军原来只想用奇袭和空投的战术，在短时间内快速拿下密支那，没想到事与愿违，兵临城下了，还会节节受阻，久攻不下。他只好又把已经退到后方，新近补充了600名印度士兵的美军5037支队再空运回密支那作战。这600名印度兵都是第一次上阵，没有参加过实战，还得在不断伤亡的过程中积累作战经验。

正当密支那的攻击战陷于困境中时，情况突然有了转机。由于中国驻印军孙立人将军指挥的新编第三十八师的远程奇袭加迈（甘马

因），威胁到了第十八师团的指挥部，第三十三军司令官本多政材急令已经在6月7日行进到密支那外围铁路第715号桥附近的第五十三师团迅速折回去投入守御孟拱（莫冈）、加迈（甘马因）的战斗。

已经做好了里应外合出击的水上源藏和丸山房安很失望，只好又命令部队潜入地下工事里。攻击密支那的中美军队也就暂时转危为安。

史迪威将军催促海登·鲍特纳准将在6月13日再发动一次进攻；鲍特纳却抱怨炮弹、机枪子弹太少，必须赶紧运来，不然他不仅是无法进攻还难以守住已经占领的阵地。

那时候孟拱（莫冈）河谷也正打得激烈，史迪威将军得兼顾两边。如今见密支那处于久攻不克，还可能转胜为败，只好把准备支援孟拱（莫冈）河谷战斗的武器调了一部分给密支那方向，运来了野炮8门、75毫米榴弹炮、105毫米榴弹炮、155毫米榴弹炮各2门。特别是炮弹多达600吨。还有几十架步兵用的火焰喷射器。

有了这些重炮和大量的炮弹，海登·鲍特纳准将的进攻信心也大增。不过他终究不是一名高明的指挥员，他的进攻部署却是：以美军5307支队、美军工兵团支队，中国驻印军的第一五〇团、第八十八团、第八十九团、第四十二团，从北向南成半环形状分别攻向密支那市区内。

这次出动的兵力虽然多，但过于分散。日军在以少部分兵力死守各个据点缠住多路进攻的中美军队的同时，抽调一部分精锐集中地对中美军队薄弱部分进行反扑，逐一地各个击破。

那几天（6月13日至16日）美军5307支队虽然快速绕过了市区北侧进到了伊洛瓦底江的迈特渡口，但是在日军的顽强阻击下，第三营伤亡过大，从而难有突破；中国军队4个团的进展也不大，打得较好的第一五〇团，拔除了几个小据点后，推进了约200米，第八十八团在大营房方向只推进了约100米，还离着日军营房3公里左右时，因左翼的第一五〇团受阻，他们侧翼暴露，团长杨毅忙命令停止前进，就地构筑工事改攻为守，到了夜间反而遭到日军的猛烈攻击。这个第八十八团从前都是长期处于后方收容壮丁的补训处官兵，虽然在兰姆伽接受过训练，但还没有实战经验，更不适应夜战。不过他们枪弹充足，不断发射照明弹把阵地前照得如白昼，再用机枪、迫击炮、火焰喷射器等密集火力扫向日军，才勉强保住了阵地。

第四十二团先是用第三营攻击，在进入一片开阔地后，陷入日军

轻重机枪和山炮组成的火网中，仅七八分钟的短促时间，营长何凤桐、副营长李盛、第七连连长汪树兰、第八连连长丁书纯都先后负伤；失去了营、连主要指挥员，攻击顿时受挫。第四十二团团长许颖虽然是中央军校第六期毕业，却是个有勇无谋的人，又命令作为预备队的第九连继续越过那一开阔地去攻击对面的一座独立小屋。第九连连长欧阳贤在第七连、第八连攻击受挫时，他一直闪在附近的大树旁边仔细观察，看清楚了日军的火力点。他明白不能再在白天冲击，那会把自己这个连队继续暴露在敌人火网下。他耐心地等到夜色来临，才把全连分成几个组，拉开距离快速冲过了这约 300 米的开阔地，占领了那独立的小屋，如一颗钉子插在日军阵地中间；但是又被日军三面包围，难以再前进，只好挖掘工事固守。团长许颖见第九连占领了独立小屋，又派出第二营以独立小屋做起点，往火车站攻击，但是很快被日军打垮。营长负伤，4 个连长（第四、五、六连连长和机枪连连长）全都阵亡，一个 400 余人的营只剩下了 40 余人。

这损失太大了，第四十二团战斗力也大减。

连续多日的攻城战都表明，这股日军善于城市防御和近郊丛林战。他们利用密支那市区周围地势较高树林又多的特点，设置了许多既分散又相互联系的狙击点，有的匍匐在水深过膝的壕沟里，有的藏在枝叶浓密的大树上。在树上的狙击手都用绳索捆住身子，负了伤也不会摔下来，还可以带伤继续射击。他们还专门瞄准神态像军官的人打，所以中国军队的营长、连长、排长负伤、阵亡的特别多。军官一伤亡，三军无主，就垮下来了。

密支那进攻战的后期，中国官兵才从不断的伤亡中，逐渐摸出了日军的这些防御特点，他们不敢仅凭人多、勇气强进攻了；攻击前都先用轻重机枪对着那些枝叶深密的大树上猛烈扫射，果然打下了不少日军的狙击手。以后的几次攻击才比较顺利，官长们的伤亡也略为减少。

当时史迪威将军不知道是出于什么考虑，把美军第二〇九工兵团也调来了密支那。他原来的用意可能是帮助步兵攻击时爆破日军的防御工事，或者帮助中美军队构筑防御阵地，但是全权指挥密支那作战的海登·鲍特纳准将却没有发挥这支工兵的专长，把他们当作独立的作战单位去投入作战。这些美国工兵哪里懂得步兵的进攻战术，刚上

去就被日军打得四散奔逃，有的被歼，有的狼狈地退了回来。

中美军队的进攻又一次全面受阻，只好就地挖掘壕沟、坑道，改进攻为守御，官兵们长时间匍匐在大雨泥水中，真是苦不堪言。

海登·鲍特纳准将只好一再发电报给史迪威将军诉苦、求援、发牢骚……

史迪威没想到有这样多军队，这么充足的大炮、弹药，还会打得这样糟。虽然大雨很碍事，但日本军队也是在雨水中呀！他焦躁地想：“要么是我们的军官全都完蛋了，要么是鲍特纳神经（精神）失常了！”

不过那期间（6 月 16 日）还是有使他愉快的好消息，孙立人和廖耀湘将军的两个师已攻进了加迈（甘马因），正在围歼日军的第十八师团部。拿下加迈，就可进取孟拱（莫冈）城，那时候公路就可前伸至密支那附近，军运就畅通了。

他决定再飞往密支那了解战况。

6 月 17 日下午，史迪威飞到密支那。他没有理会海登·鲍特纳的诉苦，却在瓢泼大雨中，由两个排的侦察人员护卫着，在泥水里深一脚、浅一脚，去往几个前沿阵地具体观察了解。

对于一个已经六十余岁的老将军，这很不容易。看到他军衣上、钢盔上溅满泥水，中美官兵都很感动。

在伊洛瓦底江边美军 5307 支队第一营的阵地上，他见到了亨特上校。这个营虽然也伤亡不少，但还在与日军对峙中。

这给他的印象，前线形势并不是太糟，而是海登·鲍特纳准将的指挥无方。他也很不满意新编第三十师师长胡素强硬地不断地和海登·鲍特纳争吵。

身材矮胖，有着浓重的江西樟树口音的胡素少将，是黄埔一期学生，1926 年又去日本留学，毕业于早稻田大学政治经济系。他的资历使他早年在军界的发展较顺利，1931 年 31 岁时，就担任了少将旅长，在中国驻印军中，和黄埔军校六期的廖耀湘、黄埔四期的潘裕昆、黄埔五期的龙天武几个师长相比，他是老资格的学长了。他任师长的时候，这些师长都还是校尉级军官呢！（如廖耀湘在 1936 年才任少校连长，潘裕昆 1937 年才任上校团长）。也正因为他与一般军人不同，自视甚高又性格刚强，难以与人契合，这少将军衔一挂就是 14 年，而且多数时间处于闲散地位，没有掌握过实际兵权。虽然抗战以来军队

不断扩充，各个战区都要指挥作战的将领，他也只是在后方的非战斗单位担任中央军校的少将科长、教育处副处长。一直到1944年要反攻缅北了，各大战区因为战事吃紧，难以多抽调部队过来，才把他的第二十五新兵补训处改为新编第三十师，由他担任师长。对这个职务他并不很满意，觉得还是委屈了他，没有把他提升到合适的军职。

史迪威将军不愿中美将领不和的态势扩大，影响战斗的进程，对胡素与海登·鲍特纳的争执，采取了“各打五十打板”的处理方法。他因为无权撤销中国驻印军团长以上军官的职务，只好以胡素留在前线会妨碍中美将领合作为名，电告重庆的蒋介石把胡素师长调回国。在这同时也撤销了海登·鲍特纳的指挥官职务。

对于曾经被约翰·E.麦卡尔准将控告过的第一五〇团团长黄春成，他这次也没有放过。那天史迪威去往第一五〇团视察，恰好黄春成在帐篷里午睡，被他闯进去看见，大怒，前线战斗那样激烈，团长却还有闲情午睡，也被他向蒋介石报请撤职。

蒋介石、何应钦深知史迪威处事严厉，也不好拂逆，但还是拖到8月3日以后，才调孙立人将军的副手、新编第三十八师副师长唐守治少将来接任新编第三十师师长。唐守治年轻，这年才38岁，是黄埔军校五期毕业，从1942年起就和美国军官在一起作战、训练，相处得也比较融洽。

在前线苦战的胡素，见自己一心作战，又言之有理，还被免职回国，很是愤懑。中国驻印军即将扩编成两个军（新一军、新六军），他本来已被军事委员会内定为新一军副军长，如今也不能升任了。他回国后，深知内情的蒋介石也没有责备他，让他以副军长的身份在重庆闲住了几个月。这年（1944年）底，成立青年军时，派他出任青年军第二〇五师师长，不久又提升为第九军中将副军长。

黄春成和廖耀湘是黄埔军校六期的同学，又是湖南同乡，也没有被长久闲置，成立新六军时，被廖耀湘调去军部当了军务处长。

用谁去代替海登·鲍特纳？史迪威颇犯难。他回到夏杜苏（沙杜渣）指挥部后，考虑了近一周，才决定任用曾经在印度兰姆伽训练营负责过对中国驻印军训练工作的韦瑟尔斯准将去密支那指挥作战。

韦瑟尔斯是个颇谦逊的军人，在兰姆伽训练营就和中国官兵相处得比较好，没有那些美国将军的专横、倨傲。

史迪威选择他，也是出于这一考虑。

海登·鲍特纳对自己才任职一个月就被免职，很不满意，牢骚满腹，又被史迪威将军臭骂了一顿。

韦瑟尔斯准将到达密支那后，没有急于发号施令，而是先走访各个部队，视察战地。他接受了新编第三十师参谋主任唐泊三上校和其他将领的建议，在坦克没有运上来以前，先不要急于用步兵攻坚，采取挖掘坑道、逐步推进的战术来消灭日军的前沿据点，在每个攻击方向成纵队形挖出三条堑壕，一边向前进攻，一边继续向前挖，逐渐逼近敌军阵地。这样既可减少自身伤亡，后边的兵员、弹药也可以不断运上来，并利用这些堑壕做掩护，机动地派出小部队，分割包围摧毁日军的火力网……

这样，攻击的进程在稳步向密支那市区内推进，伤亡也减少了。

日军被这种步步为营战术挤压，不得不缩小防御圈，把市区外的村落先后都撤离，改为防守市郊 6 平方公里范围内的地区。这防御地带的缩小，却有利于中美军队的集中炮轰和美军飞机地毯式的轰炸。

6 月 25 日，孟拱（莫冈）被新编第三十八师两个团（第一一二团、第一一三团）攻占后，密支那往南去的铁路、公路全被截断，也难以有援军过来了，从而成了一座进出不得的孤城。守城日军也因为伤亡过大，减少到二千人左右，但凶顽的丸山房安大佐由于不明了缅甸南北整个战局的形势，还是决定死守待援；特别希望已入侵印度英帕尔的三个师团在那边取得胜利后，能够过来增援他们。

他深藏于地下几十米的工事里，哪里知道，在这 6 月下旬，日军在英帕尔也如同他们一样面临着战败覆灭的命运。

日军第十五军的第十五师团、第三十一师团、第三十师团，是这年 3 月间在军司令官牟田口廉也指挥下侵入印度英帕尔的。开始还比较顺利，曾经攻进到科希马一带，但在英印联军的合力阻击下，他们速战速决的战略部署失败了，终于在兵力多于他们几倍的英印联军和赶来支援的中国军队的攻击下，被围困于前不见村后不见寨的荒僻山野中。大雨、饥饿、疾病、战斗的伤亡，使日军这三个师团和配属他们部队的 15.5 万人中，死亡了 6.5 万人，再也难有战斗力。正如一则报道所说："1942 年印缅难民在撤退时大量倒毙的那些小路上，现在堆满了日军的尸体。"对入侵英帕尔一直充满自信、持积极态度的第十五军司令官牟

在密支那被俘的日军

田口廉也，这时候也黯然地处于进退失据的烦躁中。他很明白，这次失败他将面临撤职，甚至军法审判的后果。

两个月前的 5 月 3 日，日军东京大本营特意派出总参谋次长秦彦三郎中将来缅甸视察，并得出了“英帕尔作战没有希望”的结论；因此他与缅甸方面军司令官河边正三中将晤谈时，直率地向河边正三提出：“我看英帕尔作战停下来为妙。你看如何？”

河边正三在几个月前本来是力主向英帕尔进攻，如今也只好表示：“这一作战是失败的。”

据日军南方军 5 月 11 日统计：“缅甸方面军到本年底的消耗估计为 77000 人，第七野战补充队的补充人员均已用尽……”

所以，他们已不能再调集兵力去援助陷于英帕尔的那 3 个师团，更没有力量来增援密支那了。

这期间，中国驻印军对密支那攻击的兵员在不断增加，原来配属中国驻印军新编第二十二师在索道卡、卡盟作战的第五十师的第一四九团、新编第三十师的第九十团，都分别由罗锡畴团长、陈星樵团长带着上来了，从而加强了密支那攻击战的力量。

郑洞国将军见孟拱（莫冈）方向战事已经胜利结束，可以腾出手全力关注密支那的作战了。他于 7 月 6 日飞抵密支那，与美军指挥官韦瑟尔斯准将以及中国驻印军的师长、团长们，就敌我态势做了研究后，决定在第二天（7 月 7 日）进行一次全面出击。

先期投入作战的第四十二团伤亡很大，团长许颖也负了伤，已经难以再战。郑洞国将军和美军指挥官韦瑟尔斯准将商议后，决定调新上来的第一四九团去接替第四十二团担任攻防。

韦瑟尔斯是个处事周到的军人，进攻前，他先派了一架小型飞机载着罗锡畴团长和团参谋人员在密支那上空盘旋了一个多小时仔细观察地形和敌我的阵地，让他们在指挥作战时能心中有数。这样周到，也是前几位担任战地指挥官的美国将军没有做到的 。

经过连续多日的攻守战，这座城市临近河边用竹木建筑的吊脚楼全被炸毁、烧毁，全城已是一片废墟，分不出哪是街巷。但从正在进行的战斗中，又可看见在那些倒塌了的楼房下边不断有机枪的扫射、手榴弹的爆炸。这表明，日军把工事都构筑在废墟下边。

罗锡畴团长在全团征集了180名身强力壮又有作战经验的士兵，组成“敢死队”，由副营长李清率领去冲击。他向这些敢死队员许诺，攻击成功后，每人提升一级，加薪一个月。

李清把这180个人编成30个突击组。每组6个人并配备1挺轻机枪，其他的人全都是手持加拿大制冲锋枪，每个人还带着10枚手榴弹。

在这关键时刻，一位在密支那担任过小学校长的华侨寸世旭老人，主动来到军营报告敌情，并要求担任向导。他在密支那居住了几十年，又是个有心人，对当地街巷地形和日军防御工事的分布都熟悉，即使已被炸成一片废墟，也能分辨出走向。有他带路也就减少了“敢死队”的许多困难。他们本来是半夜出动，但那天晚上月色极明亮又没有下雨，视界很清晰。他们只好耐心等待着，等到黎明前的3时，月亮西斜了，浓雾升起了，他们才突入日军阵地，利用火力的优势，见了有坑洼的地方不管有没有日军都扔过去一颗手榴弹，稍有动静的废墟里更是用机枪、冲锋枪密集扫射……

这一仗，打得很好，只伤亡了五六个人就突进了1500余米，占领了日军的主阵地，使日军处于失去中心的涣散状态。

李清副营长见攻击得手，命人发射信号弹，后续的大部队也随着冲了上来……

在这以前的6月末，在云南怒江以西的中国远征军第二十集团军5个师，经过20多天苦战终于越过高黎贡山的多处险隘，正向腾冲方向进攻；第十一集团军10个师在6月初渡过怒江后，正分别围攻松山、龙陵、平嘎，并向芒市逼近。那迅猛攻势是要打通滇缅公路，与从印缅方向过来，已攻克胡康河谷、孟拱（莫冈）河谷，正围攻密支那的中国驻印军会合。

日军缅甸方面军司令官河边正三深知这一形势对他们很不利。他认为：如果不把从滇西进攻的中国远征军阻拦住，不仅滇西、缅北难守，整个缅甸也将失去。他决定利用有限的兵力把作战的防御重点放在怒江以西的滇缅公路上，而暂时搁置已被中美军队包围的密支那不顾，不派援军过去。但是他又担心，如果密支那失守，中美军队就可继续向东南前进，攻占中缅边境的八莫、南坎一线，从背后威胁在滇西作战的日军。因此，又必须不计代价地苦守密支那，不能丢失。

7 月 12 日左右，第三十三军司令官本多政材去电询问密支那的水上源藏少将，还可坚守多长时间。

水上源藏的回电是：“今后可能坚持两个月以上。”

这使河边正三与本多政材略为放心。如果能拖延两个月时间，他们就可以把防守于缅甸南部沿海的第二师团，以及即将从日本本土调入缅甸的第四十九师团都派往怒江以西以及密支那方向作战。战场劣势将可能改观。

他们刚收到水上源藏少将的电报，随后又是一封来自密支那的告急电报：“敌已开始大规模进攻。阵地设施薄弱，粮、弹均缺，难以长期坚持。”

前后两封电报这样矛盾，使本多政材很为诧异。经他手下的作战参谋们分析，前一封电报是在密支那只有指挥虚名的水上源藏少将发的，后一封电报是实际负责作战指挥的丸山房安大佐发的。据他们了解，水上源藏因为带进密支那的部队太少，实际的作战指挥权一直由丸山房安大佐所掌握。

他们在无兵可派之时，只能给“密支那守备队”发去一封旨在鼓舞士气，并提高水上源藏少将指挥权力的电报：“一、军企图向靠近龙陵方面之敌发起攻势，仍需继续防卫八莫、南坎地区。二、水上源藏少将要死守密支那。”

这份电报没有提出“密支那守备队”要死守，而是专门提出“水上源藏少将要死守”。也表明，守密支那的指挥权应该是属于水上源藏。

水上源藏虽然也想苦守，却是有心无力。这期间（7 月 15 日前后），密支那日军只剩下 1500 名左右了，更严重的是粮食、弹药都缺乏，火炮炮弹快打完了，他们只能严格地限制，一天只准发射 6 发以下，不是极有把握的目标不准射击；步兵前两天每人还有两颗手榴弹，如今也掷完了，中国军队攻近前，只能端着刺刀用白刃战来抗击。

在中美军队这一方，由于孙立人、廖耀湘等将军指挥的部队攻下了加迈（甘马因）、孟拱（莫冈）等要地，公路已经修复畅通，弹药、大炮能够源源不断地运上来。天晴雨止时，美军 B-26 型重型轰炸机一批又一批飞临日军阵地上空轮番轰炸。这更增加了日军的伤亡，到 7 月中下旬进一步减少到 1200 人左右，而且多数是伤病员。

日军曾在密支那以北约 20 公里处的伊洛瓦底江边一个名为瓦扎的

小村寨设立了一所野战医院，收容了约400名伤病员。密支那被围后，这所医院就被隔绝在外，不能与密支那来往。如今在兵员锐减的情况下，水上源藏和丸山房安都想起了这些伤病员，在不可能再有援军的困难时刻，只好把这些轻重伤员召回来作战。

7月15日，他们派出了联队情报主任八江正吉中尉，带着5名士兵趁夜黑雨大潜出包围圈去往瓦扎。

这些伤病员也是很关注密支那的战况，听说战况危急，都愿带着伤病返回部队。

他们分作两批行动，还能行走的随同八江正吉中尉从陆路上潜入密支那；重伤员就乘临时扎成的木筏沿伊洛瓦底江顺流而下去往密支那。

那样多人从江上漂流，当然容易暴露，被在江边的中美军队发现后，用机枪、大炮轰击。这些木筏上的日军重伤员全部被打死、淹死。

日军第三十三军司令官本多政材，也曾准备把第五十三师团的搜索联队从八莫方向北调，沿伊洛瓦底江边上行去增援密支那，由于怒江以西滇缅公路上战事日趋紧张，这搜索联队还是没有过来。

身在缅北前线的史迪威将军，日夜都在关注攻取密支那的战斗。一场敌弱我强、力量悬殊的攻城战，却打了将近两个半月，撤换了3名美军指挥官，死伤了那样多中美官兵，也使他深感这场大战斗完全超乎了他原来的想象而过于艰难。

随着攻城部队一步步向市区内深入，战斗到7月下旬，终于胜利有望了，他也做好了随同攻城部队一起进城去共庆胜利的准备；但是出乎他的意料，在临近战斗尾声的7月30日，他还来不及看到最后两天的战斗结果，就奉命急匆匆飞往锡兰（斯里兰卡）康提，以盟军东南亚战区副总司令的身份去代替将去伦敦公出几个星期的蒙巴顿将军主持战区的工作。

临行前的一天（7月29日）下午，他乘飞机在密支那上空盘旋多时，仔细观察了敌我的守与攻，确信“我们似乎很快就会结束这场战斗”，他才放心地离去。

在中美军队的猛烈炮火和飞机轰炸下，日军在密支那市区内的工

事几乎全部被摧毁。丸山房安大佐那深藏于地下几十米的指挥所也在美军飞机、中国军队的炮火密集轰炸下，崩塌得不能使用了，更严重的是残剩官兵已多日处于饥饿状态，每天每人只能分得一碗米饭的四分之一。

丸山房安见在市区已不能再守，向水上源藏少将提出：与其在这里同归于尽，还不如退往伊洛瓦底江东岸，去据守马扬高地，利用那里的山形地势和稠密森林来作战。

这使水上源藏少将很为难，因为军部 7 月 12 日给他的命令是“要死守密支那”，退往伊洛瓦底江东岸实际是放弃了密支那。如果不撤退，又会全部“玉碎”。而且这支军队实际是由丸山房安大佐掌握。他也别无更好的战守之策，再三犹豫，只好答应丸山大佐的撤守要求，自己则另有打算。

丸山房安大佐把部队分成三批，从 8 月 1 日起，每天晚上利用夜黑天雨来撤退。第一天晚上是原来由水上源藏带来的残剩成员和还能行走的伤病员；第二天晚上是成建制的守备队各大队还能作战的人员；他自己则带着联队部一些官兵殿后，在 8 月 3 日夜间最后渡过伊洛瓦底江。

还有一批约六十人的重伤员和随军家属（妇女、儿童），不能再随军进入山林间，则乘坐在木板下面捆扎着两个汽油桶的筏子，顺伊洛瓦底江向下游漂浮，想利用江水大涨的汹涌水势冲往下游的八莫。

他们不了解，伊洛瓦底江虽然宽广流长，却在峡谷间冲击而曲折多弯。这种没有舵和篙桨来掌握的漂浮物，哪能顺利漂向下游的远处，有的筏子被浪涛打翻把人淹死了，有的筏子被冲到岸边搁浅了，筏子上的人成了中国军队的俘虏。

那几个夜晚都是倾盆大雨，轰然的雷声、嘈杂的雨声和江涛的喧腾响声，掩盖了日军的行动，第一天和第二天晚上乘小船过江的部队都比较隐蔽地渡到了东岸。

第三天，中美军队发现了日军在全面撤退，也就加紧了攻击。

丸山房安大佐一边督促剩余军队加快渡江，同时命令浅井广中尉带着 60 名士兵和两门山炮、两门野炮担任掩护，务必挡住扑向江岸的中国军队。

中国军队也调集炮火向这支断后的日军轰击、扫射，把这 60 人全部消灭。

8 月 4 日清晨，日军丸山房安大佐在东岸分别收拢、清点已经渡过江的残剩部队时才发现，他组织撤退的军队并没有全部逃过江，还有 400 余人死在突围途中，如今只残剩 800 人。最严重的是不见了水上源藏少将。他着急地查问，才见水上源藏的副官给他送来一张水上源藏亲笔书写的命令："贵官应与搜索第五十三联队配合突破敌线脱出。"

他这才从这个副官那里得知，水上源藏在 8 月 1 日渡到东岸后，深感自己无法遵从第三十三军司令官本多政材"要死守密支那"的命令是失职，只能以死相殉，在一棵大树下用手枪自杀了。

那天晚上，雨声、雷声、江涛声、枪炮声掩盖了在各种巨大响声中显得微弱的手枪响声。

水上源藏在自杀前，还给缅甸方面军司令官河边正三、第三十三军司令官本多政材发了一份电报："一、因下官指挥不力，终未能确保密支那，致使陷入最后阶段，深感歉疚；二、伤员排除万难已乘木筏顺流而下，祈求在八莫给予救助。"

这时候的河边正三也正处于焦头烂额、自顾不暇的状态中，因为英帕尔和缅北作战的失利，他和第十五军司令官牟田口廉也都在几天后的 8 月 13 日被免去职务。

缅甸方面军司令官改由来自东京大本营的兵器行政本部长木村兵太郎中将担任。

木村兵太郎在侵华战争中也是个凶恶的重要头目。1939 年在日军华北方面军驻山东省的第三十二师团担任过师团长。在山东省扫荡时，他残暴地驱使侵略军烧杀抢掠，以后被调往东京大本营。在东京时，田中新一是参谋总部作战部长，与他级别相同，但是田中新一因为得罪了首相东条英机，外放时只是平调当了个师团长，不像木村兵太郎能在职务上连提两级，当上了方面军司令官。这使如今成了他属下的田中新一颇为愤懑。

从密支那逃出的丸山房安大佐在 8 月 12 日接到第三十三军司令官本多政材的电令："贵官应撤至八莫，回归第十八师团长指挥。"

这如同给了丸山房安等人的大赦，他们不必在密支那外围继续作战了。急忙率领部队往八莫走；不过不敢沿伊洛瓦底江走大路，只能依靠指北针在大山密林里寻路走。

密支那到八莫不过 217 公里的距离。他们被困在深山峡谷和深密不见天日的原始森林里难辨方向，常常走走停停，从 8 月 12 日起，却走

了近33天，每天不过挪动五六公里的行程，又逢整日大雨倾泻，又冻、又饿、又累，一路上又染病死亡了不少官兵。

在八莫与第十八师团师团长田中新一会合时，丸山房安这支部队个个是蓬头乱发、军衣褴褛、形容枯槁，如同一群骷髅。

田中新一想到这场仗惨败，也不禁大哭。

8月3日，攻击密支那的15支突击队，全都进入了已成了一片废墟的密支那市区。在落日黄昏的傍晚，完全占领了这个伊洛瓦底江上游的重要城镇。

这次攻取密支那，本来是史迪威将军一次出敌不意的奇袭，从战略上来看很是高超。从5月17日开始，先后投入了中国军队7个团（第十四师的第四十一团、第四十二团，新编第三十师的第八十八团、第八十九团、第九十团，第五十师的第一四九、第一五〇团），美军一个团（5307支队），野炮一个连、重迫击炮一个连、轻高射炮两个连，美军工兵两个营，数量不少。但是由于指挥不断失误，战斗初期，攻坚的重炮又太少，把这场攻城战拖延了两个半月才结束。虽然也给了日军较大杀伤（毙敌2000余人），但自身的伤亡也是够大的，美军伤亡了2207人（阵亡272人、负伤955人、病员980人），一直冲锋在前的中国军队则伤亡更多，高达4344人（阵亡972人、负伤3184人、病员188人），以致那些每天来运送弹药、粮食的飞机，都要载运大批伤员返回。飞机在欣贝延（新平洋）或印度阿萨姆邦机场降落时，都会引得赶来接收伤病员的医疗人员一再叹息：这一仗打得太久了！太苦了！

密支那的攻占，其战略意义很突出。不仅完全廓清了密支那以北的日军，使得中印公路和铺设的输油管得以顺利、安全地延伸过来。从这以后，从印度阿萨姆邦几个机场起飞的飞机，不必再越过那险情四伏的喜马拉雅山脉南段的“驼峰”群山，可以像从前那样经过印缅边界较平缓的山脉安全地飞往昆明了。密支那的两座机场，经过美国工兵抢修后，还可以在必要时作为运输机群的起降地来修理、排除故障。美国援华的军需物资运输量，也由于航线的改善而急速增加，5月间还只有13686吨，8月份就增加到29000吨，9月更猛增到35000吨。这对中国的抗战，特别是中国远征军在滇西的反攻战起了巨大的作用。

在密支那被俘的
日军慰安妇

9 月、10 月以后，卫立煌将军指挥的在怒江以西作战的中国远征军两个集团军，就不再为武器弹药的缺乏而发愁了。9 月间，中国远征军参谋长萧毅就喜气洋洋地告诉新任第十一集团军总司令的黄杰：“美国顾问窦恩准将已经表示：可以一次给这个集团军 10 万发炮弹去攻取龙陵。”这份慷慨把黄杰将军都惊住了，忙说：“哪要那么多，5 万发就够了！”

密支那的攻占也引起了国内外的一片欢腾，中国共产党在重庆的《新华日报》在 8 月 3 日以《祝密支那的胜利》为题发表了社论。蒋介石也在 8 月 5 日致电史迪威将军表示嘉勉、慰问。一向对反攻缅甸持消极态度的英国军政高层也来了劲，帝国总参谋长艾伦·布鲁克上将在伦敦发表谈话说：“既然史迪威把我们引到了密支那，我们就应该在缅甸打下去。”

但当时正在锡兰（斯里兰卡）的史迪威反而显得很平静，他在攻下密支那的第二天早晨，在日记中写道：“密支那来电，终于攻克。谢天谢地，今天上午这个世界上没有什么可担心的了。不管怎样，歇它 5 分钟。”

虽然性急的史迪威将军下一个攻取目标是八莫，但是缅北的 8 月正是雨季的高潮，大雨日夜不停，如天河开闸般往下倾泻，平地水深几米。那些河流、沼泽地更是一片汪洋、难以涉足，不可能再行军作战。碍于天时，也只能屯兵于密支那一线，休整、补充，待雨季过后再发动新的进攻。而且从 1943 年春季起，中美筑路部队和不断向西推进的中美军队，已是连续 17 个月没有休整过，攻下了密支那也该歇一口气了。

因为中国驻印军的作战部队已经增加到 5 个师，蒋介石、何应钦和史迪威商量后，决定在中国驻印军总指挥部下，把这 5 个师组成两个军，以便下一阶段更适宜作战。

经过这几次大战，原来不相信中国将领指挥能力的史迪威将军，也不能不对孙立人、廖耀湘这几位善于用兵的师长表示赞许，他热情地支持孙立人、廖耀湘两位将军升任军长。

中国驻印军新的指挥系统是：原新编第一军军长郑洞国中将升任副总指挥，新编第一军军长由孙立人中将升任，下辖 2 个师（新编第三十师、新编第三十八师）和一个战车一营；新编第三十师师长为唐守治，新编第三十八师师长由第一一四团团长李鸿升任，战车一营营

长仍为赵志华中校；新成立的新编第六军，由廖耀湘少将升任中将军长，下辖 3 个师（第十四师、第十五师、新编第二十二师），第十四师师长龙天武，第五十师师长潘裕昆，新编第二十二师师长由副师长李涛升任。

中国驻印军指挥部还设有参谋、军务、副官、军需、军医、军法 6 个处，直属部队有特务营、宪兵营、高射机枪营、工兵营、通讯营、独立步兵团和指挥着 6 个战车营的战车指挥组，4 个炮兵团（炮四团、炮五团、炮十二团、重炮团），一个汽车团（汽车第六团），一个辎重兵团、两个工兵团（工兵第十团、工兵第十二团），以及野战医院、休养院、畜力运输大队等单位。真是兵力雄厚、建制齐全。

大雨中虽然行动不便，却使在缅北久战已很疲劳的中美军队有了较多时日休整，也暂时延缓了在缅北残剩日军的覆灭命运。作战双方这才对缅北的漫长雨季有了一些好感，暂时忘了前些日子大雨泥泞带给他们的万千艰难。

雨水却没有这种感觉，只是不停歇地倾泻着，冲刷着山林、平原，也把战场上那些硝烟血腥冲洗掉！

密支那之战结束后，休整中的官兵们长久难以忘记那些为了胜利和民族的尊严，勇敢地战死于这异国土地上的战友们。他们冒着大雨出动，在战地的废墟间寻找、收拢烈士们的尸骨。但当时滇西反攻战还在激烈进行，通往国内的道路还没有打通，只能把这些尸骨埋葬于密支那。

各个师都建筑有公墓，虽然在设计上风格不一，但都突出了中华民族的英雄气魄，庄严肃穆。

中国驻印军内有着许多投笔从戎的文人学士（仅孙立人将军的新一军就有抗战前毕业于清华大学的将军 4 人、上校 3 人，来自西南联大的中、少校 37 人），那些悼词、挽联也就写得很有文采、气势，能引发人们对英烈们的怀念与尊敬，如中国驻印军第五十师烈士公墓的一副挽联：

壮气冠河山，青史长留勇士迹；
英魂昭日月，黄土难埋敌忾心。

有此褒词，烈士们虽死犹荣。密支那也因为那场反侵略大战，又有这样多英雄埋骨于此而名扬世界。不幸的是在20世纪50年代初，缅甸方面出于政治原因，却捣毁了这些陵园。这无视历史的做法，令人长久叹息！

被迫离去的史迪威将军

锡兰（斯里兰卡）的康提是座美丽的海岛，正如史迪威所描述的：“气候如同夏威夷，满目水果。景色美丽，与北缅相对比，这里简直是天堂。”英国贵族一向讲究排场，蒙巴顿中将的战区司令部更是如同皇宫般豪华、舒适。对于住惯了战地帐篷的史迪威来说，反而很不适应，他关心的仍然是缅北的战斗。

8 月 2 日，他从电讯中得知，他已经被美国政府提升为四星级上将。这是当时的美国军队中仅有的 5 名四星上将之一，也是美国政府对他的干练才能和卓越的指挥艺术的褒奖。

这将星的闪烁也是战争的赐予。战前，他军阶的提升很缓慢，从少校到上校熬了 19 年，但是战争一起，特别是来到中、缅、印战区后，他的智慧、勇敢、坚毅个性和指挥才能，才得到了尽情发挥。1939 年 8 月提升为准将，第二年（1940 年 9 月）就擢升为少将。一年半后的 1942 年 2 月他在美国飞往中国的途中，又被升为中将。本来军衔如金字塔状，越往上，肩上的星星越难增加，他却是仅过了一年半又被提升为四星级上将。

这份荣誉令许多在前后方的将军们羡慕，他们哪里知道，除了史迪威将军的才能和战功

外，这其中还有许多复杂的政治因素在推动他的跃升。所以深知其中奥妙的史迪威比较冷静，当他听到这一喜讯后，在 8 月 2 日的日记中写道："同以往一样，没有什么激动之感。"

他会为什么事激动呢？还是反攻缅北的战斗。

这就是史迪威将军的性格。

中国驻印军攻下了密支那的 8 月初，在云南的另一支中国军队——卫立煌上将指挥的中国远征军，还在冒着初秋雨季的滂沱大雨在云南怒江以西的险山恶水间艰难苦战。霍揆彰中将的第二十集团军 5 个师虽然早已渡过怒江、越过高黎贡山，把腾冲城紧紧包围，但是守腾冲的日军第一四八联队，依靠高大坚固的城墙和城内纵横的地道死守，一时间还难以攻下。宋希濂中将指挥的第十一集团军 10 个师，从 6 月初渡过怒江攻向松山、龙陵、平嘎后，也进展不大。龙陵是得而复失，并在日军的反扑下几次往后退却。论兵力，向怒江以西反攻的中国远征军有着 6 个军 15 个师和 5 个重炮团，还有美国空军第十四航空队支援作战的 5 个中队，是扼守腾冲、松山、龙陵、平嘎等地日军第五十六师团的十余倍，却推进迟缓、伤亡极大。除了高黎贡山两侧地形险要又逢不利于攻击作战的雨季外，更主要的是这支中国远征军的各个部队，虽然也配备了美式装备，却在换发了装备后，就立即扛着还不熟悉的武器上战场，多数没有像中国驻印军在兰姆伽那样经过较长时间的严格训练，更没有实弹演习过。再加上粮食、弹药经常供应不足，以及高层指挥上的不断失误，也就难以顺利西进，而长久屯兵于敌军据守的山岭、城池之下。

在重庆的蒋介石见龙陵、松山等地久攻不下，投入的军队不断被消耗完，原来五六千人的一个师，经几场苦战后，多数所剩无几。如洪行师长指挥的新编第三十九师打得只剩下了六十余人，只能算半个连的兵力了。

蒋介石除了连续去电责问远征军长官司令和集团军司令等高层将领为什么这样攻击不力，还担心这样打消耗战，会把他这支美式装备的中国远征军人员、武器消耗完。如今见密支那攻下了，才略为宽心，也就要求史迪威将军命令中国驻印军迅速北攻八莫，以策应中国远征军对松山、龙陵的攻击，尽快结束这场滇西与缅北的反攻战。因为日军冈村宁次大将指挥的中国派遣军约 18 万人的军队，正从湘桂线上进

攻，有着进一步袭取四川、贵州的企图。如果湘桂战事继续不利，还要抽调云南方向的中国远征军去增援呢！

（几天后的8月8日，湘桂线上的重镇衡阳被日军攻陷。）

蒋介石这一要求却被史迪威以“中国驻印军已经打得很苦了，需要较长时间休整”为由拒绝了。

这使蒋介石很生气，他身为中国军队最高统帅却调动不了他统率的军队。他认为，这是史迪威公然对他的蔑视，有意违抗他的命令。他早就因为对史迪威不满，想请美国撤换掉史迪威，另派一位美国将军来作为中国战区参谋长，如今，由于许多新怨旧恨聚在一起而爆发了！

这些矛盾冲突表面上是以史迪威将军与蒋介石的不和为焦点，实际上却有着更深层次的内在原因和复杂关系。

太平洋战争爆发后，美国正式加入了反法西斯的战斗同盟，以他们雄厚的财力和没有受战火摧残的富饶国土为实力，罗斯福总统也就自然地成了反法西斯同盟的盟主，事关欧亚战局成败的大战略布局，无不以他的意图为依据。他不愧为一位睿智的政治家，有别于丘吉尔这些老牌贵族的短视、狂傲，能够以尊敬的心情透过被贫弱遮蔽的表象看到中国人民的不屈精神和力量。他不止一次表示：一个积弱已久的贫穷国家却能单独抗击日本侵略者四五年，把这凶顽的日本法西斯拖得近于精疲力竭，如果没有中国的抗战，世界的战局又将是另一番形势了。所以在太平洋战事发生前，他领导的美国政府就在道义上和经济上悄悄给予中国帮助，支持在云南修建滇缅公路、滇缅铁路，建立以陈纳德将军为首的志愿航空队……

但他也从他的手下人那里了解到蒋介石领导的国民政府贪污、腐败，不是人们心目中的理想政府，迟早要垮台（如果不是在外敌入侵下全民抗战，就可能在内战中被另一派政治势力所代替）。

早在抗战前，史迪威将军还在中国工作时，就对中国政府的腐败有所了解。1942年3月被派来作为同盟国中国战区统帅蒋介石的参谋长后，近距离接触了蒋介石和国民党的军政大员，更加深了他对这个政府“腐败，玩忽职守，混乱”不可救药的印象。依照史迪威那疾恶如仇的个性来看，不可能依靠这个政府来领导人民打败日本侵略者。

当时，他曾在一篇手记中写下了对中国军队的印象：

1944 年，中国军队在字面上包含着 324 个师，六十几个旅，还有 89 个各由 2000 人组成的所谓游击纵队。这在字面上看来很厉害，但你在仔细调查之后就会发现：

1. 平均每个师的兵员不是 1 万人，而是不多于 5000 人；
2. 部队发不出饷、得不到粮食，疾病和营养不良严重；
3. 装备陈旧、不足，无法使用；
4. 不存在训练；
5. 军官是有职业者；
6. 没有炮兵、运输和医疗部队等等；
7. 征兵就是那么回事；
8. （军队）主要的事情是做生意。其他的事又能如何？

你怎么能使这样一支军队有效率？

这多数是当时中国军队的实情，也是史迪威在抗战前担任美军驻天津部队营长、驻华使馆武官以来，长期积累的印象，以及这些年在中国所作调查的结果。他是个爱憎分明的人，对中国人民和军队下层以及在陕北的中国共产党、八路军又有着不同的良好印象。在他的一则笔记中就这样写道：

（我）对中国士兵和中国人民怀有信心：根本上是伟大的，讲民主的，但受到了不当的管理。没有种姓和宗教界限……诚实，节俭，勤劳，愉快，独立，容忍，友善，谦恭。

我根据我的所见来评判国民党与共产党：

（国民党）腐败、玩忽职守、混乱、经济、税收、言行。欺骗、黑市、与敌人做交易。共产党的纲领……减税、减租、减息。提高生产和生活水平。参加管理。实践诺言。

这虽然是一些过于简略、只有他自己才看得明白的词句，有些词意还不连贯，可能是即兴写下的感触，因为军务繁忙而来不及详细叙述。而且这只是写在他的私人笔记本上，并不想发表。但是也可以看出这位美国将军对抗战中的中国，比别的美国人多一些了解，同时表

中国驻印军总指挥史迪威上将

明了他当时的政治倾向。

他还不满意蒋介石和国民党军政高层的反共言行。他写道：

> 蒋介石面对着一种观念，而且这种观念击败了他。
>
> 他对共产主义影响的传播感到迷惑。他看不到中国的大众把共产党人当作唯一可见的希望来欢迎。他们要求摆脱沉重的赋税，军队的为所欲为以及戴笠的盖世太保（的恐怖）。贪婪，腐败，任人唯亲。更多的税收，毁灭了的货币，可怕的生命浪费，无视所有人权。

虽然美国政府在对外宣传上都把中国政府说成是与他们合作得很好、友谊很深的同盟国，史迪威也在公开场合把蒋介石尊称为“大元帅”，但是在私下里或亲近的人当中，却把蒋介石蔑称为“花生米”“小丑”，并时时显示出了他的切齿痛恨。他在一份似乎没有写完的报告的草稿中就这样写道：

> 中国是我们的盟国，它是由一党政府（国民党）治的，得到了一个盖世太保（戴笠的组织）的支持，其首领也是个没有什么教养的精神失常的人。然而，这个政府却有着掌权的优势——它反对日本，它的挂名首脑在美国得到了同其功过、成绩极不相称的宣传。我们只得支持这个现存政权以使中国尽其一切努力。在紧急状态下改变这个结果几乎是不可能的。中国的所有政府机器上都有相互交错的利益纽带……

作为一个美国将军，如果只是在自己美国人当中这样描述并愤怒地咒骂，蒋介石可能不会知道。即使有所闻，从抗战大局出发，也会佯作不知，不会真的如“精神失常的人”那样去发作。但是史迪威却忘了蒋介石手下还有个由戴笠领导的“盖世太保”组织（军统）。这些“军统”特务不仅暗中盯着中国人，也不会忽视他这个经常与中国各种持不同政见人士往来的美国将军。

史迪威却认为蒋介石无可奈何他。出于他那不满意就要说，说了就要干的直率个性，一再表示：“中国问题的药方是除掉蒋介石。”

他的理由是：

> 使国家处于分裂状况的唯一事物就是他（蒋介石）对失去控制的恐惧。他恨共产党人，绝不会给他们以政府中的一席之地。结果是各方都观察着另一方，谁也不会为（对日）战争做一点事。如果这种状况持续下去，中国在日本人离开后会马上爆发内战。如果在中国形成一个联合战线之前俄国人参了战，马上就会与其接近的共产党人将自然地受到俄国的影响和控制。这种状态将直接影响俄国同中国的关系，从而间接影响俄国和美国的关系。如果我们现在不采取行动，我们的在华特权将受到严重损害。中国也将无助于我们的抗日努力，还会种下战后中国大乱的种子。

史迪威将军对当时中国国内关系的分析颇深刻，他又疾恶如仇，但他的立场仍然是一心想到如何保持他们美国的在华特权，而忘了他是一位外国将军。这个国家的执政党存在多少问题，国共两党有多深的矛盾，也是这个国家内部的事，不应该由外国人来操纵、安排，特别是在这抗日战争进入第七年的最后关头，国内政治更不容许有大的波动，用“除掉蒋介石”作为解决中国问题的“药方”更是不现实。1936 年的“西安事变”，张学良、杨虎城两位将军已经把蒋介石扣押了，但在中国共产党的调解劝说下，为了抗日前途，还是把蒋介石送返南京，从而有力地推动了国共两党由内战走向合作，一致抗击日本侵略者。

如今，蒋介石领导的国民党政府虽然有那样多如史迪威所看到的腐败与无能，但是还在坚持抗战并没有投降日本。立即除掉他，亲蒋势力能罢休？内战一起，那只会给本来已经疲惫地陷在大陆战场的日本侵略者添加兴奋剂。

史迪威究竟只是个勇敢有余的军人，不是个有远见的政治家。

他这些观点，几年来曾经以私人信件、报告、电话、口头谈话等多种方式，通过对他信任、支持的美军陆军总参谋长马歇尔上将、陆军部长史汀生转达给美国总统罗斯福。

作为政治家的罗斯福也深知蒋介石领导的国民党政府贪污腐败，不是个理想的民主政府，但是在太平洋战争初期，美国在东南亚的殖

民势力被日军打得稀里哗啦，他们美国政府又出于“先德后日”的策略（也就是先在欧洲打败了德国法西斯后，再抽出力量来东向收拾日本），他们当时哪里有精力来顾及东南亚战场。有蒋介石领导的几百万中国军队与日本作战，也就是对他们实施“先德后日”战略的有力支持。所以，他虽然直接、间接地听到了史迪威对蒋介石那样多愤慨、尖锐的咒骂，却从不表示支持，还担心史迪威的任性会激怒蒋介石，一再叮嘱马歇尔将军去提醒远在中缅战场的史迪威：“蒋介石应该享有与自己相同的尊严，尤其是他处境困难，所以更应该受到尊敬。”

他还私下对他儿子说过：“尽管蒋介石夫妇缺点很多，但是，我们还得依靠他们。”

但是史迪威的刚强个性和长期养成的不达目的决不罢休的处事方法，是难以听从劝告的。和蒋介石接触时，遇事不顺他的心意，他就会勃然大怒、出言不逊。如果不是有个精通英语善于在外交场合周旋的蒋夫人宋美龄及时从中转圜，翻译他们的对话时，有意忽略双方过激的言辞，蒋介石和史迪威早就吵翻了。

所以，在蒋、史矛盾最深的一段时间，罗斯福还特意安排史迪威将军代表美国政府去给蒋介石授予总司令级的“荣誉团勋章”。这不仅是有意提高蒋介石的国际威望，也是告诉史迪威，作为军人应尊敬这位中国统帅。只是史迪威不能领悟，仍然任性地在各种场合指责，甚至辱骂蒋介石。

罗斯福在史迪威情绪过于激昂时，也曾经想把史迪威更换回国，改派别的将军去担任同盟国中国战区的参谋长，只是被陆军部长史汀生、陆军总参谋长马歇尔上将坚决反对。史汀生还特意给罗斯福总统写了封支持史迪威的信，明确地表示：“我们是非常了解他，才把这场战争中最艰巨的任务交给他……”

这才使史迪威在几次面临免职的时刻，得以转危为安。

进入1944年后，史迪威忙于指挥缅北战事，大多数时间在前线，蒋介石也慷慨地在兵员上给予补充，对早在印缅的新编第二十二师、新编第三十八师、炮兵团、工兵团等部队都按特种师编制，补足名额，使这两个步兵师都达到了每个师12000人，这是国内战场任何步兵师所没有的（一般都是5000人至8000人）。他还陆续把在国内的新编第三十师、第五十师、第十四师调往缅北战场，使得作为中国驻印军总

指挥的史迪威将军，能够拥有优势的步兵、炮兵、工兵，相当于日军在缅北的第十八师团三四倍的兵力去作战。

这段时间，史迪威对蒋介石的怨言少了，蒋介石也因为史迪威在缅北战场指挥得当、不断取胜，而减少了担心在缅甸再次损兵折将的忧虑，时常对史迪威表示出尊敬和满意。正如史迪威在6月5日的日记中所记述的：“‘花生米’对缅北的成功十分吃惊。”

随着世界战局的发展，美英在欧洲、非洲战场的对德意法西斯作战，已经显现出将很快取得决定性胜利。这期间意大利由于墨索里尼的倒台，新的意大利政府不仅在1943年9月退出了“德、意、日轴心”，还在10月13日“反戈一击”，宣布同德国处于战争状态。1944年6月4日，英美两国的海、陆、空军39个师、10个旅，总兵力达287万人，在1300架次飞机，9000余艘舰艇支援下在诺曼底登陆，打开了把战场从法国引向德国的通道。在欧洲的东战场，德军“中央集团”军群的38个师已在7月间被苏联军队围歼。在中太平洋，美国海、空军正以塞班岛为基地向硫黄岛轰炸，并逼近菲律宾群岛……

这几大战场的胜利都表明，美国面对新的形势，必须调整他们过去执行有效的“先德后日”战略了。

从当时的战局发展来看，美国军队主力转向东南亚作战并进而登陆日本本土，只是迟早的事。怎么实施这一作战部署，也成了罗斯福总统和军方高层所考虑的事。在当时原子弹还没有试验成功之前，最佳的方案之一是美军尽快在中国沿海登陆，以中国大陆为基地向日本本土实施海、空攻击。

据美国军方估计，这至少要出动近百万人的海、陆、空军。

美国从加入反法西同盟作战以来，已出动了70万人投入太平洋战场、140万人投入欧洲战场，伤亡数都较大。

这使一向珍惜自己国人生命的美国高层，不能不考虑在兵员的投入上，如何减少美国军人的使用。这也就是在反攻缅北战役发起以前，史迪威将军一再要求从美国派3至4个师来，都没有得到军方批准，除了筑路的工兵团外，只象征性地派来了一支3000余人的“5307支队”的原因。这不仅使蒋介石很不满，史迪威将军也是牢骚满腹。

罗斯福、史汀生、马歇尔等美国军政领导人，也从史迪威能在印度兰姆伽把中国驻印军训练成一支战斗力很强的军队一事得到了启示：

中国军队的官兵并不是不能打仗，而是过去缺乏现代化的装备，严格的战略战术训练，以及有军事素养的指挥员。如果这些问题能得到解决，中国这300个师是很能起作用的。不然就只能像这年1月至4月间在中国大陆的“中原战役”那样，中国军队虽然有着53个步兵师、3个骑兵师的28万重兵，在日军18万人的进攻下，只能望风披靡，丢失了郑州、洛阳等战略要地。接着日军又以7个步兵师团、1个航空军、4个步兵旅团攻向湖南，使得拥有16个军48个师的第九战区部队一败涂地，又把衡阳丢失……

这都表明，贪污腐败，又在对日作战中消极避战，保存实力，又缺乏训练和现代化装备的国民党军队，再有多少人员，也作用不大。

马歇尔将军早就了解史迪威准备大刀阔斧地彻底改造、重建中国军队的一系列设想。他和陆军部长史汀生都认为，如今这一计划还是应该交由史迪威将军去执行。马歇尔曾在7月2日给在印度的史迪威发去一封简短的电报：“去中国解决以下问题如何？”

史迪威却很明白，单靠他去和蒋介石交涉，是解决不了问题的，他在7月3日给马歇尔总参谋长发去了一封长电，阐述了他的要求：

> 如果总统给蒋介石一封语气非常强硬的信，强调我们在中国的根本利益，并且强调中国忽视军队而肯定要遇到的严重困难，还坚持指出恶症需要恶治。这样蒋介石就可能会被迫给我一个指挥职务。我相信中国军队愿意接受我。何应钦将军只得让出参谋总长的指挥职务，或者是他保持这个头衔，但把权力交出来，如果没有指挥中国军队的绝对权威，我就不接受指挥职务。

马歇尔接到史迪威的电报后，明白了史迪威很愿意承担这一重任，就命令手下人在24小时内拟出一份用罗斯福总统的名义给蒋介石的信：建议蒋介石授权史迪威全权指挥中国的所有军队，为了让史迪威能具有这一权威，他们还请求罗斯福总统把史迪威晋升为四星上将……

这一切行动都是急于成事，甚至咄咄逼人地要求蒋介石立即交出他的全部军队。

罗斯福总统也知道蒋介石是个不好驾驭的人。如果是从前，他会犹豫地表示：得从长计议，缓办或不办，以免激怒蒋介石。但是如今

大规模对日作战在即，急于大量使用中国军队。为了美国的利益，他也没有多斟酌，一字未改地签发了这份陆军部代他起草的信件：

……依我看，中国目前的严重局势需要赋予一个人协调盟国各种军事力量——包括共产党的力量——的权力。

我觉得我完全理解你对史迪威将军的看法，然而……我知道除了史迪威以外，没有其他任何人有能力、力量和决心来消除目前威胁着中国和我们打败日本全盘计划的灾难。我决定给史迪威晋升为上将军衔并希望你赶紧考虑把史迪威从缅甸召回到中国，使他在你直接指挥下统帅所有中国部队和美国部队，让他全面负责，有权协调和指挥作战行动，阻止日军的进攻浪潮。我认为中国的问题非常严重，如果不立即采取果断而适当的措施，我们的共同事业就会遭到严重挫折。

……

我向你保证，本人无意在有关中国的问题上向你发号施令，不过整个亚洲的前途以及美国在亚洲的巨大努力有可能毁于一旦。因此，我有理由对这个问题给予深切关注。

针对蒋介石一直认同陈纳德将军的“空中优势”的观点，陆军部代罗斯福总统起草的这封长信中，又特意就这事着重说了几句：

务请记住，在意大利、法国以及太平洋上，事情已清楚地表明，单依靠空军是无法阻止顽敌进攻的。

（蒋介石他们认为只要尽力满足驻华空军第十四航空队的需求，就可利用对日军前线和后方的轰炸来支援中国军队打败日本。这年6月4日，蒋介石就紧急电召史迪威从密支那飞回重庆与陈纳德协商，如何从史迪威掌握的供应缅北前线作战的B–29型轰炸机使用的物资中，每月再拨出1500吨给陈纳德的第十四航空队，以达到每月有10000吨的总数，但遭到马歇尔总参谋长的否定。）

一个国家的元首给另一个国家的元首的信，措辞这样强硬，完全

是用命令式的语气要求对方交出军队指挥权，而且是交给与对方有矛盾的美国将军，这也是近当代外交史上的一篇奇文。在那些骄横的、不讲外交礼节的美国将军们看来，中国已经不是一个独立的主权国家，而是他们的附属国了。

这些美国将军们也不怕蒋介石反抗。他们认为，经历了 7 年抗战的中国政府，如今已经是民穷财尽，没有美援就活不下去，他们可是掐住了蒋介石的喉咙、血管。

为了能把这封信迅速地直接送到蒋介石手中，他们没有按外交程序先送达给中国政府的外交部，而是命令驻在重庆的另一位美国将军去送交给蒋介石。

同时，马歇尔将军还把这封信的内容电告了在密支那前线的史迪威。这使得史迪威很是兴奋。他相信，由罗斯福总统亲自出面，他一定能够如愿以偿地取得指挥全中国军队的权力，发挥他的军事才能，打败日本侵略者，立下不朽之功。

他在 7 月 8 日的日记中欣然写下："罗斯福给蒋介石去电，乔治·马歇尔给我来电。他们在我的事情上，一直在向他施加压力。罗斯福要蒋介石给予我指挥的全权。升我为四星上将。"

只是他当时在全力忙于久攻未下的密支那战事，没有时间去重庆进入这一争夺中国军队指挥权的斗争。

蒋介石收到罗斯福那封带有强迫命令的长信，很不愉快。他怎么能交出军权？他就是依靠军队来实行他的统治，没有军队支持，他还能干什么？美国人这样做不是在断送他的命根子么！不过他搞了几十年政治斗争，这几年又与美国来往密切，深知在这抗日战争最紧张的关头，与美国决裂不得。一旦闹翻了，不仅美援会中断，只要走漏一点消息，日军就会加紧进攻，在前线的中国几百万军队也会信心陡失、不战自乱。

他考虑多日，又和手下的几名军政大员反复商量。那些官员也是意见分歧，当时担任军事委员会参事室主任，以后接任宋子文任外交部部长的王世杰就认为：不能得罪罗斯福，主张接受史迪威来统一指挥中国军队……

蒋介石虽然很不高兴，但迫于形势，在 7 月 23 日回复罗斯福时，把中国道家以柔克刚的学说发挥得很到位，他措辞温和地反驳了罗斯

福总统“中国目前局势严重”的看法。但是表示可以考虑让史迪威将军来指挥中国军队，不过史迪威不能直接指挥共产党的军队，除非他们（共产党的八路军、新四军）表示接受中央政府的指挥。对于史迪威和他的关系应该有明确界定；美援租借法案中的物资分配，要完全由中国政府来掌管、分配……

这一答复不软不硬，实际做起来却要从长计议，很费时日。蒋介石是在有意拖延，多拖延一段时间，他就能多想些对策，而且可以多得到一些正在每月增加的美援。

（这年6月，从印度空运来的物资是18000吨，7月增加到25000吨，随着密支那被攻下，空运线路缩短，8月份以后还会大幅度增加。）

果然，美国在回答蒋介石提出的那些问题后，蒋介石又在一些具体细节上强调、争取，双方书电来往，一拖就是近两个月，没有实质性的进展。

8月23日，罗斯福总统在给蒋介石委员长的回信中，几乎把蒋介石提出的三点要求都逐一驳斥了。他按照军方的要求，在信中强硬地表示：“我认为让史迪威将军指挥的部队应该不受任何限制。”

他还批评了蒋介石排斥共产党的做法，不客气地指出：“大敌当前，灾难随时可能降临。在这种情况下拒绝愿意打日本人的援助显然是错误的。”

关于蒋介石和史迪威的关系，罗斯福也认为应该有上下之分，他表示：“应该是一个国家元首和他的前线指挥官之间的关系”，是“在您的直接领导下，由他指挥中国武装部队”。

至于由谁来支配对华援助租借物资的分配权，罗斯福更是明确拒绝了蒋介石的要求，他表示：在史迪威卸掉这个负担后，他们会做出新的安排。也就是说，即使史迪威不管这事了，也不会让中国方面来管。

这使蒋介石很丧气，军事、经济大权都失去了，他还能继续控制这个政府？

罗斯福还用严厉的语气警告蒋介石：“考虑的时间太长和由于要周密地安排而耽误了时间，可能会导致致命的后果。”

对于这“致命的后果”，罗斯福在信电中的解释是：“采取必要的措施，尽快让史迪威将军在您的统帅下指挥中国部队。……如果再拖

延，就难免于军事上的失败。这对中国和盟国早日打败日本的宏伟计划是很可悲的。”

罗斯福总统这样说，是指日本军队这段时期发动的“一号作战”，正从中原战场推向湘桂一线，并将威胁贵州、四川。驻守那漫长战线的几个战区的中国军队，有的一败涂地，有的仅能在苦战中支撑……

但是蒋介石并不认为这是美国对中国战局的关心。他从美国一些报刊发表的反对美国政府继续给予中国物资援助的言论来推测，这是罗斯福准备断绝对中国的军援。这使他很气愤，既然反法西斯战争是中美共同的义务，贫穷的中国已竭尽全力来战斗，远的不说，仅两次缅甸作战就伤亡了十几万人，你美国给一点物资援助难道不应该？这些年，你们美国给欧洲战场援助的人力、物力是多少？给中国战场的又是多少？

蒋介石还清楚地记得，在 1942 年 7 月至 1943 年 6 月的一年时间内，美国就给了苏联 700 万吨的军火和各种物资，平均每月是 58 万吨以上，而对英国的援助就更多了。而中国当时每月所得到的军用物资不过 500 吨左右。他对美国的厚彼薄此，怎不耿耿于怀？

为了多得到一些美援，蒋介石和他的军政大员不知陪了多少笑脸、费了多少口舌、发了多少电文，也不知发了多少脾气。这些辛酸真是一言难尽。但是史迪威却是这样看的：“我从没有听到蒋介石对我们给予他的帮助向总统或我国表示一点感谢。每当我们允诺给他什么东西，他总想再多要一些。他总是抱怨提供的物资太少。他会把流向英国和俄国的大量租借物资与运往中国的微不足道的物资进行比较。他会抱怨说中国人已经打了六七年，而我们实际上没给他们什么。探究蒋介石 1938 年以来所做军事努力的实质是不策略的。他实际上什么也没有做。”

受馈赠而不言谢，不是讲礼仪的中国人的作风。何况如今正有求于美国政府，想尽力改善中美关系的蒋介石哪敢不言谢。但是这“微不足道的物资”的得来又是这样艰难，实在使他心烦。他也就不断处于与美国方面，特别是与史迪威的争执中，哪里还顾得上来表示道谢。至于，史迪威说蒋介石抗战以来什么事也没做。那也不是事实。蒋介石领导的政府确实是腐败、无能，军队不断地打败仗，但是不管怎么说，还是在打仗，不然怎么能长时间抗击住日本的一百多万军队。

蒋介石的固执，以我为中心，史迪威看问题的片面性和他对蒋介

石的不尊重，也必然导致他们的关系走向决裂。

罗斯福总统和史汀生、马歇尔等军方高层，急于解决史迪威将军在中国军队的领导权问题，决定派出柏特里克·J.赫尔利将军和唐纳德·纳尔逊两人以总统特使的身份去往中国与蒋介石面谈。

61 岁的赫尔利将军虽然有着少将军衔，却不是出身军校的军人，而是位以律师从政的政客。在 1929 年至 1933 年担任过当时的美国总统胡佛的陆军部长，1942 年出任过美国驻新西兰公使；纳尔逊则是一名商人，过去经营百货，太平洋战争爆发后，担任过“战时生产委员会主席”。

这两个人的资历和社会地位都不高。任命发出后，美国军政界人士都有些纳闷，罗斯福总统怎么会看中他们？

赫尔利和纳尔逊 8 月下旬从美国华盛顿出发，横越半个地球长途飞行，经过莫斯科，于 9 月 14 日抵达印度德里。

史迪威很高兴这两名特使是为他的指挥权问题远道而来与蒋介石做最后的摊牌，特意于 8 月 30 日从锡兰（斯里兰卡）飞往德里去迎接，并于 9 月 6 日陪同他们到达还很炎热的山城重庆。

在印度德里时，赫尔利很自信地告诉史迪威：“我们会先告诉（蒋）委员长他该怎么做，然后再向他说明美国将采取的行动。”

赫尔利又说，他会明确地要求蒋介石：“一、中国民族内部必须团结；二、中国必须授予史迪威军队指挥权，以实际行动证明中国想打败日本的愿望。”

纳尔逊也补充道：“如果他（蒋介石）拒绝合作，我们将建议总统把他抛弃，把我们的基地迁到俄国去。如果他接受了我们的条件，与我们合作，战争结束后，美国将把日本的企业转交给他，并帮助中国实现工业化……”

这真是一副来者不善的口气，大有蒋介石如不顺从，将被他们轻易地一脚踢开之势。

他们太不了解当时中国的复杂现状，以及蒋介石的为人处世，特别是赫尔利已有较长的时间离开了美国政府的高层，对美国这些年的对华政策和行事策略并不完全了解。纳尔逊更是个从来没有从政经历的商人。他们出发前也没有仔细研究有关中国方面的资料，就匆匆启

行，并自以为是地狂妄认为：以美国这个大国的权威，可以轻而易举地压服已经贫弱不堪，又处于风雨飘摇的蒋介石领导的中国政府。

急于去掌握中国全部军队的史迪威，这时候也被狂热冲昏了头，很相信，有这两位特使出面，他就能够迅速获得指挥中国军队的全权了！

对于罗斯福派这两名特使来中国，蒋介石并不太紧张，这些年他与美国派来的军政高官接触多了，已习惯了对付这些既自傲又急躁的缺乏耐心的美国人。他相信，只要待之以礼、喻之以理，自身不焦不躁，就能够把棘手的事情理顺。对于史迪威要全部掌握中国军队，他虽然很不愿意，但他也不怕。军队是经过他多年来经营、整顿而成的，他相信，除了他谁也控制不了这支有着三百多个师、由各个派系形成的庞大军队。史迪威在印缅虽然表面上直接指挥着中国驻印军的5个师，但是那些师长遇见具体问题时，都是先去电向他请示，再决定是否听从史迪威的调遣，并把每天的战斗进程向他报告，他也就对反攻缅北的作战，以及史迪威的动向了如指掌。

所以，他对史迪威陪着赫尔利、纳尔逊从印度飞来，也做好了应对准备。

他不像苏联那样，在赫尔利他们抵达莫斯科时，高规格地派出了外交人民委员长莫洛托夫去机场迎接，他只是派出了一位中将参军杜建时去机场。待赫尔利他们住下后，才让外交部部长宋子文去看望。在他看来，赫尔利虽然是“特使”，但职位不高，只是少将军衔，用不着过于隆重对待。

对这三位美国人，蒋介石也不一起接见，而是按军衔高低有主次地在上午9时半先与史迪威将军见面，11时才接见赫尔利和纳尔逊。

还没有见面，就先杀了一下赫尔利和纳尔逊的傲气，也使史迪威很迷惑。他在这天的日记中写道：“为什么我先于他们？联谊宴会？”

蒋介石和史迪威谈话时，态度很“亲切”，使得气氛很“融洽”，丝毫没有表现出因为罗斯福总统一再来信、来电给他施加压力，命令式地要他立即把指挥权交给史迪威的不愉快表现，还给人的印象是他很乐意让史迪威来指挥中国的全部军队。他直截了当地对史迪威说：“迄今为止，你的工作百分之百是军事上的，如果作为中国军队的指挥官，今后的工作将有60%是军事上的，40%是政治上的。”

史迪威一时间没有弄明白，这 40% 的政治是什么意思？在美国，军人是不能插手政治的，只能专注于作战和军事训练。不过他却自感听“明白”了蒋介石不反对他指挥中国的全部军队。

蒋介石又开导他：如果要使用共产党的军队，他们就得承认国家军事委员会的权威，听从政府的领导。

蒋介石还 “诚挚”地表示：他是充分信任史迪威的。在史迪威指挥中国军队的同时，他会时时给他提出建议。

蒋介石这样和蔼、亲切，毫无不满情绪，把史迪威弄得喜滋滋的。过去史迪威与蒋介石谈过话回来后，由于事不遂心，总要牢骚满腹地大骂一通。没有人可倾诉，就写在日记里。对于这次会见，因为感到了指挥中国军队有望，他难得地在这天的日记中没有咒骂蒋介石。

史迪威高兴得再一次直率地表示：将来要大刀阔斧地对中国军队的指挥官进行撤换，因为中国没有好的指挥官……

蒋介石这才打断了他的话，还不客气地嘲笑他：不了解中国军队的情况，主观论断……

当天（9 月 7 日）的中午 11 时，蒋介石会见了赫尔利和纳尔逊，也只是礼节性地表示欢迎，没有进行实质性的谈话。

赫尔利凭他的第一印象感到了蒋介石并不是如传闻中的那样简单、愚昧，在中国处于孤立，而是个内藏威严、难以应对的人。一改他在印度时，对史迪威所表示的，要向蒋介石“拍桌子”“摊牌”，反而对蒋介石很是恭敬，语气中充满奉承，使蒋介石对他的第一印象颇佳。

这不仅使史迪威感到意外，就连与他同行的纳尔逊也迷惑不解，赫尔利是怎么被蒋介石抽去了“胆汁”？

蒋介石以他国家领袖之尊，是不会和这两位“特使”谈什么具体问题的。他指派出外交部部长宋子文、军政部部长兼参谋总长何应钦上将，从 9 月 9 日至 9 月 12 日去与赫尔利、纳尔逊、史迪威会谈。

史迪威的助手丹尼尔·索尔登将军也参加了会谈。

论外交经验，这些美国政客、将军，都不是宋子文的对手，何应钦更是对蒋介石十分驯顺。他们面对这些美国人显得态度极好，但决不在重要问题上许诺、让步，特别是对待共产党军队和租借物资的使

用权上，他们是争了又争。弄得赫尔利又烦闷，又焦躁，又不好发作，只好耐着性子继续谈。回到住地就牢骚满腹地大骂：“所有盟国都同中国人一样坏，甚至比中国人更坏……”

谈判进行到9月12日，蒋介石终于答应了，同意史迪威将军“为所有中国地面部队总司令”，但是必须接受最高统帅的命令，商承军事委员会的同意来指挥中国陆、空军对日作战，作战计划也必须送请军事委员会核议，还拥有对所指挥的部队军官奖惩任免之权……

这使史迪威很高兴，认为强硬的蒋介石终于妥协了。他在这天的日记中愉快地写下：“也许我们可以认真考虑问题了。”

进入对租借物资的控制权的谈判时，宋子文、何应钦秉承蒋介石的意旨，决定把这些援华物资的分配权接过来，讨论时可是寸步不让，他们一定要得到这一控制权。为了这事，他们在会上激烈地争吵开了。宋子文提醒他们：在这个问题的处理上，请记住一个大国的尊严！

赫尔利却脱口而出地喊了起来：“胡说。记住，宋先生，那是我们的财产。我们生产的，我们拥有它们，我们愿意把它给谁就给谁。”

他那样狂傲，俨然是大施主对待丐帮。他忘了，这既然是“援华物资”，运来中国后，具体的分配当然应该由中国政府做主。美国方面可以监督、建议，甚至对分配不公可以批评，采取措施，但不能越俎代庖。但是以“救世主”自命的赫尔利等人哪里会这样想。他们也就脸红耳赤地争吵得更厉害了。

史迪威很明白，他能在中国发号施令，蒋介石奈何不了他，并对他一再容忍，并不是真正尊重他，而是他掌握了分配租借物资的大权。这分配权可是丢失不得的。他也和赫尔利商量好了，对此务必坚持，不能让步。他很欣赏赫尔利这样不讲外交礼节地用粗鲁语气待宋子文，高兴地在9月16日的日记中写道：“帕特（赫尔利）说得好哇！如果大元帅（蒋介石）控制了（物资）分配权，我就完了。共产党人将什么也得不到。只有大元帅（蒋介石）的亲信才能得到物资。我的部队（远征军）将只能去舔别人的屁股。”

这天（9月16日）上午，史迪威急不可耐地抛出了他改组中国军队高层的主张，并在下午4时同宋子文进行了一场他认为是“开诚布公的谈话”，明确地提出来：何应钦必须立即免职，由陈诚担任军政部长，白崇禧担任参谋总长。

这惊得宋子文目瞪口呆，这位美国将军还没有正式就任中国军队

总司令的职务，怎么就在行使任免权了？

这两件事（租借物资分配权和军事高层的变动），都触怒了蒋介石，也把他逼到了墙角上。他认为史迪威还没当上总司令就来干涉他的高层人事任用也太过分了。陈诚是他的亲信、宠将，他还可以考虑，白崇禧是一向和他面和心不和的“桂系”，怎么能当参谋总长？看来史迪威真是要把包括共产党在内的一切反蒋势力都集合起来了。

蒋介石一生反共，在别的问题上还可以容忍，在史迪威支持共产党和国民党内部反对派等问题上，他是不能有半点退让的！

偏偏在这些问题上，直率的史迪威将军，倾向于支持共产党、八路军的态度，却是越来越明显了！

抗日战争以前，史迪威在美国驻中国大使馆工作，就对国共两党的关系比别的美国人了解得多。他不是共产党员，也不是左翼人士，但是他同情共产党。在 1942 年春再来中国后，从各方面得到的讯息以及中国共产党通过各种关系给他的影响，使他对中国共产党的印象是：八路军、新四军是一支抗日的队伍，在枪支武器简陋的情况下，还能在华北、江淮敌后坚持游击战争，经常牵制住日军几个师团，使之不能南下，就表明共产党的军队很有战斗力。（正如他的部下窦恩准将所说：“他们比政府军吃得好、穿得好，士气也比他们高。”）他对蒋介石在西北留置胡宗南的 16 个军近 50 万精锐部队不去打日本，而是用来监视、包围共产党，很是不满，一再指责国民党当局，不能这样枪口对内。

史迪威还一度萌发过用共产党人来改编、整顿国民党军队的设想，他曾经对中国远征军参谋长萧毅肃中将建议过：“是否可以在每个连队中派去 20 个共产党人，以加强中国远征军的战斗力？”

惊得萧毅肃连连摇头：不行，不行。按百分之二十的比例来配备，那不要两个礼拜，整个部队都会赤化，变成共产党的军队。

萧毅肃不是危言耸听，他是了解从前国共合作时期，北伐军里那些有着共产党人作为党代表的部队，后来多数都成了共产党的军队。如第四军的独立团就是在叶挺团长的领导下，成了 1927 年南昌“八一”起义的中坚……

这事被萧毅肃迅速报告给蒋介石，又引得蒋介石从原来仅仅是对史迪威处事方法上的不满，转为政治立场上的怀疑、警惕。

如今，史迪威将军自感就要指挥整个中国军队了，也就在掌权前

想到了怎么使用中国共产党的军队来作战。他在给赫尔利的一份备忘录中，曾这样明确表示：“第十八集团军（红军）是能发挥作用的，对这一点不能有半点的误解。他们可以调到不会与中央政府军发生冲突的地方去执行任务。但在这次危机中，我们必须把他们视作这个队伍中的一部分。”

史迪威还把他这一准备使用共产党军队，并在武器装备上给予援助的意向，报告给了美军参谋总长马歇尔将军：“如果让蒋介石和共产党控制物资，谁会得到，你是很清楚的；谁得不到，你也是很清楚的。但我们必须让共产党得到援助，因为他们愿意抗日。”

他很希望这支愿积极抗日的共产党军队，在他的扶植下迅速地发展壮大起来。

史迪威在重庆的动向，特别是和蒋介石的矛盾，都被在重庆的中国共产党人和文化新闻界的左派人士敏锐地观察到了，他们也就通过各种关系去接近史迪威，加强了对史迪威的工作。

在这以前的 7 月间，在罗斯福总统的亲自安排下，以美军包瑞德上校为首的一行 9 名美国人，以“美军观察组”的名义，在 7 月 22 日乘坐一架 C–47 型运输机从重庆飞往中国共产党中央和八路军总部的驻地延安。

包瑞德是一位美国军队中的“中国通”，早在 1925 年就在美国驻华大使馆工作，先后担任过大使馆的随员、副陆军参赞、陆军武官等职务，但是实际从事的是情报搜集工作。他经常以旅游为名在中国各地行走，也就学会了说中国话，熟悉了中国风俗和社会结构，在国民党军政界高层结交了许多朋友。

这“观察组”当中还有个史迪威的政治顾问谢伟思。他是长期在中国进行传教活动的牧师谢安道的儿子，从小生长在成都，在美国读完大学后又来到中国。在美国驻上海、重庆的领事馆、大使馆担任过秘书，是个比包瑞德还了解中国的人。

谢伟思临行前，史迪威叮嘱他：到了延安后，要广泛接触中国共产党上层，了解他们的抗日态度，是否愿意在史迪威指挥下作战。

这样一群美国军政界人士，能对中国共产党表示好感并去了延安，也是中国共产党方面多年来积极从事对外友好联络的成果。

他们在延安受到了共产党领导人毛泽东、朱德、周恩来的盛情接待。早就具有外交才能的周恩来，更是细心地安排了这批美国人的活

动，派从北平燕京大学毕业的黄华给他们做翻译。

谢伟思特意向周恩来询问：共产党的八路军是否愿意在一位美国将军的指挥下作战？

周恩来的回答很得体：只要中央政府同意，我们是愿意的。

他又睿智地提醒谢伟思：这种合作肯定会遭到以蒋介石为首的国民党当局反对。他们是不愿意看到共产党发展、壮大的。只有等待美军进入中国参加对日反攻，美国对华的物资也大量增加的时候，这种合作才有可能实现……

谢伟思回到重庆后，把这些谈话都报告给了史迪威将军，并建议先给中国共产党的军队提供一些急需的军需用品。他们在延安看到的八路军还在使用老式的、国民党军队早就淘汰了的汉阳造步枪，弹药更是奇缺，一支步枪只有十来颗子弹。另外，八路军的战士从没有接触过，也不会使用先进的武器，平日的军事训练，还只是缺乏实弹的模拟性步枪“打靶”、白刃格斗。应该在供给他们枪支弹药的同时，派人去帮助他们使用新式武器，以提高战术素质。

史迪威认为这些看法很对，也想很快去支援、装备这支具有战斗力的共产党军队。但他忽略了国共两党的尖锐矛盾，给予共产党军队的武器装备，虽然可以加强抗日战争力量，但是也能加强他们反对蒋介石政府的实力。在蒋介石统治下的中国，这样做是犯忌的事。但他却自信有罗斯福总统、马歇尔总参谋长的支持，这些事是可以办得到的。9 月 13 日，两名共产党人悄悄访问了史迪威，表达了中国共产党领导人毛泽东和八路军总司令朱德将军对他的问候，还邀请他去延安视察。史迪威很高兴，迅速把这一会见报告了马歇尔将军：“他们已和我联系过了。他们表示愿意在我的指挥下作战。”

史迪威还是不完全了解中国的国情以及蒋介石的能量，不仅他小看了蒋介石，就连罗斯福总统也小看了蒋介石。

9 月的重庆，气候还很炎热，蒋介石的心情也被史迪威和赫尔利等人的一列活动搞得很烦躁。史迪威与共产党人的频繁接触，更是被他怀疑为“密谋借共产党之手来推翻他”，只是碍于如今的抗战还要依靠强大的美国，只好尽力忍了又忍。但这随后发生的一连串事件，终于使他心中的怒火难以按捺地喷发了。

这年（1944 年）的 9 月间，日本侵略军在湘桂战线的攻势很是凌

历，“中国派遣军”总司令官畑俊六为了打通大陆交通线，先后发动了平汉线、长（沙）衡（阳）路和桂（林）柳（州）作战。在占领了长沙、衡阳后，又在8月底、9月初以横山勇指挥的第十一军6个师团（第十三师团、第三十师团、第三十七师团、第四十师团、第五十八师团、第一六一师团），田中久一指挥的第二十三军2个师团（第三十二师团、第一〇四师团）和第十二、第二十三独立旅，约18万人的兵力，在第五航空军配合下，分路向桂林、柳州、南宁进击。

那一带是中国军队第四战区的防区。战区司令长官张发奎、副司令长官汤恩伯指挥的兵力为16个军、40个师，约16万人。兵力比日军少，战斗力更低，有的是武器装备差，有的是在长沙、衡阳作战后败退下来，还没有得到休整、补充，难以抵挡日军的进攻。更为严重的是从汤恩伯这副司令长官到一些军长、师长，在经历了几次大败仗后，多数畏敌如虎、不敢苦战。如位于湘桂边境的全州，就是不战而弃守。

全州是桂北重镇，也是从湖南衡阳往南行走的咽喉要隘。有波涛汹涌的湘江横亘于前，山形水势都很险要。如果以重兵在全州、灌县、兴安、恭城纵深地带严密布防，就如同对企图南进的日军关紧了一扇坚实的大门。1934年11月，中央红军撤出江西苏区进至这里时，就是因为没有及时占领全州，以致在后来的“湘江之战”中付出了近五万人的伤亡。如今日军正沿湘桂线南进，能否守住全州，也成了能否保住桂林这一广西重镇的先决条件。所以，蒋介石在两个月前的7月间，特意把在重庆担任卫戍的第九十三军调来守御。8月中旬他亲自赶往湘桂战线视察时，又再次指示在全州的第九十三军军长陈牧农，务必要守住这一要隘，不能让日军进入广西境内。他不仅给这个军拨了充足的武器弹药，还准备把贮存于贵阳的60门重型榴弹炮运来前线加强作战力量。

按照第九十三军的兵力，完全可以阻敌于全州，以便争取时间调集兵力，加强桂林、柳州方面的作战。令人意外的是，日军只用了一个中队（第一〇四联队第一大队的第二中队）做前锋来冲击，这个军军长陈牧农就慌了手脚、率先逃遁，导致全军不战而溃，也把堆积在全州的大量武器弹药全部丢弃，让日军这个中队轻易地进入了全州，从而把处于全州后方的桂林这一战略要地完全暴露在日军的进攻面前。

全州不战丢失的消息传到重庆，上下哗然，蒋介石更是震怒。虽然陈牧农是他的嫡系黄埔一期学生，他也不肯姑息，下令把陈牧农立即枪毙。

枪毙了军长还是不能调动其他军、师的作战信心。虽然桂林还有着中国军队的3个师，但畏战怯敌已经成了各个军、师的普遍情绪。看来桂林是难保了。

桂林有着一个很大的飞机场，美国空军就是以这里为基地支援湘、鄂、赣战场的作战的，如今也面临日军的袭击和占领了。

史迪威担心那边的战事和那里的机场，于9月14日急匆匆地从重庆飞往桂林与第四战区司令长官张发奎见面。面对部署混乱、军心涣散的大溃败形势，张发奎还在强打精神，故作豪迈地向史迪威表示：可以在桂林打一仗，守两个月……

史迪威哪里肯相信。他上午在桂林城内外巡视了一番后，那兵荒马乱的现状，给他的印象是这里已经是一座危城。他不敢久待，在过于慌张中错估了战局，做出了一个过早破坏飞机场的决定，当晚就把飞机场破坏了。

半夜里，机场那突然响起的剧烈爆炸声，更是把桂林城内外的军民推入了慌乱中，从而给桂林守御战带来了不利。

日军第十三师团在9月14日攻下全州后，并没有立即向桂林进发。他们这一个多月在南方的酷暑中连续作战，也是疲惫不堪。第十一军司令官横山勇命令各师团就在全州一线停下，进行为期一个月的休息、整顿、补充。

这就使正在败退、溃散的中国军队获得了喘息机会。如果各路援军调动及时，部署得当，还是可以守住桂林一线的。

蒋介石在9月16日把刚从桂林飞抵昆明的史迪威，紧急召往重庆，就是商量如何应付这一败局。

面对湘桂战线的败局，国民党当局已经是无兵可调了，即使把一些刚从后方各单位临时拼凑起来、作为预备队的军、师调上去，因为没有经过严格训练，兵员素质差，又缺乏武器弹药，也将一触即溃。这使蒋介石想到了在云南怒江以西作战、完全是美式装备的中国远征军。但是这支由卫立煌上将担任司令长官的两个集团军，处境也不顺利：自从5月、6月分别渡过怒江攻向腾冲、松山、龙陵方向后，两三

个月来一直都是在苦战中进展缓慢，腾冲是打到9月14日（史迪威从桂林飞往昆明的这天），才由第二十集团军攻克。而松山、龙陵方向仍然久攻不下，一些阵地不断地得而复失，从而把4个军（第六军、第七十一军、第二军、第五军）共9个师的兵力久久缠住，陷于进退两难的困境。蒋介石在8月初曾要求史迪威在攻下密支那后，迅速出兵攻取八莫，截断龙陵、芒市日军第五十六师团的后路，以便尽快结束怒江以西之战，但遭到史迪威的拒绝。他的理由是：中国驻印军这5个师久战之后已是很疲劳，损伤也大，急需补充休整。而且这雨水季节，也不便越过深密丛林以及遍地积水、如湖泊般的平原地带去八莫作战。

蒋介石并不完全了解缅北的天时地形都不利于作战，却认为是史迪威有意不服从他的命令。只是碍于当时正在与罗斯福总统就一系列问题书电往来谈判，他才隐忍没有发作。如今，桂林危急，他已准备中止中国远征军对龙陵的攻击，抽出兵力去增援桂林方向。他在召见史迪威这天（9月15日）同时给卫立煌将军发去了一封密电，指示中国远征军对龙陵方向的作战应该改攻为守：

> 一、缅甸之敌似有调主力军向滇西增援之模样；
>
> 二、远征军应准备变换阵地改取守势，以一部留置于怒江西岸与敌人保持接触并固守腾冲、松山诸要点，以主力撤至怒江东岸占领原阵地，特需增强滚弄方面（按：滚弄在从临沧方向西去的怒江边上）之防守兵力，并注意该方面之再兴敌情，待机与驻印军及盟军协力再攻势……

许多没有亲临龙陵战地的人，并不了解那是一块险象环生的绝地，在他们看来：中国远征军以一个集团军之众去攻取这弹丸之地，打了几个月还要改攻为守，这也太荒唐了。但是蒋介石却是根据战场实际情况不得不出此下策。根据远征军司令长官卫立煌将军9月15日的报告：第十一集团军攻龙陵的几个师，除了新近从昆明调来的第二〇〇师还有8000人外，其他的几个师（第八十七师、第八十八师、新编第二十师、荣誉第一师）只各剩有千余人，洪行师长指挥的新编第三十九师，包括师长在内只剩有60人。伤亡之数太大，已难以继续打下去。所以蒋介石才会有放弃攻击龙陵、芒市，退守怒江以东的决定。

这天（9 月 15 日）中午 12 时，他召见史迪威和赫尔利时，向他们提出：中国驻印军必须在一周内向八莫发起攻击，不然，他就命令在怒江以西的中国远征军从龙陵退下来。

史迪威认为，放弃苦战已久的怒江以西，那岂不是功亏一篑，也很强硬地不肯退让，两人争执了一个半小时，谁也说服不了谁。

过去蒋介石在中国军队中一向是唯我独尊，他的话和命令，哪个将军敢拂逆，如今史迪威却公然不听从，而且一再顶撞，他怎么受得了。

史迪威也满腹牢骚地在当天的日记上大骂蒋介石是“小疯子”，“一如既往的荒诞理由和愚蠢的战略战术观念。他很难对付而又令人讨厌”。

他还把蒋介石这一撤军动向迅速报告了马歇尔将军。

这期间，罗斯福总统、马歇尔总参谋长和英国首相丘吉尔等军政首脑，正在加拿大东部的魁北克举行会议，重点商讨打败德国后对日本本土的占领作战，以及战后对德国的处理问题，议题也涉及了中、缅、印战区的作战。他们在欧洲战场的战略战术安排上，都很容易达成共识，但是在以后的对日本作战问题上，却分歧很大。

罗斯福总统和马歇尔将军主张经由缅甸向中国境内的日本军队展开攻击。这样海军和空军就可以使用中国的港口和空军基地去攻击日本的本土。

把缅甸南北的险峻山林视为畏途的英国首相丘吉尔和他的军方高层却表示反对。他们认为：在缅甸的丛林中，不可能部署庞大的军队，这些军队中的绝大部分又必须由英国征集。而且在中国境内的交通线上，有着极其强大的日本军队，美国的海军在进攻行动中，难以发挥巨大作用……

因此，英美双方展开了一场激烈的争论。

在罗斯福总统以及美军高层将领的坚持下，迫使英国做出了让步，在决议中写下了：“建立同中国相联结的陆上交通线，同时改进和保卫航空线。”英国还答应派出一名叫卡顿·德·维亚尔的将军去往中国作为联络官。

虽然美英领导人都认为“中国是一个使人严重失望和为难的地区”，但是罗斯福、马歇尔在对日作战上，一贯主张应该主要依靠中国作战。他们还是要千方百计地不让蒋介石领导的中国政府退出战争。

这就要对蒋介石多做工作，甚至施加压力……

9 月 16 日，马歇尔把他们根据史迪威的报告对中国现状做了分析后写成的、将以总统的名义发给蒋介石委员长的电文，送给了正在与丘吉尔首相会谈的罗斯福总统，并写下了这样一句话：“我建议你将这封业已拟好的信函发给（蒋）委员长。”

这封电稿在罗斯福、丘吉尔手中传阅着。傲慢的、一向看不起中国，把蒋介石蔑称为“无赖”的丘吉尔很赞成这样对蒋介石施加压力。在他的怂恿下，罗斯福这位本来还有涵养的政治家，这时候由于盘旋于脑子里的多是怎么让中国加大对日作战力度，却忽略了信稿中那些强硬的、命令式的词句不应该出现在给一位国家元首的信件中，也没有斟酌修改，就签字发了出去。

这封被史迪威说成是“差不多每一句都是一挂鞭炮”的函电，是这样写的：

蒋委员长阁下：

读过最近有关中国战局的报告后，我和我的参谋长们都很忧虑。深信在最近未来，你就要面临一场使我们一直担忧的灾难。阁下指挥的远征军在滇缅的作战，对缅北的反攻作战影响很大。如果不及时补充兵员反而把他们撤回，我们将失去打通滇缅公路的可能，并危及从驼峰飞越的空中运输线。对此，你必须准备所不幸后果并承担个人应负的责任。

在近几个月以来，我曾经多次敦促阁下采取果断的措施，以防止这场正逐渐危及中国和阁下的灾难。但由于阁下至今还没有委派史迪威将军指挥中国的全部军队，以致华中南的大部分的战略要地失陷。这造成了后果严重的巨大失败，我们的军队在太平洋上各岛屿的进攻速度是很迅速的，阁下也应该立即采取有力的行动，不然我们再费力也难以解救中国的危机……

我确信，如今要阻止日军在中国的攻势，阁下唯有加强在萨尔温江以西的中国军队，并命令他们继续发动进攻，同时立即授予史迪威将军指挥全部中国军队的权力。

如果我的要求得以实现，我们会坚定地增加对中国的援助。

> 我这样坦率说明白了我的想法，是因为我们的人员都一致认为，如果再拖延下去，我们为了拯救中国所做出的努力都将前功尽弃。

多数军人是不讲究外交辞令的，傲慢的美国军人在对待贫弱的、正依靠他们援助（他们把这看作“拯救”）的中国政府上，更是不想采用温和、客气的用语，所以马歇尔将军手下的参谋起草的这份电文就完全充满了教训、责备、警告。他们忘了这是代替一个倡导民主的美国元首给另一个国家的元首写的信。一向睿智的罗斯福总统这时也会忘了这些，真令人奇怪！是高傲本性的暴露？还是那几天整日和那个傲慢的、对中国骂个不停的丘吉尔相处，也受到了感染？

他们只想给蒋介石施加压力，再施加压力，务必把蒋介石压得俯首帖耳，谁也没有考虑到这封电文将会产生巨大的反弹力！

9 月 19 日上午，这封用罗斯福名义发给蒋介石的电报，以及马歇尔给史迪威的一封电报，都迅速飞越太平洋上空传到了史迪威手里。

马歇尔要求史迪威亲自给蒋介石送去这封电报，还必须在 48 小时内，尽快地把送交电报后的情况回报华盛顿。

他们把这也看作了如火的军情，想在极短的时间内攻下蒋介石这个“堡垒”。

收到电报，史迪威很兴奋，这都是他要说的话，如今用罗斯福的名义来教训蒋介石，这分量当然很重。他相信，一定能击倒、压服蒋介石，让这颗“花生米”规规矩矩地听从罗斯福的话（也就是听从他史迪威的话）！

前几天他还在暗暗嘲弄蒋介石是“飘飘然的家伙”，如今他自己也昏头涨脑地飘飘然了。

他命令手下人立即把电稿译成中文，然后就拿着这一式两份的中英文电稿，在当天下午急匆匆地渡过长江赶往城外蒋介石在黄山的别墅。

当时绕重庆而过的长江还没有大桥，来往行人、车辆横渡这条大江，都得靠舟船摆渡。上船、下船，排队等候，颇费时间，只是史迪威是特殊的重要人物，吉普车一到，就可迅速接上渡船，快速向对岸驶去。

蒋介石夫妇在蒙巴顿上将陪同下视察中国驻印军

9 月的重庆，暑热还没有完全消退，不过辽阔的大江上却有了凉风。史迪威站在船头望着浩浩荡荡东去的江水，心里也涌起了一种豪壮感：中国的几百万大军今后将在他的指挥下与日军决战，那气势也将如同这江水一样汹涌不可阻挡吧！

当时，赫尔利特使正在那远离市区、深藏在茂密松林里的黄山别墅，与蒋介石、宋子文、何应钦、白崇禧商谈委任史迪威将军指挥中国军队的一些细节：哪些是应该拥有的权力，哪些是应该受的约束……

这些问题直接提到了“御前会议”，也就表示，快拍板定夺了。

这件事对于蒋介石来说，虽然是很不情愿，很不愉快，但在如今内外交困的情况下，美国方面这样步步紧逼，他也只有本着忍让为上策来应付着。多年的政海波涛也使他养成了应该怎样处变不惊，徐图再举。当着这两个美国特使和他的高层将领们，他显得很有涵养地听着那些人的发言，不轻易表示态度，只偶尔含糊地“嗯嗯”几声……

在赫尔利看来，这事也很快可以达成协议了，但谁也没有想到这时候史迪威会突然手持“通牒”“杀”进来，从而把整个事情都搞得一塌糊涂。

史迪威抵达黄山别墅后，让人先把赫尔利请了出来，兴冲冲地把罗斯福总统的电文递了过去。

刚从气氛和谐的会议室里出来的赫尔利，出于外交官的职业特性，颇惊讶这份电文的措辞过于强硬：怎能这样出言不逊地对待一个国家的元首？他当然知道，电文虽然是罗斯福总统签署，这有关军事的问题却是由军方人员起草的。他想，那些将军也过于火爆、性急了。

他向史迪威慎重地提出：这份电文是否不必直接送给蒋介石，由他来口述内容。他觉得，他既然是罗斯福总统的特使，有权这样做。

如果，史迪威当时略为冷静，听从了赫尔利的劝告，事情的发展将是另一回事，而不是以后的一连串爆炸，对史迪威、对中美的抗战事业都不会带来难以估价的损害了。

这时候的史迪威，正头脑发热，处于极为兴奋的劲头上，哪里肯听从赫尔利的劝告。他傲然地说了句：“马歇尔将军指示我亲自送！”就大踏步地走进会议室，向蒋介石行了个军礼，把电报递了过去。

老练的赫尔利担心在这种场合当众诵读这份有伤蒋介石尊严的电报，必然会惹怒蒋介石，那后果是不堪设想的。他示意在场的翻译不

要读给蒋介石和在场的人听。但是蒋介石还是拿起所附的中文译文看了起来。

室内一片死寂。在座的军政大员只觉得史迪威来得突然，更不知道发生了什么事，而要史迪威将军亲自来送这份电文。他们只能沉默地等待。

只有赫尔利惴惴不安地望着正在看电文的蒋介石，想从他那消瘦而又威严的脸上看出一点深藏于内心的情绪。

没有。蒋介石却是那样从容、沉静、不动声色地看着电文。

史迪威把电文递过去后，就在室内找了一张椅子坐下。他当然更注意蒋介石的表情。他得意地想："这一枪打中了这个小东西的太阳神经丛，然后穿透了他。这是彻底的一击……"

使史迪威深感意外，如同他后来在日记中所描述的："他没有脸色发青、失去说话的能力，他眼睛眨都没有眨。"

过了一会儿，蒋介石只是抬起头对史迪威轻轻说了声："我知道了。""然后坐在那儿，轻轻地摇着一只脚。"

又过了几分钟，蒋介石突然说了声："散会。"就站起身，也没有看大家一眼，就走进了内室。

这可轮到史迪威震惊了，怎么就这么淡淡的一句话？没有答复，没有发脾气，没有找他的麻烦，更没有砸茶杯？

赫尔利却很明白，事情很糟。但这时候他什么也不好问，更不好说。

史迪威茫然地走出黄山别墅，穿越过本来一片浓绿，如今由于黄昏临近却显得阴沉的松林，乘车下山，再乘轮渡过江。这时候，已是夜色昏茫，两岸闪烁的灯火如万千珠玉般散落于山头、峡谷之间。

面对这美丽的山城夜色，史迪威这位战将却失去了白天过江时的兴奋、愉悦，他没有想到，蒋介石怎么这样难以捉摸，完全是深不可测。

那天散会后，蒋介石对罗斯福的这份电文是什么态度？说法不一，有的说他"怒不可遏"，也有人说他只是"沉静"地召集了陈布雷等谋士商量对策……但是有一点是明确的，他没有向罗斯福总统的这份电文表示屈服、顺从。中国虽然积弱已久，如今又不幸地处于久战疲惫

的困难状态，但是他长期养成的军人倔强的个性和个人专政的独裁作风却很难屈服于人。他在看这封电文时，就有些怀疑，这是不是史迪威起草的？怎么这横蛮的语气与史迪威那样相像？又怎么是史迪威亲自送来？而作为总统特使的赫尔利怎么事前一点都不知道？

一连几天，蒋介石都没有与赫尔利、史迪威等人见面，也没有透露出对罗斯福这份电文的态度，给人的印象似乎没有这么一回事。

史迪威却是在着急地等待答复，但一天、两天过去了都毫无消息，史迪威也就变得特别焦躁了，只能给他远在美国的夫人威妮雷弗雷德·A.史迪威写信，诉说他是“花了两年半的时间才让大家伙（罗斯福）有所领悟，但天终于破晓了”。他还写了这样一首诗：“我久久地期待着复仇——/终于我得到了机会/我盯着‘花生米’的眼睛/照他屁股上狠踹了一脚。……”

诗味虽然不足，还有些顽童的口气，但是那“胜利者”的得意之情仍然跃然纸上。他认为，他有罗斯福总统强有力的支持，这次一定胜券在握，所以在诗中他还得意地写道：“最终我得了胜/把‘花生米’打翻在地。”他把自己在这场“搏斗”中的自信和得意之情全都淋漓尽致地表达出来了。但是他忘了，战场上即使在强弱对阵时，也并不就能一蹴而就，在搏杀过程中，也仍然是险情四伏。谁胜谁负，不到最后一刻都难见分晓。何况这是一场复杂的国际性政治斗争。耿直的史迪威却把这些事看得太简单了！

他等了几天，还是没有消息。圆滑的赫尔利虽然已经看出了蒋介石对史迪威的不满，但在没有正式说法时，他也不肯把自己的猜测透露给史迪威。他不肯担当这份把事情弄糟了的责任。

史迪威可是越来越没有耐心了，他曾在9月23日去看望参谋总长何应钦将军，想从这位与蒋介石最亲近的军政大员那里摸摸底，蒋介石究竟有何表示？这位胖胖的、保养得很好的将军的态度并没有什么异样，对史迪威还是那样谦和有礼，问起有关军队整编的事，都是那句老话：“这个么，等我请示委员长再奉告……”从而给史迪威的感觉是“花生米”的态度一点也没有变，他也就天真地认为：如今的问题不在于他和蒋介石的关系上，而是蒋介石没有得到援华租借物资的分配权力而不满意……

史迪威急于接过指挥中国全部军队的权力，又在这天提出了一件早就在他拟议中的建议，其中重要的一条是：派他去延安同中国共产

党人谈判，让他去说服共产党的领导人接受中央政府的领导以及他（史迪威）的指挥。史迪威的设想是：共产党领导的八路军将可以得到5个师的美式装备，但是只能部署在黄河以北与日军作战，不与政府军接触……

在他看来，这真是两全其美的好办法，既武装了中国共产党的军队，加强了对日作战力量，又因为作战地域不同，可以避免国共两党军队在一起产生的摩擦和冲突。

他请赫尔利把这份建议带给蒋介石。

赫尔利也把国共两党的复杂关系看得简单化了，认为这是个好建议，还欣然地表示："这就可以把柿子敲下树来了！"

他们都没有想到，蒋介石的想法与他们的根本不同，用美式装备的共产党军队去打日本，肯定是能打赢，但共产党的军队收复了黄河以北的失地后，肯退出那些地方么？那不都成了共产党的地盘？抗战初期，接受了国民政府改编的八路军从陕北东渡黄河去作战，不是就借机发展壮大，从而有了那些太行、太岳、晋察冀根据地么？

蒋介石没有肯定史迪威急于打败日本的一番积极用心，反而认为，这又是史迪威加快支持共产党的一个新的讯号。

他可以在史迪威想指挥中国军队的问题上忍让，但出于他多年对共产党的仇恨，却不能容许有任何人同情、支持共产党。这也就是他一边宣称国共合作抗日，一边用胡宗南的几十万大军包围、封锁中国共产党的陕甘宁根据地，他的特务组织"军统""中统"更是在大后方四处搜捕共产党人之故。如今这个史迪威公然向他表示，要和共产党纠合在一起，他怎么能容忍？

特别是这年8月间，湘桂战事正紧张时，国民党内著名的反对派将领李济深正在秘密策划一件推翻蒋介石的活动。李济深早在1925年和1926年就担任过国民革命军第四军军长、黄埔军校副校长、国民革命军总参谋长。后来由于与蒋介石政见不合，成了著名的反蒋派别的领导人，在1933年11月与第十九路军领导人陈铭枢、蔡廷锴发动了武装反对蒋介石的福建事变，失败后逃往香港。抗日战争发生后，全国一致团结抗日，他也被蒋介石电邀回来担任了军事委员会桂林办公厅主任。

李济深在8月7日秘密派人去见美国驻桂林领事亚瑟·林沃尔特，

要求亚瑟·林沃尔特向美国政府报告：他将策动 6~8 个师的兵力来反对蒋介石，并联合广东、福建的地方势力实力派人物来建立自治政府。希望能得到美国政府的支持，并迅速派兵在中国沿海登陆……

林沃尔特认为："这是中国政坛的一件大事，如果李济深这批人行动起来了，必然会促使蒋介石政权的垮台。这也是一件对盟国很有益处的事。"他立即报告了美国驻中国大使高斯和史迪威将军。

史迪威早就了解李济深的反蒋倾向。他出于对蒋介石的厌恶，也觉得"这是大好事"，但他也知道李济深这些在野人士力量有限，从而怀疑：是不是真的能成事？

驻中国大使高斯对中国政坛的复杂性，比他们了解得多，也考虑得更周到。他认为："这可能是李济深来试探美国是否支持他们。"谨慎地指示亚瑟·林沃尔特领事：不要介入这一行动。

史迪威还是派出了一个叫廷伯曼的军官去往桂林调查这事。虽然他也叮嘱了廷伯曼不能有任何冒险的举动，"对于任何意见只能听，不能做任何承诺，甚至不能说自己的看法，因为我们的政策是不干涉中国的内政……"

他们没有想到，这样以调查、了解名义，派专人去与反蒋派系的重要人物接触，本身就是一种或深或浅的介入。

在"军统""中统"特务密布的国民党统治区，不仅李济深等人的行动受到严密监视，史迪威等人也在他们的严密"保护"之下。如今史迪威手下的人却悄悄去与这些反对派人士来往，特务们纵使一时间难以知道谈话内情，也会觉得这些美国人的行动可疑。

蒋介石把史迪威那些日子在美国、中国的一系列言行，特别是最近对共产党的密切来往联系起来，也就觉得史迪威不仅可疑而且很可怕了！

这许多事联系在一起，他决心赶走史迪威。

这一决定的形成，当然不是蒋介石的一时冲动，可说在那年（1942年）5 月中、美、英、印军队在缅甸的大溃败时就萌发了。当时，蒋介石对史迪威指挥不当，使 10 万中国远征军损失 6 万余人，还责怪中国军队作战不力，是很不以为然的。

他在那年（1942 年）6 月 17 日，给在美国的宋子文和中国驻美军事代表团团长熊式辉将军的电报中，就表达了他对史迪威的不满：

此人不重视组织与具体方案及整个实施计划，此其未习幕僚长业务或其往昔在华日久，仍以15年以前之目光视我国家及军人，故事多格格不入。以后美国如再派人，请其勿派前驻华之武官。缅战失败之原因，须待罗卓英不久回国，方能明了详情。然平心而论，其咎全在战略之失败，而军队之优劣虽不能说毫无关系，但并非失败之总因。然后彼乃完全归罪于我高级将领，且谎报罗卓英逃回保山，其实彼自缅甸退却之先……

蒋介石这一电文中所说“全在战略之失败”，是指1942年3月7日英国军队放弃仰光后，蒋介石的作战方针本来是中国远征军全力防守缅北，史迪威却不愿执行，并不顾英国军队正在西线退却，力主单独向仰光反攻。从后来缅甸战局的发展来看，显然是史迪威过于主观有错。只是那时候蒋介石还不愿得罪这位美国将军，在那封电报中，又向宋子文、熊式辉叮嘱：

唯史（迪威）近病黄疸甚剧，且为中美国交与保全其友邦荣誉计，实不愿多言，在美更不愿略露此意，以其政府对我国协助之意甚诚，不可令人对我有以怨报德之想也。

1942年春那场出兵缅甸的作战，中国远征军虽然损失极重，但中国军事高层却没有一份全面的战斗总结反思这场失败，史迪威更是没有半句自责，还在怨怪中国军队作战不力。

这也是战争史上不多见的现象。

但是，当时美国政府还是觉察到了蒋介石虽然表面上对史迪威很客气，却并不十分信任。所以美国陆军部长史汀生在1942年6月15日专门约请宋子文去表达了他和总参谋长马歇尔对史迪威的看法：认为史迪威是“第一流战将，美军军官中无人出其右”，但是又表示：“如果蒋公以为史（迪威）不适当，务请直言无隐，俾得更换其他将领，决不因此发生丝毫意见。”

宋子文立即在6月16日向蒋介石电告了这事，并建议：“如果史迪威确实不能共事，不妨此时趁机直说……”

他还劝告蒋介石："钧座尽可照部属指挥命令之，不必以上宾相待。"

宋子文在美国多年，对美国了解较多，不像国内那些军政高层那样惧怕洋人。

蒋介石担心搞僵中美关系，所以没有接受宋子文的建议。这就使得史迪威在以后更任性地不把蒋介石放在眼里。

那年（1942年）的7月4日，蒋介石又有一封电报给在美国的宋子文，诉说史迪威的过于"跋扈"：

> 中（正）对史（迪威）地位与职务本甚尊重，而且对其并未用中国战区统帅号令一切，然彼平时态度时时以其总统代表自居，处理一切，中（正）皆不以为意，毫不与之计较，不料租借案中已经拨给我中国航空公司之飞机，余令转拨两架于航空委员会使用，竟被该公司美员拒绝。今复接史（迪威）来函，其态度一至于此。是中国对租借物之受予，形同乞怜求施而复可。此何等事，是再不能不与（美国）政府坦白商讨，以免两国间友爱精神之损失。中（正）意中国战区参谋长在中国战区范围以内执行其参谋长职务，应服从统帅命令，所有其他皆不适用。

作为一个国家的领导人，不是给下属发指令，而是满纸诉苦，这种现象也够奇怪了。这也表明，蒋介石已经难以忍耐史迪威对他的轻视，但又碍于中美关系，处于对史迪威想辞退又不敢的境地，从而给宋子文发出了那样一封电报。

宋子文当然是支持蒋介石的，在7月6日的回电中表示："史迪威态度殊属离奇，阅其原函，强词夺理，谬解职权，非神经错乱，不致狂妄如此。"

他请蒋介石给他一个明确的指示，是要他向美国政府提出撤换史迪威，还是要求限制史迪威的职权。

蒋介石怕得罪美国，仍然不敢明说撤换史迪威，只想让宋子文在美国高层做工作，让美方主动撤换史迪威。于是又有了一封语意模糊的电报：

> （史迪威）或在缅甸战败后言行无常，似有神经病状态，

望其在华尽职，恐非所能，但此不宜为美政府明言，以有关其整个军人名誉也。请特注意。

史迪威将军哪里会有神经病症，他处理战事都很果断、高明，只是个性过于倔强，又太蔑视国民党军队的将领，特别是蒋介石。

罗斯福总统知道蒋、史之间有矛盾后，曾写信给马歇尔：“史迪威在中国的处境如何？显而易见，这同他和委员长之间的麻烦事关系很大。我认为，如果把他调到别的战场去，他能发挥更大作用。”马歇尔、史汀生却认为，史迪威在中、缅、印战场的作用是别人不能代替的，再说中国又没有正式提出撤换史迪威将军。

在这种情况下，罗斯福总统也不好拂逆军方，只是请宋子文转告蒋介石：如果觉得史迪威不适合，可以明确提出，他可以更换。只是美国在这方面干练、适当的将军很少，再找合适的人颇困难。

蒋介石那时候不敢明白表示，美国也不愿调换，这曾经在1942年夏一度议论过的有关史迪威将军的去留之事，从而拖延了下来。蒋、史的矛盾也因为在反攻缅北这一问题上，看法的相同或者不同，时而缓和时而剧烈。史迪威有时也觉得自己过于直率，对蒋介石尊重不够，在发了脾气后，又会解释、道歉。

这样又拖延了一年多，到了1943年9月，蒋、史为了军队调动等一系列问题又发生了剧烈争执，蒋介石才电令宋子文去向罗斯福总统正式提出撤换史迪威。罗斯福同意了。但是在蒋夫人宋美龄劝说下，蒋介石又犹豫了。史迪威也怕失去在中缅战区的职务，向蒋介石表示了妥协，以后再在文件上签名时，不是像过去那样自感不受中国战区统帅约束，傲然地签为“美国陆军中将史迪威”，而改签为“委员长参谋长史迪威”……

当时的宋子文却不满意蒋介石的反复。他是费了九牛二虎之力，在华盛顿高层多方游说，才好不容易与罗斯福总统谈妥撤换史迪威的事，如今蒋介石又反悔，这让他怎么去向美国方面解释？他在回国后的1943年10月8日和蒋介石大吵了一次，还气愤地声言，要和蒋介石决裂，再也不为蒋介石去美国办事了。气得蒋介石当场把他赶了出去，有近半年不理会他，连盟国之间最重要的开罗会议也没有让他参加。

如今（1944年9月）的蒋介石一反过去的犹豫不决，下了最大的

决心撤换史迪威，也可见蒋、史之间矛盾已经到了难以调和的境地。

当赫尔利在 9 月 23 日带着史迪威的建议去见蒋介石时，这位平日见了美国客人总是一脸微笑的委员长，却板着脸严肃地表示：他已决定要求罗斯福总统召回史迪威将军，因为史迪威拒不服从他的命令，“史迪威不愿与我合作，反而认为他是来中国指挥我的”，“如果任命史迪威将军指挥中国军队，只会给中美的军事合作造成无法弥补的损害……”

赫尔利被蒋介石的这一“突然”决定惊呆了，好一会儿都说不出话来。他没想到在短短的四五天内，事情会如此急转直下，蒋介石会做出这不顾影响中美关系的决定。他定下神来后，又忙着为史迪威解释，劝说蒋介石不必如此……

蒋介石不为所劝，只是解释了几句，他并不反对美国将军来指挥中国军队，他只是要求调走不愿与他合作，还把他当作下级看待的史迪威。

第二天（9 月 24 日）的上午与下午，赫尔利又两次晋见蒋介石，一再劝告，都没有起到作用。他这才认识到了蒋介石那倔强的个性，这是罗斯福、马歇尔、史汀生，包括他和史迪威都没有预料到的。

史迪威听了赫尔利的叙述，深感突然，就像从万丈高空跌下来似的，四顾茫然，也完全惊呆了。这几年，他和蒋介石摩擦不断，但事后总能得到化解，又继续合作，这除了“火药”还没有填满，不致引起大的爆炸外，还因为有位善解人意，又善于外交辞令的蒋夫人宋美龄从中转圜。如今宋美龄去了美国，蒋介石左右的人哪个敢对盛怒中的蒋介石劝说。就连位列一级上将的军政部长兼参谋总长何应钦得知这一讯息后，也惊住了，情不自禁地说了句：“今后美援完了！”

史迪威更没有想到蒋介石会这样断然、决绝地对待自己。前几天那自感“狠踹了蒋介石屁股上一脚”，欣喜地大写其诗的得意情绪完全消失得无影无踪了。他终究只是个单纯的军人，不是在政坛久经历练的政客，面对这突然的变化，一时间完全不知所措，只是愤懑地在 9 月 26 日的日记上写道：“两年零八个月的奋斗，得到的是一个嘴巴。”

更奇怪的是，在重庆的许多军政高层，比如军政部次长林蔚等人，都还不知道这场蒋史之争，日本方面却迅速获悉了。东京的日本广播电台大肆宣传说：史迪威被撤职，是因为他阴谋废黜蒋介石，自己在

中国当王……

这样造谣是很险恶的。从山城重庆到缅北前线都知道了这有损于抗战的蒋史之争。有识之士都担心中美关系由此决裂。

这当然更不利于蒋史矛盾的缓和。史迪威气愤的同时，甚至怀疑这是蒋介石的亲信故意泄露给日本的。

史迪威怎么愿意离开中缅战区。如今缅北和滇西的反攻都已经胜利在望，以中国和东南亚为陆、海、空基地的对日本本土的进攻也指日可待。这都是史迪威这位战将大显身手的时机。如果就此返回美国，不仅壮志未酬，对于他个人来说，也既难堪又蒙辱。他前后思量，才有些后悔，过去不讲策略，也过于任性了，才会弄得如此尴尬。

那几天，他不断找赫尔利打听蒋介石的态度，肯不肯听从劝告？又急匆匆地给在美国华盛顿的马歇尔将军发去电报说明情况，希望利用各方面的关系来缓和、消除这一矛盾。他在给马歇尔将军的电报中为自己辩白："这是因为蒋介石不愿再进行这场抗日战争，所以任何催促他采取积极行动的人，都必然会遭到反对和清除……"

美国军政高层原来只想压一压桀骜不驯的蒋介石就范，没想到会压出这样一个对史迪威将军很不利的局面，也深感意外。罗斯福很明白，他手下的军政要员虽然都轻视贫弱的中国，实际上同盟国的对日作战又离不开中国。如果中美由于这事决裂了，不仅有利于德日法西斯，也会激怒同情中国抗战的美国公众，使他也受到指责。美国新一届总统选举就要开始了，他还想第四次连任总统呢！

他专门召集参谋长联席会议与军方商谈史迪威将军的去留问题。

他主张答应蒋介石撤换史迪威的要求，但是遭到了马歇尔、阿诺德等陆、空将领的反对。马歇尔将军的话很干脆：中国的事太复杂了，除了史迪威将军，派谁去也不行！

这也是事实，如果没有史迪威这样刚毅、执着的将军，也就不可能训练出那样多美式装备的中国军队，勇敢、坚定地去反攻缅北，并有如此辉煌的战绩。

罗斯福总统也为难了。

在史迪威将军处于着急、颓丧、烦躁不安时，林蔚将军在 9 月 28 日来看他了。1942 年春夏，中国远征军进入缅甸作战时，林蔚作为军事委员会驻滇缅参谋团团长，与史迪威来往甚多，关系也比较融洽。

这次蒋史冲突发生前，林蔚也不知道蒋介石要求解除史迪威职务的事，但他深知蒋介石的反共心态，从而猜测，事情如此陡变，是不是出在史迪威坚持要武装共产党八路军的问题上？那可是犯了大忌。他向史迪威建议：如果能够明确地表示放弃这一主张，也许事情会有转机……

如今的史迪威已经没有前些天那样牛气了，他只想继续留在中、缅、印战场指挥作战，也就完全接受了林蔚的建议，在当天（9 月 28 日）把一份用中英文写就的计划，送往军政部长兼参谋总长何应钦那里：

> 建议使用共产党的军队是由于在此危机中使用任何及所有军事力量看来都是可取的。我并不坚持把使用共产党人作为达成协议的条件。
>
> 用共产党人的问题可以取消。我们继续顺利开展我们的其他计划：扩充（印度）列多的部队。训练和装备现在没有投入行动的远征军。尽快撤出远征军，加以扩充、训练和装备。同时开始在贵阳地区组织 Z 军的核心，其部队来自华南各军。
>
> 这一计划可以马上实施，它会给予我们所需要的安全保证。它还会给我们一支足以在 6 个月内发动攻势的部队核心。

史迪威将军退让了，在中缅战区两年多，他从来没有如此干脆明确地向蒋介石屈服过。为了抗日战争，也为了能继续展示他统率中国军队与日本作战的指挥才能，他只有一改从前的态度，表示忍让。真是难为了他。

史迪威的这一建议，被何应钦将军迅速呈送到了蒋介石那里。但是已经晚了，蒋介石是个刚愎自用，一旦打定了主意，就不顾后果，一意孤行的人。在他看来，如今只要赶走了史迪威，中国的事就好办了。

这段时间，虽然湘桂战局很紧张，日军对桂林的进攻即将发起，怒江以西的中国远征军对龙陵的进攻，仍然是久攻不下，但是蒋介石并不在意这些。他如今的全部精力，还是放在赶走史迪威一事上。他还特意以国民党总裁的身份在 10 月 1 日召开了一次国民党中央执行委员会。在会上明确地向与会的军政大员宣布，他已决定请美国政府召

回史迪威将军，因为史迪威不服从他的命令。

他在会议上，怒气冲冲地拍着桌子历数了史迪威对他的不敬。史迪威作为一位美国将军本来只应该和交给他指挥的军队接触，却越权要去指挥共产党的军队与共产党合作。这是干涉中国内政，侵犯中国的主权，他还愤怒地骂道：“这是一种新型的帝国主义。如果我们同意这种做法，那我们就是地地道道的傀儡。我们还不如去投奔汪精卫……”

紧接着他又召开了国民党中央常务委员会，对中常委们说：“不要怕美国取消援助，没有他们的援助我们照样可以过。我们还能在川、康、云、贵站住脚。”

话说到如此决绝的程度，在中常会上这样大骂美国盟友，而且是指名道姓大骂史迪威这样重要的将领，也是抗战期间中美合作以来罕见的事。国民党中央的常务委员们都面面相觑，不知该怎么表示。

只有一位中常委敢于站起来为史迪威辩护，实事求是地说史迪威是个了解中国的军人。如果另换一个美国将军来，可能还不如他，因为高傲的美国人多数看不起中国人，更不会体谅别人，可能会更简单、粗暴……

这也是实情。史迪威虽然有时过于粗暴，但是他的出发点是好的，是热心支持中国抗战的，这也是别的美国将军难以比拟的。但是蒋介石一向独断专行惯了，哪里听得进去。会议就按他的意旨做出了请美国调走史迪威将军的决议。

这国民党的中央常务委员会是极为机密的高层会议，一般的官员都难以知晓，通常是要过了许多天，才会从各种渠道用各种方式断断续续传出。但是当天（10 月 2 日）晚上，就有人把会议的情况特别是蒋介石怒骂史迪威的事告诉了美国驻中国大使高斯。蒋介石那些对史迪威也是对美国很不友好的语言，使高斯也为之悚然。他赶紧用加急的绝密电报向美国政府报告了此事。

（也有人说：这是中国政府故意让人把蒋介石的愤怒传给高斯，让这位大使把那些在外交电文上不便表达的、蒋介石的粗暴语句，原汁原味传达给美国政府，让他们不便再支持史迪威。）

史迪威也知道，过去在他的去留问题上，华盛顿军方的高层与总统有过一些争执，都因为军方高层倾向于支持他而化解。这次怎么

啦？他急需支持时，却迟迟得不到军方安慰、鼓励他的电文，使他很感意外。

（实际上，马歇尔将军还是不同意召回史迪威。为了支持史迪威，特意起草了一份用词激烈、逐条驳斥蒋介石对史迪威指责的电文，但是被罗斯福总统否定了。）

史迪威多方打听，却从其他方面知道了罗斯福总统有可能向蒋介石让步的信息。这使得他很愤怒，在 10 月 1 日的日记中写道：“罗斯福要切断我的喉咙，把我抛开了。”

他还在这天给妻子的信中破口大骂：“罗斯福显然抛弃了我。如果这个老傻瓜在这上面让了步，显然他已经这样做了。‘花生米’从现在开始就将失去控制。”

这个时候，他还念念不忘对蒋介石的“控制”，也是他的悲哀。

高斯大使把他获悉的蒋介石在 10 月 2 日国民党中央常委委员会上的讲话告诉了赫尔利，赫尔利又传给了史迪威。史迪威更是愤慨，在日记中写下了这些近于向上帝控诉的词句：“三年来一直受到忽视、污辱、欺骗、拖延、阻碍。（他）在行动中对（我的）下属发号施令。虚假地指控我不执行命令和不合作。（他）不断企图对美国敲诈勒索。使用我们的空军，借我们的钱。拒绝向我们提供使用我们所运装备的人员。企图让宜昌和四川（的军队）得到军火物资，而让远征军和 Z 军（驻印军）得不到东西。”

这些在气愤中断断续续写下的不连贯的词句，也是史迪威给马歇尔的许多封电报中的辩白、控诉内容。但在罗斯福总统已决定从中美关系出发而将他调离中国时，这些辩白、控诉、怒骂又有什么用呢？何况这其中一些他认为的“理由”又是片面的，站不住脚的。（如他把蒋介石要求增加美援数量，说成是“敲诈勒索”。）

10 月 5 日，给史迪威的沉重一击终于来到了，罗斯福总统去电蒋介石：可以接受召回史迪威将军的部分要求，解除他中国战区参谋长的职务，也不再负责援华租借物资的分配。但是继续指挥在缅甸的中国驻印军和在怒江以西的中国远征军。

罗斯福总统的电报是这样写的：

中国大陆情势已如此恶化，使我感觉美国政府不应再冒

派遣美国军官统帅贵国全部陆军之责任……

我接受阁下的建议，解除史迪威为阁下参谋长的职务，并已决定不再使其担负有关租借物资之事务；但中国驻印度与远征军的训练、指挥，则仍交史迪威管理……

这保留中国远征军和驻印军的指挥、训练权，还是在马歇尔将军力争下获得的。他觉得，这样或许可以给志在疆场的史迪威将军一点安慰。

这信息被刚从华盛顿回来的梅里尔准将透露给史迪威将军。他又想起了那已别离了两个多月的缅北战地，那才是可以安慰他的地方。为了摆脱在重庆的烦恼，他在 10 月 6 日和梅里尔一起飞往了还在雨季中的密支那。他想和那里的中美官兵多聊聊，也许能抑制心头的烦躁。但是他刚刚到达密支那，还没有歇息，电报就来了，要他急速返回重庆。他只能在第二天（10 月 7 日）清晨 4 点摸黑乘上飞机，再经昆明返重庆。

（史迪威长久都没有搞明白，这次紧急把他召回，是不是撤销他一切职务的先兆？开始限制他的行动了？）

这时候的蒋介石显得更加强硬了，他对罗斯福电报中那表示退让的意见（保留史迪威将军指挥中国驻印军和中国远征军的职权）也不接受，反而在回电中说："我不仅对史迪威将军这个人没有信心，而且对他的军事判断力也没有信心。"他还把史迪威将军指挥的反攻缅北指责为"消耗掉了中国大部分训练有素、装备良好的军队"，从而影响了中国军队在其他战场的军队的装备改善和作战能力，因此对湘桂作战的失败应该"严重负责"……

这种急于把史迪威将军赶走，而把史迪威反攻缅北的战功说成过失，却是不顾事实真相，有失厚道。

蒋介石并不愿完全得罪美国，又采取一打一拉的手段，尽力笼络赫尔利，以求能争取赫尔利对他的支持。圆滑的赫尔利也看出了，美国方面并不想完全抛弃蒋介石，当前的战争形势也不可能这样做，而被激怒了的蒋介石却在孤注一掷，不给予支持，自己这"特使"也只有打道回府了。他审时度势，也给罗斯福发去电报，建议召回史迪威。他这样写道："蒋委员长和史迪威将军的性格根本互不相容。如果你在这场政治中支持史迪威将军，你就会失去蒋委员长，也就很可能失掉

中国。”

这封电报终于促使罗斯福总统不顾军方高层的反对，下决心把史迪威将军从中、缅、印战场召回。

（对于赫尔利那封建议罗斯福总统召回史迪威的电报，当时有各种传说，有的说是赫尔利瞒着史迪威私自发出的。但事实是赫尔利在10月10日下午先派麦克纳利去把这一电报先送给了史迪威过目。史迪威在这一天的日记中把这称为：“给罗斯福的屈辱电报，用一把钝刀子割断了我的喉咙。”“赫尔利后来也来了。我对他讲了我的意见，他从电报中抹去了一些刺人的话。”）

史迪威终于明白，他是必走无疑的了，但他是个闲不住的人，也是个忠于职守的人，不愿坐等“判决”。在他的中国战区参谋长还没有免去以前，他还在关注中国的战局，在10月14日他又飞往了柳州，想说动前线的将领们集结力量用进攻来防守桂林、柳州。

那些将军们可能已经知道了蒋史之争，只是礼貌地听着，既不说“是”，也不说“否”。

美国方面又经过一番争论、斟酌后，罗斯福总统在10月19日正式去电蒋介石委员长，他决定召回史迪威将军，并把中、缅、印战区一分为二，分别设立中国战区和缅印战区。中国驻印军总指挥一职由史迪威将军在中国驻印军的副手索尔登将军代理，在中国的所有美国军队由当时任东南亚战区副参谋长的魏德迈少将指挥，并担任中国战区的参谋长。

在这封电报中，罗斯福总统也反驳了蒋介石对史迪威的无理指责，告诉他：对缅北的反攻，不是史迪威将军做出的，是（美、英）联合参谋会议做出，并由罗斯福总统和丘吉尔首相批准的，由于要支援中国的抗日，就必须发动这一战役。

他还着重提醒蒋介石注意，由于成功地进行了反攻缅北作战，中印航线不必再飞越险峻的喜马拉雅山“驼峰”，改经缅北的低空飞行航线得以开辟了，从印度开始铺设的输油管也在9月27日修到了密支那……

这都是事实，蒋介石也不能再说什么。他很得意，这一长达几个月，极其激烈的蒋史争执，虽然风险很大，最后还是他赢了。史迪威要走了，援华物资还是照常运来。

失望的人不少，最颓丧的当然是史迪威将军。他接到被召回的命令后，把这形容为“斧子砍下来了”！还愤怒地大骂罗斯福总统是“老软脚蟹”！

他不愧为一位身经百战、置生死于度外的将军，很快在愤怒、颓丧中镇定了下来，去执行他临别前的外交礼仪。10 月 20 日下午 5 时在林蔚、宋子文、赫尔利等人陪同下去向蒋介石告别。

这时候的蒋介石又表现得很和蔼可亲了。他对史迪威说：他对这一切感到十分遗憾。并承认，史迪威为中国做了许多好事，训练了中国部队，指挥了中国军队的作战。只是由于两人之间性格上的不合，才要求美国政府召回史迪威……

他还故作亲切地对史迪威说：希望史迪威回到美国后给他写信，继续做中国人的好朋友。

史迪威神情严肃地听着，然后语意深长地表示：“不管委员长怎么看待我，但请记住，我的动机只是为了中国的利益！”然后又郑重地说了句：“祝你们取得最后胜利！”就站起来行礼、握手、告别。

蒋介石还特意把史迪威送到了门口。

为了表示对史迪威的“慰问”和“褒奖”，蒋介石准备把一枚国民政府的最高勋章“青天白日勋章”授予史迪威，被史迪威婉言谢绝了。耿直的史迪威一向不习惯这种虚伪的礼仪。

那两天，史迪威紧张、繁忙地向有关人员逐一告别，看望了他尊敬的孙中山夫人宋庆龄女士。正直的宋庆龄一向敬重史迪威的刚正不阿、一心为中国抗战服务。如今见他被不公正地对待、赶走，却悲从心起，流泪了。

史迪威还分别向美国驻中国大使高斯以及赫尔利、何应钦等人告别，也向他手下的美军军官们告别。

因为不能给中国共产党的八路军帮助，是他离开中国前很大的憾事。他一直坚信，如果能在武器装备和其他方面给予援助，这支军队是能够更有力地打击日本侵略者，加快抗日战争的胜利的。他在 10 月 20 日满怀感情地给八路军总司令朱德写了一封信：

亲爱的朱德将军：

由于我被解除在中国战区的职务，我谨向您，共产党武装部队首脑为我们今后不能在对日作战中同您合作深表遗憾。

您在对我们共同的敌人作战中发展了卓越的部队，我曾期望与您联合作战，但现在此事已成泡影。祝您战斗顺利并取得胜利。我谨向您致意！

真挚的 J.W. 史迪威

美国将军

这封感情真挚，对在敌后艰难抗日的中国共产党领导的八路军、新四军充满敬意的短信很感人。史迪威将军接到召他回美国的电报后，他只在重庆停留了两天，在短短的 48 小时内要做许多事，还忘不了给朱德总司令写告别信，也表明他对积极抗日的中国共产党军队是诚心诚意地感佩。

朱德总司令接到史迪威将军的信后，有没有回信，已无从查考，但是对这位美国将军的这份友情，他是铭记的。两年后，他在 1946 年 7 月 1 日给美国女作家艾·史沫特莱女士写信时，还特意提到："请转达我对史迪威将军所做的正义努力的敬意。"

这封给艾·史沫特莱女士的信，是准备让应美国国务院之邀在延安的作家周扬带往美国的。但是这年秋国共两党的内战已起，周扬受国民党政府的阻挠无法成行。朱德给艾·史沫特莱的这封信以后是怎么带到的，这一问候有没有及时带给史迪威将军，也无从查考，因为那年（1946 年）的 7 月、8 月，史迪威将军都在太平洋的比绍尔群岛观察原子弹试验，9 月间返回美国后，因为胃癌在 28 日住进了医院，只过了半个月就在 10 月 12 日去世了。

史迪威将军所患的胃癌，显然与他在印缅指挥作战时与士兵一样饿一顿、饱一顿损害了肠胃组织有关。往事如梦，令人怆然。

史迪威被免职后，马歇尔总参谋长担心直率的史迪威在重庆逗留过久，又会出语惊人而被中外新闻媒体趁机渲染这一事关中美关系的蒋史之争，而影响正要参与下届总统竞选的罗斯福的前途，还可能对史迪威新的职务的任命不利，特意去电史迪威将军，要求他避开新闻界尽快返回华盛顿。

军人必须服从命令，何况这又是史迪威所尊重、依靠的马歇尔将军的叮嘱。他在 10 月 22 日匆匆乘上一架 C–87 型专机就走了。

同行的有一直在缅印战场跟随他作战的伯金将军。他很为史迪威

的遭遇不平，愤慨地对美国军方表示：“史迪威将军走了，我也不想留在中国了。”

为了不让更多的人知道史迪威将军的离开，代表中国来送行的只有外交部部长宋子文，美国方面只有赫尔利、高斯。飞机快起飞时，何应钦将军才匆匆乘车赶来向他行了个军礼送别。在国民党军队的高层将领中，何应钦是被史迪威攻击得最多，甚至点名要撤换的将军。如今他却来送别了，那些常和他来往的将军却不见了，这又使史迪威觉得这一切都是在严密控制下的安排。他向何应钦还礼后，漠然地说了句：“我们还等什么？”就折身走进机舱。

飞机在 7 点 15 分起飞了。风从嘉陵江上刮过来，季节分明的重庆已经有了很深的秋意，史迪威的心情却更冷。他怎么也没有想到会在这种近于凄凉的氛围中离开重庆，而且可能永远也回不来了。

他只悄然地在保山停留了 7 个小时，与他从前的副官、如今的中国远征军顾问组组长窦恩准将见面。也许是为了安慰他，窦恩特意请他在保山机场向 7 名做联络工作的美军飞行员授予奖章。

部属们和美军飞行员对他的热情、亲切，使他略感安慰。

当天下午 5 时，他就飞到了密支那。

飞机在降落前盘旋低飞时，他从空中看下去，前些日子那浊流滚滚、漫上两岸把大片树林、村落都淹掉了的伊洛瓦底江，由于雨季已过，又变得清澈明净，如一湾闪亮的碧玉从东西环绕着那座已经被打得稀烂的城市。江上捕鱼的小舟、竹筏又在悠然地飘动……

战争之后的平和是这样宜人。

史迪威的心绪却纷乱地难以沉静下来。他怎么也难以接受这种被解除军职后，以闲散身份来到这他曾经日夜关注过，常令他焦虑，后来又使他引以为傲的战地。

飞机在砂石地的跑道上降落停稳后，索尔登等一批中美将领已经在机场上等候。

索尔登来迎接，他不觉得意外，意外的是被他骂过“白痴”的郑洞国，被他多次严厉训斥过、与他激烈争执过的孙立人、廖耀湘等中国将军也都来了。

史迪威还没有从茫然中走出，郑洞国将军已肃然地过来立正、敬

礼，并亲切地问候，接着是孙立人、廖耀湘……都是对他尊敬有礼。这使他很感动。

中国将军们并没有记恨他从前的过于主观、傲慢、倔强和有时候对中国军人不应有的辱骂，而是感佩他为了中美共同的抗日战斗，万里赴戎机，从美国的西海岸穿越几大洲飞来中国，深入印缅这些险山恶水间，像士兵一样地战斗。他满布皱纹的脸上多是缅北战地刻下的风霜啊！

当时在中国驻印军新编第二十二师第六十四团担任少校参谋的师临先，在 1999 年回忆那场缅甸反攻大战时，谈及史迪威将军还很动情："他平时衣着俭朴，态度平易近人，对中国驻印军的训练和补给十分重视。战时他头戴钢盔，身穿夹克衫，架着一副老花眼镜，肩挎一支卡宾枪，在战火纷飞中多次亲临前线视察，甚至出没在第一线团、营指挥所，举止沉着、谈笑自若的大将风度，对士气鼓舞很大。"

争吵早过去了，愤怒更是早早平息了，人们想到的是战斗中真情洋溢的史迪威。

这就是饱经战火的军人的思维不同于那些政客之处。

史迪威也紧紧抓住了这些中国将军的手，握着，深情地握着，像每次战斗获得胜利时那样地激动。

抵达驻地后，他向索尔登将军交代了工作。其实也没有什么可交代的，他从 8 月初离开缅北战地后，这中国驻印军指挥部的工作，一直都是由索尔登少将负责。

然后他开着吉普车去了密支那市区和附近的万灵佛塔看了看。他前几次来密支那，或者是在炮火下匍匐着观察战场一角，或者是在飞机上向下俯瞰，哪里能像现在这样悠然、闲适。但是当他看到这里的中美士兵正在趁雨季过去加紧训练，准备对日军发动新的进攻时，他这失去了指挥权的将军想到自己曾为这一场又一场战斗费尽心血，又颇为怅然。

第二天（10 月 24 日）他飞往印度德里。他和那些英国将军没有什么共同语言，只在那里停留了两天。第三天（10 月 26 日）一早就离开了，取道卡拉奇飞往美国。

他知道，他此生再也不可能返回他曾长久为之费尽了心力去战斗，

也几乎送掉了他军人前途的中、缅、印战区了。他在 10 月 26 日的日记中写道："32 个月了。中、缅、印战区的最后一天……感觉很难受。"

虽然只是寥寥的几个字，一名叱咤风云的战将那份如战马悲鸣的凄凉之情却跃然纸上。了解史迪威将军这一段征战历史的人，也不免为之怆然。

史迪威将军的离去，似乎给蒋史之争画上了个句号，知道内情的国民党军政上层人士不敢提及这事，这当中的事太复杂了，牵涉面也太广了；不知内情的军民下层只能惊讶、猜测，悄悄地议论一阵子也就过去了。

不过在美国，史迪威将军的去职，还是掀起了一阵小小的波澜。一位当时在中国、印度采访过的《纽约时报》记者布鲁斯·阿特金森了解蒋史矛盾的情况后，深为史迪威不平，写了一篇措辞激烈、抨击蒋介石领导的中国政府贪污腐败的长篇报道，抢在史迪威还在回国的途中、没有抵达美国之前，发表于 10 月 31 日的《纽约时报》头版头条。指责中国政府是"垂死的反民主的政权"，美国是在向一个"日益丧失人心，为人不齿的政府"提供援助，对史迪威将军的处置是向独裁政权让步……

这篇报道发表前曾被新闻检查机构扣压，但送到罗斯福总统那里，还是被尊重新闻自由的总统同意发表了。不过他后来在记者招待会上解释说，这"只是蒋史性格不合的缘故，也与战略、政策、租借物资、共产党等等无关"。

蒋史矛盾，实际上并不是单纯的个人之间的矛盾，而是美国一开始就没有把蒋介石领导的中国政府作为一个平等的同盟国来看待。他们认为：以他们的强大实力完全可以指挥、改造这个贫弱国家的政府，并听从他们的驱使。但是在"先德后日"的战略部署下，他们又不愿投入应该投入的巨大财力、人力来支援中国的抗战，还时时要对这个政府发号施令。蒋介石既想得到美国的援助，又不愿完全听从指使，在与英苏比较后，所得到的美援确实少得可怜，他的怨恨也就日益增加。忠实执行美国对华政策的史迪威将军，因为厌恨蒋介石政府的腐败、无能，又自恃来自美国这富裕强大的国家，敢于直率地加以责难，也就加深了中美的矛盾。他在中、缅、印战区，又是直接与蒋介石联系的人，也就把矛盾聚拢于他的身上了。

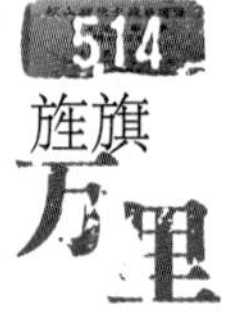

罗斯福总统在压服不了蒋介石，又不愿与中国决裂的情况下，只好以牺牲史迪威将军来让步，从而给予人们一个蒋史个人之争的表象。史迪威只好在刚刚佩戴上四星上将军衔之后，黯然地从中国离去。

那年月，从地球以东到西方还没有能直接飞行的远程飞机，只能一站一站地停歇，从中国、印度去往美国要横穿亚洲、欧洲、美洲许多国家，这段飞行旅程也就显得很漫长。带着愤懑、忧郁长途飞行的史迪威将军，他的情绪是什么时候才逐渐有所缓解的呢？不太清楚。但是他是位战将，既然能把生死置之度外，又何况这一无损于他的人格、身体的挫折。他终于在旅途中逐渐把事情想开了。他在 10 月 27 日的日记后边有一段没有注明写于哪一天的文字（他的日记中，常常有这种随感）：

> 一个人的亲身经历在广阔的范围里和战争的洪流中变得无足轻重了，尤其是当总的结果是成功时，谁会留意一个不满者的抱怨呢？如果一个人能够说他没有辜负他的祖国，如果他能够安享人生，那么他就没有理由再去要求什么。

看来，史迪威将军终于从不满和忧郁中感悟了，把自己置身于一个广博、高大的境界，也就能把自己的愁闷思绪逐渐化解，并让自己的感情如机舱外那缕缕轻柔的白云般升腾。

所以他在 11 月 6 日回到美国卡梅尔家中时，女儿们看到的虽然是一个外貌“憔悴、疲乏、伤心”的父亲，但她们还是感觉到了，他能以极大的自制力忍受着对他的不公。

奇怪的是，在美国不仅没有对这位从战场上回来的、战功卓著的四星上将给予盛情欢迎，却如同对待一名囚犯那样，在他刚回到家时便给予行动限制，不准他与外界接触（如他夫人所述：“门口有名宪兵守门，以确保没有人来采访他”）。

在被与外界隔离了几天之后，史迪威将军才经过陆军部同意，在他位于卡梅尔市的家里，接受了报界和电台的采访。他遵从命令“关于中国没有谈一个字”。

这对于性格直率、火爆的史迪威将军来说，是多么的不容易。

也有人说，如果史迪威将军在中国时也能这样自制，那就可以较顺利地完成他的对华使命，继续施展他率领中国军队向日军进攻的指挥才能了！

但是，这怎么可能。他万里东行来到中国，就是奉命以指挥中国远征军（驻印军）为起点，进一步取得指挥、控制中国军队和中国政府的权力。这一由美国军政高层制定的策略失败了，他当然只能作为替罪羊走人。这就是将军能够在战场上拼搏，却无力在政治的泥塘中自拔的原因。

蒋介石在还没有与史迪威决裂前的 9 月 7 日上午，与史迪威会见时，曾提醒史迪威：“如果你指挥中国的全部军队，就不是像从前那样 100% 是军事的，而是将有 60% 是军事上的，40% 是政治上的。”

这是提前对史迪威将军的点拨么？

史迪威将军在指挥反攻缅北作战中是胜利者，但在中美政治较量中，却成了失败者！

但是与他一起作过战的中国军人却对他很怀念。尽管他过于严厉、直率，甚至有时粗暴得使人受不了，但人们回想起他时，就会更多地想到他的正直、坦率的个性，赏罚分明的、公正的处事原则。据说，已经升任中国驻印军新编第一军军长的孙立人将军，就直接给罗斯福总统写了份报告，请求再派史迪威将军来指挥军队；中国远征军司令长官卫立煌将军，更以他当年在国共内战中因战功得过 4 个县的税收做比喻，认为：按史迪威将军的战功，至少应该奖励他 10 个县的税收。

那年月，国民党的将军们都以服从蒋介石为“天职”。在蒋史冲突中，孙立人却敢于这样表达对史迪威将军的敬意，很不容易！

史迪威虽然没有再回中、印、缅战地，但是他却以他的功绩留下了一个对中国的抗战曾竭尽全力作战的美名。

会师中缅边界

进入 10 月中旬，缅北漫长的雨季终于完全结束了，奔腾咆哮了六七个月的大小江河，又从浑黄、混浊状态恢复了冬春季节的柔顺、宁静；无论是深还是浅的河段，都如同无数澄碧的长潭。山林经过长达几个月的雨水浇灌，枝叶更为稠密浓绿了，大地上的浅浅积水，在太阳蒸晒下，都融入了地下，牛车、马车、汽车驶过时，又会卷起轻轻的灰尘。

虽然是深秋，这亚热带南方除了早晚略有凉意外，白天仍然很燥热，当地的人只要穿一件短袖汗衫就可以了。

攻下孟拱（莫冈）河谷和密支那的中国驻印军，经过近两个月的休整，官兵的体力都得到了恢复，兵员和武器装备也陆续得到了补充，又具有了旺盛的战斗力。继史迪威将军担任中国驻印军总指挥的索尔登中将根据当时的敌情和地势，下达了第 18 号作战令，命令英印军第三十六师、孙立人中将的新编第一军、廖耀湘中将的新六军等部队，分成三路纵队向南攻击。

新编第一军军长孙立人指挥的两个师（新编第三十八师、新编第三十师）作为左纵

队去攻打八莫。

八莫是座依山傍水的小城，东边是高黎贡山向南延伸的支脉——东加亲山，西边是太平江流入伊洛瓦底江的汇合处。城市就建在江的右岸，一向是缅北水陆交通的重要通道，有轮船可下行至仰光，上驶的小木船可北去 218 公里外的密支那。如果攻下了八莫，离中缅边界的南坎仅 114 公里，去往中国腾冲也只有 180 公里，就可以截断正在怒江以西顽抗的日军第五十六师团的后路，使那股日军处于腹背受敌的困境。

攻下八莫还可以保证随着战线向北修筑的中印公路、中印油管迅速铺向中缅边境。

孙立人军长接受任务后，在 10 月上旬开始了作战部署，命令刚从第一一四团团长升任新编第三十八师师长的李鸿少将指挥他那个师担任主攻，康守治师长的新编第三十师则作为战役预备队。全军人马使用汽艇和工兵部队架设的大桥，在 10 月 15 日前陆续渡过了宽阔的伊洛瓦底江，向八莫的太平江一线进发。

太平江发源于中国腾冲的大盈江，往下奔流，江面越来越宽阔，在八莫附近的江面已达千余米，这初冬旱季，江上白雾迷茫，更是一望无际。

孙立人军长亲自赶往太平江边仔细观察了地形地势。深感要渡过这条大江，攻下日军建有坚固工事的八莫，并非一件容易的事。他指示李鸿师长还是要正面强攻与迂回穿插相结合。

李鸿师长和陈鸣人副师长按照孙立人军长的要求，命令赵狄团长的第一一三团从谬迪（庙提）正面进攻以吸引日军的注意力，梁砥柱团长的第一一二团从左翼越过两三千米高的起伏大山，经森隆卡巴等地迂回到日军侧后；他们和师部人员则和第一一四团团长王东篱带着部队在第一一二团之后进发。

在两个月前的 7 月末、8 月初，密支那攻守战正打得激烈时，日军第三十三军司令官本多政材就预见到中国军队会很快进攻八莫。八莫如被中国军队占领，也就表明，对中美军方具有战略意义的中印公路开通有期，他们日军在缅北、滇西的处境将更为不利，这要冲是必须守住的。他命令第二师团步兵第十六联队联队长堺吉嗣大佐的联队部

中印公路北线腾冲猴桥段通车

和步兵第二大队，以及一个炮兵中队、一个工兵小队、一所野战医院进驻八莫，统一组成八莫守备队。接着又命令第二师团搜索联队随后跟进守卫八莫东北约三十公里的要冲曼昌。后来因为堺吉嗣大佐指挥的第十六联队随师团转向中国云南作战，八莫守备队队长就改由第二师团搜索联队队长原好三大佐担任，并就近接受第十八师团指挥。

如今八莫守备队的兵力状况是一个步兵大队（步兵第十六联队的第二大队）约 600 人，搜索联队的大部分（两个步兵中队，一个有着 10 辆装甲车的中队，一个通信小队）约 350 人，工兵一个小队约 30 人，通信兵队 10 人，野战医院一所约 40 人，总兵力约 1030 人。

密支那被中国驻印军攻下后，八莫守军又收容了从密支那溃逃出来的一小部分散兵。

原好三联队长很明白，一旦中国军队重兵压境，兵力有限的八莫将被围困，交通也会中断，给养难以运进来。他们未雨绸缪地四处搜寻，储存了可供 1200 人食用半年的粮食（大米、豆），以求在无退路的不利情况下，能逐渐消耗中国军队，苦守半年、一年。

他还利用从 8 月初到 10 月初，这两个月暂无战事的空隙，根据八莫地形，督率军队在市区内外构筑了许多坚固的工事，所有掩蔽部都是深挖于地下，用钢筋和几人合抱粗的大树，甚至把最珍贵的楠木都砍伐来，与泥土、砂石一层层垒起。有的厚达十四五层，即使被 500 磅的重磅炸弹直接投中，也只能炸毁表层而难以伤及掩蔽部里的人。这些掩蔽部还有密如蜘蛛网的交通壕与其他据点联结，既可屯兵，又可相互来往支援。

他们的防御主要面对来自密支那方向，却没有想到中国军队会采取长途大迂回的战略战术，用半个多月时间在渺无人迹的深山老林间跋涉，穿插到八莫侧后的曼西。那里只有属于第二师团搜索联队的一个中队（第一中队）驻守。

平常的日子，周围尽是山林的曼西很幽静，除了鸟鸣、猿啼外，似乎是个无人来打扰的世外桃源。久雨之后，阳光极好，日军闲来无事都懒洋洋地在营房外边晒着太阳。

当第一一二团的大队人马突然从绿色的山林间出现，分几路冲下来时，日军完全吓蒙了。等到回过神来抵抗，中国军队已经迅速地攻至近前，密集的机枪、冲锋枪子弹及迫击炮弹也轰了过来。

日军数量少，又是在猝不及防的情况下，哪里经得起第一一二团

优势兵力的攻击。虽然抵挡了一阵子，还是被挤压到一小块阵地上。开始他们还想依靠工事作困兽斗，但是见中国军队的炮火越来越猛烈，而且后续部队还在源源不断地从山林间拥来，才明白，这是中国军队的主力攻过来了，再顽抗只会被全部被歼。日军中队长只好在 11 月 10 日中午，中国军队的一轮炮火刚过，山野浓密的大雾还没有完全散去之时，利用他们对地形的熟悉突围，慌乱地向八莫方向逃走。

第一一二团形成的包围圈已经把曼西通往八莫的大道完全封锁，日军无路可走，只能往山林里钻，再寻路往北走。在中国军队的追击下，有的被打死，有的被俘虏，只有少数官兵侥幸逃脱。

4 天后的 11 月 14 日，才有日军中队长一个人先逃回了八莫，以后许多天又陆续有 13 人逃回去。一个个被疲累、饥饿、病痛折磨得瘦如骷髅，摇摇晃晃地站也站不稳。一个百余人的中队，只剩下了 14 个人。

原好三联队长只好从联队部、通信小队抽调人员，把这个被打垮了的中队恢复到八十人左右。

这对八莫日军的军心影响很大，深知已被严实包围、别无出路，只有苦守了。

从太平江正面攻击的第一一三团见左翼的第一一二团迂回得手，也迅速改佯攻为强攻。但是正面 4 个渡河点都在日军炮火控制范围内，难以抢渡。赵狄团长沿着大江上下游仔细查看，几经选择，决定避实就虚，改从离八莫较远的上游谬迪（庙提）去偷渡。

他从全团挑选了 6 名水性特好又身体健壮的士兵（段仲权、曾祥进、王大富、陈德、廖林银、邓善清）作为尖兵，在 11 月 8 日夜晚泅往对岸。

在这以前，这几个士兵多次在夜间游往对岸，对地形、兵力侦察过，已经是轻车熟路了。

这天（11 月 8 日）是农历的九月二十三日，上半夜满天紫黑的浓云密布，月色全无，江上一片暗黑，风声、浪涛声又掩盖了泅渡者的活动，他们也就游得安全、顺畅。只是从山谷中流淌出来的又急又深邃的江水，一到夜间水面热气全消，变得如冰窖般寒冷，这江流也似乎更湍急了。他们虽然身手矫健却也渐渐手脚僵冷了。幸好他们在军用水壶里灌满了烈性烧酒，冷得受不住时，喝上一口又继续游……

陡峭的河岸在夜雾中如起伏的黑墙，很是阴森，幸好“墙”上没有人，任由他们悄悄游近。

上了岸后，他们还是没有遇见日军的巡逻。日军阵地左边的 807 高地是一片深密树林，也没有部队防守。那是很好的登陆点。他们就发出信号，让等在江对岸的第三连过来。

第三连官兵早准备好了辅助泅渡的漂浮器材，迅速依照班、排建制有秩序地进入水中向对岸游去。

这个连过江的整个过程也很顺利，仍然没有被日军发现。

夜凉如水，日军在营房里睡得正熟呢！就连岗位上的哨兵和担任巡逻的小分队也不知道躲到哪里去打瞌睡了。

三连渡过江后，迅速占领了江边的制高点，控制了进出的道路，又把全团的大部队接应过江，然后全团分成两路，一部分沿密（支那）八（莫）新旧公路南下去与迂回侧后的第一一二团会合，团的主力部队则沿太平江南岸攻向八莫城以北。

新编第三十八师的山炮营也在江北岸构筑好阵地配合步兵轰击日军阵地。这些美制 7.5 山炮射程可远达 9600 米，打往对岸并楔入日军阵地纵深完全绰绰有余。原来用汽车载运的火炮，如今为了方便夜间潜行，拆卸开后，改为由 6 匹马来驮运一门大炮，每门炮除了有 6 名炮手外，还有 1 名班长、12 名马夫。每连 9 门炮，能构成摧毁力很猛烈的火网。他们在侦察人员的指点下，准确地轰击着日军沿江的那些据点。到 11 月 16 日已经把八莫外围的大小村庄和 3 个飞机场占领。日军虽然出动了装甲车反扑，但是数量少，火力不强，多数被中国军队山炮掀翻、炸毁。原好三联队长知道硬拼不行了，只好把郊外的据点都放弃，全力退守市区以内。

八莫市区是从大山脚下的许多小丘陵和沼泽地边沿，逐渐发展起来的一块南北约 5 公里长、东西 3 公里宽的龟背形地带。那些还没有完全干涸的沼泽地在夏秋久雨后积成了大大小小还与大江相通的湖泊。这都有利于日军用小部队分散防守，而不利于中国军队大部队和重炮在进攻中的移动。

孙立人军长针对八莫的复杂地形，指示师长、团长们，不能用大部队集团冲锋，只能先使用火炮把日军据点轰毁后，再派小分队上去逐点攻击，近距离地用冲锋枪、手榴弹、火焰喷射器、轻重机枪把碉堡内残余的日军消灭。部队按照他的指示这样进攻，也就减少了自身

的伤亡。

他还把原属驻印军总指挥部155毫米重炮团的一个连调来增援。这种火炮射程可达23公里，每颗炮弹重43千克，摧毁力强，炸到哪里，哪里就一片崩裂。在这个连3门重炮的轰击下，日军那些在轻武器前还显得坚固的工事，迅速被炸塌、夷平。

美国飞机也不断地从密支那飞来轰炸。从密支那到八莫的空中直线距离不过几十公里，飞机一瞬间就飞临八莫上空，也就能快速、频繁地加快轰炸次数，一天中竟达200余架次。有的时候在太阳照耀下，满天都是银光耀眼的飞机穿梭般地往来，这一批俯冲下来雨点般地投下炸弹后，闪动翅膀飞高了，另一批又扑了下来。真是充满了毁灭性和震撼力！

守八莫的日军过去以征服者的姿态在南中国和东南亚横行惯了，从来没有遇见过这样空对地的猛烈轰炸，一个个被吓得心惊肉跳地往地层深处的掩蔽部里钻。有的依靠坚实的工事保住了性命，有的躲避迟了，或者因为工事不牢固被炸成了肉泥，与泥土、木片一起四处乱溅。

连续几天的轰炸，八莫市区已经找不到一间完整的房屋，到处都是砖瓦的碎片和烧焦了的房屋框架。这城市原有几千居民，有的在日军来到前逃跑了，有的在战斗前被日军驱逐（怕他们了解市区内工事的分布而向中美军队告密）。因此，这八莫早就成了一座没有居民的城市。那些远逃山乡的居民虽然要饱受颠沛流离之苦，却躲开了与这城市一起粉身碎骨。

在八莫攻击战进行得正激烈时，中国驻印军总指挥部又给新编第一军发来电报，命令他们："占领或紧围八莫（后），迅速前进，占领南坎地区，并准备继续前进。"

孙立人将军不待八莫攻克，就命令作为第二梯队的新编第三十师兵分三路，一路沿公路南行，另外两路从两侧山地，远程绕往八莫的后方，去攻占中缅边境的南坎，并歼灭企图从南坎过来增援八莫的日军。

（新编第三十师唐守治师长考虑到，在前一阶段的密支那战斗中，第八十八团、第八十九团都伤亡惨重，虽然经过近两个月的休整和补充，但因为具有实战经验的营长、连长、排长伤亡过多，元气还没有

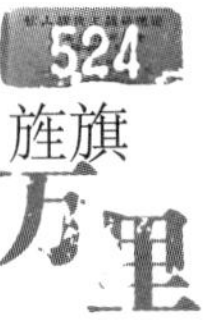

中印公路上的运输车队

恢复。如今，只能用当时担任后援的第九十团来作为攻击南坎日军的前锋。）

这一远距离奔袭的战略部署，又一次显示了孙立人将军能从全局看待敌我形势以及善于围城打援。

八莫攻守战开始前，日军第三十三军司令官本多政材就准备调集兵力去加强防御。但是在怎样使用原来退守南坎，又经过补充的第十八师团上，第三十三军军部的参谋们却有着很大分歧。军参谋长山本清卫少将认为：中国军队可能会在杰沙（卡萨）、瑞古附近渡过伊洛瓦底江经蒙米特方向攻往曼德勒，应把第十八师团从南坎调往蒙米特加强防守。但是高级参谋迁政信大佐则不同意第十八师团从南坎移动，他认为应该留在南坎以便东西呼应。为此争执得很激烈。军司令官本多政材再三权衡后，采纳了军参谋长山本清卫的意见，在 11 月中旬急令第十八师团主力从南坎去往蒙米特，只留下这个师团的步兵第五十五联队在南坎，从而造成八莫后方几个据点兵力空虚。

如今八莫被围，南坎将被攻击，日军第三十三军司令官本多政材才感到，原先对第十八师团的使用不当，后悔没有采纳迁政信大佐的意见。他除了命令在南坎的第五十五联队联队长山崎四郎大佐加紧整修原来第十八师团按整个师团兵力部署而构筑的工事，以适合一个联队使用外，同时派人修复被雨季的山洪冲毁了的八莫至蒙米特的道路，命令已经在那里的第十八师团主力佯作向八莫声援的动作。同时命令在南坎的山崎四郎第五十五联队加上第四十九师团、第五十六师团的残余（一个步兵大队、一个炮兵大队）总数约 3250 人的兵力（步兵约 2250 人，重炮 9 门，炮兵约 500 人，工兵、轻重兵约 500 人），迅速从南苗方向出发去进击八莫中国军队的背后，接应八莫守军突围。他还先后派出军部参谋野弘少佐、迁政信大佐去往山崎四郎的第十五联队加强指挥。

山崎四郎率领的那股三千余人的日军，在 12 月 8 日沿八（莫）南（坎）公路出发，在第二天（9 日）走到卡的克和南苗附近的 5338 高地附近时，就与中国军队的第九十团遭遇。第九十团的一个连（第九连）和山炮兵一个营抢先一步占领了前进路上的 5338 高地。

第九十团团长项殿元的部署是：以第一营为左翼攻击南坎的外围南宇，第三营为右翼攻占 5338 高地，第二营和师山炮营作为预备队。

山崎四郎衡量了一下双方所处的地势后，自知不能从低处往上攻，也就不急于去夺取这5338高地，而是绕开高地，沿公路去猛攻卡的克。

他认为：如果拿下了卡的克，还可以返回来攻取5338高地，从而与作为中路的中国军队第九十团第一营展开了近距离激战。日军兵力多，在24门火炮轰击下，攻势很凌厉。第一营招架不住，一度被日军围困，与团部失去了联系。在南苗的炮兵第二连阵地也被日军摧毁，连长朱永刚和炮手们全都在战斗中牺牲，4门山炮也被日军夺去。

项殿元团长见形势危急，忙调动作为预备队的第二营上去支援，同时命令第三营的第八连从高地下来去攻击日军侧面，以分散一营的压力。新编第三十师师长唐守治也把曾琦团长的第八十九团从曼西调上来，与第九十团合力作战，才把从公路上进攻的日军打退。

日军在卡的克受阻后，深知不能在公路上久留，为了解除后顾之忧，又反转身向5338高地猛扑。如果占领了这一高地，就可以让自己在这里形成钉子并控制公路，迫使中国军队后撤。

5338高地是这一带起伏群山中的一个突出山包，东高西低，有利于从东边过来的日军从上向下攻，不利于中国军队在西边低地防守，而且日军用二十余门大小火炮轰击，攻得很猛。中国守军第九连两个排拼死抗击，也难以改变劣势，狼狈地把迫击炮、轻重机枪都丢失了，第九连连长也紧张得发狂，陷入了精神失常状态。

幸好日军也伤亡较多，没有力量再步步紧逼而退了回去。

第三营营长王礼宏知道这5338高地丢失不得，忙调动刚从卡的克方向归建的第八连去接替第九连。

第八连连长陈庆忠随同王礼宏营长带着少数人先上山去观察了阵地。只见满地都是血肉模糊的死尸和痛苦呻吟的伤员，场面很是狼狈、悲惨。他是个有带兵经验又善于思考的军人，他认为这场面会影响他们连队官兵来接防时的士气，就向王礼宏营长提出，先把尸体、伤员后送，再让他们第八连上来。

王礼宏营长是黄埔军校六期毕业的老资格军人，深知用兵之道，也觉得陈庆忠连长的建议合理，打仗首先要士气激昂嘛！他立即调动了营卫生队和营部人员上山，在黄昏前把尸体掩埋，把伤员快速地往后运。

他们仔细观察了地形，见5338高地地势狭窄，只有200余平方米，

如部队过于集中，容易被敌人密集的炮火炸死炸伤；这也是第九连在初战中伤亡过大之故。陈庆忠连长认为：如果是采取守势，兵力不必太多。他决定只带两个步兵排、一个重机枪排上山构筑阵地，另一个步兵排和迫击炮排留在山下待命，并请求师的山炮一连给予支援。

第二天，日军又是先用炮火猛烈轰击，似乎要把山头削平。因为八连散布得开，又连夜改造、加固了工事，隐蔽得好，伤亡不大。他们沉着地等待炮火过去后，日军冲到步枪、机枪射程以内时，才用密集的火力给予扫射。日军在攻击中伤亡不少，活着的既不能前进，又难以退后，只能狼狈地趴在阵地前寻找炮弹坑或低洼处躲藏。

日军山崎联队长见攻击受挫，只得把本来已经向中国军队后方延伸的炮火，又用来轰击当面阵地，掩护他们的残剩人员撤退。

第二天、第三天日军都加大了炮火的轰击，还增加了步兵冲锋的数量，窄狭的高地上硝烟弥漫，成了一片火海。三营营长王礼宏怕阵地有失，亲自上山指挥战斗，也被炮弹击中，不幸殉国。

这天，新编第三十师的山炮一连也投入了战斗，在第二连已经受损的情况下，他们只能以 4 门山炮 24 小时不停歇地连续轰击，三天中发射了 3000 余发炮弹。4 门火炮的炮管都打得通红，其中有 3 根炮管膛线被打断，不得不电告后方请求援助。在这危急时刻，又一次显示了美国军队在后勤补给方面的优势。索尔登将军立即命令美军飞机载运来新的炮管，空投给山炮一连。炮兵换上新的炮管后又继续轰击……

这样密集的炮火，对进攻的日军真是毁灭性的打击，他们的阵势完全被打乱了，攻击力也大减。

新接任第三营营长的唐伯中趁势命令第七连、第九连从高地两侧冲过去包抄日军。短促的搏斗后，迫使日军再也无力攻击，只好往后撤退。

这场战斗，击毙日军 1 名大队长和 1263 名官兵，缴获重炮 6 门、轻重机关枪 76 挺、步枪 650 支、掷弹筒 46 个，还有卡车 46 辆。

中国驻印军总指挥索尔登中将一直关注着 5338 高地阻击战，这是能否阻止日军西进援助八莫之敌的关键。见这一仗打好了，很高兴，特意授予第八连连长陈庆忠美国银星勋章一枚，奖给美金 200 元，还握着陈庆忠的手风趣地说：“这 200 元是因为你获得了勋章，有人向你道

贺，作为你请客用的！”

陈庆忠很高兴，也很感动：这位美国将军想得真周到。

日军不能从南坎方向越过5338高地去增援八莫，守八莫的原好三大佐指挥的残剩部队也就完全陷入了攻守无望的困境中。守前沿阵地的各个大队、中队因为伤亡很大都难以再战。他只能抽调守备队队部有限的官兵去补充。打到12月初，他的身边只剩下了8个人（1名副官、1名情报军官、1名密电码翻译、5名通信兵），而最要命的是原来储存粮食的仓库多数被炸毁，剩余的粮食不多了，为了糊口，一天一个人只能配给300克米。在这外有中国军队强攻，内部又被饥饿、伤痛折磨的情况下，日军官兵一个个都形容枯槁，士气很低落。有的士兵在派去反扑前，恰好伙夫送了饭来，他们却会绝望地对留守的士兵说：“我不可能回来了，不吃饭了。留给你们吃吧！”

原好三大佐深知弹尽粮绝、固守无望，决定趁山崎联队已经从南坎出来，正在5338高地一带与中国军队激战，吸引了一部分围困他们的中国军队时，趁机突围。

这一经过日军第三十三军司令官本多政材批准的突围计划是：在12月14日午夜利用暗黑做掩护，从八莫南侧的凹凸地带悄悄潜行，强行突破中国军队的包围后，就急速沿伊洛瓦底江左岸前进，在沙瓦东南方的树林中集结突围出来的兵员，然后顺着南面的山林往南坎方向退却。

原好三大佐指派高桥进少佐指挥步兵第五中队、搜索第一中队和一个工兵小队作为突围的前锋，其他部队随后跟进，只留下一小部分步兵、炮兵、坦克兵守在阵地上掩护撤退。

他要求这些炮兵、坦克兵在掩护突围成功后，把所剩的炮弹全部打完，然后把大炮、坦克炸毁，只带着随身的轻武器去追赶突围的部队。

他们也知道，这次突围凶多吉少。因为攻击八莫的中国军队已经形成严实的多重包围圈，不管从哪个方向冲击，都要越过一层又一层中国军队的阵地，那将很难突破，即使突破了，也还会有许多障碍，如八莫以北、以东多是稠密的热带雨林，视线不清，容易造成混乱。而八莫以南虽然是双方最接近的激战地，但他们从火力观察出中国军队阵地的纵深度较浅，估计突破后的障碍会较小。而且南面多

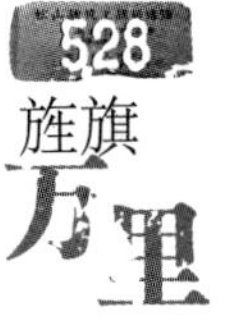

是平原地带，虽然要渡过两条河，但这冬季的河水浅可以涉渡，也便于撤退。

在突围前，原好三大佐曾派出几组人员四出侦察，一组乘竹筏顺伊洛瓦底江而下，去往沙瓦方向，但是一去就杳如黄鹤地再也没有回来，估计是被歼或被俘了；另一组步行沿江边侦察的人员，经历了一番曲折后，回来了，并了解到了一些中国军队在那一带的虚实，所以他们再三斟酌后，决定向南边突围。

12 月 14 日半夜，日军开始突围了。但是高桥进少佐派出的第一支突围队伍（搜索中队的 40 名官兵和几名工兵）摸过去后，却长久不见有人回来报告情况。他又把第二支突围部队（步兵第五中队和几名工兵）派出。这批人走出去不久，前边就响起了激烈的枪声，但是仍然不见有人回来联系。谁也搞不清楚那些人是被包围了，还是被打散了。

原好三大佐久等不见讯息，很着急，亲自摸到高桥进少佐那里询问情况，也搞不清楚是否打开了突围口。

这时候，原来留在东、西、北三个方向掩护突围的日军，都陆续从阵地上撤出，往这里集中。八莫已经不设防了，如果不及时出走，那就会被中国军队聚歼在这里。情况紧急，原好三大佐决定带领所有人员顺着伊洛瓦底江江中心的沙洲外围迂回到中国军队的后方去。

这块江心洲是千百年来，被江水冲下来的砂石积累成的一道长条形沙洲，但东边的大堤高约 20 米，陡而直，不可能攀爬。原好三大佐只好派出工兵去爆破大堤。他认为，把大堤炸塌了，就可以从那个缺口冲过去。

孙立人将军在八莫围歼战正打得激烈时，几次亲临前线观察。他估计日军有可能利用这片河中间的沙滩作为突围处。在日军突围的前一天（12 月 13 日），曾命令李鸿师长转告第一一三团团长赵狄，派一个连潜伏在沙洲附近堵击。赵狄团长把这一任务交给了第一营营长孙蔚民。孙蔚民却麻痹大意，没有及时调动部队，从而在这里出现了一个不应有的缺口。

这天的下半夜，月色明朗，大堤上只有稀疏的几个哨兵，半睡半醒的，完全忽略了沙洲上的动静。

原好三大佐和高桥进少佐把电报密码本和有关机密文件撕毁处理

后，带着残剩人员飞快地攀上那如同一堵黑墙隐匿于夜色中、看来不可能攀爬的高堤，并打了那几个中国哨兵一个措手不及。但是他们在往外冲的途中，又遇见中国军队一个连，在激烈的遭遇战中，原好三大佐被击毙，只有一部分人从那里突围出去。

等到第二天一早，中国驻印军的新编第三十八师师长李鸿将军从其他方向调集部队来追歼时，缅北伊洛瓦底江两岸冬天的大雾也升起来了，那白如棉絮的浓厚大雾把远近封裹得一片白茫茫，几米外就难见人影，这更有助于日军残剩的突围人员往山林里钻。

12 月 16 日晨，日军残剩的突围人员向第三十三军发出了突围成功的电报。因为密电码已经销毁，他们只能用明码报告：“成功！成功！”

这使日军第三十三军司令官本多政材颇为高兴，急电他们尽快往南坎方向去与山崎四郎大佐的部队会合。

他当然不知道，这突围出去的只是少数残剩人员，还以为是守卫军队的大部分呢！

孙立人将军对此很生气，下令追查。

这本来是第一营营长孙蔚民的疏忽，但孙蔚民在阻击日军时，被日军甩过来的手榴弹炸伤背脊，正在治疗中。如果再把他拘押，交付军事法庭审判，那就会要了他的命。体贴部属的赵狄团长把这执行命令不坚决的责任揽在了自己身上，代孙蔚民负罪。

虽然这次围攻八莫，从正面进攻的第一一三团在赵狄团长指挥下打得勇猛，战果也丰富，但是治军严格的孙立人将军仍然不肯姑息，撤去了赵狄的团长职务，改任师部附员，调第一一四团团长王东篱来担任第一一三团团长一职。附员是个闲差，就不能领兵上阵了。两年后，抗日战争已经完全结束的 1946 年，他才改任新编第一军训练总队上校总队长。

在八莫被中国军队围攻的那几天，日军第三十三军曾命令已经进到蒙米特的第十八师团急速回师东援八莫。

第十八师团师团长田中新一由于在胡康河谷、孟拱（莫冈）河谷一败再败，已被解除职务，改由中永太郎担任师团长。这个残剩的师

1945 年 1 月 22 日中印公路南线
畹町段通车典礼

团如今只有 5 个步兵大队和两门山炮，缺少炮兵联队、工兵联队、辎重兵联队，仅相当于一个步兵联队的兵力。兵源和武器都枯竭的日军缅甸方面军，已经无力再给这支在日本军队中被称为“第二张王牌”的师团补充兵员了。

中永太郎师团长派出了藤村义明中佐任联队长的第五十六联队，在第一一四联队掩护下，准备渡过瑞丽江东进。

瑞丽江从中国境内的大山间流出，经南坎流到这里后，因为多是平原地带，江面越来越宽，雨季过后的江面仍然宽达 500 余米。江流浩荡，水深且急，不能涉渡。他们多方选择，才在米松附近找到一个比较狭窄的江面，用临时捆扎的竹筏、木排渡过了江，然后向通卡进发。

通卡早有中国驻印军新编第二十二师傅宗良团长指挥的第六十五团驻守，并且构筑了坚固的工事。日军在 12 月 8 日夜间来到这附近时，藤村义明中佐错以为那只是中国军队的一支小分队，贸然攻了过去。战斗一展开，才从激烈的枪炮声中发现中国军队很多，而且战斗力很强。打到天亮时，双方兵力多寡更看得清楚了。中国军队利用早就控制了的有利地形组织大炮、轻重机枪密集地轰击、扫射，还呼叫来美军飞机轰炸。藤村义明哪里还敢久战，请求师团让他们撤退。

第十八师团师团长中永太郎却不准他们撤退，并亲自赶来督战。在 12 月 9 日、10 日做了整顿后，11 日清晨又向第六十五团发起了攻击，力图杀开一条路去援助被围的八莫日军。

傅宗良这个团经过孟拱（莫冈）河谷战斗后，休整了几个月，补充了兵员，又装备了新从美国运来的、性能更优良的机枪、火炮，战斗力比从前更强。他们并不是单纯地守御式阻击，而是不断主动地分路出击，打得日军招架不住，一退就是四五公里。

中永太郎师团长才感觉到当面的中国军队战斗力不同于一般，再打下去自己这一方将被歼灭，忙下令退回瑞丽江以西。

这期间，英军的第三十六师也在向瑞丽江一线移动。如果中永太郎的第十八师团残部再走慢一些，就可能腹背受敌而陷入包围中了。

这场从 10 月 15 日开始、对八莫城内外的攻击战，历时两个月，新编第三十八师以阵亡军官 20 人、士兵 273 人，伤军官 33 人、士兵 695 人的代价，歼灭了日军 2430 人，俘虏了 21 人，并击毙了日军守备队队

长原好三大佐等几十名校尉级军官。

日军方面却不承认原好三大佐被击毙之事，还宣称他们从八莫突围出来的军队先后达 900 人，只死亡 280 人，负伤 300 人。

这显然与中国军方公布的战果相差甚远。

战争中，敌我双方发表的战报多是夸大对方的伤亡，隐瞒、缩小自己的损失，这也是常有的事。但是不管怎么说，八莫是在中国驻印军的攻击下被收复了。八莫的占领，也使得位于中缅边界的南坎处于中美军队的直接攻击下，指日可下了！

中美军队在缅北苦战并不断取得胜利的同时，在中国湘桂战场的国民党军队却一败涂地。日军“中国派遣军”总司令畑俊六在 9 月 29 日给第六方面军下达了实施桂（林）柳（州）作战命令以来，不到一个半月的时间，连续攻克湖南、广西两省的战略要地宝庆、贵县、桂林、柳州。11 月 14 日这个方面军的第十一军又越过桂、黔边境向贵州省境内突进，28 日攻下广西南丹，12 月 2 日攻下贵州独山、八寨……

这不仅威胁着贵阳，还可能攻向四川腹地。在重庆的国民党政府乱成了一片，准备迁都西康。蒋介石除了命令参谋总长何应钦赶赴贵阳布置防守外，还从各个战区急调军队来增援湘黔边境。只是他如今掌握的预备队已经不多了，只得去电中国驻印军总指挥索尔登和副总指挥郑洞国，立即把新编第六军两个师（新编第十四师、新编第二十二师）在密支那集中，由廖耀湘军长率领，空运回昆明，然后转赴贵阳，只留下一个第五十师在缅北作战。接替史迪威在华工作的魏德迈将军，不像史迪威那样充满傲气地不听从蒋介石的指挥，而且反攻缅北的战斗已接近尾声，有孙立人的新编第一军和这个第五十师，足够扫荡缅北残破的日军。他同意蒋介石把那两个师从缅北调走，但是这印缅战区的事还得美英两国高层同意。他又分别向华盛顿、伦敦方面报告。

这次丘吉尔首相在反攻缅甸作战已近尾声之时，却很豁达地认为：“失去两个中国精锐的师，对缅甸的作战行动来说，其不便的程度，并不像失去空军运输中队那么严重。”并在 12 月 1 日去电罗斯福总统表示：“大元帅（指蒋介石）处于中国存亡受到威胁的危机之中，已经决定要把两个师调回去阻止日军向昆明进军。要是日军攻占昆明这个陆空终点站，那么我们开辟一条通往中国的陆上战线就毫无益处了。

在这种特定情况下，我认为：我们不能向大元帅施加压力，叫他改变决定。”

这样，廖耀湘军长才顺利地率领那两个师飞返中国。

中缅边界的南坎，位于瑞丽江西岸，与中国的瑞丽仅一河之隔，是块地形狭长、土地肥沃的平原，长约65公里，宽处只有10公里左右，谷地尽头就是高耸的大山。这里北距八莫约115公里，南距腊戍约216公里，离中国的畹町很近，只有63公里。攻下南坎就可以与已经在12月1日占领了遮放、正向畹町推进的中国远征军第十一集团军等部队会师了。

守南坎的是日军第十八师团从八莫等地逃出的残剩部队和原来在南坎的守军两千余人，统一由第十五联队联队长山崎四郎大佐指挥。第二师团一刈大佐指挥的步兵第四联队、第四十九师团吉田大佐的步兵第一六八联队则驻扎在滇缅公路线上的登尼（新维），与南坎守敌遥相呼应。

第三十三军司令官本多政材面对这缅北败局，已经计穷力竭、难以招架了。他给南坎守军的作战任务是：从西边抗拒中国驻印军的进攻，以确保正在中国境内的畹町、瑞丽抗击中国远征军的松山佑三师团长指挥的第五十六师团的后方。

这年（1944年）5月中旬以来，驻扎于中国境内怒江以西的日军第五十六师团，以不到两万人的兵力，依靠高黎贡山险要山形地势，以及滇西边地夏秋雨季不利于进攻战的气候，在腾冲、松山、龙陵、平嘎这几个据点抗击着卫立煌上将指挥的中国远征军两个集团军（辖7个军）近20万人众。从5月中旬至10月中旬，打了近5个月，终于因为寡不敌众，兵力无法补充，那些据点才陆续失去。如今残剩的几千人正集结于中缅边界的畹町、瑞丽做最后挣扎。如果南坎也丢失，第五十六师团就会成为瓮中之鳖。所以，日军退至中缅边界两侧的这几个残剩师团必须相互声援，进行他们代号为“断作战”的防御战。

南坎这块狭长的盆地从前是宽阔的瑞丽江的河床。据说，很早以前江水是一片汪洋地漫到东西两边的山脚下，后来河两岸大山上的原始森林逐渐减少，山林间流淌出来的大小溪流也没有从前那样汹涌，

瑞丽河床逐渐缩小，旧的河岸成了长满亚热带植物的小平原，山上的人们也陆续搬下来居住、开垦田地……

坝子里的土层浅，而且多是黏土，往下挖两三米就会冒水。日军联队长山崎四郎很发愁，这平地上怎么筑垒、挖壕、防守？他多方观察后，只好把部队带上山，改为守南坎外围的山头。而在几个月前部署防御计划时，他是把防守重点延伸到八（莫）南（坎）公路的入口处，以及南坎西北 38 公里卡的克附近的 5338 高地。

5338 高地前几天被中国军队攻占后，他们只能退守卡的克这唯一的据点了。

八莫至南坎的 115 公里路程中，有近一半是险峻的高山，简陋的公路就从山间蜿蜒通过。如今公路的许多路段已经被日军破坏。中国军队的步兵、坦克、大炮的行进既艰难又迟缓，还容易遭受埋伏于两侧山头上的日军的袭击。如果攻下了卡的克这一高耸陡险之地，也就打开了南坎西边的门户。所以在攻取八莫时，孙立人军长就先用新编第三十师攻取卡的克（包括 5338 高地）。在八莫、卡的克方向的战斗还没有完全结束之时，又从新编第三十八师中抽出近一个团的兵力组成了一支由军部直接指挥的独立支队，去迂回攻击南坎的右侧，以插入日军的背后。

当时南坎的日军主力都被山崎四郎带往卡的克方向，后方空虚，这个独立支队在 12 月 7 日迅速攻占了日军的马支据点，就近威胁着在卡的克防御作战的日军。12 月 22 日这个独立支队又渡过伊洛瓦底江的支流南宛河，攻往南坎北边 30 公里处中国境内的雷允，迫使日军山崎四郎的联队在援救八莫无望的情况下，急忙从卡的克退守南坎。新编第三十师于是在 12 月 22 日占领了卡的克，然后向南坎的西南边进攻；新编第三十八师的独立支队也从雷允折回来向南坎进攻。

南坎的日军已是无力招架了。

这时候，突然天降大雨，山林、平原全都被倾泻的大雨笼罩着，大雨又引发山洪暴发，原来只有 50 米宽的瑞丽江水，急速暴涨漫过两边河岸，宽达 200 余米，淹得坝子里一片汪洋。这反常的气候是中缅边境的冬季很少有的事，也就给中国军队渡瑞丽江的作战带来了意想不到的困难。官兵们还是在全身都被淋湿、道路积水极深的不利情况下，加紧缩小对敌军的包围圈，于 1945 年 1 月 15 日把南坎攻占。

虽然这期间还有那位于滇缅公路上的登尼（新维）和腊戍两大重

镇有待新编第一军去攻占，但是拿下了南坎，就可以顺利渡过瑞丽江返回中国境内了。这也表明，这场缅北大反攻战即将胜利结束。中国官兵都很兴奋，班师有日了。作为一军之长的孙立人将军却在喜悦的同时又深感心情沉重，他又想起了两年前的1942年3月率领部队从国内赶赴缅甸作战以来的许多往事，进攻、突围、反攻，一场又一场的激烈战斗，多少官兵出了国门后，先后壮烈牺牲。如今自己将率胜利之师凯旋了，那些死者怎么办？纵使难以生还，也不能让他们的尸骨和魂灵流落异国他乡呀！

这天晚上，孙立人将军从繁忙的军务中抽出身来，带着几名参谋、卫士来到了瑞丽江边。冬天的江边夜凉如水，缓缓流淌的江水声如怨如诉，又时而因为与岩石撞击而发出巨大的吼声。

没有月色，两岸的山林完全隐没在浓厚的夜雾中，天地似乎混沌成了一体，也加重了这冬夜的肃穆。

孙立人将军要在这里向那些战死了的、难以归国的英灵告别。

远处有几簇忽闪的火光，也不知是江边傣族人在燃着松明、火把摸鱼虾，还是有人沿着江边夜行。峡谷刮过来的夜风助燃了那金红的火光，在漆黑的暗夜中特别明亮，似乎在有意指引大江这边的万千战死者，江对面就是祖国的土地，如果战死者的魂灵有知，也会往那边走的。

孙立人将军一向刚毅的脸上流下了热泪，在这同时，一个念头也在他心中形成，战争一结束，他就要为牺牲的官兵修建陵园，让那些烈士的英名垂之久远……

（1945年8月，日本无条件投降，新编第一军奉令在广州受降。9月16日上午受降典礼一结束，孙立人军长就决定在广州建立“新编第一军印缅抗日阵亡将士公墓”，把埋葬于密支那、八莫、南坎等战地的烈士骨骸迁移回来。这公墓位于白云山马头岗，占地722亩，地势宽广，建筑雄伟，经费全由官兵捐助，施工时由军部工兵连押着600余名日本战俘修筑了近两年，在1947年9月建成。孙立人将军亲自题写了墓记，那“溯本军出国而远征，历时三载，披荆斩棘，彗扫星流，大战七百，杀敌十万，克地十五万方里，打通中印公路” 的词句气势很是磅礴。

他还为公墓撰写了楹联：

立马望南方，故垒迷离，每亿野火残烽，战血长随伊水碧；
提师归故国，疮痍满目，忍看孤儿寡妇，忧思独共白云深。

联语既有诚挚的战友深情，又显示了战将文采，读来令人感叹、沉思、泣下。）

第二天新编第一军这几个师又南向攻击位于滇缅公路线上的登尼（新维）。

守登尼（新维）的日军是一刈大佐和吉田大佐的两支部队。他们依靠城外两座高地构筑了工事，封锁着两山之间那块达 5000 余平方米的开阔地，使进攻的中国步兵难以通过。

孙立人将军见状，命令调来战车营掩护步兵进攻。这战车营重达 30 余吨的 M4“谢尔曼”重型坦克，装有 1 门 M3 式 75 毫米火炮和 3 挺机枪，火力很猛。没想到日军在这一带埋伏了大量的地雷，连续把 3 辆坦克炸毁，攻击一度受阻。孙立人将军又调上来 M4“蟹”式扫雷坦克。这种坦克装备有 43 根粗大的铁链，在滚轴带动下，剧烈地打爆周围的地雷，使后续的坦克能一边开炮，一边轰隆隆地向前碾压、强攻这两个高地。

中国军队弹药足、火力猛，山炮、榴弹炮、迫击炮、轻重机枪形成的火网，迅速覆盖了那两个小山头。烈焰腾腾的火海，把山上的树林、工事全都烫平了，日军也大部分被炸死、烧死，剩下不多的几个人逃进了城内。

当天夜间，中国军队向登尼（新维）城内推进，日军不敢再抵抗，慌忙向腊戍方向逃跑。

日军败得匆忙、狼狈，还来不及把登尼、腊戍通往中缅边境的公路破坏，这都有利于中国驻印军的坦克、大炮和载运步兵的卡车行进。

过了登尼（新维）就离中缅边境不远了，可以很快与已经攻抵畹町、正在那里作战的中国远征军第十一集团军会师了。

孙立人军长除了命令潘裕昆师长的第五十师 3 个团（第一四八团、第一四九团、第一五〇团）西攻腊戍、细胞（纳朗）外，新编第三十师、新编第三十八师和军直属部队都全力东进攻向中缅边界。

中印公路首批物资运输车队从印度出发、前往中国

缅北和滇西战场的最后胜利有期，也吸引了远在中国重庆、印度德里等地的中、美高层将领们的关注。如今是大反攻后期的歼敌战，去往前线不会有多少危险了，他们也就纷纷从大后方飞来。

1945 年 1 月 18 日，参谋总长何应钦上将在中国远征军司令长官卫立煌上将的陪同下去了畹町前线，登上回龙山观看正在中缅边界上的蛮棒、九谷进行的战斗；1 月 16 日中午，也就是中国驻印军新编第一军攻下南坎的第二天，3 架小型飞机载来了准备参加会师典礼的中国驻印军总指挥索尔登中将、负责修筑中印公路的美国将军皮克少将、美军驻印度的第十航空队司令戴维斯少将；1945 年 10 月间接替史迪威将军担任美军驻重庆代表的魏德迈少将也一起来了。

他们在新编第一军军部受到了孙立人军长的迎接，午饭后就分乘几辆军用吉普车赶往中缅边境的芒友。中国远征军和中国驻印军这两支兄弟部队的会师典礼将在那里举行。

在重庆的蒋介石对这次中国驻印军和中国远征军在中缅边界的会师做了这样的安排：由孙立人将军的新编第一军攻下缅甸边境的芒友，并担任畹町以南缅甸境内的守备；黄杰总司令的第十一集团军攻下畹町后，就不再南进，停歇于国境以内担任守备，然后两支大军选择芒友与畹町之间的一个适当地点举行会师典礼。

但是不知道什么原因，这一命令却没有传达到中国远征军第十一集团军总司令黄杰将军那里。黄杰见攻下畹町后，当面日军所剩无几，也不甘心就此止步，他要把杀出国门、扬威异域的荣誉拿过来，这可是名标千古的事。他在 1 月 25 日上午用电话通知已经进到畹町的第二军军长王凌云、第七十一军代理军长陈明仁：“我们还没有接到在畹町守备的命令，你们还是要尽快向前推进，务必抢在新编第一军的前边占领芒友！”

中国远征军从 1944 年 5 月渡过怒江向西攻击以来，由于是在漫长的雨季中作战，日军又是依据高黎贡山等险要地形坚守，再加上中国方面后勤保障不得力，经常是弹药、粮食、兵员供应不足，打得很是艰苦，伤亡也特别大。从保山到畹町不过 250 公里的路程，日军也只是一个 18000 人左右的乙种师团，他们用了近 20 万人的军队去攻击，却打了近 8 个月。因为久攻龙陵不下，备受各方责难，还导致原来担任第十一集团军总司令的宋希濂将军去职。这也使远征军上下深感委屈，埋怨重庆方面对他们关心不够。如果这场滇西反攻战，不是拖延到雨

季才实施，作战过程中又经常缺粮食、缺弹药，哪里会打得如此疲惫。如果能像中国驻印军那样，有几百架美军飞机随时支援，空投粮食、弹药，轰炸敌军，打一座密支那城就消耗了大小炮弹345000发，让那里的日军平均每个人摊到1300发炮弹……

如今攻下畹町了，他们哪里肯止步，也就上下都对蒋介石的命令佯作不知，忙于向境外冲击。第十一集团军的第九师、第三十六师、第七十六师、第八十七师在越过畹町一线后，都加速向缅甸的芒友方向疾进。

第九师师长陈克非是个急性子的少壮军人，更是命令作为前锋的第二十六团第一营，不管远离后方、不管侧翼的动态尽快去占领芒友。

第二十六团的第一营刚刚攻抵芒友，准备在一个山头前构建工事，中国驻印军新编第三十八师的部队也急如星火地从南边冲过来了。这一带多是长满树林的起伏丘陵，又是黑夜，视界不清，双方都难以及时识别敌我。

从芒友以南过来的中国驻印军前锋，发觉夜雾中的前边高地上隐隐约约有人活动，立即一梭子机枪扫过去。高地上的中国远征军第二十六团这个营以为是日军攻过来了，也立即还击。双方的火力都很猛烈，驻印军方面忙调来榴弹炮、山炮来轰击，然后用步兵冲击……

虽然十几天前的2月10日，两支大军的参谋人员就通过电报往来约定了在战场会师时的联络信号：如在白天相遇，由中国远征军依次发射绿、白、红信号弹各1发，中国驻印军发射红、白、绿信号弹各1发，还各用冲锋枪对天鸣枪3响，连续发射3次。如果是夜晚，中国远征军方面使用绿色信号灯先上下移动、再左右摆动，中国驻印军则用红色信号灯发射一明一暗的灯光；如果夜间大雾过浓又相距太远，就用号音联络，中国驻印军如果要向对方询问，吹立正号，中国远征军用开饭号回答；如果是中国远征军向对方询问，吹上课号，中国驻印军则用稍息号回答……

这些联络信号都简约可行，也容易为双方辨认，但是不知是哪个层次的疏忽，却没有传达到这些在最前边作战，又冲得正急的部队，从而有了这场“三岔口”式的误会。直到中国远征军这边发现攻近前的军队都是头载美式钢盔，吆喝呐喊声也全是中国话，这才醒悟过来，是自己人过来了，忙挥动军旗，大声喊话，双方这才停止射击，跑过去拥抱、握手。紧接着孙立人军长也闻讯乘车赶了上来。他很生气，

盼望已久的胜利会师，却是这样用机枪、大炮狠打一阵做前奏。

中国远征军方面高层接到报告后，第九师师长陈克非、第二军军长王凌云、第十一集团军总司令黄杰都先后驱车赶来芒友与孙立人军长见面。

黑夜中的野地里顿时电筒光闪亮，笑声、问好声喧腾。

芒友是一片人烟稀少的小丘陵，杂乱地长满了热带灌木和高大的榕树、凤尾竹。因为地处偏远，一向难为外人所知。如今由于有了这两支大军和这样多的战将在这里会合，并不断由中外记者们发出的电讯重点提到，顿时光彩四射，并在海内外名声大振。

这真是地以人传！

两支大军的高层，原来商定1月28日在芒友举行会师典礼，但是临时又改成在离芒友40公里的姆色举行。那里有座日军修筑的小机场，日军败退得匆忙，来不及破坏。美军工兵团已经对那里的设备加紧检修，可以让中美高级将领乘坐的小型飞机降落。新编第三十八师的政工人员也带着士兵在那里忙着布置会场，还准备把军部的“鹰扬剧团”调来演出。

亚热带南方的中缅边境冬天，半夜就起雾了，到了早晨，山林、河流、村寨全都被浓厚的大雾笼罩，远近都是一片白茫茫的，人们可以听见附近的鸡鸣、狗吠和山野里的野兽嚎叫声，却几步之外什么也看不见。这就影响了飞机的飞行和降落。直至1月28日上午11时，浓雾逐渐散去，中国远征军司令长官卫立煌上将和一批高级将领们才从保山乘飞机先在芒市降落，然后改乘小型军用飞机来姆色。

在他们来到以前的上午9时，身着灰色军服的中国远征军部队与身着美式卡其布浅黄军服的中国驻印军部队，都早早来到姆色机场列队等候。

中国远征军的官兵在头一天晚上就找来一大块白布做成横标，用大字写着“欢迎驻印军凯旋回国”。寥寥九个大字含义深远，使新编第一军的官兵们很感亲切。

黄杰将军也特意把第七十一军的军乐队调来奏乐。

那天参加这次会师典礼的中美将领很多。中国远征军方面有司令长官卫立煌上将、炮兵指挥官邵百昌中将、第十一集团军代总司令黄

杰中将、第二军军长王凌云中将、第五十三军军长周福成中将、第七十一军代理军长陈明仁中将。第九师、第三十六师、第八十八师和第五十三军各派了一个营来作为受检阅的部队。

中国驻印军方面有总指挥、美国将军索尔登中将，新编第一军军长孙立人中将，新编第三十师师长唐守治少将，新编第三十八师师长李鸿少将，以及美国工程兵少将皮克等人。

列席这次会师典礼的还有来自重庆，由陆军大学研究院主任徐祖怡中将带队，以原任第三集团军总司令赵寿山、第三十三集团军总司令李文田等为首的一批将军和陆军大学部分教官组成的“战史旅行团”。他们从前都率领军队与日寇打过许多仗，由于兵员不足、武器简陋，以及指挥不当等多种原因，多数是败多胜少，哪里能像这次反攻缅北和滇西这样痛歼日军，更没有参加过这样充满战胜者豪情的会师典礼。这 24 名“战史旅行团”的将军触景生情，也就感慨万千，颇恨自己时运不济，从前自己指挥的军队没有这样优越的作战装备，而不能痛歼日寇。

会场主席台是用丝质蓝色的降落伞做天幕，中间高悬一个代表胜利的“V”字，明了、简朴、庄严。

会师典礼首先升中、美国旗，奏中、美国歌，由卫立煌、索尔登两位将军分别讲话，然后检阅部队。虽然这两支军队前几天还分别在中缅边境两侧的山林河流间与日军激战，军服上的污泥、血迹还没有洗去，但在这庄严的一天都显得精神振奋、军容整肃。

卫立煌将军在讲话中激昂地宣称：“今天的会师，是会师东京的先声，我们要打到东京去！”这很得人心，虽然东京还远隔着辽阔的陆地和大海，征程是那么遥远，他们却相信日本法西斯政府的垮台不远了。会场上也就此起彼伏地响起了如同山呼海啸般的欢呼声和“彻底消灭日本鬼子！”“打到东京去！”的口号声。

这是中国抗战以来，第一次有这样多军队以胜利者的姿态，雄壮、自豪地喊出了这样振奋人心的口号。

会师典礼结束后，中国远征军的部队列队往东走，退回中国境内去；中国驻印军则转向西边，缅北的战事还没有完全结束，腊戌、细胞（纳朗）等地还有待他们去攻取。

美国工兵将军皮克则去往畹町参加中印公路的通车典礼。

这位卓越的美国工程师指挥着十几万中、美工兵部队和中、印、

缅民工，以印度边境的列多（雷多）为起点，在那加山脉、胡康河谷、孟拱（莫冈）河谷间，多数是渺无人迹、海拔在三四千米以上的高山和稠密的原始森林中艰难地开山辟路，紧紧追随着战斗部队把公路修到前线刚刚攻下的城镇。军运畅通，有力地帮助军队不断夺取胜利。如今在修通了从列多（雷多）到密支那的445.5公里路程后，工兵们也就攻克过了最艰难的地段，能够把新修筑的公路与缅北旧有的公路衔接。以后只要把老公路的路面、桥梁加宽、加固，把被日军破坏的一些地段修复，就能军运畅行无阻地进入中国境内。所以一支由105辆大小卡车和吉普车、救护车组成，满载军火、货物的车队早早就进抵密支那了。把南坎攻下后，车队迅速东行。1月24日进抵南坎，在那里停留了3天，等待部队在芒友会师后去中国边境的畹町参加通车典礼。

在1月28日下午的通车典礼上，国民政府行政院院长宋子文作为蒋介石的特使，专程从重庆飞来主持这一仪式并致辞，卫立煌、索尔登和美军第十四航空队司令陈纳德将军也在会上讲了话。

皮克将军坐在车队的第一辆吉普车里兴高采烈地挥舞着他那白色手杖向公路两旁的欢迎人群致意。在这激动人心的时刻，他特别感到这几年的辛勤筹划、指挥是值得的，抗战中的中国人民是了解他的！

在孙立人将军派出的一个连护送下，皮克将军带领的这支车队越过横断山脉的高黎贡山、哀牢山脉的万千山岭和怒江、澜沧江等大小江河，沿着滇缅公路的滇西段一路缓行，一路接受迎送，在24天后到达昆明。昆明沸腾了，几万人聚集在市区内外夹道欢迎，从西郊黑林铺一直排到市中心大街上，特别是车队通过金碧路那庄严、古朴的金马、碧鸡牌坊时，更是锣鼓喧天、鞭炮大响，欢呼声响彻云霄。

皮克将军在车上坐不住了，站立起来与人们一起欢呼。

这天，蒋介石也以中国元首之尊，在重庆的中央广播电台发表了祝贺讲话。他在讲话时，出人意料地宣布："我们已经打破了对中国的封锁。为了纪念约瑟夫·史迪威将军的卓越贡献和在他的领导下盟军以及中国军队在缅甸战役和修筑中所发挥的巨大作用，我把这条公路命名为史迪威公路！"

这条中印公路的全部里程，严格地说应该分成两大段：从印度列多

（雷多）到中缅边界37号界桩的腾冲边境、全程522.7公里的一段是新修筑的；从昆明到畹町的959.4公里则是在抗战前和抗战爆发后，云南省主席龙云将军指挥云南各族人民分两次修筑的滇西公路干道，与从缅甸腊戍过来的那段公路在畹町衔接，被中外人士统称为“滇缅公路”，也早就见诸中、美、英的外交文件和蒋介石、罗斯福、丘吉尔等的有关讲话中。中国远征军1942年春出兵缅甸，也明确表示是为保卫滇缅公路的畅通而作战。但是这一天，蒋介石却宣布把新的中印公路与原有的滇缅公路全都合称为“史迪威公路”，以致有一个时期，不了解历史的人们还以为从昆明到畹町这959.4公里也是在史迪威将军策划下修筑的，从而完全抹杀了抗战前后龙云将军与云南人民在艰难困苦中创下的业绩。这是不符合历史事实的。

在美国的史迪威将军从广播中听见自己获此殊荣，也颇感意外，长久沉思后，说了一句：“是谁叫他这样做的？”

时至今日，70多年过去了，谁也无法了解，在1942年春夏至1944年秋那两年中，与史迪威将军矛盾很深，甚至激烈地发展到如不把史迪威调走，宁可与美国决裂并停止抗战的蒋介石，为什么在把史迪威赶走后的三四个月，又会那样不念“旧恶”、满怀感激之情地想念起了这位脾气暴躁、对他一向不恭的美国将军？

史迪威将军为反攻缅北和滇西所做出的努力，亲冒枪林弹雨深入战地指挥的功绩，却是不可埋没的。如果没有他的努力，缅北与滇西的反攻胜利不可能这样快，也确实不会有这条从印度修过来的中印公路。

抗战的中国人民是不会忘记这位耿直、勇敢的盟友的！

中美军队在缅北和滇西反攻战中的节节胜利，使得在缅甸的日军已完全处于无力抵抗、面临全线崩溃的境地。在这以前的1944年8月，由于进攻印度英帕尔失败，缅甸方面军司令官河边正三、第十五军司令官牟田口廉也等主要将领都被免职，改由东京大本营的兵器行政本部长木村兵太郎、第五十四师团师团长片村四八分别担任。

木村兵太郎8月30日抵达缅甸就职后，深感战场形势过于恶劣，10月下旬在仰光召集了缅甸方面军所属的第十五军、第二十八军、第三十三军的参谋长和主任作战参谋开会，对代号为“盘作战指导”的

1945年1月27日中印公路首批车队进入保山城

“伊洛瓦底江会战”战略行动进行商讨。

因为缅甸的战局与东南亚日军未来的胜负联系密切，东京大本营的总参谋部、驻新加坡的第七军、泰国驻屯军，也都派了负责作战的高级参谋来参加。

会议是在缅甸战局面临全面受挫的低沉气氛中进行的。与会者都觉得前途难卜，如何能维持这残破局面，也就成了这次会议的研究重点：

> 一、面对已经全面转入旱季攻势的英印军，第十五军能否真的保住目前从英多附近经明京山脉至葛礼瓦（卡里瓦）的战线？
>
> 二、已经丧失大半机动能力而战斗力下降的第十五军主力，果真能面对航空势力以及机动能力堪称卓越的英印军的追击，实行500公里以上的转进，在伊洛瓦底江岸确立反击态势吗？
>
> 三、在伊洛瓦底江边的防御，是以前岸配备，还是江岸直接配备或是后退配备，怎样较为妥当？
>
> 四、面对来自伊洛瓦底江东岸和瑞丽江方面的一部分中美军队的攻击，如何处理第十五军与第三十三军在蒙米特正面的防卫？

从整个议题来看，日军已经没有了进攻的勇气和力量，对如何在败退中采取守势也缺乏信心。

这些军参谋长和作战参谋们，不像那些军司令官和师团长那样，因为长期独当一面容易陷入主观、武断中。他们长期从事参谋职务，都养成了多方面思考的习惯，对敌我力量对比和战局发展能有较细致的观察。

他们衡量了战局形势和兵力对比后，认为第十五军不能过于急速向后退却，那会使这个军在仓促间陷入崩溃。不如在目前战线上再坚持两个月，以求时局的变化。虽然他们也明白，这是一次困难的苦撑，必然会遭到英印军的猛烈攻击，但是也只能这样做。

为了支援在英多战斗的第十五师团和第五十三师团，他们认为，应该命令已经后撤到瑞波平原的第三十三军的第三十一师团在那一带构筑牢固工事坚守，掩护那两个师团从伊洛瓦底江两岸撤退。因为那

些地段江岸过于陡峭，不利于英印军机械化战车部队的行进。

对未来的决战部署，则决定在伊洛瓦底江两岸实施直接配备。

关于第十五军和第三十三军衔接部位的防守，因为那是第十五军的右翼，必须确保，应由第十五军派出部队防守。在战斗发起后，第三十三军也应该加以支援。

这一切都是在退却中的勉力支撑，以求还能保住如今还被日军占领的缅甸以南。但是缅甸方面军参谋长田中因为来缅甸不久，还没有领略过实力雄厚的中美军队的打击，却主观地认为：为了能持久作战，又必须在防御为主的同时，不断实施反击作战。

田中拟订的作战方案是：

> 一、方面军要确保腊戌、曼德勒周围及联结该地以南之伊洛瓦底江、仁安羌、仰光要域，阻止并击溃来攻之敌。
>
> 决战正面预定为曼德勒之伊洛瓦底江下游江畔或伊洛瓦底江之三角地带。
>
> 二、第三十三军的第五十六师团、第十八师团要坚固地占领自腊戌附近至汤彭山脉要线，粉碎来攻之敌，并尽可能切断和妨碍印中地面联络。该地面作战仍称之为“断作战”。
>
> 三、第十五军的第十五师团、第三十一师团、第三十三师团，要确保马打牙北方高地、实皆（色格）桥头阵地及在帕科库附近之坚固屏障，粉碎来攻之敌于伊洛瓦底江畔，并确保该江南要域。这一正面作战的代号为“盘作战”。
>
> 四、第二十八军的第五十四师团、第五十五师团以及预定将在仁安羌编成的独立混成旅团，应将来攻之敌拒止、击溃于远方，即使不得已，也要确保包括仁安羌、阿拉干山脉南部，勃固、仰光要域。这一作战代号为“完作战”……

很明显，这个田中参谋长还在错误地高估他们日军的战斗力。其实如今那些残破的军队名为一个师团，实际上已是人员、武器、弹药不足，防守任务都难承担，哪里还有力量出击。

木村兵太郎却很明白：田中的这一反击作战计划过于虚夸，不是现在的有限兵力能够应付的。如今在中、美、英军队的强大力量攻击下，能够少受些损失，较安全撤退就不容易了。而且一旦战斗打起来，就

不是自己这一方能左右战局了，有可能被迫耗尽自己已经很疲弱的军力。所以他主张：“无论在如何情况下，方面军必须避免陷入决战。”

军参谋长田中却强烈要求批准他的作战方案。虽然田中也明确表示：“本作战指导，万一失败，可能招致全军覆灭的厄运。”但又声明：“除此之外别无良策。”

木村兵太郎刚调来缅甸，军情、地势还不完全熟悉，面对这一已经被打烂了的摊子，也别无良策，在田中的坚持下，只好勉强批准。

但是战局的急速发展却使他们这一作战方案都流于空谈。第三十三军几个师团（第十八师团、第五十六师团和第二师团一部分），面对中美军队的强劲攻势，被打得一败再败，完全陷入了被动被歼的困境，难以按照缅甸方面军的要求：主动出击，去“切断和妨碍印中地面联络”。

在这期间，对反攻缅北作战持反对、消极态度的英国将军蒙巴顿，见缅甸胜局已定，也雄心勃发地在印度拟订出了反攻缅甸南部的作战计划，准备发动一场“伊洛瓦底江会战”全歼缅甸的日军，重振英国军队在南亚的“雄风”。他以同盟国印缅战区统帅的身份，致电中国战区统帅蒋介石，要求中国驻印军和中国远征军在芒友会师后，不要停歇，继续向缅甸南部进攻。

有中国这两支大军（远征军、驻印军）作为战斗主力，缅甸南部当然可以迅速攻克，把残破的日军全部歼灭。但是他这一计划被蒋介石礼貌而又冷漠地拒绝了。

早在中国远征军的滇西反攻战和中国驻印军的缅北反攻战还没有完全结束之前，如何对这两支军队胜利会师后做出新的部署，就已经在蒋介石的考虑中。他命令军政部分管作战的第二厅对远征军（包括驻印军）今后的使用进行研究并提出意见上报。

两年又 10 个月前（1942 年 2 月），中国远征军第一次入缅作战，因为英国军方的百般刁难和不战先退，使得中国军队陷入惨败，10 万大军只剩下 4 万病残人员败退回国或进入印度。这惨痛历史教训深刻地告诉中国将军们，英国这一“盟友”不可信任。这几年，英国也没有因为缅甸的丢失而有所悔悟。1943 年秋，史迪威将军在组织中国驻印军反攻缅甸前，本来是要从英帕尔方向东进，那里有公路可通行，军运方便，若进攻得手，可在密支那与曼德勒之间把南北缅的日军拦腰切断。但是英国方面担心中国军队进入缅南以后不肯退走，却不同意

开辟那条路线，迫使史迪威将军只好指挥中国驻印军从“野人山”、胡康河谷去开路前进，从而使得这场大反攻既费时又费力，并带来了许多不应有的损失。

面对共同的敌人，作为同盟国的英方却会如此不断设置障碍，使许多中国将领深为愤慨。如今，英方又提出要中国的两支大军在他们的指挥下去投入所谓的“伊洛瓦底江会战”，叫人怎么敢再相信他们。

军政部第二厅的高级参谋们根据当时国内外的战局和中国与英国的关系，做了深入的研究和比较后，写出了一份《关于远征军使用之意见》的报告书，在1944年12月7日送呈蒋介石。他们认为：

> 英国之国策，对远东方面虽不若对西欧及巴尔干之重视，但自其政略传统及自身“大英帝国”之切肤繁荣与战后之地位观之，英国绝不致放弃远东殖民地，自不惬于任何国家或军队染指插足，（民国）三十一年（1942年）春对国军入缅之多方梗扰，及此次远征军尚未入缅前，即拟派军事代表团设立诸般限制，即极显明之例鉴。是以我军若深入缅境，不论其作战成果如何，英方绝不表示欢迎，徒招致英国不良反应外，毫无价值可言。

军政部第二厅的参谋们除了对反复无常的英国军方明确表示难以信任外，也对国民党军队自身存在的问题，坦率地做出了如实的陈述：

> 迩来我国国内战场频频失利，且缺乏装备战力充实之部队，而以较好之国军远征海外，不论其战绩如何辉煌，其不能直接换回国内战场之颓势，裨益国家明甚。

这就把不能再受英国驱使，即使帮助他们收复了缅北也会不讨好，甚至招致怀疑的复杂因素直接挑明了。这是蒋介石从抗战以来，对英国方面一再扼制中国、轻视中国、排斥中国，而耿耿于怀的事。

军政部第二厅的将军们还认为：

> 远征军自开始攻势作战以来，伤亡颇大（截至目下为止，伤亡已达三分之二），目下之战斗力并不若想象之强，如不停

> 止予以补训，再事深入作战，则此获有宝贵作战经验之少数基干官兵，将耗尽净，尔后转用，始亦无转用之可能。

因此他们根据中国远征军的实际情况以及必须妥善保存实力的要求，明确地提出：

> 远征军于占领畹町后，即在国境线停止，转用于国内战场，以驻印军之3个师进出于腊戍以北、新维东西之线，掩护我滇西及中印公路之安全，绝不可再事深入缅境。

这是一份很有见地的“意见书”，把英国方面对中国不友好的态度、中国远征军和驻印军的现状，以及国内正面战场的形势都分析得很具体、明确，得到了刚刚在12月1日被任命为军政部部长的陈诚将军的赞许，认为“所见极是”，并迅速转呈给蒋介石。蒋介石看了，也很符合心意。特别是“意见书”中要求把这两支完全美式装备、战斗力强的军队转用于国内的抗日正面战场，更是他早就在计划中的事。

那年年初（1945年），在中国远征军和中国驻印军会师于芒友的前一天（1月26日），国民党军队在湘粤桂战线又连续出现败局。向中国南方进攻的日军第二十军司令官坂西一良指挥的4个师团和3个独立旅团分路攻陷了广东的英德、乐昌，从而把过去还控制于中国军队手里的粤汉铁路南段的450余公里路段全部夺去，沿线的大小城镇也随之陷落，迫使败退的国民党军队只能退进铁路两侧的山地。

当时在湘粤桂边区作战的国民党军队，是以第九战区司令长官薛岳的部队为主，并有第三战区、第七战区的部队加入，共有10个军31个师，数量是当面日军的一倍以上。但是这场战斗从1月11日开始，仅仅七八天，国民党军队就被打得溃不成军，也足见军心的涣散、战斗力的衰弱。这更令蒋介石急于把中国远征军和中国驻印军调回国来投入南线的作战。

面对蒙巴顿的要求，他以计划在1945秋以前再向日军发动攻势为理由，命令中国驻印军攻下腊戍、细胞（纳朗）后，就停驻在那一带不再南进，准备撤回国内。

蒙巴顿将军急了，他虽然也看不起贫穷、落后的中国，又很明白，

没有中国军队相助，他们英国军队难以在缅南作战。他忙亲自从印度德里飞往重庆，劝告蒋介石收回这一命令。

这位出身于英国贵族的将军，一向彬彬有礼，比韦维尔、亚历山大等人有涵养得多，如今有求于中国，对蒋介石更是尊敬有加，说话也委婉得多。他一再陈述，时至今日，这场对缅甸的反攻战只能加快进程和力度，不能半途而废……

蒋介石却不为所动。他强调，为了准备大反攻，早日结束第二次世界大战，他必须利用这反攻缅北取得了胜利的间隙，重新编组、训练 30 个美式装备师……

不过他还是向蒙巴顿将军许诺，中国将有始有终地打完缅北反攻战。

他只是命令新编第一军的新编第三十师在 3 月 7 日去攻取滇缅公路的终点腊戍，在 3 月 16 日攻取曼（德勒）腊（戍）铁路线上的细胞（纳朗细）。其他的军队则在原地略作休整后全都撤回国内。

中国驻印军的反攻缅北大战，到 1945 年 3 月中旬也就完全结束了。

这场缅北攻守战，日军是以第十八师团的 31444 人为主，再加上陆续增援的第二师团的 18610 人、第四十九师团的 16427 人，总共有着 66481 人的兵力，从胡康河谷、孟拱（莫冈）河谷延伸至中缅边界的广阔地域来节节抗拒。他们的兵力与中国驻印军的 5 个师（每个师 12000 人）加 1 个美国步兵团相比较，兵力大致相同，还有着能依仗山岳、河流险峻地形来据守的防御优势。但是他们的武器装备大大落后于完全是美式先进装备的中国驻印军。虽然日军的将领一再督促官兵以武士道的顽强精神拼死抗击，但也难以挽回败局，从而以被击毙 41967 人、近于全军覆没而失败。

如果再加上在中缅边界被中国远征军和驻印军共同歼灭的日军第五十六师团的 17895 人，总共击毙日军 59862 人。这战绩是积弱已久的，过去在日本军队面前败多胜少的国民党军队从来没有过的事！

这数字虽然是日军自行统计的，把受伤的人数略去了，但是战果还是巨大的，而中国驻印军也付出了较大的代价，伤亡了 17000 余人。

随着缅北的反攻胜利，中印公路和中印输油管的畅通，从前仅能靠“驼峰”航线运输的美国援助中国的物资，也能够从陆地上大量地

中印公路首批运输车队进入昆明城

运进中国境内，改善了国民党军队的装备、加强了军队的战斗力。许多军队再也不像从前那样，一个士兵可怜地只有十几发步枪子弹了。因此，在几个月后（1944 年 4 月至 6 月）的“湘西（雪峰山）会战”中，国民党军队能以强烈的炮火去压倒敌人，以致被打得狼狈不堪的日军，也不得不惊叹：“其迫击炮及轻重机枪，有如暴风雨向我阵地倾泻而来。其弹药之充足，令人吃惊。”

所以，中国驻印军在缅北的大战，不仅有助于中国远征军在滇西方向的反攻，也支援了中国境内的其他正面作战的战场，使得国民党许多战区的战局转危为安。只可惜由于历史的原因以及西方某些战史专家的偏见和无知，中国驻印军这场反攻缅北的大战却一再被故意抹杀，如德国人 K. 蒂佩尔斯基希著的《第二次世界大战史》，在“缅甸回到同盟国的手里”这一节中，只写了英印军第十四集团军 1944 年 12 月在葛礼瓦（卡里瓦）地域进抵钦敦江的战斗过程，而对那场反攻缅北的大战，却只有寥寥的 38 个字：“12 月中，由萨尔温江上游进攻的中国人已进抵伊洛瓦底江畔的八莫，并继续东进中缅边界。”战争各个阶段的惨烈过程以及担任作战主力的“中国驻印军”的名称都被有意忽略、不予提及。这样不顾历史的真实，是何等的不公平！

还有一本由美国作家多诺万 · 韦伯斯特在近年写的、书名为《滇缅公路——第二次世界大战，中国、缅甸、印度战场的壮丽史诗》的长篇纪实文学，却把每次败北不得不求助中国军队救援的、由梅里尔准将指挥的美军 5307 支队，以及英军温盖特率领的那支空降游击队，写成了那场反攻缅北的主力部队，中国驻印军的几十次大战则全部被略去。本来是以中国驻印军为主力的攻占孟拱（莫冈）之役，也被写成了美军主攻，中国驻印军只是“协助”。在那场瓦鲁班战役中，明明是中国驻印军赶来援救被日军围困、已经弹尽粮绝的美军 5307 支队，却被轻描淡写地写成了“‘掠夺者’战士们与中国军人合兵一处”，中国驻印军在瓦鲁班的几场大战更是一字未提。

这都表明，由于这些德国、美国军史作家对历史的无知和他们固有的对中国人的蔑视，使得他们不能完整、正确地描述那场反攻缅北的大战！真是令人愤慨！

如今 70 多年过去了，当年参与那场大战的幸存者多已老去，战争中不少鲜活的史实也多数不幸淹没，作为一个中国作家，笔者多年来虽然尽力求访，仍然担心有遗珠之憾。但愿这本书能弥补万一。

那1942年春和1944秋，中国两次派兵出兵缅甸，从败退到胜利的大战，可是不屈的中华民族伟大、坚强精神的体现。

为了人类的正义和祖国的安宁、民族的尊严英勇献身的英雄们永垂不朽！

2005年12月1日至14日初稿第一章；

2006年1月1日至8月7日初稿第二章至第十五章；

2006年10月19日至12月31日第二稿；

2007年3月7日至4月27日第三稿；

2008年11月28日至12月11日第四稿第一至第六章；

2009年4月1日至6月10日第四稿第七至十五章；

2010年12月23日至2011年1月26日第五稿第一至第五章；

2011年7月6日至8月26日第五稿第六至第十五章；

2013年7月27日至11月24日第六稿；

2015年1月第七次修订全稿。

后记

抗日战争时期的1942年至1945年，当日本侵略者发动了太平洋战争并入侵东南亚之时，中国政府为了御敌于国门之外，先后派出了二十余万军队，以“中国远征军”的名义去往缅甸作战。那不仅是近当代史中的伟大壮举，在当时更是事关中华民族安危的战略举措，也使得世界各国真切地感受到了积弱已久的中国正在奋起，并在抗击法西斯的战争中发挥着巨大的作用。

云南是当年中国远征军组建、出征、进攻、败退、再进攻，并最后夺取胜利的基地（怒江以西还是重要战场），存留的史实也就很多。

我在1950年初，随同人民解放军进驻云南后，六十余年来因为工作关系经常在边地行走，接触了不少当年参加过中国远征军、战后流落于滇西南边地的官兵。出于多年从事新闻、文学工作的职业敏感，对当年远征缅甸的事迹也就有着较浓厚的兴趣，只是那段史实从前还是写作的禁区，从而一拖几十年，直到20世纪90年代初才开始了与这方面题材有关的写作。1999年7月在北京出版了以腾冲之战和慰安妇的悲惨命运为题材的长篇小说《孤城日落》。但是小说与纪实不同，即使是字数较多的长篇，也只能围绕着一条较完整的主线构成的故事和几个虚构的人物来写。如果要全面、具体、真实地反映战

争的全过程，还得采用非虚构文学体裁，严格依照战争的进程来描述众多参与了那场大战的各式人物在战争中的得失，才能够较翔实地再现那一具有重大历史意义的大战。

于是我又经历了近十年的思考、补充素材，2009 年 8 月在上海出版了长篇纪实文学《挥戈落日——中国远征军滇西大战》。但是那部作品的题材仅仅局限于在国内的滇西战场，远在缅甸的作战、印度的屯兵，却因为涉及的人物、事件更多，战场也更广阔，而迟迟没有动笔。

我也明白，只有把中国远征军在缅印战场前后历时三年半的一系列与战争有关的事件写出来，才能较完整、深刻地反映中国远征军的征战全貌。于是又在 2005 年 12 月 1 日开始了这部《旌旗万里——中国远征军在缅印》的写作。近十年间，前后经过七次大的修改，才在 2015 年 2 月定稿。

纪实文学虽然排除了小说的虚构与想象，但是仍然属于文学的范畴，如何读来生动、感人？作家仍然要在写作过程中运用文学技巧来安排大至全书，小至章、节的结构，寻找、筛选能够丰富人物、事件、情节的素材。

我从多年的写作经验中深刻地体会到，任何文学作品中的感人情节都来自生活。如果能在生活中用心寻找，同样能把非虚构性作品写得既真实又感人。所以这些年，我对这部《旌旗万里——中国远征军在缅印》时断时续地写作，一次又一次地修改，不单纯是对文字的精心修饰，更多是对史料的补充与核实。由于史料的增删而带来结构的不断调整、行文的变化……这虽然很麻烦、很累人，但是写作重大历史题材的非虚构文学又不得不如此。忙累之后，见书稿内容日益丰富、厚重，却很愉快。

过去对文学作品分门别类时，还没有“非虚构文学”这一提法，而是把描述真人真事的作品，笼统地列入“报告文学”这一范畴。文学辞典的编撰者们是这样阐述“报告文学”：“新闻性与文学性相结合的文学体裁。是叙事性散文的一种，也是文艺性的通讯、速写、特写的总称。它要求选择真人真事的新闻材料，迅速及时地反映生活，而又必须用文学的方法形象生动地予以描述。”

但是，我从非虚构文学写作的实践中来看，用“报告文学”来概括写真人真事的一切作品，是不够准确的。那些过去了许多年，并不具有新闻性，又必须是真实地写历史人物与事件的作品，怎么能列入“报告文学”中？而且在那些重大事件中，众多性格复杂的人物，生动、丰富的情节，也不是文艺性的通讯、速写、特写式的简捷手法能承载的。

因此，我也在不断地思考：一部长达四五十万字的纪实性作品，怎样才能不陷入冗长、啰唆、枯燥的陈述中？作品的篇幅越长，越要具有可读性，才能吸引人们饶有兴趣地读下去。这就要求作家在掌握了大量素材以后，在既不违背人物、事件的真实性的同时，多方寻觅、选取最能突出人物个性的情节、细节、故事，并注重作品的结构，以求能统揽全局。

一提到塑造人物、描述故事，就会使那些习惯于通讯、速写、特写式写作的人联想到这是否在用小说的手法来虚构，甚至指责敢于在非虚构文学中使用文学技巧的作家涉嫌编造。但是生活中又确实是充满了有个性、有特点的人物，特别是那些时间长、跨度大，人物众多、过程复杂的重大事件，更是故事多、人物性格复杂。所以，作为纪实文学作家虽然不能虚构人物、编造故事，却要善于发现人物与众不同的个性和围绕着他们产生的故事。

我国古典文学中，那些从事非虚构文学写作的前辈，早就在这方面进行了探索和发掘，并卓有成就。司马迁的《史记》应该是中国早期“非虚构文学”中既“以年为经”，又“以人为经”的文学经典。那130篇、55余万字的作品，从五帝至汉初，写了那样多人与事，多数是精品。如《项羽本纪》通过项羽这位个性鲜明的风云人物，使读者对秦朝灭亡后，楚汉相争的形势、战争的残酷，有了深刻了解。楚霸王项羽叱咤风云的一生，可写者很多，但是司马迁只是选择其重要情节、细节、故事，来突出项羽的特异个性。例如，项羽少年时代，学书不成，学剑也不成，他的理由是“书，足以记名姓而已，剑，一人敌，不足学”，他要学万人敌——兵法。路遇巡游的秦始皇，虽然对方声势逼人，他不仅没有敬畏之心，反而说出了：“彼可取而代也！”从这两个细节，就鲜明地突出了当时还是个少年、未来的西楚霸王与众不同的霸气。项羽身经七十余战，每一场战斗都是动辄歼敌数万、数十万，极其激烈、残酷，但是，司马迁只选取了几场有代表性的战斗来描写。

例如，项羽以破釜沉舟的决心，引领楚军渡河，从劣势转败为胜，大败秦军的“巨鹿之战”，是那样有声有色。本来是陷于失败的“垓下之围”，却用“霸王别姬”“不肯过江东”几个情节，把一个在历史上属于失败的人物写得比胜利者刘邦还动人，使他那“力拔山兮气盖世”的英雄气魄能传之久远。

这是司马迁在掌握了大量素材后，运用他的文学技巧来对历史事件、人物进行结构、剪裁、抒写的作用。

远在秦汉之际，还没有小说这一文学样式，但是我们的文学先辈，就在“非虚构文学”中，熟练地使用情节、细节来塑造人物、选择故事了，并影响了后来小说的出现与发展。

如今一些对“非虚构文学”所知不多的人，把情节、细节、塑造人物、结构故事，看成是小说家的创举、专利，那是本末倒置。

20世纪60年代，美国作家约翰·霍洛韦尔也提出了“小说家的技巧和如实客观报道的新融合”的“非虚构小说”。名为“非虚构小说”，但是有一条不可动摇的重要原则：“拒绝创造非虚构的人物和情节。”作者只能是“综合了小说和自传和新闻报道的各种特点，从而增加‘非虚构文学’的艺术性和可读性”。

从《春秋》《左传》《史记》《资治通鉴》等古典作品开始，在写作手法上曾经历了一个漫长的从“以年为经”到“以人为经”的写作过程。“以年为经”时，条理分明，时代的发展进程清晰；“以人为经”时，那些个性鲜明、事迹突出、叱咤风云，甚至影响千古的人物，给我们留下了深刻的印象。发展到宋代，袁枢编著的《通鉴纪事本末》，以及后来陆续出现的《左传纪事本末》《宋史纪事本末》等又在写作手法上有新的开拓，进入了“以事为经而始末具载”的“非虚构文学”新领域。

这“始末具载”的写作手法，融合了前人编年、写传的特色，把事件充分展开来写，也就使得所写的题材中的情节、人物、故事都能更详尽地得到体现。那些在忠于历史真实的前提下，精心描述不同性格、不同身份人物，选取既真实又生动的故事来感染读者，引领读者进入深层次思考的历代“纪事本末”，应该是中国文学史上自司马迁以来，优秀的“非虚构文学”，我们应该认真研读，定可从中得到启示。

我在1987年至2009年写作、修改那部55万字的长篇纪实文学《解放大西南》时，就是采用了中国古典纪实文学和约翰·霍洛韦尔提出

的“增加‘非虚构文学’的艺术性和可读性”的写作手法，才引起了众多读者的浓厚兴趣。但是也有个别只有“理论”、缺乏纪实文学写作实践的人，对我运用小说技巧所描写的人物、事件的真实性表示质疑，某个“评论家”武断地认为：“有过度想象或虚构之嫌，如大量描写历史人物的心理活动、对话，而缺少相应的注释或引文说明，似为历史小说之做法，令人有编造、杜撰之嫌。”

他并没有认真地去调查、了解，也就无法具体指出哪些人物的心理活动、对话是编造、杜撰，只是根据他的想象，特别是他高处于一个很有权威的文学部门，就敢于以势压人，随意地加给我“有编造、杜撰之嫌”。

他对非虚构作品的真实性的要求，可以理解。但是我确实是信守“非虚构文学”必须遵守“拒绝创造非虚构的人物和情节”的原则，根据史实来写人物的心理活动、对话。

例如，对于《解放大西南》中用了较大篇幅描写的、领导云南起义的卢汉将军。就有人在既承认这位重要人物描述得真实、性格鲜明的同时，又提出怀疑：“他起义前后的犹豫、彷徨心态，与一些人的对话，是从哪里得来的？这在当时都是绝对机密，你怎么知道得那样详细？何况你作为人民解放军的一员，当时还远在几千里外的赣粤边境。是否有所虚构？”

我告诉他们，那都是有出处的。有的是采访他从前的部下得来的，有的来自他们的回忆录。特别是最接近卢汉将军的两个警卫营，有百分之七十的人在当时加入了中共地下党或党的外围组织。卢汉那一阶段的言行，都被秘密监视并在每天写成报告送与中共地下党领导，如今还留存于有关云南起义的历史档案中。别人写到有关西南的解放时，只能粗略地写个大概，更无力表现卢汉这位重要人物在起义前后的复杂心态，是他们没有深入采访、寻取。我却是用了许多年时间上下求索。

我当然也可以把《解放大西南》中那些人物的心理活动、对话，如那个“评论家”所要求的，每一段都加以相应的注释或引文说明。但是这不是一篇仅有几千字的学术论文，是一部长达55万字、有着六百多个人物的长篇纪实文学，如果把每一个人物的言行都注明引文出处，又将要增加三五十万字的篇幅。附属品那样多，出版社愿意出版吗？读者愿意买吗？

我们再看看《左传》《史记》《汉书》《宋史纪事本末》等那些古典纪实类作品，写了那样多历史人物的心理活动、对话，也没有逐一注明引文出处。例如，在《留侯世家》中，写张良在袭击秦始皇后，亡命下邳，在一座桥上遇见黄石公，黄石公三次把鞋子丢往桥下，要张良给他捡起来，再给他穿上，又三次约会，以考验张良的真诚，最后才满意地认为“孺子可教”，赠给《太公兵法》。前后几天，只有他们两个人在场，那是谁把这段奇遇告诉后人的呢？没有注明。在《项羽本纪》中，项羽在乌江边与乌江亭长那场充满英雄气概的“不肯过江东”的对话，是谁传下来的？是乌江亭长？是项羽立有遗嘱？司马迁也没有注明。再如在《荆轲传》中，燕太子丹多次与田光、荆轲分别密室长谈；《汉书》的《苏武传》写李陵去北海与被流放在那里的苏武见面，都是左右无人。几十年后的司马迁、班固，却写得很翔实，肯定有事实为依据。我们能因为他们没有在文章之后注明是谁传播出来的，就说他们是在编造、杜撰？

如今我写作这部《旌旗万里——中国远征军在缅印》也是因为自感掌握了大量素材后，能够在情节、细节的运用，人物个性的抒写，故事的铺陈等方面较从容描绘，从而促使我这个写作小说多年的作家，再次放弃小说的体裁去写作这部非虚构文学。

在坚持史实的真实性的同时，充分运用文学技巧把所写题材中的人物、事件写好，写得动人，既具有文学性，又有可读性，应该是我们从事“非虚构文学”作家的不懈追求！

2012 年 9 月 29 日——10 月 27 日初稿

2014 年 4 月 25 日——5 月 2 日修改

2014 年 12 月 19 日再修改

2015 年 3 月 1 日——7 日第三次修改

彭荆风作品出版情况

一、长篇小说六部

《鹿衔草》中国青年出版社 1979 年 7 月出版

《断肠草》中国文联出版公司 1987 年 4 月出版

《师长在向士兵敬礼》人民文学出版社 1992 年 7 月出版

《绿月亮》北方文艺出版社 1994 年 9 月出版

《伴随白花蛇》《警坛风云》1994 年 8 月至 12 月连载

《孤城日落》中国青年出版社 1999 年 7 月出版

二、长篇传记文学一部

《秦基伟将军》昆仑出版社 1996 年 9 月出版

三、长篇纪实文学三部

《滇缅铁路祭》云南人民出版社 2002 年 5 月出版

《挥戈落日》上海文艺出版社 2005 年 8 月出版

《解放大西南》云南美术出版社 2009 年 5 月出版

四、短篇小说集八部

《当芦笙吹响的时候》云南人民出版社 1954 年 9 月出版

《边寨亲人》中国青年出版社 1955 年 2 月出版

《佧佤部落的火把》中国青年出版社 1956 年 12 月出版

《驿路梨花》云南人民出版社 1978 年 9 月出版

《绿色的网》百花文艺出版社 1981 年 8 月出版

《巫山一段云》花城出版社 1983 年 5 月出版

《红指甲》中国文联出版公司 1985 年 12 月出版

《驿路梨花——短篇小说精选》云南人民出版社 2011 年 6 月出版

五、中篇小说集六部

《蛮帅部落的后代》上海少年儿童出版社 1979 年 3 月出版

《爱与恨的边界》云南人民出版社 1980 年 3 月出版

《雾茫茫》北京群众出版社 1981 年 11 月出版

《秋雨》云南人民出版社 1984 年 4 月出版

《云里雾里》北京群众出版社 1989 年 11 月出版

《红指甲的女人》北京群众出版社 1989 年 11 月出版

六、散文集两部

《泸沽湖水色》上海文艺出版社 1989 年 9 月出版

《九月衣裳》云南教育出版社 1995 年 12 月出版

七、电影剧本三部

《边寨烽火》（与人合作）长春电影厂 1958 年拍摄

《芦笙恋歌》（与人合作）长春电影厂 1958 年拍摄

《绿色的网》云南民族电影厂 1986 年拍摄

八、评论集一部

《彭荆风谈文学》中国文联出版社 2003 年 4 月出版

彭荆风， 1929 年 11 月出生，1946 年开始文学创作，1956 年加入中国作家协会，现任中国作家协会名誉委员、《民族文学》编委。曾任第六届全国人民代表、昆明军区宣传部副部长。终身享受国务院特殊津贴。1950 年初随军进入云南，是中国第一个用小说、电影文学体裁描述拉祜、哈尼、佤、景颇等民族的作家。是第一个用文学作品描述滇缅铁路历史的作家。是云南边地文学开拓者之一。60 余年来出版文学作品 32 部。影响较大的有短篇小说《驿路梨花》（选入中学课文），中篇小说《蛮帅部落的后代》获全国儿童文学奖。《今夜月色好》获中国作协第八届（1985—1986 年）全国优秀短篇小说奖。散文《桑荫街》2012 年获第五届冰心散文奖。长篇纪实文学《解放大西南》获“第四届徐迟报告文学奖”“第五届鲁迅文学奖”。